対ロ交渉学

歴史・比較・展望

木村 汎

藤原書店

対ロ交渉学

歴史・比較・展望

目次

第2章　交渉は「芸術」か、「科学」か　77

第3章　交渉の決定要因は何か　91

第4章　交渉が必ずたどる三段階　117

第2章 ロシア人の交渉観――戦争と交渉は同一カテゴリー？ 225

第3章 プーチンの交渉観――弱い者は打ち負かされる 253

第5章　プーチンvs安倍——どちらが最終的勝者？ 561

対ロ交渉学

歴史・比較・展望

本書の構成

第Ⅰ部　交渉の一般理論

本書は、三部から構成されている。**第Ⅰ部**では、交渉について馴染みが薄い人々の便宜を図るために、主として欧米諸国で発展、展開してきた国際社会における外交交渉にかんする基本を復習する。

交渉研究の必要性では、二つのことを指摘する。一は、人間が生きてゆくに際して交渉行為がもつ重要性。二人以上の人間が存在するかぎり、そこには何らかの力関係とともに、交渉の必要性が生じる。そのような行為は、口頭による明示的な類いのものとはかぎらない。暗示的であり、時としてはボディ・ランゲージやジェスチャーを用いてもおこなわれる。それらの結果として、一種のバーゲニング（駆け引き）、ないしディール（取引）が成立する。

二は、冷戦終結後の今日、国際交渉の必要性が増大しつつある傾向。まず、米ソ二極構造が崩壊した結果、米国の一極支配が国際社会を支配することになった。米国はその建国精神からいっても民主主義、多元主義を標榜する国であり、他国との話し合いや交渉を拒否する立場をとりえない。超大国から単なる大国の地位に滑り落ちたロシアも、多極主義の旗印を掲げて米国に対抗するためには、説得、バーゲニング、取引など、広義の交渉行為を必要とする。

冷戦終結は、それ以外の国々にも影響をあたえた。冷戦中は東西陣営のそれぞれの盟主だった米国とソ連邦の対立が核戦争を導く可能性が存在していたために、不承不承とはいえそのような危険を何としてでも避けようとする努力をおこなわざるをえなかった。ところが冷戦が終了するや、人々はそのことによってホッと安堵するあまり、人類破滅の危機がもはや遠のいたかのように錯覚しがちになった。また、東側陣営の頭目だったロシアは言うまでもなく、西側陣営のリーダーだった米国の権威や統率力が揺らぐ事態が発生しつつある。そのことを良いことにして、かつては東西いずれかの陣営に帰属するのみならず、その忠実な一員だったメンバー諸国が、今や自由気ままな行動をとりはじめた。このような国際情勢の変化が紛争や葛藤を表面化させ、国際交渉に訴える必要性を増大させている。

第1章では、二つのことをおこなう。一は、「交渉」とはいったい何か、すなわち概念の定義。混同して用いられがちな類似概念の「外交」、「取引」、「駆け引き」などとの区別を明らかにする。次いで、交渉の構成要素についての説明をおこなう。すなわち、交渉の主体、対象、利害の対立、相互性などについて。そのあと、交渉のあるべき姿、いわば理想的な交渉にかんして論じる。たとえば国家間交渉では交渉担当者の背後で政府や国民の眼が厳しく光っており、重要な国益も懸っているので、妥協の道を容易に見出しえない。だからといって、自己主張ばかりするようでは、交渉は「独り相撲」の様相を呈し、何時まで経っても妥結へ到達しない。では、交渉を成立させるためには、そもそも何が必要なのか。もとより、これは単に**第1章**ばかりでなく、本書全体の課題になる。

二は、交渉の分類。一言で交渉と言っても、それは様々な観点からの分類が可能である。たとえば、交渉の目的、参加者、進め方、イシュー（争点）の数、そして結果などの視点から。本章では、そのうちとりわけ重要と思われるものにかぎって紹介する。それだけでもかなり数が多く、その作業は煩瑣なものになる。とはいえ、当該交渉が果たしてどの種の交渉に該当するか――もしこのことをわれわれが正確に認識していなければ、それは交渉それ自体の進め方を誤ることにもなりかねない。

第2章では、交渉にたいして二つのアプローチがあることを紹介する。一は、各交渉の独自性を強調する見方。交渉は、それが辿る過程、それに作用する力学、それがしめすスタイル、それが用いる戦術などの観点から言って、千差万別の形態をとる。二つとして同じものはないと言っても過言でない。だから、交渉はとうてい理論化に馴染まない。それぞれの交渉は一回限りのパフォーマンス、すなわち「アート（芸術）」とみなされるべきである。われわれにできることは、交渉の各経過を丹念に調べ上げて、そこから何か参考になるレッスンを引き出す――これくらいが、せいぜい関の山だろう。

二は、個々の交渉がしめす何らかの共通点に注目する見方。右にのべたような一回生起性を十分考慮に入れながらも、交渉という言葉で一括りにする以上、その人間営為には何らかの一般的なパターンが見出されるはずと考える。交渉には、たとえば必ず争点や利害の対立というものが存在する。そして、結局それらが何らかの形で解決されればこそ、交渉が成立するのだ。では、それらは果たしてどのような形で妥結するに至ったのか。その解決に貢献した要因（権力、利益、雄弁、等々）は、いったい何だったのか。もとより、すべての交渉を必ず妥結へと導く万能薬のようなフォーミュラ（法則）を発見しうるはずはなかろう。とはいえ、将来類似の交渉をより効果的かつ短期間で終結させることに役立つ、何らかの教訓や技術のヒントが得られるのではないか。このような期待を抱いて、人間がおこなう交渉行動に通底するパターンないし法則性を見出そうと努力する。このことは、必要かつ有益な作業だろう。このようにして、交渉は「サイエンス（科学）」に馴じむと考える見方が生じる。

おそらく、賢明な読者ならば容易に気づくように、本書の筆者は交渉にたいして「芸術プラス科学」のアプローチを適切とみなす。個々の交渉を飽くまでも一回しか起こりえないユニークな経験ととらえ、その細部にかんして何事も見逃さない厳格な眼を注ぎ分析する。同時に、個々の交渉の独自性を超えて他の交渉にも通底し、もしくは参考になる一般的理論の構築に役立つ「何か（Etwas）」を発見しえないものか――この努力も併せおこなう。つまり、「芸術」説と「科学」説の長短をそれぞれ念頭に置き、両アプローチを統合することを目指す。

交渉の行方を決定するファクターは、いったい何か。それはほとんど無数と言わねばならないだろうが、本書は、次の四つをとくに重要な要素とみなす。「構造」、「過程」、「文化」、「戦略」。**第3章**では、まず「構造」を扱う。交渉の「構造」とはいったい何か。文字通り交渉の基本的な構成要素であり、具体的には「交渉者（アクター）」、「権力」、「利害」などを指す。

「交渉者」にかんしては、その区別が何よりも重要である。まず、国際交渉の主要主体としての観点からは、国家、代替国家、未承認国家、国家の連合体、NGOなどを区別すべきだろう。次に、現実に交渉をおこなう担当者（ネゴシエーター）の観点からは、公式と非公式のアクターに二大別される。後者としては、「裏チャネル」での黒衣《くろこ》や密使の活躍を見逃しえない。

「権力」、とくに交渉者間の力関係は交渉のバーゲニングを決する最重要要因であろう。権力の具体的な構成要素としては、次の四つが重要である。一は、軍事力や経済力といった物理的な能力。二は、政治的な能力。為政者のリーダーシップ、指導者と国民との連帯などが、それに当たる。三は、交渉担当者の知的能力や交渉スキル（技能）。四は、交渉を背後で見守り、支持する国民一般の意志力や精神力。

交渉「構造」の第三に重要な要因は、「利害（インタレスト）」である。そもそも「利害」の対立が存在すればこそ、交渉の必要性が生じるのだ。そのような対立を解決する手段として、或る交渉研究者は交渉当事者それぞれが優先する諸「利害」を優先順にリストアップし、もしその項目や順位が異なる場合には妥協が可能になろうと説く。ところが、人間は非合理的な存在でもある。本音では経済的利害を欲する一方、己の面子が損なわれることも惧《おそ》れる。たとえば一旦奪った領土の場合、それを返還することによって得られる物質的利益よりも、それを手放すことによる屈辱をより一層重視する傾向をしめすかもしれない。

権力や利害は交渉「構造」の主要ファクターとはいえ、飽くまで交渉の潜在的要因に過ぎず、それらが交渉のすべてを決定するとはかぎらない。現実の交渉は、これらの基本的構造によって規定されつつも、交渉者の文化、スキル、戦術といった、その他の要因によって影響を受ける。このようにして交渉のダイナミクス、すなわち「過程」や「文化」にかんして引きつづき論じる必要が生じる。

第4章では、交渉の「過程」を扱う。交渉は、一当事者による単独行為ではありえず、当事者全員が参加する複合的な行為である。分かりやすくたとえると、交渉は卓球競技のピンポン玉のように交渉者間を往復する相互行為である。その意味からも、交渉は「過程（プロセス）」を辿る。交渉の過程は、次の三段階に分けるのが通説とされており、本書もそれに従う。すなわち、「診断」、「定式づくり」、「細部の詰め」である。

「診断」と名づけられる第一ステージは、交渉の準備段階である。厳密に言うと、これは未だ公式交渉に入っていない時期とみなすべきかもしれない。それはともかくとして、交渉に入るか否かの決断は、交渉本番に勝るとも劣らぬ重要性をもつ。たとえば旧ソ連は、戦後日本とのあいだで北方領土問題を解決済みと主張して、この問題にかんし日本と交渉に入ることそれ自体を長年にわたって拒否しつづけていた。米国もトランプ政権下の二〇一八年六月頃になるまで北朝鮮を「ならず者国家」とみなし、平壌との交渉どころか対話すら問題外と考えていた。

第二段階は、交渉に入ることに合意した後の本格的なステージを指す。この時期でまず重要になるのは、議題の設定。次いで、そのような議題を討論する順序の決定。日ロ間の交渉を例にとると、果たして領土問題と経済協力のどちらを優先させて先に議論するか。このこと自体が、問題となる。いわゆる「入口論」と「出口論」は、このことを巡る争いだったとも言えよう。この段階での最重要作業は、「定式（フォーミュラ）づくり」である。すなわち、交渉を導いてゆくガイドラインを作成して、それについて合意すること。これは交渉で最もむずかしい作業である。この作業で交渉が行き詰まってしまい、にっちもさっちも行かなくなるケースはしばしば起こる。この最難関を突破するためには、たとえばすべての争点を切り離してみたり、逆にリンクしてみたり、そして取引しようとしてみたり、要するにあらゆる手立てを講じる必要があろう。

「定式」は、その性格上、抽象的なものに止まる。それを具体的に詰めて文章の形にまとめあげるのが、第三ステージの「細部の詰め」段階である。この作業の枢要性を軽視すると、とんでもないしっぺ返しに遭うことを覚悟せねばならない。その後援用される基準になるものは、もはや交渉テーブル上の白熱した議論でなく、最終文書の文言だけとみなされるからだ。

「構造」や「過程」と並んで、交渉の行方、影響を考える要素として、是非とも「文化」を採り上げ検討する必要があろう。そのことを論ずるのが、**第5章**である。たしかに、国家や交渉担当者がになっている「文化」的背景が交渉にあたえる影響の度合いは、「構造」や「過程」に比べそれほど決定的なものではない。たとえば、交渉「構造」の最重要決定要素は「権力」の多寡や「利害」の相剋であり、必ずしも「文化」の対立ではない。

とはいえ、本書が主たる対象としているのは、それぞれの国家の内部でおこなわれる交渉でなく、異なる国家間での国際交渉である。国際社会では外交官たちのあいだで一般的に通用する「国際的な外交文化」が未だに形成されていない。交渉者も人の子。自身が生まれ育った国の文化的刻印を色濃く捺されているうえに、母国政府や国民の意向に反する交渉をおこないえない。こうして国際交渉は「異文化交渉」の様相を帯びざるをえず、文化は交渉の少なくともワン・ノブ・ゼムの重要ファクターになる。

では現国際社会には、どのような種類の文化、とりわけ交渉文化が存在するのか。様々な分類がなされている。日本人にとり興味ぶかいものが、二つある。一は、武者小路公秀教授による「えらび」vs「あわせ」の区別。同教授は、アメリカ人は「えらび」型、日本人は「あわせ」型の文化の持ち主であり、そのような文化の違いが交渉行動様式に反映すると説く。二は、エドワード・ホールの「高い文脈」の文化と「低い文脈」の文化の分類。レイモンド・コーエンは、ホールによる二分類を交渉文化に適用し、日本を前者、欧米を後者に属するとみなす。

前章で述べ足りなかった点を、**第6章**は引きつづいて詳述する。まず、文化の違いが交渉におよぼす影響について、具体例を引いて証明する。たとえば面子（メンツ）を重んじる文化は、英語圏にもロシア語圏にも存在するが、その重視の程度が異なる。中国、朝鮮、日本など「高い文脈」の文化に属する諸国民では、交渉中に面子にこだわる度合いが高く、対照的に、欧米など「低い文脈」の文化に属する諸国民では低い。類似の文化に属する国民の間での交渉は、まとまり易くもあり、まとまり難い場合もある。たとえば面子にこだわる日本人と中国人のあいだの交渉は、双方が相手側のそのような点を配慮すれば巧く進行する一方で、両国民が共に面子にこだわりはじめると妥協はむずかしくなろう。右を一般化してのべると、類似の文化を共有することは、交渉過程にポジティブ、ネガティブ両方向に作用する。

次いで、望ましい異文化交渉のあり方を検討する。第一に、諸文化間に優劣があるかのようにみなしてはならない。第二に、交渉で己の立場を防衛するための「要塞」として、文化上の差異を持ち出す戦術に訴えるのは禁物である。第三に、異文化間に何とかして「橋を架ける」努力が必要不可欠となる。以上のような一般的原則をのべたあと、さらに異文化交渉に臨むさいに肝要な十個の具体的なアドバイスないし教訓を列挙する。その詳細は本文にゆだねるが、いずれも単に交渉行為にかぎらず、異文化を持つ人間が共存してゆくための普遍的な教訓としても役立つだろう。

第Ⅱ部　ロシア式交渉

第Ⅱ部では、ロシア式交渉の特色について検討をおこなう。本来ならば、ロシア以外の世界各国の交渉法をとり扱うべきかもしれないが、それは筆者の能力を超える。仮に可能なかぎり数多くの国の交渉法をカバーし一冊の書物にまとめえたとしても、それは総花式な叙述に終わりがちな可能性も案じられる。こういう理由のもとに、ロシア以外の諸国の交渉スタイルにかんしては他の専門家の手に委ねることにする。

第Ⅱ部の第1章では「変化と連続」と題し、ロシア史における体制変化と交渉の関係について論じる。ロシア史は、大きくツァーリズム（帝政）、ソビエト、そしてポスト・ソビエトの三つの時期に分けられる。ロシア式交渉について厳密に論じる場合、常にこれら三つの時期での差異を厳密に意識すべきだろう。だがもしそうすれば、議論はあまりにも煩雑になり、他国民に比べてのロシア式交渉の特色を浮き彫りにする作業はむずかしくなろう。加えて、筆者は考える。右にのべたような体制の変化は、ロシア人の対外的な交渉観、行動様式、戦術を外部の人間が想像するほど大きくは変えなかった、と。そういう訳で、本書で「ロシア」という場合、それは帝政ロシア、ソ連、現ロシアを含めた大枠の中でこの言葉を用いる。こう受け取っていただきたい。

イデオロギーやレジームの違いもさることながら、地理、歴史、文化なども同様に民族の交渉観や行動に大きな影響をあたえる。たとえば、ロシア人はどうやら外交交渉を軍事行動と同一線上で捉える傾向が顕著である。武力で決着がつかないから交渉し、交渉で決まらないので軍事力に訴えがちである。勝つか負けるかのどちらかで、ロシア式交渉に「妥協」というコンセプトがあるはずはなかった。ところが、スターリン末期になると米ソ両国で原子爆弾が開発され、核戦争による人類絶滅の危険が生じた。ロシア語の辞典、そして交渉概念にも「妥協」という英語が翻訳されて加わった。科学技術の変化が、ロシア人の交渉観やビヘイビア（行動様式）を変えた好例と言えよう。

もう一点、触れねばならないことがある。それは、ゴルバチョフ大統領の「新思考」概念や「ヨーロッパ共通の家」提案、そしてエリツィン政権初期の外相コーズィレフによる欧米諸国との協調外交姿勢が、一時的な徒花に過ぎず、ロシア外交の土壌に必ずしもしっかりと根づかなかった事実である。この点で、プーチン登場の意味は大きい。プーチンは、ゴルバチョフ、エリツィン両政権のアンチ・テーゼたる立場を隠さず、じっさい両政権下に芽生えかけた欧米協調の動向を逆転させた。プーチン大統領自身、スターリンが用いた有名な言葉、「弱い者は打たれる」を繰り返した。プーチンを「現代のツァーリ（帝政君主）」と呼んだり、スターリンの呼称だった「ボージド（頭領）」と呼ぶのは、必ずしも適当でないかもしれない。とはいえ、プーチン外交が、帝政やスターリン期に「先祖がえり」を遂げたり、少なくとも部分的に連続性をしめしたりしていることは、否定しえない事実のように思われる。

第Ⅱ部の**第2章**と**第3章**では、ロシア式交渉観の特徴について論じる。ロシアの指導者たちは、交渉と戦争を必ずしも二律背反のものと捉えない。両者は共に国家目標を達成するための一手段であるかのようにみなす。極論すれば、戦争が許されないと考えるがゆえに、ロシア人は渋々交渉のテーブルに就く。このようにのべると、多くの読者は次のように喝破したドイツの軍事戦略家、クラウゼヴィッツによる有名な言葉を憶い出すに違いない。〈戦争とは、異なる手段をもって継続される政治である〉。

たしかに、レーニンをはじめとするロシアの多くの政治指導者たちは、クラウゼヴィッツの信奉者だった。が、そのなかの一人、リトヴィーノフ外相は、「クラウゼヴィッツの右の有名な言葉を逆転させて」語った。「ソ連の外交官たちは戦時に赤軍が果たすべき任務を平時に遂行しようと試みる」、と。このリトヴィーノフの言葉は、次のように解するならば、必ずしもクラウゼヴィッツのフレーズと矛盾しない。すなわち、対話、交渉、謀略、武力行使の脅し、戦争……これらは必ずしも対立概念ではなく、すべて国際紛争を解決し、国家目標を達成するための手立てである。このように考えるロシア人にとって交渉で最も重要な決定要因は、「〝力〟の相関関係」である。そしてその〝力〟の最も重要な構成要素は、ハード・パワー、なかんずく軍事力である。ソフト・パワーは、二次的な役割しか演じない。

右に要約したようにユニークなロシア式交渉観はいったいどのような背景のもとに誕生し、今日まで維持されてきたのだろうか。本書は思い切った単純化をおこない、三つの事由を指摘する。①ロシアの寒冷かつフラット（平坦）な地政学的な特異性。②外敵からしばしば侵入され征服されかけたり、逆に勝利し領土を拡張したりしたロシアのユニークな歴史。そして、③敵・味方の二分法にもとづく不断の階級闘争を説いたマルクス・レーニン主義思想の影響。

次いで、**第4章**、**第5章**、**第6章**では、ロシア人の交渉行動様式の特徴を論じる。一般的に言うと、ロシア人は交渉という人間行動の有効性をさほど重んじようとしない。彼らがその代わりに重視しがちなのは、戦争、その他の武力行為、もしくは謀略、脅迫といった政治活動と言えよう。極端に言うと、戦場で決定した領土の獲得や喪失を平時に交渉テーブルで再配分するのは、きわめてむずかしい——。これが、ロシア人の思考法である。もとより、ロシア人とても、交渉をおこなう。だが**第4章**で検討するように、彼らは交渉をはじめる以前の時期での当事者の行動が、交渉の経緯や行方に多大の影響をおよぼすと考える。たとえばA国がB国に先制攻撃を仕掛けて、領土を奪うなど己にとって有利な状況を造り出す。そうすると、大抵の場合、Aはその既成事実に則って、Bとのあいだでその後の交渉を極めて有利に運ぶことが可能になる。ところが逆に、Aが油断していったんBに有利な状況を形成させてしまうと、Aにとって失地回復は至難の業になる、と。

また交渉開始後も、ロシア人は己と相手側とのあいだの「〝力〟の相関関係」を重視し、この視点にもとづいて自身の交渉行動様式を決定する。すなわち、己の力が相手のそれを上回っていると判断する場合には強気で交渉にのぞみ、妥協する姿勢をしめそうとしない（「第一パターン」）。逆に己の力が劣勢にあると測定する場合には交渉相手をおだてたりせっついたりして、交渉をスピーディに進行させて結着を図ろうと試みる（「第二パターン」)。

ロシア式交渉についての研究は、主として旧ソ連を最大のライバル国とみなした米国の外交官や研究者たちによっておこなわれてきた。そのような事情も作用して、ややもするとロシア人が米国人相手におこなう交渉を一般化しがちな過ちを犯す。たとえば、ロシアの交渉者たちは相手側にたいして何ら積極的な提案もおこなわず、当方の提案にも乗ってこようともせず、唯のらりくらりと時間稼ぎの行動に終始する、と。だが、このような消極的な交渉態度は、米国がロシアに比べより一層大きな力を持つビッグ・パワーなので、自らが軽率ないし迂闊《うかつ》にイニシアチブをとるのは得策でない――ロシア人がこう考えているがゆえに採る交渉行為なのである。他方、日本やトルコのようなミドル・パワーましてやウクライナやモルドワのようなスモール・パワーの国々にたいしては、そのようなロシアが外交・交渉で勇猛果敢な攻撃をしかける――このことを、看過してはならない。要するに、状況や機会次第で、ロシアは攻勢、守勢、いずれの行動様式も自由自在に使い分ける。こう認識すべきだろう。

第5章では、ロシア式交渉行動様式の二、三点の特徴を指摘する。外交交渉では、相手側を知ることが勝利を導く第一条件である。ところが、ロシア、とりわけソビエト時代の情報活動は、必ずしも十全なものとは言い難い。どうやらツァーリズム、ソビエト体制、現プーチン政権が事実上、独裁ないし準独裁的な政治システムである事情が、マイナスの方向に作用しているようだ。すなわち、ロシアの出先の情報収集機関や交渉担当者たちは、ややもするとクレムリンの最高指導者の耳に快くひびく類いの資料やインフォメーションばかりを届ける傾向がある。結果として、本来オールマイティー(万能)であるはずの指導者が「裸の王様」になる皮肉な状況が起こりがちとなる。

また、ロシアでは自国の体制を唯一の神聖なモデルとみなすために、他国のシステムを虚心坦懐に研究して、自国の発展に積極的に役立たせようとする姿勢や熱意が欠如しがちになる。また、ハードな統計数字を蒐集することには躍起となる一方、交渉相手国の一般大衆の心理やセンチメント（感情）を捉えることが奨励されていない。たとえば、日本の軍事力や経済活動についての統計数字には驚くほど通暁している。だが、日本国民が北方領土の返還を熱心に希求している事情については、狸穴《まみあな》の在日ロシア大使館の勤務者たちはクレムリン指導者に伝えようとしない。もしそうすれば、そのような日本人感情にシンパシーを感じているかのように誤解される危険を懸念するからだ。

このように、厳格な管理統制システム下におかれているロシアの外交官たちは、対外交渉で欧米諸国のカウンターパートたちとはかなり違った行動をしめす。それは、単に程度の差と言えるかもしれないが、それにもかかわらず念頭において然るべき事情だろう。もしそれらの差異をわれわれが肝に銘ずべき教訓とみなすとするならば、以下の点がそれに当たる。

まず、ロシアの交渉者たちが当方の主張を正確に受けとめ、理解していると前提するのは、残念ながら禁物と言えよう。彼らは、己の価値観や引照基準（フレーム・オブ・レファレンス）にしたがって、交渉相手を眺め交渉に臨んでいる。仮に当方が善意や好意の気持から妥協に踏み切っても、それは当方の止むを得ない事情からおこなったものとみなして、彼らは格別感謝する気持も抱かず、ましてや返礼する意図をもとうとしない。いや、逆に恨みを買うことすら覚悟する必要があろう。というのも、その場合、現場のロシア人交渉者たちは、本国の上司によって賞められるどころか、逆に次のような理由でお目玉を喰うケースを招きかねないからだ。「先方は、絶対に妥協の余地がない提案をおこなっていた——このように述べていた従来の報告は、いったい何だったのか。従来の交渉態度ややり方には甘さがあったのではないか」。

第6章では、ロシア人がおこなう「妥協」の特色について検討する。ロシア人とて、交渉ぎりぎりの土壇場になると譲歩も妥協もおこなうが、その場合でさえも、ロシア式譲歩や妥協には次のような特徴が見出される。①ロシア人は譲歩や妥協を飽くまでも一時的な退却戦術に過ぎないと考える。②ロシア人は万遍なく無差別に妥協する訳ではない。状況相手、分野、イシュー(争点)の違いを慎重に見定めて妥協するか否かを決定し、譲歩の程度も変える。③ロシア人が妥協するのは、交渉の最終段階にかぎっての例外的な行為である。交渉の最初の段階で早々と正礼をしめすもののその後は一切譲歩しない米国人や日本人とは、異なる。④ロシア人は妥協すると決するや、それが仮に従来の立場からの一八〇度の転換となろうとも、そのことに一切意に介さない。彼らは首尾一貫性を保つことに全くこだわらないからだ。――ロシア式妥協にみられる以上のような特色から、ロシア人がおこなう妥協を果たして欧米人がおこなう妥協と同一のカテゴリーのものとみなしてよいのか。このような疑問が提出されるかもしれない。

交渉が大詰めに近づくと、交渉者は誰しも何とかして早急に交渉を妥結させ、最終文書へとまとめあげ、晴れて帰国の途に就きたいとの誘惑に駆られがちになる。ところがロシア人交渉者たちは、交渉の土壇場こそを交渉全体の成否を決める最重要段階とみなし、粘りに粘る。たとえば正式の会議場でいったん合意した文書であれ、隙あらば修正の余地はないものか。こう考えて、打ち上げパーティー後の深夜に交渉相手の宿舎に押しかけることとさえ躊躇しない。交渉は、相手側交渉団が帰途の飛行機のタラップに足をかける瞬間までつづくもの。かれらはこうみなしている。

いや、交渉を闘争の一形態とみなすロシア流の基本的な考え方によれば、交渉の最終段階ですら闘いの全プロセスでの単なる一通過点にすぎない。極論すると、交渉事には終止符が打たれる時期など存在しない。最終文書に署名した後であれ、実践過程で文言で記されていることを己に都合よい風に変更したり、骨抜きにしたりしえないか――このようにさえ考えて、ありとあらゆる画策を弄する。たとえば、欧米諸国が〝原則としての合意〟に到達したことを以って一安心してしまう気配をしめすならば、ロシア人は同〝合意〟内容を履行しないどころか、実質的に反古にしようとさえ試みるだろう。

本書は、次に、ロシア式交渉戦術にみられる特質にかんして二章を割く。**第7章**では厳密に言うと、ロシア独自の戦術というものが存在しないことを指摘する。というのも、戦術は一種の技術に他ならないので、普遍的な性格を帯び、誰でもそれを習得するならば用いうるタイプのものだからだ。とはいえ、こうのべた直後に、筆者はつづけて指摘する。にもかかわらず、次の意味では交渉戦術の使用法にかんし矢張り若干のロシア的特質が見出される、と。

ロシア人は、まず、レーニンが勧めたように「ありとあらゆる手段」を用いることに躊躇しない。他の諸国民ならば逡巡する類いのテクニックすら使用する。また、他国民も用いるとはいえ、ロシア人がとくに愛用するタクティクスというものが存在する。欧米諸国の外交官たちがまったく用いないわけではないものの、なぜかロシア人外交官たちが己の専売特許のように偏愛し、頻繁に用いる戦術である。**第8章**では、そのようにロシア人が多用する交渉テクニックの具体例を紹介し、ロシア人との交渉をおこなおうとする者にたいする忠告ないし警告も試みている。

本書は、筆者が政治学の専攻者であり、経済やビジネスに疎《うと》いこともあって、国家間の「政治、外交」分野での交渉を主な対象にしている。だが資源小国日本は、エネルギー資源の供給先を中東諸国に限定せずに多元化する必要に迫られている。他方、ロシアは己の資源開発をスピーディかつ能率的に進めるべく諸外国からカネ、モノ、科学技術、ヒトの流入を図らねばならない国である。とりわけロシア極東は、「中国化」の脅威を回避するために、日本とのあいだで経済協力が必須だろう。つまり、日本とロシア間には「経済的な相互依存性」が存在する。要するに、好むと好まざるとにかかわらず、ロシアは日本にとり重要な経済パートナー候補なのである。

右にのべた理由から言っても、ロシア人が「通商・貿易」分野の交渉でしめすものの考え方、行動様式、戦術上の特色について論じることは、無駄ではあるまい。もとより、同一のロシア人がおこなう交渉であるがゆえに、それは「政治・外交」分野での交渉と大きく異なることはないかもしれない。とはいえ、議論をビジネス分野に特化することによって、ロシア式交渉の特徴をことさら浮き立たせることも可能かもしれない。このような意味から、政治・外交分野ですでに検討したロシア式交渉と部分的には重複することを恐れずに、**第9章**、**第10章**では、通商・貿易分野で顕著にみられるロシア式交渉の特質を論じることにした。読者のなかには、この部分を飛ばして読もうと思われる方と同時に、この二章のみに関心を抱く者さえ存在するかもしれない。

まず指摘せねばならないのは、現ロシア経済が「プーチン式国家資本主義」とでも名づけるべき体制下におかれている事実である。現プーチノクラシーないしプーチノミクス下では、たとえばエネルギー資源、軍需産業、主要テレビなどは、ほぼ完全に国営化されている。私的産業も厳格な許認可権、その他、国家による厳格な監督下におかれている。実際、準国営企業とみなすべき類いの企業が数多く存在する。ロシア人の多くは、純国営、準国営の企業に勤めている公務員、準公務員と言えるだろう。このような意味からも、プーチノクラシーはツァーリズム、ソビエト体制から大きな変化をとげていないと言えるかもしれない。体制の名称こそ変わったものの、三体制下のいずれにおいても、とりわけ外国貿易は国家による独占ないし監督下におかれている。現ロシアの諸企業とのあいだでビジネス交渉をおこなおうとする者は、ロシア側交渉相手の背後でロシア国家の意向が或る程度働いていると疑ってかかるべきだろう。

ロシア側代表団の人事構成には、ロシア社会のタテ割り階層制が反映している。団長を差しおいて副団長が自由に発言することは珍しく、上司の命令なしに部下が自由な交渉行動をしめすことはない。このような特色は、ロシアの対外ビジネス交渉にプラスにもマイナスにも働く。たとえば、情報収集活動。欧米諸国の交渉担当者たちはほとんどすべての情報を共有する建前になっているので、彼らの情報が交渉相手側に洩れたり、筒抜けになったりするマイナス（?）を否定しえない。他方、ロシア代表団では、トップが情報を統括し、他のメンバーには必要最小限度の部分情報しかあたえようとしないので、外部への情報漏洩の心配が殆んどない代わりに、下位の者は自発的にイニシアチブをとって積極的に働こうとする意欲に駆られることも少ないだろう。

ロシア人が「通商・貿易」で用いるタクティクスは、「政治・外交」で用いる戦術と大きく変わらない。とはいえ、ロシア人がビジネス分野で特に愛用するテクニックは存在する。たとえば、交渉相手をして互いに競争させるやり方。「政治・外交」交渉でのロシアの交渉相手は、核兵器の有無、同盟国の数……等々の観点から言って、種々様々だろう。だが、「通商・貿易」上の観点からは世界中のどのような国であれ、たとえばロシアの天然資源の購買者になりうるので、問題は、もっぱら価格如何ということになろう。ロシアは準一元的な国家資本主義体制を採っている点をフルに利用して、各国を競争状態に追い込む。たとえばシベリア産の原油や天然ガスの主要購入者である中・日両国を互に競わせ、より好条件を提示するほうに売却しようともくろむ。

ロシア人がビジネス交渉でとりわけ頻繁に用いるテクニックを紹介すると、まず「当て馬」戦術。事実上競争者が存在しないにもかかわらず、存在するかのように見せかけることによって、価格その他を己に有利な方向へ操作する。また、「モンタージュ」戦術。個々別々のオファーのなかからロシアにとりベストと思われるパーツを選び出し、それらを総合し架空の提案を造り上げる。交渉相手にたいしこの理想型を目指すよう圧力をかけ、それに応じえない程度に応じて値引きすることを要求する。

第Ⅲ部　日本式交渉

本書は**第Ⅱ部**で紹介したロシア式交渉法を前提にして、**第Ⅲ部**でそれにたいする日本側の対抗法を論ずる。まず**第1章**、**第2章**では、その準備作業として日本人の交渉法やスタイルがいったいどのようなものであるかを検討する。日本式交渉はロシア人のそれに勝るとも劣らぬほどユニーク――。世界の専門家たちによってそう見られており、筆者もそのような見方に賛同し、そう考える根拠をまず記す。

大抵の日本人は他人との争いごとを非日常的、例外的な事柄とみなし、その解決法としての交渉を可能なかぎり避けたいと考えている。事実、大概の日本人は、生涯でおそらく一、二度係わる不動産売買を除いては交渉や談判に携わることがなく、顧問弁護士を抱えている家族など、おそらく稀有だろう。このようなことは、日本人は同質性が高く、構成員の移動が少ないムラ社会で長らく暮らしていた事情などと関係しているのかもしれない。仮に揉めごとや争いごとが起こっても、それはムラの長《おさ》たちの発言によって解決され、各人が公開の場で己の主張を堂々と展開し、ディベートして決定する習慣や伝統が存在しなかった。もとより、日本の開国、国際化に伴ってそれでは事が済まなくなってきた。とはいえ日本人のあいだでは、国内的な思考や手法を国際世界へ投影して、紛争事を眺め解決しようとする傾向が未だに強い。

交渉に従事せざるをえない場合、日本人は「信頼関係の構築」こそを、最重要とみなす。だが、このような考え方は、必ずしも現実的とは評しがたい。というのも、国際交渉では、価値観が異なり、信頼しえない「ならず者国家」とすら交渉せねばならないからだ。いや、まさにそのような者とこそ交渉する必要があろう。

日本人は非言語的なコミュニケーション法による意思疎通術に秀れている一方、言語を使用して論理的に他人を説得する所謂「ディベート（討論）」法には必ずしも秀でていない。むしろ、「以心伝心」にもとづく「腹芸」

術などに長けている。同様の伝統や理由から、日本人はテーブルに向かい合って物事を決めるやり方よりも、議題が卓上に上った瞬間には実質上既に話し合いがついている――。このような段取り、すなわち「根まわし」工作を得意とする。また、交渉当事者間の勝ち負けをハッキリさせることも好まない。最終合意を必ずしも一義的にしないための工夫を懲らすことさえ、稀ではない。「玉虫色解決」は、その極端なケースだろう。

第3章は、日本人が対ロ交渉をおこなうに際して心得るべき事柄を、列挙し、検討している。改めて言うまでもなく、今日の日本が交渉する必要に最も迫られている国のひとつは、ロシアだからだ。ロシアとのあいだで領土問題を解決して、平和条約を締結しなければ、日本の戦後は終わらない。そのような意味からも、本書**第II部**でまるまる一〇章分も用いてロシア式交渉の特質を探ることにしたとも言いうるだろう。しかし、それだけでは未だ十分ではない。というのも、交渉事では単に相手の出方ばかりでなく、己の側の対応法をしっかり確立して初めて必要十分条件を備えうるからだ。孫子の兵法も言う。「彼を知り、己を知れば、百戦して殆《あや》うからず」。

筆者がまず強調するのは、ロシア人を、日本人とは大きく異なる国民と前提すべきこと。日本人はややもすると、「我も人間、彼も人間、誠意をもってぶつかり合いさえすれば、必ず互いに分かり合えるはず」と思い込みがちである。基本的には正しいものの、常に妥当するとはかぎらない交渉観と評さねばならない。もしそうならば、すべての係争問題は容易に解決し、妥結に達しているはずだからである。たとえば戦後七〇余年以上も経つのに日ロ間で国交が未だ完全な形では正常化されていない。この厳粛な事実を、右のように楽観的交渉観はいったいどのように説明するのか。重要なことは、将棋盤をぐるりと回していったんロシア側に身をおいて、ロシア人の立場、発想、言い分の視点から問題を直視するやり方だろう。

以上のような態度からロシア側を見る場合、本書の**第II部**で試みたロシア人の交渉観、行動様式、戦術の特質の検討が役に立つはずである。一例を挙げるならば、交渉で最大の役割を演じるのは、〝力〟、なかんずく軍事力であるとのロシア流交渉観。これに対抗するためには、ロシアに匹敵する軍事力をもつ意志のない日本側としては、次のような代替物によって対抗する以外に適当な術がないことになろう。非核国としての防衛力を補うための日米安保条約を堅持するなどの外交上の手立て。世界に冠たる科学技術力のさらなる維持・向上。兎の耳にもたとえられる情報収集能力。いざという時に団結する国民の連帯……等々。

右の一般方針を別の観点からのべるならば、まず肝要なのは総合的、包括的な対ロ戦略の構築ということになろう。日本はロシアに対していったい何を求めているのか。非合法的な手法で奪われた領土主権の回復なのか。それとも、ロシアからの天然エネルギー資源供給の確保なのか。日本人は、熱しやすく冷めやすい「台風メンタリティー」の持ち主と称される。戦後七〇余年もつづいているロシアとの不仲に堪えられず、そろそろこのさい行水を浴びるかのように領土問題をきれいさっぱり解決して忘れ去りたい。こう考えはじめている気配すら感じられる。だとすれば、対日本に我慢くらべ戦術を採っている、ロシア側の思う壺に見事おちいる結果を導きかねない。すべからく対ロシア人相手の交渉ではロシア人以上の忍耐性をもつことが、何よりも大事な必須条件になろう。

こと交渉のユニーク性にかんするかぎり、東西の両横綱ともみなしうる日本とロシアが交渉に従事する場合、その結果はいったいどのような類いのものになるのか。これは、一種の見物《みもの》とさえ言えるだろう。もとより、日ロ両国が戦後七〇余年以上にもわたって平和条約を締結しえないでいる理由は、数多く挙げられる。だが、領土をめぐる基本的な考え方における相違のほかに、ひょっとすると交渉を巡る諸要因、すなわち交渉観、交渉行動様式、交渉戦術の諸点にかんする差異も、その重要な元凶なのかもしれない。このような重要な問いを追求するために、本書は最後にわざわざ二章を設けることにした。

まず**第4章**では、ゴルバチョフ政権下の一九九〇年から九一年初めにかけての時期を紹介する。仮に北方四島の対日返還が実現する可能性が存在したと考える場合、それはゴルバチョフ政権期だったのではないか。筆者がそう考える理由は、次のとおり。第一に、ゴルバチョフが開明的な思想の持ち主だったこと。彼は、「新しい政治思考」を己の外交理念の基本に据え、「ヨーロッパ共通の家」などを提唱、ソビエト外交の硬直した伝統や旧習を打破する大胆な動きをしめした。そのような新路線の直接的、間接的な結果として、たとえば東欧「衛星」圏諸国はソ連圏から次から次へと離脱し、独立を遂げた。第二に、ゴルバチョフ下のソ連が経済的困窮下に陥っていたこと。韓国がソ連との国交を正常化しえたのも、東西ドイツが統合を実現しえたのも、そのような苦境をソ連の面子を損なわない形で側面ないしは背後で援助したからだったのではないか。

ところが、日本側の対ソ・アプローチは拙劣きわまるものだった。まず、外務省と旧通産省の対立。外務省は、「北方四島の一括返還」との正論を唱える一方、ではそれをどのようにして実現するかという具体的方策を真剣に考案しようとしなかった。通産省は、次期総理候補の小沢一郎と組んで四島を二六〇〜二八〇億ドルで買い取る提案を赤裸々な形でゴルバチョフにぶつけた。たしかに、一九九〇年の極くわずかな期間、ゴルバチョフの側近の一部は次のように考えはじめたかのようにみえた。東京政府から経済援助を得るためには、日本への領土返還も止むなし、と。ところが、同年から九一年春へかけて、ゴルバチョフのライバル（政敵）、エリツィンが急速に力をつけてくるに伴い、ゴルバチョフは返還反対派の圧力にさらされるようになった。九一年四月のゴルバチョフ大統領の来日時になると、同大統領の胸中に日本へ領土を返還するという考えはもはや存在せず、日本が四島返還を実現する夢は幻のように消え去っていた。

本書は、日ロ交渉史を扱うことを目的としていない。それは別書が扱う独立したテーマである。とはいえ、次の事実が念頭から離れないことも、たしかである。戦後七〇余年以上にもなるのに未だ日ロ間で平和条約が妥結されず、完全な国交正常化が実現していない。では、このような異常事態の真因は、いったい何なのか。国境線画定のむずかしさに加えて、日ロ間の交渉を巡る態度や手法が懸け離れていることも、ひょっとするとその一因ではなかろうか。だとする場合、では両国の現政権はそのような障害や困難を克服しようとする努力を果たして十分な程度にまでおこなっているのか。このような観点から、最終章の**第5章**ではロシアと日本の現指導者の交渉観、同ビヘイビア、同戦術の比較に若干の紙幅を割く。

プーチン大統領は、第Ⅰ期（二〇〇〇〜〇四年）、日本にたいして若干融和的なジェスチャーをしめした。当時、ロシアは経済的困窮の真っ只中にあったからだった。だがロシアが空前のオイル・ブームに恵まれるようになると、日ロ間の領土問題は「第二次大戦の結果、解決済み」との強硬姿勢をしめすようになった（二〇〇五年）。もっとも、石油ブームは二〇〇八年に「リーマン・ショック」の余波を受けて終焉し、たしかにその後若干の回復基調をしめしたものの、二〇一四年に原油価格は暴落した。物質的生活水準向上の公約ではもはや己の政権支持率を高めえないことを悟ったプーチン大統領は、今度は主として精神的インセンティブに訴えるやり方へと戦術を切り換えた。ロシア独自の価値を強調し、欧米型発展モデルを拒否することによって、国民のナショナリズムにアピールする手法である。同大統領は、このような狙いや旗印のもとにウクライナ、シリアへ軍事介入を敢行した。クリミアの併合はロシア国民によって歓迎され、拍手喝采を浴びる一方、それは日本への北方領土返還をむずかしくすることにもなった。大概のロシア国民にとっては、プーチン大統領が一方の手でクリミアを奪還し、他方の手で北方領土を喪うことなど考ええないことだからである。

このようなプーチン政権を取巻く内外情勢の変化を知ってか知らずか、安倍首相は、プーチン大統領とのあいだで日ロ平和条約の締結を必ずや実現しようと意気込んでいる。だが、自身の任期は二〇二一年九月には終わる一方、プーチン大統領のそれは二〇二四年五月まで保障されている。みずからデッドラインを定めると、交渉は往々にして「独り相撲」に終わる。同首相は、プーチン大統領との会談では「一対一」の会合をもとうとする。ソチでのそのような会合では、安倍首相はロシアの大統領に対して「新しいアプローチ」を提案したと噂される。果たしてこれは、十分考え抜かれた対ロ戦略・戦術だったのだろうか。「新アプローチ」の具体的内容とされる「北方領土での日ロ共同経済活動」がもし実施されるならば、それは同領土の対日返還を導くのではなく、その事実上の放棄につながる可能性のほうがより一層高い。筆者個人は、そのように懸念する。

最後に一点、お断りしたいことがある。それは、ロシア人の人名、地名、その他の固有名詞の日本語表記にかんしてである。少しでも多くの一般の方々に読んで頂きたいと考えているために、本書では日本の主要新聞などで用いられている慣用表記類を参考にし、それらを採用するケースを多くした。つまり、かならずしもロシア語の発音に近い厳密かつアカデミックな表記に統一しようとしなかった。敬称（たとえば、氏など）も、ほとんどのばあい省略した。

第Ⅰ部

交渉の一般理論

米欧諸国での発展

国連安全保障理事会で議長を務めるオバマ大統領（Photo: White House/Pete Souza）

交渉研究の必要性

複雑に入り組んだ線路（『読売新聞』関西版夕刊、2018年9月25日付）

現代は、交渉の時代。交渉は一時的な現象ではなく、生活そのものである。[1]

——I・ウィリアム・ザートマン

人生は、交渉の連続

交渉は、人間の生活と切っても切れない関係にある。われわれは、好むと好まざるとにかかわらず、朝から晩まで何らかの交渉活動にたずさわっている。(2) 上司、同僚、部下、あるいは友人、夫婦、家族の構成員のあいだで、言葉を用いるか否かにかかわらず、何らかの駆け引き、交渉行為をおこなっている。われわれが官庁や企業に勤務していること自体が、労働や拘束時間と引き換えに金銭的な対価、その他を得るという取引の結果であり、その継続であろう。主婦が夕食のお惣菜を求める買い物の際、彼女は小売店の主人との駆け引きに従事する。娘がボーイ・フレンドとのデートに応諾するか否かの決断、そして彼女のデート中のほとんどすべての言動が交渉の性質を帯びたものだろう。要するに、交渉は人生の例外的な現象でなくて、ノーマルシー（常態）とすら言えなくない。(3)

およそ人間が二人いるところに、交渉行為が発生する。こうのべたとしてもけっして言い過ぎでなかろう。無人島に流れついたロビンソン・クルーソーにとり、彼が未だ唯一人の存在であったあいだは交渉事とまったく無縁だったろう。だが、彼がいったんフライデーと名づける従僕と二人になった瞬間から、フライデーとのあいだに「命令―服従」という力関係が生ずるとともに、話し合いないし折衝をおこなう「交渉」関係がはじまった。こうみなしうるだろう。

交渉は、敵対者ばかりでなく、味方、同盟者とのあいだでもおこなわれる。つまり、複数の人間のあいだで仮に利害が一致したり、課題が同一であったり、共同作業をおこなったりする――このような場合でも、交渉は必要である。というのも、仕事や任務にたいするアプローチの差異が存在し、役割やコストの分担、等々を決定するために、話し合いをおこない、合意する必要が生まれるからだ。ましてや、利害が対立する場合ではなおさらのこと、その調整のために交渉が不可欠となろう。この世に生きているかぎり、人間は意見の違いや利害の対立とは無縁でありえない。それらを嫌い回避しようと欲するのならば、極論すると「人でなしの国へ行く許《ばか》り」（夏目漱石『草枕』）か、極端に言えば死を選ぶか、それ以外の途はないだろう。揉め事をもち、交渉することは、人間が生きていることの証左とも言えなくもない。

　利害の衝突や見解の相克を解決する方法は、大別すると二通りしかない。武力に訴えるか、平和的な手段によるか。前者の武力解決は、流血を伴い高価なものにつくばかりか、復讐、その他の悪循環を招きがちである。けっして「相互に受け入れ可能[4]」で安定した状態をつくり出す方法ではない。長い眼でみると、揉め事や紛争を真に解決するやり方とはいえないだろう。後者の代表的なものが、交渉である[5]。交渉は、たしかに、実に多くの時間とエネルギーを費やす非能率な手法ではある。だが交渉する以外に、対立や紛争を平和的に解決する他の術は存在しない。

　右にのべたことは、改めて念を押すまでもない自明の理だろう。そうであるにもかかわらず、われわれは従来ややもすると交渉の重要性を認め、交渉行動に真剣に取り組もうとする努力が十分でなかったように思われる。今や、そうであってはならない。十九世紀はじめにカール・フォン・クラウゼヴィッツは、「戦争は、異なる手段によって継続される政治的交渉に他ならない[6]」とのべた。不幸にも、この言葉は世界の現実に当てはまった。だが、核兵器が発明され、もし核戦争が勃発すれば、人類の破滅の危機さえある今日、このドイツの戦略思想家の言葉は、逆転させられ、次のような表現に言い換えられねばならない[7]。「交渉こそが、異なる手段によって継続される政治である」、と。では、現実はそうなっているか。残念ながら、必ずしもそうだとは断言しえない。米ソ核大国間の「冷戦」は終焉を遂げたが、それは戦争の種子を完全に摘みとることにならなかった。いやむしろその危険性を増大させる皮肉を招いているからだ。なぜか。その訳を説明しよう。

冷戦の終焉が交渉に及ぼしたもの

「冷戦（cold war）」は、一種の戦争とも言えるが、もとより現実に戦火を交える「熱い戦争（hot war）」ではなかった。戦争でもなければ、さりとて完全な平和でもない、中途半端な状態だった。[8] ともあれ、第二次世界大戦後に約半世紀近くにわたってつづいたそのような冷戦状態は、一九八九年〜九一年頃に幕を閉じた。[9]

たしかに、冷戦が終焉したというのは主として欧州地域に着目してのことであり、必ずしも他の地域でもそうとはかぎらない。たとえばアジアでは、未だ北朝鮮（朝鮮民主主義人民共和国）と大韓民国の対立がつづいている。ロシアと日本とのあいだでも北方領土問題が未解決で、平和条約が締結されていず、国交の完全正常化は達成されていない。とはいえ、冷戦を次のように定義しよう。それは第一に、共産主義（もしくは社会主義）vs自由主義（もしくは資本主義）のイデオロギー上の闘い。第二に、旧ソ連邦を盟主とする東側陣営と、米国をリーダーとする西側陣営のあいだで覇権争い。第三に、グローバル規模での戦争寸前の対決状態。[10] たしかに後にふれるように最近「ミニ冷戦」と名づけられるような米ロ間の新しい対立状態が生まれてはいるものの、右のような意味での冷戦はほぼ終わりを告げた。こうみなして、差し支えなかろう。[11]

以上のようにのべたあとで、筆者が指摘したいのは、次のことである。本書のテーマ（主題）である交渉は、右にのべた冷戦真っ只中の国際場裡で重要な役割を演じていた。では、冷戦終焉後の現世界でどうか。驚くなかれ、それがになう役割は少しも減少していない、いや、それどころか逆に増大している。残念ながら、これが現実のようなのである。なぜ、そのように見なさなければならないのか。主として二つの理由——互いに関連している——が挙げられる。

第一に、冷戦終了とともに、米ソ二極支配の構造が崩れ去ったことが、まさに交渉の必要性を増大させた。

厳密に言うと、「極」としての地位から滑り落ちたのは、旧ソ連邦だった。ソ連は、米国とりわけロナルド・レーガン大統領が果敢に仕掛けた「戦略防衛イニシアチブ（SDI）」——俗名、「スター・ウォーズ」——と呼ばれる軍拡競争に、事実上、敗れ去った。レオニード・ブレジネフ共産党書記長が十八年間もの長きにわたり政権の座にとどまっていたために、ソ連邦は政治、経済、軍事、社会一般が「停滞（ザストイ）」と呼ばれる状態におちいり、米国の挑戦に応えられなかったからだ。

冷戦終焉後の世界政治を仕切るようになったのは、アメリカ合衆国である。結果として、アメリカ一国が優位する「一極主義（unipolarism; однополярность）」が幅を利かすようになった。このことは誰しもが或る程度まで認めざるをえない確かな事実だろう。しかしだからといって、国際場裡でアメリカの主張が必ずまかり通るようになったわけではない。まず、アメリカは曲りなりにも民主主義、自由主義、多元主義を建国の精神として掲げる国であり、他国の意見にも耳を傾け、多数決原理にも服する。現に二〇〇三年、ジョージ・W・ブッシュJr.米政権がイラク攻撃をはじめたとき、英国は賛同したものの、ドイツ、フランスは反対に回りロシアとのあいだで「有志同盟」を結成した。つまり、冷戦後に唯一の超大国になった米国でさえも、己の優越する軍事力、経済力のみを用いて国際政治を動かしうるわけではない。他国を説得するためには、主としてロジックに訴える交渉行為（negotiation）にも頼る必要があるのだ。

多極化の世界と国家間のダイナミズム

同様のこと、すなわち交渉に依存せざるをえないという事情は、ロシア、その他の国々についてさらに一層当てはまる。アメリカ合衆国に比べ、軍事力、経済力ではるかに劣る諸国が国際世界で生き残ってゆくためには、好むと好まざるとにかかわらず交渉という手段に訴える以外、他に適当な術は残されていない。このことを、ロシアを例にとって説明してみよう。

ロシアは、冷戦後の世界でもはや米国と並ぶ超大国なのではない。核兵器の保有数だけに着目するならば、たしかにロシアは依然として超大国かもしれない。だが、核兵器はいわば使えない兵器である。さらに、政治、経済、科学技術、文化、等々の観点からみると、現ロシアは単なる「ワン・ノブ・ゼム」の大国にすぎない。他ならぬロシア自身がこのように自己認識をおこない、己だけではもはや米国に対抗しえぬと考えて、「多極主義（multipolarism; многополярность）」の立場を標榜するようになった。具体的な行動としては、他国と語らい、以下のような組織に参加したり、機関を結成したりして、事実上、米国に対抗しようと懸命になっている。たとえば、「上海協力機構（ＳＣＯ）」、「ＢＲＩＣＳ（新興五大国）」、「Ｇ20（主要二〇カ国・地域）」、等々。ロシアは、なかでも中国との連携に積極的な態度をしめしている。中国は周知のように、国民総生産（ＧＤＰ）でも日本を抜いて世界第二位の座に躍り出るなど、近年急速に力をつけてきている。ロシアは、そのような中国とたとえば国連安保理で共に常任理事国として拒否権をもつ立場をフルに利用して、米国の発言力や影響力を減じようと躍起になっている。

このようにして、現時点での国際世界は、米国一極にプラスして複数の極がダイナミックに離合集散を繰り返す混沌とした小宇宙状態にもたとえうるだろう。そのような世界では、すべての国家（そして、その複合体）は、もはや物理的な力に訴えるだけでは他の諸国を仲間に引き入れたり、他国に十分な程度にまで影響をおよぼしたりしえない。どうしてもロジック、その他を総動員する交渉やバーゲニング行為が必要不可欠になってこざるをえない。このことは事実上、冷戦終結後の世界で一極主義をほしいままにするかのように見えたアメリカ合衆国にすら当てはまる。ドナルド・トランプ現米大統領は、「米国第一主義」を唱え、側近や部下として軍人やＣＩＡ（中央情報局）出身の人間ばかりを集める傾向を顕著にしめしている。ところが、そのような同大統領でさえ、ロシア、中国、北朝鮮をも含む諸外国と対話しディール（取引）せねばならないと考えている。彼は、みずからを「ディール・マン」と名づけている。

ロシアのプーチン現政権の観点からみて、このようなトランプ政権の出現は必ずしも悪い話ばかりではない。というのも、トランプ政権の外交姿勢は次の点で歴代の米政権のそれから大きく異なっているからだ。まず、トランプ政権の「アメリカ・ファースト主義」は何よりも米国の国益追求を第一義とみなすから、それがいったん自国の利益にプラスとならないとみなすや、もはや他国の内政にほとんど干渉しようとしない。これは、プーチンが説く多極主義の主張にも叶う好都合な傾向ないし展開ではないか。

右と関連して、トランプ政権は米国の価値観やモラルを万国共通の普遍的なそれとみなすことを止め、それらを他国に無理強いしようとしなくなった。その代わりに、何にも増してアメリカの国益追求を最優先し、同様のことをおこなおうとする他国とのあいだで取引しようと試みる。もとよりトランプが採る手法は、己の〝力〟を頼みとする大国主義的な強引さを未だ完全な程度には払拭していない。それゆえに、のちに詳しく紹介するハロルド・ニコルソンの二大分類のうち「武人的な」外交の性質を残存させており、「商人的な」外交への転換をとげているとはみなしがたい。とはいえ、トランプ外交は、ブッシュJr.による武力外交やバラク・オバマによる米国流価値観に基礎をおく外交に比べると、ビジネスライクな「商人」外交へと変わってきている。ひとつにはそのような転換の結果だろうか、トランプ政権は、北朝鮮のような「ならず者国家（rogue states）」とのあいだですら、対話、ひいては交渉をおこなうことに躊躇しない姿勢をしめしている。

冷戦の終了がもたらした紛争の噴出

冷戦後の国際社会にかんして、第二に指摘せねばならぬことがある。冷戦の終了が、ある種の地域戦争を誘発させる――このような残念な事実を招来させている事実だ。冷戦の終了は、たしかに、米ソ二超大国間のイデオロギーならびに核兵器を背景にする対立を緩和したかもしれない。たとえば以前には米ソ間の代理戦争の形をとって発生しがちだった開発途上国間の内外での地域戦争（ベトナム戦争等）は、米ソ対立関係の消滅によって減少したかもしれない。ところが皮肉なことに、そのことが或る種の地域紛争を噴出、活発化させる結果を導いた。

つまり、地域紛争のなかには、これら以外の地域紛争、すなわち東西対立と関連をもたない類いの紛争が存在する。たとえば宗教、民族間の相違、国境、経済的貧困などの諸問題を巡る確執によって生じる紛争である。冷戦の期間中、そのような対立は、幸い、抑制され、封じ込められていた。それが東西ブロック間で核戦争を誘発させる導因になるかもしれない。このような懸念が存在したからだった。また、「西側」陣営の団結、旧ソ連による強固な覇権主義支配……等々も、抑止のバネとして作用していたからだった。ところが、一九八九～九一年にかけて一連の事件が起こった。「共産主義」イデオロギーの崩壊、東・中欧「衛星」圏の喪失、ソ連邦の解体である。これらをきっかけとして、それまで封じ込められていた地域紛争が活発化することになった。たとえて言うと、それまで地底下に閉じ込められていた紛争の火種が突如表面に噴き出すかのように猖《しよう》獗《けつ》を極めるようになった。

このような現象をみると、冷戦の終結、すなわち米ソ対立構造の緩和によって、あらゆる類いの紛争が解決された――こう早とちりするのは、禁物と言えよう。いや、残念ながら、事実は逆とさえ評さねばならないかもしれない。ソ連解体は、単に旧ソ連邦内での民族主義の噴出（たとえば、チェチェン紛争）を加速化したばかりではない。[12]かつて軍事超大国だったソ連邦が解体し、その支配のたがが緩むことによって、それまでソ連による内政干渉の危険を恐れるあまり内輪もめを最小限にくい止めていた制約がなくなった。そのような事情によって、旧ソ連支配下の東欧ブロックの内部で胚胎中だった紛争の萌芽がみるみる生育をとげ、地域戦争の形をとって噴出した。このように評しうるかもしれない。ユーゴスラビアの内戦は、その好例と言えるだろう。

ユーゴスラビアの内乱は、たしかにユーゴスラビアの国内事情、とりわけ長年にわたって存在してきた諸民族や勢力間の確執や対立がその主要原因となって、発生したものにはちがいない。とはいえ、もし仮にソ連の統制力弱体化という事情が起こらなければ、それは果たしてあのような速度や規模で表面化し、爆発をとげていただろうか。これは提起するに値する問いだろう。旧ユーゴスラビアはやや特殊なケースかもしれない。だが、今日の国際世界を眺めると、それをもって地域紛争が流血を伴う戦争に転じた単なる例外にすぎない――残念ながら、こう断言しえないのである。

冷戦終了後に、国際場裡で交渉の出番が増大したさらにもう一つの理由をつけ加えねばならない。それは、「西側」陣営においてさえも亀裂が生まれ、様々な種類の葛藤や対立が激化し、表面化するにいたっていることである（たとえば、米国＝ＥＵ諸国間の貿易問題での確執、ＮＡＴＯ諸国内での分担金、その他同盟国間での貢献の度合を巡る軋轢、Ｂｒｅｘｉｔ（英国離脱）をめぐるいざこざ、日米間の経済摩擦……等々）。

もとより、この種の対立は冷戦終結前にも存在した。だが冷戦中は、「西側」にとり現実ないし仮想の敵国との抗争がより差し迫った喫緊の課題だった。ソ連、東・中欧諸国など「共産主義」イデオロギーや体制を標榜していた国々との対決に他ならない。共通の敵、「東側」陣営に対抗するためには、「西側」陣営は連帯・団結することが必要不可欠だった。この至上命令ないしは先決問題が存在したがゆえに、「西側」陣営内での少々の利害の相違は二次的、三次的な事柄とみなされていた。仮にそのようなものが存在するにしても、それらは秘匿され、表面に浮上することが許されなかった。「西側」陣営内での足並みの乱れはタブーとされ、封じ込まれていた。

ところが、「共産圏」諸国という共通の敵がほぼ完全に消滅した今、以前には仲間のはずだった「西側」諸国間の齟齬が遠慮会釈なく表面化し、拡大しさえする事態が招来された。政治の世界では、「敵は存在しなければ造り出される（ハンナ・アーレント）[13]」傾向すら否めない。かつてのイデオロギーに代わって今後は文化や宗教観の相違等が世界各国の争いの元になりつつある。荒っぽく言うならば、フランシス・フクヤマの『歴史の終わり[14]』やサミュエル・ハンチントンの『文明の衝突[15]』における理論は、おそらくこのような新事態に着目してのべられたものだろう。

国際場裡で交渉の必要性が増大しつつある第三番目の理由も指摘せねば、フェアでないかもしれない。それは、冷戦の終焉とは必ずしも直接的には関連しない一般的、かつポジティブとさえ評価しうる状況である。つまり、時の経過とともに揉め事や紛争の解決手段として、平和的な話し合いとして交渉の重要性が人々によってますます自覚されるようになってきた。それ以外の武力や強制力を背景とする解決法が次第に許容されなくなったという望ましい趨勢である。だがこの点については、今さら改めて詳述する必要はなかろう。

第1章

交渉とは何か

交渉の種類

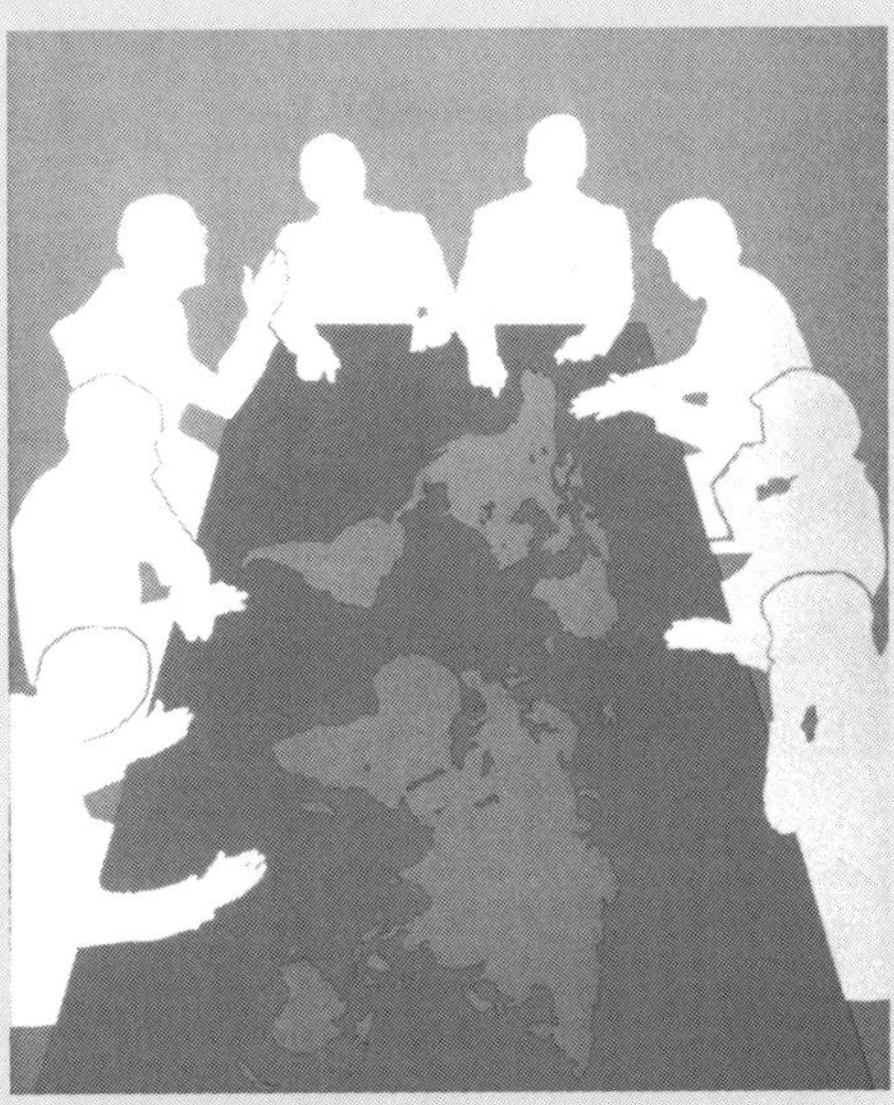

交渉は卵、外交はオムレツのように両者は密接かつ切っても切れない関係にある。

——フォイ・D・コーラー(1)

「外交」や「駆け引き」との違い

「交渉」は、時として「外交」とあたかも同義語であるかのように用いられる。「外交交渉」[2]というふうに、一語として使われることもある。本書でも、常に「外交」と「交渉」を厳密に区別しているとは断言しえない。だが、両概念はふつう次のように区別されているので、極力そのことを意識して議論を進めることにしよう。「外交（diplomacy）」は、交渉による国際関係の処理。[3]「交渉（negotiation）」は、そのような外交の主要な手段。[4]――これらの定義からも容易に分かるように、両概念は互いに他を必要とし、密接不可分に関連している。[5]「交渉は卵、外交はオムレツ」。このようなたとえをおこなう者もいるくらいだ。[6]

「バーゲニング（bargaining; 駆け引き）」という言葉も、交渉と非常によく似かよった概念で、ほとんど同義語のように用いられる。[7]だが厳密に言うと、少し違う。「バーゲニング」という場合、当事者同士が必ずしも交渉テーブルに向かい合って坐り、正式な形で各自の提案を提示したり、交換したりしていなくともよい。仮に意思疎通が不完全なものであっても、ましてや暗黙、間接的なやり方であっても、かまわない。口頭でなされる必要すらなく、非口頭の形、たとえばボディ・ランゲージ（身体言語）、しぐさ、所作、ジェスチャーを通じてなされてもよい。当事者が互いに相手側の言動を見守り、解釈し、また相手側によって己がそのようにみられていることを知り、それを計算に入れて行動する。――これらすべてが、バーゲニングのなかに含まれる。[8]時としては何らかの理由にもとづいて、明示的な形での交渉をおこないえないがために、もっぱらそのようなバーゲニング行動に依存せざるをえないケースもおこるだろう。[9]たとえば軍事的対立関係にある当事国間で、正式な外交関係が存在しなかったり、そのチャネルが切断されたりしている場合である。

「交渉」はバーゲニングの一形態ではあるが、バーゲニングより意味の狭い言葉と言えよう。[10]交渉は、一応正式にテーブルに坐って、取引をおこなっていることを明確に意識している行為を指す。「明示的な形でのバーゲニング」[11]と定義しても、差し支えないかもしれない。もっとも、人間が現実におこなう意思疎通は、必ずしも明示、暗示のどちらかと明確に区別しうるとはかぎらない。時としては交渉とバーゲニングとのあいだの境界線が曖昧で、同一行為がその両者、すなわち交渉でもありバーゲニングでもあるケースもありうるだろう。[12]

「交渉」概念の定義

「外交」や「バーゲニング」と対比する以上の説明法によって、「交渉」の意味がやや明らかになったかもしれない。次に一歩進んで、「交渉」概念それ自体のより厳密な定義とは、いったい何か？　この問題に真正面から取り組むことにしよう。「交渉」は、学者によって様々に定義されているが、[13]一応次のようにまとめうる。「共通あるいは相対立する利害を明示的に調整し、合意を模索する共同行為である」。[14]このように抽象的な定義が意味するものをもう少し眼に見える形で明らかにするために、以下、若干の注釈をつけることにしよう。

第一に、交渉の主体は何か。こう尋ねられるならば、大別して、個人、組織、政府の三つと答えるべきだろう。国際交渉を主たる対象とする本書では、第三番目の政府（国家）を交渉主体とするケースを取り扱う場合が多くなろう。交渉は、敵と味方、競争し対立する諸国のあいだばかりでなく、友邦同士、同盟国のあいだでも利害調整その他の目的や必要性にもとづいておこなわれる。[15]

第二に、交渉の対象は、何か。国家の存亡を賭けた事柄からはじまって、儀式的、技術的な瑣末事にいたるまであらゆることが、その対象になる。

第三に、利害（interests）の対立が存在することが、前提である。そもそも利害が対立していなければ、交渉をおこなう必要は発生しない。分かりきったことだろう。むしろ見逃されやすいのは、逆のことである。すなわち、交渉によっても解決されえないほど当事者の利害や意見の対立が大きい場合、おそらく交渉は成立しないことになろう。極端に言えば、交渉などはじめから成立しえないかもしれない。ここに、交渉の限界がある。われわれは、ややもすると〝交渉万能主義〟の立場にたとうとする。だが、交渉をおこなうことと、交渉を成立させること——これは、まったく二つの別事だろう。SALT（戦略兵器制限交渉）の米側代表団の一員だったエドワード・ロウニー中将は、警告する。アメリカ人に根強い考え方、すなわち「交渉に従事していることそのこと自体が緊張緩和に役立ち、核戦争勃発の可能性を減少させている」[16]——このような考えは時として間違いであり、危険でさえある。というのも、或る種の国家は交渉を軍事拡張の隠れ蓑や時間稼ぎの手段として利用しようと欲するからである。[17] もし利害の対立が極端なまでに大きい場合、交渉それ自体が成立しない。このごく当たり前のことも念頭においておく必要があろう。

第四に、共通の利害が存在する時でさえ、その共通利害をいったいどのようなやり方で実現し、その成果を分配するか——これらの問題を巡って交渉する必要性が生じる。そのような「共通の利害」は、フレッド・イクレ（米国の交渉学研究のパイオニアの一人）によれば次の二種類に分けられる。[18]

一は、「同一の（identical）」利害。交渉当事者が共同作業などをおこなうことを通じて獲得を目指す利益である。共同作業とは、たとえばダムの共同建設、会社の合併、漁業資源保護、休戦協定など。このような同一利害を追求する場合、交渉当事者間では共同作業の推進方法、コストや利益の配分などを巡って交渉することが必要になろう。[19]

二は、「補完的な（complementary）」利害。自分だけでは取得しえないところの異なる対象を交換したり、互いにあたえ合ったりすることによって得られる利益。[20] 通常、売買、バーター取引、つまりビジネスと呼ばれる行為が、その好例である。また、相互租税条約、以遠権などに関する航空協定も、そのような利害を互いに分配したり、譲りあったりすることによって達成される。

現実には右の一と二のいずれかであると区別されることなく、ふつう両者の側面を併せもつ交渉がおこなわれる。好例は、ヨーロッパの六カ国によるEEC（欧州共同体）の設立。大きな統一市場を創り出そうという意味では、これら六カ国は「同一の」利害にもとづく交渉をおこなった。が、たとえば関税などを巡って互いに譲歩し合うことを目指す点では、「補完的な」利害を共有しており、その程度を巡る交渉をおこなった。また、たとえば米国とソ連による核実験停止条約の締結。両国は共に軍事力、そのコストを削減するという点では「同一の」利益を追求する。第三国による核拡散を阻止しようとする「同一の」利益の達成も狙っている。同時に、相手側に新兵器の開発をスローダウンさせようとする点で、「補完的な」利益の達成も目指している。[21]

第五に、交渉は、「明示的（explicit）」な提案をおこなうことが、その特徴である。この点で、交渉はバーゲニングから区別される。バーゲニングは、明示的な提案（あるいは逆提案）をおこなうことなく、合意や不合意のシグナルを時にはわざと漠然とした形で送り、相手側をして想像力をかき立たせようと試みる。他方、交渉は相手側にはっきりと分かる形で己の要求を伝達する。交渉を広義のバーゲニングに含めることが可能とはいえ、「明示的な形でのバーゲニング」と定義される交渉は、狭義ではバーゲニング一般から区別される。

理想の交渉とは

交渉概念の第六番目の特色は、「相互性（mutuality）[22]」と言えよう。これは、交渉概念の諸要素のなかでもおそらく最重要ファクターとみなさねばならぬ。その意味からも、やや詳しく論じる必要があろう。

交渉行為には、自分のほかに相手方という者が存在する。この点を強調して、交渉は「一人では踊れないタンゴ」にたとえられる。当然だろう。とはいえ、この当たり前のことをつねに念頭においておかなければ、交渉の成功はおぼつかない。言い換えるならば、相手側の立場を理解し、互いに譲り合うことを通じてはじめて、対立する利害の調整が可能になる。具体的に言うと、〝ギブ・アンド・テイク〟の互譲の精神にもとづき、時には思い切って妥協することも必要になろう。ところが、これは〈言うは易《やす》く行なうは難《かた》し〉。国際交渉の担当者たちは己の背中に国益を背負っているので、それを些かも損なうことなく、しかも相手側からはできるかぎり多くの譲歩を引き出すことだけで頭が一杯になっている。結果として、交渉者間の利害調整は至難の業となるのが恒《つね》である。

まず、みずからの立場をいったいどのようにすれば相手側に正確に伝え、理解し、受け容れさせるのか。この作業ないし工夫からして、非常にむずかしい。自分と異なった「文化」を束ねたコンプレックス（複合体）たる相手国の交渉者たちとのあいだでは、意思疎通をおこなうだけでも一苦労であるのに、[23]それに加えて相手方を説得し、納得させる――。これは、絶望的と評すべきまでに困難な作業だろう。

相手側の見解を正確に認識する作業も、簡単なようで実にむずかしい。他人の立場にたってその主張に虚心坦懐に耳を傾け、理解することは、他者に向かって己の主張をおこなうことに比べ、はるかにむずかしいと言えよう。交渉者は、放っておくと自身の尺度にもとづいて、他人の立場や主張を判断しがちである。相手側もとうぜん宣伝や駆け引きを駆使するだろうから、当方の猜疑心は厭がうえにも増大せざるを得ない。しかも、このような当方の態度は、とうぜん相手側にも反映する。結果として、いわゆる「ミラー・イメージ」[24]現象と呼ばれる一種の悪循環が発生するだろう。スターリンとダレス、[25]ケネディとフルシチョフ[26]とのあいだでそうだったように、双方の疑心暗鬼が嵩じて、極端な場合には底なしの泥沼に落ち込むケースさえ稀ではない。こういう事態になると、もはや交渉は本来の相互行為とは違って、「独り相撲（self-negotiating）[27]」の様相すら呈するだろう。

では逆に、理想的な交渉とはいったい何か？　次のようなものと定義しうるかもしれない。当初交渉者が抱いていたイメージや利害が、交渉過程を通じて次第に変化をとげてゆく。最終的には、相手側のそれと収斂、あるいは同一化する。そこまではいかないにしろ、少なくとも両立ないし補完し合う程度にまで変容する。[28]あるいは、そのような状態に導くための共通項ないしは利害を何とか発見する[29]——。これらは、学習の意欲、寛容の精神、自己変革の用意や努力がなされてはじめて可能になる。ふつう交渉者は、意識的、無意識的に自己欺瞞、責任転嫁などの作業をおこなうことによって、このような苦しい自己改革を何とか逃れようと試みがちだろう。

要約すると、次のようなプロセスを辿るならば、それは理想的な交渉と言えるだろう。すなわち、自己を厳しく凝視・コントロールし、高度の技巧を発揮し、容易に見きわめ難い他者の立場を測り、みずからも他者も同時に満足させるフォーミュラ（定式）を発見しようとする努力を小止みなく営々とつづける。交渉が「不可能を可能とする曲芸《アクロバット》」[30]と称される所以《ゆえん》である。なぜならば、通常の人間にとってこのような努力は困難至極、できるならば避けたいと思う苦しい自己改革の作業以外の何物でもないからだ。

交渉の五つの形態——「延長」「正常化」「再配分」「革新」「副産物」

交渉と一言でいっても、実は様々な種類の交渉形態が存在する。[31]当該交渉がいったいどのような類いの交渉なのか。交渉のカテゴリーを明確に承知し、その種類をけっして混同しないこと——これは、交渉当事者、そして交渉に関心を抱く者にとり交渉の成否にも関係する非常に重要な事柄と言えよう。本章の後半部分を用いて、交渉の種類について敢えて説明を加える所以である。

交渉は、視点の違いによって幾通りにも分類できる。たとえば、交渉の目的、参加者、進め方、争点の数、そして結果などの観点から様々に分類することが可能なのである。やや煩雑かつ退屈な作業になるかもしれないが、その各々についてごく簡単に説明しておく必要があるだろう。読者諸賢は、しばらくのあいだ辛抱して読み進めていただきたい。まず、交渉が達成しようとする目標の観点からは、交渉は次の五つに分類される[32]。

（1）「延長（extension）[33]」

交渉には、現状維持を目的とするものがある。つまり現時点で存在する状況をつづけたり、それに微調整を加えたりすることだけを目指すための交渉である。現行の条約や協定（たとえば、日米安保条約、現存の租税条約、文化協定）の延長ないし更新を巡る交渉は、その好例だろう。人間には惰性や「慣性の法則」が働くので、これらの交渉は概してまとまりやすい。この種の交渉の主な特徴は、次の通り。①交渉のメイン・テーマは、ノーマルな状態の延長である。②これまでの合意が、先例として強い影響力をおよぼす。③交渉が長引く場合、すべての関係者に不利益をもたらす。④万一合意に到達しえないケースには、現状が破壊される惧れが伴う。⑤したがって、その点から言っても、交渉は妥結しやすくなる。

（2）「正常化（normalization）[34]」

これは、現在のアブノーマルな状態に終止符を打つことを目的とする交渉である。たとえば、日本とその交戦諸国とのあいだの戦争状態を終結させるためのサンフランシスコ講和条約交渉。同じく朝鮮戦争を終結させようとした板門店での休戦会談。一九五六年の日ソ共同宣言を巡る交渉などがこれに当たる。次の諸点が、この種の交渉の特徴である。①もし交渉努力をおこなわなければ、現状がつづくこととなり、ほとんどの関係当事者が不利益を被る。そのために、当事者間では交渉を積極的に促進し、解決に努力しようとするインセンティブが働く。②ふつう、交渉者にたいして交渉を妥結させる方向に向けて国内の世論、その他から強い圧力が加えられる。③交渉が長引くと、相対的に力の強い側は軍事力などの圧力を行使して交渉によって得られない勝利を手に入れようとする誘惑に駆られる。④合意に達しえない場合、戦場での闘いを再開するか、戦闘の規模を減少させる暗黙の合意に達するか。このいずれかの事態すら導くだろう。

(3)「再配分(redistribution)[35]」

現状を変更して、すでに配分済みの価値を配分し直すことを目的とする交渉。利害の対立を巡って、攻勢にでる者と守勢にまわる者とのあいだに明確な立場の違いが現れる。前者が交渉に成功すると現状の変更を導き、後者は前者の要求のすべてあるいは一部を呑むことになる。たとえば国際連合における常任理事国の数を変更すべきとの提案がなされる場合が、それに当たる。では、守勢にたつ側は己に不利な交渉になぜ応じることになるのか。それは端的に言うと、攻勢にたつ側が後者を脅迫する力を持っているからだろう。

この種の交渉の特徴としては、次の諸点が指摘される。①攻勢にたつ側と守勢にまわる側とのあいだに明確な利害の対立が存在する。②交渉のテーマ(主題)は、攻勢にたつ側に有利となる形での利益の再分配である。それにもかかわらず、攻勢にたつ側はあたかも正常化を目指す、前出(2)の交渉であるかのように見せかけようと試みる。守勢にたつ側は損害を先送りしようと欲するものの、時としては右の戦術に惑わされて再分配に応じることが正常化であるかのように考えるようになる。③両者が頑固に己の立場を主張しつづける場合、交渉はなかなか合意へと達しえない。現状維持は攻勢にたつ側の負けを意味する。④両者は長期的な友好関係の維持を欲する立場にたって補完的利益を付加し、それを充足させようとする工夫を試みるだろう。⑤それにもかかわらず、前者が脅しを部分的ないし全面的に実行に移す誘惑に駆られることも珍しくない。

（4）「革新（innovation）[36]」

まったく新しい何かを企てたり、新しい関係を創造したりすることを目指す交渉。たとえば、国際連合、欧州連合（EU）、「国際原子力機関（IAEA）」の創設、南極大陸の非武装化を推進した交渉など。

この種の交渉は、たしかに無から有を造り出すむずかしさを伴う一方、既存の障害物が存在しないという意味で楽な側面もある。創造へ向けての共通の利益が全当事者間に参加意識を促進し、連帯感を育成し、協力促進に貢献する。たとえばハリー・トルーマン米大統領は、「必要とあればソ連の参加なしでも、米国は国際連合の創設に踏み切るつもりである」との決意を表明した。ドワイト・アイゼンハワー米大統領も、ほぼ同様の威嚇を用いて、IAEA創設に成功した。もっとも、特定メンバーの参加が不可欠条件とされる場合には、この種の脅しは効果を発揮しえない。たとえばグローバル規模の軍縮交渉は米・ソ両核大国の参加なしには最初から問題外だろう。また、国連安保理事会では、常任理事国として拒否権《ベトー》を所持している国の意向が決定的な役割を果たす。

それはともかく、「革新」を目指す交渉は、次のような特徴をしめす。①交渉のメイン・テーマは、互恵的利益が得られる制度やアレンジメントを新しく創り出すこと。②交渉妥結のための戦術としては、そのような相互利益の存在が力説される一方で、新制度や新しいアレンジメントから排除されることがもたらすであろう不利益についての警告ないし脅しが加えられる。③「革新」に反対する人々は、この交渉が「革新」でなく、実は（3）の「再配分」を目指す交渉にすぎないと説く戦術を採ることが多い。④交渉が長引くと、「革新」に賛成する人々が当初の目的や立場を変更するケースも発生するだろう。⑤合意が達成されない場合は、とうぜん現状維持という結果になる。

（5）「副産物（side-effects）[37]」

右に紹介した四種類の交渉は、それが目指す目標こそ異なっているものの、いずれも最終合意へ到達することを目的としている点で共通している。ところが五番目の交渉は、以上の四つと次の点で異なる。必ずしも最終合意の形成を目指さず、むしろ交渉に従事すること自体を目的とする。たとえば以下にのべるような交渉の副産物を追求もしくは獲得するために、交渉を継続したり合意を達成したりするかのように見せかける[38]。①己の立場の正当性をＰＲし、交渉妥結に熱心なことを喧伝する。②相手側との接触を維持しつづける。③交渉相手の出方や戦術にかんする情報収集をおこなう。④交渉当事者たち以外の第三者に影響をおよぼす。⑤さも話し合いに熱心であるかのような振りをして、実は戦争準備などの真の意図や行為を隠蔽する。⑥交渉を拒否する場合に被るかもしれないマイナスを懸念して、あたかも交渉に応じているかのごときジェスチャーをおこなう。

——以上の五分類は、改めて断るまでもなく飽くまで「理念型（ideal types）」としての区分に過ぎず、現実の交渉は右の五つのタイプのミックス（混合物）であることが多い[39]。また、己がおこなっている交渉が果たしてどの類いのそれであるか。——このことを、他ならぬ交渉者自身が正確に認識していないケースも珍しくない。また、その実態を意識的・無意識的に誤解しようと試みるケースすら稀でない[40]。さらに言うと、交渉の推移次第によっては交渉の種類が途中で変更したり、人為的に転換させられたりする場合も起こるだろう[41]。

交渉の分類は、先に示唆したように、けっして現実的な意味をまったくもたない衒学的な興味だけにもとづく作業なのではない。これがけっして誇張した発言でないことは、たとえば次の問いを提起することによって判明するだろう。日ロ間でおこなわれている北方領土交渉は、以上の五分類のうち果たしてどのカテゴリーに該当するのか。これは一見何でもない質問のように見えて、この困難な問題の解決にも関係してくる重要な問いだと言えよう。なぜならば、この問いにたいする答え次第によって、同問題の解決を目指す交渉法が変わってくるからだ。

同交渉は、まず（1）の「延長」交渉でないことについては、改めて断わるまでもない。少なくとも日本側は、そのような見方や性格づけに猛然と反対するだろう。日ロ両国関係の完全正常化を目指すという意味で、それは（2）の「正常化」交渉に該当する。と同時に、それは、日ロ両国が国境線を画定するという意味では（4）の「革新」交渉でもあるかもしれない。ところが、ロシア側は、同交渉があたかも最も妥結困難な（3）の領土の「再配分」を目的とする交渉であるかのようにみなし、その理由で交渉すること自体に反対を唱える。北方領土交渉が今日まで容易に妥結に到達していない理由として、ロシア側によるこのような意識的、無意識的に誤解を惹き起こそうとする作戦が或る程度まで成功している事実を指摘しても、差し支えないだろう。

「二者間交渉」と「多数者間交渉」

――以上は、交渉が達成しようとする目標に着目しての区分けだった。交渉は、その他の観点から分類することも可能である。目的以外の見地からなされている分類を、やや形式的なものからより実質的なものへの順序で、以下、紹介してみよう。

まず、交渉当事者の数に注目すると、それが二である場合と、二以上の複数である場合とでは、交渉の性質や技術の点で違いが生まれてこよう。[42] 交渉当事者の数が二である場合は「二者間（bilateral）交渉」、交渉者数が二以上となる場合は「多数者間（multilateral）交渉」と名づけられる。[43] この区別は、いわゆる「ゲームの理論」での「二人ゲーム」と「二人以上ゲーム」に該当する。[44]

たとえば北方四島の対日返還にかんする交渉は日本とロシアとのあいだ、日米自動車協議や沖縄基地問題交渉は日本と米国とのあいだの「二者間交渉」である。他方、国際連合やアジア太平洋経済協力（APEC）は、「多数者間交渉」の場である。通常、力を持つ国は二国間交渉をおこなって、二国間の枠組みをつくることを望む。そのほうが大国である己にとって有利だからだ。逆に力を持たない国は多国間の枠組みをつくり、他国間交渉をおこなうことを望む。そのほうが小国にとって有利だからである。実際、トランプ大統領は、たとえばアメリカ、カナダ、メキシコの三カ国が加盟する「北米自由貿易協定（NAFTA）」を再考しようとする意向をしめした。ほぼ同様の考えから、同米大統領は日米貿易摩擦を解消するためには二国間の「自由貿易協定（Free Trade Agreement; FTA）」のほうを「効率的かつ有益」とみなす。それに対して、安倍晋三首相は多国間（アメリカ離脱前は一二カ国が加盟）の枠組みである「環太平洋経済連携協定（TPP）」こそが最善の方式との立場を採り、同協定への米国の加盟を促す。

外見上は「多数者間交渉」であるかのように映るものの、実質的には「二者間交渉」に他ならぬケースも発生するだろう。たとえば教師—学生間交渉で、学生側の全員が終始一貫して一糸乱れず団結するならば、それは事実上「二者間交渉」とみなしうるかもしれない。逆に、外見上では「二者間交渉」のように映るものの、実際には「多数者間交渉」となるケースはしばしば発生するだろう。たとえば空港その他の公共設備の建設のための土地収用を巡って、土地を収用される農民が必ずしも単一グループへと団結せず、賛否様々なニュアンスをもつサブ・グループに分裂するケースである。このような場合、政府代表が各グループと折衝するかぎりでは「二者間交渉」と言える。だが時として複数のグループを一堂に集めて折衝する必要が生じる場合、土地を収用されるサブ・グループ相互間で駆け引きを発生させる。結果として、「多数者間交渉」の性格を帯びることにもなるだろう。教師と学生間の交渉でも同様に、学生側が複数グループに分かれると、「多数者間交渉」

の様相を帯びる。

第三者の介入とその働き――「斡旋」「仲介または調停」「仲裁」

交渉は、交渉当事者以外のメンバーを参加させることによって、スムーズに運ぶことがある。というのも、交渉当事者は、交渉結果が直接もたらす利害の得失ばかりでなく、自己の威信や面子の維持あるいは喪失に非常にこだわるからである。そのために妥協を嫌い、しばしば交渉をデッドロックに乗り上げさせる。とりわけ紛争の「感情的領域」[45]で、そうかもしれない。医者は己の病気にかんし必ずしもベストの治療者とはなりえない。交渉でも同様に、客観的な立場に身をおく当事者以外の冷静な判断が役に立つケースも起こるだろう。

右のような理由その他から、交渉事でも、時として外部の「第三者が介入し」[46]重要な役割を演ずることが望ましく、必要になる。第三者は、たとえば次のようなサービスを提供する。紛争状況の調査、当事者間の誤解の解消、冷却期間の設定、コミュニケーションの復活、面子を失うことなく後退させる方途の提示、相互に受け容れ可能な妥協案の提供、そのほか種々様々な貢献[47]。

「第三者の介入」は、介入程度の多寡から判断して①斡旋、②仲介、③仲裁の三種類に分けられる。もっとも、これらは飽くまで理論的な分類にすぎず、現実にはそれらのミックス（混合体）になることが多い。また、一つのタイプから別のタイプへと移行するケースもしばしば起こる[48]。

「斡旋（go-between）」とは、対立している当事者間のコミュニケーションを円滑にし、紛争その他の問題の解決を促進しようとして第三者がおこなう努力を指す[49]。当事者自身は、己の立場が弱いと解釈されるのではないかと懸念するあまり、往々にして交渉それ自体を提案することにすら尻込みしがちである。ところが内心では、第三者が斡旋に乗り出してくれることを期待していることが多い。日露戦争を終結させるために米国のポーツマスで講和会議の開催を斡旋したセオドア・ローズヴェルト米国大統領は、このような期待に見事に応えた適例と言えるだろう。斡旋者は、交渉開催地の設定などの交渉準備を整えたり、両当事者間の和平提案を仲介したりするなどの便宜をはかる。他方、みずからは飽くまでも交渉外に立ち、交渉それ自体に参画したり、交渉内容に立入ったりすることはさし控える。

「仲介または調停（mediation）」は、斡旋よりも一歩進んだ形態である。「居中調停」という言葉で呼ばれることもある。第三者自身も、紛争当事者の希望や申立てを受けて交渉過程に参加し、紛争解決により積極的に尽力する。[50] たとえば、当事者間での交渉の内容にも立入ったり、意見の調整をはかったり、みずから紛争解決案を提示したりする。交渉者の数は、当事者数プラス仲介者となる。そのような仲介ないし調停が成功したケースとしては、次の実例が挙げられる。コスイギン・ソ連首相（当時）が、一九六六年一月にタシケントでカシミールを巡るインドとパキスタンの対立を調停したケース。一九九五年十一月にセルビア、クロアチア、イスラム勢力間の対立に終止符を打ったボスニア・ヘルツェゴビナ紛争の調停など。[51]

「仲裁（arbitration または adjudication）」は、仲介ないしは調停よりもさらに一歩進んだ形態である。相争う当事者が中立的な立場にたつ第三者の決定に従うとの合意を予めおこなうことによって、紛争解決を目指す方法である。[52] 国際司法裁判所への提訴は、その典型例と言えよう。この種の国際裁判は、すべての当事者の同意を得てはじめられ、その決定は当事者にたいして法的拘束力を発揮する。裁定の基礎は法規範であり、一方が完敗するケースさえ起こるだろう。そのこともあって、紛争解決後に感情的なわだかまりが残ることもあり、最後に残された手段と言えるかもしれない。日本政府は北方領土紛争をハーグの国際司法裁判所へ提訴したいと欲しているが、交渉相手のロシアがそれに応じようとしないので、この方法は現実味をもたない。

秘密交渉、二次元交渉

交渉は、その進め方の差異の観点からも分類できる。まず、公開か、非公開か。[53] 公開、非公開の交渉は、西原正教授（現在、平和・安全保障研究所理事長）によれば、交渉をおこなう者が当事国政府から公式の交渉権限をあたえられているか否か、そして相手方との接触が公表されているか否か――これら二つの次元を組み合わせて、次の四タイプに分けられる。[54] ①公式の交渉権限をあたえられている者がおこなう公開交渉。②公式の交渉権限をあたえられている者がおこなう非公開交渉。③公式の交渉権限をあたえられていない者がおこなう公開交渉。④公式の交渉権限をあたえられていない者がおこなう非公開交渉。もとより、これら四種類の交渉が、時間の経過とともに一つのタイプから別のタイプへと転換をとげるケースも頻繁に起こる。

これらのうち第一タイプのみを厳密な意味での公開交渉と名づけるならば、残りの三つはすべて広義での非公開交渉となろう。現実には、以上のような理論的に截然とした区分に必ずしもしたがうことなく、これら三つのタイプの性格を併せもつ混然とした形での交渉がおこなわれている。とりわけ密使、陰の外交官、黒衣などによるバック（裏）・チャネルによる隠密交渉が、そうだろう。[55] ヘンリー・キッシンジャーが一九七一年中国への極秘旅行を敢行し、バック・チャネル・コミュニケーションを通じて米中和解への道を開いたのは、秘密外交・交渉の典型例と言えよう。[56] 対ソ外交でのアーノルド・ハマーやアベレル・ハリマン、対北朝鮮での元米大統領ジミー・カーター[57]なども、一種の密使として難局の打開に活躍（暗躍？）した。

今日の世界では、国民有権者の意識が日増しに高まり、「知る権利」にもとづく情報公開の要求が強まり、マス・メディアがニュース争奪合戦に血道をあげるようになっている。そのような現況では、国際交渉を隠密裡に遂行することは極めてむずかしくなりつつある。他方、次のような戦術も盛んに用いられるようになった。

たとえば、交渉者が交渉相手の頭越しに相手国のメディア、国民一般、さらには国際輿論向けに交渉の一部を意図的にリークする。そのような手法を通じて、交渉を己に有利な方向へと運ぼうともくろむ。それやこれやの諸事由から、交渉の内容や過程のすべてをガラス張りにすることの是非が盛んに議論されるようになった。

要するに、交渉事は、それを秘密に保つことが望ましくも可能でもない一方、その全過程を公開すればよいという類いの行為でもない。これは、交渉行動が抱えるジレンマの一つだろう。この矛盾を解決する一つの方法は、交渉を部分的に公開することなのかもしれない。ところがその場合、では交渉のいったいどの部分を公開とし、どの部分を非公開とすべきなのか。この問いがさらに浮上する。

交渉を公開、非公開のどちらにすべきかの問題と関連して、是非とも読者の注意を喚起したいことがある。それは、交渉をおこなっている者が、大抵の場合、実は同時に二種類の交渉に従事している事実である。まず、交渉当事者は、当然のことながら、交渉テーブルで向き合っている相手とのあいだで厳しい駆け引き(「対外的交渉」)をおこなう。ところが往々にして、われわれが見過しがちなことがある。それは、交渉者が交渉テーブルの背後に控えて交渉経過を注視している自己陣営内の者たち(政府、議会、世論)を納得させるための努力(「対内的交渉」)をおこなっている事実だ。だから、交渉者はたとえ前者の任務を巧みにやり遂げることに成功する場合であれ、もし後者の仕事に失敗するならば、どうだろう。極端な場合、折角の合意文書が上司や仲間によって承認されなかったり、議会の批准を得ることが困難になったりしかねない。

要するに、交渉は対外的、対内的の「二次元レベルのゲーム」(ロバート・パットナム[58])なのである。最近では、このことが明確に自覚され、これら二つのゲームの相互関連にかんする研究が盛んにおこなわれるようになった。その成果の一つとして、次のことにも気づかれるようになった。これら二次元レベルの交渉では、一方の交渉が他方を牽制し足を引っ張るマイナスばかりでなく、時としては互いに妥結や解決を促進し合う――そのような「相乗的リンケージ（synergistic linkage）」作用もある、[59] と。

争点のリンケージとは——交渉を促進し、ブロックする

交渉はイシュー（係争点）の数に着目して、分類することも可能かもしれない。たとえば、係争点が唯一つであるか、それとも二つ以上の複数であるかによる区別である。[60]

交渉は、係争点の数が少なければ少ないほど妥結がより容易で、最終合意に達しやすい——。ややもすると、われわれはこのように考えがちである。たしかに係争点が増えると、対立点も幾何学的に増大し、複雑なものになり、結果として妥協点を見つけることは至難の業になろう。ところが時としては、次のようなケースすらなきにしもあらず。このことが、見逃されてはならない。幾何学でも、新しい補助線を加えることにより一転して解答が見つけられるケースがあるように、争点が多いことが幸いして却って交渉を容易にすることである。つまり、新しいイシューを加えて、争点の数やサイズを意図的に拡大する工夫をこらすことによって、関係者全員が何らかの分け前にあずかれるようにする工夫である。

たとえば日米間の沖縄返還交渉では、沖縄問題（「縄《なわ》」）に繊維問題（「糸《いと》」）が事実上もしくは意図的にリンクされることによって解決への道が導き出された。[61] 交渉事では一見するところ互いにまったく関係ないイシューが結びつけられることさえ全く稀ではない。「リンケージ（linkage）」は、わが国では、関連、連関、連繫などとさまざまに訳されているが、リンクさせる（link）という動詞から派生した言葉で、或るものを他の或るものと関係させる、俗に言えば、抱き合わせ（パッケージ）の形にして取引するテクニックを指す。

リンケージ戦術は、交渉を促進する目的ばかりでなく、逆に交渉をブロックする狙いのためにも用いられる。たんに同一交渉中で個々のイシューが結びつけられるばかりでなく、或る交渉全体が他の交渉全体とリンクさ

せられるケースも起こる。[62] たとえば日本がロシアから北方領土の返還要求をおこなっている交渉で、ロシア側は、日本側の要求に応じえない口実として、かつては次のようなリンケージの理屈をこねた時期があった。すなわち、日本による北方領土返還を、ロシアに対してその他の国々から提起されるかもしれない類似の領土返還と意図的に絡めさせて、次のようにのべる手法である。

仮に万一日本側の主張に妥当性が認められた場合、ロシアが第二次世界大戦の戦利品である領土を日本へ返還することに決するならば、どうであろう。それは、ほぼ同様の経緯や理由でロシアに対して領土を失ったその他の国々が、[63] ロシアに対して同様の要求を続々と提起することを防ぎえない深刻な事態を招来させる羽目になりかねない。結果として、ロシアはまるで「パンドラの箱」を開けるにも似た結果を招く愚行を犯しかねない。このように説いて、ロシアは日本にたいして決して北方領土を返しえない根拠のひとつとしたのだった。[64]

デッドライン付き交渉か、否か

「時間（time; время）」は、外交や交渉で決して軽視しえない重要な役割を演じる。[65] 交渉がいったい何時おこなわれるか、そもそも交渉を開始するタイミングが到来しているのか。さらに言うと交渉継続期間の長さ、テンポ、デッドラインの有無……等々。また、妥協する時期が熟しているのか。これら全ては、交渉の成否に大いに関係してくる。[66] それぞれにかんしては、本書の関連箇所毎に触れることにして、現文脈では時間の観点から交渉を分類する作業をおこなうことだけにとどめよう。

まず交渉は、「反復」の有無の見地から次のように分けられる。すなわち、「一回限りの」交渉と「反復される」類いの交渉。[67] たとえば中近東を旅行中の日本人ツーリストたちが現地の観光土産物店で買い物をする際の駆け引きは、「一回限りの」交渉の好例だろう。双方とも、価格決定にかんして短期的な視野に立ち、普段おこなわない類いの鉄面皮とさえ言えるバーゲニング行為（のちの**第Ⅱ部第8章**で詳述する〝バザール商法〟）を展開するだろう。他方、中近東の同一商人といえども、地元の同国人を相手にする場合には、今後も互いに商取引を繰り返すことが多いことを考慮して、観光客相手の「一回限りの」取引とは異なる交渉態度をとるだろう。すなわち、長期にわたる信用関係の構築や維持を重視して、相手側から必ずしも一度に多大の儲けをせしめようとは意図せずに、長期間にわたる利潤獲得の可能性を予想し若干の譲歩をおこなうかもしれない。

日ロ間の漁業交渉は、「反復される」交渉の好例だろう。もっとも厳密に言うと、日本とロシアの思惑は少々異なる。すなわち、日本側は自国にたいする漁業資源の供給の安定化を欲して、長期協定の締結を希望する。ところがロシアは、毎年漁業交渉をおこなうことになると、その都度同交渉を日本との政治、外交上の諸問題とリンクさせうる――自国にとり都合の良い形で――チャンスに恵まれる。こう考えて、単年度協定の締結を欲する。そのような動機を一応別にするならば、事実上定例化している日ロ漁業交渉では当事者の行動様式や戦術は「一回限りの」交渉とは異なったものになる。たしかに、公明正大な態度で交渉に臨み、相手側から長期にわたる信用と協力を克ちとることは枢要だろう。が他方、相手側にタフな交渉者としてのイメージを抱かせておくことも肝要なので、直ちに妥結できる場合でさえ故意にそうしないジェスチャーを採ろうとする誘惑に駆られることもあるかもしれない。

時間的制約の有無。より端的に言って、交渉妥結の「デッドライン（締切り時間）」が設定されているか、否か。この点からも、交渉は次の二種類に分類される。[68] すなわち、一定の期間内に合意に到達せねばならないデッドライン付き交渉。その必要のないノン・デッドライン交渉。[69] 前者では、交渉のぎりぎり最終段階になってはじめて当事者は主要な譲歩をおこなおうとする傾向が否めない。それにたいして後者では、交渉の比較的初期の段階ですら大きな譲歩をおこなうケースも起こるだろう。[70]

一般論として、タイムリミット（時間的制約）がない者と時間的制約をもつ者とのあいだで交渉がおこなわれる場合、前者のほうが後者にたいし有利な立場にたつ。永井陽之助教授（東京工業大学、政治学）は指摘した。「時間の政治学」の観点に立つと、ベトナム戦争では米国がベトナムに比べて最初から不利な立場にたたされていた、と。[71]「時は金なり」（ベンジャミン・フランクリン）[72]の箴言に表わされているとおり、大抵の米国人にとり時間は重要な希少資源である。大学紛争での学生との団交において大学当局や教授たちは、講義、入試、学期末試験などの多忙かつ過密なスケジュールにしばられていた。他方、専従活動家の学生たちは、ほとんど無限とさえ評してよい時間的余裕に恵まれていた。このような「時間」によって測られる犠牲（代価）の大きさから判断する限り、紛争や交渉で前者の交渉者は後者に比べて最初から不利な立場に立たされている。[73]

トランプ米大統領と金正恩朝鮮労働党委員長とのあいだでも、両者が手にしている時間は異なる。前者には任期や中間選挙といった時間的制約があるので、北朝鮮の非核化の実現にややもすると「一年」や「二年」という短いデッドラインを設定したがる傾向がみられる。ところが後者にはそのような任期など事実上なきに等しいので、悠然と交渉を遂行しうる。

安倍晋三首相は、「自分とプーチン大統領とのあいだで必ずや領土問題を解決して平和条約を締結しよう」と宣言する。しかし、前者の任期は二〇二一年九月、後者のそれは二〇二四年五月。残りの任期の差を利用して、プーチン大統領は、安倍首相を焦《じ》らす戦術を採ること必定で、実際そうしている。たとえば、二〇一八年十一月のシンガポールでの日ロ首脳会談後、安倍首相は「プーチン大統領とのあいだで平和条約交渉を加速化させる方針で一致した」（傍点、木村）と得意気に語った。ところが、同会談後のロシアのメディアは交渉を「加速化（ускорение）」させるとのべずに、むしろ「活性化（активизация）」という言葉を用いている。「加速化」と「活性化」のニュアンスの違いは明白と言わねばならぬ（中澤孝之・元新潟女子短期大学教授）。前者は、スピード・アップして事を決することを指すが、後者は議論を活発化させ「じっくり議論する」という意味である（同）。

別の例をあげよう。森林を開発して飛行場や宅地を建設・造成しようとする開発業者vsそれに反対する環境保護主義者間の交渉。両者間の闘いで、前者は後者に比べ最初から不利な立場に立っている。後者は交渉を拒否し、それを引き延ばし、合意に到達しない。このことだけで、現状維持に成功し、己の目的を十分達成したことになるからだ。

ゼロ・サムか、ノン・ゼロ・サムか

交渉の結果に着目する場合、交渉はゼロ・サム・ゲームとノン・ゼロ（またはポジティブ）サムゲームの二種に分けられる[74]。

「ゼロ・サム（零和）・ゲーム」とは、全体の利益（サム）が一定であるために、一方の当事者の勝利や利益の獲得が他の当事者に犠牲やコストを強いることによってはじめて可能となるゲームを指す。たとえば二人の子供が一定量のサイズのケーキやパイを分割する場合、一方がより多く取れば、他の子供が手にする量はその分だけ少なくなる。領土を巡る紛争も、地上に唯ひとつしかない土地の主権の帰属先を争うものだから、ゼロ・サム・ゲームの結果とならざるをえない。したがって、領土紛争の解決の一つの要諦は、どのようにしてゼロ・サム・ゲームをノン・ゼロ・サム・ゲームへと変形するか。――このことに知恵をしぼることに尽きるとさえ言って、過言でなかろう。

これに対して、「ノン・ゼロ・サム（非零和）・ゲーム」、あるいは「ポジティブ・サム・ゲーム」とは、すべてあるいはほとんどの当事者が、交渉妥結によって利益を均霑《きんてん》できるような結果をもたらす交渉を指す。軍縮交渉が、その好例と言えよう。核軍縮交渉を妥結させることによって、米国とロシアは共にそれぞれの国防予算を削減できる。カットの結果生じたカネ、ヒト、モノを消費・厚生、教育・文化等の民需部門に回し、中国、日本、ドイツなどとの経済・貿易戦争での己の競争力を増強しうるメリットも入手できるだろう。

批准の有無は重要視されず

最後に、交渉は、批准を必要とするか否かの観点から二種類に分けられる[75]。一は、交渉の結果である最終合意を国内にもち帰って、憲法上条約の締結権をもつと記されている機関によって最終的に承認される手続きを必要とする交渉。二は、必ずしもそのような手続きを必要としない交渉。たとえば米国では、大統領が他国とのあいだで締結した条約は、かつて米国上院によって批准されなければ有効と認められないことになっていた。そのために、たとえばヴェルサイユ条約は、その熱心な提唱者、ウッドロー・ウィルソン大統領自身によって調印されたにもかかわらず、上院の批准を得られなかったがために、米国自体が国際連盟に加盟しえないという奇妙な結果を導いた。

ちなみに、このように本国で批准を獲得せねばならぬ事情を、交渉相手に前もって伝達、周知徹底させる。このことは、交渉中の己の立場を強化する方向にも、弱体化させる方向にも働くだろう。たとえば労使間交渉でどちらかの代表者が次のようにのべることは、稀ではない。「あなた方の提案は、私個人に関する限り受け入れ可能かもしれない。ところが、それを持ち帰って労働組合（もしくは重役会議）で最終的な承認を得ようとする場合、彼らの同意を得ることは非常にむずかしい」。このような発言は、たしかに相手側から譲歩を引き出す有効な戦術として役立つかもしれない。だが、仲間の同意や議会での批准の必要性をあまり強調しすぎると、逆効果となる結果にもなりかねない。折角相手とのあいだで醸成されかかっていた良好な雰囲気を壊したり、あまつさえ相手側をして交渉をつづける意欲を喪失させてしまう。こういうマイナス効果を伴うことにも、注意すべきだろう。

以上のことをのべたあと、是非とも指摘せねばならぬ事実がある。それは、最近明らかに起こりつつある事情の変更である。具体的に言うと、条約が批准されるか否か——。昨今の国際社会でこのことがもはやさほど重要視されなくなっている傾向だ。というのも、今日では国家間交流が実に頻繁になり、二国間あるいは多国間で形成される国際的な合意や条約の数が爆発的に増加しつつあるからである。結果として、条約締結手続きの簡素化、迅速化、能率化という要請が発生し、形式ばらないタイプの国際的合意が数多くなされるようになった。[76]じっさい署名のみの簡単な手続きで条約を成立させようとするケースさえ珍しくなくなった。[77]そのような合意のなかには批准されるものもあり、批准されないものもある。このような傾向が展開しつつあることの結果として、合意の拘束力の優劣は批准の有無とまったく関係なし——。これが、今日では国際法の常識になりつつある。[78]

田畑茂二郎（京都大学教授）は、すでに著書『国際法』（一九五六年）で記していた。「条約は、署名・批准（中略）という一連の過程を経て締結されるのが（中略）普通の形だと言っていいが、しかし、以上のような条約締結手続はかならずしも拘束的なものでなく、それと異なった方式をとることも可能である」。[79]同教授はつづける。「むしろ、条約全体の数の上から言えば、批准を必要としない場合が多いとも言える」。[80]「ことに、最近においては、（中略）より簡略化された方式をとる例が次第に多くなっている」[81]（傍点は、原文で強調）。たしかに、一九三二〜四〇年時点では国際連盟に登録された条約の五三%は批准されたものだった。[82]だが四六〜五一年になると、国際連合に登録された条約のうち批准されたものは、何と半分以下の二三%へと減少した。[83]「そうした簡略化された方式として、もっともひろく行われているのは、批准を省略し、署名だけで条約の効力を認める方式である」[84]（田畑教授）。

具体例をあげてみよう。たとえば有名な「日中共同声明」（一九七二年）は批准されておらず、条約としても認識されていない。にもかかわらず、批准された「日中平和友好条約」（七八年）にも増して、日中関係を律する最も重要な文書とされている。(85)日中両国がともにそう見なしているからに他ならない。また、沖縄返還交渉後の指針を設定した「日米共同声明」（いわゆる「佐藤－ニクソン共同声明」、六九年）にいたっては、批准どころか署名すらなされていない。にもかかわらず、その分野を律する最重要文書とみなされている。「ヘルシンキ合意」（もしくは「ヘルシンキ宣言」、七五年）も、そうである。同宣言は、ヨーロッパ各国の主権の尊重や経済、科学技術分野での協力、人権の尊重などを謳っている。形式上は条約でないにもかかわらず、ソ連邦時代の指導者たちはそれが「国際法的意義を持つ条約」に他ならないことを力説し、現在のロシアの指導者たちも同合意を重視する姿勢を変えていない。

第2章

交渉は「芸術」か、「科学」か

歴史は文学であるか、科学であるか。双方の分子が混入して居る様である。

——夏目漱石[1]

二つのアプローチ――「芸術」説と「科学」説

「はじめに」でのべたように、交渉は、人間が生きてゆくために必要不可欠な行為の一つである。そのような重要性をもつにもかかわらず、交渉についての研究はけっして十分な程度にまでなされているとは評しがたい。たしかに、交渉は人間生活全般にわたってみられる普遍的な行動なので、ほとんどすべての学問分野で研究対象としてとりあげられ、様々な角度からのアプローチがなされてはいる。そのこと自体は、望ましく結構なことと言えよう。しかし、その一方でそれらの個別的な諸研究を総合的な見地に立って統合しようとする努力は果たして満足すべき水準に達しているのか？　こう尋ねるならば、残念ながら全く不十分と答えざるをえない。

まず、交渉をいったいどのようなものとして認識すべきなのか？　この人間行動にたいして、どのような視角からアプローチを試みるのが適当なのか？　こういった基本的な問いにかんしてすら、未だ共通のコンセンサスが形成されていない様子なのである。なぜか？　数々の理由が挙げられようが、ここではそのひとつだけを指摘しよう。容易に両立しがたいアプローチの違いによって、交渉研究の統合作業が阻害されている事情である。

たとえば歴史家は、交渉にたいしてケース・バイ・ケースのアプローチを採り、歴史的文脈に照らしての各交渉事例のユニークな側面を剔抉《てっけつ》しようとする。心理学者は、交渉者たちのパーソナリティーにより多くの注意を払い、彼らの心理が内外環境に反応するメカニズムに主たる関心を注ぐ。経済学者や社会学者は、「ゲームの理論」などを用いて、交渉者が最小のコストで最大の利益を入手しようとする動機にしたがい合理的な選択をおこなうプロセスに興味を抱く。政治学者は、交渉を政治現象としてとらえ、それが権力構造、圧力団体、世論、選挙などその他の政治現象とどのように関連するかの問題に注意を向ける。

交渉のもつ種々様々な諸側面に焦点を当て接近を試みようとする。これら千差万別とさえ称しうる視点やアプローチは、リンダ・ブラディ教授（ノース・カロライナ大学）による大胆な手法にしたがうと、次の二種類に大別しうる[2]。すなわち、一は交渉を「芸術（art）」とみなすアプローチ。各交渉間の差異に注目し、個々の交渉がしめす独自性を強調する。二は「科学（science）」とみなす。各交渉間に存在する共通的側面に着目し、交渉のパターン（類型）化を目指す。もとよりこれは、それぞれを意図的に対照的な「理念型」の位置において、両アプローチ間の差異をことさら際立たせようとする分類である。この主要な違いを念頭におきつつも、ブラディ教授の説明にしたがって、両アプローチの諸特徴を紹介、検討してみよう。

交渉「芸術」説

交渉は、当方の利害の損失を最小限にして、しかも相手側から最大限の譲歩を引き出すことを目的とする行為である。このような至難の任務をになった交渉は、まるで円を四角にする、すなわち不可能を可能とするアクロバット（曲芸）、ないしは「パフォーミング・アート（芸術）」（スタンレー・ホフマン[3]）にもたとえられよう。極言するならば、そのような交渉は、一回生起性を特色とする人間のビヘイビアであり、とうてい反復されるはずはない。さらに言うと、交渉は、交渉者が属する民族や国家の歴史、体制、文化などの刻印が強く捺された行為でもある。その点からいっても、各交渉の過程、力学（ダイナミクス）、スタイル、戦術などは千差万別の形態をとり、一つとして同じものはありえない。交渉は、一般化や理論化に馴染む人間行動なのではない。

さらに詳しくのべるならば、交渉を芸術ととらえるアプローチは、交渉が帯びる次のような具体的な特徴を指摘する。交渉は、真白なキャンバスに絵を描くような行為ではない。すなわち、それは真空のなかでおこなわれるのではなく、それを取り巻く一定の環境のなかで遂行される。交渉は、いわば「(交渉)環境」と不即不離の関係をもちながら実施される。より広範な政治的、経済的、社会的、文化的な一般状況下に、その制約や影響をうけながらなされる営為なのである。

個々の交渉は、またそれがおこなわれる時代の様々な要因の影響を被り、他の時期の交渉にみられない特殊事情を反映する。たとえば、交渉担当者が代表する国家や政府の特質、同じく所属する民族の伝統や文化、交渉相手方の国家や政府との力関係……等々に由来する要因や制約である。交渉は、これらのファクターの糸が複雑かつダイナミックに絡み合った結果として紡ぎ出される一枚のタペストリー(織物)と言えよう。特定時期に固有な歴史的背景、文脈、過程ではじめて生み出される結果としての交渉が、複雑多岐な図柄を帯びるのは、とうぜん至極である。

ほとんど一回限りと言ってよい歴史的体験としての個別交渉を、抽象的、理論的なパターン(図式)ないしモデル(類型)へとまとめあげる。これは、土台無理な相談であり、不可能な作業だろう。したがって、交渉研究者が採りうる方法もかぎられてくる。一次的な資料を用いてなるべく原型に近い形で交渉過程を再現し、叙述すること。それ以外のアプローチを試みる余地は、ほとんど残されていない。

「芸術」説は一回生起性が特色

以上のことをくどいようであるが、交渉担当者を例にとって再度説明してみよう。交渉担当者自身が交渉相手に何らかの好悪感情を抱いて交渉に臨んでいると仮定しよう。ところが、である。交渉者の個人的感情や人間関係は、彼(もしくは彼女、以下同じ)が属する国家が相手国家とのあいだで展開中の国家間関係という大きな枠の制約を被らざるをえない。交渉者はまた、己が属する集団や国家の内部で生起している「お家の事情」

から独立し、まったく無関係なやり方によって交渉を遂行しうるはずもない。たとえば米国大統領が外交や交渉に臨む態度は、選挙を控えた年とそうでない年との違いによってかなり異なってくるに違いない。たとえばジミー・カーター元米国大統領は、己の回想録で正直に告白した。一九七九年に発生したイランにおける米大使館占拠・人質事件の処理交渉は、自身が大統領選挙を目前に控えているという国内事情のために「片刻も脳裏から離れないほど政治的に最重要なイシュー」になった[4]、と。

このようにみてくると、交渉者が国家や集団の利害を必ずしも一枚岩のように代表し、代弁しているとはかぎらないことが、分かってくる。ふつう交渉者たちは、国内での各種団体・組織、世論、そして同盟国などの多元的利害の存在に由来する種々様々な圧力にさらされながら、対外的な交渉をおこなっているのだ。「ゲームの理論」などが前提しがちなように、「単一の理性的なアクター（行為者）が統一的な利害を代表している」――こう単純にみなすのは、正確な現実でないばかりか、往々にして間違っているとさえ評さねばならない。

たとえば、ジェラルド・スミスの回想録中での述懐に耳を傾けてみよう。スミスは、SALTＩ（第一次戦略核兵器制限交渉）の米国側全権代表として対ソ軍縮交渉に携わった人物。スミスは、ソ連の交渉者たちを相手とする苦労にもまして、自分が米国の国内事情によって神経を損耗させられたことを率直に告白している[5]。というのも、スミス団長は、当時、次のような事情に悩まされたからだった。SALT交渉に臨む米国側は、必ずしも一枚岩に団結していなかった。ペンタゴン（国防省）、国務省など国内関係官庁や関連団体それぞれは異なる立場を主張し、互いに譲ろうとしなかった。そのために、それらを調整することが、スミス全権にとり何よりの課題になった。**第1章**（六八頁）でのべたように、国際交渉に携わっている者は、大概の場合「対外的交渉」と「対内的交渉」の二つのレベルの交渉を同時進行的に遂行しているのである。

交渉はまた、けっして理性的ないし系統的な形で直線的に進む人間行為ではない。むしろ大概の場合、漸進的ないしはジグザグのプロセスを辿る。言い換えると、交渉には、それを成功に導く単一の公式（フォーミュラ）や処方箋などは存在しないのだ。交渉者は、ほとんど無数と言ってよいほど多くの諸要因によって影響を被り、複数の選択肢に直面する。しかも、そのなかから最善のオプションを選びとる――そのような合理的判断を常にくだしうるとはかぎらない。交渉を成功裡に進める方法は、いったい何か。残念ながら、この問いに答えをあたえる虎の巻や秘伝など存在しないのだ。

各交渉は、試行錯誤（trial and error）を繰り返しつつ、ad hoc（当該限定の場）の形をとって進行する。しかも、交渉は対立する立場や要求が必ずしも理性的に収斂して、終結するとはかぎらない。往々にして政治的妥協のみならず、意図せざるハプニングの影響などを被って終幕段階を迎えるケースすら珍しくない。したがって、たとえば交渉の成功者は意図的に「造り出される（made）」のではなく、むしろ単に「生まれる（born）」、こうみなすべきだろう。

右にのべたような諸事由から、交渉にかんする一般理論の構築――。これは、およそ不可能な作業となろう。交渉は、さきにふれたように特定の状況や特殊な文脈のなかで発生するユニークな歴史的事件なのであり、端的に言うならば一回生起性をその特色とする。だから、各交渉を普遍的、抽象的な定式へ帰納する――これは、最初からないものねだりに似た土台無理な作業である。むしろ、ケース毎に交渉とそれを取り巻く特殊な環境との関連を入念にチェックする。そのことによって、これだけはおこなってはならぬ、逆にこれだけはおこなっても構わない。こういった教訓を汲み出すのが、せいぜい関の山だろう。

交渉「科学」説

個々の交渉は、その他の交渉にみられないユニークな特徴をもつ。「芸術」説がのべるように、たしかにこのこと自体はおそらく何人も否定しえない事実だろう。とはいうものの、他方、各交渉のあいだに共通する何か（Etwas）がまったく存在しないわけではない。とくに交渉を「紛争解決（conflict resolution）」の一形態あるいは手段とみなす場合、交渉には何か一般的に通底する要素が見出されてしかるべきではなかろうか。政治学、経済学、社会学、心理学、ゲーム理論などの分野の専門家たちは、このような共通点を探り出し、何とかして交渉にかんする一般的なモデルないしは理論を構築できないものか――こう懸命に考え、努力を傾ける。

たとえば、ロジャー・フィッシャーとウィリアム・ユーリーの二人がその好例だろう。彼らは、ハーバード大学ロー・スクールに籍をおく、同大学の交渉ネットワーク研究所のそれぞれ所長と副所長格の人物。彼らのプロジェクトは、次のことを前提にして進められている。国際場裡での紛争解決の有力手段としての交渉は、労使間、家主と借家人、家屋や中古車の売り手と買い手とのあいだの交渉と、基本的に何ら変わるところはない。これらすべての交渉は、同一パターンにしたがう人間ビヘイビアである[6]。また、ハーバード大のもう一人の交渉専門家、ホーワード・ライファ教授も、説く。交渉は、結局のところ次の三タイプに分類できるゲームではないか。①一つのイシュー（紛争点）をめぐる二当事者間の交渉、②複数のイシューをめぐる二当事者間の交渉、③複数のイシューをめぐる複数当事者間の交渉[7]。

また、別の米国人研究者チーム、ザートマンとバーマンの二人は、交渉を航空機に乗って海外へ行くことにたとえて、すべての交渉は、以下の三つの過程を必ず辿る点で共通しているとのべる[8]。たしかに、日本を発ってたとえばニューヨークへ赴こうと欲する場合には、様々なルートや行き方があるかもしれない。だが次のような一連の諸段階を踏むという点では、どの乗客にとっても共通する行程と言えよう。すなわち、航空券の購入→荷物のチェック・イン→パスポートの提示→税関の通過→機内搭乗。飛行機は離陸し、水平飛行に移行し、降下態勢に入り、ニューヨーク空港に着陸する。このような旅行スケジュールとほぼ同様に、すべての交渉は、次の三つのフェーズ（段階）を経過するという点で共通している。[9] すなわち、①「診断」、②「定式づくり」、③「細部の詰め」。

――右に紹介した学者たちはいずれも、各交渉には一般的なパターン化に馴染む共通点が存在することを強調する。言葉を換えると、彼らは交渉学が立派に「科学」になりうると考える。彼らの主張を、さきに紹介した「芸術」とみなす見解と意図的に対比させながら、もう少し詳しく紹介することにしよう。

理論化の努力が必要

交渉は、理論化にまったく馴染まない人間の行動である。頭からこのようにみなすのは、必ずしも適切なアプローチとはいえない。個別的な交渉のケースを数多く研究し、それらに通底する共通なものを剔抉《てっけつ》し、一般的なパターンをも見出す。ひいては、交渉成功の条件をも発見する。これも、まったく不可能な作業ではなかろう。それは、もとより、座してひとりでに成るかのごとき容易《たやす》い仕事ではない。とはいえ、交渉を芸術とみなす研究者たちがおこないがちなように、各ケースの歴史的経過を叙述し、その特殊な文脈を強調する作業にばかり関心を注いでいるかぎり、何時まで経ってもそのような理論化は実現しないだろう。抽象化へ向けて血のにじむような努力が不可欠である。時には或る要素を本質的なものでないとみなして思い切って捨象する作業も止むをえないどころか、必要でさえある。

一例を挙げるならば、交渉アクターたちの処理。現実に即して彼らを多元的に捉えているかぎり、いつまで経っても一般理論の構築はおぼつかないかもしれない。時としては国家や集団を思い切って単一の人格者であるかのように仮定してみることも必要になろう。

また、交渉がおこなわれる文脈、環境、状況の特殊性にあまりとらわれていては、同様にいつまで経っても理論化は望み薄だろう。その代わりに、交渉当事者間の相互行為、戦略、戦術、情報・コミュニケーション、譲歩のプロセスなどにみられる共通点——これらを可能なかぎり探し出し、拾い上げようとする作業のほうにより多くの努力を傾注すべきだろう。また、国内における世論、官僚、その他からの多元的利害が交渉者におよぼす影響や圧力にばかり気をとられているかぎり、およそ抽象的なパターンづくりなどはじめから不可能と諦めるべきだろう。

交渉は、単に試行錯誤の過程とばかりみなされてはならない。むしろ、飽くまでも理性的な観点に立って、相異なる立場や主張を妥協に導く最善の道を見出そうとする、一連の意図的な営為に他ならない。一方がまず譲歩し、他方がそれに応える譲歩をおこなう。このような相互行為を根気よく繰り返し、最終的には「相互に受け入れられる合意[10]」へと収斂させようとする人間営為のプロセスである。

交渉では、われわれはとうぜん己が希望し、理想とさえみなすものを実現せんと欲する。だが、他者もまた同様のことを欲している。このことに気づき、その現実を認める必要がある。己の当初の意図を部分的に修正することを通じて、交渉相手との妥協や共存を図ろうとする。交渉行動は一種の学習過程以外の何物でもない。以上のように理解するかぎり、交渉は、その他の人間行動と基本的に大きく変わるところがないはずだ。つまり、交渉者は、現場訓練を積み、係争点を分析し、それを注意深く取り扱うテクニックを学び、習得する。このような努力を重ねることを通じてはじめて、交渉を成功へと導く道を発見することが可能になろう。経験は、交渉者にとり最善の教師である。言い換えるならば、交渉は「生まれる」のではなく、「造り出される」のだ。

以上のように説く交渉＝《イコール》科学説の主張に従うならば、われわれは、個々の交渉の事例研究を通じてそこから断片的な教訓を引き出すことだけで万事こと足れりと考えるべきでなかろう。たとえいかに至難であろうとも、可能なかぎり数多くのケースを検討し、それらに通底するばかりでなく、その他のケースにも適用可能なパターンを探索する。さらにもし可能ならば、モデル化までをも試みる――。これこそが、交渉研究が追求し目指すべき目標だろう。

「芸術プラス科学」説

交渉を、片や「芸術」とみるアプローチ。片や「科学」としてみるアプローチ。念のために、それぞれの長所と短所をまとめておこう。

まず、交渉を芸術として眺めるアプローチは、たしかに各交渉の細部を精確に捉えようとする点で優れている。同アプローチに従ってこれまでになされた数々のケース・スタディは、当該交渉そのものに参加した本人の直接的経験にもとづいている事例も少なくなく、他の何ものによっても代えがたい貴重な価値をもつ。実際、政策担当者にとっても、抽象的な理論でなく現実に発生した冷厳な事例こそが参考になり、役に立つ。しかし、同アプローチは、このように指摘した長所をちょうど裏返しにした弱点をもつと言いえよう。同アプローチは、交渉細部の再現に意を用いるあまりに、次の努力が必ずしも十分ではない。個々の交渉がおこなわれた文脈や状況の差異を超えて他の交渉にも適用可能な交渉の一般理論の構築。ましてや有効な教訓を引き出すことにまでは力が及ばない。この種の恨みが残るばかりではなく、ややもするとそのような営為を等閑視したり、初めから放棄したりする欠陥を露呈する。(11)

他方、交渉を科学としてとらえようとするアプローチは、現実の交渉が複雑多岐にわたり錯綜し、独特の個性をしめすにもかかわらず、そのなかから交渉成否の規定要因などの一般理論を抽出してくることに熱意を注ぐ。たしかに、これは同アプローチの秀れた点だろう。しかし、そのような長所は往々にして同アプローチの弱点に連なりがちである。つまり、理論化の作業に熱心となるあまり、交渉が実際におこなわれた状況の特殊性をややもすると軽視したり、捨象したりする欠陥である。たしかに、まさにそれゆえにこそ理論化がはじめて可能となったのであろう。とはいえ、個々の交渉担当者が、特定の歴史的文脈や環境のなかで特殊なイシューをめぐって交渉をおこなったことの意味やその限界が、ややもすると看過されがちな恨みがある。

両アプローチがもつ以上のような長短に注意するならば、交渉を「芸術プラス科学」としてとらえるアプローチこそが理想という結論になろう。それには、もとより、両者の長所を水割りしてしまう危険性を伴っている。とはいえ、両者を結合し長所を生かす綜合的なやり方などまったくありえず、不可能——こう諦めてしまうのは、早とちりかもしれない。たとえばロシアの研究者たちも、そのようなアプローチが成立しうることを示唆して、次のようにのべる。「もちろん、どの交渉もユニークなのであり、およそ普遍的な処方箋など存在しうるはずがなかろう。とはいえ、各交渉の情報データ・バンクをつくること。交渉中に発生した異なった状況のあいだにおいても何らかの類似性を見つけ出そうと試みること。もし交渉の担当者や研究者たちがこのような作業を根気よくつづけるならば、相互に受入れ可能な解決策を見つけることにも資するのではなかろうか[12]」。

右に紹介した二つは、たしかに真っ向から対立する見方である。すなわち、芸術としての交渉を重んずる立場は、交渉が「造られる」ものではなく「生まれる」に過ぎないとのべる。逆に、科学としての交渉を力説する立場は、逆に交渉が「生まれる」ものでなく「造られる」と主張する。ところが、両者とも極論である。少なくとも理屈のうえでは、交渉は「生まれる」と同時に「造られる」ものでもある——。このように説く立場が存在して、少しもおかしくないだろう。たしかに、そのような試みは至難の作業かもしれない。とはいえ、まったく不可能とみなすのは早計なのではなかろうか。このことを示唆している点で、交渉学の古典ともいうべき傑作『外交談判法』の著者、カリエールの次の言葉は、引用に値する。「外交の天才は、生まれるものであって、つくり出されるものではない。とはいえ、数多くの才能は実践の過程で獲得されるのであり、必要な知識は主題《テーマ》をつねに適用する過程においてのみ獲得されうるものである」[13]。

みずから明言ないし意識する、しない。それにもかかわらず、事実上「芸術プラス科学」の混合説を採っているように見受けられる交渉研究者たちは少なくない。一例として、次の人々の名前をあげても差し支えないだろう。フレッド・イクレ。交渉研究の草創期を飾る名著『いかに諸国民は交渉するか』（一九六四年）[14]を著した人物である。ハロルド・ニコルソン。外交交渉の態度やスタイルをイギリスの「商人（merchant; shop-keeper）型」とドイツの「武人（warrior）型」の二つに分類したことでも知られる[15]。フィリップ・モーズリー。彼は、ソビエト型交渉術の諸特徴を指摘した[16]。ケネス・ヤングやルシアン・パイは、中国人の交渉行動様式の特色を強調した[17]。同じく日本人のそれを指摘したマイケル・ブレーカー[18]、武者小路公秀[19]、その他[20]。

第3章
交渉の決定要因は何か

交渉とは、共通の価値をつけ加えるばかりでなく、異なる価値を発見し、創り出すことである。

——ジェームス・K・セベニウス(1)

交渉に影響をあたえる要因の数はかぎりない。およそ交渉行動様式に何らかの影響をおよぼすファクターは、すべて交渉の規定要因とさえみなすべきだろう。しかしそれでは際限がないので、思い切って捨象作業をおこなう必要がある。つまり、たとえ多少は恣意的に映るかもしれないが、相対的に重要と思われる要素に的を絞って論ずる以外に適当な方法はない。筆者は交渉の主な規定ないし構成要因として、「構造」、「過程」、「文化」、「戦略」の四つがとりわけ重要と考える。以下、ほぼこの順序で検討を加えることにする。

交渉の「構造」とは——交渉主体としてのアクター

まず、交渉の「構造」とは、何か。交渉の「構造（structure）」とは、交渉当事者、彼らのあいだでの力関係、利害、係争点（イシュー）、交渉の組織面でのセッティング、交渉過程の透明性の程度などを指す。[2] かような構造のなかで最重要なのは、交渉主体、すなわち「交渉者（negotiator）」と言えよう。交渉とは、結局のところ交渉者がおこなう人間の営為に他ならないからである。本書では交渉という言葉をあまりにも頻繁に用いることになるので、「アクター（actor）」もしくはプレイヤーという用語も併用することにしよう。では、どういう人間が交渉、とりわけ本書が主要な関心を抱く外交交渉のアクターもしくはプレイヤーになるのか。そして、交渉主体の分類としてはどのような区別が意味をもつのか。

まず交渉事では、公式と非公式のアクターを区別する必要があるだろう。ふつうは国家や政府を正式に代表している人間、すなわち公式アクターが国際交渉にたずさわる。たとえば大統領、首相、外相、外交官らである。ところが、交渉の分類（**第1章**の六七頁）でふれたように、交渉——少なくともその一部——が公式チャネル以外の非公式チャネルを通じておこなわれるケースが起こる。バック（裏）・チャネル（backchannel）を通じての折衝に従事する「エージェント（agent）」は表舞台に登場しない。そのために、陰の外交官、密使、黒衣《くろこ》な

ど と呼ばれる。一例をあげると、一九七一年、中国への隠密旅行を敢行し、「バック・チャネル」[3]コミュニケーションを通じて米中和解の道を開いたヘンリー・キッシンジャー大統領補佐官（安全保障担当）[4]。また、日米間の沖縄交渉の際に佐藤栄作首相の命を受けて秘密外交に従事した若泉敬（当時、京都産業大学教授）。彼らは、隠密または裏チャネル交渉のエージェントの役割をはたしたキーパーソンと言えるだろう[5]。

このような非公式アクターが暗躍することもあろうが、国家間の交渉はふつう公式アクター、とりわけ国家もしくは政府のトップの座に坐っている最高統治者によっておこなわれる。なかでも最終決断は、そうである。たとえば現行ロシア憲法は次のように規定している。「ロシア連邦大統領は、a．ロシア連邦の外交政策を指導する。b．ロシア連邦が締結する国際条約について交渉をおこない、それに署名する」（第八六条）[6]。各国のトップ指導者間の頂上会議は、良きにつけ悪しきにつけ大々的に喧伝されるのが、常である。たとえばキャンプ・デービッドで一九七八年にまとめられた中東和平は、その典型だった。実際、ジミー・カーター（米大統領）、アンワル・サダト・（エジプト大統領）、メナハム・ベギン（イスラエル首相）の三首脳間の頂上会談の結果として、和平が成立した。また、一九八〇年代末の米ソ間の冷戦の終結という偉業も、ミハイル・ゴルバチョフ（ソ連大統領）とロナルド・レーガン、ジョージ・H・W・ブッシュSr.（米大統領）とのあいだの頂上会談（レイキャビク、モスクワ、ワシントン）の結果として、実現したのだった。

このように華々しく映る首脳たちの「個人外交」も、これら晴れ舞台の下の「縁の下の力持ち」によって支えられている。すなわち、首脳たちの交渉の下準備をおこない、彼らによる最終的判断を可能にする無数の部下たちの手による日常的な努力である。この作業を見過ごしたり、軽視したりしてはならない。すなわち、最高指導者を支えるアドバイザー、シェルパ（国際会議や交渉の水先案内人）、外交官、専門家たちから成る職業集団である。とりわけ現代の交渉は、軍事、財政、農業、漁業、環境など多岐にわたる高度の専門知識を必要不可欠とする。結果として、外交交渉はかなりの程度まで「争点《イシュー》の専門家（issue experts）」[7]と呼ばれる人々によってになわれる。端的に言うと、ジョージ・ケナンが「外交官なき外交（diplomacy without diplomat）」[8]と名づけた現象さえも進捗中なのである。筆者は、ソ連時代の一九七三―七五年の二年間に文部省から調査員として出向して、在モスクワ日本大使館で働いていた。当時、同大使館内では単に外務省職員ばかりでなく、大蔵省、通産省、農林省、防衛庁、日本銀行、日本輸出入銀行、東京銀行などから派遣された出向者たちが数多く勤務していた。

　交渉の駆け引き、妥結のタイミング、打ち切りなどにかんしては、政治的、ましてや感情的な思い入れに左右されない冷静な判断が必要とされる。このような事由からも、最高首脳による会合、即ち「サミット」での決定は、実はほとんどの場合、シェルパ、その他の補助者たちによって前もって周到に準備され、お膳立てされているケースも多い。政治家や大臣たちは、そのような条約に単にサインする最終責任者にすぎない。このようにのべても過言でないかもしれない。

　しかし他方、これら「エージェント」側の協力にも限界があるばかりか、或る種の欠陥も伴う[9]。たとえば、「エージェント」から専門知識、その他の協力を得ようと欲するならば、それだけ交渉関係者の数を増やす結果とならざるをえない。また、「エージェント」の見解は、ややもすると彼（もしくは彼女）を送り込んだ省庁の指示や利害によって左右されがちであり、必ずしも常に大所高所からの公平無私なアドバイスであるとはかぎらない。最高首脳はエージェント各人の言い分や主張に耳を傾ける結果として却って判断を惑わされ、交渉妥結をむずかしくしたり、延引したりする。そのような極端なケースさえ招くかもしれない。

国家以外の交渉アクター

国際的な舞台では、必ずしも独立の主権国家だけが交渉アクターとはかぎらない。それ以外の集団や組織も交渉主体になりうる。そのようなアクターを、以下、例示してみよう。

まず、諸国家が集まって形成する連合体組織。地球上に生起する或る種の問題や課題は、主権国家のレベルを超えて取組まねば、解決がむずかしくなっている。たとえば地球温暖化、大気汚染などの環境問題、戦争やテロリズムの発生防止……等々。そのこともあって、国際連合、北大西洋条約機構（NATO）、経済協力開発機構（OECD）、国際通貨基金（IMF）、世界銀行など国際的規模の組織は、まるで単一の主権国家であるかのような資格や権限が認められて、交渉に参加するようになっている。特定地域の諸国をそのメンバーとする組織も、同様である。たとえば、欧州連合（EU）、東南アジア諸国連合（ASEAN）、北米自由貿易協定（NAFTA）など。

次に、世界には以下のようなグループも存在する。必ずしも特定の領土を持たなかったり、国際社会によって未だ独立の主権国家と認められていない組織体である。たとえば、クルド民族系の集団。彼らは、シリア、トルコ、イラク、イランなどの地域に居住するものの、それぞれの諸国で少数民族の地位におかれており、未だ固定した領土空間をあたえられていない。同様に、パレスチナ人も「パレスチナ解放機構（PLO）」と呼ばれる行政組織を創設し、独立国家の形成を目指してはいるものの、未だ国際的承認を得ているとは言いがたい。これらを、こなれない言葉とはいえ「代替国家（substitute states）」と名づける学者もいる。(10)

また、「未承認国家（unrecognized states）」と呼ばれる単位も存在する。「領域、恒久的住民、政府の三条件を備え、みずからは外交能力を有するとみなして、諸外国に対して国家承認を求めてはいるものの、未だ承認を得ていないために、厳密な意味では国際法的な主権国家に相当しない(11)」組織である。ジョージア領内の南オセチア自治州、アブハジア自治共和国、ウクライナのクリミア自治共和国、モルドバの沿ドニエストル共和国などが、その例と言えよう。前二者は、二〇〇八年にロシアによって承認され、クリミアは二〇一四年ロシアへ併合されたが、世界のほとんどの国々がそのことを認めていないために、今日依然として「未承認国家」の地位にとどまっている。

最後に、NGOについても一言する必要があろう。NGOは、非政府組織（Non-governmental Organizations）の略字。国家や政府を代表しない団体の総称である。民間市民による環境保護、経済開発、その他の地球規模の問題に取り組んでいる国際的な組織を指す。「民間自発団体（*Private Voluntary Organizations*／PVO）」、「市民社会組織（*Civic Society Organizations*／CSO）」とも呼ばれる。国家や政府を代表する組織でないので、国家間交渉に類した活動をおこなうわけではない。とはいえ、少なくとも国家間の交渉に大きな影響をおよぼす存在とみなすべきだろう。いや、NGOは、近年、ますます重要性を増大しつつあり、その存在や活動を無視して国際政治について語りえない。こう言っても過言でない。

たとえば地球環境問題にかんする多国間条約の締結にNGOが果たしている大きな役割を、何人も否定しえないだろう。そのようなNGOの一つとして、「グリーンピース」を挙げうる。「グリーンピース」はその行動がやや戦闘的すぎるとの批判もあるかもしれないが、それが取り組んでいる国際環境保護という課題や運動それ自体の意義にかんしては異論を唱ええないだろう。また、国際的な人権救援機構「アムネスティー・インターナショナル」。同組織なしに、国際的な人権運動分野での近年の目覚ましい進展はおよそ考えにくい。これらのNGOは、己の関心分野を巡る国際交渉に、政府代表団の正式メンバーや顧問などの資格で直接参加したり、そうでなければ外部から圧力を加えたりする。その形態や程度次第にかかわらず、各国政府の公式代表たちはそのようなＮＧＯの見解に耳を傾け、彼らの声や活動を交渉結果に反映せざるをえない。
——以上の諸例がしめしているように、国際交渉の場では今や「グローバルな外交官」[12]とでも名づけるべき全く新しいタイプのアクターたちが誕生しつつあり、けっして少なくない影響力を行使しつつある。

交渉アクター間の〝力〟関係とは

右に簡単に説明したアクターたちが、国際交渉の主役を演じる。そして、交渉「構造」のなかで重要な役割を演じるのは、これらアクター間の関係、〝力〟関係であると言えよう。アクターは己が有する権力をフルに動員し、交渉相手にたいして影響力を行使し、交渉を自分に都合のよい方向へと動かし、望ましい結果を収めようと欲する。国際政治学者のバカラック＆ローラーはのべる。「権力は、バーゲニング〔取引〕の中心的要素であり、バーゲニング関係の全局面に浸透している」[13]。米国の交渉学の権威、ディーン・Ｇ・プルイット教授（ニューヨーク州立大学、心理学専攻）も、次のように結論する。「交渉学についての書物は、権力に言及することなしにけっして完全なものとはならないだろう」[14]。

では、〝力〟ないし権力（power）とは、いったい何か[15]？　政治学一般で、権力は次のように定義される。「相手側の意志に逆らってでも当方の意思を貫徹し、相手側に当方の望む行動を強制する力」[16]。権力は狭義で物理的強制力とほとんど同一視され、極端な場合には軍事的能力を意味する。ところが、交渉は物理的暴力を用いることなく、話し合いによって紛争を解決することを目指している。そのような交渉の本来の主旨から言って、〝力〟の要素を交渉の絶対的な要件であるかのようにみなすのは、必ずしも適当ではない。極端に言うと、もし或る当事者がそのような絶対的な権力を行使しようと意図するのならば、それはもはや交渉をはじめる必要も意味もないことになろう。

つまり、交渉における〝力〟、すなわち交渉力（バーゲニング・パワー）とは、政治一般での権力概念とはやや異なるものとしてとらえるべき概念である。すなわち、「状況（situation）」や「当方と相手側の相対的な関係」としてとらえられるべきである。[17] 分かりやすい例をあげよう。不動産を買いたいと思うAは、不動産を売りたいと思うXにたいして「状況」次第で異なる交渉力をもつ。たとえば、同じ物件を買いたいと思う競争相手B、Cが存在するか、否か。Xの他に、類似の物件を売りたいと思うY、Zが存在するか、否か。これらの状況次第で、AのXにたいする交渉力は異なってくる。つまり、AはXにたいして絶対的な力を持つのではなく、その力は状況次第で相対的に変わってくる。このような交渉力の特殊性を念頭におきつつ、以下、〝力〟概念をその主要な構成要素に分割して検討を加えることにしよう。[18]

〝力〟を構成する第一の要素は、物理的な能力（capabilities）、もしくは物質的な資力（resources）と言えよう。国際政治学分野で「現実主義（リアリズム）」学派に属する人々は、そのような能力のなかでとりわけ軍事的能力を重視する。「新現実主義（ネオ・リアリズム）」学派に属する人々は、併せて経済的能力も強調する。新現実主義者たちの見方によると、たとえば一九九一年に解体するまでのソ連邦は軍事的能力でこそ強力であったかもしれないが、経済的能力では脆弱な存在だった。対照的なのは、日本。日本は軍事大国とはまったくみなしえない一方、GDP（国民総生産）では長らくのあいだ米国に次ぐ第二の経済大国だった。

〝力〟の第二の構成要素は、政治的能力。為政者のリーダーシップ、彼らの国民との連帯、結束、団結の強さなど。〝力〟は、これらの諸要素を含んでいる。このようにみなすことなしには、軍事力で劣勢な北ベトナム、チェチェン共和国、北朝鮮などが、時として米国、ロシア連邦相手の戦争や交渉で互角に近い〝力〟を発揮しうる理由を理解しえないことになろう。

第三の構成要素は、交渉担当者自身の知的能力、交渉技能など。交渉が軍縮・軍備管理、通商・貿易、農・

漁業、環境などの専門分野での高度の専門的知識を必要とするようになるにつれ、交渉担当者たちのこの種の力はその重要性を増加させる傾向をしめしている。

第四の構成要素は、交渉当事者ならびにその背後にひかえる国民一般の精神的な力。担当者たちの交渉にかける熱意、交渉準備のための学習意欲、相手側の圧力に屈せず忍耐し粘り抜く意志力――こういった類いの心理的な要因が、交渉の帰趨を大きく左右する。一例をしめそう。パナマ運河の主権帰属をめぐる交渉でパナマと米国がしめした関心や熱意は、対照的なものだった。パナマ側にとり同運河返還交渉は国家の命運を左右する大事業である。とうぜんパナマは、己がもつ力、エネルギー、時間のすべてを同交渉に投入した。ところがアメリカ側にとり同交渉は、米国が同時にたずさわっている数多くの交渉案件のうちの唯一つ（one of them）にすぎなかった。こういった事情が果たしてどの程度にまで交渉結果に作用したのか。その正確な程度は測りえない。とはいえ、結局締結された協定は、必ずしも両国間に存在する軍事的、経済的能力の格差を反映したものではなかった。つまり、パナマ側にとって相対的に有利な内容のものだった。

〝力〟が交渉におよぼす影響

右にのべてきたことから、〝力〟とは総合的なものであり、かつダイナミックに変化するものでもあることが分かるだろう。或る構成要素にかんして強力な国も、他の要素にかんして必ずしも強力とはかぎらない。〝力〟とは、右にのべた四つ、その他の要因を総計したものである。しかも、果たしてどの要因が交渉の推移や結果にたいしてより多くの影響力をもつのか。このことは、交渉の分野や争点の違いによって変わってくる。それゆえに、交渉では「〝力〟が強い側が勝つ」。――こうのべるだけでは、必ずしも答えとはなりえない。そもそも「〝力〟とは何か」という問いが発生し、それにたいして交渉に「勝ったほうの側の〝力〟がより一層強かった」とも答えるならば、それは単なる、同語反復法になってしまうだろう[19]。

次に重要なことは、右に列挙したすべての〝力〟が厳密に言うと飽くまでも潜在的な能力にすぎないことである。果たしてそれらが現実の影響力へと転化されうるのか。このことこそが、問われて然るべきだろう。さらに言うと、〝力〟は交渉者間の関係を必ずしも直接規定する要因ではなく、間接的な規定要因にすぎない。保有している折角のポテンシャルな〝力〟が現実には十分な程度にまで効果を発揮しえずに、いわば「宝の持ち腐れ」に終わる。このこともしばしば起こる。力の配分が等しくない場合、有利な側の交渉者は己が有する潜在能力を是非とも現実の影響力へと転化しようと試みる一方、不利な側にたつ者はそのような転換努力を阻止しようとし、両者間にすさまじい闘いが展開する。米国の国際政治学者、トーマス・シェリングがのべた次の言葉は、おそらく右のような事情を指しているのだろう。「バーゲニング戦略とは、〝力〟の効果的な適用でなく、潜在的な〝力〟の利用にある[20]」。

では、潜在的な能力を現実のそれへと転化させることに貢献する要素は、何か。交渉を取り巻く状況、その他も重要な役割を果たすだろうが、何にも増してスキル（技巧）、ないしテクニック（技術）と言えよう。潜在的能力としての力は、それを操作する技術の巧拙次第によって、それが現実に生み出す効果を異にする。技術が適切でなかったり巧みでなかったりするために、能力がほとんど発揮されないままに終わる。このようなケースすら稀でなく、実際しばしば起こる。したがって、最も広義での〝力〟の定義のなかには、このような潜在的な能力を現実的な力へと転換する技巧までをも含める必要があるのかもしれない。

さらに重要なことがあろう。交渉という人間の行動様式で〝力〟が果たす役割の限界を十分承知しておく必要性である。交渉は、己の意思を他国に無理やりに押しつける戦争などの強制的行為とは異なり、いやしくも相手方の同意——たとえ、それが現実にはかなりの程度まで強制されたものであれ——を、必要とする。仮に最終合意に到達したあとでも、相手側は合意文書の調印を拒否する権利さえを有するかもしれない。そのような意味で、交渉は或る程度まで平等性もしくは相互性の原則にしたがう。それは、何が何でも〝力〟でもって己の意志を押し通そうとする人間営為なのではない[21]。

——以上の検討から、交渉行動での〝力〟ないし権力が必ずしも一義的な定義に馴染まないコンセプトであること、そのこともあって、〝力〟ないし権力は交渉行動様式の分析道具として必ずしも十全なコンセプトでないことが、明らかになったと言えるだろう[22]。

利害の対立が、交渉の基本問題

交渉者間で〝力〟関係に勝るとも劣らず重要なのは〝利害〟関係だろう。そもそも「利害（interests）」が対立するからこそ、交渉が必要になり、はじまるのだろう。フィッシャー&ユーリーの二人も、「利害の対立こそが、交渉の基本問題である」と断言する[23]。両教授によると、一見するかぎり交渉者間で立場や主張が真っ向から対立しているようにみえる場合、よくよく観察してみるとそれらの背後で実は利害が対立しているケースが多いという[24]。但し、ここで利害という場合、狭義の物質的利益のほかに、費用、時間など、質的なものも含む広義の利害を指している[25]。

利害の対立が明らかな形で現われるのは、商業交渉だろう。双方が欲するモノ、便宜、サービスなどを貨幣を仲介として交換し合う売買は、われわれの日常生活で四六時中頻繁におこなわれている行為である。交渉とほとんど同義語のように用いられるバーゲニングは、主として商取引上の駆け引きを指している。売買交渉は、できるだけ高い価格で売ろうとする売り手と、できるだけ低い値段で買おうとする買い手とのあいだで激しいバーゲニング行為が繰り返される後に、取引を最終的成立（または不成立）へともちこむ。そのような売買取引は、主として価格にかんしてはゼロ・サム・ゲームの性格を帯びる。つまり、一方が得をする分だけ他方が損をし、その総和はゼロになる。これは、一晩のポーカー・ゲームが終了した時点でゲームがおこなわれた部屋のなかのチップないし持ち金の全体量は変わらず、ただ所有主だけが変わっていることに似ている。

この点に注目して、「ゲームの理論」が考案された。[26] 利害が対立する競争の場で己の利益を追求する行動は、本質的には室内ゲームの競技者の行動と同一である——。基本的にこのようにみなす考えから生まれた理論で、経営戦略や国際政治における戦略分析へ導入された。なかでも、プレイヤーが他のプレイヤーとの相互関係下で自己の利益を最大化するとともに、負けた場合の被害を最小にしようと試みる「ミニ・マックス原理(minimax principle)」が、よく知られている。ところが、最大の利益を求めたいと欲するならば、最大の危険も覚悟せねばならぬ理窟になろう。たとえば一九九〇〜九一年の湾岸戦争でアメリカ合衆国が二つの選択肢に直面したケースが、それに当たる。すなわち、①コストも小さいかわりに、効果も小さい経済的制裁。②コストも大きいかわりに、効果も大きい軍事的介入。果たして、このどちらを選ぶべきなのか。当時の米国は迷った。

国際政治でのゼロ・サム・ゲームの典型は、地球上に唯一つしかない土地の主権を巡る争いだと言えよう。北方四島をめぐる日ロ両国、シナイ半島をめぐるイスラエルとエジプト両国の対立が、そうである。逆に、ノン・ゼロ・サム・ゲームとは、関係当事者の全員が利益を入手する、もしくは損失を被るゲームを指す。冷戦中の米ソ両国は、もし緊張緩和政策を採用して軍縮に努力するならば、両国はともに利益を入手することができた。他方、軍縮努力を怠ったり、万が一にも核戦争を勃発させたりすると、両国はとり返しのつかないダメージを受けることになったろう。

ゼロ・サム・ゲームをノン・ゼロ・サム・ゲームに転換する——これは、交渉を成功させるための要諦の一つと言えよう。では、どうすればそれが可能になるのか。「立場(positions)」よりも、「利害(interests)」に眼を向けることが重要になる。[27] たとえば各当事者のいったい誰に正当な所有権が帰属すべきなのか――この観点に立って交渉をつづけるかぎり、いくら侃諤《かんがく》の議論をしようと解決の糸口がまったく得られないケースが生じるだろう。そのような場合、当事者はそれぞれが表明している「立場」の背後でいったいどのような「利害」を達成しようと欲しているのか。この点に、注意を向けてみる。そうすれば、ひょっとすると妥協の道を探る道もなきにしもあらずかもしれない。具体例を挙げて説明してみよう。

姉妹が一つのオレンジを争っている場合を想定せよ。それぞれがオレンジの所有権を固執しているかぎり、何時まで経っても解決策は見つからないだろう。ところが、オレンジがいったい誰のものかという「立場」を離れて、姉妹のそれぞれがそもそもどのような理由でオレンジを欲しているのか、つまり「利害」のほうに注目するならば、妥協の道が見出されるかもしれない。妹は、オレンジの中身をそのまま食べたい。だが、姉はオレンジの皮を用いてマーマレードにしたい。このようなことが分かれば、両者の利害を共に満たすことが可能になろう。また、もし姉がオレンジを素材として絵を描きたいのならば、姉がまず絵を描き、そのあと妹がオレンジを食すればよいだろう。[28]

また、図書館で、窓を開けたい、開けたくないと主張し、二人の学生が対立中である場合、彼らの基本的ニーズを明確にすることによって、両者の欲求を同時に満足させる解決策をみつけることが可能になろう。一方が新鮮な空気を欲し、他方が風に直接当たりたくないことが分かれば、図書館員は隣の部屋の窓を開けることによって両者を相対的に満足させることができるだろう。[29] 同様の考え方に従って、一九八〇年代の日米貿易摩擦は、日本側による自動車の対米輸出と、米国側による農産物の対日輸出――これら二つを、リンクさせ抱き合わせる。そのようなパッケージ取引によって、解決への道を見つけ出すことが可能になった。

「ホーマンズの定理」の提唱

ゼロ・サム・ゲームを、ノン・ゼロ・サム・ゲームへ転換する。このための有力な鍵の一つを提唱しているのは、「ホーマンズの定理」である。ホーマンズは、問題となっている諸項目を優先順位にしたがってリストアップし、一覧表をつくることを勧める。そのようなリストを比較検証してみると、次のことが分かるにちがいない。たとえば交渉者AとBのあいだで優先順位がまったく同じ項目が存在する一方で、異なる項目が見出される。もとより前者にかんしては、妥協は非常にむずかしいだろう。

ところが、後者、すなわちAとBとのあいだで同一項目が違った順位におかれている場合には、妥協の可能性が生まれるのではないか。具体的に言うと、例えば北方領土の価値が日本側の優先リストでは第一位を占める一方、ロシアのそれでは第二位。逆に経済的利益の追求がロシアの優先リストでは第一位を占める一方、日本側のそれでは第二位。このような項目の数が多くなればなるほど、ゲームが成功するチャンスは大きくなる[30]。つまり、フィッシャー&ユーリーが説いているところとまったく同様に、複数の項目にかんし異なる当事者によって付与される評価が異なることに注目せよ。そうすれば、AとBのあいだで妥協や取引が可能になるかもしれない。ホーマンズは、こう説くのである。ホーマンズ流の観点にたつならば、交渉とは必ずしも共通の価値を見出し、「共通の価値を付け加えるばかりでなく[31]」、「異なる評価を発見し、創り出し、伝達すること」である。こう定義することも可能になろう[32]。ともあれ、「ホーマンズの定理」が見事に適用された具体例を、次に紹介しよう。

一九七八年にキャンプ・デービッドで成立したイスラエル＝エジプト和平協定が、それである。イスラエルはエジプト領だったシナイ半島を、一九六七年の「六日戦争」以来占拠し、イスラエル、エジプト両国は同半島の土地を一寸たりとも譲りえないと主張し、両者の立場は真っ向から対立していた。ところが、双方の主張をよくよく探ってみると、次のことが判明した。イスラエルの最大の関心は、国家の安全保障に他ならない。イスラエルは、周囲をアラブ諸国によって取り囲まれているからである。他方、エジプトの最大の関心は、軍事力に優れているイスラエルによって奪われた土地の主権回復。なぜならば、それがたとえ不毛の砂漠の土地であれ、領土をイスラエルに占拠されたままでいると、それはエジプトの面子に大いに係わるからである。

両国それぞれが最も欲する第一位のものを、ホーマンズの教えにしたがって率直に並べてみると、イスラエルは安全保障、エジプトは土地ということが分かる。こうなると、しめたもの、交渉が成立する余地が生まれる。というのも、シナイ半島をエジプトの主権下に返還する一方で、その広範囲の土地を非武装化することによってイスラエルの安全保障を確保する——。このような妥協案が成立するはずだからだ。そして実際、そうなった。同協定は、「土地と安全（land-for-security）」という異なる価値の交換を思いつくことによって、ゼロ・サム・ゲームをノン・ゼロ・サム・ゲームへと変形することに見事に成功したのだった。

「ゲーム理論」の限界

「ゲームの理論」とは、人間がおこなう駆け引きを合理的、科学的に説明しようとする試みである。そのような観点から、同理論が社会科学の発展に寄与した貢献は大きかった。だが、その有効性をあまり過大に評価することは禁物だろう。ひとつには、元来それは極度に抽象化されたモデルなので、それを現実の諸現象へ適用するとなると、とうぜんのごとく様々な限界を露呈するからだ。事実、ゲーム理論の欠陥としては、たとえば次の諸点が指摘されている。(33)

（1）ゲームの理論は、スタティック（静的な）モデルにすぎない。すなわち、バーゲニングの開始と決着の両時点に注目する一方、中間段階でのプレイヤー——人間である！——相互間のダイナミック（動的な）せめぎ合いにほとんど注意を払わず、事実また説明する術をもたない。

（2）同理論は、交渉者が合理的アクターであるとの前提に立っている。とはいえ、ゲームのプレイヤーや交渉者がつねに冷静な算盤をはじき、物質的な利害を最大限に追及しようとする「ホモ・エコノミクス（経済人）」であるとは必ずしも前提しえない。彼もまた人間、すなわち感情の動物であり、理性的な判断ばかりをおこなうとはかぎらない。交渉者が現実にとる言動は、合理的、非合理的判断のミックス（混合体）とみなすべきだろう。

（3）ゲームの理論は、プレイヤーが完全な情報を得てゲームをおこなっているという前提にたちがちである。だが現実には、そういうことはありえない。いや、プレイヤーは互いに虚偽の情報を流したり、故意に間違ったシグナルをあたえたりして、相手側を攪乱したり操作したりするのが、恒《つね》だろう。

（4）ゲームの理論が問題にする「利害」とは何か。これが重要である。いったい誰にとっての利害なのか。また、利害をつねに固定された普遍的なものとみなすわけにはいかない。極言すると、それは流動的なものであり、対内的、対外的な環境、とりわけ相手側の出方などによって変化をとげる存在だろう。たとえば短期的な観点と長期的な観点からの利害が異なるのはごくふつうだろう。

（5）ゲームの理論は、たしかに駆け引き行動の特徴やパターンを説明することには役立つかもしれない。だが、同理論は必ずしもプレイヤーの行動を正確には予測しえない嫌いがある。プレイヤーはいったい何をなすべきか、将来どのような行動をとるだろうか。こういった問いについては、まったく答ええない。

ゲームの理論が生み出した有名なものとして、「囚人のジレンマ」論がある。これは、まさに人間行動様式の合理性と非合理性の矛盾をしめす好例と言えよう。同理論は説く。二人の共犯容疑者が別々に取り調べを受ける場合、一方はおそらく否認したり黙秘したりして無罪になろうと欲するだろう。ところが同時に、仮に自分がそうしても、他方は自白して罪を軽くしてもらおうともくろむとの疑念を、払拭しえない。結果として、両人ともに自白する行動を選びがちとなる。協力し合えば得をするにもかかわらず、相手を出し抜こうと思い却って損をする。往々にして人間が陥りがちなパラドックスを、見事に証明している。「囚人のジレンマ」理論は、一般的に交渉者がおちいりがちなジレンマをうまく言い当てているのだ。すなわち、最適（オプチマル）な協定を生むために協力すると、各自は協定がもたらす利益を減少させる結果になってしまう。だからといって、利益配分にこだわって揉《も》めつづけていると、最適な協定どころか何らの協定にも達しえなくなるというジレンマである。

冷戦中の米ソ両大国は、軍縮か軍拡か——この二つの選択肢に直面し、まさに「囚人のジレンマ」状態に追い込まれていた。両国はともに、国内経済にたいする圧迫から逃れようとして、内心では軍備縮小を切望していた。ところが、もし己が軍縮に熱心な態度をしめすならば、相手側はそれを良いことにして必ずや自らは軍備増強に専念し、己とのあいだの格差を拡大し、戦略上の優位性を確立しようと試みるにちがいない。つまり、相手側が自分を出し抜いたり、騙したりするのではないか——このような猜疑心が働いて、米ソ両国は、実際、長年のあいだ軍縮に合意しようとしなかった。

一九六〇年代以降の交渉理論の進展

——交渉「構造」で「権力」や「利害」が果たす機能について、以上やや長々と説明してきた。これらの二つの要因が交渉で重要な役割を演ずることについては、疑問の余地はない。とはいえ、これら二つのファクターだけによって交渉の全局面を説明しうるわけではない。交渉の重要側面をとらえてはいるものの、そのすべてを把握するにいたっていない。そういうわけで、「権力」、「利害」に次いで交渉の「構造」を決定する第三番目の要因を見出すことが必要になる。では、三つ目のファクターとはいったい何か？　この答えを知るためには、一見横道に逸れ遠回りするものの、国際政治学の発展史を復習することが必要になろう。

一九六〇〜七〇年代に国際政治学の主流を占めていたのは現実主義（リアリズム）、新現実主義（ネオ・リアリズム）、そして「ゲームの理論」などだった。かような学派の影響をうけて、交渉学研究の分野でも専ら勝敗や損得の観点から交渉をとらえがちな傾向がみられた。現実主義者（ハンス・モーゲンソーなど）[34]や新現実主義者（ケネス・ウォルツなど）[35]は、交渉の中核をなすのは結局のところ権力（あるいは権力の操作）に他ならないと考えた。ゲームの理論家たち（シェリング[36]、ラパポート[37]など）も、交渉の本質はゼロ・サム・ゲーム型の取引にあると説いた。言い換えるならば、国際政治学の伝統的なスクール（学派）は、交渉の対立的、もしくは分配的な側面を重視しがちだった。また、これらの学派は、交渉過程がややもすると次のような直線的かつ単純な段階を経て推移するかのようにみなしがちだった。すなわち、オファーの提示→若干の譲歩を含む反応→行き詰りによる決裂、または妥協による収斂→妥結。

しかしながら、専ら交渉を勝敗、もしくはゼロ・サム・ゲーム的な損得の観点からとらえようとする見方は、現実の交渉の姿を必ずしも正確に把握してもいなければ、交渉を成功に導く政策論としても必ずしも適当とは言いがたい。このことが、次第に明らかになってきた。なぜか。

まず、既にのべたように「権力」を単に軍事力ばかりでなく、経済力、ソフト・パワー、精神力、団結力などの諸力を含む広い概念としてとらえるならば、それらの総合力で果たしていずれの交渉当事者が他に比べより一層勝《まさ》っているのか。これは、そう簡単に判断しえないことになろう。仮に決定可能としても、実際の交渉では次のようなケースがしばしば発生する事実を十分納得しうる形で説明しえない。より少ない権力をもつ側がキャスティング・ボートを握ったり、弱者の恫喝を加えたりすることによって結局、勝利を収める。

さらに言うと、交渉事で一方的な勝利や利得を収めること自体が、たとえば長期的な観点からみる場合必ずしも望ましくない。このような視点が看過されがちである。というのも、大敗を喫したり、大きな損失を被ったりすることになった側は、その結果に憤激するあまり、次のような行動をとりがちになるからだ。全面的勝利を収めた側にたいしてルサンチマン（怨恨感情）を抱く。交渉合意をサボタージュするなどして、合意を忠実に履行しようとしない。挙句の果てには、合意を事実上骨抜きにしようとすら試みる。少なくとも類似の交渉を将来繰り返すことに、もはや熱意をしめさなくなる。

以上略述したような諸欠陥を伴いがちなことの反省も手伝って、一九八〇年代頃になると、欧米の研究者たちのあいだでは、交渉を若干異なった観点からとらえ直そうとする努力がなされるようになった。たとえば或る者は、交渉を次のように定義する。「交渉とは、依存関係の諸条件を決定もしくは再決定しようと試みる意図的な相互行為である」。すなわち、交渉が「対立的」ないし「分配的」な側面と並んで「協調的な（cooperative）」もしくは「統合的（integrative）」側面を併せもつミックス（混合体）であることを、強調しようと試みる（リチャード・ウォートン＝ロバート・マッカーシー[38]）。

別の或る者は、交渉を当事者間に良好かつ長続きする関係を創り出し、「対立する利害を可能なかぎり緩和させる一方、共通する利害を増大させようとする」営為とみなそうとする（フィッシャー[39]）。また別の者は、交渉を、必ずしも「敵対する者たちのあいだでの闘いや競争する者たちのあいだでの取引」ではなく、むしろ「彼らが共に直面している共通の問題を解決しようと試みる共同行為」。このようなものとしてとらえようと試みる（フィッシャー＆ユーリー[40]）。

フィッシャー&ユーリーの「BATNA理論」とは何か

とりわけ、ハーバード大学の交渉ネットワーク研究所でチームを組むフィッシャー&ユーリーの二人は、伝統的な交渉理論を単に批判するばかりでなく、同理論を継承し、それを発展させる作業をおこなおうと試みて、今日に至っている。彼ら二人が交渉学に寄与した最大の貢献の一つとして、「BATNA理論」をあげることができるだろう。同理論を、簡単に説明する。

交渉者のすべては、己がその線からは決して後退したくないと考えるボトム・ラインをもっているはずである。すなわち、その要求が満たされないくらいならば、いっそ交渉しないほうがマシであるとみなす、ギリギリ最低限度の欲求水準である。

フィッシャー&ユーリーの二人は、そのようなボトム・ライン概念を次のように定義する。[41] すなわち、「交渉による合意が成立しないとき、それに代わる最良の選択肢〔the *Best Alternative To a Negotiated Agreement*／BATNA〕」。[42] 交渉は、まず己の側のボトム・ラインを決定することによって、BATNAを設定する。その後、相手側のボトム・ラインとBATNAを推測することによって、交渉を開始する。交渉は、それぞれのボトム・ラインおよびBATNAをめぐる攻防戦になる。

フィッシャー&ユーリーの「BATNA理論」は、それまで権力や利害のレンズを通して交渉を眺めがちだった伝統的な交渉理論を大きく前進させた。こう高く評価できるだろう。というのも、すでに何度ものべたように権力とか利害とかいった概念は、曖昧、多義的、主観的な性格を免れえないもので、そのようなものにもとづいて交渉理論を構築するわけにはいかないからである。もちろん、「BATNA理論」も、自分のボトム・ラインがいったい何であるかを決定するに当たり、主観的な希望的観測や期待値が混入することを完全には排除しない。それは、交渉行動が究極的には主観的要素から完全にフリーになりえないことを率直に認める。いや、そればかりでない。交渉が結局のところ主観的判断であることを逆手にとることによって、それが主観的判断であると批判する立場を前もって退けているのだ。また、利害概念がそうであるのと同様に、ボトム・ラインが長期的、短期的な時間的スパンのとり方次第によって変わってくることも否定しない。要するに、BATNAは、これらすべての事柄を総合的に考慮したうえでの最終的な決定なのだ。

このようにして、権力や利害を中心とする旧《ふる》いアプローチのみでは十分な程度に説明しえなかった事柄が、「BATNA理論」によってはじめて説得的に説明可能になった——。こう結論して、おそらく差し支えないのではなかろうか。ベトナム和平交渉を例にとって、このことを説明してみよう[43]。

ベトナム和平会談は、一九六九年にパリではじまった。もし会談が失敗する場合、米国にはベトナム戦争をつづける以外の選択肢は残されていなかった。だからといって、戦争を継続する場合、ニクソン政権は、北ベトナム相手に核兵器の行使が許されないのはもちろんのこと、北ベトナムにたいする全面戦争を開始しえない国内状況にも直面していた。同政権は、増え続ける米軍戦死者と反戦運動、米国経済の負担増、ウォーター・ゲート事件のスキャンダルを抱えながら大統領選挙に臨まねばならないとの思惑、等々の諸問題を抱えていた。これらの諸事情から判断して、ニクソン大統領は、米国ばかりでなく世界の世論からこれまで以上に反発や批判が巻き起こるのを回避せねばならなかった。要するに、戦争継続は、費用(経済的コストのみならず、時間、エネルギー、等々)対効果の観点から判断して、もはやペイするようには到底思えない状況になってきた。

他方、北ベトナムのほうはどうだったのか。たとえ和平合意に到達しない場合であれ、北ベトナムは戦争継続という選択肢(BATNA)にも十分堪えうる意志力を保持していた。北ベトナムにとって、戦争は南ベトナムの共産化、米国帝国主義との闘いを推進する必要性などに鑑み、たとえどのように大きな犠牲を払っても遂行すべき聖戦である――。こう捉えられていた。そのような高次の要請に対応している北ベトナムにとって、マクナマラ流の「費用対効果」論などはまったく問題外であるとすらみなされた。

以上要するに、ベトナム和平交渉で米国のボトム・ラインが非常に低く見積もられていたのに対して、北ベトナムのそれはきわめて高く設定されていた。このようなBATNA流の考え方を採用してはじめて、軍事力や経済力で著しい対照性が存在する米国と北ベトナムとのあいだの交渉結果を納得のいく形で説明することが可能になろう。

弱者が強者に勝利する条件

では、弱者は常に強者を恫喝することに成功し、交渉を己に有利な形で進めうるのか。必ずしもそうだとはかぎらない。というのも、交渉はたとえ妥結にいたらなくても、自己が満足しうる選択肢（BATNA）に恵まれている――このような場合にかぎってのみ、弱者は交渉に強気な姿勢で臨みうるにすぎないからだ。そうでない場合、弱者はいわば当然のごとく強者の主張に近い形で妥協を強いられるのが、ふつうである。このふつうのケースを、次に紹介する。

まず、国際貿易開発会議（*United Nations* Conference on *Trade and Development*／UNCTAD）での南北問題の討議が、その好例になろう。[44] 開発途上諸国は、GATT（関税貿易一般協定）をはじめとする大概の国際的な制度や機関が事実上、先進国によってほぼ完全にコントロールされていることに、長年にわたって不満の念をいだいていた。これらの諸国は、一九六四年、新国際経済秩序実現のスローガンを掲げて、ジュネーブでUNCTAD会議を開催し、南北問題対話の必要性を訴えた。だがもとより、開発途上諸国は軍事力、経済力、その他の点で先進国に比べ遥かに劣勢だった。加えて、次のようなハンディキャップも背負っていた。もし同会議で合意を達成しえない場合、その他のオプション（BATNA）をまったく持たないという弱味である。これらの諸事由のために、途上国は結局所期の目的を達成しえなかった。

つまり、もし先進国が一次産品（コーヒー、バナナ、砂糖、椰子油など）を買い上げようとしない場合、途上国はいったいどうなるのか。途上国みずからの国内市場は極めて小規模であるために、右の産品を畑や倉庫でいたずらに腐らせてしまう結果を導くだけだろう。他方、先進国側は複数のオプションを有していた。たとえば、コーヒー。コーヒーにかんしては、世界で南米、ラテンアメリカ、アジア、アフリカといった複数の供給源が存在する。加えて、お茶がある程度までその代替物になりうる。したがって、先進国は、たとえ途上国とのあいだでコーヒー取引を成立させせない場合でも、それほど深刻なダメージを被るわけではない。つまり、先進国は交渉決裂の結果をほとんど恐れることなく、強気の立場から交渉をおこない、最終合意を己にとり都合の良い方向へ導きうる立場や状態にたっている。

このような場合、では、途上国は先進国に対して交渉を有利に進める手立てをまったく欠如しているのか。「BATNA理論」は、必ずしもそうではないと答える。すなわち、軍事力や経済力において劣位にたつ者であっても巧みな駆け引き術を駆使することによって、優位にたつ者とのあいだで互角あるいはそれ以上の力を発揮して闘いうるケースすらなきにしもあらずと説く[45]。たとえば次のような三つの方法がある。

（1）相手側にとって利用可能な選択肢を減少させる努力を試みる。OPEC（石油輸出国機構）の結成が、その好例だろう。OPECは、メジャーによる一方的な価格引き下げによる石油収入減少を防止する目的で設立され、現在、石油輸出十四カ国が参加している。もっともこれは、石油が他に代替物がほとんど見つからないエネルギー資源であるとの特殊性をもつがゆえに可能な方法であろう。したがって、必ずしもそのような性格をもたないコーヒー、バナナ、砂糖などの商品にかんしては、適用がむずかしい戦術かもしれない。

(2) 逆に、己に利用可能なオプションを増大させる方法。たとえば国内需要を掘り起こし、国内市場を拡大させ、或る商品の海外輸出依存度を減少させるやり方が、その一つ。たとえばチリは、先進諸国と季節が丁度正反対であることに着目して、銅の生産から果物、野菜の栽培へと転換をはかり、自国産品の輸出増大を図ることに成功した。

(3) 発展途上諸国が域内での分業や市場の開拓努力を通じて、先進国への依存度を減らし、己の選択肢を増大させようとする努力。たとえば、南米南部共同市場 (*Mercado Común del Sur*; 通称MERCOSUR、メルコスル) の形成。これは、ブラジル、アルゼンチンを核とし、ウルグアイ、パラグアイを加えた四カ国から成るEC型の共同市場。一九九一年に合意し、九五年に発足した。域内での税関業務等を簡単にし、モノ、ヒトの移動を円滑にし、経済協力を促進することを目指す。人口は合計して三億三〇〇万人、GDPは総計して三・四兆ドルから成る市場が誕生すると予想される。

要約

念のために、本章でのべたことを要約しておこう。交渉の「構造」とは、交渉当事者間の関係を指す。交渉の基本的な枠組をいわば静止的 (static) に捉えようとしている。権力と利害がそのような「構造」を規定する最も重要な二要因である。このことは、間違いない。すなわち、交渉者間での権力や利害の多寡や性質は、交渉の過程や結果に多大の影響をおよぼす。とはいっても、これら二要素だけが交渉の構造要因であり、交渉の過程や最終の結末をいわば自動的な形で決定するわけではない。もしそうだとすれば、真剣に交渉をおこなう必要はなくなるだろう。

つまり、権力や利害は、交渉「構造」の主要要素ではあるものの、交渉全体の観点からみるならば、それらは飽くまで潜在的なファクターにすぎない。それらが現実にいったいどの程度にまで強力な規定要因になるのか。これは、交渉がおこなわれる内外環境、交渉の戦略や戦術――これらすべての諸要因がせめぎ合う交渉「過程」の動態（dynamics）如何に懸かっている。こういうわけで、次に交渉の「過程」について議論を移す必要が生じる。

第4章
交渉が必ずたどる三段階

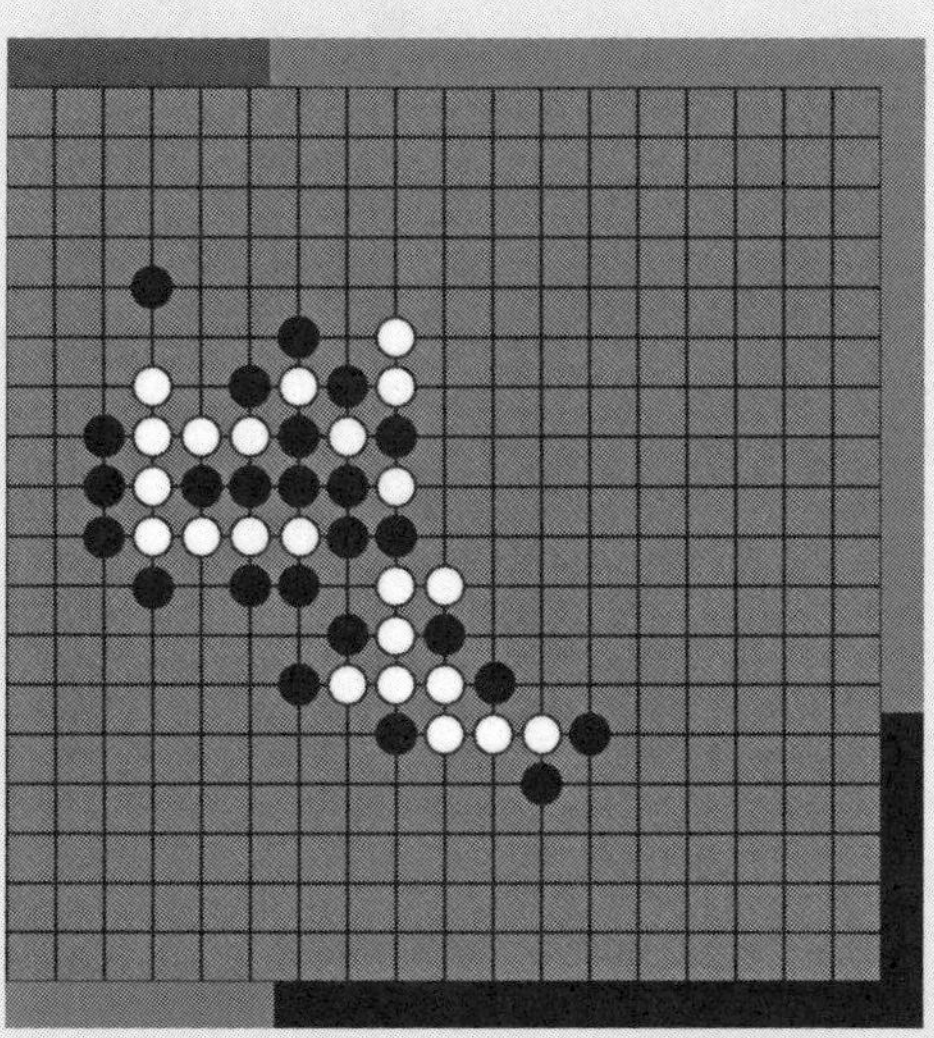

交渉とは、個人または集団が他者とのあいだで合意に達することによって目的を達成しようと求める過程である。

——**ラルフ・A・ジョンソン**[1]

「診断」「定式づくり」「細部の詰め」の三段階に分類

交渉は、一方の当事者による単独行為ではない。かつ、それは唯一つの言動ではなく、一連の複数行為から構成されている。[2] 仮にそれが唯一の行動である場合でも、その行為に複数のメッセージ、シグナル、反応が凝縮されている。――このような意味から、交渉は本来的に「過程（process）」としてとらえられる。[3] その点に注目して、交渉を次のように定義する者さえ存在する。「交渉とは、個人または集団が他者とのあいだで合意に到達することによって目的を達成しようと求める過程である」[4]（傍点、木村）、と。この場合、過程とは、「一つの目的を達成するための多くの段階（phases）を含む連続する行動ないし作業のコース」を意味する。

このように交渉と「過程」とは互いに不即不離もしくは密接不可分な関係にある。そうであるにもかかわらず、交渉の「過程」それ自体に明解な定義をあたえた文献は存在しない。不思議である。[5] ましてや、交渉「過程」を全体として理論づけることに成功した学説も存在しない。[6] 不可思議である。どうしてだろうか。

一つには、交渉が必ずしも一定方向へ向かう過程になりにくいことと関係しているのかもしれない。[7] 交渉は、あらゆる方向へと展開する可能性を秘めており、特定の段階からいったい次にどのステージへ向かうのか、全く予測不可能と言える。そもそも当方の動きが相手側によって簡単に察知され、推測可能とされるようでは、交渉や駆け引きの名に値しないかもしれない。たとえば、いかなる動きも一切おこなわないこと。元の立場や主張に逆戻りさえすること。これらもまた、一つの立派な交渉行動だろう。二つ目の理由としては、交渉のそれぞれの過程が互いにファジー（境界不明確）なことが挙げられる。[8] 交渉過程は、この後のべるように理論的な観点からはたしかに複数の段階に分けうるかもしれない。ところが現実には、各段階のあいだの境界線は曖昧なことが多く、必ずしも明確な区別がつけにくい。たとえば各段階は互いに重複するかと思えば、後戻りしたり、飛び越したりもする。[9]

——以上、そしてその他の理由から、そもそも交渉の「過程」にかんして理論的な説明をほどこすことなどおよそ不可能。こう極論する見解さえ生まれても不思議ではない。[10] ましてや、交渉を必ず勝利へと導く交渉「過程」の理論を構築したり、唱導したりする。これは、おそらくないものねだりであるばかりか、はじめから的外れの考え方である。このように説く見方もありうるだろう。

たしかに、個々の交渉行動は予測不可能であり、交渉「過程」は紆余曲折のコースを辿るかもしれない。とはいえ、そのようないわば細部の特殊性を離れ、思い切って大局的な立場にたつならばどうであろう。交渉「過程」は理論化にまったく馴染まない人間営為である。こう断定するのもいかがなものか。種々様々な千差万別に異なる交渉「過程」であれ、それらに何か通底する行動様式、順序、パターンといったものを全く見つけ出しえないものだろうか。

そのような共通的な要因として、たとえば次のような諸行為を指摘しうるのではなかろうか。まず、①「交渉相手にたいする要求の存在」、「交渉意志の打診」、「交渉開始の合意」。次いで、②「議題の設定」、「交渉手続き事項についての合意」、当事者それぞれの「立場や主張の表明」、当方からの「オファーの提供」、「カウンター・プロポーザルの提示」。そして③交渉に入って以後となると、「合意もしくは不合意」、その「理由の検討」、「譲歩や妥協の余地を探る駆け引き」、「相互の立場や要求の収斂」。そして最終的には、④「合意の達成」、「最終文書の作成、署名、調印」、「共同記者会見」……等々。[11] 交渉「過程」には、ほぼこのような個別の行為が共通して存在すると言えるだろう。

もとより右は、思いつくままに列挙した交渉過程の諸行為である、あまりにも雑然としている。これらを整理し、もう少し大きな単位へとまとめあげえないものだろうか。このような要請にもとづき、ザートマン&バーマンの二人は、交渉「過程」を思い切って三段階にわけることを提唱した[12]。すなわち、①診断、②定式づくり、③細部の詰め。また、別の研究家は、交渉を①予備交渉、②本交渉、③成約交渉の三つのステージに分ける[13]。以下の本書も、基本的にはこのような「三段階論（three-stage model）」を採用することにしたい。まず、それぞれの「段階」についてもう少し詳しく説明してみよう。

交渉の準備段階は困難かつ重要

ほとんどすべての交渉は、意識するとしないとにかかわらず或る種の準備段階を経由して、本格的な交渉へと移行する。交渉の単なる準備に過ぎないとみなして、そのようなステージや期間をおろそかに扱うと、とんでもない過ちを犯しかねない。というのも、準備もしくは予備交渉は本番交渉に勝るとも劣らぬ重要な機能を演じるからである。極論すると、この段階で、公式交渉のコース、行方、そして結末までもがほぼ決定済みとなる——このようなケースすら、稀でない。

準備段階の最重要機能を一言でのべるならば、関係当事者の認識を真剣な実際行動へと転換させること。つまり、それまでは対立し合い、紛争を交渉行為に頼ることなく単独の力だけで解決しようと考えていた態度を変化させる。より一層協調的、もしくは少なくとも紛争を交渉によって解決しようとする態度へと変える。このような転換は質的な変更に他ならず、時としては最終的合意の形態を見出す本番交渉と比べてさえより一層重要な意味をもつ。少なくとも「ずっと複雑かつ時間がかかり、困難な[14]」行為であると言えよう。このことを、或る交渉研究家は次のように記している。「交渉への〔to〕ハードルは、交渉での〔in〕障害に比べさらに一層高い[15]」。ともあれ、そのような変化を起こさせるように意図的な努力を尽くすこと。これこそが、準備段階での最も重要な任務に他ならない[16]。

たとえばソ連時代のクレムリンの対日姿勢が、その好例だったと言えよう。第二次世界大戦が終結する前後期のどさくさ紛れを利用して、スターリン指揮下のソ連は北方領土を軍事占領した。以後、日本政府がソ連に向かっていくら口を酸っぱくして説こうとも、ソ連政府は同領土の返還交渉に入ること自体を頑強に拒んでいた。ちなみに、そのためにソ連時代の外務大臣、アンドレイ・グロムイコは、〝ミスター・ニエット〟の綽名をほしいままにしていた。というのも、日本政府が北方領土交渉を始めようと欲してソ連外務大臣の東京訪問を要請する度毎に、グロムイコ外相はその申し出そのものを拒絶して、次のようなないないづくしの回答をおこなうのが常だったからだ。「そもそも日ソ間に領土問題は存在しない。存在しない問題を交渉する必要は全くない。したがって、そのために自分が訪日することもありえない」、と。ともあれ、このような科白《せりふ》をのべて、グロムイコ外相は何と十一年間ものあいだ来日しようとせず、日本とのあいだで北方領土問題を対象とする交渉に入ること自体を拒否しつづけていた。

北朝鮮も同様に、日本とのあいだで日本人の拉致問題にかんし交渉に入ることを拒んでいる。米国政府も、長年のあいだ核ミサイル開発をつづける北朝鮮を「ならず者国家（rogue state）」とみなし、交渉どころか対話をおこなうことさえ拒否しつづけてきた。ドナルド・トランプ政権が米国によるこの伝統的政策を破り、金正恩政権と対話ないし交渉を開始したが、果たしてそれを続行する意志をもちつづけるのか、全世界は固唾を飲んで注目している。

では、いったいどのようにすれば、当事者をして交渉に入ることを決意させうるのだろうか。ザートマンによれば、少なくとも次の七つの要件が満たされる必要があるという。それらを以下、順不同ながら列挙してみよう。

公式交渉へ入るための七条件

（1）危険の減少。[17] 己の単独行動ばかりではなく相手方の反応や行動からなる交渉には、つねに不安定要因がつきまとう。「もし相手側がそれをしてくれるのならば、自分はこれをしてやろう」。このような仮定を前提にして、交渉に入ろうとするかもしれない。ところが、己の期待に反して相手側から何ら望ましい反応が得られないケースはしばしば発生するだろう。交渉が一種の賭と評される所以《ゆえん》である。準備段階は、交渉に付き物とさえ言いうるこのような不安を減少させる、少なくともその種の危険が潜んでいることを予め明らかにする努力が、互いに必要になろう。

　たとえば、公式交渉の開始後に各当事者にたいして己の主張や立場を率直かつ自由に表明しうる権利が常に存在すること。もし交渉を中止したいと望むならば、それほど高くつかない代償を支払うことによって交渉から降りる道が開かれていること——。こういった言動の自由が十分保証されていることを、関係当事者たち全員に確信させる。このようなことによってはじめて、当事者たちをして公式交渉に入らせることが可能になろう。

（2）代償。[18] ほとんどの当事者は、交渉で自分が達成したいと願う欲求水準というものを設定しているはずである。最終合意が万一当方が最初に希望したレベルを超える場合であれ、そのような結果を入手するために支払う代償やコストにかんして或る程度予測していることが望ましく、かつ必要だろう。ましてや、交渉が失敗に終わった場合そのコストがいったいどの程度のものになるかにかんして、準備段階でおおよその査定ないし心づもりをしておくことは不可欠だろう。

（3）信頼感。[19] 当方が少々譲歩しようとする気持があっても、それが相手側にたいする譲歩の呼び水とならず、交渉がまったく一方通行の形で進むケースも起こるだろう。このような危惧や懸念が存在する場合には、もはや誰も真剣に交渉に従事する気持にはならなくなる。準備段階で譲歩しないのならば、ましてや本番公式交渉での譲歩など期待しがたい。このような悲観的な予測をおこなう者も少なくないだろう。そのような意味でも、準備段階は交渉開始後の段階での相手側の出方を前もって占ったり、瀬踏みしたりする時期でもある。さらには公式交渉のミニアチュア版としての機能をも果たすかもしれない。

（4）自己陣営の支持の瀬踏み。[20] いったん公式交渉がはじまると、すべてが準備交渉時と比べるとガラッと変わる。このような見方も、まったく間違いではない。しかし、公式交渉ステージに入ったからとて、準備段階から全く変化しない点も少なくない。たとえばほぼ同一のメンバーから成るチームがほぼ同一のチームのメンバーを相手として、同一目的の交渉をおこなうのが、通常だろう。それゆえ、両段階のあいだに若干の非連続性が生じる一方、連続する部分も多い。

準備段階は、公式交渉が開始された後に国内の自己陣営がいったいどの程度まで交渉代表団を強く支持するのか――このことをテストする機能も果たす。たとえば交渉相手に対する譲歩の幅にかんする国民の許容や反発の程度如何を推測する目途が得られるかもしれない。公式交渉に入る決定を相手側よりも先におこなった側は、その行為自体によって相手側の国内状況に影響をおよぼすことにもなろう。たとえば、そのような決定は、通常相手側に、当方も交渉に応ずべきではないかとの世論をつくり出す方向に役立つかもしれない。

（5）選択肢の検討。[21] 交渉の争点（イシュー）を、合意達成を誘導するまでに或る程度まで変形させる。これもまた、準備段階の重要作業のひとつと言えよう。そのためには、交渉の争点を異なった風に定義し直したり、その取り扱い方を変えてみたりする努力が必要となろう。もちろん、すべてのオプションを検討したあとに、唯一つの選択肢にまで到達できれば言うことはない。万一そのようなことが可能になれば、もはや本番交渉をおこなう必要なしという極端かつ例外的なケースともなろう。唯一のオプションへと絞り込むのがむずかしいにせよ、少なくとも最悪ないし非現実的なオプションを予め排除する。これは、準備段階でなされるべき最小限度の作業であるかもしれない。もしそのことに成功すれば、公式交渉が開始された後の作業は、随分容易かつスムーズに進行するだろう。なぜならばその場合、本交渉では残りの選択肢のなかから、合意できるものだけを選び出す仕事に専念することが可能になるからだ。

(6) 参加者[22]。公式交渉に従事・担当する者としていったい誰を選ぶのか。これは、準備段階の重要課題の一つと言えよう。交渉メンバーの決定は、細心の注意をもっておこなわねばならない。すべての関係者の参加を求める。これは、一見するかぎり理想的のように映るかもしれないが、実は交渉を長引かせるなどの弊害も伴う。だからといって、主要な関係者を外してしまうと、仮に合意に達しても問題の解決に繋がらないという極端なケースすら招く恐れがあるだろう。要するに、少数精鋭の者を交渉メンバーとすることが望ましい。

(7) 架橋[23]。準備段階がなすべき重要な機能が、もう一つある。関係当事者間の溝を埋めるべく是非とも橋を架け、交渉無用とみなしがちだった対立的な態度を一変させて、交渉こそが必要な作業であることを互いに納得させる。これこそが、準備段階の最重要任務である。こうのべても過言でなかろう。では、準備段階にこの機能を果たさせるためには、いったいどうすればよいのか。必ずしも万能薬があるわけでない。ただし次のような措置やメカニズムは役立つかもしれない。交渉中にたとえば一時的な停戦ないし休戦を宣言する。兵器の実験あるいは製造のモラトリアム(一時的な停止)を実施する。同じく信頼醸成措置を図る……等々。

公式交渉との違い

交渉の準備段階と公式段階――この二つのあいだに明確な一線を敷き区別することは、現実にはむずかしい[24]。

両段階を峻別しうるのは、マルチラテラル（多数当事者）間交渉のケースくらいのものだろう。その場合は、正式の招待状を受けた者が交渉テーブルに坐った瞬間をもって、公式交渉の開始時とみなしうるからである。

他方、バイラテラル（二当事者）間交渉では、たとえば次のような三通りの方法が採られるために、両段階間を明快に区別しえない場合が起こる。一は、友好的な関係にある者同士のあいだで比較的重要性の低い事案について交渉するケース。この場合は、準備段階などという七面倒臭い作業やステージをスキップして、いきなり本交渉に入ることもあるだろう。[25] 二は、実質的なことがほとんど交渉の開始前に決定済みになっているために、公式の交渉が開始と同時に早々と終了する、あるいは公式交渉がほとんどセレモニー（儀式）にすぎなくなるケース。三は、正確に言うといったいいつ頃正式な交渉がはじまったのか定かでないままに、交渉がごく自然な形ではじまり、スムーズに進行し、そして終了するケース。

しかし厳密に言うと、交渉の準備段階を交渉の公式過程に含めることは、間違いなのかもしれない。まず、それは形容矛盾を犯している。[26] というのも、それは飽くまで本番の交渉を準備する交渉前（prenegotiations）の行為のはずだからである。実際この点をめぐって、交渉学の専門家のあいだでは二つの見解が存在している。[27] 一は、交渉準備を交渉過程のなかに入れるべきではないと主張する。[28] 二は、この段階での諸活動も交渉の重要な一部分なのだから、少なくとも広義の交渉過程に含め論じても一向に構わないではないかと説く。[29] 本書では、このようにあまりにもアカデミック過ぎる[30]厳密な検討には立ち入らないことにする。それを広義の交渉過程に含めるか否かにかかわらず、準備行動は公式交渉の実質を予め決定してしまいかねないまでに重要である――。このことさえ強調するならば、それで十分と考える。[31]

本書では、交渉準備段階での行動を、次のように定義することにしよう。「テーブルに向き合っておこなう公式交渉が開始される以前の時期になされる一連の諸活動」[32]――。このような交渉前の段階は、「一ないし複数の当事者が、交渉をありうる政策オプションとみなし、かつそのように考えるとの意志を相手側に伝達する時をもってはじまる」。そして、「全当事者が公式交渉に入ることに同意する時、あるいは一当事者が交渉を己の選択肢とみなすことを止める時をもって終了する」[33]。交渉過程の専門家、ザートマン教授は、このような準備段階の重要な作業を「診断（Diagnosis）」と名づける。何と呼ぼうと、この段階でおこなわれる諸活動の主なものは、次の三つである。①交渉をおこなうことについての同意、②交渉議題（アジェンダ）の決定、③交渉手続きにかんする合意[34]。各々について、簡単な説明を加えることにしよう。

本交渉に入る同意——五つの要因

人間は、そもそもなぜ交渉テーブルに就くことを決意するのだろうか[35]。一言で答えるならば、特定の問題に対して単独で立ち向かうよりも、交渉をおこない協定に到達するほうが得るものがより一層大きい——こう判断すればこそ、交渉に入る気になるのだろう。人間がそう判断する背景ないし動機としては、たとえば次のような具体的な要因を指摘しうるだろう[36]。

第一は、国際場裡で新しい事件や状況が発生すること。たとえば、一九九一年の湾岸戦争。その結果として、パレスチナの有力な支持国の一つだったイラクは軍事力の低下を被った。パレスチナは、ガザとヨルダン川西岸の帰属問題にかんしてノルウェーの仲介を受け入れ、イスラエルとの交渉に応じざるを得ない立場に追い込まれた。

第二は、交渉当事者の自国内で何らかの変化が発生すること。たとえば一九九二年六月のイスラエル選挙における和平推進派、ラビン首相の勝利は、右派のリクード（国民自由連合）前政権の政策に比べてガザとヨルダン川西岸問題にかんする交渉スタンスに若干とはいえ変化を予感させる気運をつくり出した。

第三は、関係諸国がおちいっている行き詰まりや停滞状態が耐えがたい程度のものになったり、コストが高くついたりするとの認識が深まること。一般的に言うと、人間は己がデッドロックに乗りあげている事実をなかなか率直には認めようとしない[37]。まず、自分の力を過信して事態の深刻性を認めようとしない。承認すれば、外部の者によって自身の弱さの証明と受け取られはしないかと怖れる。放っておけば、そのうち事態が改善するのではないかとの希望的観測も抱きがちである。「慣性の法則」も作用して、現状をずるずるとつづける習性も作用するだろう。――以上のような諸事由が働くために、交渉に入る決断をくだすには、デッドロック状態が日増しに耐え難くなり、現状維持が高くつくとの危惧が増大することが必要である[38]。

第四は、危機の緊迫性。当事者の一部ないし全員の眼に、自分たちがこれまで採ってきた政策の失敗がもはや否定しえないまでに明らかになる。このままの状態に放置しておくと、事態は益々深刻化し、やがてクリティカルな瞬間が訪れるやもしれぬ。このような懸念が深刻化し、危機回避もしくは危機管理の要請から、交渉が必至になる[39]。一九六二年のキューバ危機が、好例だろう。ほとんどの人間は怠惰で、惰性の法則の虜になりがちである。加えて、現実を様々に異なった風に――とくに希望的観測を交えて、解釈する。そのために、事態がよほど緊急性を帯びるまでに悪化しないかぎり、人々が交渉の必要性に自発的に気づくことは稀と言えよう。

第五は、逆に好機到来と認識する場合。以前には存在しなかった、あるいは気づかなかったチャンスが生まれ、それを利用するならば事態は大幅に改善されるにちがいない――このような見込や思惑が生まれること。結果として、交渉をはじめた時には既に万事休すといったケースすら発生するだろう[40]。たとえば、次はその好例だろう。ベルリンの壁の崩壊と東独での共産主義政権の消滅によって、西ドイツとソ連邦とのあいだで東西ドイツの統一がもはや不可避との共通認識が、関係当事者間で形成されたケース。

交渉議題の設定

交渉をはじめることに合意した後、では、交渉で何をどのような順序で話し合うのか。つまり、「議題の設定（agenda-setting）」ならびにその合意が必要になる。

一般論として、人間が集まって議論する場合、「議題の設定」は想像以上に重要であり、したがって紛糾を伴う作業でもある。[41] というのも、議題の設定それ自体が、以後の交渉の中身を前もって決定してしまうケースが起こりがちだからだ。一定の議題を受け入れる、あるいは受け入れない——これは、すでに取引をはじめたことにも等しい。とりわけ「交渉開始前プロセス」の研究家として名高いジャニス・スタインが、次のように記しているのは、このことを意味している。「〔交渉の〕テーブルから外されたものが何であるか。これは、〔交渉テーブルに〕何がのせられるか——この問題に比べて、遥かに重要なのである」。[42]

たとえば、旧ソ連は、「日ソ間に領土問題は既に解決済みで存在しない」との立場をとり、領土問題を日ソ交渉の議題として取りあげること自体を拒否していた。そのようなソ連側の「議題設定」をもし日本側が許容していたならば、どんな結果を招いていたことだろう。それは即ち「日ロ間に領土問題は解決済み」とのロシアの言い分を承認し、それ以後の日ロ間交渉で領土問題を論じえないという致命的な事態を招いていたにちがいない。その場合、ロシア側は欣喜雀躍し、領土抜きの議題設定に日本が合意したと全世界宛ての喧伝に躍起になっていたにちがいない。結果として、日本側は抜き差しならぬ窮地におちいっていただろう。

次に、「議題（アジェンダ）」の順序が重要である。[43] 交渉では、誰しも相手側が先に譲歩し、逆に自分は譲歩をなるべく後の段階でおこなおうとする。関連して、己が得をする議題を先に審議して、損をする項目の審議をできるだけ後へ回すことを欲する。というのも、次のように危惧するからである。先に譲歩をおこなうと、それはややもすると自身の立場の弱さの証明と解釈される。譲歩はそれだけでは済まず、さらなる譲歩さえ要求されるかもしれない。あるいは、何らかの理由で審議が中断したり、打ち切られたりする場合、相手側からの譲歩を得られないままで交渉がストップするばかりか、そのような状態が固定されてしまう事態になるかもしれない。これらの諸事由から、たとえばＳＡＬＴ（戦略兵器制限交渉）Ｉでは、ＡＢＭ（弾道弾迎撃ミサイル）条約を「まず最初に」議題として採りあげるべきか、それともそれを攻撃用兵器制限の討議と「並行して」おこなうべきか。このことが、米ソ代表間で大問題となった(44)。

また、日ロ間では、政経不可分論との関連で「入口論」と「出口論」の是非が常に争われている。つまり、両国間でまず経済交流の拡大をはかれば、ひいては領土問題の解決に役立つだろうとの提案（「出口論」）が、ロシア側によっておこなわれる。ところが、日本側はこの順序に同意するわけにはいかないと主張する。なぜならば、もし経済交流の拡大が先に実現する場合、ロシアはもはや領土の対日返還に熱心になるはずはないからだ。俗な表現を用いれば、「食い逃げする」誘惑に駆られるに違いない。したがって、これら二つの項目を互いにリンク（結合）させる必要があり、是非とも領土返還を先に討議し解決せねばならない。日本側では、こう説く見解「（入口論）」が根強い。

議題設定の順序では、次の問題も重要になろう。相対的により単純もしくは容易な案件を真っ先に採りあげる。そうすれば、複雑ないし困難なイシューの解決のためのモメンタム（はずみ）や解決の糸口さえ見出されるかもしれない。他方、核心をなす問題にまず最初からがっぷり正面から取り組むべしとの意見もある。というのも、遅かれ早かれ最難関問題に対処せねばならないのならば、最初に思い切ってそれに対決する。もしその難題解決に成功するならば、その他の問題はほとんど自動的にかつ容易に解決されるだろうからである。――果たしてこれらどちらの考え方にしたがって、議題設定をおこなうべきなのか。断定的な答えは、必ずしも見出されないようだ。関連して、次の二つのやり方のうちどちらを採用すべきなのか。一は、すべての問題を一括し、総合的な視野から交渉に取組む方法。二は、係争問題をなるべく小さな構成部分に分解し、その各々を解決してゆくアプローチを重ねることによって最難関に取り組む道筋をつけるやり方[45]。

ヘンリー・キッシンジャーの有名な中東シャトル外交は、右の問題を考えるうえでの一つの材料を提供してくれるかもしれない。イスラエルとアラブ諸国とのあいだでは、パレスチナ人の国家地位をどうするか――この問題が、頭痛の種になっている。加えて、一九六七年戦争の勝利以来イスラエルがヨルダン川西岸地区を占領していたため、同地域をどうするかとの難問も加わった。焦眉の急の問題はとりあえず休戦を実現し、イスラエルとエジプト－シリア間の兵力引き離しを実現させることだった。キッシンジャーは、イスラエル－アラブ諸国間の諸問題を二種類に分けた。解決が非常に困難な問題と比較的容易な問題である。そしてとりあえずは後者に焦点と精力を集中させる方針を採り、部分的な合意を成立させた。

キッシンジャーのこのような手法は、果たして適当だったのか。賛否両論がある。たしかに、すべての問題を一挙に解決することは不可能。この冷厳な事実に鑑みるならば、キッシンジャー方式は賢明かつ止むを得ない唯一の解決法だったのかもしれない。だが他方、名誉欲に駆られたキッシンジャーが解決の容易な部分を選んでそれを己の手柄とする一方、最も重大な問題の解決をなおざりにした。このように見る冷たい評価も存在する。

日本も、似たようなジレンマに直面している。ロシアが己の領海と主張する北方領土周辺で、わが国は日本漁船の操業をいかに確保するか。また、エフゲーニイ・プリマコフ外相（当時）が一九九六年十一月中旬の訪日時に提起した北方四島の「共同経済開発」案に、いったいどのように対処すべきなのか。北方領土の主権の帰属先にかんする大問題が決着すれば、これらの諸問題はほとんど自動的に解決するだろう。しかし、それは当分望みえない。だからといって、しかしながら、日本側が簡単な問題から解決してゆく漸進的なやり方法に同意してしまうならば、それはいったいどのような結果をもたらすだろうか。領土問題の解決を遷延させるばかりではなく、そのチャンスを半永久的に封じ込めてしまう結果をも導くかもしれない。

交渉手続き

次にいよいよ、正式交渉の手続きについて具体的に検討する作業に入ろう。次の四つが本番交渉がはじまった後の重要な交渉手続きである。（1）フォーマットづくり、（2）交渉開催地の決定、（3）交渉代表団のレベルと構成、（4）タイミング。[46] これらはすべて一見するかぎり、技術的で、些末な事柄のように思われるかもしれない。だが実は、これらすべては交渉開始後の実質的な討議に影響をおよぼす重要な項目なのである。説明しよう。

（1）フォーマットづくり

交渉のフォーマット（形式）としては、当事者同士が直接面接する形（face-to-face）交渉か、代理人や仲介者を介しての間接交渉か——この区別が、大事である。関係者が直接対峙する前者のやり方には、もちろんコミュニケーション（意思疎通）を容易かつ明確にし、無用な誤解の発生を少なくするなど、多くのメリットがある。と同時に、関係者が己の面子を失うことを恐れるあまり、大胆な譲歩をなしえないなどといったデメリットを伴う。また、たとえば非合法の敵対者にたいして彼らを合法的もしくは己と対等の立場にたつ交渉者と認知したり、事実上そのような立場を与えたりする政治的欠陥もあるだろう。ロシア大統領のボリス・エリツィンは、チェチェン独立派の指導者にすぎなかったジョハル・ドゥダエフ大統領を「山賊《バンディト》」と呼び、決して彼と同一の交渉テーブルに就こうとしなかった。エリツィンは必ずしも己のプライドからそうしなかったのではなく、右にのべたような交渉上の懸念を抱いていたからだった。また、米国の歴代大統領も、「ならず者国家」のひとつとみなす北朝鮮の最高指導者との会談を、トランプ政権時代になるまでは決しておこなおうとしなかった。

(2) 交渉開催地

交渉を、いったいどこでおこなうのか。開催地の選定は、まず象徴的な意味合いから言って、重要視される。威信や面子の観点から、誰しも相手方を己のテリトリー(領域)へ呼びつけて交渉をおこなうことを望む。次に実務的な理由から言っても、そうである。己のホームグラウンドで交渉をおこなう場合、数々の技術的な便宜に浴することができる。交渉代表団の時差の苦しみからの解放、己の助言者やバックアップ要員たちとの容易な接触や相談、コミュニケーションの確保……等々。このことは、野球やサッカーなどのスポーツの試合で「ホーム(本拠地)」、「アウェー(遠征先)」の違いが重要視され、厳格に同数の原則が遵守されることからも、容易に理解されるだろう。安倍晋三首相は、日ロ間の領土交渉は自らが積極的に動かないかぎりけっして進展しないと信じ込んでいるからなのか、実に頻繁にロシアを訪れる。その姿勢を一種の参勤交代と揶揄する見方もある。対照的に、プーチン大統領は容易に来日に応じようとしない。

交渉当事者は当然のごとく己のホームグラウンドでの交渉開催を望む結果として、国際交渉の開催地はしばしば妥協の産物になる。具体的にのべると、次の三つの土地のどれかが選ばれることになる。(1)政治的に中立国の都市。たとえば、ジュネーブ、ウィーン、国際司法裁判所の所在地であるハーグなど。(2)各交渉国からの地理的な中間地点。米ロの場合、たとえばウィーン、レイキャビクなど。(3)輪番制で各交渉当事国の首都ないし都市が選ばれる。二〇一八年六月のトランプ–金正恩間の初の首脳会談は、金朝鮮労働党委員長がセキュリティ上の理由や飛行機旅行を嫌うことから板門店での開催を望んだが、結局シンガポールで開催された。同年七月のトランプ－プーチン間の初の公式首脳会談はヘルシンキでおこなわれた。

（3）交渉代表団のレベルと構成

交渉代表団（デレゲーション）の水準や規模をいったいどの程度のものとするか。ふつう、代表団メンバーたちのレベルがより上位の者たちから構成されていればいるほど、その交渉にたいして当事者国が高い優先権を付している——こうみなすことが可能で、討議の進展や問題の解決への期待度も高まることになる。日ロ両国間を例にとると、一九九三年十月、エリツィン大統領が訪日した際に細川護熙首相とともに調印した「東京宣言」第三条は、約束したはずだった。「最高首脳レベル、外務大臣レベル及び外務次官級レベルでの定期的な相互訪問による政治対話を継続……することに同意する」（傍点、木村）、と。

交渉代表団のレベルは、とうぜん交渉代表団の構成に影響をあたえる。とはいえ、前者が決定されたからといって、後者が自動的に定まるとはかぎらない。政治的配慮が大きな影響を及ぼす。たとえば、仮に大臣級の交渉代表団の派遣が決定された場合であれ、国内の諸野党のなかには政治上のイデオロギー、立場、その他の事由から、自党選出の大臣や大物議員を代表団に参加させたがらないというケースも発生するだろう。イスラエルは、アラブ側代表団メンバーの中に、己が「テロリスト組織」と見なすＰＬＯ（パレスチナ解放機構）の代表を入れることに強く反対する。中国と台湾は、政治上の象徴的な意味合いから、ほとんどのマルチラテラル（多当事者間）国際交渉の場で同一テーブルに坐ることそれ自体を拒否する。

(4) タイミング

一般的に言って、タイミングが交渉に及ぼす重要性はゼロとも、反対にすべてだとも言える。[47] 交渉の根本は飽くまで立場や利害の対立である。これらの実質的、第一義的な問題を解決してはじめて、交渉は妥結に到達する。その意味からは、タイミングは本来二義的な意味しかもたないはずである。

ところが、人間行動のほとんどにとってそれをおこなう潮時というものがきわめて大事であるように、交渉行為においても適当な頃合い、すなわち、丁度「時期が熟した瞬間(the ripe moment)」[48]というものが存在する。いったんチャンスを逃すと、本来解決しえたはずの争点や問題もモメンタムを失い、解決の目途を遠ざけてしまう。「危俚諺は、「チャンスは前髪で摑め」、「鉄は熱いうちに打て」と教える。キッシンジャーも同様に警告した。「危機は冷たくなってしまった時でなく、熱い時のみ取り扱うべし」[49]。ジェームス・ベーカー米国務長官も記した。「不動産でロケーションがすべてであるように、外交政治ではタイミングがすべてである」[50]。同一の内容の決定であれ、それを何時おこなうかによって結果が大きく変わってくるのだ。「いつ何時合意してもよいような類いの決定ならば、そもそも合意するか否かの決定は重要ですらない」[51]。ジョン・クロスのこの言葉は、必ずしも極論とはいえないかもしれない。

では、いったい何時交渉をはじめるべきなのか。このタイミングの判定は、想像以上にむずかしい。機が未だ十分熟していないにもかかわらず、うっかり交渉をはじめることに熱心な態度をしめすと、相手側はそれが当方の立場の弱さを証明しているかのように受け取り、実質討議の段階に入ったあともさらなる譲歩を要求しがちな態度をしめすだろう。それほどまでにいたらないにしても、交渉が結局「骨折り損のくたびれ儲け」に終わることもあるかもしれない。「羹《あつもの》に懲りてなますを吹く」のたとえが説くように、そのあと交渉に過度に用心深くなってしまう結果を招来するかもしれない。[52] これらの諸弊害から想像されるように、適切なタイミングを選んで交渉をはじめることは、交渉を成功に導く最重要要件の一つとみなしえよう。

「定式」づくり

本格交渉前の「診断」の段階がジグザグの過程をたどるばかりか、或る段階ですっかり停滞してしまい、にっちもさっちも行かず、極端な場合には交渉打切りとなってしまう。たしかにこのようなケースも起こるかもしれない。だが普通は、けっしてこうならないよう注意を払っていると、遂に交渉当事者たちが「真剣になる転換点」が訪れる。[53] すなわち。当事者たちが「交渉を諦めて元も子もふいにしてしまうよりも、多少とも何かを得ることのほうを選ぶべきだろう」[54]。こう決断する時期が、到来する。

もとより、この「真剣になる転換点」が交渉当事者たち全員に同時に訪れるとはかぎらない。とはいえ、このような転換点が到来することなしには交渉が一歩も先へ進まないことも、またたしかだろう。その後もし交渉が非常に長引く場合は、果たして右の変化が本当に発生したのかを疑ったり、そのような転換がその後持続しているのかを確認したりする作業も必要になってこよう。[55] もしこの転換が見せかけだけに過ぎなかった場合に交渉がほどなく挫折するのは当然であり、止むをえないことになろう。

ともあれ、「真剣になる転換点」が現実に発生した場合、その後は「定式」づくりが主たる作業になる。立場や利害が対立する交渉事では、当事者が唯やみくもに努力を傾けてみても、紛争が妥結に達しうるとは限らない。したがって、紛争を解決するためには、まず何らかの〝原則についての合意〟が必要になろう。これは一見するところ迂遠な作業であるかのようにみえるものの、実は交渉妥結への近道になる。そのような〝原則〟は次のような様々な名称で呼ばれている。「高いレベルでの合意」、「合意の枠組」、「交渉の基礎」、「交渉を導くガイドライン」、等々。[56] ここでは、ザートマン教授にしたがって「定式（formula: フォーミュラ）」という用語に統一して、以下、話をつづけることにしよう。

ちなみに言うと、安倍晋三首相とロシアのプーチン大統領は、二〇一八年十一月、シンガポールでの一対一の首脳会談中に、次のような「定式（フォーミュラ）」づくりに合意した模様である。すなわち、今後の日ロ両国は懸案の平和条約交渉を「一九五六年の日ソ共同宣言を基礎として〔на основе декларации 1956 года〕」おこなう。この合意をもって、両指導者が日ロ平和条約交渉を推進する基本的な「フォーミュラ」に同意したとみなすことが可能だろう。そのようなことを自ら提案し同意した安倍首相の政治的判断の是非を別にして、これは一九五六年以来六〇年以上も続いた日ロ領土交渉史の分水嶺を劃す重要な転換点と評さねばならない。[57]

このような「定式」づくりの方法は、二種類に大別できるだろう。帰納法的、演繹法的なアプローチである。まず、帰納的アプローチとは、イシュー（争点）を分割し、合意できそうな争点からはじめて、ステップ・バイ・ステップ方式で問題を片付けてゆくやり方である。「争点分割」方式と名づけてもよいかもしれない。要するに、部分的な解決を積み重ねることによって、やがて全体の解決へ達することを期待する。このアプローチは、たしかに着実かつベストの方法であるように映る。[58][59][60]

しかし、このやり方には次のような欠陥も伴う。まず、その作業には大層な時間がかかり、そのあいだに肝心の大きな問題を解決するモメンタムが失われてしまう危険が生じるかもしれない。また、「部分」の解決に満足するあまり、ややもすると「全体」の解決がなおざりにされがちになるかもしれない。そのようなケースにかんしては、さきにキッシンジャーによる中東シャトル外交を例に引いて説明した。日本政府がロシアとのあいだで「二島先行返還論」に応じようとしなかった理由も、次のような危惧を抱いたからだろう。もし二島返還（部分）に合意する場合、それが必ず四島返還（全体）へとつながるとの保証はどこにもない。それどころか、二島ぽっきりの返還で日ロ領土交渉が終わってしまう危険すら否めない。

では、後者の演繹法的アプローチとは、何か。個別的に取り扱うならば交渉成功の可能性がほとんど期待できないイシューも含めて、複数のイシューを抱き合わせにして取引する方法である。[61] この手法のエッセンス（本質）は、複数の争点をリンク（連結）させたり、トレード・オフ（取引）にしたりする点に存在する。「争点統合（issue aggregation）[62]」もしくは「パッケージ合意（package agreement）」アプローチと名づけうるかもしれない。

たとえば一九七二～七九年に米ソ間でおこなわれたSALT（戦略兵器制限交渉）Ⅱで、ソ連のミサイルSS—18と米国の空中発射巡航ミサイル（ALCM）とのあいだのリンケージが、意図的になされた。厳密に言うと、これら二種類の兵器がリンクされるべき筋合はなかった。このように考える米ソ両当事者たちによる当初の主張にもかかわらず、両兵器は結局のところ相討ちにさせる形で共に削減されることになった。「争点統合」ないし「パッケージ合意」アプローチが功を奏した好例とみなされる。

「一方的なイニシアチブ」の効用

ここで単に「定式づくり」の段階だけでなく、交渉過程の全段階でしばしばみられる交渉者の行動様式のうち代表的なものを、一～二紹介することにしよう。

一は、「相互的（reciprocal）」行為、または「しっぺ返し（tit for tat）」。交渉は、〝タンゴは一人では踊れない〟のたとえが適切に当てはまる類いの相互行為である。[63] すなわち、一方がアクションを起こし、それに対して他が反応する形で進行する。しかし、これは飽くまで交渉が順調に進んでいる場合に言いうることであって、デッドロック（行き詰り）状態に乗りあげ、双方のアクションが途切れてしまうケースは珍しくなく、実際しばしば発生する。

そのような膠着状態を打破するためにも、相互行為でない類いの行動様式が必要になってこよう。たとえば、その好例が「一方的なイニシアチブ（unilateral initiative）」。「一方的なイニシアチブ」とは、みずからが率先して大胆な行動をはじめなければ交渉が停滞して、にっちもさっちも行かないと判断される場合に採られる。加えて、次のような諸動機にも促されて採られる。当方が交渉にかける真摯な態度を相手側に印象づけようとする狙い。相手側の反応を引き出すおとり戦術として役立てる目的。当方の善意を全世界向けに喧伝したりPRしたりする必要。交渉上は不利益を招くことが分かっているにもかかわらず、みずからそのような行為に出ざるをえない国内的、対外的事態の発生、等々。

たとえば政権就任後のミハイル・ゴルバチョフ共産党書記長は、その大胆な対外行動によってしばしば全世界を驚かせた。けっして己の側からは譲歩を先におこなわないというソ連の歴代指導者たちの伝統的な交渉パターンを敢えてしばしば破ってみせたからだった。すなわち、核実験を一方的に停止するモラトリアム、アフガニスタンからのソ連軍撤退、ソ連軍の大幅削減といった「一方的なイニシアチブ」を、同書記長は次々に提示し、かつ実行さえしてみせた。もとより、よく観察してみると、そのようなゴルバチョフの諸提案の背後には単に彼の信念ばかりではなく、当時のソ連がそうせざるをえないほど追い詰められていた諸事情が存在していた。そのような窮地を何とかして打開せねばならないともくろむ彼の戦略が背後で働いていた。[64] 言い換えると、ソ連の軍事的負担を減少させて平和的な国際環境を造り出すことなしには、国内で彼が追求しようと欲したペレストロイカ（立て直し）政策の成功がおぼつかない――こういったせっぱ詰った必要性が作用していた。

それはともかくとして、このような「一方的イニシアチブ」にかんする理論のなかで最も有名なのは、ＧＲＩＴだろう。ＧＲＩＴとは、次の英語の頭文字である。「緊張緩和での漸進的、相互的な一方的イニシアチブ（Graduated and Reciprocated, unilaterally *I*nitiated, in *T*ension-reduction; ＧＲＩＴ）」。[65] これはチャールズ・オズグッド教授（ジョンズ・ホプキンズ大学、国際政治）が提唱した、以下のような戦略だった。もし相手側が宥和的あるいは敵対的な動きに出るならば、それに応じて、もとより当方も同様の行為でもって応えるつもりである。だが、仮にもそのような相互行為へと必ずしも帰結しないにもかかわらず、行き詰り状況を打破しうると判断しうる場合には、当方は一方的な動きに敢えて打って出ることをけっして躊躇してはならない。

「一方的イニシアチブ」は、たんに口頭だけやうわべだけのものだったり、ましてや相手側を騙そうとするものだったりする場合には、一時的な効果こそあげえても、結局のところそのような意図が見破られてしまい、相手側から真剣な反応を得ることに失敗するだろう。だから、「一方的イニシアチブ」は、それに踏み切る決意を固めた以上、相手方が右のような誤解や懸念を決して抱かないように「明解、完全、首尾一貫した[66]」シグナルを伝達しつづける必要がある。

「一方的イニシアチブ」は、それに対して相手側からの好意的な反応が得られなければ、やがてそれを撤回しようとする気持になるだろう。ましてや、再度試みようとする意欲に駆られないだろう。こういう訳で、やや荒っぽくまとめるならば、交渉とは結局のところ「相互的行為と宥和的な〝一方的イニシアチブ〟とのコンビネーション（混合体）[67]」。こう定義しうるだろう。或る論者が次のようにのべているのも、ほぼ同様の考え方である。交渉をデッドロックに乗りあげさせることなく効果的に推し進めるためには、「相手側に報償をあたえる行動様式と相手側を処罰する行動様式――この二つを併用する以外、他におよそ適当な方法は存在しないのだ[68]」。

良い「定式」――「包括性」「バランス」「柔軟性」の三条件

では、交渉を成功させるための最良の「定式」とは、いったいどのようなものか。この問いにたいしては、比較的はっきりと答えることができる。交渉当事者間に存在するイシューのすべての項目をクリアし、解決していること。しかし、これは〈言うは易く行なうに難い〉理想論である。必ずしもこの条件を完全に満たしていないからといって、交渉の努力に低い評価をあたえるべきではない。具体的に言うと、もし合意された「定式」が或る程度までの「包括性、バランス、柔軟性」を兼ねそなえていれば、まずまず満足すべきとすべきだろう。(69)

「包括性」とは、協定に含まれるべき主要争点の必ずしもすべてとはいえないにしろ、少なくともその核心的な部分が「定式」によってカバーされていること。(70)たとえば一九七二年の米中両国間で調印された「上海コミュニケ」がもし台湾の取り扱いにまで言及しようと欲していたならば、コミュニケの成立それ自体はむずかしくなっていたことだろう。また、一九七八年の「キャンプ・デービッド合意」がもしパレスチナの地位にまで言及しようとしていたならば、おそらくその成立は困難、いや不可能だったろう。次に、交渉当事者たちが獲得する利益にかんして、ほぼ「バランス」がとれていることが大事である。さらに、定式が「柔軟性」をそなえていることも必要だろう。

「定式」は、その言葉から言っても一般的、抽象的なものになる。しかしだからといって、それは漠然、多義的、曖昧なものであってはならない。とくに注意すべきは、〝原則としての合意（agreement in principle）〟というコンセプトにかんして諸国民間に考え方の相異があることだ。〝原則としての合意〟は、アングロ・サクソン系の諸国民にとってはおおむねその線に沿って遂行してゆくことに合意するガイドラインを意味する。ところがロシア人によれば、〝原則としての合意〟は、のちに詳述するように（**第II部第8章**、三九九―四〇二頁）、「細部の詰め」や履行の段階での再解釈の余地を残した抽象的な原則にすぎない。(71)このどちらの理解もおそらく正しく、両者間でバランスをとる必要があろう。

ともあれ紛争解決の「定式」を巡って合意に達した場合、その「定式」は全世界向けに公表されるのが普通である。だが、「定式」を発表することが、「細部の詰め」などその後の作業の進行にとってマイナスと判断される場合には、必ずしも公表される必要はないだろう。たとえば、定式が互いにさほど関連しない争点を巡る取引を条件にしてやっと成立したケースなどでは、公表することに伴うマイナスの方がプラスを上回るかもしれない。[72]

むずかしい「細部の詰め」——その理由

当事者間において「定式」にかんし合意が成立すると、交渉はようやくその「定式」を紛争の具体的諸点に適用する作業へと移行する。これがザートマン教授らが名づける第三段階、すなわち「細部の詰め（Details）」ステージである。[73] この流れは、演繹法のそれと言えよう。仮に「定式」がいかに優れたものと見えようとも、それが「細部の詰め」に適用しえないことが分れば、〈絵に描いた餅〉とならざるをえない。再び「定式」化の段階に立ち戻って、「定式」の是非を改めて検討することが必要になろう。その意味で、「細部の詰め」は、ガイドラインないしフレームワークとしての「定式」をテストするステージでもある。

「細部の詰め」は、想像以上に複雑かつ困難な段階である。極端な場合、このステージで交渉全体が挫折してしまうことさえ発生しかねない。なぜか。[74] 説明しよう。以下の五つが、その主要な理由である。

（1）用いられるすべての言葉の定義や意味についての厳密な検討・吟味が、必須である。この段階で用語を曖昧な形にしておくと、後になって複数の解釈を許し、不要な誤解を招くケースが発生しかねない。たとえば、軍縮・軍備管理交渉で「戦略」兵器、「前進」基地、外交交渉で「有事」、「極東」、「若干」年などの解釈をめぐって、見解の違いが起こることは珍しくない。

（2）「細部の詰め」段階では、作業に従事する者の数が増大し、彼らのあいだでの意見調整が面倒かつ厄介になる。同段階では「定式化」の段階に比べて、多くの場合、専門家たちの参加を必要とするだろう。しかも官僚階層制の観点から言って、相対的に下位の官僚が仕事を担当することになるだろう。彼らには自由裁量権の幅も狭く最終的な決定権がないために、本国の上司にたいして一々許可を仰いだり、時には政治的な忠告を求めたりすることが不可避になり、そのことに多くの時間が費やされる。

（3）国際的な交渉で「細部の詰め」作業をそれぞれの国内へ持ち帰ったり、もしくは国内上部との緊密な連絡を保ちつつおこなわれたりする場合、その作業はほとんど必然的に国内の圧力や雰囲気に晒されることになる。そのために、国際的な協調精神という高次の要請から、散々苦労した挙句の果てにやっと妥結に漕ぎつけたはずの合意が、国益第一主義にもとづくナショナリスティックな国内世論によって再び危殆に瀕する事態すら引き起こすことも珍しくない。一九七八年、キャンプ・デービッドのカーター米国大統領の山荘からそれぞれ自国へと戻ったエジプトとイスラエルの両交渉団メンバーのケースが、まさにそれだった。W・B・クアンドの著作『キャンプ・デービッド――和平と政治』から次に引用する一節が、このことを実証している。「指導者たちをマスコミやそれぞれの国の世論から隔離しておくこと――これこそが、協定の枠組に到達するために不可欠の要件だった。ところが今や、各指導者たちは現実の世界へと立ち戻り、国内の選挙民の声を耳にしなければならない順番になった。キャンプ・デービッド和平会談の参加者たちは、己が首脳会談でおこなったことを自国で正当化してみせねばならぬ立場に迫られたのである。このようにして、会談参加者のあいだをかつて分け隔てていたギャップ〔懸隔〕が再び拡大しはじめた[75]」。結果として、エジプト－イスラエルのトップ・レベル間の和平会談を再開せねばならない羽目になった。協定のフレームワークがようやく再合意されたのは、それから五カ月後のことだった。

（4）合意された「定式」を、己の側に有利に用いようとする各当事者の駆け引きが不可避となる。このことを前もって懸念し心配することが、「細部の詰め」の作業をさらに一層むずかしいものにする。たとえば相手側は「定式」を己に都合の良いようにのみ利用しようともくろむのではなかろうか――このような懸念が、この段階の仕事に従事している者たちの胸中を去来し、彼らを心理的に疲労困憊させる。[76] 実際、「細部の詰め」段階で「定式化」段階の成果がくつがえされ、それまでの苦心が一挙に水の泡になった――このような極端なケースすら珍しくない。SALT交渉、ベトナム和平パリ会談、中東和平会談などで、そのような苦い経験がたびたび繰り返された。[77]

（5）「細部の詰め」は、まさにそれが最終段階であるという理由によってむずかしいものになる。交渉の初期段階では、それまで費やした時間やエネルギーが未だそれほど大きくないので、万一交渉をキャンセルすることになってもコストはさほど大きなものにならない――このような安易な気持さえなきにしもあらず。ところが交渉の「細部の詰め」段階になると、それと丁度正反対の精神的重圧が関係者にのしかかってくる。たしかにこの段階で成功すれば、それは大きな成果だろう。だがもし失敗すれば、もはや取り返したり、埋め合わせたりするチャンスは二度と巡ってこないかもしれない。この瞬間に締結する協定は、今後の状況をほとんど半永久的に固定することになるのだ――。このような思いは、当事者たちを異常なまでに神経質にさせる方向へと作用し、いやがうえにも作業を慎重なものにする。たとえば、協定の内容が己の同胞が血を流して争った領土や国境線の画定である、あるいは額に汗水たらしてつくりあげた製品の輸出枠や課税率に関係する――このようなことを考えはじめると、交渉担当者の背におおいかぶさってくる心理的な重圧はいやがうえにも増大するに違いない。

――仮に比較的スピーディな速度で合意へ到着した「定式」であれ、「細部の詰め」段階では、以上五つ、あるいはその他の理由によって、大変な難局に逢着することになろう。結果として、「細部の詰め」プロセスそれ自体が停滞し、挙句の果てには交渉を再び「定式」段階へと差し戻したり、極端なケースでは交渉自体を打ち切りにしたりするケースさえ起こるかもしれない。逆にこの段階になって、これまで前提としてきた「定式」それ自体がフェイク（偽物）のそれであったり、現実に作動しない類いのものであることが判明したりして、真の「定式」の発見が促進される。そのような契機として役立つ皮肉な（？）ケースもなきにしもあらずだろう。

「細部の詰め」の具体的な交渉法

次に、「細部の詰め」段階での具体的な交渉法について論じることにしよう。そのやり方としては、一二つ、そして両者の併用――、合計して三通りの方法があろう[78]。

第一は、「中《なか》をとる方式」。すなわち、個別の争点を巡って妥協点を追求するやり方。たとえば、一九八八年に米国が仲介役を勤めたアンゴラ共和国からのキューバ兵の撤退の時間的な段取り（タイムテーブル）の交渉が、その適例だろう。内戦で反政権側を支援した南アフリカ側は可能なかぎり早期の撤退を求めた。それに対して、アンゴラ社会主義政権は撤退時期を逆にできるかぎり遅延させることを欲し、具体的には三―四年かけての撤退を提案した。結局、両者は中《なか》をとって、一年半かけての撤兵との妥協案に合意した。

第二は、「抱き合わせ」取引。すなわち、或る争点にかんしては一方の当事者の要求を満足させる代わりに、別の争点にかんしては他の当事者の要求を適える。このようなパッケージをつくり、全体としてバランスをとる方法。既述の「ホーマンズの定理」が説く、異なる人々が同一の項目や対象に異なる価値を見出すことに注目するやり方と言えよう。

第三は、第一、第二を併用するやり方。右の三通りの方法には、それぞれ長所と短所がある。そのうちのいずれを採用すべきか。時と場合次第で答えは変わってこざるをえず、一般的な解答はない。

さらに言うと、交渉者はたえず次の三つのオプションに直面し、その一つを選ばざるをえない（フレッド・イクレ）。すなわち、①合意に同意する、②合意を拒否し、交渉を打ち切る、③交渉を続行し、合意条件を改善しようと試みる。[79] 同様に重要なことは、これらそれぞれの選択をどの時点でおこなうべきか――この判断に、交渉者が迫られることである。この関連で、交渉と締め切り時間（デッドライン）との関係について、最後に論じることにしよう。

デッドラインの機能

交渉で時間が演じる重要な役割にかんしては、これまで既に言及した（**第Ⅰ部第4章**の一三五頁）ばかりか、今後も繰り返しふれる。したがって、ここでは、交渉に「デッドライン」が設定されているか否かの問題、すなわち時間が交渉に直接かつ最も切実に関係してくるケースにかぎって論じることにする。交渉をスピーディな終結へと導くために、デッドラインをつけるべきか、否か。この問いにたいしては、賛否両論の答えが存在するだろう。[80] それはともかくとして、デッドラインは時間という圧力を用いて交渉の進行を促進しようとする試みであり、そのやり方は次の二種類に大別しうるだろう。[81]

一は、当事者自身の手によって設定されるもの。交渉のテーマ（主題）などに関連する日時を人為的に選び、その日時までに交渉を終わらせることを目安にして、交渉妥結に努力しようと呼びかける。「象徴的なデッドライン」と呼ばれるものにほぼ相当する。たとえば、偉大な人物の誕生日、国際機関発足の記念日、戦争勃発の日から数えて丁度区切りのよい、たとえば一、三、五周年日までに、交渉を終了させることを目指す。二は、当事者たちが自由ないし恣意的に選ぶのではなく、彼らの意図やコントロールを超える外部的な理由や事実によってデッドラインを決定するケース。そのような期限を撤回することは、非常にむずかしい。多大のコストを覚悟せねばならない。これは「実際上のデッドライン」と呼ばれる。たとえば、大統領選挙、議会の閉幕、休戦協定の期限切れの日時などは予め設定されていて、当該交渉がそのデッドラインを遵守することはほとんど至上命令とみなされる。

デッドラインが厳守されるためには、期限の設定が「正当」かつ「真剣」な類いのものでなければならない[82]。まず、「正当」とみなされるものでなければ、当事者たちは全くそれを厳守しようとする気持にならず、デッドラインの延長を試みるか、それを遵守するかのような体裁を取り繕うだけとなろう。

次に、デッドラインは、「真剣」なものでなければならない。具体的に言うと何らかの制裁を伴わないデッドラインは、残念ながら「真剣」な期限設定と受けとめられない惧れがある。たとえばフルシチョフ・ソ連共産党第一書記は、ベルリンの地位をソ連および東ドイツにとり一方的に有利な形で解決しようとして、一九五八年十一月、そして六一年六月、ベルリンの地位をめぐる交渉に六カ月のデッドラインを設定した。ところが、そのようなデッドラインを米国をはじめとする西側が遵守しない場合、彼らに対して制裁を課す有効な手段を当時のソ連は持ち合わせていなかった。そのために、フルシチョフが設定したデッドラインはほとんど当然のごとく実効力をもたない有名無実のものとなった[83]。

一九六二年のキューバ危機のケースは、右と正反対のケースである。当時、ケネディ大統領は、ソ連との交渉が不調に終わる場合に断固とした制裁行動をとる決意を固め、かつその旨を「事実上、最後通牒[84]」の形でフルシチョフ宛てに通告した。弟のロバート・ケネディ司法長官の日記は、当時の切迫した雰囲気を次のように記す。「もしソ連側がみずからキューバのミサイル基地を撤去しない場合には、われわれ自身の手によってそれを撤去するつもりである。アナトーリイ・ドブルイニン駐米・ソ連大使は、このことをよく理解すべきである。時間はなくなりかけている。われわれには、もうあと二、三時間しか残されていないのだ」[85]。

　デッドラインの設定は、「もろ刃の剣[86]」の機能を果たす。それは、二方向に作用するからだ。すなわちそれは、たしかに一方でポジティブな方向に働く。要求を軟化させ、合意の形成を容易にし、最終提案を造り出すことに資する。そのような実例として有名なのは、一九五四年にマンデス・フランス首相がジュネーブ会議でインドシナ和平を実現したケースだろう。同首相は、もし自分が三十日間で休戦を実現しえない場合、みずから首相ポストを辞任すると明言した。ロシアや中国は、マンデス・フランス首相の辞職や去就それ自体にさして関心を寄せなかった一方、同氏の後を継ぐ仏首相が軍事攻勢を強化したり、欧州防衛共同体の批准を支持したりするかもしれないことを危惧した。とうぜん予想されたように、三十日間のうち二十九日間には何事も発生しなかった。ところが三十日を経過するかしないかの瞬間から事態は急速に動きはじめ、三十一日目に入った瞬間に最終合意が達成された。マンデス・フランスの危険な賭は、見事成功したのだった。なぜ成功したのか？　改めてこう問うても、一義的な答えは得られない。ましてや、そのようなマンデス・フランス方式がその他のケースにも適用しうるのか。この問いにたいして、答えは必ずしも肯定的ではないだろう。

　交渉にデッドラインをつけることは、他方、ネガティブな方向にも作用する。というのも、デッドラインを設定することによって相手側の態度を益々硬化させてしまい、合意の形成を断念させたり、交渉を決裂させたりする結果すら導きかねないからだ。交渉が失敗に終わる場合、それはデッドラインが厳し過ぎたからとの逃げ口上を告げることを可能にするかもしれない。交渉担当者たちは、そのような口実をのべうると考えて強硬的な立場を固執しつづけることにもなろう。

　デッドラインを付すことのプラス、マイナス論を別にして、「細部の詰め」についての合意が得られると、最終合意文書の作成作業がはじまる。最終文書は、法律家その他の専門家たちの参加や検閲を得て、そのなかで用いられている言葉や文章を可能なかぎり明確かつ一義的なものとするための努力を傾ける必要がある[87]。最終文書は、各交渉代表国の長によって署名される。調印後、通常声明、コミュニケ、談話などが、公式、非公式の形で発表される。最終合意は、それが唯調印されるだけでは未だ発効しない場合もある[88]。すなわち、各代表団が国内に持ち帰り、議会など然るべき機関の批准をうけることによってはじめて効力を発効するケースが、それに当たる。

第5章

文化は、交渉に影響する

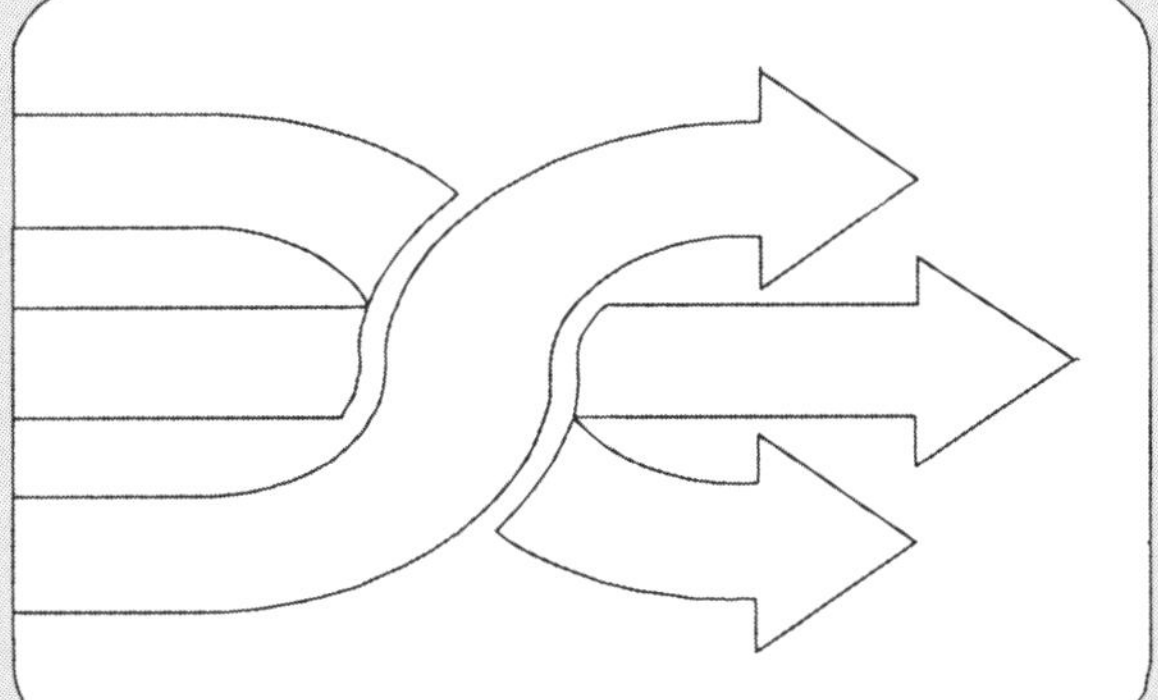

文化とは、教育や法律によって造られるものではなく、空気や遺産である。

――H・L・メンスケン[1]

「文化」とは何か

交渉の主な規定ないし構成要因として、次に「文化」をとりあげる必要があろう。たしかに、交渉担当者が属する「文化」的背景が交渉にあたえる影響の度合は、「権力」や「利害」に比べてさほど大きくないかもしれない。とはいえ、本書が主たる対象とするのは、国内交渉ではなく、異なる国家間の交渉である。国際社会では外交官間で共通して通用する「国際的な外交文化」と名づけるべきものが未だ形成されていない。仮にそれが形成途上であるにしても、外交官たちは、彼らを送り出している母国の政府や国民の考え方や意向を無視する交渉をおこないうるはずはない。これら、その他の事情から、国際交渉は異文化間交渉の様相を色濃く捺されたものになる——。これこそは、本書がわざわざ二章（**第Ⅰ部第5章、第6章**）を割いて、交渉行動で「文化」が演じる役割について論じることにする所以である。

「文化（culture）」とは、いったい何か？　実は、この言葉ほど一義性を欠き、百人百様の定義がおこなわれている概念は、他に見出しえない。十九世紀だけをとっても、人類学者らによって数百にもおよぶ文化の定義がつくり出された。[2] 二十世紀の人類学者、アルフレッド・クローバーとクライド・クラックホーンの共著『文化——概念と定義の批判的再検討』（一九五二年）は、少なくとも一六四の「文化」定義を収集した。[3] このような文化概念の各定義の是非を検討し、われわれが受け入れうる単一のコンセプトに到達する。もとより、文化の定義づけが本書の主目的なのではない。とはいうものの他方、文化について何らかの共通の理解をもつことなしに、交渉と文化との関連を論じようとする本章を一歩も先へ進めることはできないだろう。そういうわけで、本書ではあまりむずかしく考えることなく、文化をとりあえず以下にのべるようなものと理解することにしよう。[4]

二十世紀イギリスの詩人、T・S・エリオットは、「人間がすべてのことを忘れ去った時でさえ、尚かつ残っているもの。これが、文化に他ならない」[5]とのべた。これは、文化が漠然とした概念である本質を鋭く捉えた言葉と評しえよう。というのも、文化とは、必ずしも実質（substance）的なものではなくて、われわれ人間が格別意識することなくおこなっている思考ないし行動のやり方（way）を指しているからだ[6]。では、文化とはそのような形式的なスタイル（style）だけに係わる事柄かと尋ねられるならば、必ずしもそうだとは言い切れない。文化は、スタイルの背後で価値（value）や理念といった内容的、本質的、実体的なものも若干内蔵し、体現している。したがって、話は少々ややこしくなってくる[7]。

本書では文化の定義として、次を採用しよう。「特定の民族、人種、その他の人間集団の行動様式を特徴づけ方向づける、構成メンバー間に共通し、継承される価値、信条、態度」[8]。つまり、或る特定の場所に一定の人間集団が存在すると、そのグループの全員もしくは特定のメンバーたちによって受け入れられ、共有される独特のものの考え方が生まれる[9]。信仰、言語、道徳、習慣、ルールなどである。それは人間の生活や行動様式に影響をあたえ、学習過程を通じて幾世代にもわたって受け継がれてゆく[10]。そのようなものを文化と呼ぶことにしよう。

重複を厭わずに具体的に詳しくのべるならば、文化は次の三つの特徴をもつ。（1）文化は、個人の特徴でなく、個人が属する集団の特質である。（2）それは、特定のグループのみに通用する特殊かつ複雑な属性の複合体である。（3）それは、社会の成員たる人間が「社会化」の過程を通じて社会から獲得し、学習し、蓄積するものを指す[11]。

異なる文化は、異なる交渉スタイルを生む

右のように定義される文化は、主として以下の三通りのかかわり方で、人間の行動や生活様式に影響をあたえる。[12]

文化は、第一に、人間のアイデンティティー（自己同一性）の形成および維持に資する。[13] 各個人が己を他とは異なった存在として自覚するのは、彼が所属する集団の文化的要因にもとづくケースが多い。

第二に、人間の思考や判断に方向性をあたえ、ガイド（教導）する。[14] たとえば、ものごとや行為の善し悪しの判断基準を提供し、適切な対応の仕方を決定し、みずからの行動の選択に影響をおよぼす。文化が異なる。これは、すなわち物事を解釈する「引照基準（frame of reference）」を異にすることを意味する。[15] 具体例を、二、三あげて説明しよう。

たとえば賄賂の授受といった汚職行為にかんして、官吏の公正さを重視する伝統文化をもつ米国人と、贈答文化に馴れ親しんだ韓国人とでは、若干異なった対応をするかもしれない。[16] また、大統領候補者に正規の配偶者以外の愛人の存在が発覚した場合、たとえば米国人とフランス人とのあいだではおそらくかなり異なった類いの反応を引き起こすのではなかろうか。[17] また、〝法〟、〝契約〟、〝約束〟といったものにかんして、たとえばロシア人は、ドイツ人とは異なる考え方をするだろう。また、〝時間〟の観念にかんしては、アメリカ人は、ロシア人と相当異なる考え方をしめすかもしれない。[18]

文化は、第三に、交渉の重要な要素、コミュニケーション（意思疎通）に対する差異を生むかもしれない。[19] 同一ないし類似の文化を共有していることは、通常、交渉者のコミュニケーション、その他の相互行為を容易にする方向に働く。だが、むしろそのことのために、却ってコミュニケーションが疎《おろそ》かにされたり、歪曲され

たり、妨害されたりするという皮肉な結果をもたらすかもしれない。

ある特定の文化をもつ個々人がいったいどのような信条体系をもち、物事をどういう風に受けとめるのか。この一般的かつ根本的な問いにたいして、マイケル・ブレーカーは次のように答える。これは、「歴史的、地理的、社会的経験を共有している」ことに依存するところが多い。こうのべた後、ブレーカーはつづける。一定の文化的な状況が存在することから生じる共通の体験は、物事を受けとめる独自のやり方となって現れる。したがって、共通の文化に属する人々のあいだでは、どのような行動であれ、その結果は或る程度まで予想可能な類いのものになろう。それらは、さらに政治的、社会的環境のなかで強化され、物事を処理する独特の方法として定着する。以上のことは、その国を代表する外交官たちが――彼らの教養水準の高低とあまり関係なく――他国の交渉相手たちの言動を解釈するさいにも、ほぼ均しく当てはまるだろう[20]。

右のような説明によってブレーカーが言おうとしていることを思い切って要約するならば、次の一句にまとめうるだろう。「異なった文化体系は、異なった交渉スタイルを生む[21]」。米国の軍縮交渉のベテラン、アーサー・ディーンも、ほぼ同様の趣旨をのべる[22]。「外交スタイルは、たんに公的な政策を反映しているばかりではない。それは、外交官が生まれ育った社会とその世界観の諸特徴を反映する一種の国民的署名〔national signature〕のようなものである[23]」。

文化の交渉に影響する、懐疑論 vs 重視論

国際交渉に従事する主体（アクター）、すなわち交渉者（negotiators）は、改めて言うまでもなく人間である。人間は、この世に生まれ落ち育った唯一人の存在なのではない。彼は何らかの集団や社会に属し、その文化的属性を帯びている。したがって、交渉者がおこなう交渉行為は、程度の差こそあれ彼が所属する集団や社会の

文化の影響を被らざるをえない――。わざわざこのような三段論法もどきの方法を用いて説明するまでもなく、文化は交渉の重要な影響要因である。こう思い切って断言して差し支えないだろう。問題は文化が交渉に影響をあたえるか否かでなく、むしろ文化が交渉にどのような類いの影響をいったいどの程度にまでおよぼすかということだろう。

交渉研究者たちのあいだでは、文化が交渉に果たす役割を巡って必ずしも一致した見解が存在するわけでない[24]。それどころか、以下の二グループに分かれて活発な論争が展開されている。一は交渉が「国民文化」によってうける影響はさほど大きくない、他は逆に大きいと説く。便宜的に前者を懐疑論者、後者を文化重視論者(culturalist)と名づけて、主要な論点を五つばかり、以下、紹介することにしよう。

懐疑論者の筆頭格であるザートマン教授は、文化概念そのものがトートロジー(同義語反復)におちいりがちで、とうてい有効な分析概念になりえない。こう主張して、次のようにのべる[25]。たとえば「アフリカ文化」の定義をおこなってみよう。アフリカの文化とはいったい何か。それは、アフリカ人がおこなうところのものである。では、なぜアフリカ人がそのようにおこなうのか。それは、彼らがアフリカ人であるからである。――これでは、まったく堂々めぐりのトートロジーとなり、何時までたっても埒《らち》があかない。しかも、仮に特定のアフリカ人がもし他のアフリカ人のように振る舞わない場合、そのような事実をいったいどのように説明するのか。大抵の場合、彼は例外的なアフリカ人だとみなされ、捨象されてしまうのだろう。結果として、極めてステレオタイプ化したアフリカ文化やアフリカ人の定義が残ることになる。

ザートマンによる右のような批判にたいして、文化重視論者たちは次のように反駁する。ザートマンは、アフリカ文化をアフリカ人がおこなうところのものと定義して議論をはじめているが、この出発点自体が誤りを犯している。なぜならば、アフリカ文化は、アフリカ人が単におこなうところのもの以上を意味するからだ。

アフリカ人がおこなうところのものは、単にアフリカ人であること以外の要素にも由《よ》るところ大である。[26]

ザートマンらの懐疑論者たちが、交渉において果たす文化の役割をさほど重視しない二つ目の理由がある。「文化」の概念があまりにも「広範」[27]かつ「漠然とした」[28]コンセプトであり、厳密な学問的分析に馴染まない概念だと言うのである。たしかに、文化が多義的なコンセプトで、その定義が一六〇以上にものぼることについてはすでにのべた。[29]また、文化の種類も、どのレベルないしどの集団に着目するかによって異なってくるだろう。すなわち文化と一言でいっても、この後すぐのべるように、それは国民文化のほかに、地域文化、サブ・グループ文化、職業文化、コスモポリタン文化等々、様々な文化が存在するだろう。つまり、文化が交渉に影響をあたえると言う時に、論者はそもそもどのような文化の定義や種類、どのようなグループやレベルの文化を念頭において議論しているのか。つねに国民文化を念頭において議論しているのか。必ずしも定かとは言い難い。[30]

右のような批判に対して、文化重視論者は反論を試みる。たしかに、文化は一義性を欠き、つかみどころがないコンセプトではある。だからといって、しかし、それは文化概念を全面的に放棄すべしという大胆な結論を導かないだろう。[31]

懐疑論者と重視論者の相互批判

さらに、ザートマンに代表される懐疑論者たちは、つぎのようにも批判する。交渉での文化的要因とは、交渉でより重要な「その他のファクター」に由来する派生物にすぎない。[32]「その他のファクター」とは、交渉の「構造」や「過程」を指す。これらのファクターこそが、交渉の根本的な決定要因であって、文化は所詮二次的要因なのではないか。たとえて言うと、文化が演ずる役割は航空機のプロペラ・エンジンにたまたま紛れ込んでくる鳥、あるいは航空力学に影響をおよぼす天候的要因程度のものでしかない[33]。つまり、基本的規定要因としての「構造」や「過程」の役割が十二分な程度に理解されたうえで、そのあと考慮に入れさえすれば、それで十分。こう言ってよい程度の実務的ないし技術的なファクターなのではないか[34]、と。

このようなザートマンの見方にたいして、文化重視論者は、いったいどのように反論するのか。「構造」や「過程」が交渉にあたえる影響をより一層重視すべしとのザートマンの主張それ自体に対しては、彼らは敢えて反論を唱えない。それらのファクターに比べると、たしかに「文化」の影響は微妙かつ小さいことを、彼らも率直に認める。だからといって、しかしながら、「文化」の重要性を貶《おとし》め、「文化」的ファクターの影響を派生的ないし第二義的なものにすぎないとみなすわけにはいかない。なぜならば、懐疑論者たちは次の重要な点を見落しているからである。「文化」は、「構造」や「過程」に依存する従属変数であると同時に、それらを規定する独立変数でもあること。言い換えると、「文化」は、「構造」や「過程」の産物（プロダクト）であると同時に、それらの淵源（ソース）でもあること[35]。要するに、「文化」とその他のファクターとの関係は単純かつ直線的な矢印でしめされるような原因―結果の関係ではない。もっと複雑な相互関係としてとらえられ、理解されるべき筋合なのである[36]、と。

交渉がうまく進行しなかったり、妥結にいたらなかったりする場合、あるいは交渉の不首尾をうまく説明しうる適当な理由が見つからない場合――このような時に、往々にして交渉当事者間に存在する文化的差異を引合いに出して、そのことに交渉失敗の責任を求める傾向なきにしもあらず[37]。これは、懐疑論者が文化重視論者にたいしてのべる、もう一つの批判点になっている[38]。懐疑論者たちから提出されているこのような批判、それに対する文化重視論者側の弁明を、最後に紹介しよう。

そもそも交渉とは、その性質上、容易には成功せず、往々にして失敗に終わる――。前以ってこのように覚悟しておくべきむずかしい人間営為である。不首尾に終わる場合、その原因はけっして単一でなく、大概の場合おそらく複数の要因に帰せられるだろう。それにもかかわらず、交渉不成立の責任を文化的要因にばかり負わせるのはフェアとは言いがたい。失敗の原因をとことん突き詰めて追求してゆくと、文化的な差異が存在したがゆえに交渉が決裂した——。こう単純に決めつけえないケースが数多く見出されるであろう。たとえば日ロ間の北方領土問題交渉は、果たして日ロ両国間の「文化」上の懸隔ゆえにその解決が困難になっているとみなすべきだろうか。同交渉は、結局のところ両国間の「権力」や「利害」関係の対立ゆえに解決しえない。こう捉えるべきだろう。また、逆に大きな「文化」的差異が存在する国家間でも、交渉が立派に成功し妥結へといたっている実例は数多く存在する。文化重視論者は、このような事例を果たしてどのように説明するのだろうか。

懐疑論者側から提起される右のような疑問に対して、文化重視論者たちは次のように反論する。自分たちは必ずしも交渉失敗のケースばかりをとりあげて、それを文化的要因に帰そうとしているわけではない。交渉が成功した場合も不成功に終わった場合も、その原因を或る程度までは文化的要因に帰することが可能である。こう述べているに過ぎない。たとえば、ライン河の環境汚染防止策をめぐる交渉。これは、同河川の沿岸諸国（ドイツ、フランス、オランダ、スイスなど）が類似の「文化」を共有している事情によっても大いに助けられ、妥結に到達した。そのような「文化」共有の一例をあげるにとどめるにしても、同交渉のほとんどの参加者たちは交渉中にドイツ語、フランス語を用いることに反対しなかった。[39] 日米間のサンフランシスコ講和条約交渉は、逆に日米両国が相互補完的な文化を有していることによって成功した側面が存在した。このことも否定しえないだろう（マリー・ストラザール[40]）。

「文化的要因重視論者」間の相違点

――以上、交渉で文化的要因が演ずる役割を重視する人々（「文化重視論者」）とそれに疑問を抱く人々（「文化懐疑論者」）とのあいだでおこなわれているディベート（討論）を紹介した。実は細かく言うと、前者、すなわち「文化的要因重視論者」のなかには、それぞれが強調する文化の違いがある。その違いによって、右のディベートでの彼らの立場は若干異なってくる。やや煩雑な話になるが、このことについて補足説明しておく必要があろう。

まず、或るグループたとえば「国際的な外交文化（international diplomatic culture）」重視論者たちは、次のように説く。文化をたんに「国民文化」ばかりでなく、普遍的ないし「国際的な外交文化」までも含む広義なものとして定義するならば、交渉が文化によって大きく規定されることについて疑念の余地はない。というのも、その場合、交渉を人間の普遍的な行動の一つとして捉えることが十分可能であり、かつ必要でもあるからだ(41)。極言すれば、交渉は一種のゲームともみなしえよう。たとえばバスケットボールとホッケーとは、異なる。だが、それらは広義のスポーツのなかの単なるバリエーションにすぎない。基本ルールを遵守し、ほぼ類似のパターンにしたがってゲームをおこなう(42)。

国際交渉にかんしても、同様のことが言えるのではないか。国際連合に初加盟した新メンバー国の外交官が、もし己の出身地の民族文化ばかりを反映する行動様式をとり、国連での一般的なルールやパターンを無視するならば、恐らく彼はメンバーとしての任務や仕事を全く遂行しえなくなるだろう。その意味で、外交官は少なくとも部分的に国籍離脱者となることが運命づけられている。職業外交官からなるコミュニティーでは、実際、言葉やスタイルの違いを除くと文化上の格差が日増しに縮小してゆく傾向が見受けられる(43)。すなわち、国際連合を含む国際機関や多国籍企業では、普遍的、コスモポリタン、同質的な「国際的な外交文化」が形成されつつあり、そこに勤務する人々は、互いに似かよった交渉行動様式をしめすようになっている。[44]

ところが他方、「国民文化」を重視する人々が存在する。彼らは、「国際的な外交文化」論者の見解に対して、次のような皮肉をのべる。それは、「国民文化」を批判しつつも「国民文化」を超える「国際的な外交文化」の形成や存在を説いている点では、結局のところ「文化」重視論の立場を採っているのだ。それはともかくとして、右のような主張をおこなう「国際的な外交文化」重視論者に対して、「国民文化」重視論者は以下のように批判をおこなう。

まず一般論として、次のようにのべる。現時点の国際社会は幸か不幸か未だ「国民文化のモザイク状態[45]」にあり、「国際的な外交文化」が形成されているとは到底みなしがたい。したがって、われわれは必ずしもそのような国際文化が存在することを前提にして、議論を進めるべきでなかろう。いや、次のような見解さえありうるだろう。すなわち、エリオットが説くように、「国際的な外交文化」あるいは、「普遍的となった文化はもはや文化ではない、それは、むしろ文明と呼ぶべきである[46]」。以上のような理由にもとづいて、やや極論かもしれないが、われわれは文化とは国民文化のことであると考えるべきだろう。

次により具体的には、次の五点を指摘する。第一に、職業的外交官といえども、彼は特定の「国民文化」の影響から完全に解放されているとは言いがたい。仮に本人がいかに傑出したり、他の同輩から異なったりする人物であろうとも、彼は己が生まれ育った時代や環境から超越した存在とはなりえない。個人のパーソナリティーは、真空の中でなく、特定文化内の社会化(socialization)の過程を経て発達をとげるからである。[47]他国の動向を認知し、解釈し、自国の対抗措置を決するに当たり、彼は、意識するとしないとにかかわらず、みずからが所属する「国民文化」の影響をうけた行動様式をとる。

ごく一般的に言うと、交渉者は、次の順序で自分が生育した社会の「文化」の刻印をより強く捺された行動をとりがちと言えよう。[48] アイデンティティー（自己同一性）、パーセプション（認識）、コミュニケーション（意思疎通）の順序である。それはともかく、異なった「文化」をもつ人間グループは、異なった「交渉」観をもち、他グループのメンバーとは異なる「国民的交渉スタイル（national negotiating style）[49]」をしめす。たとえば日本人の交渉スタイルは、アメリカ人のそれとは異なる。ロシア人、中国人、中近東諸国の人たちも、それぞれ独自の交渉態度や行動様式をしめす。

第二に、職業的な外交官といえども、彼は四六時中もしくは終身その地位に就いているわけではない。休暇中あるいは退職後は出身母国へ戻り、おそらくその文化にどっぷりつかる時間ももつにちがいない。

第三に、交渉者は完全に独立したフリー・エージェントなのではない。彼は、国内有権者の気分の影響をうけ、彼らの意向によって作用される。もし彼が、己が所属する社会やグループの文化的価値観を顧慮せず、それからかけ離れた言動をしめすならば、どうだろう。おそらく彼はある種のはねあがり者として自国民や仲間の信用を喪い、極端な場合には罷免されたり更迭されたりする運命を覚悟せねばならないだろう。[50]

第四に、たとえば外交官は何よりも本国政府の命令（訓令）に拘束され、それを遵守せねばならぬ立場や身分の公務員のはずである。近年における通信・交通・運輸手段の発達やサミット（首脳）外交の活発化によって、出先の外交官や交渉担当者たちに認められる自由裁量権の範囲は極度に小さくなりつつある。彼らは、己の信条や意向にしたがって交渉をおこなうことがほとんど認められていない。本国からの訓令、同輩との合議などにもとづきチーム・プレイに徹するよう要請されている。

第五に、今日、職業外交官だけが交渉のアクターなのではない。交渉テーマが自動車、漁業、環境、安全保障など多種多様なものになるにつれて、経産省、農林水産省、環境省、防衛省、その他の官庁からの混成チームが交渉者を形成するケースすら珍しくない。一時的な出向者とも言える彼らに向かって「国際的外交文化」の遵守を要求するのは無理だろう。

——このようにして、おそらく以下のように結論するのが適当なのだろう。たしかに、交渉者個人は己が属する「国民文化」の狭い枠から脱却しようとする意欲をしめすかもしれない。そして、そのような努力を試みることは望ましいことかもしれない。とはいえ、現国際社会では到底「国際的外交文化」が形成済みとは評しがたい。したがって、そのような普遍的文化の形成を前提にして国際交渉が行われているとみなすのは、時期尚早かつ非現実的だろう。むしろ、個々の「人間は同時に複数の文化に所属している」[51]。こう考えるほうが、現実に即した適当な見方とは言えるだろう。すなわち、外交官や交渉者たちは、「国際的な外交文化」、「国民文化」、地域文化など複数の文化に属し、それらの影響を受けるハイブリッド（混合的）な言動をしめす、と。

文化はどの程度まで交渉を規定するのか

そもそも交渉の最重要決定要因は「構造」（もしくは「過程」——以下同じ）なのか、それとも「文化」なのか。これは、たしかに基本的に異なる二大アプローチのように映る。[52] しかしながら、よく考えてみると、次のことが分かってくるだろう。

（1）「構造」と「文化」の両アプローチは、それぞれが力点をおき、得意とする分野や側面を異にする。すなわち、「構造」アプローチは、交渉開始前の段階で交渉が規定される諸要因の分析、交渉がはじまったあと辿るコースの予想、交渉の最終結果の推測——これらの諸点で、威力を発揮する。他方、「文化」アプローチは、交渉が終了後の段階でおこなわれる交渉経緯の検討を最も得意とする。[53]

（2）「構造」関連の諸要素が国際交渉を強く規定するケースでは、「文化」の影響はさほど大きいものとはなりえない。だが逆の場合、すなわち「構造」に係わる規定要因がさほど大きくない場合には、「文化」的要素が大きな役割を演じる。したがって、たとえば「構造」その他の諸条件がほぼ同一で変わらないと仮定しよう。その場合、「文化」が果たす役割の増減は、紛争の度合いの増減にそのまま正比例さえするほど大きなものになるかもしれない。

（3）おそらく最も重要なことは、「構造」と「文化」が必ずしも互いにまったく無関係なファクターでないこと。すなわち、「構造」は「文化」の影響から免れえず、逆に「文化」もまた真空に存在するのでなく現存「構造」の影響を被る。[54] 両者の関係は、コンピューターで言うとハードとソフトとの関係に似かよっている。[55] つまり、これら両アプローチは真っ向から対立するものではなく、それぞれ長短をもち、相互補完的な関係にある。だから、両者が相俟ってはじめて完全なアプローチとなるだろう。[56]

——以上のように考察してくると、やや優等生的な回答のように映るかもしれないが、交渉行動様式で「文化」が演じる役割如何の問いにたいしては、次のように答えるのが適当な結論であるように思われる。

（1）文化重視説も、文化軽視説もともに一方的で、間違っている。「文化」が交渉のすべてを決定するという極論をのべる者は、流石に今日存在しないかもしれない。[57] 他方、交渉について考えるさいに文化的要因が演じる機能を軽視したり無視したりするのは、けっして正しい見方といえない。異文化間交渉の秀れた研究者の一人、レイモンド・コーエン（ヘブライ大学）がのべているように、交渉当事者間の「文化的差異は、それがなければ期待しえたであろう〔交渉の〕成果を損《そこ》ねたり、減少させたりする結果を導く」[58] からである。また、交渉当事者間の文化ギャップは、彼らのあいだのコミュニケーション（意思疎通）を阻害したり、信頼関係を損なったりするからだ。[59]

（2）文化は、交渉行動様式を規定する重要な要因である。交渉行動に影響をおよぼすファクターは複数存在し、文化的要因はそのうちの重要な一つである。念のために、コーエンの言葉を引用しよう。「文化は交渉の唯一〔the only〕ではないものの、少なくともワン・ノブ・ゼム〔one of them〕の規定要因である」[60]。

（3）こういう訳で結論としては、「文化に敏感な（culturally-sensitive）」アプローチをとることが、最も適切な姿勢になろう[61]。人間がおこなうことは大同小異で、〈天が下、新しいものなし〉。もしこのような大胆かつナイーブな前提にたつならば、交渉の複雑かつデリケートな側面を看過する惧れがあろう[62]。というのも、或る文化でしごく当たり前のことのように通用すること（たとえば、直接的面接交渉《フェイス・トゥ・フェイス》）が、他の文化では必ずしもそうとはかぎらないからである。文化的な差異の存在を認識し、それが交渉にあたえる影響を冷静に検討することは、実に重要かつ必要な作業といわざるをえない。

（4）交渉構造で、文化が演じる役割を重視すべし。こう言っても、文化要因を過大なまでに評価せよと説いている訳ではない。飽くまでも特定のコンテクスト（文脈）のなかで文化が演じる機能を正当に評価すべし――こうのべているにすぎない[63]。文化は、その他の規定諸要因と関連して交渉に影響をおよぼす。同一の国民文化に属する人々のあいだであっても、たとえば性別、年令などの差によって交渉行動が異なってくる[64]。文化的差異の発現形態は、交渉がおこなわれる状況、条件等々の差によっても違ったものになる[65]。

（5）要するに、文化が交渉に影響するか否か（whether）。これが問題なのではない。文化が、他の要因同様、交渉の重要な規定ファクターであることは、右に十分説明済みである。問いは、むしろ次の点にある。文化はいったい「どの程度」まで交渉を規定するのか？　さらに詳しく言うと、文化は交渉に「どのような条件下に（under what conditions）」、「どのような仕方で（in which way）」、「どのように（how）」、「どの程度（to what extent）」の影響をおよぼすのか？　これらを具体的に解明することが、より一層重要な課題になる[66]。

「文化」の種類――「世界的文化」「地域文化」「国民ないし民族文化」「職業文化」

文化はどのようなやり方で、どの程度まで交渉に影響をあたえるのか？　ところが、これは難題であり、残念ながら一義的ないし簡単な答えは存在しない。なぜそういわざるをえないのか。その理由をのべよう。まず、交渉は、アート（芸術）と評されるまでにユニークで、ほとんど一回生起性の事象である。加えて、文化は、既述したごとく「捉えどころのない（elusive）」概念である。さらに、文化だけが交渉の規定要因とはかぎらない。――これらの諸事由のために、文化が交渉の行動様式に及ぼす影響の程度を正確に測ることは、ほとんど不可能に近い。[67]それが至難の業であることを肝に銘じたうえで、しかしながら尚かつ何か一般的に通用することを言いえないものか、検討することにしよう。だがその前に、そのために必要な準備作業としておこなう必要があるのは、まず「文化」一般、次いで「国民文化」の種類を整理しておく作業だろう。

文化と一言でいうものの、実は種々様々な文化の形態が存在する。[68]本書のここでのテーマたる「交渉と文化との関連」をチェックする課題にとりかかるためにも、文化の種類を明確にしておくことが必要な作業だろう。文化は、色々なやり方で分類される。たとえばその担い手グループ（集団）の違いに注目して、次のように区別される。

地理的な区分として最も大きいのは、「世界的文化（world culture）」。「世界的文化」は、「多国籍的文化（transnational culture）」、あるいは「普遍的文化（universal culture）」[69]とほぼ同意義とみなしうるかもしれない。次に大きいのは、「地域文化（regional culture）」。同一地域（たとえば、西ヨーロッパや東南アジア）内の各国民文化にほぼ共通する文化を指す。そして、「国民ないし民族文化（national culture）」[70]。本書で〝文化〟という場合、大抵は「国民文化」を指している。次の単位は、「サブ文化（sub-culture）」[71]。国民国家の中に存在するサブ・グループ（下位集団）に固有な文化を指す。サブ文化をさらに分けると、「第二のサブカルチャー文化（secondary sub-culture）」、ないしは「サブ・サブ文化（sub-sub-culture）」と呼ばれるものも存在するかもしれない[72]。

次にやや観点を変えると、「職業文化（professional culture）」というものも存在するだろう。ある特定の職業に従事している人々が国籍の壁を超えて共有する文化を指す。たとえば職業外交官たちは、己が所属する国家の文化とは別に、世界各国の外交官仲間と共通の言語で話したり、類似の行動スタイルをとったりすることも多いに違いない。ニューヨーク、ジュネーブ、ブリュッセルなどの国際諸機関に勤務する者には、このような傾向が顕著に見受けられるだろう。彼らのあいだでは既に言及した「国際的な外交文化[73]」と名づけられるものが少なくとも部分的には形成されている。こうのべてさえ差し支えないかもしれない。

繰り返すようであるが、文化を以上のように区分して考えることは、有益かつ必要な作業である。交渉との関連で、たとえば次のような理解が促進されるからである。まず、国内交渉が同一の「国民文化」内の交渉であるのに対して、国際交渉が「国民文化」間の交渉であることが、改めて明確に理解され、意識されることに役立つだろう[74]。次に、同じく国際交渉ではあっても、一見するかぎり真逆のように思われがちな次の事実が理解されうることになるだろう。二国間（バイラテラル）交渉のほうが、多国間（マルチラテラル）交渉に比べて「国民文化」の要素によってより一層強く影響される[75]。というのも、二国間交渉ではややもすると交渉者が属する「国民文化」の差異に拘泥しがちとなるために、係争点についての妥結の達成が実にむずかしい。ところが、多国間交渉では、己の「国民文化」ばかりに固執するようでは最初から交渉の妥結などまったく問題外――。このことが、交渉者全員に自覚されているからである。

さらに、特定の「サブ文化」や「職業文化」が交渉――国内、国際交渉の別を問わず――に重要な影響をおよぼすケースも存在するだろう。ケース次第では、「国民文化」、「サブ文化」、「職業文化」――これらが互いに競合関係に立ち、激しく対立することもあるかもしれない[76]。いったいどの種の文化が優位にたち、交渉過程でより強力な影響力をおよぼすのか。これは、ケース・バイ・ケースで異なり、一概にはなんとも答ええないだろう。

「交渉文化」の五類型

ある特定の国家ないし民族に属する人々が交渉でしめす文化的特質を、ややこなれない用語かもしれないが、「交渉文化（negotiating culture）」と名づけることにしよう[77]。「国民文化」のなかでとりわけ交渉に関係するものに注目する試みである。このような「交渉文化」は、極端に言うと国家や民族の数だけ存在する。だがそう言ってしまうとそれだけで話が終わってしまうので、そのなかの主要なものを思い切って類型化する形で提出してみよう。以下の七つは、そのような試みの主要なものである。

①商人型 vs 武人型

ハロルド・ニコルソンが、外交交渉を二つの理念型に分類したことは、よく知られている。「商人（merchant もしくは shop-keeper）」型と「武人（warrior）」型である。「商人型」外交での交渉は、商業ビジネスのそれと本質的に変わらない。すなわち、「節度、公正取引、合理性、信用、妥協などの健全なビジネスの原則にもとづいておこなわれる[78]」。ニコルソンは、イギリス外交をその典型例とみなした。それに対して「武人型」外交での交渉の特徴[79]は、以下のようなものである。力の行使または威嚇こそが交渉の主な手段であるという考えにもとづいて、信頼よりも恐怖心を吹き込んで交渉をおこなおうとする。ニコルソンは、プロイセン以前からヒトラーにいたる近代ドイツ外交をその好例とみなした。

②個人主義vs集団主義

ゲールト・ホーフステッデ教授（オランダ・マーストリヒト大学）は、個人がどの程度グループに統合されているかの違いに着目し、「国民文化」を個人主義型と集団主義型の二タイプに区分した。[80] 個人主義型文化では、人間の結びつきは緩《ゆる》やかであり、各人が己の面倒をみることに責任をもつ。他方、集団主義型文化では、この世に誕生以来、人間は強い結束力をもつグループ内に統合されているとみなす。[81]

③男性的vs女性的

同じくホーフステッデは、交渉文化を、彼が男性的、女性的価値を名づける文化価値の差異によっても二類型に分けることができるとのべた。[82] 男性的価値の文化では自己主張を強くおこなって競争的であることを善しとみなし、女性的価値の文化では逆に謙譲や思いやりを美徳と考える。

④アポロ型vsディオニュソス型

米国の文化人類学者ルース・ベネディクトは、アメリカ・インディアン諸族にみられる精神的性向を、「アポロ（Apollo）」型と「ディオニュソス（Dionysos）」型の二つに分類した。古代ギリシャ神話に登場する、それぞれ太陽神アポロ、酒の神ディオニュソスの特徴に着目した対比である。前者はアメリカ南西部のプエブロ諸族、後者は平原インディアン諸族にみられる精神的性向であるという。アポロ型は、「おだやかで、秩序を尊び、競争心が少なく、中道を生活原理」とする。言い換えると、「威厳と温和を理想とし、感情の抑圧や緩和、典型的な形式主義、生活方法の適度さと真面目さ」を基調とする。対照的にディオニュソス型は、「情熱的で、幻想を好み、競争心が旺盛で、優越を最高の美徳」とみなす。つまり、「感情の究極的目標を興奮と恍惚におき、勝利と恥辱を両極とする感情の全音階の誇張のなかで生きている」[83]。

⑤内向き vs 外向き

ビクトル・クレメニュク（当時、ロシア科学アカデミー付属の米国・カナダ研究所副所長）は、国民交渉文化を「内向き（introversive）」と「外向き（extroversive）」の二種に大別する[84]。前者は、ロシア、中国、日本、オスマン帝国など、権威主義的あるいは全体主義的な政治決定システムをとる国にかつて存在し、あるいは現時点でも存在する文化を指す。交渉担当者は、権威主義、秘密主義、形式主義的な体制を反映する交渉スタイルをとることが多い。すなわち、自由裁量の能力や技巧をあまり発揮しようとしないで、本国の訓令に厳密かつ忠実にしたがうスポークスマン（代弁者）の役割を演じがちである。後者は、民主主義体制をとる諸国にみられる交渉文化である。このような文化では、交渉は問題解決のための共同作業の一種とみなされる。交渉者は、公式非公式を問わず、理性的な意見の交換を重視し、取引でも柔軟な姿勢をみせることが多い。

日本文化の特徴――二つの分類法

次に、日本文化に関連する二つの分類法を紹介しよう。まず、武者小路公秀教授（当時、明治学院大学）は、人間と環境との関係一般にかんして、アメリカ文化を「えらび」型、日本文化を「あわせ」型の典型とみなした。教授は同様に、交渉文化を「えらび」文化と「あわせ」文化に分類する。この区分は、世界の交渉学界にたいして日本人研究者によってなされた貴重な貢献の一つとして高く評価されている[85]。同教授の言葉を借用して、両者の差異をもう少し詳しく説明しよう。

人間の頭にある論理の構造は、一つの概念とその反対概念とからなる。そして、そのような二分法をいくつか組み合わせたような形で、いくつかの選択肢を設定し、そのなかから最上のものを選ぶ。「えらび」は、人間が環境を自由に操作できるというたてまえに立つ。すなわち、人間は、己がたてた目標にあわせて計画をつくり、その計画にしたがって環境をつくり変える。これが、「えらび」の論理である。これに対して、「あわせ」は、人間が環境をつくり変えるという考え方でなく、人間のほうが環境に適応するように己をつくり変えてゆくという発想にもとづいている。環境は、たえず微妙な度合いで変化する連続性の世界である。これに適応するためには、人間はこの微妙な変化をたえずキャッチし、これに「あわせ」ていくことこそが人世の要諦である。

「えらび」文化では、取引の結果たがいに認めあった「えらび」を成文化した契約が、絶対的な拘束力をもつ。ところが、「あわせ」文化では、契約は取引をおこなった当事者間の「あわせ」の現われにすぎない。契約が成立したのちも、さらに「あわせ」合う行為をつづけることが可能である。(86)

アメリカの人類学者エドワード・T・ホールの分類も、日本文化の特質を巧く言い当てている。ホールは、著者『文化の彼方に』(一九七六年)で有名な「高い文脈vs低い文脈」理論を展開した。(87) 交渉研究者のコーエンは、このホールの分類をそっくりそのまま交渉文化理論に応用して、交渉文化を「高い文脈(high-context)の文化」と「低い文脈(low-context)の文化」の二種類に分ける。(88) 筆者個人にはこの区分が非常に説得的であり、日本の交渉文化の特色の説明に最も有効であるように思われる。以下、やや詳しく説明する所以である。

ホールの分類は、先に紹介したホーフステッデの個人主義vs集団主義の分類と似かよっており、じっさい重複する点も少なくない。だが、ホールは同一の物差し上における相対的な差を問題にしている点で、ホーフステッデ説と異なる。すなわち、ホーフステッデが個人主義vs集団主義の区分を対立する原理の相違に帰するのに比して、ホールは量的な視点からの程度の差を問題にする。ホール自身は、「高い文脈と低い文脈のあいだに存在する連続性[89]」を強調して、次のように記す。「文脈が高い文化もあれば、低い文化もある。とはいえ極端に高かったり、低かったりする文化は存在しない[90]」。具体的な例をあげて説明すると、ホールが「高い文脈の文化」の代表格とみなすのは、日本、中国、インド、メキシコ、エジプトなどの非西欧諸国の文化である。逆に「低い文脈の文化」の代表は、米国、スイス、ドイツ、スカンジナビア諸国などの文化である[91]。

両文化の特徴を、ホールやコーエンの言葉を借りてやや誇張して説明すると、次のようになろう。「高い文脈の文化」は、その名のとおり何が話されたかという言葉の額面上の意味そのものよりも、その言葉が発せられたコンテクスト（文脈）のほうを重んじる。すなわち、「高い文脈の文化」コミュニケーションでは、たとえば言葉が発せられた際のタイミング、状況、ジェスチャーがことのほか重視される。明確な否定を意味する直接的な表現は回避され（『ノーといえない日本人[92]』）、むしろ間接的な言及が好まれる。ニュアンスに富む言いまわし、暗示の手法、「一を聞いて十を知る」類いの意思疎通術が尊重される。他所者《よそもの》を相手とするのは、苦手である。言語を用いて率直な意見交換をおこなう以前に、個人的な信頼関係を培養し構築することのほうをより一層重要なやり方とみなす[93]。安倍晋三首相によるプーチン大統領にたいする態度やアプローチは、その好例だろう。

「高い文脈の文化」は、集団主義的倫理感を重視する。すなわち、自分が同文化に属する他の人々によってどのように見られているかということを非常に気にかける。仲間の面前で威信を失うことや恥辱をうけることを、己にとり最大の侮辱ないし処罰行為とみなす。他方、道徳や倫理観を必ずしも内面化していないために、もし他者が見ていなければ自分の言動にさして責任を持とうとしない。この点で、『菊と刀』の著者ルース・ベネディクト女史が指摘する〝恥〟の文化に属すると言えよう。

対照的に、「低い文脈の文化」に属する人々は、人間が生きてゆく以上、意見や利害の対立を当然視し、その解決のために理論的なディベートをおこなうことを最重要と考える。その場合、言語が発される文脈や状況よりも、言葉それ自体がより一層重要な意味をもつとみなす。コミュニケーション（意思疎通）は、言語手段を通じて何人にとっても誤解の余地なく明快かつ正確な形で伝えられるべきである。暗示、示唆、ヒント、サジェスチョンといったいわば間接的な話法は、誤解の素《もと》になる。だから、ジェスチャーなどの非言語的なコミュニケーションの手法を余り高く評価しない。時間の浪費を悪徳とみなし、単刀直入にビジネスに入ることを善しとする。ビジネスはビジネスであり、人間関係から切り離されるべきである。「低い文脈の文化」で最も大事なルールは、必ずしも自分が他者の眼にどう映るかではない。責任感が内面化されているか、否かである。間違った言動にたいしては、〝恥〟ではなく〝罪〟という代償が支払われねばならない[94]。

文化はどの交渉構成要素に影響するか？

文化が交渉に影響をあたえる方法がいったいどのようなものであり、かつその程度はいかなるものか？ こう尋ねる場合に是非とも注意すべきことが、もう一つある。それは、さきに示唆したように、これらの問いがいったい交渉のどの部分を念頭においてなされているのか、の問いである。というのも、交渉と一言でいっても、それは数多くの要素から構成されている人間行動なのであり、その構成部分の違いによって文化の影響を受ける度合はおそらく変わってくるだろうからだ。

では、交渉の構成要素とはいったい何か。筆者は、**第Ⅰ部第3章**（九三頁）でのべたとおり、次の四つを交渉の主要構成要因とみなしている[95]。「構造」、「過程」、「文化」、「戦略」。

交渉「構造」とは、「交渉者（アクター）」、交渉者間の力関係、イシュー（争点）の数、交渉の組織面でのセッティング、交渉過程の透明性の程度……等々を指す[96]。そのような「構造」は、「文化」を規定すると同時に、「文化」によっても規定される。「文化」は、交渉「構造」の主要な構成要因のなかでも、「交渉者」にたいして最も大きな影響をおよぼす(97)。アクターないしはプレイヤーは、すでにのべたように様々の文化（国民文化、職業文化、地域文化、国際的外交文化……等々）を反映したミックス（混合体）である。彼は交渉で、本人が意識するしないにかかわらず、己が背負う文化的バックグラウンドの影響を大きく受けつつ、自身の言動を決定する。たとえばイシュー（係争点）、相手側の意図、戦略などを認識し、理解する作業にかんして、そうである。

交渉の「過程」は、たしかに「文化」的要因による影響を受ける程度が比較的少ない側面かもしれない。このことを強調して、「科学《サイエンス》としての交渉」の一般理論の形成が可能であると説く見解が存在することについては、先にのべた。とはいえ、このように一般化に馴染む交渉「過程」においても、「文化」の出番は十分な程度にまで存在する。一例をあげるならば、各国民文化間に存在する「時間」の概念にかんする考え方の相違は、交渉「過程」に大きな影響をおよぼすに違いない。たとえば〈時は金《かね》なり〉の人生観をもつアメリカ人は、ややもすると交渉の生産性を交渉に費やす時間と関連させてとらえがちな文化の持ち主なので、交渉「過程」が敏速に進捗することを歓迎する。他方、たとえばラテンアメリカ人、ロシア人、中国人たちは必ずしもそのような時間感覚の持ち主とはかぎらない。そのような人々と交渉するのは、アメリカ人にとり時間の無駄のようにすら感じられるかもしれない(98)。

また、ユーモア、ジョークを会話の潤滑油とみなすのか。逆にそれをナンセンスな時間つぶし、皮肉、当てこすりとみるのか。このようなことも、ひょっとして交渉「過程」での話し合いに影響をあたえるかもしれない。また、交渉「過程」で用いられる脅しや報償（極端な場合、賄賂など「袖の下」）の提供などにたいして、それぞれの国民文化は異なった受け取り方をしめし、そのことが交渉「過程」に或る程度まで大きな影響をあたえるかもしれない。約束や前言にたいするコミットメント、虚偽や誇大声明にたいする好悪感情、デッドライン

（締切期限）の遵守など……これらにかんする考え方の相違も、交渉「過程」にインパクトをおよぼすだろう。(99)

交渉過程の最終段階たる「詰め」も、「文化」によって直接的な影響を被るだろう。たとえば、交渉の最終結果たる合意文書にこだわる程度は、「文化」の違いによって異なってくるかもしれない。或る文化に属する人々は、最終合意文書をきわめて厳粛に受けとめる。それだけをまるで金科玉条のごとく神聖なドキュメントとみなし、合意文書の文言にたいし実に神経質な態度をしめすかもしれない。というのも、彼らはペーパーに書き込まれた文字だけを交渉のすべてとみなすからだ。他方、別の文化の持ち主は、ペーパーに書かれた言葉をそれ程までには重要視しないかもしれない。合意が達成されたことをしめす象徴的な意義をもつ点では大事――ひょっとするとこの程度のものと考えるかもしれない。また、別の文化に属する人々は、最終合意文書を将来己の行為を縛る厄介な拘束物とみなして、可能ならばそれを重視したくないとの態度をあらわにするかもしれない。

交渉の「戦略」とは、交渉目標を達成するために意図的に採用される作戦である。(100) 戦略は主として合目的性や費用対効果を重視するので、それにたいして文化が影響する度合は少ない。ともすると、われわれはこのように考えがちかもしれない。だが、交渉者がいったいどのような戦略を選択し、採用し、執行するのか――これは、彼が抱く価値観、すなわち「文化」的要因によって大いに変わってくるだろう。たとえば「武人型」文化に属する交渉者は武力やその脅し、逆に「商人型」文化に属する交渉者は取引や話し合いによって紛争を解決しようとしがちだろう。

また、係争点を解決するための具体的な手立てにかんしても、文化の差が姿を現わすかもしれない。或る文化の持ち主（たとえば、中国人、ロシア人、フランス人）は、帰納的方法よりも演繹的アプローチを好み、まず「原則についての合意」を達成し、それを土台にして個別的問題の解決を図ろうとする傾向をしめす。ところが、他の文化の持ち主（たとえば、アングロ・サクソン人）は、まず可能なところから手をつけて具体的問題を解決し、その成果を積み重ねてゆくという漸進的な手法を通じて、最大の難問に立ち向かおうとする。日本とロシア両国間の北方領土問題解決法にみられるいわゆる「入口論」vs「出口論」の対立の背後にも、このようなアプローチないし戦略上の差異が潜んでいるように思われる。

第6章

異文化間交渉を成功させる方法

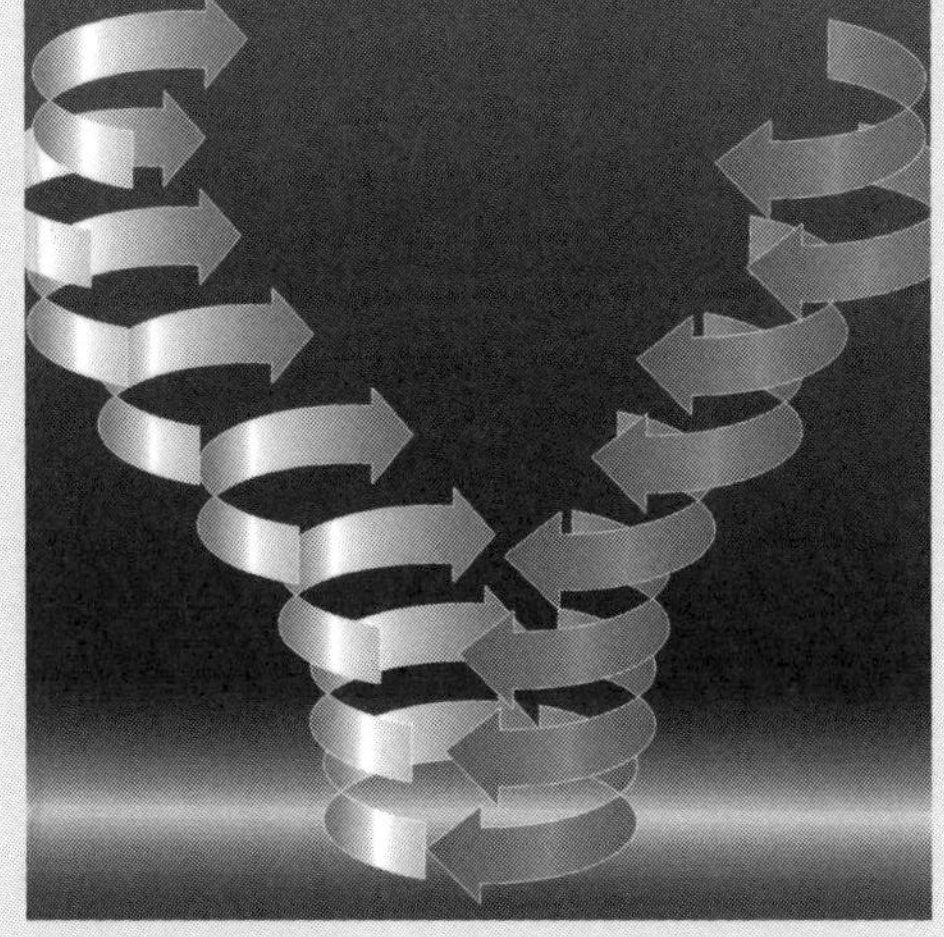

異文化から発する不協和音は、外交交渉の行為ならびに結果に多大の影響力をおよぼす。

——レイモンド・コーエン(1)

異なる文化は交渉に影響を及ぼす

交渉は、武力に訴えることなく、対話によって争点（イシュー）を解決しようとする人間の行為である。交渉当事者にとっては、コミュニケーションが最重要課題になる。が、これは〈言うは易く行なうは難し〉。その理由のひとつは、国際交渉の当事者たちがそれぞれ異なる文化を背負っているからである。彼らは、自らが所属する文化に由来するバイアス（偏見）から完全に解き放たれ、共通の「国際的な外交文化」にしたがい交渉するとはかぎらない。合意にいたるコミュニケーション——大抵の場合、正確性を期するために、各自の母国語を用い、通訳を介しておこなわれる——でさえ、円滑におこなわれるだろうか。また、交渉者が締結した条約や合意が果たして本国の政府や国民によってすんなり受け入れられるだろうか。必ずしも保証のかぎりでない。

要するに「国際（international）」交渉は、ほとんど必然的に「文化間（*inter*cultural）」もしくは「異文化（*cross*-cultural）」交渉の性質を帯びるのだ[2]。一例をあげよう。捕鯨条約締結を巡る国際交渉は、鯨という哺乳動物をいったいどうみるか——この違いによって、大きく左右される。つまり、鯨についての各民族、各文化の異なった考え方が、交渉の「かくされた次元」（エドワード・ホール）での争点になる。たとえば米国人の多くは動物愛護を理由に鯨の商業捕鯨を厳禁すべきであると説く。そのような文化が、たとえば国際環境保護団体「グリーンピース」の根底に存在しており、その運動を支えている。

右の一例からも容易に想像されるように、或る特定文化を背景にもつ交渉者にとって自明かつ動かしがたいまでの信条になっていることが、異なる文化の交渉者にとっては必ずしもそうとはかぎらない——。このような現象は、現国際社会で日常茶飯事のようにみられる。

人間——職業《プロフェッショナル》外交官であっても——は、彼が生まれ育った環境の産物と言えよう。異なった文化の刻印を捺され、その影響から容易に逃れえない存在である。しかも、彼みずからが締結した合意は、本国の政府、同僚、国民らによって承認してもらわねば、効力を発しえない。だとすると、ハーバード大学のフィッシャー&ユーリー両教授が提示した有名な交渉にかんするテーゼも、一〇〇%正しいとは言いがたくなってこよう。両教授は、交渉を成功させるためには、何よりも「人と問題を分離せよ〔Separate the people from the problem〕」[3]と説いた。ところが、交渉者たる「人間が異なる文化の束である」ことを想起するならば、どうであろう。両教授の勧めはそれほど簡単な作業でもなければ、また現実的なアドバイスでもないことになろう。むしろ、文化は交渉に影響をおよぼす——。このことを、率直に認める視点や立場にたつほうが、却って交渉の進展を促進し、容易にする。このように考え直す必要すらあるのではなかろうか。

文化間ギャップの大小と交渉への影響

以上で、文化が交渉にあたえる影響がけっして小さくないことが再確認できたことにしよう。次の問題は、とうぜん以下のようなものになる。では、文化の違いは交渉にたいしていったいどのような影響をおよぼすのか[4]。面子《メンツ》を一例に引いて、この問いを考えてみよう。

面子は、元来、中国語（miànzi）だと言われる。だが実は、英語にも"face"、ロシア語にも"лицо"という言葉が立派に存在する。このことがしめしているように、周囲や世間にたいして自らの対面や面目を重んずる性向は、すべての「国民文化」に共通すると言えよう。ところが、その重視の程度如何にかんしては各民族間に相対的な違いが存在する。このこともまた、たしかな事実である[5]。ステラ・テング—ツゥーメイの研究によると、中国、朝鮮、日本などの「高い文脈の文化」に属する諸国民は、面子にこだわる度合が強い[6]。オーストラリア、ドイツ、米国などの「低い文脈の文化」に属する諸国民に比べてそうである。だとすると、次の問いが提起されるだろう。面子を巡る相互間の懸隔（ギャップ）が小さい（たとえば、ともに面子を非常に重んずる日本人と中国人とのあいだの）交渉。逆に、ギャップが大きい（たとえば日本人と米国人、あるいは中国人と米国人とのあいだの）交渉。果たしてどちらの交渉のほうが、容易かつスムーズに進展するのか。

たしかに、日本人と中国人とのあいだでは、両者がともに己の面子を重んじる民族なので、交渉はしばしば、相手側もまた面子を重視していることについての理解が存在するだろうから、そのことが交渉に役立つ方向に作用するかもしれない。[7] 他方、日本人や中国人とアメリカ人とのあいだの交渉は、どうだろうか。両国民間では面子にかんする考え方の懸隔が大きいから、そのギャップはふつう交渉を阻害する方向に働くだろう。だが、まさにそのような違いが存在するがゆえに、却って交渉を進展させるケースもなきにしもあらずかもしれない。というのも、日本人や中国人が実を捨てて名をとり、逆にアメリカが名を捨てて実をとる気になれば、交渉は相互補完的になるからだ。

右の面子の例からも分かることがある。文化の異同が交渉におよぼす影響にかんしては、少なくとも理論的には次の四通りの組み合わせがありうることだ。

（1）類似の文化を共有することが、交渉妥結へのポジティブな方向に作用し、両立できる相互行為を生み出すことに役立つケース。既述のライン河汚染防止交渉が、その好例だろう。すなわち、河の沿岸に属するヨーロッパ諸国は類似の文化を共有している。このことが、ライン河の水質源の飲料、農業、工業、漁業、レジャーへの利用、そして汚染防止を巡る共同の取組みや作業を容易にし、そして実際、交渉を円滑に遂行することに貢献した。[8]

（2）類似の文化を共有することが、ネガティブな方向に働き、交渉妥結をむずかしくする場合。たとえば、トルコ、シリア、イラクなど中東諸国はまさに類似の文化を共有しているがゆえに、ユーフラティス河やティグリス河の水をめぐる争いに終止符を打つことを困難にしている。たしかに、同交渉では水資源の確保という経済的利害をめぐる対立が最重要ポイントであることは間違いない。ところが争いは、同時に経済的利害以外ないしは以上のものにも及ぶ。なぜならば、砂漠に住む諸民族にとって、水は生命や名誉と同義語とみなされんばかりに神聖視されがちな存在だからである。このことを理解しない者は、中東地域での水資源を巡る紛争が帯びる深刻な意味やその激しさを十分な程度にまで理解しえないだろう。

（3）異なる文化間で、補完的な相互行為が発生することによって交渉が促進されるケースがある。このことについても先にふれたように（**第Ⅰ部第5章**、一六〇頁）、マリー・ストラザール女史は、一九五一年のサンフランシスコ講和条約会議の成功を、日米両文化間に存在する補完性の存在に求めた。[9]

（4）異なる文化間において、両立不可能な行為が発生し、交渉が阻害されるケース。日本と欧米諸国間の捕鯨問題あるいは日ロ間の領土観の違いが、[10]好例である。

――以上の四つの分類、そしてそれら各々の型の好例として提示されている具体的なケースは、われわれにいったい何を教えているのか。さしあたって次のようなことを示唆していると言えるだろう。

交渉者間での「文化」が同質ないし類似のものであるからといって、それは必ずしも交渉を合意形成へとスムーズに導くとはかぎらないこと。逆に、「文化」が異なっているからといって、交渉が合意に達しえないと早合点し、諦めてしまう必要もないこと。要するに、文化が交渉におよぼす作用は必ずしも直線的かつ一律なものではなく、複雑である。[11]それは、交渉を促進する方向にも、阻害する方向にも働く。[12]文化上の近接性や類似性が交渉を一義的に規定するかのように単純に決めてかかるのは、禁物と言える。

右の結論を別の言い方でのべるならば、以下のようなことになろう。われわれが関心をもつのは、「文化の違い（differences）」それ自体が交渉におよぼす影響なのではない。より厳密に言うと、「文化間の関係（relations between cultures）」が交渉におよぼす影響である。[13] そして、「文化間の関係」は、「文化」以外の政治的、経済的、社会的要因（たとえば既述した交渉の「構造」や「過程」）によって基本的に規定される関係を、さらに増幅する触媒としての機能を果たす——。このように捉えるのが、適当な見方と言えよう。

文化が交渉におよぼす影響——「交渉観」「交渉者の選択」「交渉過程のプロトコル」「コミュニケーション」

欧米の専門家の三人（レビツキイ、サンダース、ミントン）が共同執筆した書物『交渉』（一九八五年）[14] は、右にのべた「文化間の関係」が交渉におよぼす影響について論じたもののなかで最も秀れた文献の一つである。同文献がのべる八つのポイントを、筆者自身の言葉によって分かりやすく補いながら、以下、要約してみよう。

（1）交渉観。文化が異なると、交渉という人間の営為についての見方や交渉行為に期待する成果も違ったものになる。たとえば米国人の交渉観や交渉ビヘイビアは、ジョン・グラハム教授（カリフォルニア大学、国際ビジネス）によれば、西部劇の主人公役を演じるジョン・ウェイン流のそれに似かよっている。[15] つまり、いざという最後の大詰めでは力に頼ることを逡巡しない。ところが同時に己の主張が通用しない時には、もはや自身の立場をさして固執することなく、交渉の場を立ち去る傾向をしめしがちである。

（2）交渉者の選択。異なった文化的背景をもつ国民は、交渉代表団メンバーの選出にかんしても、若干の違いをしめす。また、文化の違いは、選出された代表チーム内での序列や発言権の大きさに反映する。つまり、当該イシューにかんして専門的な知識をもつ者の声が常に最優先されるとはかぎらない。年齢、家系、性別、経験、国内での地位等々が、交渉の場での発言力や影響力の差となって現れる。

（3）交渉過程のプロトコル（外交儀礼）。米国人は形式にかんするこだわりが少なく、たとえば己のチーム内ばかりでなく交渉相手のメンバー間でも気さくにファースト・ネームで呼び合う。ところが東洋の諸国、ロシア、ヨーロッパ諸国では、少なくとも当初はファミリー・ネームで呼びかけるべしとの風習がある。もっとも、最近ではアメリカ方式が流行するようになり、相互が了解のうえで「ファースト・ネーム・ベース」で呼びかけるように変わりつつあるが。

逆に、国際舞台で日本方式が次第に一般的になりつつある例もなきにしもあらず。分かりやすい一例をあげると、日本人は初対面の相手に名刺を差し出す習慣がある。最近では外国人も、この習慣を採り入れるようになってきた。ひとつには、名刺上には口頭の自己紹介だけでは一度に記憶しがたい異国人の姓名、職業、地位までもが刷り込まれており、便利な情報提供の機能を果たすからだろう。

（4）コミュニケーション（意思疎通）。これは、交渉で最も重要な役割を果たす行為である。コミュニケーションは口頭以外の方式でもおこなわれる。いわゆる「ボディ・ランゲージ（身体言語）」、たとえば握手の仕方、目線の方向、スマイル、相づちの打ち方、などによっても可能である。交渉相手の態度に不満を表明するために、時として「席を蹴って立ち上り、会議場を去る」ジェスチャーに訴えることすらなきにしもあらず。たとえば、二〇一八年に歴史上初めての米朝首脳会談開催の決断を下したとき、ドナルド・トランプ米大統領は、次のような意志を予め表明した。もし金正恩・北朝鮮労働党委員長から北朝鮮の非核化にかんし思うような返答を得られない場合、彼は「会談を中止して、会場を立ち去るつもりである」、と。同年六月シンガポールでの第一回会談こそ無事に行ったものの、トランプ大統領は翌二〇一九年二月のベトナム（ハノイ）での第二回会談では昼食会、共同声明の署名式典をキャンセルして、予定時刻よりも約二時間も繰り上げて帰途に就いた。首脳会談が事実上、物別れに終わったからだった。

口頭でのコミュニケーションは、大概の場合、双方によって記録にとどめられるので一言一句おろそかにすべきでなかろう。一例をあげると、日本人が日常会話で頻発する「はい」は誤解を招きやすい言葉なので、くれぐれも要注意と言われる。「あなたがおっしゃることを熱心に聴いています」という意味でのたんなる相槌にすぎない。[16]日本人がこう安易に考えて「はい、はい」とのべる場合でも、相手方が必ずしもそのようには受け取るとはかぎらない。右のような意味の「はい」にすぎないにもかかわらず、相手側はそれを自分の主張に同意する「イエス」と解釈するケースがあることに注意すべきだろう。

日本語の「善処いたします」という表現法も、同様に誤解を招きやすい。日本人同士では体のよい断り文句にすぎないのだが、欧米人はその後必ず何かをしてくれる約束であるかのように受け取りがちだからである。実際、一九七〇年の日米繊維交渉のさいに佐藤栄作首相がのべた「善処します」の日本語が通訳者によって「最善をつくします（I will do my best）」と英訳されてしまった。そのために、何時まで経っても佐藤首相が何らの具体的行動をとろうとしないことに業を煮やして、ニクソン米大統領は同首相にたいしまるで「嘘つき」とみなさんばかりの不信感を抱くにいたったと伝えられている。[17]

文化が交渉におよぼす影響——「時間」「危険負担の覚悟」「個人主義vs集団主義」「最終合意」

（5）時間。文化の違いによって、時間は異なった風に観念される。欧米世界では、時間はまるで金品のように限られた貴重なもののように受けとめられている。すなわち、時間は節約、管理、組織化されることが可能であり、また是非共そうすることが望ましい。たとえば米国人は「タイム・イズ・マネー」と考え、投下した時間の観点から物事の成果を評価する傾向が顕著と言えよう。ところが、東南アジア、南アジア、中南米、中東諸国の人々は、「ガンジス河やナイル河は永遠に流れる」と言わんばかりに、生活を悠然と営み、楽しむ傾向がみられる。

ロシア人の時間感覚は、どちらかと言うと後者のそれに近い。米国人が物事や生活を「分（minutes）」もしくは「時間（hours）」刻みの単位で測りがちであるならば、ロシア人は「日（days）、週（weeks）、月（months）の単位で測る」[18]と言われる。ロシア人は、物事を準備するのに他国民に比べより多くの時間を用いる。そのこともあって、遅刻したり、延期することをさほど恥ずかしいとは思わない（果たしてそのような事情によるのか、あるいは宮本武蔵流の戦術なのか。たとえばプーチン大統領は、他国首脳との重要な会合でもしばしば遅刻するケースが報告されている）。日ロ間の領土交渉でも「時間」の要因は大きな役割を演じる。どちらかと言うと短気で、せっかちな日本人は、戦後七〇年以上も経つにもかかわらず、北方領土が日本へ返還されない事態に業を煮やすあまり、近年ではせめて二島でもと欲求水準を下げるかのような気配をしめしつつある。それでは、まさに「焦らし」戦術を得意とするロシア側の思う壺におちいる。この危険を知らないはずはないにもかかわらず、日本人はこらえ性のない国民性をしめしがちなのである。

（6）危険負担の覚悟。各人の人生でも、時には或る程度までリスクを負う覚悟で大勝負に打って出るか、それともひたすら堅実に安定維持を第一義と考えるべきか。これは、個々人の考え方や大ざっぱに言えば人生哲学次第だろう。通常ひと括りにされがちな米欧諸国を敢えて二つに分けるならば、米国では相対的に「危険負担（risk-taking）の文化」、欧州では相対的に「危険回避（risk-avoiding）の文化」が支配的——このようにみなす見方ができるかもしれない[19]。ちなみに、ヨーロッパ人のなかでも、冒険や危険を厭わない人々が新大陸でのより良き生活に賭けてアメリカへ渡る一方で、そのことに逡巡する保守志向の欧州人たちが本国に残った。経済的困窮、その他のファクターなどを度外視するならば、このような大胆な見方さえおこないうるかもしれない。

(7)個人主義vs集団主義。米国は、良くも悪しくも「個人志向(individual-oriented)文化」の国と言いえよう。独立独歩志向の人間が多いように思われる。ひとつには、社会の成員すべてがいわば新人なので、自己紹介から始まり強烈な自己主張をおこなう以外、他人から己を目立たせる術が他にないからなのかもしれない。また、もし彼の自己顕示欲の強い生き方が嫌われる場合、彼はその地を去って別の土地へ移りさえすればよい。それほど国土が広大であり、可能性もまた開かれているという事情が働いているのかもしれない。また、米国の歴史は短く、伝統、慣習、因習に縛られる必要性が他国に比べてより少ないのだろう。

逆に、世界のその他の多くの国々、たとえば日本では、そのような独立独歩や自己主張をおこなうタイプの人間が必ずしも尊ばれるとはかぎらない。歴史、人口、国土の大きさ、その他の諸事由から、人々は自分の意志よりも己が属するグループや社会のルール・掟のほうを重視するように教えられ、育ってきている。そのような意味で、日本人は「集団志向(group-oriented)文化」[20]の住人と言えるだろう。

このような文化の違いは、交渉行為にも反映するに違いない。「個人志向文化」に属する国々の交渉チームでは、代表個人の意見が大きな影響力をもつ。また、その善し悪しに関係なく、彼が結果に対して全責任を負う。対照的に、「集団志向文化」に属する国々の交渉団は、全員一致の原則で決定に到達し、交渉結果にかんしても全員が連帯責任を負う[21]。

(8)最終合意。交渉の最終的な産物である合意文書をいったいどのように評価するか。この点にかんしても、交渉者が属する文化は或る程度の影響をおよぼす。たとえば「集団志向文化」に属する国の代表団にとって、最終合意文書は彼ら全員を論理的に納得させる内容でなければならない。ところが別の文化をもつ国の交渉チームでは、文書の中に記されている内容それ自体よりも、その最終文書にいったい誰が署名しているかなどといった形式上の事柄がより重要な意味をもつかもしれない。

また、交渉が終了したのを何時とみなすのか。欧米人や日本人は、最終文書に調印した時をもって、交渉が完全に終了したと考える。ところがたとえばロシア人は、それでもって交渉の幕が完全に降りたようには必ずしもみなさない。ロシア人は、極端に言うと次のようにさえ考える。最終合意の到達は未だ交渉過程の「一つの段階[22]」にすぎない。文書に記された事柄であっても、その後の現実の履行段階で実質的に変更したり、骨抜きにしたり、死文化したりする可能性が存在するのではないか。そして、そのような機会を虎視眈々と窺おうする。つまり、ペーパーが作成されたからといって、けっしてそのうえに胡坐《あぐら》をかいたり一服休みしたりするのは、禁物であるとみなす。

望ましい異文化間交渉

交渉研究ではわれわれが先進国とみなさざるをえない米欧諸国。そこでの交渉を巡る理論をなるべく公平・忠実に紹介すること。これが、本書、とりわけ第Ⅰ部の目標のひとつである。そのような理由もあって、筆者はここまでの本章ではつとめて没価値的な態度を保とうと努めてきた。とはいえ、いよいよここで筆者個人が理想とみなす異文化交渉にかんして若干の紙幅を割かねばならない。また、そうすることが必要と考える[23]。

先にふれたように、地球上には現在、多種多様な国民的、地域的、職業的、その他の諸文化が現存する一方、未だ普遍的、統一的な「国際的な外交文化」は形成されていない。そのために、交渉が異文化間交渉になることは、ほとんど不可避といわざるをえない。このことを前提として、まず筆者の一般的な結論を先にのべるならば、異文化間交渉を実りあるものとするためには、次の三原則を肝に銘じ、かつ遵守することが要諦になる。

一は、諸文化間に優劣の差があるかのように前提するのは禁物であること。そもそも文化は、その定義に鑑みても、優劣の観点にたって眺められるべき事柄や現象ではない。それにもかかわらず、現実には往々にして文化の違いが権力のそれと結びつけられがちな弊害が存在する。すなわち、より強大な政治権力をもつ国家の文化が、あたかも「支配的な文化（dominant culture）」であるかのようにと捉えられがちである。結果として、政治権力の領域で強者に立つ側が弱者に立つ側にたいして、極端な場合には文化領域での同化、変容、融合政策を迫る傾向が否めない。たとえば、大和文化はアイヌ文化を、ヨーロッパ渡来のアメリカ文化はインディアン文化を事実上従属・征服させた。その理由は、必ずしも文化上の優劣ではなく、政治的権力の強弱や多寡にもとづいていた。

つまり、「支配的な文化」を背景にもつ人々は、暗黙のうちに次のような誤った前提を抱きがちなのだ。他の文化に属する人々は、当方の文化を礼賛し、模倣し、採用することさえ望んでいる、と。交渉事で合意の形成を妨げている理由の一つは、彼らが自身の文化にくらべて低次元とみなす、相手側の文化にその責任を帰しがちな傾向と言えよう。そのような態度は、交渉中で己がより優秀とみなす自国文化を、しばしば「武器（weapon）」として用いる態度や戦術となって現われる。[24] たとえば日米経済交渉中で、一部の米国人交渉者の態度に右のような価値観が垣間みられるケースが皆無だったとは、残念ながら断言しえなかった。

二は、一見するかぎり第一点と正反対のようにみえるものの、実は同じルーツに根ざす次の傾向である。国際交渉で自らの立場を防衛する口実として文化上の差異を利用しようとするやり方。[25] 国際交渉では、往々にして弱者側になった交渉者のなかに、次のような者が現れがちである。強者側が「文化的優越」思想にもとづいて、己の文化を押しつけているのではないかと疑心暗鬼の感情を抱く。挙句の果てには、そのような攻勢を専ら自身の文化にたいする攻撃であるとみなして、反発する。防戦に努めようとして、「郷に入っては郷に従え」、「そのようなやり方は、わが邦では通用しない」などと説く戦法に訴える――。実際これは、日米経済摩擦のおりに日本側交渉者たちの或る者が抱きがちな感想ないし理屈だった。少なくとも米国側交渉者はそのように推測した。

第三に重要なのは、異文化間に「橋を架ける（bridge）[26]」覚悟で交渉に臨む必要があること。異なる文化間には優劣の差は存在しない。このことを認識するだけでは、未だ十分とは言いがたい。必要条件を満たしているにすぎない。異なる文化に属する者たちの交渉は放っておくと平行線をたどり、何時まで経ってもそれらを繫ぐ交叉点をみつけえない結果を導きがちである。そうならないようにするためには、ではいったいどうすべきなのか。

まず、自身の背景にひそむ文化について知り、己の言動がそのような文化的要因によってどの程度まで規制されているか。このことを正確に認識すること。これが第一歩だろう。われわれは、ともすると自分の言動がさも独自のものであるかのように考えがちである。だが、そのかなりの部分はわれわれが属する文化に由来している。他の文化を理解する以前に、自分自身の文化がいったいどのようなものであるかを、冷静に自覚する必要があろう[27]。

自分自身とその文化的ルーツについての認識や分析を十分おこなったあとに、さらに重要なことが待っている。交渉相手の文化に関心をしめし、それを理解することの必要性である。現世界で文化的差異が厳存することを承認し、そのことに敏感になるとともに、みずからの文化同様に他者の文化を尊重する態度である。端的に言うならば。交渉者は、ある程度まで「両文化（bicultural）人間[28]」になることが要請されるのだ。つまり、一方では飽くまでも己自身の文化との結びつきを維持しつつ、同時に交渉相手が属している文化を理解しようと努める人間となる必要性である。

交渉者には、最も重要な要請が待っている。交渉相手とのあいだで何とかして共通するものを見出し、両者間に新しい関係を創造するという任務である。みずからと交渉相手のあいだに橋を架ける術の模索である。言うは易く行なうに難い作業である。[29] 己のアイデンティティーをいささかも失うことなく、しかもそれを超える――この至難事に挑戦せねばならないからだ。だが、この緊張関係に堪えうる者だけが、厳密に言うと国際交渉に従事しうる資格をもつとさえ言いうるだろう。もっとも、これは、改めて言うまでもなく単に交渉が異文化間交渉だから必要視される要諦なのではない。自身の利害や立場を捨てることなく、しかも相手側のそれらと両立させうる途を探る――。まさにこれこそは、交渉に本来課されている使命なのである。

異文化交渉における十の教訓

異文化交渉に従事するために望まれる要件とは、いったい何か。この問いにたいする答えが、右の説明で理解されたとしよう。では、そのような交渉をおこなうために心掛けるべきより具体的、実践的なルールないし教訓とは、何か。この問いの答えとしてレイモンド・コーエン教授がのべていることは、単に異文化交渉にとどまらず、交渉一般にも通じる貴重な見解だと言える。[30] これまでのべてきたこととの重複を厭わずに、同教授の見解を私なりの解釈と言葉で紹介し、本章の締めくくりとしたい。それは、以下の十点にまとめることができる。

1. 国際交渉では、単に交渉の争点をつぶさに研究するばかりでなく、相手国の文化、理想的には言語をも学ぶ決意を固めて、交渉テーブルに坐る態度が要請される。両国の文化的な関係を巡る歴史的な推移にも注意を払うべきだろう。このような努力は一見するかぎり、時間の浪費とさえ映る回り道のように思われるかもしれないが、当初予期した以上の恩恵に与る結果ともなろう。もっとも、異文化の存在に敏感になる必要があるとはいっても、交渉者間の文化の違いを過大なまでに評価することは禁物と言えよう。

2. 交渉当事者たちは個人的に良好な相互関係を維持するよう努めるべきである。理想を言えば、交渉をはじめる以前の段階から交渉相手のことを熟知し、知り合いになっておくことが望ましい。そのようなコンタクト（接触）を維持するために費やしたエネルギーや時間は、正式の交渉段階に入ったあとになって十分報いられることになろう。

3．交渉ではコミュニケーションの重要性を自覚することが、とくに肝要である。口頭であれ書式形式のものであれ、コミュニケーションは必ずしも簡単な行為ではない。交渉相手に伝えようと欲するメッセージが必ず先方に伝わり、正確に理解される——こう安易に前提してかかるのは、むしろ禁物であろう。交渉相手は、自身の文化的、言語的なバックグラウンド（背景）や能力にもとづいて、当方のメッセージを解釈するのであり、それを当方の意図や注文通りに必ずしも受け取ってくれるとは期待しえない。しかも、国家間の異文化交渉は、ふつう通訳を介しておこなわれる。その際、もっぱら相手国の通訳に頼るのは禁物で、必ず自国の通訳者を用いて意思疎通をおこなうべきである。

些細なことのように思われるだろうが、ジョーク一つにも気を使うべきだろう。冗談や軽口はたしかに緊張した雰囲気をやわらげ、たとえ話は物事を分かりやすくする効果を発揮するかもしれない。とはいえ、異文化に属する相手方がジョークやたとえを必ずしも正確に理解し、受け取ってくれるとは期待しえないので、慎重を期す必要がある。

4．交渉相手がおこなう間接的な意思伝達法にも敏感かつ十分な注意をはらうべきだろう。たとえば、ジェスチャー、ボディ・ランゲージなど言語以外のシグナルである。当方もまた、交渉相手にたいしては発言ばかりでなく、自身の動作ひとつにも注意する必要があろう。当方が想像する以上に交渉相手は、良きにつけ悪しきにつけ、それらを深読みするケースもあるだろう。文書に記された文字では、行間を読みとることも必要だろう。

5．交渉者は、己の面子や交渉相手チームの地位をことのほか重視しがちである。もちろん、交渉当事者は互いに対等で、常に相手側の立場を尊重し、けっして上から目線で提案したり、圧力を加えたりするのは禁物である。たとえ良かれと思っても、相手に対して不意打ちの形で当方の提案を突然おこなったり、その受け入れを迫ったりしてはならない。ましてや交渉相手をチーム全体や公衆の面前で批判するなど、論外である。右に列挙したような態度や行動は交渉過程に逆効果をもたらすと心すべきだろう。

6．交渉はロジック（論理）を駆使する闘いであるとはいえ、それだけに尽きるのではない。交渉相手は、自身の立場、地位、感情を有する生身の人間でもある。学生の弁論大会とは異なり、論理の優劣、雄弁の巧拙だけで交渉結果が決定されるとはかぎらない。交渉は、単に理屈や言葉遣いばかりでなく、当事者を取巻く状況や事実環境などのすべてが係わってくる総力戦だとみなすべきだろう。

7．交渉相手が帰属している「文化」的背景にたいして十分な敬意をはらって当方の交渉戦略を組み立てることが望ましい。相手が己にとって神聖不可侵で譲りえないとみなす諸原則にかんしては、当方は極力尊重する姿勢をとるべきだろう。一方で、当方としては交渉を何としてでも妥結へと導き、実利を入手する工夫や手立てを断念してはならない。

8．妥協する姿勢をまったくしめさない相手にたいしては、いったいどのような交渉態度をとるべきなのか。当方から進んで妥協し一方的に柔軟性をしめすやり方は、必ずしも適切とは言いがたい。もしそうするならば、相手は、強気に出れば出るほど自分の立場が貫徹しやすくなり、当方からより多くの譲歩を克ちとりうると誤解するかもしれない。当方から新奇な切り口を提示することも同様に望ましくない。その場合も、相手方は当方の立場がけっして強固ではなく、揺さぶり次第ではまだまだ変更する余地があるものと解釈しかねないからである。

9．交渉事にみずからデッドライン（締切時間）を設けることは、愚の骨頂と言えよう。国際交渉は、大抵の場合、異文化交渉である。みずからと異なる文化と共存することは、極言すると苦痛に近い思いもするに違いない。そのような苦痛に堪え、妥協という至難事を達成させる。そのためには、何にもまして忍耐心が肝要のはず。にもかかわらず、交渉過程に人為的にデッドラインを設定し、交渉妥結を性急に求めるならば、どうであろう。それは、ほとんどの場合、急ぐ側が不必要な譲歩を強いられる結果を導くだけに終わるだろう。

10．国際交渉では、外見上の形式が、しばしば実質的な内容とさして変わらないまでの重要性を帯びることが珍しくない。ひとつには、最終的な条約や協定が、交渉者の背後に控えている国民の眼にいったいどう映るのか――このことが、往々にして重要とみなされるからである。最終合意文書は、十分な成果をあげたものとして国民向け、全世界向けに公示されねばならない。そのために、時としては言語による表現に工夫を凝らすことによって、実質的な損失を補填したり、上回ったりするように見せかける努力さえ必要になろう。

第II部

ロシア式交渉

なぜ、特異なのか

ロシア外務省（Photo : David Hume Kennerly）

第1章

変化と連続

帝政、ソビエト、プーチン期

私は、この男を好きでない。〔だから〕彼のことを一層よく知らねばならない。

——**アブラハム・リンカーン**[1]

「交渉観」「行動様式」「交渉戦術」は三位一体

第Ⅱ部は、表題がしめしているとおり、ロシア人がおこなう「交渉（переговоры）」の特徴について考える。具体的に言うと、次の三つの問いを検討する。（1）ロシア人は、交渉という人間行動に、いったいどのような意義や価値を認めているのか。すなわち、交渉観。（2）ロシア人が現実の交渉でとるビヘイビアは、どのようなものか。すなわち、交渉行動様式。（3）ロシア人が交渉を自身に有利にすすめようとして用いるテクニックには、どのような特徴がみられるのか。すなわち、交渉戦術。

ロシア人の交渉観、行動様式、戦術——この三つは、互いに密接不可分なまでに関連している。三位一体とすら言って誇張でないかもしれない。とはいえ、同一物ではない。少なくとも理論的には異なる三つの独立した存在である。加えて、これら三つを区別して論じる重要な理由があろう。筆者には次のように思えることがある。すなわち、ロシア式交渉法の特殊性は、（1）→（2）→（3）の順序で減少してゆき、逆にこの順序で他の国民がもつ交渉スタイルとの共通性が増大していく（図参照）、と。主として直観にもとづく、このような仮説が果たして正しいか否か、このことも併せ検討する必要があろう。

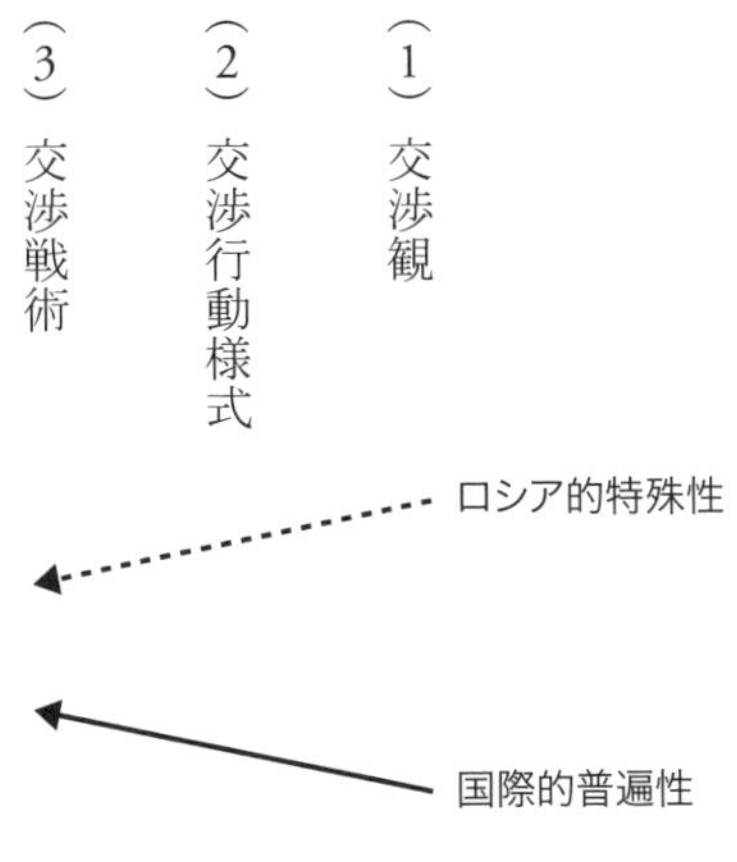

図　ロシア式交渉の特殊性と普遍性

本論に入る前に、念のために断っておくべき重要なことが、もうひとつある。それは、本書ではロシア史の時代的変遷をほとんど捨象することである。ロシア人と一口で言っても、帝政、ソビエト、現ロシアにおいて、彼らは各時代各様だろう。また、同様のソビエト時代であっても、米ソ両大国が核兵器を開発する以前と以後の時期では、国際交渉に臨むソ連首脳や外交官たちの態度は随分異なったものになった。また、ミハイル・ゴルバチョフ登場の前後では、たとえば対米軍備管理・軍縮交渉でクレムリンの態度は変化を遂げた。エリツィン期、プーチン期になると、ロシア人の交渉観、行動様式、戦術はさらに変わった。にもかかわらず、本書は時代別の差異にさしてこだわることなく、これらの交渉を「ロシア式交渉」と一括《くく》りにして取り扱うことにする。ひとつには、そうでもしないと作業があまりにも煩雑極まるものになるからだ。そればかりか焦点がぼけてしまい、ロシア式特徴にかんし何ひとつ思い切ったことを語りえなくなってしまう惧れがある。そういうわけで、本書で「ロシア」と言うとき、それは帝政ロシア、現ロシア連邦共和国を意味しているのではない。帝政ロシア、ソビエト社会主義共和国連邦、現ロシア連邦の時代区別を超える存在を指して用いる。

帝政、ソビエト、現ロシア期の別にもかかわらず、ロシア人による交渉はさほど大きく変わってきていない——。ごく大ざっぱに言って、筆者がこうみなす理由がある。まずソビエト期とポスト・ソビエト期のあいだで果たして問題にすべき大きな差異が生まれたのか、どうか。主としてこの点にかんして論じ、さらに遡って帝政とソビエト期のあいだの類似性についてのべることにしよう。

対外交渉は体制変化よりも政治的文化に依存

ソビエト体制は、一九八五年のゴルバチョフの登場、一九九一年夏のソ連共産党の解散、同十二月末のソ連邦の解体などによって大きく変化するばかりか、終焉を遂げた。エリツィン・ロシア連邦大統領は、ロシアを社会主義（ないし共産主義）体制から欧米諸国のそれに類した民主主義、市場経済の体制へ移行させると宣言した。そのような体制転換は、これまでロシア人がおこなってきた対外交渉をいったいどの程度まで変えることになったのか、あるいは変えなかったのか。この問いにたいする筆者個人の答えをまずのべるならば、次のとおりである。まず、エリツィンによる体制転換の意図が、かなりの程度まで口頭ないしジェスチャーだけのものにすぎなかったこと。次にもっと重要なことがある。そのことについて、以下、三点ばかり記す。

第一に、一般的に言ってイデオロギーや体制の変化が交渉にあたえる影響はさほど大きくない。国際交渉は、世界の諸国民が共通のルールにしたがっておこなう相互ないし集団行動だからである。たしかに、ソビエト時代にロシアの外交官たちがおこなった交渉行動にはマルクス・レーニン主義の思想や体制にもとづく特異性がみられた。だが、イデオロギーや政治・経済体制だけが交渉文化の形成要素なのではない。ましてや交渉を規定する最重要ファクターなのではない。したがって、現プーチン政権がソビエト式のイデオロギーや体制から完全に離脱した政治・経済体制を採っている、と仮にこう言いうる場合であっても、そのことによってもたらされた変化をさほど大きいものとみなすべきでなかろう。

ロシア式交渉は、従来のそれからさほど大きく変わっていない。私個人がこう考える第二番目の理由は、交渉の影響要因の一つである「政治文化（political culture）」の特質に存在する。政治文化は、広義の文化から離れては存在しない。そして、「交渉文化（negotiating culture）」は、そう簡単に変わりえない。文化は、その元来の定義からして「特定の人間集団の構成メンバー間で世代から世代へと引き継がれてゆく」ものだからである。つまり、ロシア人が帝政期、ソビエト期を通じて引き継いできた交渉文化は、エリツィン期やプーチン期になったからといって簡単に変わるはずはない。もし一夜で変化するのならば、「世代を超えて永続するものを文化とみなす」定義から言って、それをもはや交渉文化と呼びえないことになろう。

右のことは、たとえば日本人にも当てはまる。第二次世界大戦後の日本人が、幕末、あるいは明治初期の日本人からまったく変化していない。こうのべるのは、ナンセンスだろう。が、まったく異なる存在になったと説くのも正しくなかろう。義理人情や面子を重んじ、「以心伝心」にもとづく「腹芸」コミュニケーション法を好み、「根まわし」を得意とし、「玉虫色解決法」にも頼りがちである——このような日本式行動は、たとえば勝海舟と西郷隆盛との協議による江戸城明け渡し以来、日本人のあいだでおこなわれ、現日本社会でも根強く存在する特徴と言えるだろう。

同様に、今日のロシア人をたとえば十九世紀にドストエフスキイが描いたキャラクターとまったく同一とみなすのは、ナンセンスだろう。[2] だが同時に、両者をまったく無関係のロシア人とみなすことも、また適当といえないだろう。両者はたとえば次のような特性をもつ点では、同一のロシア人と言えるからだ。欧米文化にたいする劣等感と優越感がない混ぜになった複雑な心情。自国が外敵によって囲まれているとの被包囲意識。ともすれば自説を延々と展開し、他人の意向に耳を傾けたり、ましてや容易に従ったりしようとしない態度。「〝力〟の相関関係」にことのほか敏感で、強い者には屈伏する一方、弱い者には居丈高になりがちな傾向……。このような性向や行動は、帝政ロシア、ソビエト期、ポスト・ソビエト期に存在する体制の違いにもかかわらず、概してロシア人に一貫してみられる特色と言って差し支えないのではなかろうか。[3]

プーチン政権は先祖返りする

第三に、もっと重要なことがあるかもしれない。それは、プーチノクラシー（プーチン統治）の特殊な性格ないし政策である。プーチン政権は、ソビエト政権下に支配的だったイデオロギーや政治・経済体制を果たしてどの程度まで真剣に否定しようとしているのか。このような疑問が提起される。同政権は、たしかに表向きでは共産主義の思想やシステムを批判する姿勢を表明している。ところが現実には、それが必ずしも全面的否定の姿勢であるかのようには見受けられない。ゴルバチョフ、エリツィン下の両政権はソビエト政権の遺産をかなり明確な程度に葬る態度をしめした。ところがプーチン現政権は、数多くの諸分野でそのような前二代政権の意図を骨抜きにして、事実上ソビエト期、さらに言うと帝政ロシア期へと「先祖返り（atavism）」する姿勢をしめしている。

——以上のように見てくると、われわれが直面している課題は必ずしも単純に割り切れる問題ではないようだ。ロシア人の交渉観や行動様式は、時代の変遷とともに実際どの程度にまで変わったのか、変わっていないのか。ロシア人の交渉行動は、改めて言うまでもなくロシア人のビヘイビアの一つの形態である。だとすれば、それが全面的に変わった、変わらないと議論しても、決着がつく問題ではなかろう。具体的なケースを一つずつ丹念に検討して、いったい何がどのように、どの程度変わったのか。連続と非連続のミックス（混り合い）の具合はどのようなものなのか。このことを、チェックする地道な作業が必要となろう。

そのような観点から、まずソビエト体制末期に登場したゴルバチョフ（ソ連共産党書記長兼ソ連邦大統領）、次いで彼を事実上引退へ追い込んだエリツィン（ロシア連邦大統領）によって、ロシアの交渉文化がいったいどの程度まで変化したのか、あるいはしなかったのか。このことを検討し、最後にプーチン現大統領にかんしても同一の問いを提起することにしよう。

ゴルバチョフの「新思考」

ソビエト体制は約七十五年間存続したが、そのうちブレジネフ時代（一九六四―八二年）の約十八年間、とくにその末期は「停滞（застой）」の一語に要約される活気のない状態におちいった。レオニード・ブレジネフの死後、ユーリイ・アンドロポフ、コンスタンチン・チェルネンコがソ連共産党書記長としてクレムリンの主《あるじ》となったが、両指導者とも病をこじらせ、ごく短期間（前者は一年三カ月、後者は一年一カ月間）クレムリンに坐っただけで死去した。そのあとソ連共産党中央委員会の最年少の政治局員、ミハイル・ゴルバチョフがまるで待っていましたとばかりに颯爽と登場、ソ連共産党書記長ポストに就任した。一九八五年三月のことである。

クレムリンの主となったゴルバチョフは、政治局から古い思考の長老たちを追い払う人事を敢行して己の権力基盤を固めたあと、人々がアッと驚くような新政策を次から次へと打ち出した。まるで近い将来みずからの政権就任があることを予定し準備していたかのように、斬新なキャッチフレーズを伴う新政策を次から次へと提唱し、かつ実践しようと試みた。まずペレストロイカ（立て直し）、次いでグラースノスチ（情報公開性）、そして「新しい政治思考」のスローガンによって表される諸政策である。ソ連の諸外国との交渉を主要テーマにする本書にとってことに重要なのは、ゴルバチョフが「新しい政治思考（новое политическое мышление; new political thinking)」を、ロシア外交の嚮導《きょうどう》概念として提案したことだった。説明しよう。

ゴルバチョフは、たとえば第二十七回ソ連共産党大会（一九八六年二月二十五―三月六日）宛ての基調演説のなかで「新しい政治思考」の必要性を提唱した。その具体的な内容として、彼は次の三つの事実を指摘した。(1) まず、今日、多くのグローバルな諸問題が続々と発生している事実。すなわち、地球上では新しい様々な課題が生まれ、それらは従来の国家単位ではとうてい解決しえず、個々の国家の枠組を超える世界的な視点からのアプローチなしには対処不可能である。たとえば、環境の汚染、天然資源の枯渇、エイズの伝染、核兵器による人類滅亡の危機、地域紛争の頻発、など。これらの諸問題に立ち向かい、それらを解決ないし緩和するためには、「階級」や「体制」の対立を超える「全人類的な」立場からの努力や協力が是非とも必要不可欠となる。

ゴルバチョフ自身の言葉を引用すると、右の党大会開催の一九八六年に刊行した主著『ペレストロイカと新思考』で、彼は次のようにのべた。「われわれの時代の特徴は、いわゆるグローバルな問題が現われ、深刻化してきていることだ。具体的に言うと、自然保護、環境汚染、天然資源の枯渇である。加えて、古くからの病気、新しい病気。飢えと貧困。宇宙開発や海洋開発を人類の幸福のために利用する必要も生じている」[4]。

右の諸事実を指摘したあと、ゴルバチョフは大胆、かつとうぜん至極とも言える結論を引き出した。「もとより、これらの問題すべてを、ソ連一国で解決できるはずはない。国際協力が欠かせない条件になる。だからわれわれはいささかも恥じることなく、全世界に向かって協力を要請したい。われわれには国際協力を呼びかける義務があるとさえ考える。今や、国家の〝威信〟にかこつけて協力を拒んでいる場合ではないのだ」[5]。

（2）次に、国際関係で相互依存関係が深化してきている事実。ゴルバチョフは第二十七回党大会宛て演説中でのべた。「グローバルな社会での諸国家間の相互依存が深まる傾向に、現代的発展の弁証法が見出される。まさにこのような対立物の闘争を通じて、相互に依存し合い、多くの点で全一的な世界が――未だ諸困難や矛盾に満ちたものだとはいえ――形成されつつある」。ゴルバチョフは、その著書『ペレストロイカと新思考』でも、まったく同様の主旨を次のように繰り返した。「現在、世界のすべての国々は互いに依存し、互いを必要とするようになっている。これが、現実の姿なのだ」[6]。こう記したあと、ゴルバチョフは、己の言わんとするところを次のような卓抜なたとえを用いて締めくくった。「われわれ全人類は、〝地球号〟という名の船に乗り合わせた乗客である。溺れるのも助かるのも、一蓮托生の運命下におかれている」[7]。

（3）第三に、国際的な安全保障が包括的な性格の類いのものであり、軍事的な手立てではなく、むしろ政治的、経済的、人道的、その他の手段を総動員する方法ではじめて確保され、達成されうることの指摘。ゴルバチョフは『ペレストロイカと新思考』で、ハード・パワーのなかのハード・パワーとしての軍事力への依存傾向を厳しく非難した。「兵器がどんどん蓄積され、そのほんの一部を用いれば全人類をいとも簡単に皆殺しにできる破壊力を有するようになった今日においても、〝腕力〟だけを頼りにする政治がなぜ依然としてまかり通っているのか[8]」。

右のような問いを提起したあと、ゴルバチョフは自ら答えた。「新しい政治の基本的な原則は、じつに単純である。核兵器は、政治、経済、イデオロギー、その他いかなる目標を達成する手段としても、けっして用いてはならないのだ[9]」。ゴルバチョフは、つづけてのべた。「どのような国際的な危機も、平和的な手段を通じて解決可能である。（中略）戦争の脅威を平和的な方法で鎮静化できるし、また是非共そのようにせねばならない[10]」。

「新思考」に対する好意的解釈と批判的解釈

右に概略を紹介したゴルバチョフ発案による「新しい政治思考」を構成する諸原則は、帝政ロシア、ソビエト期に支配的だったロシア式外交・交渉に修正を迫る発想転換を含んでいた。三点ばかり、そのポイントを要約しよう。

一は、それまでソ連外交の主たる決定要因だったイデオロギーの役割を否定しようとする姿勢である。ゴルバチョフは『ペレストロイカと新思考』で、次のようにさえ明言した。「国際関係にイデオロギー上の違いをもちこんではならないし、外交政策をイデオロギーに従属させることは厳に禁物である[11]」。

二は、マルクス、レーニン、スターリンらが唱えた「二大陣営理論（two-camp theory）」の否定。マルクスは、社会がブルジョアジーとプロレタリアートの二大階級に、レーニンとスターリンは、世界が資本主義と社会主義という二大陣営に分かれると説いていた。そして彼らは、これら対立する二階級、二陣営が「クトー・カボー（kto-koro）」、すなわち「誰が誰をやっつけるか」といった熾烈なゼロ・サム・ゲームの闘いを遂行すると説いて止まなかった[12]。ところが、ゴルバチョフの「新思考」は――ロバート・レグボルト教授（コロンビア大学、ロシア外交）によれば――ソビエト外交政策の概念のなかで最も神聖とみなすべきこの基本的な二項対立思想を大胆に放棄してみせたのである。[13]

三は、レーニン以来のすべてのソビエト政治家たちが信奉して止まなかったクラウゼヴィッツの金言を否定したこと。すなわち、カール・フォン・クラウゼヴィッツは〈戦争は異なる手段による政治の継続〉とのべた。ところが、ゴルバチョフは、この言葉を時代遅れかつ危険な考え方とみなし、峻拒した。いわく。プロイセンの将軍（＝クラウゼヴィッツ）の見解は「当時でこそもてはやされたのだろうが、今となっては前世紀の遺物、博物館行きの代物以外のなにものでもない[14]」。

では、ゴルバチョフが唱導した以上のような内容のロシア外交の「新政治思考」を、われわれはいったいどのように解釈すべきなのか。大別すると、次の二通りの受け取り方があるだろう。

一方で、マルクス・レーニン主義にもとづく旧思考を打破した画期的な外交哲学として大歓迎する見方がある。マルクス・レーニン主義は、改めて説明するまでもなく、もっぱら「階級」対立、したがって社会主義vs資本主義（もしくは自由主義）間の「体制」対立の視点からこの世に存在する森羅万象を捉え、かつ裁断をくだそうとする。ところがゴルバチョフの「新思考」は、そのような「階級」史観を超える新しい哲学を提唱しようとした。それは、社会主義、資本主義（もしくは自由主義）の違いを超えて、より一層高い次元で人類が取組むべき多くの課題、いわゆる「全人類的課題」が出現しつつある事実に注目し、地球号の乗客の全員が協力する必要性を強調した。また、それまでソ連の対外行動は、もっぱら軍事力に依拠する〝力〟の外交政策に他ならなかった。ところが、「新思考」は、そのような外交の限界に気づき、国際場裡で非軍事力が演じる重要な役割に注目するよう促した。――これらすべての点は、欧米諸国にとり大歓迎すべき大転換だった。

他方で、ゴルバチョフの「新思考」をシニカルな眼で眺めようとする見方が存在した。それは、「新思考」を単なるゴルバチョフ流の新しい外交攻勢であるかのように見なす意地悪い解釈にもとづいていた。たしかに、ソ連人といえども人類の破滅を望んでいるはずはない。だが、ゴルバチョフ党書記長が「新政治思考」を提唱した背後には、彼をしてそのようなことを説かざるをえなくする深刻な「お家の事情」が存在した。当時のソ連は、ロナルド・レーガン大統領提唱の「戦略防衛（SDI）構想」——俗に「スター・ウォーズ」と呼ばれた——に対抗するための軍事力を持ち合わせていない。軍事力の基礎となる十分な科学技術的な能力も経済力も、ともに欠いていた。このことは、誰の眼にも疑うことなく明らかだった。ゴルバチョフの「新思考」は、ソ連自身がこのような己の劣勢を率直に自覚し、米国の軍事力の伸長を少しでも長いあいだ抑制させ、防止するための工夫以外の何物でもない。別の言い方をすれば、「ペレストロイカ（перестройка）」は一時的な「ペレドゥィシカ（передышка; 息継ぎ）」を目的とする、ソ連側による平和攻勢の新形態なのである。したがって、西側はけっしてゴルバチョフの言葉を額面どおりに受けとめたり、ましてや己の防衛努力を緩《ゆる》めるのは、ゆめゆめ禁物なのである——。このように警告した。

右に要約した二つの見方は、ゴルバチョフの「新思考」についての最も好意的な受け取り方と最も批判的な受け取り方を、極端な形で対照的に紹介したものである。現実の「新思考」は、おそらくこれら二つのミックス（混合物）だったのだろう。

ゴルバチョフの失脚と「新思考」の終わり

ゴルバチョフ政権は、一九八八年五月、アフガニスタンからソ連軍の撤退をはじめた。ブレジネフ政権が一九七九年十二月にはじめて以来十年間近くにもわたってつづけていた軍事介入である。一九八九年二月、撤兵は完了した。もとより、ゴルバチョフに撤退をうながした理由は単一でなかった。約十年近くにおよぶ介入によって、ソビエト政権がもはや人的、経済的な負担に堪えられなくなったことが、おそらく最大の事由だったたろう。ゴルバチョフ新書記長提唱の「新政治思考」は、武力を用いての他国への内政干渉をけっして望ましいものとみなさなかった。このことが撤退をうながしたもう一つの理由だったとみなすことも十分可能だろう。

一般的に言って、しかしながら、ゴルバチョフ改革を過大評価することは禁物かもしれない。ひとつには、ゴルバチョフ自身が必ずしもソビエト体制を根本から破壊しようとまでは考えていなかったからである。彼はそれを単に改良し、効率的なものに変えようと欲しただけだった。しかも、彼は飽くまで上から指導して、徐々に改革しようと欲していた。けっして下からのイニシアチブや急進的なやり方を採用したり、ましてやレジーム・チェンジ（体制転換）をおこなったりすることなど問題外と考えていた。

たとえば、当時ゴルバチョフと頻繁に接触していたジェームス・ベーカー米国務長官は、記している。ゴルバチョフの対米交渉の仕方やスタイルには「彼のボリシェビキ流トレーニングの痕跡が明らかにみてとれた」[15]、と。たしかに、ゴルバチョフが提唱した諸政策や行動によって、たとえば中・東欧「衛星」諸国がソ連圏から次々に離脱していったことは、間違いない事実である。とはいえ、これらはゴルバチョフが必ずしも元来意図したことではなかった。むしろ事態が不測の展開をとげ、予期せぬ結果を導くにいたった。こうみなすのが、事態の真相に近かっただろう。

一方、ゴルバチョフがはじめた諸「改革」は、当時のソ連国民の多くの眼にあまりにもラジカルかつ大胆な試みであるかのように映った。そのことに不満を抱く者たち、とりわけソ連共産党、軍部、ＫＧＢなどに属する幹部たち八名は、実際、一九九一年夏、クーデター未遂事件を惹き起こした。みずからを「国家非常事態委員会」と名乗った彼らは、黒海沿岸のソチで休暇中のゴルバチョフを別荘内に閉じ込める挙に出た。ところが、同委員会の面々は、クーデターを起こしはしたもののゴルバチョフ統治に代わる具体的なアイディアを持ち合わせていなかった。結果として、彼ら「八人組」の支配は、ボリス・エリツィン（当時、ロシア共和国大統領）らによる決然たる動きによって、わずか三日間で敢えなくピリオドを打った。とはいえ、喧嘩両成敗。ゴルバチョフも、無傷では済まされなかった。彼は、エリツィンが迎えによこした飛行機でモスクワへ戻ったあと、他ならぬエリツィン自身によって事実上加えられた圧力に屈して、ソ連邦共産党――彼らの一部幹部が、クーデター派にくみしたとの理由で――の解散を命じざるをえなかった。そのことによって、ゴルバチョフ自身はソ連共産党書記長のポストを失う羽目になった。

ゴルバチョフは、その後しばらくのあいだもう一つのポストを維持していた。ソ連邦大統領の地位である。エリツィンには、次のような思いが働いたにちがいない。憎きライバル（宿敵）、ゴルバチョフを完全な形での失脚に追い込まねば気が済まない。そのためにはゴルバチョフが頭にかぶっている二つのキャップ（帽子）を共に奪い、彼を完全に無冠の立場へと追い込む必要がある、と。このような考えにも促されて、エリツィンは一九九一年十二月末、ベラルーシ、ウクライナの大統領らと語らって、ソ連邦の解体を宣言した。エリツィンの真の動機は別にして、約七三年間つづいたソ連邦（CCCP、USSR）はあっけなく終末を迎えた。ゴルバチョフは、ソ連共産党書記長、ソ連邦大統領の二つのポストを奪われ、一年金生活者の身分になった。それとともに、ゴルバチョフが提唱した「新しい政治思考」も、いつの間にか雲散霧消することになった。

リベラルな「大西洋主義者」、コーズィレフ

ゴルバチョフを追い落してクレムリンの主になったボリス・エリツィン・ロシア共和国（その後ロシア連邦）大統領は、ゴルバチョフと異なり、外交活動にはさほど関心をしめさなかった。ロシアの人民が果たして自分のことをどう見ているのか――これこそが、エリツィンの最大の関心事であり、己の権力維持にはさして関係のないように思われる外交には興味を抱かなかったのかもしれない。[16] パーベル・パラズチェンコは、自身の回

想録で次のように記している。パラズチェンコは、ゴルバチョフの通訳だったばかりか、「シャープな政治観察者」（アーチー・ブラウン・元オックスフォード大学教授、ロシア政治）と評された人物である。「エリツィンは、ポピュリスト・タイプの政治家で、人民が今、いったい何を欲しているか――このことを直観的に悟ることに非常に秀れていた。エリツィンは、ロシア国民がゴルバチョフ外交をおおむね支持していた事実をよく承知していたので、みずからは余計なことをしようと欲しなかった」[17]。果してどのような理由にもとづくにせよ、外交にさして関心を抱かなかったエリツィン大統領は、ロシアの対外活動をどちらかと言うと外務大臣に一任するやり方を選んだ。

そのようなエリツィン政権（一九九一―一九九年）で初代外相をつとめたのは、アンドレイ・コーズィレフだった。その経緯《いきさつ》は紹介に値する。コーズィレフは、当初ロシアの外交官のお定まりのコースを辿った。エリート外交官の育成機関とも言えるモスクワ国立国際関係大学（МГИМО）で学び、卒業後にソ連外務省に入省した。同外務省で国際連合などの国際諸機関を担当する課長をつとめていたとき（一九九〇年十月）に、彼はロシア共和国のイワン・シラーエフの招きに応じて同国外相のポストへ転出した。これは、ふつうならば降格と解釈されかねない人事異動だった。というのも、ロシア共和国は、当時ソ連邦を構成する地方下部組織の一つにすぎなかったからである。ところが、それから一年後に何人も予期しえなかったハプニングが起こった。一九九一年末にソ連邦が解体し、ロシア共和国が一躍ソ連邦の事実上の後継国家になるという事態である。

このハプニングによって、コーズィレフは俄かに重要性を帯びる人物になった。というのも、四十歳になったばかりの彼はロシア共和国の外交担当者としての大役をになうというめぐり合わせになったからである。ソ連解体時にソ連外務省は約三七〇〇名の職員を擁していたが、ロシア共和国外務省のコーズィレフ直下の職員は当初わずか二四〇名しかいなかった。

その若さがあずかって関係したのか、あるいは国際連合担当課長だった前歴が影響したのか、コーズィレフは国際協調主義外交の理想を信じるロシアで数少ない外交官の一人だった。たとえば、彼が国際世界で「多極主義」にもとづく世界秩序が構築されるべしとのべるとき、それは、国際社会で複数の「極」が存在し、それぞれの「極」が自発的に協力し合うのが望ましいことを意味していた[18]。新生ロシアの進むべき道にかんしても、コーズィレフは、欧米流の発展モデルに従い、自由主義、民主主義、市場経済へと体制転換をとげる必要があると純粋に信じ込んでいた。一言でいうと、彼はロシアで例外的と称すべき「欧米協調主義者」なのであった。或る評論家の表現を借りるならば、『ニューヨーク・タイムズ』の言葉で語る[19]数少ないロシア人だった。

コーズィレフばかりでなく、当時、リベラル派ないしは経済改革派に属するロシアのごく少数の知識人たちは、真面目に次のように信じ込んでいた。「民主化すればするほど、ロシアは西側によって一層良く受け入れられることになるだろう。そして、西側によって受け入れられる程度に比例して、ロシアはより一層民主的な国に生まれ変わるだろう[20]」。コーズィレフ自身は、一九九三年当時、次のような極論さえ口にしていた。「もし米国の支援が得られなければ、われわれはもうお仕舞いだ[21]」。

「ユーラシア主義者」の台頭

このように対内的には改革志向、対外的には「アトランティスト（大西洋主義者）」の立場を唱えるロシア知識人たちの発言権は、しかしながら、エリツィン政権下で急速に力を失っていった。その代わりに、エリツィン政権下ではロシア・ナショナリズムにもとづく「ユーラシア主義者」たちが、一九九〇年代半ばまでに勢力を増大させるようになった。機を見るに敏であるばかりか、次期大統領選（一九九六年六月）で己の再選を欲したエリツィンは、九六年一月、コーズィレフを解任し、代わってロシア外相にエフゲーニイ・プリマコフを任命した。ちなみに、コーズィレフは後になってアメリカへ移住したが、ロシアの「レジーム・チェンジ（体制転換）」を要求する立場を些かも変えていない。筆者は、たまたま『ニューヨーク・タイムズ』紙（二〇一五年七月二十日）上で「ロシアに到来しつつあるレジーム・チェンジ」と題する彼の論稿を眼にした。同論文中でコーズィレフは、己の診断（——実は、希望的観測？）を次のようにのべている。「ロシアにおけるレジーム・チェンジは不可避であり、かつその時期はおそらく近づきつつある。（中略）西側は、そのようなロシア国民の動きを是非とも支援すべきと、私は考える」[22]。

ともあれ、「リベラリスト」兼「大西洋主義者」のコーズィレフに代わってロシア外相に就任したプリマコフは、プーチン同様、KGB出身者であり、骨の髄までの反米主義者だった。彼は、国際場裡での米国による「一極主義」支配を何としてでも打破しようと考えていた。しかし、それはロシア一国の力だけでは不可能である。ロシアが持つ経済力、科学・技術力にかんがみて、残念ながらそう判断せざるをえない。であるならば、ロシアは、ロシア以外の諸国を語らい、彼らの力を結集させ、米国に対抗する第二もしくは第三の「極」を形成する以外、適当な術は残されていない。このような狙いにもとづき、プリマコフは「多極主義」を提唱した。

ちなみに、このような米国牽制の観点から、ロシアは是非ともアジア太平洋地域との連携を深めるべし、とプリマコフは非常に早い時期から説いていた。その点にかんしては、ロシア人のなかで先見の明ある人物だったと言える。もとより、それは飽くまでも主敵たる米国に対抗せんがための動機に起因するアジア接近策に他ならなかった。けっして中国、日本、韓国との関係改善、ましてや友好を、プリマコフが重要視していたからではなかった。このことは、たとえば彼の対日政策から十分証明しうるだろう。エリツィン大統領は一九九七年十一月、クラスノヤルスクで橋本龍太郎首相と「東京宣言にもとづき、二〇〇〇年までに平和条約を締結するよう全力を尽くす」ことに合意した（「クラスノヤルスク合意」）。それにもかかわらず、プリマコフ外相（ついで首相）は、これを同大統領の勇み足発言とみなした。エリツィン大統領がその後健康状態を悪化させ発言力を低下させたことを良いことにして、プリマコフは、右の合意を事実上反古にした。その一方で、プリマコフは、日本の賛同を得て、ロシアの「アジア太平洋経済協力会議（ＡＰＥＣ）」加盟を実現させた（一九九九年）。ＡＰＥＣは、事実上日本がオーストラリアとともに主導し、創設したアジア太平洋地域の主要組織に他ならない。日本から欲しいものを手に入れる一方、日本にたいして何ら返礼しようとしない“take-and-take”。プリマコフ外交の対日外交は、誠に身勝手なソビエト流外交・交渉態度の典型と見なしうる。

プーチンによる「先祖返り」――エリツィンのアンチテーゼ

エリツィンは、大統領再選後もいわば満身創痍という自身の健康状態から回復する見通しをまったくもちえなかった。そのような彼は遂に一九九九年十二月、ウラジーミル・プーチンを後継者に指名して、みずから大統領ポストから辞任する決意を固めた。クレムリンの座に坐ったプーチンは、事前の約束どおり直ちにエリツィン前大統領の身柄を保障する法令を発布するジェスチャーをしめした。そのことを除くと、彼は、ゴルバチョフ、エリツィン両前任政権の内外政策を修正し、ソビエト期やツァーリズム（帝政）時代へと少なくとも部分的に「先祖返り」をしめす諸政策や措置を採りはじめた。そのために、ロシアの政治学者、リリヤ・シェフツォーワ女史は、次のようにすら断言するにいたった。「プーチノクラシー〔プーチン統治〕は、ゴルバチョフ、エリツィンら二代前政権のアンチテーゼに他ならない[23]」、と。われわれをしてシェフツォーワ女史と同様の感想を抱かせる具体的な諸事例を二、三指摘してみよう。

プーチンは、たとえば二〇〇〇年十二月ロシア連邦の国歌を制定した。たしかに、歌詞は変えられていた。ところがメロディー（旋律）は、ソ連邦時代の国歌と全く同一のものとされた。これは、一見するかぎりなにげない行為のように映るかもしれないが、「プーチニズム」の真髄を象徴的にしめす一例と言えなくなかろう。というのも、新しいものと古いものとのどちらも善しとしないで、「新旧を融合」（マイケル・マクフォール元駐ロ米大使）[24]させる――これこそが、まさにプーチニズムの特色とみなしうるからである。

プーチンを己の後継者に指名したエリツィンは、このようなプーチノクラシーを快く思わなかった。じじつ、エリツィン大統領は、特別インタビューに応じて言明した。「私は、ソ連邦の国歌をロシア連邦の国歌として採用することに断乎として反対する」[25]。シェフツォーワは、次のようにさえ記すにいたった。「早や二〇〇二年頃になるとエリツィンは、己の後継者〔＝プーチン〕が間違った方向へ進んでいるとみなすようになった」[26]。しかし、エリツィンは自らの任命責任こそを反省すべきだったろう。なぜならば、改めてのべるまでもなく、プーチンを己の後継者に任命したのは、他ならぬエリツィン自身だったのだから。ちなみに紹介すると、エリツィン前大統領は、なぜ、ロシアの運命をプーチンに託すという重大決定を下したのだろうか。彼は、名代の人たらしの妙手、プーチンによって見事騙された。これが、答えのひとつに違いない。というのも、大晦日の夜エリツィンはすでに酔っぱらっていたからだった――。このようなジョーク（？）が、現ロシアで囁かれている。「翌日〔二〇〇〇年元旦〕、エリツィンは未だ二日酔い状態で目覚め、考えた。〝はて、私は昨夜なにをしたのか。憶えている人間を見つけねばならないぞ〟[27]」。

プーチンがエリツィンのアンチテーゼであることをしめすもう一例を挙げよう。プーチンに言わせるならば、ソ連邦の解体こそは、紛れもなくエリツィンが犯した最大の愚行であり、何としても改めねばならない最優先事項である。しかし、もしそれが不可能だとしても、「ミニ・ソ連」の再建によって、そのダメージを最小限にしたい。これが、プーチンの悲願に違いない。実際、プーチンが二〇〇五年に次のように述懐したことは、広く知られている。「ソ連邦の解体は、二十世紀最大の地政学上の惨事である」[28]。このような思いを胸中に抱くプーチンは、二〇一一年「ユーラシア連合（EAU）」――後に「ユーラシア経済連合（EAEU）」――を結成する意図を明らかにした。同プロジェクトは、少なくとも当初は「欧州連合（EU）」に対抗するために、旧ソ連構成国の有志を語って「ミニ・ソ連」を造ろうとする試みだった。そこには、ゴルバチョフが提唱した「ヨーロッパ共通の家」のようなヨーロッパ全体を統一ないし融合させようとする高邁な発想は、もはや微塵も残ってなかった。

先祖返りする政党・経済・思想

国内政治分野でのプーチノクラシーの実際をみると、ソビエト体制への部分的な先祖返り傾向は顕著と言えるだろう。たとえば、政党政治。プーチン政権与党の「統一ロシア」は、準与党とみなされる「ロシア自由民主党」や「公正ロシア」と合計すると、ドゥーマ（ロシア下院）で過半数どころか憲法改正に必要な三分の二以上の議席を占める。これは、ソビエト体制下のソ連邦共産党による一党独裁体制と事実上さして変わりない状況といえないだろうか。また、プーチン大統領が今日有する政治権力はオールマイティー（万能）に近く、かつてのソ連共産党書記長のそれに比べほとんど遜色がないといえないだろうか。そのような現実のゆえに、同大統領は「選挙で選ばれた君主（elected monarchy）」[29]とさえ評されている。また、プーチノクラシー下で三権分立制は機能していない。また、エリツィン政権下の地方分権制は否定され、知事は再び任命制へと戻された。さらに、言論、結社、集会、出版等の民主主義的諸権利も十分な程度に保障されていない。

経済分野でも、プーチノミクスの「先祖返り」傾向は顕著と評さねばならない。ロシア経済は、エリツィン政権下にいったん民営化されたものの、プーチン政権下になると、エネルギー資源、兵器の二分野はほぼ完全に再び国営化された。それ以外の分野も準国営化されるか、国家の厳重な許認可権の監督ないし統制に服している。ロシア国民の大多数はこれらの企業につとめる公務員もしくは準公務員と言ってよい。このような状況は、西側の専門家たちによって「プーチン式国家資本主義」と名づけられている。

また、思想分野でも、プーチノクラシーはソビエト期と似かよっている。たしかに、マルクス・レーニン主義は現体制のイデオロギーではない。しかしプーチン下のロシア社会には、かつてマルクス・レーニン主義が果たしていた機能を代替して演じている思想が存在する。それは、ナショナリズムだと言えよう。[30] プーチンの第一、第二期（二〇〇〇―〇八年）は、空前のオイル・ブームに恵まれたお蔭で、プーチノクラシーにたいするロシア国民の支持は盤石だった。ところが、二〇〇八年夏頃からロシアにも上陸したリーマン・ショックによって、プーチン政権はロシア国民にたいして物質的豊かさをもはや保証することが、むずかしくなった。プーチン政権はこの不況を何とかしのいだものの、二〇一四年七月以来ロシアを見舞っている危機の克服の兆しは全くたっていない。すなわち、ロシアの評論家が経済の「三重苦」[31] と名づける事態である。二〇一四年夏以降今日にいたるまで継続中の国際的な原油価格の暴落、それに伴って発生したルーブル安、加えてウクライナ南部・クリミアのロシアへの一方的な併合に抗議して先進七カ国（G７）がロシアに科している数々の制裁――これら三つである。

再び物質的困窮にあえぐようになった国民の眼を逸らすために、プーチン政権はロシア・ナショナリズムを鼓舞することに躍起になった。プーチン政権による強硬な対外政策は、そのような国内情勢とけっして無関係ではない。必ずしもそれだけが全ての狙いとまではいえないまでも、同政権は、クリミアの併合後もウクライナ東南部にたいする干渉姿勢を一向に止める気配をしめそうとしない。それればかりか、ロシアにとり完全な外国であるシリアにたいしてまでも果敢な空爆をはじめた。「勝利を導く小さな戦争」の敢行という、ロシア国民にナショナリズムを煽る、ツァーリズム以来の常套手段に依存しているのだ。

プリマコフの「多極主義」を踏襲

プーチンの人生観は、チェキスト（厳密にはソビエト期最初の国家秘密警察機関、チェー・カーの要員を意味するが、一般的にはその後継組織に勤める者も指す）のそれである。すなわち、人間を敵と味方に二分類し、どちらかがどちらをやっつけるまでは闘いは終わらないという考え方である。まさにボリシェビズムの頭領レーニンが教えた「クトー・カボー（誰が誰をやっつけるか）」の世界観である。国際社会で言うと、ロシアは米欧諸国を主力とする「西側」陣営にいかに対抗するか、とりわけ冷戦後の国際世界で唯一超大国の権力をほしいままにしている米国流「単独一極支配（unipolarism）」に対していったいどのように立ち向かうべきなのか——。この点にかんして、プーチンはかつてライバルであり同時にチェキストだったプリマコフの手法をそっくりそのまま踏襲している。説明しよう。

プーチンとプリマコフ——。両者は、かつて宿敵でありライバルだった。こう評して差し支えなかろう。両者はともにKGB出身者のチェキストで、かつエリツィン大統領の有力後継者候補だったからである。ところが事態は、プーチンにとって都合の良い方向へと展開した。彼（一九五二年生まれ）に比べてはるか年上のプリマコフ（一九二九年生まれ）は功を焦ったのか、タイミングを見誤り、エリツィンの後釜を狙う己の意図を時期尚早に明らかにしてしまう致命的な過ちを犯したからだった。プリマコフはそのような政治的野心を嫉妬深いエリツィンによって忽ちのうちに見抜かれてしまい、首相ポストから解任される羽目になった。他方、年若のプーチンは、エリツィンに忠誠一本槍の姿勢をしめし、エリツィンの後継者になりたいとの大それた素振りなど、微塵もしめさなかった。万が一依頼されても、辞退するとの素振りすらしめした。結果として、エリツィンは益々自らの後継ポストをプーチンに譲る気持に駆られた。これは、今から考えると、「人たらし」プーチンの深慮遠謀にもとづく、巧妙な作戦のなせるわざだった。

それはともかく、二〇〇〇年に晴れて政権の座についたプーチンは、かつてライバルだったプリマコフを完全に野に放って反対勢力の旗頭に祭りあげるといった政治的な愚行をけっして犯さなかった。その代わりに、彼にロシア商工会議所会頭のポストをあたえて慰撫し、自己陣営内に取り込む賢明な手法をとった。その一方で、プーチン新大統領はプリマコフから彼の持論である「多極主義」外交のアイディアをちゃっかり借用し、みずからその立場をとると言明した。[32] その理由は、果たして何だったのか？ プーチンが、もともと「多極主義」が内包する「価値相対主義」思想の信奉者だったからなのか。それとも、「多極主義」こそがアメリカ流「一極主義」に歯向かう絶好の外交的な対抗戦術になりうると判断したからなのか。ともあれ、プーチンは明らかにコーズィレフ流の「大西洋主義」ないし欧米一辺倒路線でなく、プリマコフ流の「ユーラシア主義」ないし反米路線を、己の外交政策の根底に据えたのだった。

ソ連解体後の国際世界では、アメリカ合衆国のみが「超大国（*супер-держава; super*power）」であり、ロシアはその他の「大国（*великая держава; great* power）」のひとつに過ぎない。[33] かようなロシアが米国の「一極主義」に対抗するためには、ロシアにはいったいどのような方法が残されているのか。ロシア一国で対抗しえない以上、選択しうる道はさほど多くない。紛れもなくそのうちのひとつは、他国と組んで「多極主義ないし多極支配（многополярность; multipolarity）」の世界を構築するやり方である。[34]

「多極支配」は、それを標榜する者次第で若干異なった意味合いで用いられることもあるので、注意する必要があろう。たとえばエリツィン政権の初代外相、コーズィレフが「多極支配」の構築を提唱したとき、さきにふれたように、それは複数の「極」が自発的に協力し合って世界平和の構築に努力するといういわば理想的なビジョンを想定していた。[35] だが、ふつう「多極支配」と言うとき、それはむしろコーズィレフの後を襲ってロシア外相（次いで首相）に就任したプリマコフが説いた内容のほうを意味する。それは端的に言って、米国主導の「一極ないし単独主義」に対抗することを目指す「多極主義」なのである。[36]

プリマコフ流「多極主義」の具体的な内容を改めて説明すると、以下がその骨子と言えよう。冷戦後の国際世界は、何もしないで放っておくと、アメリカ合衆国が唯一の超大国として己のほしいままに支配をつづける。結果として、「米国単独主義（U. S. unilateralism）」が貫徹し、「パックス・アメリカーナ」が現出する。そのような危険を内包する米国「一極主義」支配を防止するために、ロシアはいったい何をなすべきであり、何をなしうるのか。さきに示唆したようにひたすら自国の軍備増強に努めることも、一案かもしれない。だが、仮に万一ロシア自身が超大国になりうることに成功した場合であっても、ロシアが「唯一の超大国（the only superpower）」[37]になるわけではない。アメリカ合衆国のほうも依然として超大国にとどまっている。ロシアは、そのようなアメリカを十分な程度に牽制しうるとの保証はどこにもない。

だとするならば、ロシアが採りうる有力な選択肢のひとつは、差し当たってまず「地域的な超大国（the regional superpower）」[38]になることだろう。すなわち、世界の少なくとも或る地域での諸問題にかんしては、ロシアの同意や参加なしには米国といえども己の意志を少なくとも完全には貫徹しえない。たとえばアフガニスタンからの米軍のスムーズな撤退、あるいはウクライナ、シリア、イラン、北朝鮮を巡る係争問題の解決――。これらにかんしては、ロシアの合意や協力が是非とも必要不可欠。ロシアは、とりあえずそのような地域で確固たる発言権をもつ存在になることを目指す。

そのような発言権をロシアが己の力だけでなしとげうるのならば、言うことなし。だが、それが仮に不可能な場合でも、諦めるのは未だ尚早だろう。米国の「一極主義」支配に対抗しうるもう一つの有力な方法がある。それは、ロシアが複数諸国の力を結集して、第二もしくは第三の「極」を形づくる方途である。たしかに、冷戦終焉後の国際社会でロシアは同盟国をほとんど持たない「孤独なパワー（lonely power）」（シェフツォーワ[39]）と綽名される存在に落ちぶれてしまった感がある。とはいえ、右のような「極」づくりに努力すること次第によっては、そのような地位から脱却することを望みうるようになるかもしれない。

プーチン、米国を名指しで批判

プーチンは、米国の「一極主義」的傾向を批判する発言をしばしばおこなっている。そのなかで最もよく知られているのは、彼が二〇〇七年二月十日にドイツのミュンヘンでおこなったスピーチと言えよう。その激烈な反米主義のトーンや言葉遣いは、傍聴中だったジョン・マケインを含む米国上院議員たちをまさに驚愕させる程度のものだった。世に「ミュンヘン演説」として知られるスピーチである。そのさわりの部分を紹介しよう[40]。プーチン大統領は、まず次のようにのべた。「一極主義世界とは、いったい何か。それは、結局のところ現実に政策決定の唯一の中心が存在することを意味する。（中略）民主主義とは何かについて、われわれロシア人に向かって常に教えを垂れようとする者たちがいる。ところが、われわれに何をなすべきかを教えようとする当の本人たち自身が、けっして学ぼうとしない類いの人間なのである」。

こうのべたあと、同大統領はアメリカ合衆国を初めて直接名指しする形をとって批判した。「今日われわれが眼にするのは、国際場裡でほとんど無制限と言ってよいまでに力、すなわち軍事力に依存しようとする傾向である。世界を半永久的に紛争の深淵へと投げ込もうとする力だ。そのようなことをおこなっている一つの国家は、もちろん第一義的にアメリカ合衆国に他ならない」。プーチンは、さらに言葉を継いで米国批判を加速させた。「アメリカは、あらゆる分野で己の国境を踏み越えている。すなわち、経済、政治、人文の各分野で他の国々にたいし自分のやり方を押しつけようとしている。果たしていったい誰がこのようなことを望むだろうか」。

「一極主義」を排する一方で、「多極主義」を推進しようと欲する――。そのようなプーチン発言の例を、もう一つ二つ紹介しよう。たとえば二〇一四年七月にブラジルで開催されたBRICS（ブラジル、ロシア、インド、中国、南アフリカ）首脳会議の前夜に、イタル・タス通信の記者たちとのインタビューでプーチン大統領は語った。「現代世界はじっさい多極的で、複雑で、ダイナミックな世界である。これは、客観的な現実だろう。〔だから〕すべての決定が単一の『極』によってくだされるような国際関係モデル――このようなものをつくろうとするいかなる試みも非効率なものとなる。それは巧く機能せず、結局は失敗する運命のもとにおかれている[41]」。プーチン大統領は、二〇一六年十二月になると次のようにすら断言した。「唯一の一極から成立する世界をつくろうとする試みは、すでに挫折している[42]」。

では、プーチン自身は、米国主導の「一極主義」外交に対していったいどのようなやり方で対抗しようと考えているのか。プーチンの答えは、単純明快である。まず、「多極主義外交を推進することにこそ、今後の国際政治の未来が存在する」。こうのべたあと、具体的には以下のような方法を提案する。第一に、ロシアが安全保障常任理事国として拒否権を有する国際連合主義を重視し、それを最大限に活用すること。第二には、台頭しつつある次のような一連の新しい諸組織に期待をかけ、それらの育成にロシアが力を傾注すること。具体的には、BRICS、主要二〇カ国・地域（G20）、上海協力機構（SCO）、独立国家共同体（CIS）、集団安全保障条約機構（CSTO）、ユーラシア経済連合（EAEU）、等々。

第2章

ロシア人の交渉観

戦争と交渉は同一カテゴリー？

ロシア人のごとく考えよ。他人が見るように世界を見よ。（中略）神はわれわれに二つの眼と一つの口をあたえている。

――**ブルース・アリン**(1)

ロシア人は交渉を軽視する傾向にあり

ロシア人の交渉法を語るに当たって、真っ先に気づかざるをえないことがある。「交渉（переговоры）」について論じたロシア語文献が非常に少ない事実である。[2] わずかに存在する関係文献も、「交渉」にかんしてきわめて漠然、簡略、抽象的にしか取り扱っていない。[3] このこと自体が、興味ある現象のように思える。ロシア人が、交渉行為にさして大きな意味をあたえていない事実を裏書きしているかのようだからである。それはともかく、欧米諸国での豊富な研究や文献と比べるべくもない量的な少なさや質的に貧弱な水準――このことは、注目に値する。

しかし皮肉をのべると、文献の少ないことは格別われわれを困惑させることにはならなかった。少なくともソ連時代は、そうだった。というのも、一党独裁を建前とするソビエト体制下で公認された見解は、何ごとにかんしてであれ唯ひとつしか存在しなくて、当然だからである。そのようなシステム下で仮に汗牛充棟《かんぎゅうじゅうとう》、山のように多くの資料がみつかったところで、おそらくそれらはすべて公式的な統一見解を反復した単なるコピーにすぎなかっただろう。ソビエト期に交渉についての基本的な考え方を知ろうと欲する場合、極端に言うと権威ある公式文献を唯一つチェックすれば、それで十分――。こうのべてすら差し支えなかった。これは、われわれの省力化に協力してくれる、ありがたく感謝すべきことだった。

ロシアではかつて長いあいだ、交渉についての本格的な論議がほとんどおこなわれていなかった――。ロシア人の研究者自身が、この事実を率直に認めている。ゴルバチョフ政権成立以後にロシア人たちによって執筆された論文は、正直に告白している。共産党の一党独裁政治や指令型計画経済の体制下で「交渉」なる人間行為の出番は存在しえなかった、と。たとえばビクトル・クレメニュクは記す。「旧ソ連では、西側の伝統とは異なり、交渉文化というものが存在せず、交渉は一般的に用いられる紛争解決手段ではなかった」[4]。というのも、端的にのべると交渉はソビエト共産主義の体制に真っ向から対立する考え方であり、方法でもあるからだった。具体的に言うと、次の四つの理由からそのようなものとして認識されていた。

交渉軽視の理由は？

まず第一に、共産主義イデオロギーは、議論を自由に闘わせることを認めず、社会のメンバー全員に画一的な見解やコンセンサスを強制しようとする思想だった。関連して第二に、ソビエト体制は「中央集権主義」、「上からの命令に対する下部の絶対服従」、「派閥活動の禁止」などの原理にもとづいて運営されていたために、共産党、政府、諸団体の内部で「交渉や駆け引きを通じて物事の解決を図る」という考え方を否定していた。第三に、ソビエト社会は事実上「厳格な階層的権力秩序体系によって構成されており」、「異なる国家機関、社会層、市民のあいだでの取引行為を認めていなかった」。第四に、「高度に発達した社会主義」が達成された後のソ連社会では勤労者間にもはや利害の対立が存在するはずはなく、紛争の解決手段としての交渉の必要性は消滅する、と説いていた[5]。

このようにしてソ連時代のロシアで交渉は「必要ではなく」、社会に「交渉という人間行動様式が根づくことはなかった」。端的に言うならば、ソビエト当局は国内での揉めごとを力ずくで抑圧するか（とくにスターリン時代）、その存在自体を無視しよう（ブレジネフ時代）と試みたからだった[6]。旧ソ連時代に右の唯一の例外になったのは、外交分野だけであった。諸外国との国際関係では右にのべた原則や考え方のほとんどすべてが通用しなかった。そのために、旧ソ連は不承不承ながら何らかの交渉活動に止むなく従事せざるをえなかった。

ところが、である。最近のロシア語論文は、次のように記す[7]。ゴルバチョフ登場後の事実上複数政党システムや市場経済への移行、民族紛争の噴出といった新事態の発生によって、「状況は根本的に変わった」。一九九一年末の「独立国家共同体（ＣＩＳ）」の創設以来、ロシア連邦共和国は己以外のＣＩＳ構成諸国とのあいだで様々な問題を巡って交渉する必要に迫られるようにもなった[8]。このような事情の変化によって交渉の出番が生まれるばかりでなく、交渉が果たす役割が増大することになった。

以上のように説明しようと試みるビクトル・クレメニュクをはじめとするロシア人学者たちの見解に、しかしながら、筆者は一〇〇％賛同するわけにはいかない。たしかに、時代背景や政治・経済・社会体制の変化によって、ロシア国内で交渉という紛争解決方式にたいする見方や実際の依存度は大きく変わってきたのかもしれない。そのことにかんしては、同意する。とはいえ、ロシア人学者たちによる右のような見方は、旧ソ連と現ロシアを黒白二分法によって、あまりにも截然と峻別し過ぎる嫌いが感じられる。

その代わりに、筆者は想像する。一党制や指令計画経済下のソビエト期においても、国内でたとえば下部機関が上級機関とのあいだで何らかの駆け引きや取引をおこなう必要性が存在したにちがいない。また、一九九一年末のソ連邦解体によってＣＩＳ加盟国が誕生し、これら諸国間で交渉する必要が生じたとの説明法にも、筆者は納得しえない。第一に、ＣＩＳ加盟国が「近い外国（близкие зарубежье; near abroad）」と「近い」との形容詞を冠して呼ばれる存在になりはしたものの、それらすべての共和国は本来外国のはずだった。第二に、より大事な疑問がある。右のように説くロシアの国際関係専門家たちは、旧ソビエト期にソ連邦がたとえば西側諸国、すなわち「遠い外国」とのあいだで対外交渉行動に従事していた事実を、いったいどう説明するのか。

このような諸点にかんする追求はこのくらいにとどめて、むしろ次の疑問のほうを検討することにしよう。すなわち、これまでのロシアで交渉について論じた文献が実に少なく、かつ交渉学が未発達だったのは、いったいなぜだったのかという根本的な問いである。ソ連解体後の現ロシアでは、ソビエト期に交渉学が未発達だっ

た事実が率直に認められ、その主要理由として次の三点が指摘されている。(9)
（1）学術的体制が極端な縦割り方式によってコンパートメンタライズ（区分化）され、相互連携が存在しない、いわばたこつぼ状態におかれていたこと。そのために、すぐれてインター・ディシプリナリー（学際的）な専門分野である交渉学の発達が阻害された。（2）対外政策決定が秘密の帳《とばり》の内側でおこなわれ、外部の者の参加も、情報の公開も許されていなかったこと。そのために、大学、その他の民間機関で交渉学の研究が進展しなかった。（3）さきにふれたように、国内諸分野で交渉の余地が認められることが少なく、交渉はもっぱら対外関係分野においてのみ必要な行動様式とみなされていた。このことも、交渉研究を遅滞させる原因になった。

ソビエト期の交渉観――二つの公式文書

とはいいながら、ソビエト期に交渉について記した文献がまったく存在しなかったわけではない。数少なく、かつほとんど唯一とすら言ってよい文書類が存在した。では、そのような文献で記されていたソ連式交渉観とは、どのようなものだったのか？　二つの公式文書を引用し、それらがともにのべているソ連時代での交渉観を紹介してみよう。

第一の公式文献は、ヴァレリアン・ゾーリン著『外交勤務の基礎』（初版一九六四年、増改訂版一九七七年）。題名がしめしているように、本書はかつて外交にたずさわるロシア外交官全員に必読が要求されたテキスト・ブックだった。同書はまず、「外交」を次のように定義する。「外交とは、国家の指導者および対外関係機関が公的におこなう活動のこと。その内容は、以下である。対外関係で国家を代表すること。支配階級の利益によって決定される対外政策上の目標や課題を、交渉、その他の平和的手段によって実現すること。国家の海外における権益を平和的な方途によって守ること」[10]。

一見するかぎり、これは実に穏やか、かつまともとさえ評してよい定義ではないか。西側諸国の外交概念とほとんど変わらない。とくに外交を国家目標の平和的な手段によって実現すると定義している点など、そうだろう。ソ連時代の「交渉」の定義にかんしても、同様のことが言える。

もう一冊の権威あるソビエト文献を紹介しよう。アンドレイ・グロムイコ（当時、ソ連外相）を監修者とする『外交辞典（全三巻）』（初版一九六一〜六四年、第二版一九七一〜七三年[11]）である。同書は、外交・交渉を次のように定義した。「外交的交渉とは、国際的な平和と安全を確保するための共通の方策の遂行において、他の諸国との協同を確立し、係争問題の平和的調整ならびに国際的な緊張緩和を目指す目的で、社会主義諸国によって広く用いられる方法である」[12]。

ついでながら、フルシチョフ権力の全盛期とみなしてよい一九六一年に刊行された同『外交辞典』の初版では、右のパラグラフにすぐ続けてさらに以下の文章が記されていた。「フルシチョフは、次のようにのべた。今日、国際問題は軍事力によって解決されえないこと。参加者全員の利害を考慮に入れる平和的交渉、平等の権利および互恵にもとづく交渉の方法しか残されていないこと。これらは、いささかでも理性をもつ人々にとって自明のことがらだろう。ソ連は、国際問題解決のためにまさにこのようなやり方を支持している」[13]。一言で要約すると、これは、国際紛争の非軍事的解決手段としての交渉の性格をとりわけ強調する一文だったと評しえよう。ところが、それから三年後の一九六四年にフルシチョフ第一書記は、ブレジネフらによる一種の宮廷クーデターによって失脚を余儀なくされた。そのために、ブレジネフ政権下の第二版になると、追加された部分だけは以後カットされることになった。

右のエピソードはともかくとして、われわれはこれらソビエト公式出版物の字面を読むだけで、ソ連の「外交」や「交渉」にたいする基本的姿勢が分かった――。決してこのように済ますわけにはいかないだろう。一党独裁権力下の出版・報道物は、内外の読み手を一定の方向にむけて教導し、動員する効果を狙う宣伝文書の役割をになっているからである。もとより、そこに書かれていることすべてが虚偽であると言うのではない（もしそうならば、誰も振り向こうとしなくなり、公式文書としてのPR効果を失ってしまう）。だからといって、書かれていることをそのまま額面通りに受け取る理由はない。このことは、当時の日刊紙の『プラウダ』や『イズベスチヤ』の記事についても、同様にあてはまる。『プラウダ』（ロシア語で「真実」の意）に真実なく、『イズベスチヤ』（ロシア語で「報知」の意）に報知なし。このジョークには、一抹の真理以上のものが含まれていた。

ソビエト期の外交交渉の実際

要するに、ソ連時代の公定教科書や辞典類が、「外交」や「交渉」を「国際紛争を平和裡に解決するための手段」と定義していたからといって、それを字句通り受け取るべき筋合はなかった。もしソビエト外交の意図を本当に知りたいと思うならば、ソビエト政府による公式の文言よりも、むしろソ連外交が実際におこなっていた行動のほうに注目すべきだった。というのも、ディーン・アチソン（トールマン大統領下に対ソ外交に従事した米国務長官）が回顧録のなかで記している次の言葉が、まさに該当すると思えるからである。「ソ連人は、ディベート〔討論〕でなく、行動によって交渉する〔The Soviets negotiate by acts and not by debate〕」。[14]

アチソンがのべている要旨を念のために繰りかえすならば、往々にしてソ連政府の言行は一致しない。したがって外部の者は、同政府が言っていることよりも、むしろ実際行っていることにもとづいて判断したり評価をくだしたりすべきである。ソ連外交に顕著にみられた言行不一致を一九六〇年代のはじめを例にとって説明してみよう。右に引用した文章が載せられている『外交辞典』初版の刊行年は、一九六一年だった。では、この時期にフルシチョフ政権下のロシアが現実にとりつつあった対外政策や行動とは、いったいどのような類いのものだったのか？

同『辞典』の初版は、くりかえすようであるが、フルシチョフ第一書記兼首相（当時）自身の言葉を引用して、国際紛争が平和的な交渉によって解決されねばならないことを力説していた。ところが丁度その頃フルシチョフが実際おこなっていたのは、その言葉と真逆のことだった。端的に言うとフルシチョフは、かつて自分が唱えた平和共存路線を修正するチャンスを虎視眈々と狙っていた。米国を頭とする西側陣営に、「新しい挑戦[15]」状を送りつけ、「ミサイル外交[16]」、すなわち「力の威嚇外交」を勇猛果敢に展開しようとしていた。このような「対決[17]」姿勢の具体例としては、一九五八―六一年の第二次ベルリン危機、一九六二年のキューバ危機を指摘すれば、おそらく十分だろう。換言すれば、右の『外交辞典』の初版が出版された一九六一年は、フルシチョフ政権のなかでも最も戦闘的、攻撃的な対外姿勢が実践されていた時期に該当していた。

右の一例がしめしているように、ソビエト公式文献に書かれていることとソ連政府が実際におこなっていたこととは、必ずしも一致しない。いや、見事なまでに乖離《かいり》していた。したがって、ソビエト期にかんしては言行の一致、不一致を、つねに検証する作業が必要になる。実際の行動によって検証しえない場合には、大胆な想像力に訴えることさえ必要になろう。そうでもしなければ、ソ連の真の意図を窺《うかが》い知ることはむずかしい。

公式文書にばかり依存することなく、ソ連／ロシアが現実に採る交渉態度や行動様式から類推する場合、では、ロシア式交渉観というものをいったいどのように理解しうるのだろうか？　これが、本章および次章の検討課題になる。筆者個人は、以下の四つがロシア式交渉観のとりわけ重要な特徴であると考える。

人生は闘い――交渉は「闘争」である

ロシア式交渉観の第一の特色は、交渉を「闘争（struggle）」ととらえる点である。紛争を話し合いあるいは交渉によって平和的に処理するという発想は、独自の地理や歴史によってつちかわれたロシア式伝統思考にはどうやら馴染みがなく、無縁かつ苦手な行為のようである。そのような考えを導いた背景事由としては、少なくともロシアの自然、歴史、思想の三要素を指摘しうるだろう。それぞれについて、簡単に説明しよう。

まず、自然的要因。ロシアの国土は、天然の障壁（海、大きな河川、高い山脈など）に恵まれていないステップ（大草原）である。しかもその大部分は積雪が多いなどの苛酷な気象条件下にある。このような地勢的環境要因は、次のような考えをロシア人の心中に叩きこむ。大概のロシア人にとり、人生とは闘いの連続。生まれおちたときから過酷な自然、とくに長くきびしい冬や積雪と闘う必要がある。そして、闘いの勝負を決するのは、ジャングルの掟、すなわち〝力〟以外のなにものでもない、と。

ちなみに、ここでまったく個人的な体験に脱線することを許していただくと、筆者の一家は一九七〇―八〇年代、北海道の原始林跡の新開地に分譲住宅を購入して、移り住んだ。約十年間におよぶ雪降ろし、雪掻きなどの労働の過酷さに遂に音《ね》をあげて、札幌市内の小アパートへの逃亡（!?）を決意した。ところが、である。この北海道郊外での越冬生活も、モスクワでの二年間の留学中に経験した厳寒と比べれば、まるで「おままごと遊び」としかいえない穏やかなものだった。ダーウィンの唱えた適者生存の原則が他のどの地域にもまして妥当するのは、ロシアではないか――。こう思わせるに足る厳しさだった。

本論に戻ると、ロシアは平坦《フラット》な土地空間である。ロシアの詩人や文学者たちは、ロシアを「広大無辺な空間

(простор)」、または茫漠たる「虚無（пустота）」と名づける。[18] 欧米の専門家は、ロシア民族が「無防衛の大草原(defenseless step)」[19]に棲息していると感嘆する。ロシアは、必ずしも理想的な自然障壁に恵まれている国とは言いがたい。実際、数多くの異民族と人為的な地上国境で接している。そのような自然的要因も手伝って、ロシアは周辺の諸民族・国家とのあいだで止むことのない紛争、攻防、戦争の歴史を繰り返してきた。スウェーデン、ポーランド、モンゴルら夷狄《いてき》との闘いは、単にその一例にすぎない。二四〇年間もの長きにわたって「タタールの軛《くびき》」下に苦汁の生活を経験した。ナポレオン、ヒトラーに率いられる仏、独軍の侵入、占領……等々による被害も被った。ボリシェビキ革命後、「地上初めての社会主義政権」にたいする西側諸国の態度は冷たく、ソ連は長期間にわたって「二流国民」[20]並みのあつかいをうけた。たとえば一九一七年革命後の西側諸列強による「干渉」、一九二〇年代の「不承認」、三〇年代の「包囲」、四〇年代のヒトラーの「侵略」……等々。第二次大戦後も、「封じこめ」、キューバの「恥辱」[21]、米・日・中・NATOによる事実上の反ソ「包囲」網の形成などによって苦しめられた。

たしかにこれらの歴史的事件は、必ずしもソビエト政権を打倒する意図で起こされたり、敢行されたりしたものでなかったのかもしれない。しかしロシア人は、それにほぼ等しい行為として受けとめた。[22] このような歴史的経験からも、闘争こそが人生のふだんの姿であって、平和な生活はむしろ例外である。——このように考えるロシア的人生観がさらに強化されたように思われる。

「弱い者は打ちまかされる」（スターリン）

たとえばスターリンの演説中にみられる外部世界にたいする次のような被害者意識、敵愾心《てきがいしん》に満ちた言辞は、さぞかしロシア国民の共感を得る表現だったのだろう。スターリンは、一九三一年、社会主義工業活動家全国会議の席上で次のようにのべた。「立ち遅れた者は、打ち負かされる〔бьют〕。（中略）旧ロシアの歴史の一部は、なかんずくロシアの立ち遅れのためにたえず打ち負かされたことにある。蒙古の汗《かん》に打ち負かされた。トルコの豪族に打ち負かされた。スウェーデンの封建領主に打ち負かされた。ポーランド＝リトアニアの地主に打ち負かされた。イギリス＝フランスの資本家に打ち負かされた。日本の貴族に打ち負かされた。すべてこれは、ロシアの立ち遅れのためである。すなわち、軍事、文化、国政、工業、農業上の立ち遅れのためである」[23]。

ロシア人の特徴は、たんに彼らの多くが心中深く抱く劣等感や猜疑心ばかりに求められるのではない。一方的に「打ち負かされる」までは決して我慢しえずに、みずからも力をつけて相手を打ち負かそうと決意する。ロシア人は、この点で他の民族と大いに異なっている。スターリンも、右に引用した同一演説で結論する。「〔しかし〕われわれは、打ち負かされることをのぞまない[24]」のだ、と。

このような負けず嫌いのロシア人の国民的性格は、現プーチン期にも忠実に受け継がれている。たとえば二〇〇四年九月、北オセチア共和国東部ベスランの学校がチェチェン系過激派グループによって占拠された際に、プーチン大統領が語った言葉はその典型と言えよう。このとき同大統領は、人質たちの大多数（三八六名！）の生命が失われることなど全く構うことなく、特殊部隊にたいし学校内への突入を命じ、犯人グループを全滅させた。己がとった措置を正当化して、プーチン大統領がのべた次の科白は、あまりにも有名なものになった。すなわち、「弱い者は打ち負かされる〔слабых – бьют〕[25]」。改めて説明するまでもないだろう。同大統領は右に引用したスターリン演説中の言葉をよく憶えており、全く同一のフレーズを用いてロシア国民の共感を得ようともくろんだのだった。

ともあれ、ロシアの歴代の指導者たちはまさに〝力〟のおかげで自らトップの座にのぼり、かつ政権を維持しえてきた。対外的にはけっして打ち負かされなかったばかりか、逆に勢力圏を拡大しさえして、ロシアを一時は米国とならぶ大国へとのしあげることに成功したのだった。[26] 言い換えるならば、〝力〟以外のもの、たとえば思想、経済、文化、その他のソフト・パワーに頼るだけではロシアはけっしてそのような地位や影響力を獲得しえていなかったことだろう。

右に略述したような地理的、歴史的な諸事情によって、多くのロシア人のあいだでは次のような意識が生まれ、今日なお存在する。ロシアは周囲を外敵によって取り囲まれており、その事実を意識して自己防衛につとめる必要がある。さもないと、いつ何時であれ外敵によって攻撃されて「打ち負かされる」危険に見舞われるかもしれない、と。

マルクス・レーニン主義が交渉「闘争」観を補強

第三に、マルクス・レーニン主義思想の説く影響も大きい。たとえば帝政時代にも遡《さかのぼ》って大概のロシア人の心中深くに滲み込んだ被包囲意識は、共産主義イデオロギーによってさらに増幅させられた。こうみなして、間違いなかろう。ジョージ・ケナンは、次のように記す。「〔マルクス・レーニン主義の〕イデオロギーは教えた。外部の世界は悪意に満ち満ちている。したがって、究極的にはロシア国境外に存在するすべての政治諸勢力を打倒すること――。これが、クレムリンの指導者たちにとり神聖な義務とならざるをえない。そして、ロシアの歴史と伝統はこのような感情を維持し、増強することに貢献した[27]」。実際、レーニンも叫んだ。「ロシアは諸列強によって〝包囲された要塞〔осаждённая крепость; besieged fortress〕〟である[28]」、と。

マルクス・レーニン主義は、改めて説くまでもなく、ソ連時代のロシア人、とくにその指導者層やエリートたちに、世界の森羅万象を「階級闘争」というレンズを通して見るよう教えた。つまり、マルクス・レーニン主義は、「人生を闘争の連続」と見なすロシア人の伝統的な思考を破壊するどころか、補強する方向に作用したのである。カール・マルクスも、『共産党宣言』のなかで記した。「共産主義者は、これまでの一切の社会秩序を力でもって〔gewaltsam〕転覆することによってのみ、己の目的が達成されることを公然と宣言する」[29]（傍点、木村）。レーニンも、何度も引用するように「クトー・カボー（誰が誰をやっつけるか）」――これこそが、政治というものの真髄であると教えた。レーニン、スターリンにはじまりプーチンにいたるまでのロシアの歴代政治指導者たちのどの著作や演説集をひもといてみても、そこに一貫してみられるのは〝力〟ないし「〝力〟の相関関係」が政治、外交、交渉を基本的に決定するとの考えである。この考え方は、改めて言うまでもなく、マルクス・レーニン主義イデオロギーの中核をなす階級闘争史観と密接不可分の関係にある。

少なくともソ連時代に公定イデオロギーとされたマルクス・レーニン主義思想は、ソ連期の政治家、外交官、交渉者たちの頭脳に次の三つのことをたたきこみ、信じこませようとした。（1）全世界は、資本主義と社会主義（もしくは共産主義）というけっして互いに相容れない二つの体制によって分かたれ、互いに激しく対立している。（2）ソ連の対外行動は、マルクス・レーニン主義が説く社会発展、階級闘争、国内外の「〝力〟の相関関係」の法則にしたがって決定されねばならない。（3）社会主義陣営の最終的勝利は、あらかじめ決定済みの自明の理である。とはいえ、その過程をスピード・アップするための有効な手段の一つとして、交渉という行為が活用される必要がある。

右の三点は、すべてのソビエト公式文書中で些かも隠されることなく、公言されていた。先に引用した二つの権威あるソビエト文献も、その例外ではない。すなわち、ゾーリン著『外交勤務の基礎』は、外交一般を対外政策の平和的方法による実現と定義したすぐ後に断言した。「ソ連外交の理論的基礎は、社会的発展、階級闘争の法則、国の内外の力関係にかんするマルクス・レーニン主義にもとづくべきである」[30]。また、グロムイコ監修『外交辞典』も、外交的交渉を係争問題の平和的調整と定義した直後に、次の言葉をつづけていた。交渉とは、「社会主義外交の本質に合致した」外交的方法である。[31] それは、「労働者の利益となるように」国際的状況に影響をあたえる「新しいタイプの[32]」外交的技術の一つである、と。

右を要約すると、次の諸点となろう。①ソビエト式交渉は、西側ブルジョア諸国がおこなう交渉とはまったく異なる「新しいタイプ」の交渉の方法であり、技術である。②それは「社会主義外交の本質」に合致せねばならず、「労働者の利益」に反するものであってはならない。③ソビエト式交渉とは、このような制約条件がつけられ、これらの目的に奉仕するための手段に他ならない。

――以上説明した、ロシア指導者に顕著にみられる〝力〟重視の三つの背景、すなわち地勢的要因、歴史的体験に由来するロシア的国民性、そしてマルクス・レーニン主義――これらは、ソビエト政権が公式に記していたことと全く矛盾しなかった。実際、ソビエト文献は、〝力〟の重視の理由としてマルクス・レーニン主義の教義ばかりでなく、民族的、歴史的な二要因が重要であることを率直に公認しているからだ。たとえばゾーリン著『外交勤務の基礎』は、記す。「ソビエト外交活動の理論的基礎は、おのおのの国、おのおのの集団、おのおのの大陸の発展における民族的、歴史的特殊性を考慮に入れた、国内的、国際的、社会的な〝力〟の相関関係に存する[33]」（傍点、木村）。

交渉は戦争の継続とみなす

ロシア人は、交渉を一種の「闘争」とみなす。だが、このような筆者の説明はまだ控え目過ぎるものだったのかもしれない。というのは、ロシア人は、外交や交渉を平時における「戦争（war）」とさえみなしている。このように説く欧米の観察者も存在するからだ。そのような見方を紹介しよう。

彼らの或る者によると、たとえばマキシム・リトヴィーノフの発言にその考え方がはっきりとあらわれているという。リトヴィーノフは、スターリン下で外務人民委員（ソビエト期の外務大臣の名称）をつとめたソ連の政治家である。そのようなリトヴィーノフは、自身の伝記執筆者コーネフに向かい、まず次のように語った。「ソビエトの外交官たちは、戦時に赤軍が果たすべき任務を、平時に遂行しようと試みるのだ[34]」。さらに言葉をついで、元外相は己が言わんとするところを明らかにした。「すなわち、〝戦争とは他の手段による政治の継続〟と説くドイツの軍事戦略家クラウゼヴィッツの有名な言葉があるが、私が言わんとするところは彼の言葉をまさに逆さまにしたものである[35]」。

たしかに、リトヴィーノフの表現は穏やかではない。だが、ロシア流交渉観の神髄を極端な形で明快に表現したものと言えるだろう。つまり、リトヴィーノフ式思考の要諦は、政治、外交、交渉、戦争、これら全てをいわば同一線上でとらえている点にある。これらのどれも、人間の人間にたいする闘争の一形態に他ならない。或るものは軍事力を用い、他は軍事力を用いないという差があるだけで、政治も戦争も、そして外交も交渉もすべて苛烈なる闘いであり、同一目的を達成する手段という点では全く変わりはない。

このように考えると、実はリトヴィーノフとクラウゼヴィッツとのあいだにさほど大きな違いはないように思える。というのも、クラウゼヴィッツ自身も次のように記しているからである。外交、交渉、戦争――これらは「それだけで独立に存在するものではない[36]」、と。現ロシアで数少ない交渉研究家の一人であるマリナ・メーベデェワ（モスクワ国立国際関係大学研究員）も、ロシア人は「いかなるコストを支払っても勝利を目指そうとする闘争観の持ち主である[37]」ことを、率直に認める。

右にのべたことをやや異なったやり方で再度説明してみよう。ロシア人は交渉を、欧米人たちと必ずしも同一の眼で眺めていない。すなわち、同一テーブルに向かい合って坐り、討論や駆け引きに従事する行為という狭義の視点だけから捉えようとしない。むしろ、国家目標の達成というより大きな文脈で、武力の行使、その脅し、煽動、買収といった行為と同様の手立てと見なす。[38] ジェームス・ワッズワースものべる。「共産主義者たちにとって交渉とは、究極的には相手側を全面的に敗北させることを目的とする大戦略の一部分〔part of a grand strategy〕にすぎないのだ[39]」。

この場合の国家目標とは、対外的なものばかりでなく、対内的目標をも含む。たとえばゴルバチョフは、対米軍縮交渉で大胆なイニシアチブをとるなど対外的に数々の譲歩をおこない、それまでソ連流の守旧的かつ強硬な外交ばかりに慣らされていた全世界の人々を吃驚させた。ソビエト指導者としてまるで例外的存在以外の何者でもないかのように映るゴルバチョフのこのような対外的交渉行動も、しかしながら、よく見てみると実は内政上の必要に促されたものだった。すなわち、「ペレストロイカ（立て直し）」という国内目標を達成するためには是非とも平和的な国際環境、なかんずく米国との良好な関係を構築する必要があるという事情に起因するものだった。換言すれば、それは飽くまでも戦略的視点からも捉えられるべき対外行動に他ならなかった。[40]

〝力〟の相関関係を測る――誰がより強く、誰がより弱いか

右にのべてきたことを、やや異なった角度から再度説明してみよう。ロシア人は、もっぱら他者が自分に比べより大きな〝力〟を持っているか否かという観点から人間関係を捉えようとする。言い換えるならば、ロシア人は人間を互いに平等な存在とは見なさず、その代わりに己に比べて彼がより上位か下位かといった「階層制（hierarchy）」のレンズで眺めがちなのである。ロシアの文豪チェーホフの『でぶとやせた男』は、この関連でしばしば引用される短編小説である。かつて中学時代に級友だった二人が数十年の星霜を経て偶然再会する。彼らは、最初のうちこそ懐かしさのあまり眼に涙をいっぱい浮かべながら接吻を交わし合っていた。ところが偶然のことから、「やせた男」の方が八等官で、「でぶ」は三等官でしかないことが判明した。その瞬間に、前

者は真青になって気をつけの姿勢をとり、後者にたいし「閣下」と呼びかけはじめた。それまでの同窓生としての対等な人間関係を、一瞬にして上下関係へと変更させたのだった。[41]

ロシアの国内社会は、支配―服従関係を基軸とする階層的秩序から成立っている。これは、多くの研究者によってロシア社会の特徴として指摘されている。[42] しかも、ロシア人は国内でのそのような見方をしばしばほとんど自動的に対外関係へ投影する傾向をしめす。国際社会もまた階層的秩序から形成されているものと認識し、それに見合う交渉行動をとりがちである。そしてロシア人は、そのような階層的秩序を決定する最重要要素が〝力〟の多寡であると考えるのである。

では、そもそも〝力（сила）〟とは、いったい何か？ 〝力〟は眼に見えない相対的なものであり、かつ時の経過に伴って変化する。したがって、交渉当事者は常に交渉相手の〝力〟を注意深く測り、かつテストする必要がある。[43] 米国の文化人類学者のジェフリー・ゴーラーは指摘した。「ロシア人のあいだでは権力を重視する趨勢と並んで、権威をテストしようとする傾向が明らかに存在する。もし権威が堅固なものとしてテストにパスしなければ、大抵のロシア人によって権力がないかのように判断され、軽蔑される」[44]、と。『ニューヨーク・タイムズ』紙の元モスクワ支局員、ヘドリック・スミスも記した。「ロシア人にとり本能的に生じる問いは、誰がより強く、誰がより弱いかということ。本来、いかなる関係も、力〔strength〕のテストなのである」[45]（傍点、木村）。

ロシア人は、相手側が自分に比べてより多くの〝力〟をもつ強い存在であることが分かると、退却することを躊躇しない。だが逆であることが判明する場合には、唯、前進あるのみ。拡張に次ぐ拡張をつづけようとする。この点で、ロシアの対外的行動様式は、アメーバのそれに似ている。アメーバは抵抗のより少ない方向へ向かって本能的に膨張運動を試みる。ボリシェビズムの創始者、レーニンも、次のように勧めた。「君が鉄にぶち当っていることが分かれば、退却せよ。〔しかし逆に、〕とうもろこし粥〔のような柔らかいもの〕を打っていることが分かれば、どんどん打ち進むように」[46]。一九六二年、フルシチョフがキューバにソ連製ミサイルを持ち込もうとしたのは、それまでのジョン・F・ケネディとの個別会談から得た印象によって、フルシチョフが米大統領を「優柔不断で」「バックボーンのない」男と見くびっていた事実と関連していたと言われる[47]。しかしケネディが予想外の指導力と決然たる意志をしめした時、フルシチョフはたじろぎ、撤退止むなしと判断した。

武力を用いない闘い

自分の〝力〟、とりわけ軍事力が不足であり戦争しえない場合には、交渉するしか他に適当な術なし――やや誇張覚悟でのべるならば、これがロシア式交渉観の根底にある考え方と言えるだろう。英国の外交官兼外交史家のハロルド・ニコルソンが記している次のエピソードは、このことを裏書きする。ウィーン会議の停滞――往年の名画『会議は踊る』を想起されたい――にすっかり業を煮やしたロシアの一将軍は、つい本音を洩らした。「われわれの側に、もし六〇万の武装した部下でもいるのならば、交渉といった七面倒くさいことに従事する必要など全くないのだが[48]」。

右のようなロシア式交渉観を、アメリカの専門家たちは、「交渉による闘争 (struggle by negotiation)」、あるいは「交渉による戦争 (war by negotiation)[49]」と名づけている。ここでは呼び方などどうでもよかろう。欧米流交渉観と比べるとかなり異なったものであることが分れば、十分だろう。英国元駐ソ大使、ウィリアム・ヘイターは、次のように記す[50]。「ロシア人たちは、つねに勝利を目指して交渉する。交渉の正しい目的は、本来、相手を打ち負かすことにではなく、互恵的な協定に到達することにあるはずだ。ところが、彼らはけっしてこのような考え方を思いつかないように見うけられる」。同大使がつづけて記す。本来「交渉は、勝ち負けを決める戦いではなく、もっと慎重、真剣なものなのだが」。

ジョン・F・ケネディ大統領の交渉観を例にひこう。一九六二年、キューバ危機の真っ只中のことである。外交とは「毎日、誰かが勝つか、あるいは負けるかのフットボール[51]」のようなものである――。ディーン・ラスク国務長官は、ついうっかりこのような感想を口にのぼせた。すると、ケネディ大統領は直ちに次のようにのべて同国務長官の態度をたしなめた。「交渉とは、勝利、あるいは敗北を導くコンテストなのではない[52]」。たとえ一見するかぎりまったく終わりが見えず、要領もえない話し合いを延々とつづけていようとも、それは戦闘するよりははるかにマシなのである、と。実際、たいていの成功した外交とは――ケネディによれば――ドラマチック（劇的）なものでなく、むしろダル（退屈）な性格のものが多かった[53]。

このような基本的な交渉観から、ケネディがキューバ危機で何よりも腐心したことの一つは、宿敵フルシチョフにたいし出口を完全に閉ざしてしまうことによってソ連が屈辱的な完敗結果におちいらないように配慮することだった。たとえばケネディにたいして或るアドバイザーが、フルシチョフに対して「すべてのソ連軍を六〇日以内にキューバから撤退させる」よう公的に要求すべきであると提案したとき、ケネディは即座にこの提案をしりぞけて、次のようにのべた。「今回の危機の処理から私が学んだのは、けっして最後通牒を突きつけてはならないということだった。相手側を恥をかく以外に逃げ道がないような窮地へと追いこむのは愚策とみなすべきである[54]」。

ロシア人の交渉観に話を戻すと、交渉を左右するものは、何にも増して〝力〟である。何度も繰り返すが、これこそがロシアの政治家や外交官の基本的な考え方と言ってよい。欧米諸国で対ロ外交交渉の実務経験をもつ者や観察者たちは、口をそろえてそのように証言する。たとえば、ヘイター英大使はのべた。「ロシア人は、スターリンが外交政策の基礎と呼んでいたもの、すなわち力〔force〕の計算に依拠する」[55]（傍点、木村）。

また、ジョン・ディーンも、全く同様の観察を記している。彼は、ソ連が連合国側だった第二次大戦中に米国の駐ソ軍事代表を務めた人物。その経験をもとにして、彼は『奇妙な同盟――ロシアとの戦時協力をめざした我々の努力の物語』（一九四六年）という題名の書物を出版した。「奇妙な同盟」とは、ヒトラー・ドイツに対する共闘の必要上やむなく成立した第二次大戦中での米・英・仏などとソ連との連合を意味する。同書のなかで、ディーンは次のようにのべた。「ソビエト指導者たちは、力〔strength〕のみを尊敬する、と私は確信している」[56]。次いで、「われわれは、力のみに応える人々と交渉しているのだ」[57]、と書き加えた（傍点ともに、木村）。

さらに、米国のジェラルド・L・スタイベル教授も、中ソ両国の交渉行動をくわしく研究した著書『いかにすれば共産主義者たちと交渉しうるか』（一九七二年）で、次のように結論した。共産主義者たちと交渉するさいには、「交渉が国家の力〔strength〕の函数である」[58]（傍点、木村）ことを、けっして忘れるべきではない、と。

――以上くどいほど強調したように、ロシア人は、国内においても国際場裡においても、〝力〟こそが人間、集団、国家間の関係を決する最重要ファクターであるとみなす。強い力を尊重し、逆に弱い力を蔑視する。ここに、「力すなわち正義なり（Might is right）」という権威主義的な考え方が発生する土壌が存在する。パーベル・リトヴィーノフは、『ニューヨーク・タイムズ』紙のモスクワ特派員、ヘドリック・スミス記者に対して次のように語ったという。ついでながら、パーベル・リトヴィーノフとは、さきに引用したスターリン期の外務人民委員だったマキシム・リトヴィーノフの孫である。「〔ロシアでは〕指導者も一般市民も、同じ専制主義的精神構造を持っていることを、あなたがたは理解すべきだ。ブレジネフも、一般市民もいずれも、力こそ正義〔might is right〕と考えている。それだけの話だ。イデオロギーの問題ではない。たんに権力〔power〕の問題なのだ」[59]。

ロシア人は強い指導者を崇拝

ロシア人は、人間、とりわけ指導者にかんしても同様の見方をおこない、〝力〟をもつ人間を尊敬する一方、〝力〟のないリーダーを蔑視しがちである。ロシア語には、「クレープキイ・ハジャーイン（強い主人）」という表現があり、〝力〟の強い支配者を尊ぶ風習が顕著であり、そのような習慣は今日にいたるもまったく変わっていない。たとえばドミートリイ・サイムズは、ロシアには間違いなくそのような傾向が認められると、米議会公聴会の席上で明言した。サイムズは、ソ連アカデミー付属「世界経済・国際関係研究所（IMEMO）」のエリート所員だったが、米国へ亡命し、現在「ニクソン・センター」所長を務めているものの、ロシア贔屓《びいき》の立場を捨て切れていない人物である。そのような経歴のサイムズは、のべた。「ロシア人は、権力を尊敬する伝統をもっています。弱いこと、親切なことは、指導者にとり不適当な資質とみなされます」[60]。

たとえば早い話、ロシアでは常にフルシチョフよりもスターリンのほうが圧倒的な人気を誇る政治指導者と見なされ、崇められている。これは、両者の思想から判断するかぎり、容易には理解しえない現象である。というのも、フルシチョフは、レーニンの「前衛」第一主義、スターリンの「カードル（幹部）」優先政策を改め、わずかながらも「人民」にたいして政治参加の途を開こうとした「ポピュリスト」だったからである[61]。それゆえに、ソ連の民衆によってもっと感謝されて然るべき支配者のはずだった。だが、そのような見方は、ロシア人の非合理的かつ複雑な思考を全く理解しないアウトサイダー（部外者）が抱きがちな素人考えと評さざるをえない。まず一般的に言って、大衆は自分たちの許へ降りてきて親しく握手したり愛嬌をふりまいたりする庶民的なポリティシャン（政治屋）タイプの指導者を尊敬するとはかぎらない。むしろ反対に自分たちを圧倒し、己から隔絶し超然としているステイツマン（為政者）のほうを崇める傾向が著しい。また、実際、フルシチョフはキューバ危機（一九六二）でドジを踏んで屈辱的な敗退をとげ、全世界に醜態をさらした。ところがスターリンは、大祖国戦争に勝ちぬき、ソ連の栄光を全世界に知らしめた〝偉大な「頭領（вождь）」〟なのだ。「なぜ、スターリンは、労働者や農民のあいだで隠れた人気をもちつづけているのか」。こう尋ねたスミス記者にたいしてソ連の或る作家は次のように答えた。「スターリンは、〝ナロード〟つまり人民大衆の心をしっかりつかんでいる。大衆は、スターリンが国家を建設し、戦争を勝利に導いたとみなしている。現在彼らの眼には、農業、工業、経済機構のあらゆる部分でも混乱が起き、そして、それが際限なくつづいているように見えている。スターリンのようなタフな統治者がいた時代には、こんなことは起こらなかったはずだと、彼らは考える。当時もまた事態はうまくいっていなかったことを、大衆はすっかり忘れている。私たちが支払った恐ろしい代償をすっかり忘れ去っているのだ[62]」。

大衆ばかりではない。大衆から身を起こしたロシアの指導者やエリートたちでさえも、〝力〟をもつ強い人間を重んじる。たとえばジョージ・ケナンは、『回想録』で、「ロシアの統治階級は、強者のみを尊敬する[63]」と記す。フルシチョフ自身も、『フルシチョフ　最後の遺言』で正直に語った。己の交渉相手だった米国大統領二人のうち、どちらかと言うと彼個人はアイゼンハワーよりもケネディのほうを尊敬する、と。その理由は、アイゼンハワーが「善良な人間ではあったが、頑強さ《タフ》がなく」、要するに「弱い（weak）」大統領だったからである。フルシチョフは、キューバ危機のさい彼が真正面から対決した相手、ケネディをむしろ「尊敬し」、彼が凶弾に倒れたとき「心からの哀悼の意を表明した[64]」。

最近の政治家たちを例にとって話をつづけるならば、プーチン大統領は米国の二人の大統領にたいする自身の好悪を全く隠そうとしていない。すなわち、バラク・オバマを知的とはいえ、政治・外交では駆け引き下手な「弱い人間（слабак）[65]」とみなして、内心軽蔑し、じっさい彼を散々翻弄しさえした。他方、知的能力ではオバマに劣るかもしれないが、動物的な駆け引き能力をもち、かつ予測不可能性を身上とするドナルド・トランプにたいしては、プーチン大統領は一目も二目も置いているように感じられる。

強い国家を重視する

人間について当てはまることは、人間の集合体たる国家にかんしても当てはまる。ロシア人は強大な国家を重視し、弱小国を軽視しがちな傾向をしめす。スミス記者は著書『ロシア人』で、次のような体験談を紹介している。或る昼食会の席上、同記者にスウェーデンの外交官はのべた。ソ連当局は、スウェーデンのような中規模国家を代表する自分たちにたいして傲慢な態度をしめしがちであるとして、語った。「ロシア人は、あなた方アメリカ人を敬意をもってとりあつかっています。というのも、あなた方は、力〔power〕をもっており、言葉の背後になにかがあるからです。ところが、ロシア人はわれわれをけっしてそのようにはとりあつかおうとしません。われわれは強くないからです。われわれは小さな国だからです[66]」(傍点は、原文で強調)。

スウェーデン外交官による右の発言は、中小国の被害者意識にもとづく単なるひがみにすぎない――。われわれは必ずしもこう判断すべきではないように思われる。他ならぬフルシチョフの言動が、この外交官の言葉を見事に裏書きしたからである。フルシチョフ第一書記がたとえば一九五九年に米国訪問の招待状を受け取ったとき、彼は既にスウェーデンをふくむスカンジナビア諸国からの訪問要請を受諾済みだった。「礼儀上からは、とうぜん、先約のスカンジナビア諸国のほうを優先すべきはずだった[67]」。にもかかわらず、フルシチョフは、結局、米国訪問を優先した。なぜか。それは、フルシチョフ自身が『最後の遺言』のなかで率直に認めているように、「アメリカは、私の頭のなかや世界観のなかで特別な位置を占めていた[68]」からだった。なぜそうなのか。自問自答して、フルシチョフは正直に記している。「アメリカの実力というものは、決定的な重要性をもっている。だから、われわれとしては、わが国の権威を代表すると同時に、交渉の相手方にも同等の敬意を払わなくてはならないのだ」[69]（傍点、木村）、と。

一九七七年春の漁業交渉

ロシアは、対外交渉で〝力〟重視の傾向を赤裸々にしめして一向に恥じるところがない。このことを証明する具体的な一例として、一九七七年春の日ソ漁業交渉を紹介しよう。[70] 一九七六年からはじまった所謂「二〇〇カイリ（海里）時代」の到来によって、ソ連自身も甚大なる影響を被った。一九七六年を例にとると、ソ連は、約九〇〇万トンという総漁獲高のうち、六〇〇万トンすなわち六〇％以上を己の二〇〇カイリ水域外で水揚げしていた。日本の同じく約九〇〇万トン中三六〇万トン、すなわち約三六・五パーセントをも上回る比率だった。要するに、二〇〇カイリ法の実施によってソ連は日本以上の被害が及ぶことになった。

ところが他方、漁業以外の側面も考慮に入れると、ソ連は必ずしも二〇〇カイリ法の一方的な被害者とはならなかった。なぜならば、ソ連は、日本とならぶ漁業大国であると同時に、米国とならぶ二大海軍国でもある。そして、漁業権益にも増して軍事戦略的利益の確保を重視する国だからである。[71]

二〇〇カイリ漁業水域は、よく知られているように、当初、中南米らの中小諸国によって強力に主張されていた。ところが一九七六年になると、米国、ソ連、欧州共同体（ＥＣ）などは、続々とそれまでの反対の態度を転換し、むしろ率先して二〇〇カイリ水域設定に踏みきる決定をくだした。この方針急転換の背後には、ソ連をふくむ大国による次のような意図が働いていた。すなわち、二〇〇カイリ漁業水域を承認する代わりに、[72] 急進的な一部沿岸諸国による領海拡大の要求を抑え込もうとする狙いに他ならなかった。領海は、領土の延長である。沿岸国は、外国の船舶にたいして無害航行権をあたえることを除けば己の意志を自由におよぼすことができる。そのような性質の領海が三カイリから一二カイリへと拡大される場合、米ソの軍艦の機密性と行動の自由はいちじるしく阻害されることになろう。[73] もしそうなったら、米ソのような軍事大国にとって問題はもはや「魚」だけの騒ぎではなくなる。

右のような海洋戦略上の考慮から、クレムリンは二〇〇カイリ法の設定それ自体にかんしては、もはやさしたる抵抗をしめすことなく順応することに態度を決した。ところが、東京政府はそのようなソ連側の方針転換を事前に十分予想することなく、次のように考えて高をくくっていた。ロシアは日本とならぶ遠洋漁業国であるので、二〇〇カイリ水域の設定をよもやそんなにスムーズかつ迅速に認めるはずはない、と。それやこれやの事由から二〇〇カイリ宣言布告後のソ連は、日本にかんする関係にかぎって言うと俄然優位にたつことになった。なぜか。ソ連が日本の二〇〇カイリ水域内で捕っている魚は、五〇―六〇万トンでしかなかった。それに比べて、日本がソ連の二〇〇カイリ水域内で水揚げしている漁獲量は――「北方領土」水域をふくめると――その約三倍の一五〇万トンにものぼったからだった。[74]

日ソ両国間では、このような違いがある――。この事実を熟知していたクレムリンは、「強者としての立場」から日ソ交渉に臨み、それを己の政治的な目的達成のために利用しようともくろんだ。そもそも日ソ間で漁業交渉を必須としているのは、日本である。日本が欲すればこそ、ソ連は交渉に応じてやるのだ。少なくともこう言わんばかりの上から目線の態度をとった。たとえばユーリイ・バンドゥーラ（ソビエト政府機関紙『イズベスチヤ』の東京特派員）は、当時、次のように記した。「交渉は、日本側の願いによってはじめられたはずである。それにもかかわらず、日本側は一向に迅速かつ実りあるやり方で交渉を進めようとしない」。[75] 同特派員は、一カ月後の『イズベスチヤ』紙上でもほぼ同趣旨の主張をくりかえした。「周知のごとく、これらの会談は日本側の希望によってはじめられており、もし東京が建設的なアプローチをしめしていたならば、同交渉はとっくの昔に成功裡に終わっていたはずなのだ[76]」。

交渉が長引くばあい被害を受けるのはロシア漁民ではなく、日本漁民である。ソ連側は、このことを折りにふれ日本政府に分からせようと試みた。たとえばモスクワ放送は、日本語で次のように報道した。「大多数の日本漁民は、いま大変困った立場にある。彼らは、長引く漁業交渉を後悔し、不満を感じている。当然だろう[77]」。ユーリイ・アフォーニン（「モスクワ・ラジオ」評論員）は、ソ連優位の立場を誇張して、次のようにさえ断言した。「今日の世界で日本はソ連との善隣関係を模索する以外に他の選択肢をもたない[78]」。

彼我によこたわる〝力〟関係の違いを交渉の根底に据えようとするソ連の基本的態度――。それにたいして、日本側は、一九七七年春の日ソ漁業交渉で、対照的な交渉態度をとった。つまり、日ソ両国はともに「二〇〇カイリ法」の被害者の立場にあるのだから、ソ連側は日本側の状況にもう少し同情があって然るべしではないか――。東京政府は、このような「甘え」の態度をあらわにした。その種の「甘え」の存在ゆえに、日本側は次のような基本的なことすら暫くのあいだ思いつかず、実際そのことを急いでおこなおうとしなかった。すなわち、日本もまた海洋二法、すなわち二〇〇カイリ経済水域および一二カイリ領海にかんする二法律を迅速に制定し、少なくともソ連側と同じ土俵のうえで交渉することを可能にする作業である。

第3章

プーチンの交渉観

弱い者は打ち負かされる

INF（中距離核戦力）全廃条約に署名するゴルバチョフ書記長とレーガン大統領（1987年12月8日、ホワイトハウス。Wikicommons）

世界中で、ロシアには二つしか信頼できる同盟者はいない。わが国の陸軍と海軍だ。

——**アレクサンドル三世**(1)

プーチンの闘争史観

〈交渉を闘争とみなす〉。これこそは、現ロシア大統領、ウラジーミル・プーチンの人生観にぴったり合致する考え方と言えよう。プーチンは、二〇〇〇年にロシア大統領に就任以来、すでに十八年以上にわたりロシア内外政策の決定者である。二〇一八年三月の選挙でも再選を果たしたので、彼は、少なくとも二〇二四年五月までロシア大統領ポストの座に坐りつづける。よほど不測のハプニング（急病、交通事故、暗殺など）が起こらないかぎり、そうである。「プーチノクラシー」はブレジネフ政権の十八年間を抜いて、スターリン政権の約三十年間に匹敵する長期政権となるだろう。

ちなみに言うと、筆者個人は次のようにさえ予測する。たとえ二〇二四年五月になっても、プーチンは自発的に権力の座からけっして降りようとしないのではないか、と。というのも、彼が次のようなやり方に訴える可能性を完全に否定し切れないからだ。一は、己の傀儡になる人物を大統領ポストにつけて、自身が彼（または彼女）を背後から操《あやつ》ろうと試みる。すなわち、第二の「タンデム（双頭）政権」、もしくは「鄧小平型」統治のシナリオである。二は、ロシア憲法を改正し、みずから「三期連続して」大統領ポストに留まろうと試みる。すなわち、「習近平型」統治シナリオである。

二〇二四年以後にプーチンが、果たしてどのような便法に訴えて権力の座に留まろうとするか。いまこの問題を論ぜずとも、変わりないことがある。それは、プーチンが現時点でかってのスターリンのそれにも近いオールマイティー（全能）の権力を掌握し、ロシア国民の尊敬ならびに畏怖の対象になっている事実である。プーチン直近の側近たちは彼にたいし「ボージド（вождь）」の称号すら献上しはじめた[2]。その好例は、マルガリータ・シモニアンである。シモニアンは、現在、ロシアの対外的宣伝を任務とする英語テレビ局「ＲＴ」の編集長をつとめる人物である。プーチンが第四期目の大統領ポストを確実にした二〇一八年三月十八日の夜、彼女は自身のツイッターに書き込んだ。「これまでのプーチンは単に交代可能な大統領の一人にすぎなかった。ところが今や、彼はわれわれの〝ボージド〟となり、代替不可能な存在である」[3]。

シモニアン編集長が言おうとしているのは、プーチンが法を超え、余人をもって代え難い指導者の地位に昇りつめたという事実に他ならない。ちなみにこの発言は、ビャチェスラフ・ヴォロジン(当時、大統領府第一副長官、現在、下院議長)がのべた有名な言葉を憶い出させる。ヴォロジンは、既に二〇一四年時点で喝破していた。「今日、プーチンなしにロシアは存在しない[4]」、と。「ボージド」は、英語や日本語には適訳をみつけにくいロシア語である。「指導者」、「国父」、「独裁者」……。どれもピッタリしない。部族の頭領、戦時指導者というニュアンスも含まれている。敢えて言うと、ヒトラーに限って用いられたドイツ語の「フューラー(Fürer、総統)に近く、かつてはスターリンに限って用いられていたロシア語である。

現プーチン大統領の権力が、果たしてかつてのスターリンのそれに近いオールマイティーのものなのか、否か。このことに関係なく、同大統領が少なくとも二〇二四年までのあいだロシア政治のナンバー・ワンの地位に君臨することは、間違いなかろう。だとするならば、そのような彼の人生観、世界観、なかんずく交渉観を知っておくことは、決して無意味でない。いや、国際政治に関心をもつ者全員にとり必要不可欠なことだろう。以下、かなりの紙幅を費やしてプーチンについて詳述する所以《ゆえん》である。プーチノクラシーを動かしている信条やイデオロギー。これを、仮に「プーチニズム(プーチン主義)」と名づけるならば、その具体的な内容や特色とは、いったいどのようなものなのか?

数多く出版されているプーチン論のなかでも出色の『ミスター・プーチン』(二〇一三年)で、同書の共著者のフィオナ・ヒル(英国出身)とクリフォード・ガディ(米国人)の両人は、右の問いにたいして興味ある見方を提示している。プーチンは「生存（サバイバル）」志向メンタリティーの持ち主、すなわち「サバイバリスト」である、と。[5]彼ら英語のネイティブ・スピーカーによると、まず「サバイバー（survivor）」と「サバイバリスト（survivalist）」は、ニュアンスを若干異にする言葉であるという。前者は唯たんに生き残った者を意味するのにたいして、後者は何としてでも生き残ろうとする積極的な努力を意識しておこなう人間を指す。このような区別をおこなったあとで、ヒル＆ガディはプーチンは紛れもなく「サバイバリスト」の典型であるとみなす。

プーチニズムを貫く一本の赤の糸とすらみなしてよいプーチンのサバイバル本能ないし特徴――。では、これはいったい何に由来しているのか。こう尋ねられるならば、それはまずプーチンの出自や幼年時代の経験と密接に関わっていると答えうるだろう。説明しよう。プーチンは貧しい家庭に生まれ、共同住宅内の広さ僅か二〇平方メートル（六坪強）の一部屋に両親と三人で暮していた。台所、トイレは他の家族と共用。浴室はなかった。息がつまりそうな狭くて窮屈なワンルームの生活を逃れて、プーチン少年が余暇のほとんどの時間を過したのは、街頭、すなわちロシア語で〝ドヴォール（通り）〟と呼ばれる空間だった。[6]

弱肉強食の世を生きぬく

ところが、少なくとも当時のレニングラード（現在、サンクト・ペテルブルク）の〝通り〟は、ボロージャ（ウラジーミル・プーチンの愛称）にとり「ジャングルの掟《おきて》」が支配する世界だった。[7]力をもっている者が発言力を持ち、幅を利かせ、縄張りを仕切って、支配する。逆に弱い者は、強くなる以外に「サバイバル」する術《すべ》が残されていない。このようにいわば弱肉強食の生存競争に伍してゆくために、ボロージャは単に口頭もしくは小手先の遊泳術や世渡りの巧みさに頼るだけでは、十分でなかった。というのも、プーチンはロシア人としては小柄（成人した今日でも身長は一六八センチメートル）[8]であり、かつ少なくとも幼少時は細身で、貧弱な肉体の持ち主だったからである。つまり、腕力では他の少年たちに比べて著しく見劣りがし、じじつ、〝通り〟では肩身の狭い思いをするばかりか、いじめられる存在だった。

ボロージャが格闘技に興味をしめすようになった理由は、おそらく右にのべたような彼の脆弱だった身体的条件と関係していたにちがいない。同少年の小・中学校時代の担当教師の一人、ヴェーラ・グレーヴィッチ女史は、プーチンが大統領になったあと、教え子、プーチンについて二冊の回想録を出版した。[9] そのような女史は断言する。「ボロージャは、自分の身を守るために格闘技を学びはじめたのです」[10]。プーチン自身は、己が格闘技に興味をもった理由を、彼の公式伝記『第一人者から』（二〇〇〇年）のなかで次のように率直に語っている。「中庭や学校で一番になるには、けんか好きだけでは十分でないことが明らかになった途端に、私はボクシングを習うことに決めた。ところが、鼻を折ってしまったので、ボクシングをやめた」[11]。プーチンは、次いでサンボ（柔道とレスリングを合わせたようなロシアの伝統的な格闘技）、そして柔道へと関心を移していった。[12]

自分が十三歳（小学校六年生、一九六五年）の時に柔道を習いはじめた動機について、プーチンは、小林和男（元NHKモスクワ支局長）とのインタビューで次のようにのべている。「私は、子供の頃〝通り〟で育ちました。〝通り〟には独特の厳しい掟がありました。何か揉め事が起きたときには摑み合いの喧嘩なのです。そしてはっきり言えば、強い者が正しいということになるのです。その頃の私のまわりの世界でいい顔をするために、私はいろいろな方法で体を鍛えようとしました。小柄でしたから……柔道に辿りついたわけです」[13]。

ボロージャ少年がレニングラードの〝街頭《ストリート》〟体験から学んだサバイバル哲学がいわば原点となって、プーチンの処世訓もしくは人生哲学が形成されていった——思い切って言うと、これが、筆者の大胆な仮説である。この推測を確認する発言を、プーチン自身がおこなってくれている。プーチン伝の著者であるロシアのジャーナリスト、オレグ・ブロツキイとのインタビューのなかで、プーチンは語る。「〝通り〟は、私にとり〝大学〟だった。そこから、私は教訓を学んだ[14]」、と。

では、プーチンが幼少期に〝通り〟という名の大学から学んだ教訓とは、具体的にいったい何だったのか。それは、互いに関連する次の三つのことだった。①力の強い者だけが勝ち残る。逆に言うと、力の弱い者は「打ち負かされる」。②勝ち残るためには、何が何でも勝とうとする意志が肝心である。③闘う場合は、最後の瞬間まで闘う必要がある[15]。

いわゆる「ストリート・ファイター」（ドミートリイ・トレヴァン[16]）だったボロージャ少年は、早くも小学生の時に、右のような三原則に要約される闘争哲学を身につけていた。もしそうだとするならば、これはきわめて重要なこととして記憶にとどめおく必要があるように思われる。というのも、かような闘争哲学は、ふつうソ連国家保安委員会（KGB）が勤務開始後の訓練ではじめて叩き込む教えだからである。ところがプーチンは、KGBに加わる以前の段階でこれらの原則を独学ですでに体得済みだったのだ。〈栴檀《せんだん》は双葉《ふたば》より芳《かんば》し〉。みずからこの事実を率直に認めたうえで格別自慢する風もなく、プーチンは淡々とした口調で次のように語っている。「これらは有名なルールで、しばらく後の段階になってKGBが私に教え込もうとしたことだった。ところが、私はといえば少年時代のつかみ合いの喧嘩を通じて、これらのことをすでに習得済みだった[17]」（傍点、木村）。

チェキストとしてのリアリズム

プーチンは、そもそもなぜKGBで働くことに決したのだろうか。これが、次の重要な問いである。ソビエト体制下のロシアでは、青少年たちにとってナンバー・ワンの出世コースは、ソ連共産党員になることだった。ところがソ連共産党員になるには、次のようなコースを順調に踏むことが要請されていた。まず、ピオネール（少年共産団）に入ること。次いで、コムソモール（青年共産同盟）のメンバーになること。その後はじめて、共ナンバー・ツーの出世コースであるKGBに加わることを希望した。ところがこのようなプロセス（過程）を歩むことにかんして、プーチンは他の同級生に比べ若干の遅れをとってしまった。というのも、彼は不良少年だったために ピオネールへの参加に二年ばかり手間どったからだった。この遅れを意識したことも作用したに違いない、プーチン少年は当時のソ連でナンバー・ツーの出世コースであるKGBに加わることを希望した。

共産党とKGBは、ともにソビエト政治体制を支える大黒柱だった。同体制に忠誠を誓い、その維持・発展に全力を尽くす点にかんして、両組織間に何らの差異も存在しなかった。だが敢えて指摘するならば、これら両グループの構成員の思考回路やメンタリティーには、次のような違いがあったと言いうるだろう。共産主義者たちは、共産主義社会建設の実現を目指して邁進する。その意味で彼らは、明らかに理想主義者としての側面を持つ。彼らはマルクス・レーニン主義のレンズを通して森羅万象を眺め、〝ゾルレン（何をなすべきか）〟の観点に立って政策を立案し、その実現に日夜努力する。アメリカの政治社会学者たちが人間を分類するさいに用いる言葉を借用すると、共産主義者の多くを「目標志向型（goal-oriented）」の「十字軍張りの改革運動家」とみなしうるだろう[18]。

共産主義者を右のような人間として理解するならば、プーチンをあまり良い共産主義者だったとは見なしがたい。プーチンをして共産主義に違和感を抱かせることに貢献した一因として、次のような彼の特異な体験を指摘しうるからである。プーチンは、一九八五年から一九九〇年へかけての約四年半、東ドイツのドレスデンへ派遣され、同地のKGB支部の一員として勤務した。当時、東独のホーネッカー体制は、「社会主義」の優等生と自他ともに認めて差支えのない存在だった。ところが一九八九年、「ベルリンの壁」の崩壊をはじめとする東欧圏諸国を襲った一連の出来事の結果として、ホーネッカー政権もまたあれよあれよという間にまるでカルタの城のようにもろく崩れ去ってしまった。このときプーチンを驚かせ、かつ失望もさせたのは、単にホーネッカー体制の瓦解それ自体だけではなかった。そのような事態を何らなす術もなく傍観するにまかせた、モスクワのゴルバチョフ「共産主義」政権の不甲斐ない態度だった。

この歴史的変動を目の当たりにして、プーチンは以下のような教訓を汲みとったと推察して、差し支えないのではなかろうか。特定のイデオロギー、政治・経済体制、ましてや政治指導者にたいし絶対的な信頼を寄せることは好ましくないどころか、危険きわまりない。こういったものは、危機に直面するとアッという間に変質し、崩壊をとげる脆弱な存在である。共産主義イデオロギー、それにもとづいて形成されていた東独型「社会主義」、そしてホーネッカー個人を見舞った運命は、このような冷酷な現実をプーチンに明らかにし、彼にとって生涯忘れがたい教訓を残した。このような大胆な推測さえ成り立つのである。

プーチンの政治哲学は〝力〟の重視

その背景事由が何であるかを別にして、プーチンはみずからの対外行動様式をけっして特定のイデオロギーに依拠して決めようとしない人物のようである。では、彼はいったい何にもとづいて己の対外政策を決定しようとするのか。彼は国際場裡を見渡し、何よりもそこでの「〝力〟の相関関係（соотношение сил）」を注意深く観察する。プーチンは、「〝力〟の相関関係」が仮に自国や己にとって不利なものであれ、その現実を冷静沈着に直視し〝ザイン（在るがままのもの）〟として素直にうけいれる。その状況を前提にすえ、それに即して自身がとりうるベスト、いやベターな行動を選択しようとする。[19] このようなプーチン式アプローチは、米国の政治社会学者の分類にしたがうと、リアリストによる「文脈志向型（context-oriented）」のそれと見なしえよう。[20]

余談になるかもしれないが、右との関連で、プーチンの公式伝記、『第一人者から』のなかのプーチンの言葉をひとつ紹介しよう。「好きな外国人の政治家」を一人挙げて欲しいと求められたとき、プーチンは、ルードヴィヒ・エアハルト（アデナウアー後の西独首相）と答えた。プーチンがエアハルトを選んだ理由としてのべていることが現文脈で興味を惹くのである。プーチンは説明した。エアハルトは「きわめてプラグマチックな〔прагматичный〕[21]人間」（傍点、木村）なので気に入った、と。

プーチンが少年時代に形成した何よりも〝力〟重視の人生哲学は、彼が首相そして大統領になった後の彼の政策や行動様式に如実に現れているように思える。たとえばチェチェン系武装勢力による過激なテロ活動にたいしてプーチンが遂行した情容赦ない闘いは、その好例と言えよう。プーチンは、同勢力にたいして共産主義イデオロギーに立つ見方やましてやヒューマニズムの感情を一切適用しなかった。過激派テロリストにたいしては、己が彼らを上回る強さをもたなければ、たちまちにして彼らによって乗じられ、敗北させられ、すべてを失ってしまう。端的に言うならば、勝つか負けるかのどちらかのチョイス（選択肢）しか存在ない。たとえどれほど苛酷な手立てに訴えても、彼らを打倒する。これ以外の方途は残されていない――。このような二項対立思考に立って、プーチンはチェチェン過激派勢力と交渉する態度をいっさいしめさなかった。

プーチン首相（当時）が一九九九年九月二十四日の記者会見でのべた次の言葉は、プーチンのトレード・マークであるかのように人口に膾炙する有名なものになった。チェチェン共和国の首都グローズヌイにたいして、ロシア中央政府軍が猛烈な空爆を加えつづけたときの科白である。「われわれは、たとえどこに隠れようとテロリストたちを追いかける。彼らを便所へと追い詰めて、肥溜にぶち込んでやる」[22]。この発言が何よりも明確に物語っているように、プーチンはチェチェン・テロリスト集団と交渉する意図を微塵《みじん》もしめさない。「悪漢」とは、交渉しない。〝力〟で結着する――。これが、プーチンの政治哲学であり姿勢なのだ。このことは、少なくとも次の二つの事件によってさらに明瞭に実証された。

「弱い者は打ち負かされる」（プーチン）

一は、モスクワ劇場占拠事件。チェチェン系テロリスト（四〇名）が、二〇〇二年十月二十三日、首都モスクワ中央の「ドブロフカ劇場」を占拠し、観劇中の市民（九一四名）を人質にとり、プーチン政権に対してロシア連邦軍のチェチェン共和国からの撤退を要求した。イリーナ・ハカマダ（ロシアの実業家出身の女性政治家、二〇〇四年の大統領選に立候補した）は、過激派グループの要求を聞くためにわざわざ同劇場へ赴きさえした。[23]ところが、プーチン大統領は、「悪漢たち」との交渉など考慮外とみなし、犯人グループとの話し合いを拒否した。同グループを撲滅させることだけを優先し、実際、ロシア連邦保安庁（FSB）――KGBの主要後継組織――所属の特殊部隊を、二十六日の早朝、劇場内へ強行突入させた。使用された特殊ガスによって犯人グループを壊滅しえた一方で、無辜の人質、一二九名の貴い人命が喪われた。[24]

二は、ベスラン学校人質事件。ロシア連邦内の北オセチア共和国東部ベスランの小・中学校は、二〇〇四年九月一日に始業式をおこなった。小・中学生の児童ばかりでなく、多数の父兄たちも参列していた。チェチェン系独立派を中心とする多国籍の過激派グループ（約三〇名）がこの機会を狙って同校を占拠、七歳から十八歳の少年少女、その保護者、教師を人質にして体育館に立てこもった。ルスラン・アウシェフ（イングーシ自治共和国の元大統領）が交渉の仲介の労をとろうとした。だが、プーチン大統領は占拠中の武装勢力相手に交渉する意図など全くもち合わさず、特殊部隊にたいし突入準備をおこなうよう命じた。

三日未明、銃撃戦が起こった。果たして何をきっかけとして、また特殊部隊、犯人グループのどちらがそれを先に仕掛けたのか。これらは、今なおはっきりしない。それはともあれ、前者が後者を「雪隠詰め」にする形で壊滅させた事実だけは、明らかである。もとよりこのような武力による解決法の代償は大きなものについた。過激派グループはもちろんのこと、何の罪咎《とが》もない人質市民、三八六名の貴い人命が喪われたからである。その約半数の一八六人は、いたいけな児童だった。

右の二つの悲劇のいずれのばあいにも、プーチン大統領は、自身の強硬姿勢を些かも隠そうとしなかった。すなわち、人質の生命にたいする人道的な配慮をおこなって、己の宿敵、チェチェン独立過激派とのあいだで対話や交渉をおこなうつもりなど、一切もちあわさない。その代わりに、同勢力にたいする武力闘争を貫徹させるつもりであるとの強硬姿勢を貫いた。ベスランで武装勢力を鎮圧したあとにプーチン大統領がのべた言葉は、人口に膾炙する有名なものになった。「弱い者は打ち負かされる〔слабых – бьют〕」。これは、**前章**（二三六頁）で説明したように、スターリンがのべた有名な言葉をプーチンが記憶していて繰り返したものだった。

これら両事件にたいするプーチン大統領による対処法の是非——。このことについて、ここで議論するつもりはない。その代わりに一言のべざるをえないのは、プーチン式対応が、たとえば日本政府による過激派テロリスト・グループとのそれと極立って異なり、対照的でさえある事実だろう。たとえば一九七七年九月八日、日本航空機がバングラデシュの首都ダッカ空港で、日本赤軍グループ五名によってハイジャックされる事件が発生した。このとき、福田赳夫内閣は人質となった乗客と乗組員、合計して一五四名の人命救助を第一義とみなし、犯人グループの要求すべてを呑むことに同意した。すなわち、グループの要求（日本で服役・勾留中の九名の日本赤軍派メンバーの釈放・引渡し、六〇〇万ドル、すなわち約一〇億円の支払い）に応じた。この時、福田首相がのべた言葉、「一人の生命は地球より重い」は有名なものになった。

プーチンは「ジャングルの掟」に従う

話を、プーチンの人生哲学に戻す。ロシアの一高官は匿名を条件に、ピーター・ベーカー（当時、『ワシントン・

ポスト』紙モスクワ特派員）に対して、プーチン流人生観を次のように説明したという。「プーチンは、つねに口癖のようにのべています。『人間は、ひとたび他人によって弱いとみなされるや、即座に打たれ、敗者になる運命が待ちかまえている』。これが、プーチンが己を強くみせるためにあらゆる手立てを講ずる主要事由になっています[25]」。

どのような根拠にもとづくものであれ、「弱い者は打ち負かされる」は、プーチン少年がサンクト・ペテルブルクの〝通り〟で己の身体を張って会得した教訓を、丁度裏返したものと言えよう。すなわち、「力の強い者だけが勝ち残る」、「闘うばあいは最後までとことん闘わねばならぬ」とのプーチン流の人生哲学である。そのような自分を、世間はいったいどのように見るか――プーチンはこのことを気にしたり、世評をおもんぱかって譲歩したりする必要など全くなしと考える（ユリア・ラトゥニナ[26]）。

実際、ベスラン学校人質事件の直後に自身の闘争哲学を敷衍して、プーチンは次のように語った。「もし世論にたいして少しでも譲歩するならば、それはむしろ弱さの表明になるだろう。いったん弱さをしめすと、社会は、まるでサメが水中で傷ついた魚の血の匂いを嗅ぎつけるように、われわれに襲いかかり、われわれを喰い尽そうとするにちがいない[27]」。さらにベスラン事件の悲劇から十年以上も経った時点でも、プーチンは自己の闘争史観を変える気配を全くしめさなかった。たとえば二〇一三年十一月末、ソチで武道（柔道、剣道、空手など）の実技パフォーマンスを見学したあとの会合で、プーチン大統領はそう窺わせる発言を次のようにおこなっている。「わが国ロシアで高く評価し、尊敬するのは、いったいどういう種類の人間なのか。もしこうたずねられるならば、私は直ちに答えるだろう。それは、つねに最後まで闘って自身の立場を貫く者である、と[28]」（傍点、木村）。しかも、このようなみずからの信念を単に口頭でのべるばかりでなく、些かもぶれることなく実践している。この点にこそ、プーチンの真骨頂が存在する。

要するに、プーチンは自らの少年期の体験にもとづいて自己の人生哲学を形成し、以後今日にいたるまでそれを些かも変更することなく維持しつづけている。少なくとも外部の者の眼には、そのように映る。たとえばアンゲラ・メルケル独首相の見方が、そうである。メルケルは東独で育ちロシア語を自由自在に話す。東独ドレスデンに派遣されたチェキストのプーチンは、ドイツ語を流暢に操る。両人は、世界の首脳間のなかでも最も頻繁に面会し、かつ電話で通訳なしに直接ロシア語やドイツ語で話し合う仲である。プーチンの心理を知悉《ちしつ》する西側の政治指導者としてメルケル以上の人物はいない。こう言って、おそらく間違いなかろう。

そのようなメルケル首相は、二〇一三年末から一四年にかけていわゆる「ウクライナ危機」が勃発したとき、人一倍、驚かされた。プーチン大統領が武力行使の脅しを用いて、れっきとした独立国ウクライナ南部のクリミア自治共和国をロシアへと併合したからだった。このとき同首相がのべた次の言葉はその後誰もが引用する有名なプーチン評となった。「現在、われわれは二十一世紀の世界に生きているはずである。それにもかかわらず、モスクワ〔＝プーチン〕は依然として十九世紀や二十世紀の手法を用いて、非合法的な行動に従事している。〔プーチンは〕法の支配ではなくジャングルの掟にしたがっているのだ」[29]（傍点、木村）。

交渉は目的達成の一手段（武器）に過ぎず

ロシア式交渉観の二番目の特色は、第一の特色、すなわち〈交渉を闘争とみる〉見方の続きないしコロラリー（系）と言えよう。交渉を、己の目標を達成するための手段ないし武器とみなす考え方である。[30] もとより、西側や日本の考え方も基本的にはそうである。つまり、これらの国々でも、交渉を自国のナショナル・インタレスト（国益）や外交目標を達成するための主要手段とみなす。しかしながら、欧米諸国の指導者や外交官たちの交渉目的についての考え方は、ロシア人のそれとは少々、もしくは大いに異なる。すなわち、欧米の外交担当者たちにとって、交渉とは、そもそも容易に両立しにくい異なる目標を抱く諸国が話し合いをおこない、最終的には相互に受け容れ可能な合意を達成しようと試みる人間営為に他ならない。したがって、交渉過程で所期の目的が或る程度まで修正されるのは当然かつ、止むをえない、と考える。

ところが、ロシア人は交渉を異なった様相で捉える。交渉当事者間の目的は、互いに排他的な性質をもつ。[31]したがって、交渉中に目標の修正や変化など起こりえないし、また起こるべきではない。交渉という手段によって、本来の目標（ゴール）が影響をうける――。それは、まるで本末転倒ではないか。たしかに、一時的な妥協はやむをえないかもしれない。だが、それは元来けっしてあってはならないことであり、なるべく早い段階で修正されるか、撤回される必要がある。レーニンも、一九〇七年、マルクス主義の「妥協」観について次のように記した。[32]「歴史はシグザグの行程を辿る」ので、「マルクス主義とて妥協しないわけではない」が、「妥協を利用することが肝要である」、と。ともあれ、このようにしてロシア流交渉観では目的と手段が明瞭にカット（分離）され、交渉をはじめる前とその後の時期でロシアのポジションは原則として何らの変更を生じない。

自分が目指す外交上のゴールにたいする揺るぎない確信、そして交渉をその目的を達成するための一手段と位置づけるロシア式交渉観――。これらのことは、とりわけ日本人が肝に銘じるべき重要な特徴であるように思われる。というのも日本人は、このようなロシア式思考法とはまるで正反対の交渉観を抱いている様子だからである。とくに第二次大戦後の日本人は、これだけはどうしても絶対譲れないという確固たる目標、原則、思想、イデオロギーといったものをほとんど持ち合わせていないようである。ここで少し脱線するようであるが、このような日本式思考法について説明しよう。これこそは、日本人がロシア人のみならず西洋人からも異なっている点だからである。例えばかつて上智大学で教鞭をとっていたグレゴリー・クラーク氏は、こう強調した。このオーストラリアの文化人類学者は、著書『日本人――ユニークさの源泉』（一九七七年）で、アメリカの週刊誌『ニューズウィーク』のインタビューに答えた中根千枝教授（東京大学、社会学専攻）の言葉を引用する。『タテ社会の人間関係』というすぐれた日本人論の著者である中根教授は、いともあっさりとのべた。「私たち日本人には、原則がないのです(33)」。

原則やイデオロギーのかわりに、日本人の行動様式を決定するのは、特定時点での精神的環境がかもし出す雰囲気である。これは、戦前、戦後の日本を通じてまったく変わっていない点だと言えよう。『「空気」の研究』（一九七七年）その他の著作で、山本七平氏は「空気」の支配について次のようにのべている。

「『空気』とは、まことに大きな絶対権をもった妖怪である。一種の『超能力』かも知れない。統計も資料も分析も、またそれに類する科学的手段や論理的論証も、一切は無駄であって、そういうものをいかに精緻に組みたてておいても、いざというときは、それらが一切消しとんで、すべてが『空気』に決定されることになるかも知れぬ(34)」。

戦後の日本人は、ややもすると空気やムードといった漠然としたものによって支配されがちである。このような事情のために、交渉でも情況に流され、必ずしも自己のポジションに固執しない傾向をしめす。これこそは、マイケル・ブレーカー博士が著書『日本人の国際交渉スタイル』（一九七七年）で、指摘してやまない点と言えよう。博士は、日本外交がややもすると状況対応型となりがちな傾向を強調した。すなわち、外交は、「大勢」、「局面」、「形勢」、「情勢」、「時局」、「事態」、「大局」にたいして避けえない処置として観念され、形成され、正当化されがちである(35)、と。言い換えれば、外交は当座の対応にすぎず、日本の基本的な要請に見合う環境を積極的に形成していこうとする営為とは必ずしも理解されていない(36)。ここでも、「文化」（第

Ⅰ部第5章、一七一―七四頁）でのべたことが思い出される。武者小路教授は、アメリカ文化を「えらび」型とみなす一方、日本文化を「あわせ」型とみなした。また、コーエン教授は、交渉文化をジョン・ホール博士に倣って「文脈高依存」型と「文脈低依存」型に分け、日本の交渉文化を前者であるとみなした。

筆者も、ブレーカーの見解に同意せざるをえない。「二〇〇カイリ漁業時代」を突如迎えた一九七七年春の日ソ漁業交渉が、好例として思い出される。日本人は、ソ連による二〇〇カイリ漁業専管区域についての矢つぎ早やの宣言や諸処置にショックを受け、その対応に大わらわになる醜態をさらした。[37] だが、そのような台風がいったん過ぎた後になると、当時の大騒ぎなどけろりと忘れてどこ吹く風。漁業問題などはもう済んだ話題に他ならず、いまどき正面切って論じるにはおよばない――。極端に言うと、まるでこのように言わんばかりの雰囲気なのである。

経済的利害は二の次

交渉一般について論じた第Ⅰ部第3章で、著者は交渉「構造」の主要な要因として、たんに権力ばかりでなく、利害、文化などの諸ファクターも重要であるとのべた。ところがロシア式交渉観を扱う本章では、〃力〃の要素をことのほか強調している――。このことはいったい何を意味しているのか。端的にのべると、ロシア人は〃力〃以外の諸要因（たとえば利害、文化）が交渉でさほど重要な役割を演じないと考える。ロシア式交渉観にみられるこのような特色を、もう少し具体的に検討することにしよう。

まず、ロシア人は国際交渉で経済的利益の追求を必ずしも第一義的な目的とみなさない様子である。マルクス・レーニン主義イデオロギーは、改めて言うまでもなく、「経済的土台こそが最重要である」と説いていた。ロシア指導者たちの多くがかつてそのような体制下に育ったことに鑑み、筆者による右のような判断はたしかに理解しがたいことであるかのように思われるかもしれない。しかしながら、どうやら事実のようなのである。だとすると、これをもってロシア式交渉観の第三番目の特色とみなして差し支えないだろう。

尤も厳密に言うと、経済的ファクターを軽視する政治家や交渉者などいようはずはない。たとえばプーチンは少なくとも三十歳代後半になるまでソビエト政権下のロシアに育ち、生活していた人間である。「経済的下部構造がすべての物事の基礎である」。旧ソビエト体制は、すべての人間にこう教え込んでいた。そしてプーチン自身、大統領に就任して二期目の二〇〇六年五月、単純明快に次のようにのべていた。ロシアのマス・メディア幹部たちの会合で「〔今回の閣下による〕大統領教書演説のなかで最も重要な部分は何でしょうか」――こうたずねられたときの答えとしてである。「それは、経済だ。すべての基礎は、経済である。今日の世界で国家の力は、まず何よりも経済力によって決まってくる。そのあとになって、やっと社会状況、社会政策、防衛政策の諸問題が出てくる。これらすべてのものは、経済から派生する。（中略）はじめにカール・マルクスありき。そのあとにフロイト、その他がつづくのだ[38]」。

繰り返すようであるが、経済的なマイナスを被ることを気にかけない政治家など、この世を広く見渡して唯の一人もいるはずはなかろう。だが、プーチンが現実に採っている外交行動様式をみるかぎり、次のような見方が十分説得しうる程度にまで成りたつように見受けられる。ロシアの地政学的な（geopolitical）目標の追求こそが、飽くまでもロシア外交の最大の関心事である。この目的を達成するためには、経済的、その他の利害が少々犠牲になっても止むをえない――。プーチン自身は、どうやらこう考えている節がある。

プーチン本人は、経済的利害を少々犠牲にしても、ロシアの地政学的な目的を最優先する指導者である――。これこそが、正しい観察であると認めることにしよう。では、彼がそのように考えたり、実際そのような言動をとりがちな理由は、いったい何だろうか。プーチン個人は、たしかにサウジアラビア国王の資産、二一〇億ドルの約二倍にあたる「四〇〇億ドル以上」の資産をもつ[39]「ヨーロッパ一の大金持」(スタニスラフ・ベルコフスキイ)[40]と噂される人物である。彼個人がこのように経済的にまったく困らない政治家であるという事情も、多少は関係しているのかもしれない。とはいえ、そのようなことは飽くまで副次的な要因にすぎず、それよりももっと重要な事由が存在するに違いない。

地政学的ゴールの追求がより重要

他ならぬロシア国民が、たとえ自身は少々経済的困窮状態にさらされようとも、母国ロシアの対外的な名声や権威が高揚することを最大の関心事とみなし、かつ希求してやまないこと。そして、そのような国民心理の存在をプーチン自身が熟知し、かつそれを自身の政権維持ならびにサバイバルのために利用しようともくろんでいること――。これこそが、プーチンが経済的損得をロシアにとり二次的要因とみなす主要事由であるように思われる。

その理由はともかくとして、地政学的目的の追求を経済的利益の達成の上位におく。プーチンならびにロシア国民にみられがちなこのような優先順位は、たとえば日本人にとっては容易に理解しがたいことのように思われる。というのも、日本人は次のように考えるからである。もしプーチン大統領が日本に対して北方四島返還にさえ同意するならば、日本はロシアへ直ちに莫大な経済的支援や協力を提供することに同意するだろう。日本は、最近中国によって追い抜かれたとはいえ、戦後長らくのあいだ国民総生産(GDP)にかんし米国に次ぐ世界第二位の地位を占めつづけていた経済大国である。また、世界有数の科学技術大国でもある。他方、現ロシアはGDPで言うと、ルーブル安の今日、世界十三位の経済力しか持たず、しかもさらに凋落傾向が否めない存在である。

北方四島はたとえば面積で言うと、ロシア極東地方（六二一万五九〇〇平方キロメートル）のわずか一二〇〇分の一の広さ（五〇〇三平方キロメートル）でしかない。北海の孤島である北方四島ばかりでなく、ロシア全体が目下、経済的な「三重苦」、即ち原油安、ルーブル安、経済制裁に呻吟《しんぎん》している。さらに、ロシア極東部分は、事実上「中国の植民地」と化しつつあると言っても過言でない。もしこのような趨勢をロシアが自力で阻止しえないのならば、いわゆる「他力本願」方式しか残されていない理屈となろう。

北方四島を対日返還する代わりに、日本からヒト、モノ、カネ、科学技術を大幅に導入して、ロシア極東の活性化を図る。これは、単にその極東地域ばかりでなく現ロシア全体にとって実に見返りの多い有利な取引ではなかろうか。なぜならば、ロシア極東はロシアにとり自力では持ちこたえないお荷物と化しつつあるばかりではない。同地域の発展なしに、ロシアのアジア太平洋国家への仲間入りは決してありえないからだ。実際、ドミートリイ・トレーニン（カーネギー・モスクワ・センター長）は、強調して止まない。このような「土地と発展の交換取引（land-for-development）[41]」こそが、ロシアにとり今や日本にたいする有利かつ残された唯一の選択肢である、と。純粋な経済合理主義の観点にたつならば、誰しも同様の結論に達するだろう。

ところが、プーチンは異なる。トレーニンとは違い、彼は経済的要因を重視しない政治指導者である。したがって、トレーニンの提案を採用して、日本との取引に応じる意図などまったく持ち合わせていない。もっとも、彼はさも二島ないし一島といった北方領土の部分的な返還がありうるかのよう見せかけて、日本からロシア極東や残りの二島ないし三島へ可能なかぎり多くの経済支援をとりつけようとする戦術を、実施中とは言いうるだろうが。それはともかく、プーチンの対日政策は、彼が経済的な算盤勘定よりも、国家としてのプライド（誇り）、威信、面子をより一層重視する、すぐれてKGB出身の愛国主義者であることを物語っている。

国際的なルールに囚われず

自分自身の論理やルールを、国際法上の理屈や協定よりも上位におく。これをもってプーチン外交の第四番目の特徴とみなすことができるだろう。二、三の具体例を引いて、以下、このことを証明する。

人間は、自分の生活空間を拡大したいとの衝動に駆られ、ややもすると他人のテリトリーを侵略し、自身の領土へと併合しようとする誘惑に屈しがちとなる。動物的本能と称してよい人間の性《さが》と言えるだろう。そのような本性が原因となって、人類はこれまで性懲りもなく、争いごとばかりか武力闘争を惹き起こす愚行を繰り返してきた。このような事実にたいする猛省にもとづいて、第二次大戦の終結前後期に諸列強は〝領土不拡大〟、〝国境不可侵〟の原則に合意した。

すなわち、「大西洋憲章」(一九四二年)は、〝領土不拡大の原則〟に合意し、カイロ宣言(一九四三年)、ポツダム宣言(一九四五年)もこの精神を引き継いだ。「国際連合憲章」(一九四五年、第二条［4］)も、「武力による威嚇又は武力の行使を、いかなる国の領土保全又は政治的独立に対するものも慎まなければならない」と規定した。ソ連は、これらすべての憲章や条約に調印した。それればかりではない。「ヘルシンキ宣言」(一九七五年)のなかにその最重要項目のひとつとして「欧州の国境線の現状の固定化と勢力圏の尊重」の文言を書き込むことを強く主張したのは、他ならぬソ連自身であった。

ところが、第二次大戦後の国際秩序を律するこれら一連の基本合意を、プーチン大統領は真っ向から踏みにじって省みようとしない。まず、ロシア連邦内で独立を希求するチェチェン共和国の要求を武力を用いて押え込もうとした。この行為にかんしては、たしかにロシア連邦内の国内問題との言い訳が成りたつかもしれない。だがロシアは、れっきとした国連加盟の独立主権国家であるジョージア(旧グルジア)の領土奥深くへも軍事力を推し進めた。あまつさえ、ジョージアから南オセチア自治州やアブハジア自治共和国が独立しようとする動きを奨励し、自らが国家承認をあたえた。同じく武力の脅しを加えて、国連加盟の主権国家、ウクライナの一部であるクリミア自治共和国をロシアへと併合した。以上の諸例は、ソ連／ロシアが口頭で宣言していることと、プーチン大統領が現実にとっている行動が見事に乖離していることをしめしている。

プーチン政権は、領土問題にかんしダブル・スタンダード（二重尺度）をとっている。このことは、同政権の対日関係と対ウクライナ関係を比較するだけでも一目瞭然だろう。というのも、クリミアをロシアに併合したときの有名な演説（二〇一四年三月十八日）で、プーチン大統領は併合を次のような理屈と言葉を用いて正当化したからだった。クリミア半島は元々ロシアの「固有の領土」であるがゆえに、ロシアが同地域を併合するのは当然である、と。いわく、「クリミアは、常にロシアの分かちがたい〔неотъемлемая〕一部であったし、今日もそうである」[42]（傍点、木村）。「クリミアは、固有の〔исконная〕ロシア領土なのである」[43]（同）。しかしながら、もしプーチン大統領がクリミアをロシアの「分かちがたい」「固有の領土」と認めるのならば、どうであろう。それ以上に確かな根拠にもとづいて、北方四島は日本の「固有の領土」である。同大統領は、この歴史的事実を承認しなければならないはずだろう。ところが、同大統領は前者を声高に主張する一方、けっして後者すなわち日本の主張の正当性を認めようとしない。

ロシアが二重尺度を採用している――。こう疑わせるもう一つの好例は、領空侵犯の航空機にたいする態度や実際の措置だろう。トルコ政府は、ロシアの戦略爆撃機がしばしばトルコ領空を侵犯している事実に耐えかねて、ついに二〇一五年十一月二十四日、警告を発したのち、ロシアのSu―24を撃墜した。このことを知るや、プーチン大統領は烈火のごとく怒りをあらわにし、「背後から刺された」との有名な科白を発した。口頭での抗議ばかりでなく、トルコにたいして数々の制裁措置を科した。その余りにも厳しい制裁に堪えかねたあまり、トルコのレジェップ・エルドアン大統領は公式書簡を送って謝罪するという屈辱的な行為を強いられる羽目になった。

他方、ロシアは他国へ向けて同様のこと、いやもっと酷《ひど》いことすらおこなっている。たとえば一九八三年九月一日、大韓航空機KAL007便がサハリン領空に誤って迷い(?)込んだとき、アンドロポフ政権は国際法上の取り極めを遵守しようとしなかった。すなわち、警告を発して同機をソ連領空外へと誘導する手続きをとろうとせずに、直ちに同機を撃墜したのである。そのために、乗客・乗務員全員(二六九名)が生命を落とす大惨事が発生した。アンドロポフ党書記長は、ソ連領空を無断で侵犯した大韓航空機こそが責められるべきであると主張して、己の過ちを一切認めず、謝罪も拒否した。

それればかりではない。もし今後同様の領空侵犯がくりかえされる場合、ソ連軍部はまったく同一の決定と行動をとる——このことにいささかの疑念も抱かせない姿勢を明らかにした。実際、ニコライ・オガルコフ・ソ連軍参謀議長(当時)は、九月九日におこなったモスクワ外務省プレスセンターでの記者会見の席上で次のように明言した。まず今回は「ソ連軍は栄光をもって己の使命を果たした」と自画自賛したあと、必要とあればソ連軍は「今後もみずからの戦闘任務を同様に遂行するだろう」[44]、と。当時、ソ連防空軍総司令官ポストにあったアレクサンドル・コルトゥーノフは、KAL007便撃墜事件の責任追及によって、己の経歴に傷をつけるのではないか。われわれはこのように予測した。取り越し苦労に過ぎなかった。結果は、真逆だったからである。ソ連防空軍は「用意周到な態勢」のゆえに称賛され、コルトゥーノフ司令官自身も半年後にソ連空軍元帥への昇進をとげた[45]。

たしかに、大韓航空機KAL007便の撃墜は、今から三十五年も前のアンドロポフ政権下のソ連時代に発生した事件である。とはいえ、アンドロポフ(KGB長官からソ連最高指導者に昇進)こそは、まさにプーチン現大統領が生涯の師と仰ぎ、尊敬してやまない人物に他ならない。

法律は梶棒と同じ

以上紹介したエピソードなどから、二つの結論を導くことができるだろう。第一は、一般的に言ってロシア人に法律尊重の意識が乏しいこと。ヘドリック・スミス記者（『ニューヨーク・タイムズ』）や袴田茂樹教授（新潟県立大学、ロシア政治専攻）も指摘するように[46]、ロシア人には順法精神が希薄なのである。スミス記者に向かい、ロシアの或る女流劇作家はのべた。「ロシア人は、魂の無法者である。ロシアで法律は何の意味も持たない」、と。このコメントに付け加えて、スミスはのべた。「私ならこう言い換える。最も重要なのは、権力だ。もし権力がよそ見して自分のほうさえ見ていなければ、ロシア人は法ともうまくやっていけると考える」[47]。袴田教授は、次のようなロシアの諺を引く。「法律と電柱は避けて通り抜けるもの。ぶつかるのは、馬鹿がすること」。「法律とは、梶棒や荷馬車につけるくびきのようなもの。望む方向に向けることができる」[48]。ヒル&ガディは、共著『ミスター・プーチン』で端的にのべる。プーチンはレニングラード（現サンクト・ペテルブルク）国立大学法学部卒の名目上は法学士であるが、彼が関心があるのは「法の抜け穴を見つけて利用すること、もしくは、そのような抜け穴を作り出すこと[49]」。

ロシア国民一般の法意識の一端を知るために、彼らがロシア法の最高法規であるロシア憲法を「どう見ているか」についてたずねた世論調査を紹介してみよう。現行ロシア憲法は、エリツィン政権下の一九九三年十二月十二日に制定された。ロシアで唯一の独立系世論調査機関「レバダ・センター」は、二〇一七年十一月末にロシア憲法ならびに同憲法記念日にかんするアンケート調査を実施した。同センターが得た回答は、以下のようなものだった[50]。まず、十二月十二日が憲法記念日であることを知らないロシア人が、約三分の一の多数にものぼった。すなわち、二〇一〇年には七五％が知っていると回答していたのにたいして、二〇一七年になるとその比率は六六％へと減少した。次に、ロシア憲法を読んだことがあると答えた者は六三％、三七％が読んだことがないと回答した。さらに、最も重要な質問、「あなたはロシアで憲法が権力者によって遵守されていると思うか」との問いにたいして、否定的に答える者の数は二〇一四年の七％から一七年には一四％へと増えた。

このアンケート調査結果を、われわれはいったいどのように解釈したらよいのか？　ロシアの専門家たちの解説に耳を傾けてみよう。まず、ロシア国民間で憲法記念日の存在に無知な者が増加した理由は、何か？　レバダ・センター所長のレフ・グドコフは、次のように率直に答える。「他ならぬ政治権力者自身がロシア憲法をまったく遵守していないからだろう」[51]。一九九三年にロシア憲法の作成に携わった法曹家、ビクトル・シェイニス博士も、ロシア人の憲法にたいする関心の低さについて、同様のコメントをする。「権力者側がいわば憲法をすり抜け無視する行動ばかりにたずさわっているので、ロシア国民は憲法が現実の生活と何ら関係がない存在とみなさざるをえなくなっているからだろう」[52]。

第二の結論は、ロシア人のあいだで法やルールにかんする意識を巡って次のような二重尺度が存在すること。すなわち、ロシア人は自身の論理やルールの遵守を強く主張する。ところが他方、他者にたいしてはロシア人相手に同様のことを主張する権利を容易に認めようとはしない。シェフツォーワ女史も、自分たちロシア人、とりわけ政治指導者にこのように身勝手な傾向が存在する事実を率直に認めて、次のように記している。「プーチン大統領ならびにロシアのエリートたちはすべてのことを飽くまでも彼ら自身の条件で〔on their own terms〕おこなうことを主張して止まない。すなわち、みずからのロシア・システムや権利を保持したままで西欧世界に参加することを欲するのだ[53]」。

理屈や論理を重んぜず

ロシア人、そしてプーチンは、外交・交渉で何にも増して〝力〟を重視する——。以上、延々とのべてきたこのことを裏返しにして言うと、何を意味するのか。ふつう交渉事で枢要な役割を演じるとみなされるロジック（論理）、雄弁、ディベート（討論）その他を、ロシア人がさして重んじないことを意味する。このような特徴を、ロシア、プーチニズムの〝力〟尊重傾向のコロラリー（系）とみなしえよう。これをロシア流交渉観の第五番目の特色として、若干の説明を加えよう。

ロシア人は対外交渉で果たして論理や物事の筋道を重んずる国民なのだろうか。この問いにたいして、ソビエト民族友好勲章に輝いた赤城宗徳氏（自由民主党衆議院議員）はかつて肯定的に答えた。一九七九年五月号の『中央公論』誌上の〝ソ連とつきあう方法〟と題する論文中で、赤城氏はのべた。「ソ連人というのは、頑固で無骨で強引ではあるが、筋道を通して話し、納得すれば、交渉はスムーズにゆく。そういう国民性なのである。たとえばコスイギン首相は、……きわめて論理的で筋道の通った議論を展開する。（中略）こちらも論理を重んずる姿勢をみせれば、意外なほど話は進展する」[54]。赤城氏は、農相などの重職を歴任し、漁業交渉など対ソ交渉の実務経験を豊富にもつ、当時の日本で数少ないソ連通の一人だった（因みに、赤城氏は、ロシア人とのパーティーの席上での自己紹介する際には、きまって自分の苗字を英訳すると「レッド（赤い）キャッスル（城）」、すなわち「クレムリン」を意味するとのべて、ロシア人たちからの拍手喝采を浴びることを好んだ）。

右に引用した文章を眼にしたとき、正直言って筆者はちょっと首をかしげざるをえなかった。赤城氏特有の見方は筆者が日頃感じているロシア人の交渉観からかけ離れており、説得力に乏しいように思われたからだった。ロシア人はなぜこれほどまでに論理や筋道を軽視するのか。これは、率直に言って単に筆者ばかりでなく、欧米諸国の対ロ交渉者たちのあいだでの多数説とみなしても差し支えないからである。

仮にもしロシアがもう少し理屈や理論を重んじる国柄であるならば、たとえば北方領土問題はとっくの昔に解決の目処を見出していたのではなかろうか。ところが、ロシアは長年にわたり日ロ間に領土問題など「存在しない」、「解決済み」とまるで木で鼻をくくったような態度をとりつづけていた。そのような聴く耳をもたぬ態度をしめすものとして、イーゴリ・ラティシェフが中西治教授（当時、神奈川大学、ロシア外交）に宛てた公開書簡での言葉を引こう。ラティシェフは、元『プラウダ』東京特派員、その後ソ連科学アカデミー付属東洋学研究所の日本部長ポストに就いた人物である。彼は、次のように日本人を突き離す発言をおこなう態度をとることを恒《つね》とした。「日本の政治家や外交官が、自分たち同士で日ソ国境について議論したいのなら、どうぞ御随意に。われわれは、その議論に加わるつもりはまったくありません[55]」。

第六回日ソ・シンポジウム（産経新聞社、ソ連科学アカデミー、対外文化協会共催、一九八一年十一月十三―十五日、於札幌）で、ラティシェフと筆者とのあいだで交わされた討論は、どうひいき目にみても前者が説く論理は支離滅裂と評せざるをえない類いのものだった。そのやりとりのさわりの部分を紹介しよう。

まず、筆者は次のようにたずねた。「中国は、日米安保条約の存在にもかかわらず、日中平和条約を結んだ。ソ連は、日米安保条約が存在するかぎり、日ソ間の改善などありえないと考えるのか」。この問いにたいし、ラティシェフは答えた。「主権国家日本が、他の外国（＝米国）といかなる条約を結ぼうと、ソ連としてはとやかくいうつもりはない」。そこで、筆者はさらにのべた。「だとすると、いまのあなたの発言は、次のように説くフルシチョフの所説と矛盾しているのではなかろうか。一九五六年の日ソ共同宣言中で、〝平和条約締結後、歯舞《はぼまい》群島および色丹《しこたん》を日本に引き渡すことに同意する〟と規定した第九条は、その後日本が日米安保条約を改訂したという理由でもって無効となった」。

筆者はつづけて、ラティシェフ氏による次の二つの発言を取り上げた。「日ソ共同宣言を、ソ連は大事な文書と受けとめている」。「ただし、二島引渡しについてのべた第九項だけは無効である」。これらのあいだには明らかに矛盾が見出されるのではないか。筆者はのべた。なぜならば、「国際的条約〔＝日ソ共同宣言〕、しかもその一部分〔＝第九項〕のみが、締結後の一方の当事国の主権的行為〔＝日米安保条約の改訂〕や、他の当事者国〔ソ連〕からの一方的通告によって無効にされる。このように説く、ソ連側の説明は国際法上通用しないロジックだからである」。

欧米専門家たちの体験談

ソ連／ロシアは、ロジックやディベートを重んじない。欧米諸国の対ロ交渉の経験者たちは、こぞってこのように見ている。たとえばイギリスの元駐ソ大使ヘイターは、単刀直入にのべた。「ロシア人を雄弁によって説き伏すことはできない」[56]。米国の元対外政策形成スタッフの一人、チャールズ・バートン・マーシャルも、対ソ交渉ではディベートの演ずる役割を過大評価すべからずと説いた。その忠告の根底には、ソビエト交渉者たちが議論の勝ち負けにさして重きをおかない、との彼らの苦い体験がある様子だった。ともあれ、マーシャルはそのような結論を、次のように巧みな比喩を用いて説明した。

「最近、〔対ソ〕交渉についてのべられていることのひとつは、それをあたかも大学生の雄弁大会の討論のようにとらえがちな見方である。すなわち、歴史的、論理的に議論を展開し、うまく発言したほうに良い点をつける。そういう見方をする人々は、真面目に次のように思っているのだろうか。たとえばフルシチョフとダレスがテーブルをはさんで討議をおこない、ある時点で前者が後者に対して『もうたくさん、まいった。それには答えられない。で、君の要求はなんだね』とでものべるとでも思っているのか[57]」。

法律上の規定や国際法上の条約文書であれ、いったん己の側にとって不利とみなすやいなや、それをまったく尊重する姿勢をしめさない。ましてやそれに比べ明確性を欠く人間社会の約束ごとやルールを守ろうとする姿勢はさらに一層少ない――。残念ながら、これをもってロシア人の基本的交渉観とみなすべきだろう。つまり、ロシア政府の交渉者たちには、道徳、倫理、エチケット、マナーなどを顧慮しないばかりか縛られようとしない傾向が窺える。チャールズ・ボーレンは、『歴史の証言』（一九七三年）と題する自身の回顧録で記している。ボーレンは、元駐ソ米国大使で、ヤルタ会談でスターリンとローズヴェルトとのあいだでの通訳も務めたロシア通である。「スターリンは非道徳的〔*immoral*〕ではなかった。彼は、ただ無道徳的〔*amoral*〕なだけだった[58]」、と。この言葉は、スターリン以外のロシアの政治家や外交官にも、少なからず当てはまるものと理解して差し支えないだろう。

同じく元駐ソ米国大使のローレンス・スタインハートも報告している。ソビエト外交に従事しているソ連官僚たちが「国際的に慣例とされている礼譲」や「倫理や道徳的な考慮」によって動かされるケースは、実に少なかった、と。同大使が上司であるコーデル・ハル国務長官に宛てた報告書での次のくだりは、本章で私がのべようとしていることを最も巧く要約しているように思われる。引用して、本章全体の締めくくりに代えたい。

「ソビエト外交に従事している個々のソ連官僚たちの心理を長年にわたり観察しました結果、わたしが得ました結論は、以下のとおりであります。

――彼らとのあいだで〝国際的な善意〟をつくり出すことは、不可能であること。

——彼らは、倫理や道徳的考慮によって影響されないこと。

——彼らは、個人的な人間関係によって動かされないこと。

——彼らの心理が認めるのは、確固とした態度、権力〔power〕、力〔force〕であること。

〔結論としての〕わたしの意見は、ソ連の官僚たちと交渉するに当たり、右のことを前提とし、かつそれだけを前提としなければならないということであります[59]」。

第4章

まず、先制パンチを喰らわせる

エリツィン大統領とクリントン大統領（1994年9月28日、ホワイトハウス。Москва: Новости）

ソビエトの行動様式は、犬に似ている。小止みなく吠えつづけるものの、相手が無力なときにしか噛もうとしない。

ジョン・ディーン(1)

ロシア人の交渉行動様式は、いったいどのようなものなのか？　次に、その諸特徴について筆を進めることにしよう。

ロシア人の交渉行動は、もとより、これまでの二章（第Ⅱ部第2章、第3章）で説明したロシアの交渉観を基礎とし、それと密接に結びついている。その意味で、ロシア式交渉観と交渉ビヘイビアの分け方は単に便宜的なものかもしれない。とはいえ、このあと読み進めていただければわかるように、ロシア人の交渉行動のすべてが、彼らの交渉観から論理必然的、もしくは自動的に導き出されるとはかぎらない。これが、以降の三章（第Ⅱ部第4章、第5章、第6章）を設ける、ひとつの理由にもなっている。

ソ連外交は、社会主義外交だったのか？

ロシアは、約七十三年間、マルクス・レーニン主義を国是に掲げるソビエト体制下にあった。これは、公的に認められている事実である。先進七カ国（G7）に属する諸国も、みずからが自由主義、民主主義、資本主義の立場にたつことを明らかにしている。だが、これら西側諸国とは比較にならないくらい明瞭かつリジッド（厳格）な形で、旧ソ連は自身が拠ってたつイデオロギー的立場を内外向けに明確に宣言し、事実またその拘束をうけていた、このような建前や実情から、旧ソ連がおこなう外交や交渉のビヘイビアはマルクス・レーニン主義思想の忠実な実践以外の何物でもない——ややもすると、われわれは安易かつ単純にこう考えがちだった。実際、ロシア外交や交渉の行動様式をもっぱら「社会主義」体制の観点からとらえようとする人々は決して少なくなかった。

だが、このような見方は必ずしも適当とは言いえない。というのも、ソ連外交は、善きにつけ悪しきにつけマルクス・レーニン主義の教義を裏切り、社会主義が唱える諸原理と矛盾する行動をしばしば採ったからだった。このような事実を知るためには、ソ連外交七十余年の全歴史を改めてひもとく必要はない。次のような二、三の事例を思い出すだけで十分だろう。たとえば、ブレストーリトフスク講和条約、ラパロ条約、独ソ不可侵条約の締結、日ソ中立条約の侵犯、中ソ対立、ハンガリー、チェコスロバキアなど同胞「社会主義」諸国への軍事侵入など。いや、ソ連外交史でこれこそは社会主義外交の見事な実践に他ならないと満腔の自信をもって、断言しうる例を挙げてみよ。このように告げられるならば、逆に戸惑ってしまうくらいだろう。

ソ連はマルクス・レーニン主義にもとづく対外行動をまったくとらなかった。もとより、こう主張しているわけではない。とはいえ、ソ連の外交・交渉行動様式の実際を振り返ってみると、われわれは好むと好まざるとにかかわらず、どうしても次のことに気づかざるをえない。それはけっして一定の思想やイデオロギーのみによって動機づけられたり、決定されるものではなかった。それ以外のファクター、たとえばロシア人の国民的性格、大国一般としての面子、威信、利害、慣性の法則など、イデオロギー以外の諸要因によっても規定され、影響を被った、と。ところが、残念ながら、このような見方はわが国で未だ十分な程度にまではゆきわたっていない。そのことも手伝って、このあと筆者がおこなうように、ことさら次のことを強調する必要があろう。ソビエト外交・交渉行動を規定する要因として、非イデオロギー的なファクターの役割も実に大きかった。この事実を指摘する作業である。

特定の教義より状況対応型

ソ連時代の外交・交渉を、その目的上の観点にしたがって、便宜的に次の二種類に分けることにしよう。まず、究極目標の観点、すなわち世界の諸国をソ連型「社会主義」国——仮にそれがむずかしい場合には、せめてソ連に忠実な衛星国——へと変えようとする観点。このような長期的なグランド・デザインから見る場合、ソ連外交・交渉がマルクス・レーニン主義のドクトリン(教義)によって規定される度合はたしかに大きかったと言えるだろう。次いで、右のゴールを達成するまでの段階で追求すべき中間目標ないし短期的な狙いの観点。このためのソ連外交・交渉行動では、マルクス・レーニン主義に由来する制約はそれ程大きくなかったに違いない。当面の狙いを達成するのに役だつものならば、仮にそれがいったい何であっても差し支えない。こう極論しうるまでに、フレキシブル(柔軟な)なものでさえあったろう。というのも、日々の外交・交渉には特定の相手方というものが存在するうえに、当方と相手方を取巻く環境も刻々と変化をとげるからである。したがって、特定の教義(ドクトリン)の要請のみにしたがって行動するわけにはいかない。もしそうするならば、事態は少しも進展せず、硬直状態におちいってしまっていた。

序でにのべるならば、日本の外交政策には、全くグランド・デザインないし長期的な戦略というものが見当たらない。どちらかといえば行き当たりばったり、もしくは首尾一貫性を欠くその場しのぎの個別的な対外行動に終始しがち——。このような批判が、しばしば加えられている。だが、これは、〈言うは易く行なうに難い〉批判とも言えるだろう。なぜならば、外交や交渉は本来、己と相手がおかれている状況、両者間の「"力"の相関関係」、相手側の意向や出方によって大いに左右され、影響を被ることを避けえない作業だからである。このことを考慮することなしに、いくら立派な政策を唱え実践しようと欲しても、それは単なる自己満足にすぎず、独り相撲に終わらざるをえないだろう。

同様に、「自主独立外交」とか「主体的外交」といった誠に立派なスローガンを掲げようとも、それは、外交の本質や定義を無視した形容矛盾のフレーズ。良く言って、「絵に描いた餅」にすぎない。ハロルド・ニコルソン卿にいたっては、次のようにすら極言する。「いかなる国も、〔ひょっとすると〕そもそも首尾一貫した外交政策など計画しえないのではなかろうか」。

話を、旧ソ連へもどす。ソ連外交・交渉は必ずしも常にマルクス・レーニン主義のドクトリンにもとづく明確な世界戦略にもとづいて、理路整然と計画的に推進されるそれではなかった。それは、外部世界、とりわけ相手側の〝力〟や出方を見定めた広義の〝状況〟に対する反応の束——このようなケースのほうが、はるかに多かった。むしろこう見るべきだろう。ニクソン大統領とともに対ソ外交の修羅場を経験したキッシンジャーはこのような見方を裏書して、回想録『キッシンジャー秘録』(邦題)で次のように記している。

「さまざまなソ連の動きをみて、それを一つのグランド・デザインの一環と考えたがる傾向が後を絶たない。(中略)実際の経験によれば、仮にそういう場合があったとしても、それは極く稀なケースだった。キューバのミサイル危機からアラブ・イスラエル戦争を経て、チェコ侵入事件にいたるまで、ソ連の対外政策にはその時と場合に応じた即興劇〔improvisation〕の要素が大いにみられた[2]」。

強きを窺《うかが》い、弱きをくじく

旧ソ連の交渉行動様式の第一の特色としてまず強調すべきは、それが状況に対する反応としての性格を色濃く持っていた事実である。ソ連外交交渉には、われわれが想像する以上に周囲の状況に目を配り、相手方の出方を注目する傾向が顕著だった。なかでもソ連交渉者たちが重視したのは、「〝力〟の相関関係」だった。この点を、ソ連式交渉行動様式の一大特色として強調する必要があろう。この行動様式は、前二章(**第Ⅱ部第2章**、**第3章**)で論じたロシアの交渉観と密接に関連している。つまり、ソ連時代のロシア指導者たちは、「交渉」を闘争ないし戦争の一形態とみなしていた(**第3章**、二五五頁以下)。そして、そのような交渉でものをいうのは、まずもって〝力〟である。どうやらこのように考えていた節がある（同、二六一頁以下）。

そういうわけで、ロシアの外交官たちが交渉をはじめるに当って真っ先におこなうのは、交渉相手側の〝力〟の測定作業である。己の国力一般、そして個別的イシュー（争点）での自国の交渉ポジション。これらに比べて、相手国のそれらがより一層優っているのか、劣っているのか。ロシアの交渉者たちは、まずこのことを瀬踏みし、見定めようとする。

この特色と関連して、次に気がつく二つ目の特徴がある。自身が相手側の〝力〟をどのように評価するか如何にかかわらず、ロシアの交渉行動にはおしなべて強気の姿勢に出がちな傾向が見られることである。日本やフィンランドのような、自分に比べ〝力〟（とくに軍事力）の弱い国にたいして、ロシア人は大国意識をカサにきた倣岸《ごうがん》な態度をとりがちである。これは、容易に想像しうる彼らのビヘイビアと言えよう。

ところがロシア外交官たちの行動様式で興味深いのは、米国など己と比べより強大な国に対してさえも、彼らが概して強気の姿勢をとりがちな傾向である。より正確には、強気に「見せかけようとする」と言い直すべきかもしれない。己の弱味をみせたり、内心に潜む劣等感を暴露したりすると、相手は必ずやそれに乗じようとする——このように信じ込んで、多くのロシア人は飽くまでも「〝力〟の立場からの交渉（negotiation from strength）」を実践しようとする。みずからの脆弱感を隠蔽するために、強気のポーズをとりがちなのである。[3] アイゼンハワー米政権下で副大統領をつとめていたニクソン（のちの大統領）は、アイクとフルシチョフ間のやりとりに同席したあと次のような感想を記している。「フルシチョフは、自分が弱い立場〔a position of weakness〕から話をしていることを知っており、そのために〔逆に〕ひどく攻撃的で自慢げな路線をとる必要があると感じていた」[4]（傍点、木村）。

そうとは知らぬ米国をはじめとする西側諸国は、第二次大戦後のソ連邦の実力が未だ脆弱だった時期に、ロシアによるこの種の「見せかけ(biggest-bang)外交[5]」の術策にまんまと引っ掛かってしまうケースが珍しくなかった。当時のソ連邦の〝力〟を過大評価し(たとえば、「ミサイル・ギャップ[6]」)、みすみすロシア側に外交上の得点を稼がせてしまう結果を導きがちだった。もっとも、米国ではその後この点にかんしての反省が大いになされた模様だったが。それはともかく、このようなソ連式行動様式を指摘した一文を引用しよう。アダム・ユーラム教授(ハーバード大学、ロシア政治)の著者『膨張と共存』のなかの次の文章である。

「弱味をみせたり、内心の懸念やおそれをあまりあらわにしては、とりかえしのつかぬ危険をまねく。これが、彼ら〔ソビエトの政策立案者たち〕の年来の信念だった。『力の立場』から交渉しているとの印象をあたえるべし。これこそ、アメリカに浸透しはじめるずっと以前から、ソビエト外交の金科玉条のひとつになってきた徳目なのである。一九三〇年代のソビエト指導部は、内心では対ソ攻撃が心配でたまらなかったにもかかわらず、公式の場ではそのような気配をおくびにもみせようとしなかった。たとえば、モロトフは口をひらくと、赤軍の力をうたがうものは攻めてくるがいい、喜んでお迎えするとのべていた[7]」。

弱い相手には先制攻撃

くりかえすようであるが、旧ソ連は確固とした目的意識にもとづくのではなく、むしろ状況、とりわけ相手方の出方しだいで己の行動様式を決めがちだった。そして、このようなソビエト時代の対外行動様式の特徴は、現プーチン政権期になってからも基本的に変わっていない。だとすると、ロシア式行動に対抗する手立ては、米国のような大国であれ、スウェーデンや日本のような中規模国家であれ、次のごときものになろう。このようなロシアの行動様式を前もって予見し、「見せかけ」の強気や脅しの程度を見破り、自身の立場や利益を堅持する姿勢でロシアに接すること。すぐれて状況志向型ないし機会主義的なロシア式対外行動にたいしては、おそらくこれ以外に適当な対抗策はないようである。

ロシアは、交渉をはじめる前に自分と相手とのあいだの「〝力〟の相関関係」の評価をおこなう。相手側の〝力〟が己のそれに比べて勝っていようと劣っていようと、概して強気の姿勢をつらぬく。ところが、そのあとにロシア人たちが採る交渉行動様式は、彼らと交渉相手国とのあいだに存在する現実の「〝力〟の相関関係」次第で若干異なってくる。この違いについて、次に説明することにしよう。

まず、自分の〝力〟が相手側のそれより勝っているとみなす場合、ロシアは勇猛果敢な攻勢に出る。「先制の痛打(first strike)」を浴びせる。「ソビエトの行動様式は、相手が無力なときに嚙もうとする犬に似かよっている」(8)。こうのべたジョン・ディーンのたとえどおりと言えよう。この手法を実証するための具体例は枚挙にいとまがない。たとえば、日本にたいする北方領土の軍事占拠や二〇〇カイリ漁業専管水域の一方的宣言などは、その典型例だろう。それればかりではない。相手側が抵抗の姿勢をしめさなければ、ロシアはつづけてさらに一撃、二撃を加えることさえ逡巡しない。

相手からの強力な抵抗や反撃に出遭ってはじめて、ロシアは攻撃続行の是非を再考する。相手国の要請にやむなく応じる形をとって交渉に応じる態度をしめす。こうしてはじめられる交渉では、交渉開始前に己が軍事力その他の電撃的な先制攻撃で形成した状態を既成事実とみなし、それを出発点ないし前提として交渉に臨もうとする。具体的には、ロシアはのちに詳しくのべる「引き延し」や「焦《じ》らし」戦術を採って、正式ないし実質的な交渉開始にすらなかなか応じようとしない。交渉しなければ、それだけ長くのあいだ既成事実のうえに居坐ることが可能になり、自己にとって有利とみなすからだろう。実際、出先のロシア外交官たちはしばしば本国政府から「交渉をしないで、唯交渉をしている振りだけにつとめよ」との訓令を受けているケースさえ稀ではないと言われる。

ともあれ、相手が一方的な既成事実を認めず、ロシア側が吹っ掛ける途方もない要求に屈せず承認もしないことが分かって初めて、ロシアは渋々交渉に応じる。そして、相手国が交渉決裂も辞さぬ覚悟で断固たる姿勢をしめすにいたって、ロシアは若干宥和的な態度をとりはじめる。

強い相手には自らイニシアチブをとらず

逆にロシアの〝力〟や立場が相手側に比べ劣勢なケースでは、ロシアはどのような行動に出るのだろうか？ そのような場合、ロシア人はけっしてみずから進んで積極的な行動に打って出ようとしない。強気の態度をみせかけるものの、自分のほうからイニシアチブをとろうとせず、むしろ相手国のほうから提案をおこなわせようと仕向ける。

これは、スターリン時代にリトヴィーノフ外務人民委員が、とりわけ米国にたいしてしばしば用いた手法だった。たとえばロバート・ブロウダー著『米ソ外交の起源』（一九五三年）によると、リトヴィーノフは「なんら詳細なソ連側の提案を交渉テーブル上に載せようとはせずに、むしろ常にアメリカ側をして提案をおこなわせ、みずからはそれに反応する手法をとろうとした」[9]。これは、交渉の作業や責任をすべてアメリカ側へ転嫁するやり方に他ならない。すなわち、米国側が係争点を定義し、交渉の枠組みをつくり、あげくの果てにはソ連によって受け容れられる解決案までも考案する。米国は、このような役割を引き受けさせられる羽目になった[10]。

このような「リトヴィーノフ方式」は、リトヴィーノフ外相以後のソビエト外交・交渉の担当者たちによってそのまま引継がれ、ほぼロシア式交渉のスタンダード（標準）として確立することになった[11]。たとえば第二次大戦末期にヒトラー・ドイツに対しソ連が米・英と連合関係を組んでいたとき、「すべての提案は英国もしくは米国によって作成された」。[12]ジョン・ディーンは、このように記している。裏返して言えば、ソ連みずからは何らの提案もおこなおうとしなかった。モーズリー博士も、同様に回想している。「ロンドンに派遣されたソビエト代表団は何らの提案も持参せず、唯ひたすらクレムリン宛に経緯を報告せよとの訓令だけを受けていた」。[13]さらに時代が下って、第一次戦略兵器削減条約（ＳＡＬＴⅠ）交渉（一九七〇―七二年）時になっても、提案をするのはもっぱら米国側と相場が決まっていた。[14]

交渉で、最初に提案をおこなう――。このことによって提案者側は果たして有利、不利、いったいどちらの立場にたつのだろうか？　二つの見方がありえよう。一は、有利とみなす。戦略兵器制限交渉（ＳＡＬＴⅠ&Ⅱ）の米国代表団の重要メンバーをつとめたレイモンド・ガルゾーフは、このような立場をとり、次のようにのべる。敏速に行動を起こし、交渉のイシューやその範囲の決定などの諸点で先手を打つことは、既成事実の形成を導き、その後の交渉の過程や経緯に影響をあたえる。これは、大きなプラスではないか。[15]二は、逆に不利とみなす。同じくＳＡＬＴ交渉に加わっていたアレクシス・ジョンソン（元駐日大使）は、そのような見方をおこなう。彼は、米国がイニシアチブをとることによって、米国が「独り相撲をとる」結果におちいりがちな点を戒める。ロシアの交渉者がのらりくらりとした行動をとって、米側の提案にまったく乗ってこようとしないことに、米国側はしびれをきらしがちになる。結果として、米国側は往々にしてみずからの第一提案を修正し、ロシア側に受け容れられやすいように変える誘惑に駆られる。このような危険が存在する、と警告している。[16]

攻勢・守勢を自在につかい分ける

相手側が全く具体的な提案をおこなわない場合、果たして当方は積極的なイニシアチブを発揮して、具体的な提案をおこなうべきなのか？　この問題にかんしては、二つの答えがありえよう。一九七七年春の日ソ漁業交渉の第二次鈴木・イシコフ会談中、日本全権の鈴木善幸農水相（当時）は判断した。ソ連はのらりくらり煮えきらない態度をつづけており、いつまで待っても交渉のめどが全くつかない。このことにしびれを切らした鈴木全権代表は、ついに五月五日、ソ連の代表団に向かって以下のような三つの選択肢を提示し、そのなかからソ連側が最も都合のよいものを選ぶよう迫ることにした。①日本漁船がソ連の二〇〇カイリ水域で操業するための「日ソ漁業暫定協定」と、ソ連漁船が日本の二〇〇カイリ内で操業するための「ソ日漁業協定」を、別々に締結する。②「日ソ漁業暫定協定」と「ソ日漁業協定」を一つにまとめる双務協定を結ぶ。③これまでの交渉の延長線上でソ日漁業協定の第一条（適用水域）、第二条（ソ連漁船の日本領海内操業）を詰める。[17]

このような鈴木全権によるせっかちな交渉手法にたいしては、日本側からも疑問が提起された。たとえば法眼晋作（元外務次官、当時、国際協力事業団総裁）は、『産経新聞』紙上で次のように手厳しい批判を加えた。「こんどの交渉をみて疑問に思うのだが、鈴木農相は、ソ連に対して交渉のやり方について三案を示し先方に選択させたというが、そんな外交のやり方はないだろう、という気がする。交渉しながら〔相手の出方を〕試してみることを、なぜ、やらなかったのかなという気がしますね[18]」。

このような鈴木方式が日本側にとって有利、不利のどちらに作用したのか。この問いにたいする答えを別にして、このケースに明らかにうかがえるように、ロシア流交渉行動様式ないし戦術には、なるべく相手側をして最初に具体的な提案をおこなわせ、自分はそれに対応するだけで済ませる――このような傾向が顕著なように見受けられる。なぜ、そうなのか。こうたずねられるならば、ウェラン博士の次の言葉がその答えになるかもしれない。ロシアの政治体制に「特有とさえみなしてよい官僚主義にもとづく臆病なまでの超保守主義[19]」があるからだ、と。もし具体的な提案をすれば、己の手の内をさらしてしまうことになる。だから、むしろその代わりに相手側を焦らして提案をさせる。このほうが、交渉を有利に運ぶことができる。おそらくロシア側は、このように信じているからではなかろうか。

このような保守性は、しかしながら、既にのべたようにロシア式ビヘイビアの一側面にすぎず、必ずしもそのすべてではない。ロシア人は、いったん形勢が己に有利とみなすやいなや、電撃的攻勢に出ることも一向に躊躇しないからである。このようなビヘイビアを、仮にロシア式対外行動様式の第一型《パターン》と名づけよう。ところが他方、米国の対ロ交渉経験者たちの多くが往々にしてロシア式ビヘイビアの消極的な側面を強調しがちな理由は、おそらくアメリカが超大国であることに拠っている。ロシアは米国を己よりも強大な存在とみなして、みずからは軽々に動かぬのがベストとみなし、積極的なイニシアチブをとらないようにつとめているのだろう。これをもって、ロシア式対外行動様式の第二型《パターン》と名づけよう。そのようなロシアのビヘイビアを目の当たりにして、米国の政治家や外交官たちは「ロシアは案外、慎重、臆病、保守的、用心深い国なのだよ」とのたまいがちなのである。

幸運にも超大国に生まれついた、米国の専門家や交渉担当官たちの体験や見聞にもとづく、右のような観察や結論。これをもって、しかしながら、われわれはロシアの一般的なビヘイビアであると前提するわけにはいかない。もしそうすると、間違った判断をくだすことにもなりかねないだろう。というのも、すでに第一型《パターン》として説明したように、状況とくに〝力〟関係が己に有利とみるや否や、ロシア人は勇猛果敢なブリッツ・クリーク（電撃戦）へ打って出る側面を併せもっているからだ。とくに日本のように米国とは異なり超大国でなく、せいぜい中規模国家にすぎない存在に対しては、ロシアは往々にして第一型《パターン》の行動様式をとる。このことを、忘れてはならない。

これまで大ざっぱに二つ（第一型《パターン》、第二型《パターン》）に分類したロシアの対外的行動様式を、一言でまとめることも必ずしも不可能でなかろう。というのも、冒頭で示唆したように、ロシアは「状況主義的」、あるいは「機会主義的（オポチュニスティック）」な対外行動をしめす傾向の国だからである。言い換えると、ロシアは時や状況次第で攻勢、守勢、二通りの行動を自由自在、融通無碍《むげ》につかい分ける。さらに次のようにも言いうるだろう。第一型《パターン》の電撃的な攻撃をおこなった後、ロシアは第二型《パターン》の持久作戦に転じるケースが多い、と。

日本がとるべき対処法

右にのべたような特徴をもつロシア流の対外行動様式にたいして、では、たとえば中規模国家、日本はいったいどのように対処すべきだろうか？　ロシア式交渉一般にたいし日本がとるべき態度や戦術にかんしては、本書の最終部分（**第Ⅲ部第3章**）でまとめてとりあつかう予定である。だが同時に、それぞれの文脈毎に若干の対応措置を記しておくことも必要だろう。ここでは、本章でこれまで説明してきたロシア流の交渉行動様式との関連で、とりあえず一、二の対処法をのべることにしよう。

日ロ間では、北方領土問題を巡る法的論拠、シベリア・極東開発にたいする経済的援助をのぞくと、概して、これまで日本のほうがロシアに比べポジションが弱いことが多かった。少なくともロシア側はそのようにみなす。だとすると、日本はロシア側によって先制攻撃を加えられるという第一型《パターン》に遭遇するケースが多くなる。じっさい不幸なことに、次のようなソ連側の行為はその適例だったと言えるだろう。第二次大戦終結時前後の時期におけるスターリン下のソ連による日ソ中立条約の一方的な破棄。旧満州、樺太などへの侵入・略奪。北方領土の不法占拠。そして、これら既成事実のうえでの居直り。

このような類いのロシア式先制攻撃にたいする最も有効な対抗手段は、いったい何か。事前の十分な予防的措置が、ベストかつ最小限度の必要要件だろう。ところが、これは〈言うは易く行なうに難し〉。次善の策としては、仮にこの種の先制攻撃を加えられた場合、それによってつくられた状態を決して既成事実として承認しないこと。平凡なこととはいえ、このことが肝要である。

たとえば日本の知識人をとりあげてみよう。彼らは頭がよいが、惜しむらくは短気でなんでも自分の思いどおりに進まないと早々に思考を切り上げがちな傾向をしめす。それゆえ、己と正反対の気質の持ち主、ロシア人相手の交渉にはどうやら最も不向きなタイプの人種のようにさえみうけられる。案の定、知識人たちの或る者は早くも次のような気配をしめしはじめた。戦後七〇年以上も経つのに、隣国ロシアとのあいだで未解決の問題を未だ抱えているのはアブノーマルであり、心理的に耐え難い。たとえ日本側に少々不利な形であれ、一日も早く北方領土問題を解決し行水を浴びたようにサッパリしたい。しかも、このような気分は日本国民一般にも次第に広がりはじめている様子である。

だが、この種の風潮こそがまさにロシア側の思う壺におちいる危険を秘めていると評さねばならない。ひとつには、「小さな四つの島」の主権や安全保障は、「大きな四つの島（北海道、本州、四国、九州）」と全く無関係ではないからだ。このことをしめすためには、おそらくルドルフ・フォン・イェーリングの著書からの次の言葉を引用する以上に適切な方法は他に見つけえないだろう。ドイツのこの高名な法哲学者は、著書『権利のための闘争』（一九二一年）でのべている。「隣邦から一平方マイルの土地を奪取されて平然たる国民は、やがて残りの土地まで奪われ、遂には自分の土地と称するもの一切を失い、国家として存立することを止めるに至るであろう。そして、そのような国民には、こうした運命がいちばんふさわしいのである」[20]。仮にイェーリングの言葉が極論すぎるとしても、日本側の物分かりのよい諦めムードは、北方領土返還運動に対して格別有効な対抗手段をもたぬクレムリンにとって唯一と評してよい基本戦術、すなわち持久作戦の恰好の餌食になる危険を秘めている。

ロシア人は断固たる反撃や抵抗に出遭ってはじめて、交渉に応じたり己の要求水準を下げたりする姿勢へと転じる。交渉することに合意したあとでさえも、彼らの頑《かたく》なな態度や立場は、いかなる譲歩もうけつけない堅牢無比なもののように映る。日本の交渉者たちはさぞかし絶壁に爪をたてるに似た思いを抱くにちがいない。だが、そのような印象にまどわされることは、禁物と言えよう。ロシア交渉者たちは、大抵の場合、意図的に高飛車に出て、吹っかけているにすぎない。さらに言うと、日本側の意志や抵抗がどのくらい強いのか——このことを測り、試そうとしている。それらのことをテストしたうえで、今後どの時点でいったいどのくらい譲歩せねばならぬかの見当をつけようと欲しているのだ。

したがって、ロシア側の先制攻撃による既成事実を認めたり、彼らの提案をそのまま受けいれたりすることは、愚かと言えよう。日本側としては、可能なかぎり早い時点で拒否、抵抗のサインをしめすことが肝要である。さもないとロシア側に、どうやら〈日本、くみしやすし〉との誤解をあたえ、のちのちまで交渉がこじれるもととなろう。ロシアのような階層制原理をもつシステムの国では、いったん出先の交渉者に誤った信号を出して、それがクレムリンの上層部に到達してしまった後になると、それを修正させるのは至難の業——。われわれはこう心得るべきだろう。

右の最後にのべたことが、本節全体の適切な要約ならびに結論になる。すなわち、クレムリンの外交・交渉の少なくとも一部を形成しているのは、実は、相手側たるわれわれ自身に他ならないのだ。このことを常に念頭におき、是非とも心に刻むべきである。

第5章
開始後は、のらりくらり

ブッシュ大統領とプーチン大統領（2001年6月16日、リュブリャーナ。Michael McFaul, *From Cold War to Hot Peace: An American Ambassador in Putin's Russia* (New York: Houghton Mifflin Harcourt, 2018)

ロシア人は、われわれのことを実に詳しく観察しているが、われわれがなぜそうしているかという動機や理由については知ろうとせず、実際また知らない。

——**ジョージ・ケナン**(1)

ロシアがいよいよ他の諸国とのあいだで交渉をはじめたと仮定しよう。いったん交渉を開始した後のロシア式交渉行動様式には、いったいどのような特色が見出されるのだろうか。この重要な問いの検討に本章および次章を用いる。

ロシア人はタフな相手を尊敬する

ロシア人は、一般的に言ってタフで強力な人物を尊敬する傾向が顕著である。自国の指導者としてはたとえ少々独裁的な人物であれ、そのような性向をしめす。たとえばフルシチョフよりもスターリンの人気がはるかに高い事実が、このことを実証している。これは、外国人の指導者にもほぼ均しく当てはまる。

ブレジネフ政権は、たとえばジミー・カーターよりもリチャード・ニクソンを重んじる姿勢をみせた。実際、同政権は、カーター政権よりも、反共主義の〝タカ派〟とみなされるニクソン政権とのあいだで対米交渉をスムーズに進展させ、SALT Iの調印にも合意した。ニクソン政権は、たとえば一九七二年五月の訪ソ直前に中国訪問ならびに北ベトナム港湾の機雷封鎖を敢行したが、そのような乱暴な行為ですらモスクワが米ソ頂上会談をキャンセルする理由とはならなかった。ブレジネフ政権は、同様に日本の政治家のなかでは三木武夫氏など国内基盤の弱い人物に比べ、むしろ田中角栄氏の政治・経済力やリアリズム感覚のほうにより一層の敬意をはらう態度をしめした。

ソビエト政権にみられた右のような傾向は、プーチン現政権にも当てはまる。プーチン大統領自身は、歴代米国大統領のなかではバラク・オバマよりも、ジョージ・W・ブッシュJr.とケミストリーが合う様子だった。思想的な立場や政策の観点から言うと、米ロ関係の「リセット（再構築）」を唱えたオバマ大統領のほうが、プーチンにとっては望ましい相手のはずである。ところが現実には、必ずしもそうでなかった。ミハイル・ズィガーリは、その理由を以下のように説明する。(2) ズィガーリは、ロシアの有力紙『コメルサント』に勤め、独立系テレビ局「ドーシ（雨）」の局長も歴任したロシアのジャーナリストである。

プーチンには、思想や政治的な主張よりも、むしろリーダーシップの強弱に着目して、諸外国の指導者を評価する傾向が顕著である。プーチンの視点にたつと、たしかにオバマはブッシュに比べ聡明な知識人かもしれないが、政治的リーダーシップは脆弱とみなさざるをえない人物だった。シリアのアサド政権による化学兵器使用の疑惑が生じたときに露呈した、オバマ大統領の首尾一貫性を欠く、腰くだけの政治姿勢は、その好例と言えよう。そのようなオバマに比べて、ブッシュJr.はどうだったのか。共和党から選出された大統領であり、ごりごりの反共、反ロ主義者とみなしうる人物だった。彼はそのような自らの立場を隠そうとせず、己の対ロ政策で言行を一致させた。プーチンは、そのようなブッシュを侮り難いとみなすと同時に、敬意を払い、好感すら抱いた様子だった。

クレムリンの情報政策とその限界

交渉は、改めてのべるまでもなく、相手方の存在を前提とする。相手方あってこその行為である〈「タンゴは一人では踊れない」(3)〉。己の主張ばかり貫こうと欲するならば、交渉は成立しない。相手側の立場を理解しなければ、交渉を妥結へもちこむことなどとうていむずかしかろう。改めて『孫子』の言葉を引くならば、「彼を知り、己を知れば、百戦殆《あや》うからず」。ところが、これは言うは易く行なうに難い。また「彼」の事情を理解すればするほど、「己」の要求を貫徹しにくくなる危険にも直面するだろう。フランス語の諺ものべる。〈すべてを知ることは、すべてを赦《ゆる》すこと〉（Tout savoir c'est tout pardonner）。わが国でも〈盗人《ぬすびと》にも三分の理〉と言う。ここに、交渉者のジレンマがある。つまり、交渉者は、相手の立場を十分理解しつつ、しかも同時に自分の主張を貫かねばならない。明らかに二律背反のむずかしい任務をになっている。まさにここに、先にものべたように（八〇頁）、「不可能を可能とするパフォーミング・アート」としての交渉の真髄が存在する。

ところが、ロシアの出先外交官や交渉代表者たちは、欧米諸国のカウンターパートに比べると交渉につきもののこの種のジレンマにさほど頭を悩ませていない様子なのだ。相手国の〝お家の事情〟を良く理解し、斟《しん》酌《しゃく》せよ——。つまり、彼らにたいして、このような指令が必ずしも出されているようには思えないのである。むしろ、逆に相手側の国情に深入りして、そのとりことなるべからず。このような命令さえくだされているのではないかと疑いたくなる。というのも、ロシアの交渉者たちは相手側が呆れるまでに傍若無人に自国本位の姿勢と立場を貫こうとするからだ。〈相手側の事情、一切おかまいなし〉。こういった態度を、ロシア流交渉行動様式の特色の一つとみなして、もう少し説明を加えてみよう。

筆者は、一九七三〜七五年の丸二年間をソ連で過した。この時、ソビエト市民たちが外部世界の事情に想像以上に通じていることを知り、改めて驚かされるケースも多かった。当時はブレジネフ時代の最盛期に当たり、いわゆる「鉄のカーテン」が降ろされ、外国との情報の自由な交流が厳しく禁じられていた時期だった。そのようなソ連の住人としては海外事情に意外に詳しいな、と感心する場合が少なくなかった。ひとつには、閉鎖社会下におかれている人間ほど好奇心が鋭敏に研ぎ澄まされ、口《くち》コミも異常に発達するからなのであろう。実際、どんなシベリアの奥地を旅行しようと、一般市民は、たとえばビートルズ、ケネディ、ロックフェラー、黒澤明、安部公房らの名前や活動に通じていた。

ところがである。問題はそれ以上の情報にかんしてだった。欧米諸国の銀幕スターたちの生活や流行などについては、われわれに引けをとらないまでの詳しい知識をもっている。そのようなロシア人たちが、いったんことが西側諸国の基本を形成している原理、精神、仕組みとなると、とたんに驚くべきまでの無知をさらけ出す。これが果たして同一人物であろうか？　こう呆れさせるまでの情報音痴ぶりに遭遇するケースが稀ではなかった。

いったいなぜこのようなアンバランスが生ずるのか？　その大きな理由は、このあとひきつづいて詳しくのべるように、クレムリン当局が選択的な情報操作をおこなっていたことに求められるだろう。つまり、ソビエト国民は、ソ連共産党機関紙『プラウダ』やソビエト政府機関紙『イズベスチヤ』の報道によって、たとえばアメリカや日本での失業率や金のかかる医療については十分熟知している。他方、しかしながら、これらの諸国では失業保険や医療保険の制度が同時に存在しているといった事情にかんしては、ほとんど無知の状態におかれていた。

情報のコンパートメンタライゼーション（区分化）は何をもたらすか？

在モスクワ日本大使館内に一室をもらって研究活動をつづけていた一九七〇年代はじめ、筆者は、しばしば次のような体験をもった。例えば、ロシア人タイピストが私の部屋に駆けこんでくるなり、真顔で「お国の日本では失業率が高く、インフレが蔓延《まんえん》し、政治家は汚職に明け暮れて、皆さん大変なんですってね」と切り出すケースである。「どうして、そんなふうに思うのか」。こうたずねると、手にしていたその日の『プラウダ』や『イズベスチヤ』紙上の記事を得意気に指さし、読むように勧めるのだった。日本大使館に勤務し、常日頃日本人たちが身につけている衣服や食しているものをじかに見聞きしているロシア人勤務者たちですらこうなのだから、他の一般ソビエト市民たちにかんしては推して知るべし。クレムリンが情報活動を独占して一方的に流す国営ニュースの影響力が、いかに大きいか。このことを、改めて痛感させられる日々だった。

現プーチン政権下でも、事態は基本的に大きく変わっていない。大概のロシア国民にとり主な情報源はテレビや一般大衆紙だからである。これらのニュース・ソースは、海外スターのゴシップなど人畜無害な情報にかんしては何の制約もなく、自由奔放なくらいフリーに流している。他方、ことプーチノクラシーの根幹に触れる批判は報道しようとも、活字にしようともしない。要するに、クレムリンは「選択的」な報道管制を敷き、ロシアのマス・メディアに「自主規制」を求めている。

では、外交官や政治家など上部エリート層の場合、事情は異なるのだろうか。たしかに、相対的な差はある。が、基本的に事態は変わりないと評しうるだろう。というのも、クレムリン当局の情報政策の基本は、その対象が一般大衆であれ、職業集団であれ、同一原理で律せられているからだ。筆者は先に「選択的」な報道管制という言葉を用いたが、「情報のコンパートメンタライゼーション（区分化）[4]」政策とのべるほうがより適切なのかもしれない。要するに、クレムリン内のひと握りのトップ指導者のみが、「総合的《トータル》」な情報を独占的に握ることができる。その他の者は、己の職業を遂行するに当たって必要最小限度の「部分的」な情報を分かちあたえられるにすぎないからだ。

次のエピソードは、かつてソビエト体制が採っていた「情報のコンパートメンタライゼーション」政策をしめす具体例として、多くの交渉研究者がきまって引用する例である。ＳＡＬＴ Ｉ（第一次戦略兵器制限条約）交渉中に米側の交渉チームが気づいた、次のような信じがたい事実だった。ソ連代表団を構成するメンバーたちは職能別の完全なタテ割り制にしたがっているがゆえに、各団員が相互に情報交換をおこなわず、体制側もそれも止むをえないとみなしていた事例である。

たとえば米国のジェラルド・スミス（軍備規制・軍縮庁長官、兼米国代表団代表）は、次の事実に気づき、吃驚させられた。彼が米ソ両国のミサイルとサイロ（ミサイルを格納する地下壕）のサイズを比較する図表について、ソ連側代表団に対して説明しているときの実話である。ソ連側のウラジーミル・セミョーノフ（外務次官）が、ミニットマン（アメリカの核戦力の中核をなすＩＣＢＭ）のサイロとＳＳ―９（ソ連のＩＣＢＭ）のサイロを混同するという「初歩的な」ミスを犯している事実に気づいたのである。これは、いったい何を意味するのか。スミス代表は、以下のような推測をおこなわざるを得ず、かつその推測は正しいことが判明した。

それは、ソ連代表団のなかで外務次官をはじめとする「平服組」が、「制服組」に属する軍人メンバーたちから自国の戦略兵器についての軍事情報を全く提供されていないことだった。つまり、同一チーム内で情報を共有していないという驚くべき事実である。そればかりではなかった。さらに驚くことが起こった。ソ連代表団ナンバー２のニコライ・オガルコフ上級大将（当時、のちにソ連軍参謀総長）は、わざわざアメリカ代表を呼び出して、叱りつけた。米国代表団員は、なぜソ連代表団の「平服組」メンバーたちにソ連の軍事機密を洩らすようなことをするのか、と。同大将は、つけ加えた。「その種の情報はソ連軍人だけが知っておればよい情報である[5]」。

容易に信じえない右のエピソードがしめしているように、ソ連では、同一任務（対米交渉）にたずさわっている外交官と軍人のあいだでさえも、「情報のコンパートメンタライゼーション」の原則が貫徹しているのだ。そのために、専門家間での情報交流がおこなわれていない。タテ割り官僚機構の結果として、やむなくそういう弊害が生じているのではない。鵜匠《うしょう》の役目を司るクレムリン最高指導者の考えにしたがって、各省、各個人間での情報や知識のフリーな交換が望ましくないこととして、そのようなことが禁じられているのだ。

情報制限はプーチンを「裸の王様」にする？

クレムリンによる「情報のコンパートメンタライゼーション」政策は、クレムリン最高首脳の政策決定過程にプラス、マイナス、二つの効果をもたらす。プラス効果については、以下、箇条書き風に要点を抜き出してみるだけで十分だろう。①プーチンらトップ指導者のみが情報を独占しうることは、とりもなおさず外部から雑音や妨害が入り込まず、それらによって彼らの作業は不要に掻き回されなくて済む。②交渉相手国に、当方の事情がリーク（漏洩）されたり、筒抜けになったりする心配をしないで済む。③反対政党、マスコミ、世論にたいして気兼ねする必要もない。④いったん決定したことが必ず自動的に批准されるとの確信をもち、そのことを前提にして交渉に専念しうる。——要するに、最高政策決定者にとってこれほど仕事しやすい環境や状態は他にみつからないくらいと言えよう。

トップ指導者による情報や交渉の独占は、しかしながら、もろ刃の剣である。それは、たとえばブーメラン機能（もとへもどってきて仕掛人をも傷つける効果）、つまりマイナスを併せもつ。説明しよう。

まず、クレムリンの最高首脳が、いかにオールマイティー（万能）な人物であるとはいえ、いや、まさに万能であるがゆえに完全な情報に接しえないというパラドックス（逆説）が生じる。つまり、彼らのアドバイザーや部下たちは、独裁者に都合のよいニュースはそれを誇張してまでお耳に入れようとする一方で、逆に都合の悪い情報となるとその内容にサジ加減を加えがちとなる。たとえどのように重要な類いのものであれ、上層部に情報を上げるのを逡巡しがちになる。好例は、ユーリイ・コヴァルチュークがうっかり（？）口にした以下のような証言と言えよう。

コヴァルチュークは、プーチンのサンクト・ペテルブルク市役所勤務時代に同じ郊外地域に別荘を購入した所謂「湖畔（オーゼロ）」グループの一人。そのような縁故により、彼が創設した「銀行〝ロシア〟」は急成長を遂げ、今日彼は「プーチン大統領の「現金出納係《キャッシャー》(6)ないし財布」と呼ばれるまでの権勢をほしいままにするオリガルヒ（新興寡占財閥）兼側近の地位にのしあがった。そのようなコヴァルチューク総裁は、プーチン大統領が気に入ることしか耳に入れないよう細心の注意を払っていることを、次のようにぽろっと洩らした。「私の立場にたってみなさい。クドリン〔旧財務相〕がそうしているように、仮に私がプーチンに向かい大統領が気に入らないことを口にするならば、その後の私には果たしてどんな結末が待ち受けていることだろう。私は、プーチン大統領に対するアクセス〔接近〕を即座に喪ってしまうに違いない。私はいったい何のために誰のために〔そのように愚かなことを〕せねばならないのだ」(7)。とはいえ、コヴァルチュークのような茶坊主たちにかこまれがちな傾向を防止しないと、プーチン大統領が情報にかんし「裸の王様」になるという皮肉な事態を防止しえないことは、たしかだろう。

外国に派遣されているロシアの外交官、情報収集係などがモスクワに送る外国事情の内容も一方的なものであり、各国実情を必ずしも正確かつ正直に伝えているとは評しがたい。ひとつには、彼らは単に外国に駐在しているだけで外国の思想や文物にかぶれ、ややもすると亡命する可能性すらある危険人物と見なされがちだからである。そのような疑いをかけられまいとして、海外に派遣されているロシア人は過度なまでの忠誠心を本国向けに誇示しがちとなる。たとえば、スタニスラフ・レフチェンコが亡命前に送った記事に眼を通してみるがよい。レフチェンコは、国際関係週刊誌『ノーボエ・プレーミャ〔新時代〕』の東京特派員、実はKGB少佐だった。一九七九年夏に日本経由で米国へ亡命したが、東京滞在中はソビエト体制に都合が良く、かつ日本についての歪んだ報道記事ばかりをモスクワへ送っていた。そのために、日米当局はもちろんのこと、ソ連当局も彼が亡命する意図を秘めていることを微塵も疑ってみようとしなかった。

指導者たちは他国システムに無知

クレムリンによる情報政策には、右に説明した以外の特色も見出される。そのうちの重要なもの二、三を次に紹介しよう。まず、ロシアの政治家、外交官、軍人たちが、自由主義ないし資本主義諸国を動かしている原理、制度、ダイナミクスについて無知となりがちな弊害をあげうる。たとえば米国の大統領制度の仕組みにかんする彼らの理解は、けっして十分なものとは言いがたい。アメリカ合衆国は、ロシアにとって最大のライバル国。したがって、ロシアの要人たちにとって、その好き嫌いを別にして米国の政治制度、ユニークな大統領制にかんして完璧な知識をもつことが必要不可欠なはずだろう。ところが現実にはこのことが実践されていない。一例をあげると、米国大統領が有する権限についての理解ははなはだ不十分と評さねばならない。

米国の大統領は、イギリスや日本など議院内閣制をとる諸国の首相とは比べものにならないくらい大きな権限をあたえられている。とはいえ、ロシアの大統領と比較するならば問題にならない。つまり、ドナルド・トランプ大統領の権限が、安倍晋三首相に比べていくら強大であると言っても、プーチン大統領のそれに比べると問題にならないくらい小さい。たとえば仮に米大統領が諸外国と条約を締結し、それを自国にもち帰ったとしても、必ずしも米議会で批准されるとは保証されていない。現にウッドロー・ウィルソン大統領みずからが提唱し、かつ署名した国際連盟への米国加盟は米上院の批准を獲得しえなかった。また、カーター大統領が締結したSALTⅡは、同じくアメリカ議会で批准されなかった。いくらでも類似の事例を挙げることができるだろう。

ところが、ロシアのトップ指導者たちは、右のような米国の政治制度にかんする初歩的な知識さえ十分もちあわせていないようなのである。トップが決定すれば、あとは自動的にすべてスムーズにことが運ぶ。このような自国の例を他国に投影する癖が抜けきれないからなのだろうか。現実に起こった二つの例を、紹介しよう。

その一。第二次大戦終了直後の一九四六年、東西ベルリン交渉に随行した米国のモーズリー博士に対して、ソ連代表団の一メンバーがたずねた。「米側代表団のなかになぜ上院議員が加わっているのか?」。博士は答えた。米国の政治制度では、〈大統領によって締結された平和条約は、上院の三分の二以上の同意を得る場合にかぎって批准される〉と規定されている。上院議員が最初から代表団に参加し、交渉の経過、その他の事情を知悉していることが望ましい。すると、質問を発したソ連人は真顔で念を押した。「君は、まさか大統領が署名した条約を議会が批准拒否するようなケースが発生すると言っているんじゃないだろうね[8]」。

その二。それから三十三年たった一九七八年、ソ連の要人から、まったく同一の疑問が発せられたのだ。偶然と言うには、あまりにもできすぎた話である。筆者はそのことを偶々米国に滞在中、『ワシントン・ポスト[9]』紙で読み、わが眼を疑った。帰国後しばらくしてジョセフ・ウェラン著『ソビエトの外交と交渉行動』(一九七九年)が出版され、それが実話であることを確認した。そのいきさつを、以下紹介する。一九七八年十一月、ソ連共産党政治局員のグリゴーリイ・ロマノフは、訪ソ中の米国議員団の一人、アブラハム・リビコフ上院議員に向かってたずねた。「カーター大統領自身が賛成しているＳＡＬＴⅡ批准に反対している民主党メンバーがいるようだ。これは、いったいどういうことなのか。アメリカでは、なぜそのような者を懲戒処分に処さないのか[10]」。傍でロマノフとリビコフの会話を聴いていた米国の別の上院議員ジョン・グレンは、当然のごとく吃驚し、叫んだ。「彼らは、米国の政治制度で上院が果たす役割というものをまったく理解していない[11]!!」。

ソ連が他国の政治システムに無理解な実例をもうひとつあげよう。一九七七年春の日ソ漁業交渉時での裁判管轄権問題である。ソ連側は、当時、次のように主張していた。ソ連二〇〇カイリ漁業水域内での日本漁船の違反行為にたいする裁判権がソ連に帰属することを、日本側は認めるべきである、と。ところがもし日本側がそうすれば、それは日本国民の基本的な権利・義務に係わる憲法上の重大問題となる。「わが国では国会の承認を経ることなしに、他国にたいしそのように重大なことを認めるわけにはいかない」。日本側は、とうぜんこう主張し、反論した。たとえば米国などは、このような日本側の事情に理解をしめす態度をしめした。ところがソ連は、「そのようなことはトップ指導者が決断さえすれば、どのようにでもできる問題にすぎないこと」

とみなして、とりつくシマもない態度をしめした。

とくに心理を読むのが苦手

ロシア人は、他国の政治体制の基本的な仕組みや運営といった最重要事項についての理解すら十分ではない。だとすれば、その他の点にかんしては推して知るべし——。われわれはこう推測すべきだろう。たとえば、他国の雰囲気、ムード、国民感情といった眼に見えもしなければ容易に把握しえないものを、正確に理解せよ。ロシア人にこのようなことを要求するのは、まるで無い物ねだり——最初からこう評さねばならないのかもしれない。

かつてソビエト時代においては、世界各国に派遣されたロシアの出先機関はマルクス・レーニン主義のレンズを通してものごとを眺め、同イデオロギーの考え方や概念を用いて報告書を作成せねばならなかった。このことも、ソ連の外交官や海外特派員たちにとって在るがままの事実を報告する作業を妨げる制約要因になった。もしマルクス・レーニン主義の思想や教義で説明できないような事態が起こった場合には、いったいどうすべきなのか。その事実を全く無視するか、過小評価する。これ以外に、本国へ打電する適当な術はなかった。国民感情やムードといった計測不可能なものを無視しても、イデオロギー重視の立場から出先の諸機関は非難される筋合いはなかった。

いや、逆こそが真だった。ゆめゆめ派遣先の国民感情などに動かされた報告をおこなわないこと。これが、外国に派遣されたソビエト代表者たちにとっての鉄則だった。だがもとより、そのような訓練は、ソビエト体制の情報収集活動にとって弊害をもたらす。この点にかんして、モーズリー博士は次のような指摘をおこなっている。「ソビエト代表団のメンバーたちは、外国の政府や国民に影響をあたえる見解、関心、センチメント〔感情〕から意識的に遠ざかるように教え込まれている。外国に派遣されているソビエト代表団員たちがなによりも惧れるのは、次のように見なされて非難されることだった。〝彼（または彼女）は帝国主義的、コスモポリタン〔国際主義的〕な影響の虜囚《とりこ》になった〟。かように批判されまいとして、彼らは外国の見解やセンチメント〔感情〕を自国政府に伝えるチャネルの役割をはたそうとするよりも、むしろそのような伝達を妨げる障害物と化するのだった」[12]。

右のルールを厳格に守った人物として、対日関係ではフセワロード・オフチンニコフを挙げることができるだろう。彼は長年、『プラウダ』東京特派員を務め、帰国後『サクラの枝』（邦題、一九七一年）と題する日本文化について深い造詣をしめす好著を出版した。しかし、そのようなオフチンニコフも、東京滞在中は、北方領土などを巡って日本人が微妙な対ソ感情を抱いている事実をけっして本国宛てに報告する記事を書かなかった。結果として、われわれはこの世にはまるで二人のオフチンニコフがいるかのような印象すら抱いた。

果たしてそれがいかなる理由にもとづくものだったにせよ、クレムリン最高首脳が交渉相手国の心理的側面を十分な程度にまで通暁せず、また知ろうとも試みない——。このような傾向は、ロシア式情報収集法にみられる重要な欠陥とみなさねばならないだろう。ソ連外交官の利点と欠点について比較検討したヘイター英国大使は、右の点がソビエト外交にたずさわる者の最大の弱点とみなして、次のようにのべた[13]。「なかんずく己が交渉中の相手側である国々や人々の真の性格、動機、感情についてのほとんど全面的、かつ救いがたいまでの理解の欠如——。これこそが、ソビエト外交の大きなハンディキャップになっている」。

ケナンの洞察

右にのべてきたことのまとめとして、ジョージ・ケナンの言葉を引こう。ケナンは今日から数えると六〇年前の時期に著書『ロシア・原子・西方』（一九五八年）のなかで、次のように記した。やや長文になるが、あえて引用することにしよう。

「統計的にあらわされるすべてのことがらについては、ソビエト政府は実によくわれわれについての情報をもっていると思う。われわれの経済、軍備の実状、科学的進歩などにかんする、ソ連の情報は絶対に一流に違いない。

ところが、われわれの動機についての分析、血の通っているわれわれの生活にかんすることがらとなると、この堂々たる情報収集の全システムは破綻をきたすのだ。なぜ破綻をきたすかといえば、過去四十年間にわたってこれらの事実について情報を集める人々がそういう情報を西側社会の性質にかんするほんとうに客観的な分析と結びつける――このような作業を、共産党が許さなかったからである。そういう種類の分析を許すならば、ロシア共産主義自体にとって最も大事で基礎的なフィクション〔虚構〕のいくつかが、たちまちにして危殆に瀕してしまうからである。このようにして、ソビエト指導者たちは、外部世界については、非常に歪められたイメージを受け取るほかないのである。つまり、われわれにかんすることは何でもご存知だが、肝心なことだけは抜けているという結果である。

彼らは、非常に強力な望遠鏡でほかの遊星の住民たちをのぞくように、われわれを見ている。なんでもよく見える。ほかの世界の奇妙な生物が日々の仕事を営んでいるありさまを、実に詳しく観察している。〔ところが、〕なぜこれらの営みをやっているのかという動機や理由については、彼らは見もしなければ、見ることもできない。この点が隠されているために、細かい点まではっきりわかっていながら、全体像がまったくわかっていないという結果になるのだ」[14]。

以上引用したケナンの洞察は、現プーチン・ロシアについても均しく当てはまるようである。というのも、たとえば第四期目のプーチン政権は、米トランプ大統領の予想不可能な言動によって振り回される側に回っているように見受けられるからだ。中距離核戦力（ＩＮＦ）条約からの米国による突然の破棄通告、パリやブエノスアイレスでの米ロ首脳会談のキャンセル、次から次への対ロ制裁……等々である。たとえばニーナ・フルシチョワ（ニキータ・フルシチョフ・ソ連共産党第一書記の孫娘、米国へ移住し、現在ニューヨーク大学教授）は、プーチン政権がトランプ政権によって振り回されている事実を指摘し、その理由を次のように示唆している。「プーチンは元スパイで、元来、人間の心理、動機、意図を読むことにかんしては専門家のはずである。それにもかかわらず、彼は、今日、トランプ米大統領の言葉がその場しのぎの、ちゃらんぽらんのいい加減なものであることを、なぜかすっかり見抜けなくなっているようなのだ[15]」。

開かれた社会と閉ざされた社会

右の最後の箇所でのべたことに同意し、さらに強調するために、逆に〝開かれた社会（open society）〟である欧米諸国や日本の交渉者たちがもつプラス、マイナス——。これらを、ロシア社会のそれと比較する作業をおこなってみよう。

欧米諸国や日本のような開放体制下では、当方の情報がややもすると交渉相手側へ筒抜けになりがちな欠陥がある。また、反対政党や派閥、マスコミ、世論への配慮、交渉者の任期や国会の期間などの時間的圧迫……等々が、対外交渉者に不利に作用するかもしれない。ところが他方で、次のような利点に恵まれていることを忘れてはならないだろう。たとえば、国民全体が問題の所在を知り、学習するスピードが速いこと。対立する種々の諸見解が乱立するなかから、お上《かみ》が命令しなくても、最良の提案が自然淘汰的に選別されてくることなど。

とりわけ交渉が長期化すると、〝開かれた社会〟のメリットがデメリットを上まわってくるようになるかもしれない。これは、自由主義体制が電撃的に加えられた緒戦にこそ弱くとも、時の経過とともに強味を発揮するという一般的な原則とも関連している。だとすれば、ロシアが西側民主主義諸国の〝開かれた社会〟としてのマイナス面を利用しようともくろんでも、それは短期的にしかつづかない。長期的には〝開かれた社会〟はタフで長つづきする抵抗力を発揮するのではなかろうか。このことを強調して、コーラー元駐ソ米大使は次のように説く。やや長くなるが、重要な指摘のように思われるので敢えて引用しよう。

「一般的に言って、ソ連による交渉の常套テクニックとして用いられる宣伝工作にかんして、格別われわれが心配したり、騒ぎたてたりする理由はないだろう。これらのテクニックは、われわれ〝開かれた社会〟の性質それ自体であり、他国によって利用される運命にあり、逃れる術はない。

ソ連のテクニックは、たしかに時として取引上の利点をもたらす。が、それはけっして確固とした圧倒的なプラスとはならない。西側の人間たちのあいだで混乱や分断をつくり出そうとするソ連の試みは、実際あまり成功していない。真実を無視し、無責任な提案をおこなうとする彼らの宣伝は、明らかに短期的な性質のものと言えよう。虚偽は、おそかれ早かれ放火した者にブーメランの火の粉となって戻ってくる。長期的にみる場合、即効的に得られた利益は、そのことが暴露されたときに生じる不信によって、ふつう帳消しになるだろう。〝開かれた社会〟は時として心理戦争に傷つきやすいものの、長つづきするタフな強靭性を創り出す結果も導く[16]」。

（傍点、木村）

〃閉ざされた社会〃と違って、〃開かれた社会〃がもつメリットの一つとして、次の点も重要だろう。すなわち、世論や国民の結束が、「上から命令されるのではなく、話し合いを通じて[17]」形成されてゆく傾向。国内の統一や団結が前者の社会では人為的につくられるのにたいし、後者では自発的に発生すること。再び一九七七年春の日ソ漁業交渉を例にとろう。このとき、日本側はソ連側による電撃的な攻勢によってたしかに緒戦を失った。だがその後、日本国民はよく団結、連帯して、初動の立ち遅れによって失った損失を最小限度にくいとめることに成功しえたと言いうるだろう。具体的に言うと、噂された外務省と農水省とのあいだの見解の相違、漁民と国民全体の利害の対立は次第に克服されていった。さらに共産党をふくむすべての政党が国会で「海洋二法」をパスさせるという「戦後三十二年間の歴史で異例の〃国会統一[18]〃」が現出した。これらの諸点に注目して、宮澤喜一外相（当時）は次のような総括の言葉をのべた。

「日ソ交渉は、常に、ソ連側の内部事情がわからないまま、一方的にいろいろな宣伝をされ、日本側の手の内が大体ソ連側にわかってしまうという性格のものである。これは、〃閉ざされた社会〃と〃開かれた社会〃との差だが、今回は、日本側が〃開かれた社会〃だからこそ、毎日の問題点が国民に知らされ、超党派的な国論の一致という『交渉力』を得ることができた。交渉当事者にとってはやりにくい面もあるが、〃開かれた社会〃にも強みがあり、決してマイナスばかりでないことがわかった点も、今回の交渉の特徴である[19]」。

ロシア人は善意に感謝せず

交渉中に当方がロシア側に対して友好的な態度をしめす。そのような好意は、ロシア側によって必ずしも十分な程度にまで感謝されるとはかぎらない。なぜだろうか。ジョージ・ケナンは、その訳を『回想録』で次のようにのべている。やや長い引用になるが、重要かつ含蓄ある内容なので注意深く読んで、ケナンの鋭いロシア観ならびにアドバイスを吟味することにしよう。

「アメリカ人が譲歩をしたり、友情を用いて、ソ連人を説得しようと試みるときに、ソ連人が実はどれほどまでに心中当惑し、かえって猜疑心を深めがちになるのか。その理由を知っている者は、非常に少ない。そのような善意は、ソ連人が前提していることすべてをひっくりかえしてしまう結果を導くからだ。〔というのも、そうなると〕ソ連の交渉担当者はそれまでアメリカ側の力を誤って過大評価していたことになる。ソビエト政府にたいする義務遂行の観点からみて彼らは実に不注意だったことになろう。アメリカ側からはもっと要求できる。彼らはこう報告しておくべきだった筋合になるからだ。

このようにして、往々にして、われわれが求めたはずのものと、ちょうど正反対の結果が生じることになる。つまり、われわれは飽くまでも好意にもとづいて彼らにたいして譲歩することを決意したはずだった。ところが、まさにそのことがソビエト交渉者たちを却って困惑させてしまうという皮肉な状態へと追いこむことになる[20]」。

右のようにのべて、対ソ交渉のベテラン、ケナンは、当方が善意をしめすジェスチャーをおこなっても、それが実は単なる自己満足にすぎず、ソビエト官僚たちを却って当惑させる結果を導くだけでなく、これこそが欧米人たちが往々にしておちいりやすい誘惑であり、誤った対ソ交渉法であると結論する。(21)

本書で筆者がくりかえしのべているように、たしかにロシア人は、外部世界にたいし被包囲意識を抱きつづけている様子である。欧米の先進資本主義列強は、隙さえあればロシアに襲いかかってくるにちがいないとの被害妄想に駆られている。外部世界にたいする猜疑心と被害者意識は、さきに説明したようにロシアの地理、風土、歴史などに由来するロシア人に抜きがたい性向なのだろう。その背景事由はともかく、彼らは外部諸国によって差しのべられる善意や友好の手を必ずしも額面どおりに受け入れようとしない。そこには、なにか巧妙な陥《おと》し穴が隠されているのではないか。なぜならば、この世の中に純粋な好意などあろうはずがない。あるのは、〝力〟にもとづく「クトー・カボー〔誰が誰をやっつけるか〕」の闘いのみだからである。彼らは、こういった己の人生観を対外世界に投影して、森羅万象を眺める性向を容易に改めようとしない。そのために、交渉相手がロシア人にたいし断固闘う姿勢をしめすほうが、かえって彼らを安心させるという皮肉な結果すら生むのだ。

モーズリー博士も、ケナン同様の見方を次のように記す。「西側の代表者にとり、〝善意〟とは交渉過程の潤滑油であり、眼にみえぬとはいえ実に価値が高い副産物である。〔ところが、西側代表が〕小さな譲歩をおこなうと、ソ連交渉者は単に自分の原則的な立場が相手側のそれに比べより一層強いしるしにすぎないとみなす。彼は、〔相手側がおこなう〕〝善意〟など信じていないからである。〝資本主義によって包囲されている〟という意識をもって交渉すべし。彼は、このように説くトレーニングを受けている(22)」。

善意といった当てにならない人間感情《センチメント》を峻拒するロシア指導者たちは、冷厳なリアリズム〔現実主義〕の立場にたって交渉をおこなう。彼らとの交渉にたずさわった米国の外交官たちは口をそろえて、こう指摘する。

たとえば米国の駐ソ軍事代表、ジョン・ディーンは次のように観察し、忠告する。「現ロシアの指導者たちはいったいなにを求めているのか。このことさえ理解するならば、われわれは彼らとも十分やってゆくことができるだろう。われわれは、もしより強く、より賢く、そして自己の目的にかんしてロシアの指導者たちと少なくとも同程度の確信を抱いているならば、彼らとやってゆけるだろう。センチメント〔感情〕でなく、リアリズム〔現実主義〕によって動く人々と交渉している。われわれはこのことを肝に銘じ、十分理解しておく必要がある」[23]。

チャールズ・ボーレン元駐ソ米国大使も、自身の回顧録でスターリンにかんし書き遺こしている。「彼は、人間のセンチメント〔感情〕とまったく無縁の人だった」[24]。このことは、スターリンにかぎらず、ほとんどすべてのロシアの指導者たちに均《ひと》しく当てはまる。われわれはこう覚悟すべきなのかもしれない。ジョン・ディーンも、次のように記す。「私の経験によれば、ソビエトの官僚たちは聡明で抜け目のない交渉者である。彼らは、ソ連の利益がかかっている大事な交渉事にセンチメントが何らかの役割を演ずることを決して許そうとしない」[25]。ウェラン博士も同様に断言する。「ソ連外交において、センチメンタリティーは何らの役割も演じない」[26]。

好意にたいして返礼なし

「ソ連の指導部は、きわめて実利的ではあるが、スラブの農民から成っていて、笑いと涙にも**もろい**ことも知らなければならない」[27]〔傍点、木村〕。たしかに、モハメド・ヘイカル〔元エジプト情報相〕はこう記している。ヘイカルは、長年フルシチョフ、ブレジネフらソ連要人と身近に接触・交渉した体験にもとづいて、『中近東版ソ連と付き合う法』[28]〔一九七八年〕を出版した人物である。

しかしながら別の観察者によれば、ロシア指導者たちが時折しめす「涙」こそが曲者《くせもの》なのである。彼らの涙は、巧みに計算された演技上のそれであるケースが少なくないからだ。たとえばニクソン元米大統領は、自身の『回想録』で次のような経験を語っている。ブレジネフ党書記長は晩餐会の席上でニクソンの演説を聴いて二度も「涙を浮かべた」[29]。ところが、そのあと深夜になって突然ニクソンが宿泊していたホテルの部屋を訪ねてきて、きわめて「高姿勢に」[30]交渉を再開する態度を露骨にしめした。結論として、ニクソンはブレジネフの「ショック戦術」[31]や「計算ずくで危険を冒す作戦」[32]に要注意と警告している。

善意、センチメントと同様に、友情、好意、感謝といったものも、対ロ交渉で大きな役割を演じない。こう見なして間違いなかろう。というのも、ロシア人は個人的レベルにおける関係を別にして、ことがいったん国家間の対外交渉の局面になると、実際そのような心理的な要因をほとんど顧慮しないからである。いやしくも政府代表や外交官の地位を占めている以上、彼らが外国人の交渉相手にたいして個人的な好意をしめす余裕や自由をもちあわせているはずはない。己が代表する国家にたいして自身の行動ばかりでなく、感情までも全面的に捧げるべし。これこそが、ソビエトの交渉者たちに期待されていた使命であり教えだった。一九四六―四九年に米国駐ソ大使としてモスクワに滞在したウォルター・スミスは、自身の回想録『モスクワの三年』(一九五〇年)のなかで次のように記している。やや長いが引用に値するだろう。

「ソ連ならびに大抵の共産党官僚たちは、外国人にたいする個人的な好意や感謝の念によってけっして動かされることはない。実際もしそのような感情を抱くならば、彼らは直ちに厳罰に処されることを覚悟せねばならない。私は悟った。共産党の理論にしたがうと、すべての外国代表は自国政府の利益のためだけに行動する。どんなことをしようとも、そのように解釈しうる。親切な行為をおこなう場合も、そのようにすることが自国政府の利益にかなうと思えばこそ、親切に振る舞うのだ。このことから、彼らは外国代表にたいしてはそもそも親切や寛容の美徳を発揮しうるはずはない。したがってまた、ソビエト官僚が外国人にたいして感謝の念を抱く必要もない。このような結論になる。

個人的な関係を考慮しての言動は、公務の厳格な遂行中にけっしておこなってはならない。それは、ソビエト当局によって利敵行為に等しいとみなされる。外国人にたいして好意的である行為や声明はとりわけ利敵行為であるとみなされる。外国人にたいして非好意的な行動をしめせばしめすほど、不幸なことに、それは一層容易に弁護されうることになるのだ[33]」。

スミスがのべる右の教訓は、欧米諸国の交渉者たちが幾度となく裏切られたり、煮え湯をのまされたりした結果ようやくにして学ぶにいたった貴重なレッスンだったと言えよう。たとえばジョン・ディーンは、次のように記す。

「戦争初期、アメリカはソ連の要求をすべて満たそうとした。〔というのは〕われわれの援助や寛大さがソビエト当局側に、友好や感謝のセンチメントをつくり出し、それがその後の交渉の際にソビエト当局にたいして好影響をもたらし、アメリカ側に有利に作用する――。そのようなことを期待したからだった。だが、正反対だった。ソビエト指導者たちによって、アメリカの寛大さは弱さのしるしと受けとめられ、彼らはますます要求を高めてきた。アメリカからの援助の必要がなくなったあとになってすら、彼らはそのような態度をとりつづけた。われわれは、必要のない宥和政策をつづけた。〔ところが〕逆にアメリカが強い立場をとると、米ソ関係は決まって好転した。

私は、確信をもって言える。ソ連の要求に直ちに応じてやるよりも、タフな駆け引きの態度をしめす。このことのほうが、ソビエト官僚たちをより一層安心させたり、友好的にし向けたり、彼らの猜疑心を弱めたりすることに役立つのだ、と」[34]。

〝ギブ・アンド・テイク〟なし

右にのべてきたことのつづきとして、ロシア流交渉様式のもう一つの特色を指摘しうるだろう。それは、ロシア人交渉者たちが必ずしも〝ギブ・アンド・テイク（give and take）〟の考え方に従おうとしない点である。〝ギブ・アンド・テイク〟とは、〈こちらも譲歩するかわりに、そちらも何かを譲られたし〉という妥協の精神ないし方法にもとづいている。欧米式交渉の要諦をなす考え方と言えよう。いや、互いに対立する争点を巡る交渉事は、このルールなしにはけっして妥結に至りえない。このように極言しても、差し支えないくらい重要なコンセプトだろう。

ところが、ロシアの交渉者たちは、この慣習ないしルールをけっして率直に認めようとせず、往々にして〝テイク・アンド・テイク〟の手法さえ採ろうとする。その主な理由は、ロシア人が交渉を闘争の一種ととらえがちな性向に由来すると言えるかもしれない。背景事由はともかくとして、対ロ交渉に携わる欧米人の多くは、ロシア人が、実際〝ギブ・アンド・テイク〟の手法を容易に認めようとも、実施しようともしないとの不満をのべる。そのような発言を、まず二、三、紹介しよう。

英国のヘイター大使はのべる。「ロシア人たちは、つねに勝利をめざして交渉する。交渉の目的は、必ずしも相手側を打ち負かすことではなく、互恵的な同意に到達することにあるはずだ。ところが、ロシア人たちはけっしてこのような考え方を採ろうとしないようなのである」[35]。米国のアベレル・ハリマン元駐ソ大使も、同様の感想を記す。ロシア人の「交渉基準は、何らのお返しもあたえず」、「何らの代償物の考えも伴なわず」、唯ひたすら相手側から「ギブ・アンド・ギブ・アンド・ギブ（give and give and give）」を要求しようとするものだった。[36]

モーズリー博士も、ベルリン交渉にたずさわった実務体験にもとづいて、次のようにのべる。「ソビエト代表者たちは、協定への到達が次のような方法によってはじめて可能になるといくら説明されても、一向に信じようとしなかった。交渉当事者のいずれの側も自分の立場を全面的に貫徹させるのではなく、その代わりに己の立場の一部をそれぞれ獲得する。一言でいうと、ギブ・アンド・テイクのやり方である」[37]。モスクワ勤務が長かった米国の外交官、ロイ・ヘンダーソンも、同様の観察を記す。「〔共産主義指導者たちは〕、西側の交渉者にとって当たりまえのバーゲニング〔取引〕過程でのギブ・アンド・テイクの考え方にまったく関心をしめそうとしなかった」[38]。

ロシア語辞書には〝妥協〟の用語なし？

〝妥協〟――。このコンセプトには、イギリス人にとりけっして否定的ではなく、むしろ積極的な意味がこめられているという。なぜならば、〝妥協する〟ことは、笠信太郎氏によれば、けっしてみずからの敗北を意味していないからだ。己の考え方や思想は多角的である。それゆえに、仮にその一角を切り捨てることにより相手方と妥協しても、そのことにより自分の思想は破綻をきたすことはない――。このように説明する笠氏の文章を、次に引こう。

「イギリス人は考える。もともと個別的に存立するバラバラの思想を自分が中心になって繋ぎとめているのだから、そのなかの一部を切り捨てることは、必ずしもむずかしいことではない[39]。つまり、その思想をつなぎとめているのは、（中略）実は自分自身なのであるから、自分が承知なら、その思想を或る程度まで修正することはできるはずである。[40]（中略）以上がイギリスで妥協できないということがよくないとされている所以であって、イギリスの政治家が妥協を政治上の徳と見る所以でもあり、ラスキなどがスターリンを評してその頑強な態度を救い難いものと評している理由であろう[41]」。

ナポレオンの辞書に「不可能」という言葉はなかった。このことをもじってのべると、ソ連製の字引きには元来〝妥協〟という用語はなかった。もちろん、今日では事情は異なる。ロシア語の辞書を開いてみると、立派に〝妥協〟という単語が掲載されている。もっとも、それは英語の〝コンプロマイズ（compromise）〟から転用された〝コンプロミス（компромисс）〟というロシア語であるが。それはともかく、たとえばロシアの『政治小辞典』（モスクワ、政治文献出版所、一九八〇年）は、〝妥協〟という用語を、次のように定義している。「（ラテン語の compromissum が語源）。様々に異なり衝突する利害、意見、その他が、相互の譲歩によって到達される合意のこと[42]」。

何度も繰り返すように、ロシア人によると、交渉で重要なのは、「〝力〟の相関関係」に他ならない。より大きな〝力〟の持ち主の声が貫徹し、より小さな〝力〟の持ち主はその主張にしたがわねばならない。このようなロシア式思考法から言うと、〝妥協〟はもともと交渉に馴染まないコンセプトだった。たとえば『ニューヨーク・タイムズ』の元モスクワ特派員、スミス記者が次のように記すとき、ロシア人のこのような点を指摘している。「ソ連の交渉者たちは、妥協を、ほぼ同等の地位を前提とするアングロ・サクソン民族の概念とみなす。妥協という考えは、ロシア的な役人根性の本能には起こりえない。というのも、ロシア人に本能的に生じる問いは、誰がより一層強く、誰がより一層弱いかだからである。本来、いかなる関係も力のテストなのである[43]」。

ソビエト体制下では〝妥協〟概念があるはずはなかった。こうのべてすら極言でなかったろう。ボリシェビズムの階級闘争史観にしたがうと、「一定の状況下で真実は唯一つしか存在せず、それはけっして妥協によって得られるものではない」(マーガレット・ミード)[44]からである。モーズリー博士も、次のようにのべる。妥協の用語それ自体が、「ボリシェビキ流の思考法に馴染まない」異国のコンセプトなのである。ソビエト時代、妥協は「堕落した」とか「腐敗した」とかいったあまり良くない修飾語やニュアンスをともなって用いられる傾向がみられた[45]。

部分的核実験停止条約交渉に従事したイギリスのマイケル・ライト卿も、著書『軍縮と検証』(一九六四年)のなかでのべた。「いかなる交渉でも、マルクス・レーニン主義者たちは己の目的を全面的に確保しようとした。仮に妥協をおこなっても、それを決して長つづきする解決策であるとはみなさなかった」[46](傍点は、原文で強調)。ハンガリーの元外交官ケルテスも同様に記した。「共産主義のエージェント〔代理人〕たちは、教育からいっても職業上の訓練からいっても、ブルジョア代表者たちとのあいだで妥協による解決法など思いつく準備をしていなかった」[47]。

〝譲歩〟もイヤ——妥協も譲歩も、弱さの証明

しかし、戦略家であり戦術家でもあるレーニンは、〈所期の目的を達成するためには妥協もまた必要なり〉ともみなした。彼は、時としてはボリシェビキが妥協せねばならぬことを、次のような理屈をのべて正当化しようと試みた。「歴史はジグザグの過程を辿って進行する。したがって、マルクス主義は、妥協をおこなわないと誓うものではない。むしろ、妥協を利用することを必要とみなす。もとより、このことはマルクス主義が全精力を傾けて妥協に反対して闘うことをいささかも妨げない。これらを矛盾と考えるのは、マルクス主義の

初歩をまったく理解していないことになろう[48]」。

ジェームス・ワッズワースは、レーニンの意図を正しく理解して、自著『平和の代償』（一九六二年）でのべた。「西側諸国にとり基本的な目的は妥協によって合意に到達することである。〔ところが〕共産主義者たちにとって、交渉とは、相手側を究極的、全面的に敗北させることを目的とするグランド・ストラテジー〔大戦略〕の一部分にすぎないのだ。彼らは、自分の提案をのぞくどのような合意に達する意図ももたずに交渉しているケースが多かった[49]」（傍点は、原文で強調）。

リチャード・パイプス教授（ハーバード大学、ロシア史）による妥協についての考え方は、ユニークかつ独特と言える。というのも、教授は資本主義と社会主義とのあいだのイデオロギー上の差異よりも、むしろ次のような体制的な違いによって説明しようと試みているからだ。社会主義体制をとる国々では、生産と消費という二つの経済活動が重複される。他方、資本主義体制をとる国々では、これらの二活動に加えて、（商業）取引が重要な位置を演じる。このような両体制の違いから、〝妥協〟概念にたいする異なった態度が生まれるのだ、と。このように説く同教授の言葉を引用しよう。

「米国のようにコマーシャリズム〔商業取引〕が人々の第一の関心事となっている国々では、妥協の重要性についての態度が生来備わっている。すなわち、各々の商取引は、結局のところすべての当事者にたいし何らかの利益や満足をもたらすものでなければならない。交渉とは、けっして原則を巡っての争いなのでなく、相互に利益をもたらす利潤の分配法にかんするものにすぎない。ところが他方、〔ソ連邦でのように〕人々が主として生産と消費との二活動だけに従事している体制の国々では、モノを排他的・独占的に所有しようとして、妥協を排する態度が生まれがちとなるのだ[50]」。

〝妥協〟という用語と並んで、ロシア人は、〝譲歩〟という言葉も好まない。それも当然と言えよう。なぜならば、理屈っぽい言い方をするならば、そもそもロシア人が交渉過程で〝妥協〟を期待しないということは、裏返すと自分が〝譲歩〟するつもりはないことを意味しているからだ。[51]

交渉での〝妥協〟や〝譲歩〟は、ロシア的思考法によると「弱さの証明」[52]に他ならず、相手側をして彼らの要求をさらに高める危険性さえ伴う行為なのである。レーニンは、譲歩すること＝《イコール》「資本主義への貢献」とみなした。[53]フルシチョフも明言した。そもそも「われわれの提案は、取引するためにつくられているのではない。ゆえに、譲歩してはならないのだ」[54]。ケネディ政権下で対ソ交渉に従事したアーサー・シュレシンジャー・ジュニア教授も、自著『一〇〇〇日——ホワイトハウスにおけるJ・F・ケネディ』（一九六五年）で、フルシチョフのこのような態度を確認して、次のように記している。「フルシチョフは、君たちがあれをくれるならば、われわれはこれをやろう——このような商取引用のバーゲニング用語を拒否した。自分はいったい何を譲るというのか（そのようなものなど一切存在しない）」[55]。

第6章
最終段階こそ、最重要

オバマ大統領とプーチン大統領（2009年7月7日、モスクワ・首相公邸。Official White House Photo）

約束は、パイの皮と同じく、破られるためにある。

——**ウラジーミル・レーニン**[1]

実は妥協も譲歩もおこなう

もとより現実には、クレムリンとて妥協もするし、譲歩もおこなう。このことは、歴史的事実が証明している。そうでなければ、ロシア相手の交渉は永遠に終わらないことになろう。しかも、戦略核兵器の異常な発達のためにどこかで軍拡競争をストップせねば、何時の日か核戦争という大惨事を招く。もしくは米ソ両国は経済的に破綻し、共倒れになってしまう。このような破局的終末を回避するためには、互いに妥協し、交渉を妥結させることが必要不可欠——。クレムリンの指導者たちも、このように考えるようになった。

核兵器の出現が一つの強力なきっかけになって、旧ソ連末期になると「妥協」や「譲歩」というコンセプトにたいするかつての侮蔑的な態度も、明らかに様変わりした。たしかに、こう言えるであろう。モーズリー教授が冷戦ピーク時の一九五一年に執筆した論文「ソビエトの交渉テクニック」で指摘したような、ソ連指導者たちの「妥協」概念にたいするネガティブなニュアンスは今や姿を消した。いや、その後のロシア文献は、むしろ「交渉は、妥協なしに妥結などはありえない」と説くようにさえ変化した。額面どおり受け取るならば、歓迎すべき様変わりである。そのような変化をとげたかのようにみえるソビエト／ロシア期の記述を、一、二、引用してみよう。

まず、オ・ペ・ボグダーノフ著『交渉は国際問題の平和的解決の基礎』（一九五八年）は、次のように記す。一九五三年にスターリンが亡くなり、暫くのあいだ権力闘争がつづいたあとフルシチョフ政権が確立した頃の出版物である。「交渉は、両当事者にとって受け容れられる解決法をめざす互いの努力であり、譲歩や妥協を前提とする。というのも、そのような方法を講じることによってのみ、独立主権国家間での見解の違いが初めて克服されうるからだ。国際協力の過程で国家は互いに譲歩し、妥協せねばならない。そして、それらの譲歩や妥協は、双務的、互恵的、自発的な類いのものでなければならない」[2]（傍点、木村）。

一九六〇年代に入ると、ソビエト文献は、外交・交渉分野で妥協する必要をさらに強調するようになった。たとえば論文集『現代ソビエト外交について』（一九六三年）のゲ・ア・デボーリン論文は、次のように力説した。「平和共存は、妥協なしにありえない。妥協を拒否する者は、すなわち平和共存を拒否する者である」[3]（傍点、木村）。

右に引用したデボーリンの文章がしめしているように、国際交渉での「妥協」の承認とフルシチョフ政権による「平和共存」路線の提唱とは、ほぼ時期を同じくし、軌を一にしていた。つまり、一九五六年の第二十回共産党大会で、ソ連外交の基本路線はスターリンが説いた東西両陣営間の「戦争不可避論」から、フルシチョフ第一書記が新しく主張する「平和共存」へと大きく転換した。そして、この歴史的な大転換のいわばコロラリー（系）として、国際交渉で「妥協」というコンセプトが正当性を得ることになった。おそらくこう見なして差し支えないだろう。

レーニン流「妥協」の勧め

『現代ソビエト外交について』所収の別の論文、ア・イ・スチェパーノフによる「外交政策での妥協にかんするレーニンと現代性」は、次のようにのべて「妥協」のコンセプトを正当化している。「妥協」の概念は、元来レーニンによって認められていたはずだった（第Ⅱ部第5章、三二五頁参照）。ところが残念ながら、その重要性は、スターリンの個人崇拝期に等閑視されることになった。[4]スチェパーノフは、レーニンが一九二〇年に書いた論文『共産主義内の「左翼主義」小児病』で、妥協を正当化していた事実をことさらのように強調する。レーニンがいったいどのようなコンテクスト（文脈）や条件下で「妥協」することが必要であると正当化したのか。彼は同論文で「どんな妥協もしない？」と題する小節を設けて、マルクス主義者が妥協を——ただし、戦術としての観点から——承認する必要があると考えたのである。やや長い引用になるが、重要なニュアンスを含んでいるので、敢えてその部分を次に引用することにする。

「われわれは、フランクフルトの小冊子からの引用のなかで、『左派』が断固としてこのスローガン〔「どんな妥協もしない！」〕をかかげているのを見た。（中略）マルクス主義者だと自認している人や、マルクス主義者のつもりでいる人が、マルクス主義の基本的な真理を忘れているのを見るのは、悲しいことである。（中略）あらゆるばあいに役にたつような処方箋、すなわち一般的な基準〔「どんな妥協もしない」！〕を考えだすのは、馬鹿げたことだ。（中略）

ボリシェビズムの歴史全体は、十月革命の前にも後にも、迂回政策や協調政策や、ブルジョア政党もふくめた他の政党とのコンプロミス〔妥協の意のロシア語—木村〕に満ちみちていることを、ドイツの左派が知らないはずがない。国際ブルジョアジーを打ち倒すための戦争にあたって、……可能な同盟者と協調しコンプロミスすることを、まえもって拒絶するのは、度はずれにおかしいことではなかろうか？　これは、ちょうど……山に登るにあたって、ときにはジグザグに進み、ときにはバックし、ときには一度えらんだコースを捨てたり、いろいろなコースを試してみることを、まえもって拒絶するようなものではなかろうか？」[5]（傍点は、原文で強調）

スターリン個人崇拝期になると、しかしながら、右にのべたようなレーニン流「妥協」の勧めが、不幸にも忘れ去られる羽目になった。スチェパーノフは、このような解釈をおこなって、次のように記す。「外交タクティカ〔戦術〕の問題、とくにソビエト権力の初期に最も豊かな歴史的実現を体験した、相互の譲歩とコンプロミスにかんする命題についてのレーニンの天才的な指針――。これが、個人崇拝期にはある程度忘れ去られてしまった。実際、スターリンは外交分野で妥協を用いる問題を避けた」[6]。ところが平和共存というレーニン主義的原則に立ちかえったいま、戦争を回避するためには妥協することをいささかも逡巡してはならない。こう主張して、スチェパーノフは次のようにつづける。

「現状況下では、異なった社会体制をもつ諸国家間で相互の譲歩や妥協に訴える役割やその程度が増大しつつある。核戦争の危険の増大とともに、……平和共存が破壊的な戦争に代わる唯一の理性的な選択の道になる。このことに伴って、外交的な妥協――これこそが、国際紛争を解決するための重要な方法、平和共存原則を実際に実現する手立てになった。また、われわれは是非共そうせねばならないのである」[7]。

（傍点、木村）

ソビエト外交官のための教科書、ゾーリン著『外交勤務の基礎』（一九七七年）は、次のように記すようにさえなった。「国際的交渉過程で種々の妥協の使用は、係争問題の平和的な解決を保障する社会主義外交の最も重要な方法なのである」[8]（傍点は、原文で強調）。

SALT Ⅱでのブレジネフの譲歩

ソビエト文献が、譲歩や妥協の必要性や重要性について公然かつ熱心に語りはじめたばかりではなかった。クレムリン首脳たちは、現実にも国際交渉で若干の譲歩や妥協をおこないはじめた。とくに、戦略兵器制限交渉（ＳＡＬＴ）など自国の命運がかかっている問題を巡る交渉で、ソ連は西側諸国同様に譲歩もおこなえば妥協もすることをためらわなくなった。

たとえば、ＳＡＬＴⅡの大詰めとなったウィーンでの米ソ両首脳（カーターとブレジネフ）頂上会談が、その適例だった。ソビエト代表団が自軍のバックファイアー爆撃機を「現行の割合」で凍結するとのべたとき、米国は具体的に「三〇機」という数量の確認を求めた。カーター米大統領は、じっさい会議の机を叩いて、次のように叫んだ。「私は、バックファイアーの問題があらかじめ解決されていたと信じ、〝信義にもとづいて〟ウィーンにまでわざわざ出向いて来たのである。にもかかわらず、それが今となってソ連側が背信行為をおこなうとは。これは、頂上会談そのものを危うくするものだ[9]」。すると、驚くなかれ、ブレジネフ・ソ連共産党書記長は雅量をしめす素振りをしめしたという。「〝生産の割合は現行のままで〟という意味は、三〇機ということでよいだろう。これは、ソ連側によるもう一つの譲歩だ[10]」（傍点、木村）。

このときブレジネフ書記長は、次のような言葉すら付け加えたという。ストローブ・タルボット記者（のちに米国務副長官、ブルッキングス研究所長）は、ＳＡＬＴⅡの内幕を描いた自著『エンドゲーム』（一九七九年）で、その状況を次のように記している。

「もちろん、〔条約は〕妥協である。それ以外の何ものでもない。双方とも、一部の条約文が自分の立場にもっと都合がいいように、少しでも異なった方が良いと考えている。とはいえ、双方とも相手方の正当な利益を考慮に入れて、何かを譲歩しなければならなかった。

これほど苦労して作った精巧なものをゆさぶり、なにか新しいものによって代えようとしたり、どちらかの立場にもっと引き寄せたりしようとする試みは、なんの利益も生み出さない。そのことによって、すべてが壊れるかもしれないし、われわれの関係が世界全体に重大かつ危険な結果を生むことになるかもしれない[11]」。（傍点、木村）

ロシア式「妥協」の特徴

ポスト・スターリン期のソ連外交は、譲歩や妥協を理論的に正当化し、現実の交渉でもこれらの手段に訴えることをもはや躊躇しなくなった。これは、おそらく間違いない事実だろう。このことを認めたうえで、しかしながら指摘せねばならないことがある。それは、ここでもまたロシア式妥協とでも名づけるべき特徴が二、三点、見出されることである。

ロシア流妥協の特色とは、いったい何か？　それは、次のような付帯条件をともなってなされる特殊な類いの妥協であることだ。（1）もし譲歩や妥協をおこなわなければ、ロシアの国益や立場が大きく損なわれる惧れがある。こう危ぶまれるケースにかぎって、それがおこなわれること。換言すれば、妥協は飽くまでも例外的ないし一時的な措置としておこなわれる類いの行為ないし措置であること。（2）妥協は必ずしもすべての分野でおこなわれるわけではなく、交渉のある種の特定分野にかぎっておこなわれること。（3）妥協する以外にまったく選択の余地がないことが明瞭になった、ギリギリ結着の最終段階になって初めておこなわれること。言いかえると、ロシア人は実に「ゆっくり、かつ厭々[12]」譲歩するにすぎない。（4）トップがいったん譲歩や妥協をせねばならぬと決断するや、それは彼らが従来主張していた立場や理論と真っ向から矛盾することなど何らおかまいなし。仮に従来の主張を一八〇度転換させることになろうともまったく意に介さない。

では、ロシア式妥協には、なぜこのような特徴が見出されるのか。その理由は何か？　このことについて説明しよう。

まず、妥協はロシア人にとり何よりも「タクティカ（戦術）」と観念されている。これは、すでに引用したレーニンの文章からも一目瞭然だろう。言い換えると、妥協は一時的な譲歩にすぎないのだ。ロシア人は時として「退却」しはするものの、けっして「屈伏」しない[13]。好機の到来を待つ。これこそは、レーニンが論文『一歩前進、二歩後退』（一九四〇年）で説いた、ボリシェビキの基本的な考えに他ならない。レーニンはのべた。「譲歩は、資本主義への贈物を意味する。とはいえ、〔その間に〕われわれは時間を稼ぐことができる。そして、時間を稼ぐということはすべてを手に入れるということなのだ[14]」。スターリンも、強調した。「退却の戦術は、逃げる戦術とはまったく異なる[15]」、と。

先に引用したスチェパーノフも、譲歩や妥協を単なる「外交上のタクティカ」とみなす。西側の観察者たちも、決してこのことを見落としていない。ワッズワースは、すでに紹介・引用したように、共産主義にとって交渉それ自体が究極的には「相手を全面的に敗北させることを狙うグランド・ストラテジー〔大戦略〕の一部分」にすぎないとのべた。マイケル・ライトも、同様に共産主義者たちがけっして妥協を「永遠の解決法」であると考えていないと強調した。ブライアント・ウェッジ＆シリル・ムラムチョウの共同論文も「ソビエトは妥協をおこなうさい、己の基本的立場を少しも変えていない[16]」とみなした。さらに言うならば、そもそもロシア人は妥協するのか、しないのか。このように抽象的に問うこと自体が、ナンセンスなのかもしれない。むしろ、次のようにより具体的に問うべきなのかもしれない。ロシア人は、いったい何時、どのような状況下に、いかなる分野や事柄にかんして、どのような相手に対して、妥協をするのか、と。

（1）右の問いに分野別で答えると、戦略核兵器、貿易、科学技術交流、宇宙開発などの諸分野ではロシア側が妥協するケースは珍しくなくなった。他方、交渉がいったんロシアの現政権が拠ってたつ政治的、経済的、社会的体制の根幹に関連する事柄に及ぶと、ロシア人は妥協する気配を全くしめそうとしない。

（2）アメリカ、すなわち己以上の〝力〟をもつとみなす国が交渉相手の場合、ロシア人は柔軟な姿勢をみせるケースが少なくない。ロシア人は、米国にたいして「相互性（взаимность）」という言葉をしばしば口にする。他方、交渉相手が中小国や第三世界の場合には、ロシアは妥協などほとんど問題外との態度をとりがちである。

（3）ソ連の代表者が妥協をおこなうのは、ほとんど交渉の最終段階であることが多い。すなわち、妥協する以外の他の選択肢がまったくないことが明々白々になった最後の瞬間にかぎられている。ブレーカー博士の言葉を借りると、次のような段階である。「ソ連の外交官たちは、放棄して構わないような利益などほとんど認めないので、譲歩する場合には渋々かつ緩慢なやり方でのみおこなう。それは、他のすべての方策が失敗に帰した時にかぎられている」[17]。ブレーカーがのべていることを証明する事実がある。ロイド・ジェンセンの研究結果である。

ジェンセン教授（イリノイ大学、政治学専攻）は、第二次大戦後の米ソ軍縮交渉をつぶさに検討した。その結果、次のような傾向があることを発見した。すなわち、アメリカが交渉の全過程のなかで比較的早いステージで譲歩しがちであるのにたいして、ロシアは遅い段階になってはじめて譲歩する事実である。このことを調べるために、同教授は、過去の米ソ軍縮交渉のすべてを便宜的に七ラウンド（段階）に分けた。すると、次のような事実が判明した[18]。米国がおこなった譲歩のうち八二％までもが、最初の一―三ラウンドでなされている。他方、ロシアの譲歩のうち七五％までもが、最後の三段階、すなわち五―七ラウンドでおこなわれている。分かってみると〝コロンブスの卵〟並みの単純明白なことかもしれないが、実に興味ぶかくかつ有意義な発見と言えるだろう。ロシアはどうしても交渉をまとめねばならなくなった最終状況に直面してはじめて、不承不承妥協に応じる気持になることが、実証的に示されたからだ。

〝デパーチャー・タイム・デシジョン〟に訴える

筆者の知人に、日ソ漁業交渉に過去何十年間もたずさわり、同分野の「生き字引き」と称される日本人外交官がいた。そのような彼は、筆者に向かい次のように語った。日ソ漁業交渉では、あわや交渉が決裂するかと思われる段階を迎えてはじめて、ロシア側は譲歩をする習性がみられる。しかも、それは、日ソ二国関係全体をこれ以上悪化させたくないという大局的な政治判断にもとづく場合にかぎる、と。

これは、米国の研究家たちが、いわゆる〝デパーチャー・タイム・デシジョン（出発間際でのギリギリの決断）[19]〟と名づける習癖と符合している。ロシア人との交渉は往々にして長引きがちで、どちらかの代表団が帰路の飛行機のタラップに足をかける寸前になって初めてまとまる。こう言われがちなのは、ロシア人のこのような習性ないしテクニックを指している。

ソ連共産党員たちはかつて日本共産党員とのあいだでも実に粘り強い交渉をおこなうのが常であり、その点にかんしてはその他の者との交渉と異ならなかった。日本共産党元副委員長だった袴田里見氏は、著書『私の戦後史』（一九七八年）で、次のようなエピソードを披露している。袴田氏が共同コミュニケのサインを拒否したとき、ボリス・ポノマリョフ（ソ連共産党中央委員会書記、国際部長）は、同氏を飛行場まで追いかけてきた。そして、文字通り「タラップに片足をかけた私の袖をひっぱって執拗に食い下がった。『袴田同志、共同コミュニケにサインしてくれないか。サインしてくれないと困る[20]』」。

もう一例。一九七二年、田中角栄内閣が北京とのあいだで日中平和条約を締結したために、ブレジネフ政権はそれまでの対日政策を変更し、突如として日ソ関係正常化交渉に熱意をしめすようになった。一九七五年一月、三木武夫政権の宮澤喜一外相は、日ソ平和条約交渉に従事すべくモスクワを訪問し、グロムイコ外相と渡り合った。にもかかわらず、北方領土問題の障壁を依然として打破するにいたらず、宮澤外相は日ソ共同声明すら出すことなく帰途に就くことになった。

ところが、である。同外相が宿舎の迎賓館を出ようとしたときに、グロムイコ外相が宮澤外相を訪ね、「〔中国との対抗の必要上〕やはり共同声明をどうしても出したい」と土壇場で譲歩案をもち出し、同意を求めようとした。宮澤外相が応じられない旨明らかにした後になっても、グロムイコ外相は強引に宮澤外相の車に乗り込み空港まで同行した。空港特別室で茶菓までサービスしたうえに、飛行機の出発時間を三十分遅らせてまで宮澤外相を説得しようと執拗に喰いさがった。グロムイコ外相はなぜそこまでの努力を傾けたのか。犀利な宮澤外相は、次のような憶測をおこなっている。おそらく的を射た見方と言えよう。「グロムイコ外相は、最後のぎりぎりまで私と交渉したとの印象をソ連政府部内に植えつけたかったのだろう[21]」。

序でながら、現文脈との関連で次のエピソードも興味深く、紹介するに値するかもしれない。一九七四年一月、北京での日中航空協定交渉中に起こったハプニングである。日本側全権の大平正芳外相は、予め二つのスピーチ原稿を準備し、胸ポケットに入れていた。一は交渉半ばのパーティーで読み上げるべき演説、二は最終日の送別会でのべるべきスピーチだった。ところが前者の宴会の席上で、同外相はポケットから誤って送別パーティー用の講演原稿を取り出して読みはじめたから、中国側は驚かされた。彼らは、大平外相が早々に交渉を決裂とみなして、翌日帰国することに決したと誤解したからだった。彼らはパーティーの大広間から一人去りまた一人去りして、別の小部屋で鳩首協議をはじめ、慌てて日本側有利の妥協案を提出することに決したという。もし大平氏が意識してこのようなお芝居を打ったとするならば、彼は中国人を上回る大変な狸親父、あるいは〝大人《たいじん》〟とみなしうるだろう。

ところが、ふつうは到底このようにはいかない。日本人は、生まれつき短気である。一定期間に必ず一定の成果をあげないと気がすまないという厄介な効率主義の病にとりつかれている。そのこともあって、ややもすると交渉の最終日が到来する以前の段階で早々と安易に妥協をする過ちを犯しがちである。

首尾一貫性の欠如、おかまいなし

ロシア式「妥協」法には、四つ目の特色がある。それは、ひとたび己の立場や主張を変えると決定するや、それをいささかも躊躇することなくおこなうこと。それが従来説いていた立場や主張から仮に一八〇度の転換であろうとも、彼らは一夜にして見解を豹変させることを恥じる気配を微塵もしめさない。ついさきほど声を大にして叫んでいたことなど物の見事に忘れ去り、平気の平左なのである。米国の元駐ソ大使コーラーは述懐している。「われわれは、ソ連と長期間にわたって絶望的な交渉を延々とつづけていた。何カ月も何カ年も何ら進展の兆候のない話し合いだった。するとソ連は或る日突如として〝二、三時間内に合意する用意がある〟と通告して、われわれを驚かせるのだった[22]」。

イギリスの元駐ソ大使ヘイターも記している。ソ連人は「首尾一貫性の欠如にたいするこだわりをまったしめさない。長い討論のあと、みずからの立場を急転直下変更して、恥じようとしない[23]」。ロシアの文豪レールモントフが、その傑作『現代の英雄』のなかで指摘した「ロシア人の信じがたいまでの柔軟性」の側面と言えよう「たとえ悪であれ、それが必然もしくは絶滅が不可能とみとめる場合には、それを許すという常識を身につけている[24]」。

米国の元駐ソ大使ボーレンも、次のようにのべた。「モスクワの人々は、首尾一貫した立場を貫くことに意を用いない。彼らときたら、一日の終わりに記録を閉じて、翌日は別の新しいノートを開くのだから、われわれはたまったものじゃない」。『クリスチャン・サイエンス・モニター』の有名な論説委員ジョセフ・ハーチは、

「ロシア人は翌日になると全く別の頁を開く」との表現にいたく感心したらしい。彼は、その言い回しを〝ボーレン理論〟と名づけたいと記した[25]。

以上のべた諸特徴のために、次のような疑問を呈する見方が生じても、驚くに足らないかもしれない。たしかに、ロシアの「妥協（компромисс）」は、英語の「妥協（compromise）」と同義語である。おそらく前者は後者を輸入して出来た言葉にちがいない。しかしながら、両者が意味する内容は少々どころか、大いに異なる。

さらには、次のように疑ってかかって差し支えないかもしれない。「妥協」概念を巡って存在する欧米諸国とロシアのあいだの理解や「解釈の違い[26]」こそが、実は双方の交渉を妨げているひとつの理由になっている、と。というのも、欧米諸国の「妥協」概念には自己の基本的立場にかんする妥協をも含む。ところがロシア流のそれは、たとえば量的な妥協などには応じるかもしれないが、基本的立場を譲ることまではけっして考えていない[27]。たとえばゾーリンが『外交勤務の基礎』のなかで次のように記していることは、われわれのそのような嫌疑を強くする。彼は、たしかに先に引用したように「社会主義外交が紛争の平和的解決手段としての妥協を決して排するものではない」とはのべる。が他方、つづいて次のような但し書きを記しているからだ。「柔軟である、だが、と同時に確固とし・一貫した原則的な対外政策と外交——これこそが、社会主義外交の基本的な特徴なのである[28]」（傍点、木村）。

戦いすんでも日は暮れず

われわれがロシア式交渉行動様式と呼ぶものの特徴として最後にもう一つ、是非とも指摘せねばならない点がある。それは、正式の交渉が終了した後の行動にかんしてである。欧米人は、交渉が終わるとやれやれと一服休みをきめこんだり、早や次の課題へ向かって走り出したりしがちである。喉元過ぎれば熱さ忘れる「台風メンタリティー」（E・ライシャワー）[29]の日本人に、この傾向はとりわけ顕著である。ところが、ロシア人は違う。協定や条約の締結や調印をもって交渉過程のすべてが終了する。彼らは必ずしもこのようにはみなさない。

交渉を闘争の一形態とみなすロシア流の考え方によれば、交渉の最終段階の条約や協定の締結は、闘いの全過程の単なる一通過点にすぎない。それは、己の〝力〟を今後より一層強化するまでの一時的な同意にすぎない。具体的に言うと、ロシア人はいったん合意した事項を後になって変更したり、実践過程でその内容を骨抜きにしたりするための努力を怠ろうとしない。第二次大戦中、ソ連の同盟国のはずだったアメリカやイギリスですら、ソ連と〝原則としての合意〟達成後の実施段階に至って何度となく苦汁を飲まされた。この反省のうえにたってモーズリー博士は、次のように書きのこしている。

「英・米両国がソ連との戦時中の交渉で陥った落とし穴の一つは、〝原則としての合意〟達成を目指すあまりに、その実行過程でのすべての手続きについて十分な程度にまで詳しく明記しない傾向だった。長く忍耐を要する討議ののちに、大筋での何らかの合意に到達し、今や故国に帰ることができる。たしかにこれは、ホッとする気持には違いなかろう。（中略）このような状況下に、西側列強は、〝原則〔principle〕〟こそ獲得した。ところが〝実際には〔in practice〕〟、ソビエト政府が己の所期の目的を依然として追求しつづけている――この冷厳な事実に気づかされるケースが多かった[30]」。

モーズリーは、実例としてヤルタ会談をあげる。たしかにヤルタでソビエト政府は、ポーランド政府再建に〝原則として合意〟した。同政府は、当時ポーランド国民の大多数を占めていた非共産主義者たちに若干の政治的自由をあたえるはずだった。ところがソビエト政府が現実におこなったのは、その合意達成後につづく二、三カ月間に、ポーランドでは少数派だった共産党にたいして猛烈な梃入れをおこない、その他の諸党がもはや挑戦不可能な程度にまで共産党を強化させてしまう政治介入だった。このことによって、事実上ヤルタでの〝原則としての合意〟は見事なまでに骨抜きにされてしまったのだ。もう一例。ヤルタでソビエト政府は、たしかに国民政府のみを中国を代表する政府として認める〝原則としての合意〟をおこなった。だが現実には、ソ連は行政権、日本軍の兵器を中国共産党勢力にひき渡してしまうことによって、同〝合意〟を事実上、無意味に化してしまったのだった。[31]

右のような諸例を引用したあと、モーズリー博士は結論した。[32]「ソビエト代表たちは、〝実際には〟まさに正反対のことをおこないながらも、自分たちは〝原則としての合意〟を遵守していると強弁してはばからない。彼らがこのような手法に訴えることに、われわれはけっして油断してはならないだろう[33]」。

土壇場での修正――瀬戸際での攻勢

公式文書に明文化した場合でさえこうなのであるから、ましてやそうでない場合は推して知るべし。たとえ口頭で実質的に合意に達したケースであれ、正式文書に調印するまでは、対ロ交渉は未だ継続中。こう考えるべきだろう。一九七七年春の二〇〇カイリ漁業専管水域を巡る日ソ交渉中に、ソ連側は前日におこなった合意の内容をひっくりかえす修正案を再三再四提案した。最終段階の土壇場になってすら、そのように執拗に試みるのだった。たとえば一九七七年五月十七日、イシコフ・ソ連全権は、日本側の提案にいったん同意したはずだった。新しい日ソ漁業協定では漁場の線引きにかんしソ連側の主張を認める一方、「この線引きが漁業事項に限られる旨を明記する」（第八条）との内容だった。ところが翌日になると、イシコフ全権は修正案をもち出した。同案には、「本協定は今後日ソ間で結ばれるいかなる協定や条約にも優先する」（傍点、木村）という新項目が加えられていた。
ソ連の狙いは明らかである。[34] もうひと押しして第八条に手を加えることに成功するならば、ソ連側に大きなプラスをもたらす。つまり、「条約」という言葉が入った修正案を日本側に認めさせるならば、ソ連側は将来の日ソ平和条約交渉にさいして次のように主張できる根拠を有する。すなわち、一九七七年の日ソ漁業協定で日本側は歯舞《はぼまい》、色丹《しこたん》までもソ連領として認め、しかもそれは「今後日ソ間で結ばれるいかなる協定や条約にも優先する」(傍点、木村)ことになった、と。もとより、日本側はこのような危険性をふくむ修正案を承諾するわけにはいかなかった。福田赳夫首相をはじめ東京サイドは早速鳩首会談をおこない、モスクワの鈴木善幸全権代表にたいして断固拒否の態度を貫くようにとの訓令を送った。すると、どうだろう。イシコフ漁業相は日本側の強い抵抗意志を察し、己の提案をあっさり撤回した。

いったん自らが合意した案文にたいしてさらに修正を加えようとする、ロシア人交渉者たちの無神経ぶりを知って、日本側の担当者は驚かされ、唖然とした。だが、約十日後に白井久也記者(『朝日新聞』)がモスクワから書き送っているように、こういうことに一喜一憂するような細かい神経では、「駄目元」覚悟の行動様式をとるロシア人相手の外交交渉をとうていおこないうるはずはない。日本人は是非ともこう考え直すべきだろう。実際、白井記者は、次のように書いた。「ソ連人の論理によれば、協定案に調印しないうちは交渉は依然として継続中なので、実質合意ののちに修正案を出しても一向におかしくない。それが潔癖な日本人の手にかかると、実質合意をみながら修正案を最後になって出すとは何事だということになり、ミゾを一段と深める結果を招いてしまった[35]」。

ロシアは、最終ぎりぎりの段階においてでさえ、それまでの合意事項を全面的にひっくり返す類いの修正案を平然と提出する。欧米の専門家は、これをロシア人が得意とする〝瀬戸際ギリギリ外交〟、もしくは〝土壇場戦術〟と名づける。迂闊にも日本側がこのことを許してしまい大変な結果をもたらした実例を、次に紹介せねばならない。

一九七三年十月、モスクワでの田中（角栄）―ブレジネフ首脳会談である。同会談で日本側は本来ならば画期的な成果を入手しえたはずだった。ところが、最終の土俵際で〈画竜点睛を欠く〉過ちを犯し、満点にいたらなかったどころか、対ソ交渉史に汚点を残す羽目になった。説明しよう。

単数を複数形へ――未解決の「問題」から「諸問題」へ

改めてのべるまでもなく、日ソ両国では北方領土問題が障害になって平和条約が未締結である。ソ連は、「領土問題は第二次大戦の結果、解決済みで、存在しない」との公式主張を繰り返し、一歩も譲歩する気配をしめさなかった。ところが、一九七〇年代初めになると米中接近という国際政治上の地殻変動が発生し、日中も接近しはじめた。このような動きによって打撃を被ったブレジネフ・ソ連を、田中首相下の日本政府は何とかして揺さぶろうと試みた。だがソ連もさるもの、日本へ或る程度までは接近する気配をしめしたものの、日ソ間に北方領土問題が存在することをそれほどたやすく認めようとはしなかった。

一九七三年十月の田中訪ソを何とか意義あるものにしようとして、日本側は知恵を絞った結果、遂に思いついた妙案があった。それは、田中―ブレジネフ会談の総決算としての「日ソ共同声明」中に、日ソ両国間に「領土問題が存在する」との文言それ自体を挿入しえないにしても、そのことを間接的に示す言葉を記入させようとする努力だった。その苦肉の策として選ばれたのが、〝第二次大戦の時からの未解決の問題〟というフレーズだった。

〝第二次大戦の時からの未解決の問題〟は、実はブレジネフ書記長みずからが直近の時期に用いた語句とほとんど変わらない。[36] というのも、同書記長は、前年暮（一九七二年十二月二十一日）のソ連邦成立五十周年記念演説のなかで、みずから既に〝第二次大戦の時から残されている問題〟という文言を使用していたからだった。それゆえに、ブレジネフ政権としては、この言い回しを拒否する理由を見出しえなかった。しかも、この語句は日本側にとり「領土問題」と同義語とさえ言ってよい意味合いをもつ。日ソ間において〝第二次大戦の時からの未解決の問題〟と言えば「領土問題」を除いて他に存在しないからである。これこそが、俗な言葉を用いると、右のフレーズの〝ミソ〟だった。この妙案を思いついたのは、田中訪ソをとり仕切った新井弘一（当時、外務省東欧第一課長）だったと言われる。[37] 北海道新聞社の富永守雄（モスクワ特派員）、錦織俊一（田中訪ソ同行記者）、阿部文男（自民党議員、大平派、但し当時落選中）なども、前年十二月にブレジネフ書記長自身が用いた同一フレーズに着目し、ソ連漁業省という非公式ルートを通じてクレムリンに対し、この文言を是非採用するよう働きかけたと伝えられる。[38]

現文脈でこの苦肉の策に触れる特別の理由がある。というのも、そのような妙計は、現実には次のような経過を辿ることになったからである。第二次大戦の時からの〝未解決の問題〟という語句にかんし、日本側は当初「単数形」の表現を提案していた。ところが、最後の首脳会談の席上でのコスイギン首相の要請をいれて〝未解決の諸問題〟と「複数形」とすることに合意した。交渉の最終段階で最も重要な修正をほどこすソ連式交渉術の真骨頂を、ここでも目の当たりにする思いがする。日本側は、軽率にも表現が単数形になろうと複数形になろうと、「領土問題」が〝未解決の諸問題〟に入らないはずはないと安易に考えた。英語にすれば「s」、ロシア語にしても「ы」の一字が加えられるだけの違いにすぎない。だが、そう考えてコスイギン提案にうっかり応じたことが、日本側にとって後のちまで悔やまれる致命的な誤りとなった。なぜか。

〝戦後未解決の問題（単数形）〟ならば、それは即ち、北方領土問題を指す。日本側はこう主張できる。そして、それは、日ソ間で「北方領土問題が未解決」であることをけっして承認してこなかったソ連政府のそれまでの方針に大きな風穴をあける快挙となりえていたことだろう。ところが、それを〝戦後未解決の諸問題〟の表現に変えてしまうならば、必ずしも未解決の問題＝《イコール》北方領土とはならなくなる惧れがある。日ソ両国間には例えば「漁業」その他のもろもろの諸問題が存在する事実をのべただけにすぎない。ブレジネフ政権にこう主張しうる根拠をあたえてしまうことになってしまう。たとえ間接的な形とはいえ、領土問題を『共同声明』中に書き込むことにやっとの思いで成功した田中訪ソの意義を、一挙に吹き飛ばしかねない、まさに交渉の土壇場で犯したミスだった。

口頭発言よりも文書が重要

たしかに、田中角栄首相自身は、たとえば約一年後におこなわれた鈴木九平（北方領土問題対策協会会長）とのインタビューのなかで、以下のように熱っぽく語っている。「このとき私は、ブレジネフ書記長に念を押しました。『未解決の諸問題のうちの最も重要な問題は四つの島、即ちハボマイ、シコタン、クナシリ、エトロフの四島のことであることを確認してよいですね』、『その通り』、『確認しますよ』、『その通り』。返答は、明確に二度繰り返されたのであります[39]」。このブレジネフ書記長の二度にわたる「その通り」は、同席していた日本外務省関係者の言葉によれば、正確なロシア語ではそれぞれ「ヤ・ズナーユ（私は承知している）」、「ダー（はい）」だった。同会談に記録係として出席した新井課長が、そのように明確に確認している[40]。ただし、これは会談での口頭のやりとりにすぎなかった。会談で重要なのは、本書で何度も繰り返し強調しているように、飽くまでも両首脳が署名した公文書「日ソ共同声明」の文章なのだ。

案の定、その後のソ連は、「〝未解決の諸問題〟のなかに領土問題は含まれない」との解釈を公式的に打ち出した。たとえば『産経新聞』主催による一九八〇年の第五回日ソ・シンポジウムで、イーゴリ・ラティシェフ（当時、東洋学研究所日本部長）はのべた。「田中・ブレジネフ会談で〝未解決の諸問題〟のひとつとして領土を認めたという証拠はない。公文書もない[41]」。ラティシェフによる同発言は、当時のソ連の公式的な姿勢を忠実に反映していた。というのも、グロムイコ外相は、一九七五年、『コムニスト』誌に発表した巻頭論文中で、「根拠のない北方領土返還要求に反撃する[42]」と記したからだった。一九七七年には、ブレジネフ書記長自身が『朝日新聞』の秦正流専務あての回答文中で次のように明言した。「両国間の関係に何か〝未解決の領土問題〟があるという解釈は、一方的で不正確である[43]」。

このようなソ連側の解釈は、ゴルバチョフ政権となってからも変わらなかった。たとえば一九八八年十二月の日ソ外相定期協議の席上で、宇野宗佑《そうすけ》外相が「一九七三年の田中・ブレジネフ会談で、北方四島が未解決の問題であることが確認されたことは、歴史的事実である」とのべた。これにたいして、ゴルバチョフ政権の外務大臣、エドアルド・シェワルナゼは「一九七三年の共同声明にかんする〔そのような〕日本側の解釈は一方的で不正確である」と、ブレジネフ元書記長の言葉を忠実に繰り返した。

交渉全体として最終段階における合意文書の詰めがいかに重要であるか、またロシア側がその文言の作成ならびに修正努力にどれほどの執念を燃やすか。このことをしめすために、右にのべた以上の好例は他に見出されないように思われる。

第7章

ロシア式交渉戦術の特徴

トランプ大統領とプーチン大統領（2018年7月16日、ヘルシンキ。ロシア大統領府ホームページ：www.kremlin.ru）

陰謀組織の全技術は、ありとあらゆるものを利用することにある。

——ウラジーミル・レーニン(1)

目標達成のためには、ありとあらゆる手段に訴える

ロシア人の交渉観、行動様式、戦術――この三つは、互いに分かちがたく密接に結びついている。三位一体の関係とすら言いうるかもしれない。だから、ロシア式交渉観や行動様式から自動的に導き出されてくる交渉戦術も多いだろう。とはいえ、ロシア人が用いる交渉戦術のすべてが彼らの交渉観や行動様式から紡《つむ》ぎ出される延長線上のものとはかぎらない。というのも、クレムリンは目的達成に役だつと判断するや、たとえいかなる戦術であってもそれに訴えることを一向に躊躇しないからである。極端に言うと、仮にそれが彼らの交渉観やビヘイビアと矛盾する場合であっても、それを用いることに逡巡しない。だとすると、ロシア人が用いる交渉戦術は、彼らの交渉観や行動様式とは一応区分して考えるべしということになろう。これが、本書でわざわざロシア式交渉戦術と銘打って、以下の二章をもうける理由である。

ロシア式交渉〝戦術〟の特徴は、いったいなにか。この問いにたいして、ややもすると次のように考えがちな人々が多いのではなかろうか。ロシアの外交官や交渉者たちは、外交や交渉を通じてロシアの所期の目的を達成しようとするさい、米欧諸国の政治家や外交担当者たちとはまったく異なる類いの戦術や手段に訴える。言い換えると、この世には何か特殊なロシア式戦術というものが存在する、と。ロシアの交渉観や交渉行動を欧米諸国のそれとまったく異なったものととらえる人々は、えてしてこのような見方をおこないがちである。

たとえばエドワード・ロウニー中将がその典型だろう。彼は、米国統合参謀本部を代表し、SALT交渉団メンバーを六年間つとめた。カーター大統領によって締結されたSALTⅡの内容を支持しえないとのべ、軍務からも辞任するという硬骨漢ぶりを発揮した（一九七九年六月）。ところが、カーターにかわってレーガンが大統領ポストにつくと、ロウニーは再び対ソ軍縮交渉の米特別代表に就任した。そのような経歴はともかく

として、同中将は「ソ連と交渉する」と題する論文中でのべた。われわれがまず認識する必要があるのは、「ソ連が、多くの点でわれわれと似ているよりも似ていないアプローチや方法で交渉をおこなうことである」[2]。このような一般論を披露したあと、ロウニーは結論した。「交渉をおこなうさい、ソ連がわれわれのそれとは異なった種類のテクニックを用いる」事実を、われわれはしかと胸中に収めておく必要がある[3]、と。

ロウニー中将の見方は、しかし少数説に属する。欧米諸国で対ロ外交に通暁した研究者や実務担当者たちの多くは、むしろ次のように考えるからである。天が下にロシア的な特殊戦術とみなすべきものなど存在しない。時と状況に応じてロシアの指導者たちの考え方を反映し「組み合わされた」[4]さまざまな戦術のコンビネーションが存在するだけである、と。そう告げられてロシア人が実際に使用している諸戦術をよくみてみると、たしかに、それらは必ずしも奇想天外なものではない。他の国々の交渉者たちが用いる戦術と大同小異と言える[5]。

とはいえ、右のように説く多数説ですら、ロシア式交渉戦術の特徴が次の諸点にあることには同意する。それは、必ずしも交渉戦術の種類にかんする差異ではなく、むしろ同戦術の使用法を巡っての違いである。説明しよう。

まず、ロシア人は交渉中みずからの立場を有利にすることに役だつありとあらゆる手だてに訴えることにいささかも逡巡しない。言い換えると、彼らにとりタブーなど全く存在しない。このことは、たんに交渉事にかぎらず、〝革命を成就させようと欲するならば、たとえどのような手段でも利用せよ〟——こう教えたレーニン主義の教訓にもとづく。ボリシェビキ党が未だ非合法の一陰謀組織にすぎなかった時期の一九〇四年、レーニンはのべた。「陰謀組織の全技術は、ありとあらゆるもの〔все и вся〕を利用することにある」[6]（傍点は、原文で強調）。

レーニン主義のこの教えは、その後、ソビエト政権をになうことになった指導者たちによって忠実に受けつがれた。たとえばハンガリーの前外交官ステファン・D・ケルテスは、一般論として次のように指摘した。「共産主義の目標を促進するすべての手段〔means〕は是とされ、正当化された。最終ゴールをのぞくならば、すべては便宜的なものにすぎない。共産主義国の代表者たちは戦術〔tactics〕や手続きなどにこだわったり、とらわれたりする気配をまったくしめさないのだ」[7]。同様に交渉事でも、目的は手段を正当化する。交渉を己に有利な形で成功させるためには、いかなる戦術に訴えることも許容される。

ロシア式交渉戦術の次の特色も、戦術の種類如何でなく戦術使用の方法に存在する。ロシアの交渉者たちといえども、他国の外交担当者たちと所詮似たり寄ったりの戦術を用いる。だが、他の諸国の外交官たちがややもするとそれらを無自覚的、非系統的、さらに言うと行き当たりばったりのやり方で使用するのにたいして、ロシアの外交官たちはより合目的かつ「系統的、定期的に」[8]用いる。この点に、ロシア式交渉の特色が求められる。

とはいえ、ロシア人がことのほか愛用し、じつにしばしば訴えがちな戦術というものが存在する。つまり、他国の政治家、外交官、交渉者たちも用いるとはいえ、なぜかロシア人が「ことさら好み、実際、より頻繁に」[9]採用する類いの戦術である。そのようなロシア人が最も多用ないしは愛用する戦術——。それらのなかから典型的なものをいくつか選んで、以下、簡単な説明を加えることにしよう。

「パカズーハ」（見せかけ）戦術

その第一は、ブラフ。〝力〟行使の可能性をほのめかすことによって、交渉相手から譲歩を手に入れるやり方である。これは、ロシア人が最も得意とするお家芸と言えよう。これまでのべたロシア式交渉観や行動様式の特徴、〝力〟の重視に符合し、それに由来する戦術である。

ロシア人は、たいていのばあい〝力〟を笠に着て、高飛車な態度で交渉に臨む。注目すべきは、すでにふれたように交渉相手がたとえ米国のように自分に比べより一層強い国であれ、逆にフィンランドのように弱い国であれ、ロシア人は概して高圧的な態度をとりがちなことである。なぜか。相手側を呑んで、強気の立場から交渉に臨むべし。そのような姿勢をしめすほうが、逆の場合に比べ交渉事が己に有利に運ぶ――。どうやらこのように信じこんでいるからである。実際、ロシア人は相手側より本当に強いか弱いかに関係なく、自分のほうが強いと見せかけようとする。「ミサイル・ギャップ」その他のケースがしめしているように、米国ですらこの術中に見事におちいり、ロシアの実力を過大評価した実例は数多く存在する。

〝力〟と言うとき、それは必ずしも軍事力ばかりとはかぎらない。このことにかんしては、本書が繰りかえし説明している通りである。外交分野での実力行使ならびにその脅しの具体的な形態としては、さまざまなものがありうる。たとえば自国大使を含む外交団の引き揚げ、逆に相手国の外交官の追放、人的交流の凍結、穀物禁輸、貿易・通商や資金提供の停止などの経済制裁、文化・スポーツ交流団のボイコット、等々。たしかにこれらは、すべての諸国が、意識するとしないとにかかわらず用いている外交・交渉戦術だろう。とはいえ、ここでもまたロシア流の特色を繰り返す必要がある。というのも、クレムリンは、このような類いの〝力〟の行使を現実におこなわない場合でも、あたかもそうするかのように見せかける〝パカズーハ（показуха）〟テクニックに長けているからだ。

ついでながら、〝パカズーハ〟性向や戦術は、ロシア人に顕著な風習であり、彼らが生きてゆくために必須とさえ言える生活の智恵である。ロバート・カイザー（『ワシントン・ポスト』元モスクワ支局長）は、著書『ロシア』（一九七八年）でのべている。(10)〝パカズーハ〟は「ソ連の生活での中心的要素」、「その社会的風土の一部」を形成している。合理的にはとうてい説明できず、実際それにぴったり該当する英語訳を見つけえない、と。

ロシア政府が日本にたいして〝パカズーハ〟術を行使した実例を、一、二紹介してみよう。たとえば一九七八年、日本が中国とのあいだで平和条約の締結を決意したときのことである。クレムリンは、もし東京政府が同条約の締結に踏み切る場合、ロシアは日本にたいして数々の「対抗措置《アトベートヌィエ・メールウィ》」(11)をとらざるをえなくなると脅した。実際、日中条約が締結されたあとの一九七八年八月二十三日になっても、ボリス・ジノヴィエフ駐日臨時代理大使は、日本外務省を訪ねてのべた。「ソ連は、己の利益を守るために不可欠とみなす措置をとる」、と。

ところが、このような威嚇は単なるブラフ、すなわち〝パカズーハ〟戦術にすぎなかった。日本側は当時、ロシアから加えられるかもしれない報復措置として駐日ロシア大使の引き揚げ、漁業やシベリア開発交渉の凍結などを予想し、それぞれが日ロ関係におよぼすであろう効果について慎重な検討をおこなった。その結果分かったのは、そのいずれの対応もロシアにブーメラン効果をもたらす可能性があることだった。したがって、クレムリンはそれらの処置をとると脅すだけで、けっして実践に移さないだろう――このような結論に達した。日本政府の判断は、間違っていなかった。

もう一例。日本による「アフガニスタン制裁」参加にたいして、ソ連は逆制裁《カウンター・サンクション》を示唆した。すなわち、ブレジネフ政権が一九七九年末にアフガニスタンにたいする軍事侵攻を敢行した時、日本は米欧諸国に同調して、ソ連に対してモスクワ夏季五輪ボイコットなどの制裁を加えた。すると、ドミートリイ・ポリャーンスキイ駐日ソ連大使（当時）は、「もし日本がソ連に否定的態度をとるならば、クレムリンはその返礼として適当な措置をとらざるをえなくなろう」(12)と脅した。しかし、この脅しもまた〝パカズーハ〟、すなわち単なるブラフにすぎないことが判明した。日本側が最も懸念した一九八〇年度の日ソ漁業交渉は歴史上珍しいくらいの速度で進行し、ほぼ前年並みの内容で妥結し、現実には何ら影響を受けなかった。

外交交渉での〝力〟の威嚇

〝力〟を背景にして外交・交渉活動をおこなう――。これは、ロシア以外の諸国も大なり小なりおこなっていることである。格別驚いたり、めくじらをたてたりすべき事柄ではないかもしれない。ところが、この〝力〟という言葉を狭く物理的な力、あるいは端的に軍事力と解するならば、いったいどうなるか。それは、ロシア式交渉戦術の一特徴であるとみなして、それをわれわれは真剣に受けとめざるをえなくなろう。また、それは日ロ両国間での際だった相異点のひとつとみなさざるをえなくなる。

日本の自衛隊は、果たして実質的に軍隊であるか否か。この種の議論を、ひとまず横におこう。そのことを別にして、日本の自衛隊が純軍事機能以外の政治・外交上の役割をあたえられ、かつそのような機能を現実に実践している――こうみなす者は、皆無だろう。まさにこの点にこそ、戦後の自衛隊が戦前・戦中の旧日本軍と異なる点が存在する。たとえば、国防会議事務局長をつとめていた海原治氏はのべた。「旧帝国陸海軍が国策遂行の手段であったのに対し、今日の自衛隊は国策遂行とはなんの関係もない」[13]。ところがこの点で、ロシアは日本と好対照をなすといわざるをえない。というのも、クレムリンはロシア軍を政治・外交上の目的遂行にもフルに活用しようと考えているからだ。しかもそのような意向を一向に隠そうとせず、明言さえしている。説明しよう。

ロシアの政治体制では、厳密に言うと、米欧諸国で説かれる「三権分立」の原理が実践されているとはみなしがたい。いやむしろ、国家権力は一体的なものとして捉えられている。立法、行政、司法は三つの異なった権力でなく、むしろ三機能の区別であるかのように観念されている。同様の考え方が、軍部にも当てはまる。すなわち、ロシア軍は、純軍事的な職務ばかりを遂行する組織とはみなされていない。それは、ロシア社会における他の諸々の機関や諸団体と同じく、ロシアの国益推進に貢献することならば、果たしてそれが何であろうと協力を惜しんではならない。なかでも、ロシア国家の威信や影響力を増大するために軍部に期待されていることを遂行するのは、とうぜん至極——こうみなされる。

一寸脱線するようであるが、この点にかんしソビエト期の著名な反体制作家、アレクサンドル・ソルジェニーツィンの理解は必ずしも十分とはいえなかっただろう。というのも、ブレジネフ政権によって市民権を剥奪される以前の時期に発表した『ソビエト指導者への手紙』（一九七四年）のなかで、彼は次のように書いているからだ。「われわれは、平時用としてあまりにも過大な軍備で武装している。……われわれがこのような軍隊を抱えているのは、ひとえに軍事力・外交的虚栄心、威厳と尊大さのために他ならない」[14]。このような批判は、ソルジェニーツィンといえどもやはり文学者にすぎず、ロシア政治の本質をとらえ損なっていることを暴露している。なぜならば、彼はロシア軍を単に軍事目的達成のための組織として理解するにとどまり、ロシア国家によってそれがになうことが期待されている政治・外交上の任務の大きさに気づいていないからだ。

ロシア軍部は、政治・外交的機能をになう——。この重要なことを、ロシア当局は隠していないどころか、公言さえしている。たとえばソ連海軍総司令官、セルゲイ・ゴルシコフの言葉を引用しよう。ゴルシコフは自著『国家の海洋力』（一九七六、七九年）で次のようにのべている。「われわれは、国家の軍事的、政治的課題の解決を保障するために、つねに海軍を含む軍事力を有し、かつそれらをアップ・トゥ・デートに保つよう努力している。軍事力のなかの海軍力は、平時に国家政策の道具のひとつとしての重要な役割を遂行し、戦時には軍事的闘争の政治的目標達成の強力な手段なのである」[15]（傍点、木村）。ここでは、将軍が文中でのべている海軍力という言葉をロシア軍一般として読みかえて差しつかえないだろう。

クレムリンは、米国と「対等《パリティ》」では必ずしも満足せず、優越する軍事力を保持しようと欲していた。なぜか？　様々の理由を指摘しうるだろう。たとえば、ロシア人固有の劣等感、同じく被包囲意識にもとづく過剰防衛癖。また、マルクス・レーニン主義的な闘争史観などに由来する絶対的安全保障観。これらに加えて、さらに重要な事由があることを忘れてはならない。それは、圧倒的に優位な軍事力をもつことによってもたらされる政治・外交的な果実――。クレムリンの指導者たちが、このことを単に意識していたばかりか、その考えを実践していた事実である。ソ連人戦略家の一人、ベ・エム・クーリシはこの点を率直に認めて、次のように記した。「軍事戦略的優位の確保――これは、つねに積極的な外交政策を遂行するための最も重要な前提条件の一つだと言えよう。なぜならば、この優位が他の諸国によって承認される――このこと自体が、諸国をして時として外交的に大きな譲歩をさせたり、彼らに比べより強力な国の要求に服従させたりする事態を導くからである[16]」。

軍事力による心理的恫喝

ロシア軍に期待される政治・外交的な役割のなかでもクレムリン指導部がとりわけ重要視する任務は、デモンストレーション（示威）機能だろう。自己の軍事力をことさら誇示することによって、諸国にたいして心理的な威圧感をあたえ、外交目的の達成を容易にする。これは、人類の歴史とともにある古い心理的恫喝戦術と言えよう。クレムリンの歴代指導者たちが、今日にいたるまで重視し、愛用して止まない手立てである軍事力の〝パカズーハ〟使用に他ならない。チャーチルは流石である。ロシアのこのような狙いを見抜き、次のように喝破したからである。「私とて、ソビエト・ロシアが常に戦争を欲しているとは思わない。彼らが欲しているのは戦争それ自体ではなく、実は戦争の果実〔fruits〕なのだ[17]」。

一般的に言って、今日、異常なまでに核兵器の開発が進展した結果として、戦争のリスクはかつてないまでのレベルに達している。こうした危機的状況も作用して、本来は二次的、三次的なものにすぎなかったはずの軍事力の心理的威圧機能は増大する一方である、とみなしても過言でなかろう。このような傾向を、たとえば米国の或る国際政治学者は次のように説明している。「十九世紀では、口頭によるコミュニケーションと全面的な暴力――この二つのあいだで操作可能な余地は小さかった。ところが第二次大戦以来、諸国家は危機にさいして、当方の決意を伝えたり、かつ〔相手側を〕テストしたりする目的で、軍事演習や〝戦争にいたらないまでの力の行使〟をふくむ様々なやり方が発案、開発されるようになった。結果として、これらの方法が異常なまでの力を発揮するようになった。一般論として、次のようにさえのべて差し支えないかもしれない。今や軍事力は、直接的ないし物理的な強制の手段から、むしろ心理的ないし政治的影響力の道具へと変化しつつある、と[18]」。

いや、軍事力はもはや政治的な役割を、単にその副次的な機能として遂行しているのではない。むしろ、そのメイン機能である――。こうみなして、欧米の国際政治学者のなかには次のように極言する者すら現れている。「今日、軍事政策の主要な目的は、潜在的な敵の行動様式に影響をおよぼす点にこそ求められる[19]」（傍点、木村）。そのような、軍事力が果たす機能の変化を他のどの国々よりも敏感に察知し、かつそれに即した行動を最も熱心に実践に移している国――それが、ロシアである。このように言っても、差し支えないかもしれない。

ゴルシコフ海軍元帥は、すでに紹介したように『国家の海洋力』、その他の著書や論文中で、一言で要約すると「砲艦（武力）外交（gunboat diplomacy）」の威力ならびに効用を力説した。ソ連艦隊が「国際場裡において自国の軍事力を一目瞭然にデモンストレートする能力[20]」の重要性を強調した。付け加えてのべるまでもなく、ロシアは自国の海軍力だけに示威効果を担わせているわけではない。クレムリンは、メーデーや対独戦勝記念日のパレードなど、あらゆる機会をとらえて、己の軍事力を内外に誇示する努力を怠ろうとしない。このようなクレムリンの意図は、全世界的規模での海軍演習（オケアン70、オケアン75）、「ボストーク（東方）2018」、（東シベリア・ザバイカル地方の国境地帯での中国やモンゴルとの合同軍事演習）、日本近海での様々な演習の形をとって現れている。

ロシアによる「北方領土」のうちの二島――すなわち、択捉《えとろふ》、国後《くなしり》――への地上軍の配備、基地の建設、新型地対艦ミサイル（「バスチョン」や「バル」）の配備も、同様に軍事力を外交・交渉で有力な応援団として用いようとする一例とみなしうるだろう。これらの動きは、もとより、第一義的には対米、対中戦略的観点からのロシア軍事力増強と解釈される。と同時に、日本にたいし北方領土返還を拒否する、あるいはその敷居を高めるという政治・外交上のシグナルを送る役目も担っている。

〝時〟の効果的利用

〝力〟行使の威嚇とならんで、ロシアの交渉者が得意とする二番目のおはこ戦術は、〝時〟の効果的利用と言えよう。対ロ交渉の経験者や研究家たちは、この点を異口同音に強調する[21]。たとえばゴードン・A・クレイグは、次のようにさえのべる。「おそらくソビエト戦術のなかで最も成功をおさめているのは、時間の使い方ではなかろうか[22]」。ロシア流〝時間〟戦術を具体的に説明すると、それは引き延し、焦《じ》らし[23]、反復[24]の戦術等々を挙げることができる。ロシア人はそもそもなぜ、〝時〟の利用に長じているのか。まず、その理由から考えてみよう。

一般的に言って、ロシア人は実に忍耐強い。ロシア外交官は、たとえば何百回となく同一のことを繰り返して、倦《う》むことをしらない。一九五八年から六四年にわたって米ソ核実験停止交渉にたずさわったアーサー・

ディーン米代表は、一九六六年に出版した自著で記している。「ソ連の外交官たちは、西側外交官とはまったく異なる時間概念の持ち主である。われわれはこの事実に改めて気づいて、肝をつぶした[25]」。ディーンはひきつづき記す。「ソビエト外交官たちときたら、来る日も来る日もなんらの結論へいたる当てのない交渉テーブルにじっと坐りつづける覚悟ができているようだった。しかも彼らは、テーブルに坐っている全員がすっかり丸暗記するまでにいたった科白《せりふ》を飽くことなく反復するのだった[26]」。

イギリスの元駐ソ大使、ヘイター卿も、右のディーンとまるでしめし合わせたかのように、まったく同様の観察を、次のように記している。「ロシア人たちは、半永久的に交渉テーブルに坐る用意をしているように見受けられた。(中略)彼らは、西側が受け容れられないとすでに繰りかえした同一の提案を昨日の会合でも今日の会合でも何度も何度も持ち出しつづけて、そのことを些かも意に介そうとしなかった[27]」。

ロシアの交渉者たちは、いったいなぜ、そのような執拗に粘りつづける持久戦術に長けているのだろうか。様々の理由が考えられる。

まず、地政学的条件に由来するロシア人の国民的性格。厳しい自然、とりわけ長くつづく冬は、ロシア人一般に忍耐強い気質をつちかった。彼らは、なにごとをなしとげるためにも時間というものがかかること、しかも場合によってはたとえ時間をかけても成果があがらないことすら十分心得ている。

また、マルクス・レーニン主義イデオロギーの影響もあるかもしれない。マルクスは、時の流れは社会主義を目指す人々に有利に動いており、最終的には世界を共産主義へ導くだろうと説いていた。ボリシェビキの統領レーニンも、何事であれ「時を得るものが、すべてを手に入れる(Выиграть время — значит выиграть все)[28]」と教えた。プーチン期の今日でも、国際場裡の「〝力〟の相関関係」はロシア側に有利に移行しつつあるので、ロシアは焦る必要まったくなし。たとえば日ロ間の北方領土問題でも、時間さえ経過すれば気の短い日本人はやがて返還運動を断念し、要求する島の数を減少させるだろう――。このように長期的スパンにたつ情勢判断をおこなっている気配が感じられる。

さらに、ロシア政治システムの特殊性を指摘してもよいかもしれない。ロシア体制下の政治家や交渉者たちは、欧米諸国のカウンターパートたちとは違って、自分の役職にかんし厳格に定められた任期という制約に縛られていない。米ソ間の軍縮交渉の当事者を一例にとって、このことを実証してみよう。米国側の顔ぶれが次から次へと変わる一方で、ソ連側の担当者はほとんど一定――。これが、恒《つね》と言ってよい。たとえば一九六九年にはじまったＳＡＬＴ（戦略兵器制限交渉）の期間中、米国の大統領は、ジョンソン、ニクソン、フォード、カーターへと変わった。他方ソ連では、その間ブレジネフ唯一人が最高指導者の座に坐りつづけていた。同じ期間中に、米国の国務長官はその名前も思い出しえないくらい変わった。他方、ソ連の外務大臣は単に同交渉中ばかりでなく、二十八年間（一九五七〜八五年）の長きにわたってアンドレイ・グロムイコ唯一人が同ポストに坐わりつづけていた。

同交渉を担当する米国側の首席代表は、ほぼ二年刻みで変わった（ジェラルド・スミス、アレクシス・ジョンソン、フレッド・イクレ、ポール・ウォーンキ、ジョージ・セグニアス、Ｗ・Ｗ・ロストウなど）。他方、ソ連側の首席代表は、十年間、一貫して唯ひとり、ウラジーミル・セミョーノフだった。『エンドゲーム』の著者、ストローブ・タルボットをして「動脈硬化的な継続性」(29)と皮肉られるほどだった。

日ソ間漁業交渉の担当者の顔ぶれについても、同様のことが当てはまる。つまり、日本の農水相はその氏名すら満足におぼえられないくらいの頻度で交代したのに比べ、ソ連側の担当者はアレクサンドル・イシコフ漁業相唯一人だった。彼は、三十年以上の長きにわたり日ソ漁業交渉のロシア側代表の座に坐っていた。

このようなソ連時代の伝統は、現プーチン政権下でも変わっていない。まず、最高指導者のプーチンからして、そうである。彼は、タンデム（双頭）政権の名目下に四年間だけはメドベージェフを大統領ポストに据えはした。だが、その期間中も事実上トップの座に君臨していたと言えるので、プーチンは、すでに通算十八年間以上もロシアの最高統治者をつとめている。しかも、二〇一八年三月に四選されたので、不測の事態（病気、交通事故、暗殺など）が起こらないかぎり、プーチンは二〇二四年まで、合計すると約四半世紀もの長きにわたってクレムリンのトップの座に坐りつづけることになろう。彼の下で外相を勤める人物も、ほぼ同様である。セルゲイ・ラブロフは、二〇〇四年以来すでに十三年以上の長きにわたってロシアの外務大臣の地位にとどまっている。

「モロトフ主義」――スターリンに忠実無比な執行者

一定任期という時間的な制約下におかれている欧米諸国の政治家や外交官たちは、己の在任中に何らかの成果をあげたいと焦りがちになるのが、ごく自然の欲求と言えよう[30]。また、欧米資本主義諸国では、〈時は金なり〉の哲学が滲《し》みわたっている。たとえロバート・マクナマラ（フォード自動車社長から米国防長官ポストに就いた）でなくとも、費用対効果概念の信奉者が少なくない。つまり、投入した時間やエネルギーに比例ないし釣り合う成果があがらないと、欧米諸国の政治家や外交官たちは心理的に苛立つ傾向がみられる。さらに、彼らには何が何でも「仕事をなしとげねばならない（get the job done）」という職業意識や使命感も顕著である。右のようなことを当然視する一般世論の眼や圧力も、存在する。――以上のような事情が、ややもすると欧米諸国の交渉者たちをして、何らのお土産なしに「空手で交渉の場をあとにして、帰国の飛行機のタラップに足をかける[31]」ことを潔しとしない心情傾向を生みがちとなる。

ところが、任期や世論の圧力をまったく気にしなくてよい[32]ロシアの政治家や交渉者たちは、この種の心理的、道義的重圧から解放されている。いや、ロシアの交渉者たちは正反対な状況におかれている。――こうも言いうるだろう。つまり、彼らは飽くまでも出先の一機関にすぎず、自身の独断にもとづいて交渉を進捗させることは、禁物。こう教えられている。ロシアの政治システムは、ロシアの交渉者たちにたいし任期の制約を課さない代わりに、中央の指令なしに物事を決める権限も認めていないのだ。これが、ロシアとの交渉を必要以上に長びかせる原因の一つになっている。もう少し詳しくこの点について説明しよう。

まず、極端な例を記す。かつてのスターリン時代では、スターリン唯一人が政策決定者だった。その他の人間はまったく決定権限があたえられていない、単なる「エランド・ボーイ（使い走り）」にすぎなかった。ジョン・ディーンは、回想する。「ソ連邦では、唯一人の人間だけが〝その場で〟決定をくだすことができた。その人の名は、ヨシフ・スターリン。モロトフ（外相）であれ、グロムイコ（外相）であれ、ヤーコフ・マリク（外務次官）であれ、その他全員は、スターリンの忠実なメッセンジャー・ボーイ（伝達者）以外の何者でもなかった」[33]。フランクリン・D・ローズヴェルト大統領のすぐれた伝記を書いたロバート・シャーウッドも、ほぼ同様に記した。「スターリンが、外交関係を取り扱う唯一の人間である。このことに、一点の疑いもなかった。討議事項の内容がいったい何であれ、スターリンからの訓令を持たない、スターリン以外のおよそ誰とのあいだで交渉しても、それは単なる時間の浪費にすぎなかった」[34]。

スターリンの最も忠実なメッセンジャー・ボーイの典型は、ヴャチェスラフ・モロトフだったろう。グスタフ・ヒルガーはヒトラー・ドイツの外交官で、独ソ協定をモロトフ外相とのあいだで交渉した経験の持ち主。彼は、著書『両立しえがたい同盟――独ソ関係史メモワール（一九一八―一九四一）』（一九五三年）で、モロトフの交渉態度にかんして、次のように記している。「モロトフ外相は、一度として個人的なイニシアチブをとろうとしなかった。彼は、スターリンによって決められたルールをひたすら忠実に守ろうとした。問題が生ずるたびに、モロトフはほとんど口癖のように次の決まり文句を繰り返すだけだった。私は、〝政府〟〔＝スターリン〕と相談せねばなりません」[35]。

右は、たしかにスターリンのワンマン独裁体制が華やかなりし時代の極端なエピソードであるかのように聞こえるかもしれない。だが、事実はさにあらず。このような体質はポスト・スターリン期になっても変わらずつづいた。こうのべて構わない理由の一つとして、ロシア外務省での一種の〝モロトフ主義〟の伝統ないし遺産の存在を指摘しうるだろう。〝モロトフ主義〟とは、単にみずからをスターリンに忠実無比な執行者に仕立てあげるばかりでなく、後輩や部下たちもそのようなタイプに仕向けるやり方を指している。すなわち、最高政治指導者の命令を金科玉条とみなし、プロフェッショナリズムに徹する「筋金入りの官史」（アーサー・ケストラー）[36]に育て上げることを目指す。

「グロムイコ主義」――モロトフを忠実に踏襲

英国のヘイター大使は、そのようなモロトフのレプリカ（複製品）として、アンドレイ・グロムイコ外相の名前をあげた[37]。グロムイコは合計すると二十八年間もの長きにわたって、スターリン、フルシチョフ、ブレジネフというまったく異なるタイプの三代のボスに仕え、文字通りプロフェッショナリズムに徹した外交官だった。グロムイコは「ミスター・ニエット（否《ノン》）」という仇名で呼ばれることで知られている。だが厳密に言うと、「ミスター・ニエット」は元々モロトフ外相に奉られた渾名《あだな》だった。グロムイコは、モロトフのニックネームを引き継いだばかりか、それをあたかも自身につけられたそれと錯覚させるまでに、トップに忠誠無比なモロトフ先輩のやり方を忠実に踏襲したのだった[38]。

グロムイコが最高指導者にいかに忠実な人間だったか。このことをしめす有名なエピソードがある。フルシチョフ第一書記は、一九五五年、米国のアベレル・ハリマン国務次官に、自身のグロムイコ評を忌憚なくのべた。しかも、グロムイコ本人が横で聞いていたにもかかわらず、フルシチョフはそのことを一切気にかけることなく口にしたのだった。そのために、フルシチョフによる率直なグロムイコ評としてわれわれを驚かせ、参考になるのである。「グロムイコに、パンツを脱いで氷の上に坐りなさい、こう私が命じるならば、グロムイコは私がもうよいと言うまでそうしつづける。〔そのくらい〕彼は権力者に忠実な人間である。もっともそうしなければ、彼は直ちに馘《くび》にされる運命に晒《さら》されているからなのだが[39]」。

クレムリンの最高指導部にたいし忠実なことの裏返しとして、諸外国にたいしてはまったく融通を利かせようとしないグロムイコ流処世術のエピソードを、もう一つ紹介しよう。ボーレン元駐ソ・米国大使の回想録によれば、グロムイコによるソビエト流の公私の峻別ぶりは、行き過ぎではあったものの、見方によれば敵ながらあっぱれと感嘆せざるをえない完璧なものだった。一九五五年、〝ジュネーブ〔協調〕精神〟を謳歌し、米ソ関係が最も良好だったときのことである。それにもかかわらず、グロムイコは米国外交官とのあいだで、職業上必要とされるつき合いを越えて個人的な友情を培おうとする姿勢など、露ほどにもしめそうとしなかった。たとえば、グロムイコ夫人は、口頭でこそボーレンを自宅に招きたいとはのべるものの、唯の一度としてその言葉を実行に移そうとしなかった。同様にボーレン夫人からの私的な招待を断りつづけ、実際唯の一度もそれに応じようとしなかった。なぜならば、グロムイコ夫人はそうすることが、夫によって「許されていなかったからだった[40]」。

ヘイター元駐ソ英国大使も、同様の体験を語っている。大使はまず「私は必ずしもロシア人嫌いではないが」と一言断わったうえで、のべる。「われわれは、ソビエトの外交官のうちの彼らを誰一人としてよく知りえなかった。真正かつ長つづきする友情関係——その他の任務地では可能だった——をつくりえなかった。われわれがロシア人の家庭に招かれることなど、ついぞ一度としてなかった」[41]。

ロシア外相や外交官たちの職業意識は、スターリン以後もさほど大きくは変わっていない――。大胆にこう結論しても、構わないのではなかろうか。交渉の場で本国政府の訓令や指示に反する行動をとったり、決定をくだしたりする――このようなことは、もとより日本を含む欧米諸国の外交官たちにもけっして許されてない。とはいえ、彼らは、交渉の最中に公私にわたって相手側の代表者たちとフリーに接触し、情報を収集する。時には或る程度まで独自の判断をおこなったり、自由裁量にもとづく決定をくだしたりする。このような行動が認められているばかりでなく、望ましいものとして奨励さえされている。ところがロシアの交渉者たちに対してそのような行動の自由、ましてや自由裁量の余地を期待するのは、ないものねだりの無理な注文だろう。彼らは、クレムリンの最高政策決定者からの訓令に忠実にしたがってはじめて、対外交渉をおこないうるからである。

そもそもソビエト外交官にとり訓令とは何か。このことにかんして、かつてモーズリー博士が記した次の文章は、今日においてもほぼそっくりそのまま当てはまるのではないか。少々長いが引用に値するだろう。「ソ連の専門家や外交官たちは、モスクワが訓令を送ってくるまでは一言も発言しない。というのも彼らは、〔モスクワ〕中央で未だ形成されていず、したがって彼らのところへ伝達されてきていない――そのような考えや意図の正確なニュアンスを表現できずに失敗することを懸念するからである。彼らは、モスクワが発言した後になってはじめて、己にあたえられた定式を繰りかえすことが可能になる。そして、モスクワが必要な追加訓令を送ってくるまでは、その定式にいかなる変更も加えてはならないのだ」[42]。モーズリーはつづける。「極端な場合ロシアの代表団にあたえられている唯一の訓令が、次のような類いのものであることすら決して珍しくない」。同代表団は「どのようなことにもコミットしてはならない」、「いかなる取決めもなしてはならない」、「ただし、モスクワへの報告だけは怠ってはならない[43]」。

ジョン・ハザード教授（コロンビア大学、ロシア法）は、さらに次のように極端な見方さえのべた。そもそもロシアの出先代表団にとり交渉会場は、決断の場所ではない。交渉地は、モスクワの上司へ送る情報を収集し、クレムリンの決断を仰ぐ一つの場所にすぎない。決定は、どんな早い場合でも、とうぜんモスクワから決定の訓令が届いた日の翌朝になる[44]。このようなロシア式メカニズムを知らずに、ロシアの出先交渉者に対して決断するよういくら熱心にせっついても、それはまるで〈のれんに腕押し〉の無駄な努力だろう。このようにして、アーサー・ディーンは結論する。「〔われわれがみずから〕一定のデッドライン〔締切り時間〕を設定して、ソ連代表団と交渉する。そんなことで、対ソ交渉がおよそ成功するはずはなかろう[45]」。

敵陣営を「分離、分離、そしてもう一度、分離」

ロシアが愛用してやまない交渉戦術の第三は、「分割統治（divide et impera; divide and rule）」、ないし「分断作戦（divide-and-cpnquer strategy）」である。これは、改めて言うまでもなく、政治一般にみられる平凡かつ伝統的な戦術だろう。

なぜ、平凡なのか。ロシア人ならずとも、政治・外交ばかりでなく、ビジネス、日常生活でほとんど無意識的にさえ用られている常套テクニックだからだ。それは、きわめて単純な政治的力学にもとづいている。すべからく人間集団は、その力を合体させると強くなり、逆に分断させられると弱くなる。

なぜ、伝統的な戦術なのか。おそらく人間が三人以上いると誰でも本能的に思いつき、実践しようとする智慧にもとづいているからだ。人類の起源とともに古く、洋の東西を問わず用いられるタクティクスである。毛利元就は、三本の矢のたとえを用いて三人の息子に団結と分裂の功罪を教えた。中国の「合従連衡《がっしょうれんこう》」の外交政策も知られている。蘇秦《そしん》は、六カ国（韓・魏・趙・燕・楚・斉）の団結をはかって西方の強大な秦にあたろうとした（「合従」）。ところが、秦では張儀《ちょうぎ》を用いて、これら六カ国の各々をして秦と個別的な親交を結ばせようと企てた（「連衡」）。

ソビエト政権の始祖、レーニンも、このような古典的かつ普遍的な戦術を己の運動の根幹にすえた。「ラスコール、ラスコール、イ、イッショー、ラスコール（раскол, раскол и еще раскол）」が、彼のモットーだった。このロシア語は、「分離、分離、そしてもう一度分離」とも、「分裂、分裂、そしてもう一度、分裂」とも訳すことができ、そのどちらの訳も正しい[46]。すぐれたレーニン伝の著者、バートラム・ウルフは、半分冗談めかして書いている。他ならぬレーニン自身が多分に分離主義的、ないし分裂主義的な気質の持ち主だった、と[47]。それはさておき、レーニンを敵陣営の分断を最重要戦術とする分裂策動家《ラスコーリニク》とみなすウルフ説[48]には、もろ手をあげて同意せざるをえないだろう。

レーニンが率いる「ボリシェビキ」の起源ならびに名称からして、レーニンの分裂作戦に由来している。レーニンは、一九〇三年開催のロシア社会民主労働党第二回党大会の席上で、同党を二つのグループに分裂させた。自分の考えに賛同する者を「ボリシェビキ」（ロシア語で「多数派」）と名づけた。賛同しないマルトフらを「メンシェビキ」（「少数派」）と呼んだ。マルトフ派は実際の数のうえでは多数を占めていたにもかかわらず、レーニンの巧妙なネーミングによって災いされ、非合法化され、ついには壊滅させられる憂き目に遭った。

注目すべきは、レーニンが、敵陣営を分断し、孤立させるみずからの作戦を全く隠そうとしなかったことである。逆に、同僚や部下に向かい、その必要性を熱心に説き聞かせた。たとえば一九二〇年十二月六日の演説で、彼は次のように喝破した。「共産主義者の政策の実際的な任務は、敵の利用、すなわち敵を互いに対立させて、利用することにある」[49]（傍点、木村）。レーニンは、分断戦術の要諦にかんして、さらに詳しく次のように説明した。「力のまさっている敵に打ち勝つことは、……たとえどんなに小さいものであろうと敵の間に存在するあらゆる〝割れ目〟〔трещины〕を必ず最も綿密に注意深く、かつ慎重、巧みに利用し、また大衆の同盟者を手に入れることによって、はじめて可能になる。このことを理解しない者は、マルクス主義と科学的、現代社会主義一般をまったく理解しない者だ」(50)（傍点は、原文で強調）。

重要戦術としての分割統治

今日にいたるまでのロシア政治のリーダーたちは全て、レーニンによる右の教えの忠実な信奉者兼実践者であるとみなしてよかろう。とくにクレムリンの最高権力の座に就き、それを保持することに成功した歴代指導者たちは、唯一人の例外もなく、分断作戦を巧妙に用いた。スターリンが、その好例である。スターリンはポスト・レーニン期の指導権争いで、まずジノヴィエフ、カーメネフと連合し、最大政敵トロツキーを孤立させ、打倒した。それに成功するや、スターリンは全く同一の手法を用いて、今度はブハーリン、トムスキイ、ルイコフと結んで、ジノヴィエフとカーメネフを葬った。そして、最終的には、ブハーリン、トムスキイ、ルイコフも粛清して、己の独裁権力を確立させた。

ポスト・スターリン期の主導権争いでも、まるで判で捺《お》したかのように同様の分割戦術が適用された。フルシチョフが用いたタクティクスが、そうである。フルシチョフは、スターリン死亡時点でナンバー5の序列を占める人物にすぎなかったが、この分断戦術を駆使することによって、ナンバー1の座へと駆けのぼった。彼は、まずマレンコフ、モロトフ、ボロシーロフと同盟を組んで、最も強力なライバル、ベリアを倒した。その後、ブルガーニン、ジューコフの手を借りて、マレンコフ、モロトフを打倒した。そして最終的には、ブルガーニン、ジューコフをお払い箱にして、己の独裁的権力を確保した。

ブレジネフも、まったく同一の分断戦術を踏襲してワンマン独裁者の地位にのぼった。まずポドゴールヌイ、コスイギンと組んで、フルシチョフを失脚させた。そのあと、いわゆる「ドニエプル・マフィア」と仇名される子飼い、後輩を引き立て、重用した。そのようなやり方によって、ポドゴールヌイ、コスイギン、さらにはシェレーピン、ポリャーンスキイといった潜在的ライバルの勢力を次第に弱めてゆき、己の権力を確立させた。

本書の現文脈で力説すべきは、次のことだろう。このような分断戦術が、ロシアの指導者たちによって単に国内での権力闘争ばかりでなく、ロシアの外交・交渉分野における最も重要戦術の一つと公認され、縦横無尽に駆使されている事実である。ゾーリン著『外交勤務の基礎』を、再び紐解いてみよう。ゾーリンは、まず、右のページに紹介したレーニンの文章をそっくりそのまま引用して、敵国間での〝割れ目〟利用戦術の必要性を説いた。そのあとで、ゾーリンはひきつづいて次のような解説を加えている。「政治的闘争の戦術にかんするこのレーニンの命題は、外交的戦術のための基礎である。外務省、諸外国に設置した大使館のすべての活動は、このレーニン主義的命題に依拠せねばならない[51]」（傍点、木村）。

ソ連時代にロシアの外交官たちは、つねに交渉相手を「分断」せよとの訓令をうけていた。もとより、ゾーリンの外交教科書が出版されるはるかに以前の段階から、西側の対ソ交渉者たちはこのことに気づいていた。たとえば、フレデリック・オズボーン（国連原子力委員会米国副代表）は、「原子力エネルギーを巡る〈対ソ交渉について〉」と題する己の論文中（一九五一年）で、次のように記した。「ソビエト代表は、つねに他の国々をして分裂させ、たがいに離れればなれとなるようにせよとの訓令を受け取っていた[52]」。

「日本は哀れな犠牲者」

右に説明した分断戦術の実際を、ソビエト体制末期にブレジネフ政権がとった対日政策を例にとって、説明してみよう。日本と他の諸国（米、中国、ヨーロッパ諸国、など）との緊密化の阻止――これこそは、ブレジネフ政権が当時とった対日戦略の要諦に他ならなかった。日本を外部の諸列強、とりわけ米国や中国の影響から離間させようともくろんで、ブレジネフ党書記長自身は、たとえば有名なアルマ・アタでの演説（一九八〇年八月二十九日）のなかで、次のようにのべた。「北京とワシントンは声を合わせて、〝ソ連の脅威〟という使い古されたデマを用いて日本をおびやかしている。……だが、日本の政治家は……米国あるいは中国が描いている風にではなく、事態をあるがままに眺める能力をもっている」[53]。たとえば田中（角栄）政権が日中平和条約の締結を決断したとき（一九七二年）、ブレジネフ政権は東京政府それ自体にたいしては当初予想されたほど厳しく批判しようとしなかった。大平（正芳）政権が米欧諸国の「アフガニスタン制裁」に加担したとき（一九七九年）も、そうだった。その代わりに、北京やワシントンこそを真の悪玉とみなして、日本が中国や米国と関係緊密化を図ることを阻止する戦術をとった。

このような基本戦術にもとづき、クレムリンは、当時、日本にたいして同情的な態度すらしめした。東京政府は北京指導部の謀略に見事に引っかかって、日中平和条約を締結させられる羽目になった犠牲者とみなした。すなわち、日中平和条約の成立は、たしかに日中双方の支配階級の基本的利益が合致したがゆえに可能となったのだろう[54]。とはいえ、どちらかと言うと中国のほうが日本よりも一層責められるべきである。というのも、中国が日本を「誘惑」[55]し、「引っ張りこんだ」[56]結果、同条約の締結がはじめて可能になったからだ。つまり、北京は長年にわたって東京に「圧力」[57]をかけつづけたために、東京政府はそのような執拗な勧誘や要求にもはやこれ以上抵抗しえなくなった。そして遂に「屈伏」[58]し、「降伏」[59]せざるをえなくなった。事態の展開は、このように解釈されるべきである、と。

また、クレムリンの見方によると、日本は北京以上に、ワシントンから加えられた圧力の哀れな犠牲者なのである。たとえば、東京政府は、アフガニスタン事件以後に日本外交を「一八〇度の転換を余儀なくされた」。が、それは米国から「増大する圧力」の結果に他ならなかった。ユーリイ・バンドゥーラ（当時、『イズベスチヤ』東京特派員）の「危険なメタモルフォーゼ（変形）」と題する論文（一九八〇年二月九日）は、このような見方の典型例だったと言えよう。大平正芳首相による対ソ観の転換、モスクワ夏季五輪のボイコット、日米安保条約における「極東」の範囲の（ペルシア湾地域までの）拡大解釈、三海峡封鎖案、等々――日本で起こったこれらすべての「変化」にかんして、バンドゥーラは「きわめて簡単な説明法が可能である」とのべた。すなわち、これらは「日本外交の独立方針が米国の増大する圧力下に止むなく崩壊しはじめた」[60]（傍点、木村）結果、と解釈されるべきである、と。

同種の見方をしめすものとして、フセボロド・オフチンニコフ（『プラウダ』東京特派員）による次の言葉も引用するに値するだろう。「結局のところ、（日ソ間の）政治的な接触を凍結したり、貿易上の経済的な結びつきにブレーキをかけたりしたのは、ソ連側ではなかった。このように〝緊張した状況〟は、アフガニスタンでの事件を引き合いに出して、米国の圧力に屈した日本側の責任に求められる」[61]（傍点、木村）。ソ連が日本を批判していることは間違いなかった。とはいえ、それは「米国が日本に圧力を」加え、それに東京政府が屈したことに真の理由が存在する。こうのべて、オフチンニコフ論文は東京政府にたいして一抹の同情をしめす一方、悪質なワシントンのほうに主たる非難を集中させた。このような差別化をおこなうことによって、クレムリンは日米離間を図ろうと欲したのだった。

東京は、ワシントンや北京の覇権主義が行使するアグレッシブな圧力に屈伏した犠牲者にすぎない――。このような見方は、もとより、モスクワが日本政府にたいして衷心から同情していることを意味しなかった。飽くまでも日中、日米間にくさびを打ちこみ、「反ソ包囲網」の形成を阻止しようとする強《したた》かかつ巧妙な打算にもとづいていた。日本を抱きこもうとする、もしくは少なくとも牽制しようとする戦術の実践に他ならなかった。この意味で、第二十六回党大会初日（一九八一年二月二十三日）でのブレジネフ演説のなかで対日関係についてのべた次の箇所は、引用に値するだろう。「日本の対外政策には否定的なモメントが強まりつつある。それは、ワシントンと北京の危険な計画への加担、そして軍国主義的傾向である。だが、われわれは、これが必ずしも東京の最終的判断であるとはみなさない。東京では先見の明、己の真の国益にかんする理解が結局のところ勝利を収めることを期待したい。ソ連は、依然として日本との強固かつ真の善隣関係の確立を望んでいるからである」（傍点、木村）。

分断戦術には連帯が対抗策

右のブレジネフの言葉から明らかなように、日ソ両国間での善隣友好関係の維持は、当時のブレジネフ政権の基本的なトーンだった。というのも、既にブレジネフのアルマ・アタ演説（一九八〇年）中に、この特色は顕著に現れていたからである。当時同書記長は次のようにのべていた。「隣国日本との経済およびその他の接触は、双方にとって重要かつ利益のあるもの」で、「発展させてゆく用意がある」（傍点、木村）。改めて説明するまでもなく、そこには、ブレジネフ政権が、単に日本を欧米諸国や中国から分断しようとしているばかりでなく、日本国内での諸利益ならびにそれらの利益追求グループ間にくさびを打ちこもうとする意図が明確にうかがえる。

グループ間にくさびを打ちこんで分断を図ろうとする——。これは洋の東西を問わず、人間の性《さが》とも言える習性であり、かつ戦術でもある。だとすると、逆に自国民内での団結をはかり、分裂を阻止すること——これこそが、指導者にとり必要不可欠な対抗策となる。ちなみに、このことを訴えたバラク・オバマ大統領の再選キャンペーン中の次のキャッチフレーズは、おそらく歴史に残る名コピーと評しうるだろう。同スローガンは、「アメリカ合衆国（the United States of America）」の名称を巧みに使って、まさに次のようにのべたからである。「リベラリズム〔自由主義〕のアメリカ。保守主義のアメリカ。そのようなものなど存在しない。存在するのは、統一したアメリカ〔the *United* States of America〕だけである」[62]（傍点、木村）。

同様に、ロシアはけっして分裂することなく、団結せねばならぬ。プーチン大統領がこう呼びかけた言葉を、一、二、紹介しよう。たとえば二〇一四年三月十八日、ウクライナ南部クリミア半島のロシアへの併合を宣言し、その理由を正当化したときの有名な演説中で、同大統領は次のようにのべた。「或る西側の政治家たちは、〔ロシアに対する〕制裁ばかりでなく、国内的諸問題の尖鋭化を見通してわれわれをおびやかそうと試みている。彼らは、ロシア国内に何か第五列、すなわち『民族的な裏切り者』が存在し、かつロシアの社会的、経済的状況を悪化させることが可能である——このように思わせることによって、ロシア国民間で不満を挑発できるとでも考えているのだろうか。われわれは、是非ともその答えを知りたいものだ[63]」。

プーチン大統領は、二〇一五年五月、ロシア国内が分裂することが何にも増して重大な危険をもたらすことをさらに明確に警告して、次のようにのべた。「動乱、革命、国内戦は警告している。それがたとえどのようなラスコール〔分裂〕であれ、ロシアにとって国内に破滅的な結果をもたらす。逆に人民が団結し、社会的な合意を達成していれば、いったい何を教えるだろうか。そのことによって国家の独立が保障され、成功が達成されるばかりか、いかに強力なものであれ背信的な敵を打倒することが可能になることを教えてくれる[64]」。

プーチンは「善意の調停役」

右にのべた「分断作戦」との関連で、是非とも最後に言及すべきもう一つのロシア式交渉術があるだろう。

それは、欧米諸国の専門家によって「善意の調停役（benevolent mediator）」と名づけられる人物を登場させるテクニックである。説明しよう。[65]

まず前もって、ロシア人交渉者たちの役割を割り振っておく。一方のグループは、いかなる類いの妥協案であれ、それを拒否する憎まれ役を演じる。別の言葉で言うと、「悪玉」もしくは「悪い警官（bad cop）」である。彼らには、盛んに強硬論をぶたせる。交渉がまさに決裂せんとする頃合を見計らって、「善意の調停役」、すなわち「善玉」もしくは「良い警官（good cop）」を登場させる。交渉の相手側は、まるで「地獄で仏」に出会ったかのような思いを抱いてホッと安堵の胸をなでおろす。今や「善意の（?）調停者」の忠告を受け容れる以外に妥結の道は絶たれている。こう即断して、さほど深く考えることもなく「調停役」が提案する妥協案に容易に同意してしまう——。改めてそのカラクリを説明するまでもなく、これは、クレムリンがあらかじめ仕組んだお芝居に他ならない。譲歩部分でさえ最初から織り込み済みの想定内のものにすぎない。結局ほくそ笑むのは、ロシア側である。

現プーチン政権下では、メドベージェフ首相やラブロフ外相が往々にして「悪玉」役を演じさせられている。対照的に、プーチン大統領は「善玉」役を演じることによって外交交渉上の名誉を一人占めにしようともくろむ。対日政策は、その好例と言えよう。たとえばメドベージェフは、日本との係争中の北方領土をしばしば訪問し、日本国民の憤激を買っている。そのような重要なことを、彼が事実上の上司、プーチンと予め話し合い、彼の許可を得ることなくおこないうるはずはない。では、プーチンは、なぜそのようなことをメドベージェフにさせるのか。理由は明らかと言えよう。ロシア政治家のなかでは一見「ハト派」のようにみえるメドベージェフですら、北方領土の対日返還に強く反対している。彼に比べ、自分（プーチン）は一見するかぎり「タカ派」のように映るかもしれないが、実は柔道を愛好する日本贔屓の一ロシア人に他ならない。そのような自分とのあいだで妥協を成立させなければ、東京政府は何時まで経っても、いや半永久的に北方領土のうちの唯の一島も入手しえない羽目になろう。プーチンはこのようなメッセージを送ろうとして、メドベージェフに悪役を演じさせているのだ。

プーチン大統領は、同様な考えにもとづきセルゲイ・ラブロフ外相を「悪玉」に仕立てあげる。同外相は、北方領土問題にかんし国際法を全面的に無視する次のような強硬論を吐くことで、つとに有名な人物である。「北方四島は第二次世界大戦の結果としてロシア領となり、ロシアの主権下にある。東京政府がこのことを認めることが日ロ平和条約交渉の出発点になる」。同外相は、日本にたいしこの種の憎まれ口を繰り返す。「悪玉」役を演じることによって、「善玉」としてのプーチン大統領の譲歩を、日本側にとり滅多に得られない貴重なオファーに見せかけようとしているのだ。というのも同大統領は、一九五六年の「日ソ共同宣言」中の二島「引き渡し」条項だけは有効として認めるかのような素振りをしめしているからだ。

もとより、「善玉」、「悪玉」分担のテクニックは、何もロシアにかぎってのお家芸なのではない。いわゆる「当たり屋」、「さくら」、「与太者の言いがかり」……等々、われわれの日常生活でもしばしば見うけられる常套的手段とさえ言いえよう。だから、ここでもまた、ロシアが用いる交渉戦術の特色は次の点にあることが明らかになる。ロシアは対外交渉で格別の新味がなく、むしろ手垢のついた伝統的手段を相も変わらず――しかもなんのテライもなく――用いつづけていること。

第8章

ロシア人の十八番戦術は、何？

習近平国家主席とプーチン大統領（2018年9月11日、ウラジオストク。ロイター）

リトヴィーノフ外相は、譲歩し、退却する振りはするものの、最終的には元の姿勢に戻り、結局少しも譲歩しなかった。このような彼は典型的なロシア人と言える。

——アーサー・ポープ(1)

国益が相互依存している現実

前章につづいて、本章でもロシア人の交渉戦術について論じる。ロシア式交渉戦術で第四番目に重要なのは、「リンケージ」戦術だろう。

「リンケージ・ポリティクス」[2]は、ジェームス・ローゼナウ教授（カリフォルニア大学、国際政治）らによって注目され、研究されるようになった国際政治学のコンセプトである。ニクソン政権期に大統領補佐官を経て国務長官となったキッシンジャーが、米外交政策の柱の一つとしたことによって、リンケージ政策は一躍有名になった。キッシンジャーは、一九七四年九月十九日、上院での証言で米国の対ロシア・リンケージ政策について、次のように説明した。[3]彼は、まず、現代を「テクノロジーの発達が地球を狭くし、すべての諸国民間の相互依存が深まりつつある」時代とみなす。次いで、対ロ関係では「ソ連の意図を云々するよりも、（米ソ間の）相互利益のバランスを重視する」ことがより重要だろうと考える。

右の二つの前提にたってキッシンジャーは、「広範囲にわたる様々なイシュー（係争問題）を巡る交渉を同時並行的に推し進めることによって、一領域での事態進展が他領域での進展を促すことに役立つきっかけとする」ように試みる。これこそが、ソ連にたいするベストのアプローチと説く。彼は、自信をもって次のようにのべる。「いわゆるリンケージ・ポリティクスという言葉に表わされるイシュー間の相互関係」は、何もわれわれが「発明した」概念なのではない。「米ソのすべての利益は、相互に依存し合っている。この〝リアリティ（現実）〟を、単に確認することにすぎない」[4]。

カーター政権時代になると、その初期にこそニクソン＝キッシンジャー外交にたいする一種の反動として、リンケージ戦術はサイラス・ヴァンス国務長官らによって斥《しりぞ》けられた。[5]だが同政権の中期頃になると、同戦術は再び息を吹きかえすことになった。サミュエル・ハンチントン（当時の国家安全保障会議メンバー、ハーバード大学教授）らが、次のように説いたからだった。ソ連での人権抑圧に抗議するために米国が採るべき有効な手段としては、リンケージ戦術が最も適当な対抗策である。具体的に言うと、石油掘削機械など「高度技術」の対ソ禁輸とリンクさせることによって、米国はソ連の抑圧にたいしてはじめて効果的に抗議しうるのだ、と。

ソ連によるアフガニスタンへの軍事侵攻後になると、カーター政権は、ソ連の「軍事」介入にたいする制裁手段として、単に「高度技術」ばかりでなく、「穀物」や「オリンピック」といった、一見するかぎり軍事や外交とまったく関係をもたないと考えられる諸分野までも総動員するリンケージ戦術に訴えるようになった。カーター後に誕生したレーガン政権も、リンケージ戦術を自身の対ソ外交の基礎におく旨正式に表明した。

「リンケージ」の用語の説明から、思わず米歴代政権による対ロ・リンケージ政策にまで話を進めてしまった。――もっとも、それは決して無駄な脱線ではなく、必要な助走作業として役立ったろうが。では、ロシア式リンケージ戦術の特徴は、いったいなにか――。本筋であるべきこの問いに戻ることにしよう。

「人間は、孤島ではない」（英国の詩人、ジョン・ダン[6]）ように、どの国家であれ己を他国から完全に閉鎖しオータルキー（自給自足）体制を実施することは、次第にむずかしくなってきている。世界広しといえども実際そのような政策を標榜しているのは、おそらく北朝鮮くらいだろう。つまり、右のキッシンジャーの言葉にもあらわされているように、各諸国間の「相互依存性（interdependence）[7]」は高まる一方であり、何人も否定しえない現実である。だとすると、好むと好まざるとにかかわらず、国家間で人間活動の異なる分野（政治、経済、文化、スポーツ等々）をリンクさせる戦術がより意図的かつ頻繁に用いられるようになっても、まったく不思議ではないだろう。

「より頻繁に」とのべたのは、リンケージ戦術も、すでに紹介した分断戦術と同様、人間の歴史とともに古い手法だからである。つまり、或る分野での自分の短所を他の分野での長所で補う――。これは、おそらく人類の発生時までさかのぼるわれわれの本能的な智慧だろう。要するに、ここで筆者がのべたいのは、次のことである。リンケージ戦術それ自体は、その他の戦術と同様、ごく一般的かつ普遍的な戦術に過ぎない。とはいえ他方、もしかするとロシア人によるリンケージ使用法には一種独特のやり方が見出されるのかもしれない。言い換えると、ロシア式リンケージ戦術――こう名付けてさえ差し支えない特色が見出されるのではないか。

ロシア式リンケージ戦術とは何か

では、ロシア式リンケージ戦術の特徴とは、なにか？　それは、誠に身勝手なリンケージのやり方と答えうるだろう。つまり、己の時々の都合にしたがい、自由自在に人間活動の各分野を結合（couple）させたり、分離（decouple）させたりする。しかも、相手側が同様のことをするのを認めようとしない。この点にこそ、ロシア式リンケージ術の特色が存するように思われる。まず、ロシア式リンケージ戦術がいかに身勝手なものか、このことを、ロシアの公式発言を用いて証明してみよう。

自分に都合が良いとみなす場合、政治、経済、文化、スポーツ等々の人間活動の諸分野を互いにリンクさせて当然。ロシアはこう主張して止まない。これは、ロシアが――欧米諸国の用語にしたがうと――いわゆる〝トータル外交(8)〟の価値や必要性を自覚し、総合的な視野にたって己の外交を推進しようと欲する傾向と関連している。

たとえばブレジネフ期のソ連は、軍事、貿易、漁業などの諸分野が互いに密接にリンクしていると主張して止まなかった。北方四島のなかの色丹島にまでソ連軍基地が建設されていることを知って、日本外務省がポリャーンスキイ駐日ソ連大使に抗議したとき（一九七九年十月二日）ソ連側は次のようにのべて東京政府を牽制した。日本が同様の抗議に固執するならば、それは日ソ間のその他の分野、とくに貿易や漁業領域での協力関係をいちじるしく損なう結果を覚悟せねばならない。それゆえ、東京政府は、日本の国益全体を考慮して、その種の抗議運動を直ちに停止すべきだろう、と。たとえば、東京政府の正式抗議から四日後に政府機関紙『イズベスチヤ』（一九七九年十月六日）は、かようなリンケージ論を唱えて同政府を次のように脅した。「色丹基地抗議キャンペーンのようなソ連邦に敵対する政策は、〔日ソ間の〕文化、学術、技術上の結びつき、漁業、貿易、経済協力などの分野での〔日ソ間の〕相互関係を阻害する結果を導くだろう」[9]。改めて説明するまでもなく、当時のソ連は、軍事に貿易や漁業をリンクさせることによって、後者の分野に従事する日本人を威嚇し牽制しようと試みたのである。

ブレジネフ政権が一九七九年十二月にアフガニスタンへの軍事侵攻を敢行したとき、東京政府は欧米諸国と足並をそろえてモスクワ夏季五輪不参加その他の対ソ制裁を実行した。そのような東京政府に対してブレジネフ政権は、何とかして日ソ関係改善の途を拓きたいと欲した。明らかにそのような動機に促されて、ドミートリイ・ウスチーノフ国防相のような通常〝タカ派〟の権化とみなされる将軍ですら、『プラウダ』（一九八〇年九月二日）紙上でのべた。「ソ日関係のすべての分野における着実な発展は、日本国民のバイタル〔死活的〕な利益に合致しているはずだ」[10]（傍点、木村）、と。

そして、ブレジネフ政権による日本にたいするリンケージ政策は、一部日本人のあいだで「支持、賛同、共鳴を獲得した」。当時のソ連は、少なくともそのように勝手な解釈をおこなおうとした。たとえば第二回日ソ円卓会議（一九八〇年十一月）参加のためにモスクワに到着した日本側代表者たちの立場が、まさにそうである。ソ連各紙は、こぞってこのように記した。いわく、「日本代表たちは政治、経済、文化の領域でのすべての分野で日ソ関係を発展させようとするアイディアに賛同すると表明している」[11]（傍点、木村）。

政経の一致か、分離か

人間活動のすべての分野は、相互に密接不可分にリンクしている。もしクレムリンが首尾一貫してそのように説くのならば、それはそれでクレムリン流のやり方である。外部の者はこう理解し、唯それに対応する措置さえほどこせば済むことになろう。ところが必ずしもそうでないから、困るのである。クレムリンは時と場合に応じて、そのようなリンケージ法を否定し、放棄して顧みない。具体的に言うと、いったん己に形勢不利とみなすや、クレムリンは都合の悪い分野を他の領域から切り離すことをいささかも躊躇しない。つまり、リンケージを否定し、デカップル（切断）する。

対日関係での領土問題は、その好例と言えよう。たとえば一九七九年七月三日付の『イズベスチヤ』は、まず日本とのあいだで「ソ連は、全面的な互恵関係の発展をめざす」（傍点、木村）と宣言する。これは、一つの立派な立場表明である。ところが、その舌の根も乾かないうちに同紙はつづける。「しかしながら、そのようなバイラテラルな関係の発展を妨害するのは、ありもしない領土問題なのだ」[12]と。つまり、「全面的な」互恵関係の発展をめざすとのべた直後に、ただし「領土問題」だけは除外する。こう主張するのだ。これでは、リンケージの「選別的（selective）」な使用と評さざるをえないのではなかろうか。もっとも考えてみると、領土問題は「解決済み」で、「存在しない」。これが、ソ連時代の公式的立場だった。したがって、右の〈ただし、領土問題をのぞく全面的関係の発展〉というソビエト式ロジックも、彼らの立場にたつならばまったく分らないわけではなかった。

だが、次の例となると皆目分らないと評さねばならないだろう。すなわち、「政治」と「経済」との関係である。ロシア式のリンケージ法によると、「政治」と「経済」は時と場合によって互いに結びつけられたり、カットされたりする。そのやり方にまったく一貫性がないのだ。ロシアの公式文献を用いて、このことを証明してみよう。

まず、ロシアは、通常、「政治」と「経済」をリンクさせる。いわゆる〈政経一致〉の立場をとる。たとえば二国間で経済協力関係が促進されるならば、それは国家間の政治関係を改善するための最善の手段として貢献する。クレムリンは、こう主張してやまない。たとえば外国関係のニュースを載せる雑誌『ザ・ルベジオム（国境を越えて）』（一九七九年十月四日号）は、明言する。「経済協力は、異なった社会・政治システム間に属する国々の関係をセメントのように固く結合させる重要な手立てになる[13]」。具体的に言うと、たとえば日ロ間の経済開発共同プロジェクトに日ロ両国の政治的緊密化をうながす触媒的な役割をになわせようとする。しかも、このような意図があることをロシアの文献は隠そうとしない。エヌ・ニコラエフは、『極東の諸問題』誌（一九七五年第二号）で記す。日ロ間に進められているいくつかの経済協力プロジェクトは、「経済的ばかりでなく、政治的な性格を帯びる[14]」（傍点、木村）、と。

また、パーベル・ドルガルーコフ（ソ連外国貿易省付属研究所・日本部副部長）は、「日ソ貿易・経済関係」と題する論文で記す。「ソ日共同プロジェクトの規模の拡大にともなって、両国の経済的のみならず政治的意義もまた必然的に増大しつつある[15]」（傍点、木村）、と。筆者も参加した日ソ・シンポジウム開催の日（一九七九年十一月、『産経新聞』主催、於大阪）の席上で、ドルガルーコフは同じくのべた。「〔日ソ間の政府〕長期経済協力協定は、きわめて大きな経済的な利点のほかに、非常に大きな政治的な責務を両国にもたらすだろう[16]」（傍点、木村）。

ところが、である。ロシアは、いったん自分にとって形成が悪くなるとみてとるや〈政経一致〉論を弾劾し、今度は逆に〈政経分離〉論を熱心に打《ぶ》とうとする。首尾一貫しないから、困るのだ。具体例を一、二、しめそう。クレムリンは日本が対東南アジア諸国や中国にたいし〈政経一致〉の戦術をとっていると批判する。つまり、日本は口頭で〈政経分離〉論を唱えるものの、実際には開発途上諸国や中国にたいして政治的接触を深める政策を追求している、と。クレムリンは、東京政府による「アフガニスタン関連制裁」にも手を焼き、同政府に対して〈政経分離〉を迫った。先にも引用したようにアルマ・アタ演説でブレジネフ党書記長はのべた。ソ連の「隣国日本との経済およびその他の接触は、双方にとって重要かつ利益がある」ので、「発展させてゆく用意がある」(傍点、木村)、と。同党書記長による日本にたいする〈政経分離〉の勧めは、その他のソビエト公式発言によってさらに明確な形で裏づけられる。たとえばアレクセーエフ解説員は、一九八〇年十月二十六日の日本向けモスクワ放送(日本語)で次のように説いた。

「日本の指導者たちは、一九七〇年代半ばまで、〈政経分離〉の原則を支持する意図を宣言していた。ところが、今や彼らは突如として〈政経不可分〉原則の信奉者へと転じた。日本側は、ソ連とノーマルな経済的結びつきを再開する条件として政治的要求を捏造《ねつぞう》している。この問題についてのソ連の立場は、ブレジネフ書記長のアルマ・アタ演説で明らかである。(中略)政治的脅迫の道具として貿易を用いることは、汚い、経済的には誠に損なやり方と評さねばならない」[17]。

みずからはふだん〈政経一致〉政策を追求すると主張しながら、他の国々、たとえば日本にたいしては資源小国としてのアキレス腱を突いて〈政経分離〉政策をとらせようと試みる。これは、クレムリンがお得意とする誠に自己勝手な「ダブル・スタンダード」(二重尺度)の使用法であるように思われる。

〝バザール商法〟は廃れない

ロシアが対外交渉で頻繁に用いる戦術の第五として、〝バザール〟戦術を忘れるわけにいかない。バザール（bazaar）は、市《いち》を意味するペルシア語に由来する。日本では、公共または社会事業などの資金を集めるために開くバザー（慈善パーティー）として知られているが、ここではもう一つ別の意味で用いる。すなわち、高級店や一流百貨店などでおこなわれている、いわゆる正札ビジネスと対照的な、中東諸国の露天市場などでみられる商法を指す。すなわち、商談当初でまず売り値をはるかに上回る値段を吹っかけ、その後大幅な値引きに応じるかのように見せかけ価格を下げてはゆくものの、それでも最終的に大きな利益を入手するやり方である。

中東諸国、インド、中央アジア地域の人々の名誉のために敢えてつけ加えると、バザール商法は、彼らが観光客相手に、市場でじゅうたんなどを売りつけるときにかぎって用いる手法なのではない。どの民族も、程度の差こそあれこの種の商法を多かれ少なかれ用いている。わが国でもたとえば映画『男はつらいよ』のフーテンの寅さんのような大道の香具師《やし》たちが使っているにちがいない。さらに言うと、それは単に商売の世界ばかりでなく、およそ人間が話し合い、つき合い、交渉する際に意識するとしないとにかかわらず、一般的に用いている手法だとさえ言えるだろう。一種の処世術と言い直しても差しつかえない。

バザール商法には一つ重要な欠陥がある。交渉や取引の相手方は、この戦術に一度は乗じられるかもしれない。が、やがてこのトリックに気づき、容易に二度つづけて引っかからないよう注意深くなってしまうことである。少なくともバザールで商人タイプの人間を相手にする場合、相手が最初に提示する額を単なる言い値に過ぎないとみなし、交渉次第で最終妥結額は低くなるので粘り強い駆け引きこそが大事とみなす。このようにして、交渉は狐と狸のだまし合いの様相を呈するに至る。また、そのような駆け引きを好まない人間は、最初から正札をつけている相手のほうへ足を向けることになるだろう。大道商人は、明日は別の河岸《かし》で店開きをおこない、まったく別の客を相手にするので、今日一日だけの儲けを考えればよいのかもしれない。だが、デパートや名前の通った専門店などは、何よりも信用やネーム・バリュー（いわゆる〝のれん〟）を重んじ、このような阿漕《あこぎ》な商法をおこなう大道商人たちから次第に顧客を奪ってゆくかもしれない。

『ニューヨーク・タイムズ』は、一九八一年一月二十七日、米外交官の実に興味深い〝マル秘公電〟をすっぱ抜いた。イラン米国大使館の人質事件が発生する三カ月前に、在イランの米国臨時代理大使がサイラス・ヴァンス国務長官（いずれも当時）に送っていた「交渉」と題する電報の内容だった。同公電は、米外交官たちが、対イラン人相手の交渉心得の第一として、イラン式〝バザール〟交渉術に細心の注意を払うように次のようなアドバイスをおこなっていた。「じゅうたん売りのペルシア人のあいだで普通にみられる〝バザール商人のメンタリティー（精神性）〟に由来するイラン式アプローチには、くれぐれも警戒すべきである[18]」、と。

『ニューヨーク・タイムズ』がすっぱ抜いたブルース・ラインゲン代理大使による同公電は、つづけてバザール商人メンタリティーの特徴について次のように解説していた。「〝バザール商人メンタリティー〟とは、直近で得られる利益に眼がくらむ余り長期的な視野からの利益を軽視しがちな心性を指す[19]」。たしかに、〝バザール商法〟の手法は、このような欠陥を伴うかもしれない。だが、大道の香具師たちがこの世から一向に姿を消さないように、〝同商法〟がこの世から消滅することは決してないだろう。ひとつには、〝バザール商法〟の駆け引きをさほど苦にしないどころか、当然とみなしたり、あまつさえ楽しんだりする人々すら少なくないからである。相手側を巧く引っかけたつもりで、その実、引っかけられる人間も跡を絶たない。少々値引きしても、なおかつ元が十分とれるほど原価が低い商品もあるだろう。また、この世には短期的な利益さえ得られるならば、長期的な信用などまったく重んじないタイプの人々もいるだろう。――あれやこれやの理由から、〝バザール商法〟のテクニックが、この世から絶滅することはおそらくないだろうと予想される。

思わず一般論が長すぎたかもしれない。とはいえ、ロシア式交渉戦術の冒頭でのべたことをここでも繰りかえす必要があろう。ロシアの交渉者は、対外交渉に際して必ずしも他の諸国民のそれと異なる類いの戦術に訴えるわけではない。彼らは、むしろ古典的、時代遅れとさえ評しうる姑息な手段を依然として用いつづける傾向をしめすこと。

敢えて大胆に言うならば、ロシア人は、中東地域の人々同様に、〝バザール商法〟の大の愛好者なのである。なぜそうなのか。その理由は定かではないが、ロシア人が〝バザール商法〟戦術を得意とし、ほとんどすべての交渉でこの手法に訴えようとすることだけは、間違いない事実と言えよう。つまり、大抵のロシア人は、交渉事では決まって、まずとうてい受け容れられないくらい法外な要求を吹っかける。相手側が万が一その要求を呑めば、思わぬ儲けもの。もし呑まない場合でも、相手側の出方に応じてごくわずかずつしか要求を下げてゆこうとしない――。こういった〝バザール商法〟戦術をことのほか愛用し、得意とする傾向が顕著である。

〝バザール商法〟戦術は、すでに説明済みのロシア式交渉行動様式（第Ⅱ部第4章、二九一頁）と一脈通ずる点がある。つまり、ロシア人は、相手側にたいしてまず強力な先制パンチを加え、もし万一相手側がその途方もない要求をそのまま認めるならば、それはもっけの幸い。相手側が反撃したり頑強な抵抗をしめしたりする場合にかぎって渋々かつ徐々に後退に応じる。〝バザール戦術〟はこのロシア式交渉行動様式と軌を一にする戦術なのだ。

リトヴィーノフが実践した〝バザール戦術〟

因みに〝バザール戦術〟を愛好し、外交・交渉の分野に持ちこんだのは、マキシム・リトヴィーノフとされている。既に紹介したように、スターリン時代の外務人民委員、その後外相、駐米大使をつとめた人物である。ちょうど好い機会なので、話を少しひろげて、リトヴィーノフの外交・交渉戦術一般を紹介することにしよう。

米国は、一九一七年に成立したソビエト政権を「国家承認」することを長らく拒んでいた。一九三三年十一月の国交正常化のとき、米国人にとり最初の交渉相手となったロシア人が、リトヴィーノフ外務人民委員だった。[20] 米国側がまず驚かされたのは、リトヴィーノフが交渉中にしめす「頑固」、「タフ」、「まったく融通を利かそうとしない」態度だった。次いで気づかされたリトヴィーノフ式とでも名付けるべき独特の交渉スタイルおよび戦術があった。すなわち、次の手法に他ならない。まず最初に途方もない要求を吹っかけ、交渉最終のぎりぎりの段階にいたるまでけっして譲歩しようとしない。いったん譲歩をしめすかのように見せかけることはある。だが、それとて暫し相手側の出方をうかがうためのジェスチャーにすぎない。だから、出方次第によっては平気で再び要求を釣り上げる。――以上要するに、リトヴィーノフこそは、まさに現文脈で紹介している〝バザール商法〟戦術の名手かつ実践者に他ならなかった。

右のことを伝える一、二の証言を紹介しよう。たとえばリトヴィーノフに好意的な立場から伝記を書いたアーサー・ポープの文章が、そうである。ポープは次のように記した。「リトヴィーノフの交渉相手たちは、彼が国際交渉に〝バザールの手法〟を持ちこんだと言って批判する。同手法は、交渉を法外な値段からスタートさせ、その後かなり大きな譲歩をおこなっても、なおかつ儲けの部分を大きくできるテクニックを指す。（中略）自分の提案がたとえ何度拒否されようとも、リトヴィーノフはつねに新しいオファーを携えてもどってきた。

そのような彼の交渉法は、ソ連や彼自身が面子を失ってはならないとの懸念から、変更されることは唯の一度もなかった(21)」。

リトヴィーノフの礼讃者であるポープによると、次のような視点から判断する場合リトヴィーノフは柔軟な交渉者だったと評しうる。やや長くなるが、ポープからの引用をつづけよう。

「彼は、いったいどこで本質的でないことを捨て去り、いつ譲歩し、いつ交渉相手側をホッとした気持にさせたらよいか——。このことを、十分熟知していた。次のような意味で、彼は〝待ちゲーム〟の名手だった。つまり、待っている時間を無駄につかわないで、その時間をこれまでの交渉の復習、再検討、新しい計画のために用いた。また、リアリズムこそは、リトヴィーノフの人生観ないし性格の顕著な特徴だった。彼はけっして幻想によって惑わされなかった。感情的な考慮によって自分の作戦が掻き乱されることを許さなかった。どんなに狼狽させ失望させる事態が発生しようとも、事実を直視しうる彼の能力——。これこそが、リトヴィーノフの力の源泉だった。彼は、センチメンタルなこと、あるいは相対的に重要でないことを無視した。自己卑下やひとりよがりの祝福などに、貴重な時間やエネルギーを一切割こうとしなかった(22)」。

ずいぶん歯の浮くような賞め言葉がつづくので読者は若干鼻白む思いをさせられるが、ポープによる次の比喩だけは秀逸と認めざるをえないだろう。「リトヴィーノフは、たとえて言うとまるで水をいくらでも吸いこむスポンジのようだった。つまり、力を加えて押さえられると、表面上は諦め、譲歩し、退却する振りをし、もの分かりよく武装解除をおこない、合意に歩みよる態度すらしめした。ところがドッコイ、最終的な立場を決定せねばならない瞬間が訪れると、何時の間にか知らないあいだに彼は元の威勢のよい形に戻るのを恒《つね》とした。つまり、結局、彼はいささかも譲歩しようとしなかった」[23]。最後にポープの次の一文は、われわれがけっして見逃してはならない証言と言えよう。「このようなリトヴィーノフは、典型的なロシア人の感情の持ち主とみなしうる」[24]。

ロシア外交における〝バザール戦術〟

繰り返すようであるが、右の引用文中のなかでも最後の一行がことのほか重要である。すなわち、ロシア式交渉スタイルや戦術、とくに〝バザール戦術〟が、必ずしもリトヴィーノフ一人に限っての専売特許ではないことだ。それは、ロシア人一般、したがってロシア外交官たちが一般的に愛用し、かつごく自然に訴える類いのテクニックなのである。リトヴィーノフ外相にとりわけ顕著にみられただけのことにすぎない。右に引用したポープの言葉は、まさにそのことを言おうとしているのだ。

米国のソ連外交研究家、ゴードン・クレイグの見解も、ポープの見方に極めて近い。いや、同一とさえみなしてよい。クレイグは、まず次のようにのべる。「ソ連人が、自分の提案に固執する頑固さ加減といったら、それをもう諺にしてもよいくらいだ。折り紙つきのよく知られた特徴である」。そのあと、クレイグは英国のエスモンド・オベイ卿が一九二九年十月にモスクワから書き送った次の公電を引用している。「マキシム・リトヴィーノフと交渉することに馴れた人々が思い出すことがある。それは、リトヴィーノフが彼になされた提案を、もう少しで受け容れるかのごとくしばしば見せかけはするものの、彼が実際には自分の最初の見解に必ず立ち戻っていったことだった」。重要なことは、クレイグがポープとまったく同様の指摘をおこなっていることである[25]。

クレイグは、リトヴィーノフを例に引いたあと、まったく同様の傾向がモロトフ外相やグロムイコ外相にも均しくみられることを、別の論文中ではあるが、次のようにのべる。「ソ連の交渉者たちに一貫しているのは、まさに西側が最も屈伏したくない点で西側が譲歩する必要があると主張して止まない点だった。では自国はといえば、西側の譲歩に比べてごく僅かな譲歩をおこなうだけで、西側を慰撫可能とみなす傾向だった。このような彼らの作戦に乗ってしまうならば、それは己が粘りさえすれば西側は主要ポイントでさえ諦めにいたる。彼らがこう信じがちな傾向を、ますます助長する結果になるだろう」[26]。

ロシアの交渉者たちが、核兵器の削減や凍結といったすぐれて現代的なテーマにかんする交渉事に従事しながら、実は〝バザール戦術〟という中東商人に似つかわしい古色蒼然たる（!?）手法に訴えがちである――。このことは、容易に信じがたく、ジョークのようにさえ思われるだろう。だが、これは厳然たる事実なのだ。たとえばフレッド・イクレは、米上院での証言中でSALT Ⅰ（第一次戦略兵器制限）交渉中にロシアが「一方的な利益」を手に入れようとした「最もノートリアス（悪名高い）試み」について次のように回想している。同交渉がはじまったとき、ロシア側は主張した。米国は海外に前進基地をもっているのだから、ロシアは米国を上回る数の戦略兵器をもつのが真の公平とみなすべきだろう、と。ところが、米国が頑として応じない姿勢をつらぬいたために、結局、戦略攻撃兵器にかんするパリティー（同等）の原則が、ウラジオストク合意（一九七四年十一月二十四日）として確立した。

イクレがのべようとしたポイントは、米国政府が右の体験から是非とも教訓を汲みとるべきという点にある。端的に言うならば、当初、法外な要求を提出し、その要求から後退する代償として相手側から譲歩を引き出す――。このようなロシア式〝バザール戦術〟に、米国はけっして引っ掛かってはならない。具体的に言うとSALT Ⅱでは、是非とも米国の巡航ミサイルとソ連のバックファイアー（戦術爆撃機）を互いにリンクして交渉すべし。こう主張して、イクレは次のように記した。

「この初期の軍縮交渉史を思い起こすことは、われわれにとりとくに肝要である。私はそのように考える。というのも、ソ連が最初に出してきた要求を撤回させる代償として、米国側は巡航ミサイルとバックファイアー問題についてのソ連側の条件を呑んでやらねばなるまい。こういった提案をおこなう者の声が〔米国で〕あとを絶たなかったからだった。

もしこのような人々の考え方を受け容れるならば、果たしてどのような結果をもたらすだろうか。ソ連はまず法外な要求を出す、次いで、それを撤回するものの、その代わりに、そのほかの譲歩を勝ちとる権利を入手する。ソビエト式〝バザール戦術〟〔リトヴィーノフによって用いられた〕をみすみす認めてしまう結果を導いたに違いない(27)」。

対照をなす〝正札商法〟

ロシア人が商取引や交渉のさいに常用する〝バザール戦術〟と好対照をなすのは、米国人や日本人がおこなう〝正札商法〟と言えよう。米国人や日本人のなかには、〈時は金《かね》なり（Time is Money）〉の信奉者が少なくない。仕事に投下した時間と関連させて成果を測る傾向が顕著である。仮に結果がどんなに立派なものであれ、そのために用いられた時間があまりにも多い場合、その作業自体を果たして成功とみなしうるのかといぶかりがちなのである。おそらくこのような人生観にもとづいているのだろう、米国や日本のデパートや商店では「正札」が明示されている。「正札」とは、掛け値なしの値段を記して商品につけた札のことである（『広辞苑』）。前もってそうすることによって、売り手と買い手のあいだでバーゲニング（駆け引き）をおこなう手間や時間を節約しようとする考えにもとづく。

米国の外交官たちは、交渉当初もしくは初期段階から「正札」を明らかにして交渉に臨みがちである。先に紹介した（三三八頁）ジェンセン教授の米ロ軍縮交渉の研究結果からも、このことは明らかだろう。要点を繰り返すと、同教授は米国とロシアが譲歩をおこなう時期が異なることを発見した。すべての軍縮交渉を仮に七ラウンドに分ける場合、米国代表団は交渉の比較的早い段階（一〜三ラウンド）で己の譲歩幅をしめしがちである。他方、ロシア側は遅い段階（五〜七ラウンド）になって初めて譲歩することが分かった。換言すると、ロシア人は、次のように考えている。交渉の初期段階で途方もない提案を吹っかけ、相手側がそれを呑めば思わぬ儲けもの。呑まなくても失うものは少ない。譲歩など徐々におこなえば十分。思い切った譲歩は、交渉決裂の土壇場に追い込まれてはじめてなせば十分である、と。

日本式交渉戦術も、紛れもなくロシアの〝バザール商法〟と対照的なアメリカ式〝正札商法〟に従っていると言って差し支えないだろう。すなわち、交渉の初期段階に己の最大限かつ最小限要求を提示し、その後の交渉過程ではもはやそこから一歩も引き下ろうとしない。ロシアとの北方領土返還交渉は、まさにその好例である。なぜか。説明しよう。

ロシアは、サンフランシスコ講和条約（一九五一年）には調印しなかった。したがって理屈のうえでは、日本は、ロシアに対して南樺太、千島列島、そして北方四島にたいする日本の主権を主張しうるはずである。因みに言うと、そのかぎりでは日本共産党の立場は正しい。もっとも、日本共産党はサンフランシスコ講和会議の無効を唱え、同種の会議の再招集を唱えている点で、非現実きわまりない。そのようなことは望ましくもなければ、可能でもない。しかも、サンフランシスコ講和条約の締結・調印国は、重光晶元駐ソ大使が著書『「北方領土』とソ連外交』で説くように、(28)次のようにみなしていると解釈できる。北方領土の終局的帰属先の問題は、事実上直接の当事国である日本とロシアとの二国間で「解きほぐしてゆく」ことが「唯一現実的な方法」である、と。

では日本政府の立場は、いかなるものであるのか。サンフランシスコ条約の調印国に対しては既に樺太、千島列島を放棄した。この立場との整合性を保つ必要性から、日本政府は、サンフランシスコ講和会議に参加しなかったソ連／ロシアにたいしても、四島以上の返還をもはや要求しないことに決定しているのだ。代わりに、四島返還は一歩も譲れない最大にして最小限の要求とみなしている。

ところがロシア側は、東京政府が最初から四島返還という正札商法をとっていることを理解しようとしなければ、ましてや認めようとしない。その代わりに、同政府がまるで〝バザール戦術〟をとっているかのように誤解する。または誤解している振りをする。すなわち、自分たちが交渉でおこないがちのように東京の四島返還要求が未だ糊代《のりしろ》の部分を含んでおり、最終的にはその部分を差し引くことに同意するかのように解釈しようとする。日ロ間で領土交渉が容易にまとまらない理由の一つは、このような両当事者間に存在する交渉戦術の違いにも由来していると思われる。

〝原則としての合意〟は何も意味せず

クレムリンが得意とする交渉戦術を、もう二つ、三つばかり紹介して、本章を閉じることにしよう。まず、〝原則としての合意（agreement in principle）〟。この戦術の意味は、とりたてて説明する必要はないかもしれないが、次のようなことである。ロシアは、約七〇年間にもわたってマルクス・レーニン主義なるイデオロギーを国是とみなすソビエト体制を敷いていた。その関係もあって、未だに「原理」、「原則」で押しまくる傾向から脱却し切れていない様子である。たとえば「平和」、「友好」、「善隣」、「協力」、「対話」など、何人も反対しえない立派なスローガンをかかげ、まずそのような一般的原則の承認を交渉相手に迫る。

ところが、欧米諸国や日本の対ロ交渉者たちがそのような原則に安易に合意すると、とりかえしのつかない事態すら導きかねない。それを絶好の取っ掛かりとみなして、ロシア側は次から次へと譲歩を迫ろうとするからだ。〝原則的な合意〟という言葉にひと安心するのは禁物と言えよう。細部や実践の詰めの「各論」過程で、ロシアの交渉者は往々にして「総論」としての原則合意を骨抜きにしたり、危殆に瀕する状況を招く要求や行動を平然とおこなうことも稀ではないからだ。西側諸国の対ロ交渉実務担当者の多くは、第二次大戦中にソ連邦と連合国同士だった時代から今日にいたるまで、そのような苦い経験を味わっている。二、三の実例を紹介しよう。

まず、ジョン・ディーンは著書『奇妙な同盟』で、以下のような自身の経験を披露している。ディーンがおこなった提案にたいして、モロトフ外相みずからが表明した。「ソビエト政府はこれらの提案を注意深く考慮した結果、〝原則的に合意〟する」、と。米国務長官コーデル・ハルは、ただちにモロトフ宛てに感謝の意を打電し、米ソ双方の軍人たちの手によって細部を詰めさせる手筈にしようと回答した。ディーン少将の得意たるや、想像に余りあるものだった。着任早々いきなり表彰ものの大手柄をたてた。軽率にも彼はこう思い込んだからである。ところが彼は、ロシア式〝原則的合意〟がいったい何を意味するのかをまったく理解していない、対ロ交渉の素人、新参者に過ぎなかったのだ。

ともあれ、その夜からディーンには徹夜の日々がつづくことになった。待てど暮らせど、ソ連参謀本部から細則を打ち合わせる日取り決定の電話が一向にかかってこないからである。ようやく初会合が開かれたのは、三カ月後のことだった。しかも、米国大統領からスターリンへ、ハリマン米大使からモロトフへ、そしてディーン自身からソ連参謀本部への問い合わせや圧力を散々行使した挙句の果ての結果だった。このように痛烈な体験をしたディーンは、回想録に次のような一文を記さざるをえなかった。「私が学んだ教訓は、ソビエト政府による〝原則的な合意〟――これは、厳密に言うと現実にはまったく何も意味していないという事実だった[29]」。モーズリー博士による、ソ連の〝原則としての合意〟戦術にかんする同様の経験ならびに結論については、ソビエト交渉行動様式の特徴についての箇所で既に言及した（第Ⅱ部第6章、三四三―四四頁）ので、ここでは繰りかえさない。

〝原則〟の意味が異なる？

次に、もう一人のディーン、つまり一九六〇年代はじめにソ連との部分核実験停止条約交渉にたずさわった、アーサー・ディーン米代表の体験を紹介しよう[30]。ディーンは、まず〝原則としての合意〟について次のようにのべる。「これは、〔第二次〕大戦中の対ソ交渉時からすでに気づかれていた危険だった」。そして、「ソ連は、大戦後の軍縮協定でも、繰り返しこの手法に訴えた」。ソ連の交渉者たちは、たとえば「平和」、「安全」といった何人も拒否しえない〝原則〟について合意することを求め、査察（インスペクション）といったことは、のちほど議論すべき些細な事柄にすぎないと説く。このようなロシア側の論調に乗せられると、それは西側交渉者たちにとってしばしば危険な「陥《おと》し穴」になりかねない。アーサー・ディーンは、こう警告した。

ディーンは、興味深い見解をつけ加える。それは、〝原則（principle）〟という言葉の意味が、ひょっとするとアングロ・サクソン系諸国民とロシア人とのあいだでは異なるのではないかという疑問である。〝原則〟は、英米人にとっては外交官たちが概ねその線に沿って遂行してゆくことが可能であり、実際そうせねばならない強制力を伴う概念を意味している。ところが、ロシア人にとって必ずしもそのようなものとしては理解されていない。それは、いよいよ実行の段階が近づいた時点で存在する様々の条件を勘案して、当事者同士が遂行に向けて考慮に入れるべき〝努力目標〟に過ぎない。すなわち、それは飽くまで文字通りの〝原則〟にすぎず、実施はその後の各国の判断に委ねられている。アーサー・ディーンは、結論する。〝原則〟なる用語や概念を巡る、このような理解の差異を頭にたたきこんでおくことが必要不可欠である。にもかかわらず、欧米の外交官や軍人たちは、ロシア式〝原則としての合意〟をややもするとアングロ・サクソン風に解釈しがちである。そのために、誤解と憤慨のパターンが繰りかえされる結果を招いた、と。

〝原則としての合意〟のクレムリン戦術に厳重に警戒せよ。こうのべているもう一人は、エドワード・ロウニー中将である。『ワシントン・クォータリー』(一九八〇年冬季号)に掲載した「ソ連人との交渉」と題する自身の論文中で、同中将は次のように記す。やや長くなるが、重要な部分を含んでいるので敢えて引用することにしよう。「ソ連人は、交渉戦術として、われわれに向かい〝原則としての合意〟をおこなうよう強く求める。なぜか？ そうすれば、彼らは〝値段などの些細な事柄にかんして、われわれが〔もはや〕議論しなくなる〟傾向を利用しようと欲するからだ。結果として、あいまいな点を極力残さないようにし、明確な合意に達したいという主張を貫くことに、われわれは見事に失敗する。というのも、そういったことは大して重要でない細部の事柄のように映ってしまうからだ。ロシア人は、〝〔原則としての〕合意〟の精神に忠実である、とわれわれは前提しがちである。ところが、ロシア人はありとあらゆる抜け道を利用し、用語の許容範囲ギリギリいっぱいの解釈をくだそうと試みる」[31]。

〝つまみ食い〟――「いいとこどり」戦術

ロシア人が次に愛好する戦術は、欧米諸国の交渉専門家たちが「つまみ食い(cherry picking)」と名づけるタクティクスである。英語表現が文字どおりしめしているように、「干しぶどう入りのパンやケーキから好きな干しぶどうだけを選び出して食べる勝手な手法」を指す。最近の俗な言葉で用いるならば「いいとこどり」戦術とでも訳すべきか。

ロシアの交渉者たちは、「ニエット（英語の「ノー」に当たるロシア語）」を連発する。このような傾向は、「ミスター・ニエット」のニックネームを捧げられたアンドレイ・グロムイコ外相にかぎらず、そうだと言える。当方がおこなう具体的な提案にかぎらず、議題や争点それ自体にかんしてさえ頭から拒否する姿勢をしめす。どのような代案を提出しても興味をしめそうとしない。一般的に言って、このような頑なな態度に業を煮やすあまり、ロシアと交渉する者はついつい、当方の提案中にロシア側にとり魅力的な餌を一つ二つ挿入する誘惑に駆られがちになる。たとえば〝パッケージ（包括ないし抱き合わせ）取引〟と呼ばれる形の提案である。旅行業にかぎらず、古来ビジネスで頻繁に用いられる商法のひとつと言えよう。

ところが、である。ロウニー中将の経験によれば、そのような提案は次のような危険を秘めている。というのも、ロシア人は往々にしてそのような〝パッケージ〟提案のなかから、自分にとって都合の良い部分だけを選んでつまみあげる傾向が顕著だからだ。他方、気に入らない部分を無視したり、弊履のごとく捨て去ったりする。したがって対ロ交渉者側は、けっしてそのような手に乗らないようにくれぐれも注意する必要がある。とはいえ、交渉者たちはしばしば長期間におよぶロシア人相手の交渉に疲れ果て、自身の当初の提案がそもそもどんなものだったのか、またその後いったいどのような項目や条件と抱き合わせにしてパッケージをつくったのか——この肝心要《かなめ》のことについて、記憶が定かでなくなるケースすら起こるだろう。だがそれでは、ロシア側による〝つまみ食い〟戦術にまんまと乗じられる羽目になる。(32)

〈俺のものは俺のものであり、お前のものをどう分けるか、交渉しよう〉。これこそがロシア式交渉の真髄であると、ロウニー中将は結論する。[33] ロシア人は相手側に向かって常に譲歩を要求し、それが容れられない場合には交渉が進捗しない責任を相手側に転嫁させようと試みる。

例えばプーチン政権が実施している対日戦術も、突き詰めて言えばその本質は「つまみ食い」以外の何物でもないと言えるだろう。日本側によれば、日ロ両国の完全な正常化を阻んでいる元凶は、旧ソ連、現ロシアの得手勝手な行動に他ならない。北方領土の不法占拠や同地域でのロシア軍基地の建設が、そうである。したがって、北方領土からのロシア軍の撤退、領土問題解決を通じての平和条約の締結――これこそが、対ロ交渉の基本要件になるべき筋合だろう。ところがプーチン政権は、東京政府にロシア極東地域への積極的な経済協力を要請する一方、同政府の主要、いや唯一の主張たる領土返還要求にかんしては真剣な議論に応じることすら拒否する。これは、己が欲しいものだけを選びとろうとする虫のよい戦術に他ならない。

プーチン大統領は、口を開けば「日本との経済ならびにその他の諸分野の接触を発展させてゆく必要がある」とのべる。だが、その背後にあるのは、〝つまみ食い〟、つまり「いいとこどり」の発想に他ならない。ロシアは、日本から最も欲しいもの、すなわち「経済」および「科学技術」だけを入手して、残りのもの（とくに「領土」）については交渉さえ真面目におこなわない態度なのである。端的に言うと、〈俺のもの（＝「領土」）は俺のもの、お前のもの（＝「経済力」）だけを交渉の対象としよう〉。伝統的なクレムリン流の対日戦略・戦術は、残念ながらもプーチン政権になっても基本的には変わっていない様子である。

ロシア式〝玉虫色〟的解決法

右にのべた二つの戦術、すなわち〝原則としての合意〟、〝つまみ食い〟に非常に似かよっているロシア式交渉戦術が、もう一つある。それを紹介し、本章を閉じることにしよう。それは、〝玉虫色〟解決とでも名づけるべき手法である。玉虫色解決は、ロシアならずとも、各交渉国が交渉をまとめあげるための知恵の一つと言えよう。つまり、意図的に漠然とした複数の解釈を許す協定条文を作成する。そのことによって、交渉当事者が主観的満足を得る便法ないし工夫である。[34] 白も黒も解釈できる灰色地域（グレー・ゾーン）の設定もしくは許容が、その好例。日本人は、後述するように、この手法に訴えるケースが珍しくない。ところが、〝玉虫色〟的解決は、ロシア人もまた多用する戦術のひとつなのである。なぜか？　説明しよう。

ロシアの交渉者たちは、すでに指摘したように本来〝妥協〟や〝譲歩〟を好まず、またイデオロギー上の立場からも容易にそうしえない。そのようなロシア人であれ、どうしても交渉に応じなければならず、しかも交渉を決裂の形で終わらせえない事情や状況に直面するケースが生じるだろう。そうした場合、なんらかの妥協、譲歩、歩み寄りが必要になる。——これらの点については、既に**第Ⅱ部第6章**（三三一―三三二頁）で説明済みである。しかしその折、本章の「戦術」の箇所でのべるほうが適当とみなして、わざと言及せずに残しておいたのが、〝玉虫色〟的解決法に他ならない。

右にのべたことを繰り返すと、ロシアの交渉者たちはイデオロギー、その他公式上の立場からは妥協しえない一方、妥協しなければ交渉自体が決裂してしまうというようなジレンマ（板ばさみの窮地）に陥る。そこから逃がれる一つの便法として〝玉虫色〟的解決以外に適当な術がない場面に遭遇するだろう。もしこの方法に訴えるならば、対外的には妥協をおこないつつも対内的にはけっして妥協していないとの説明が可能になる。また、対外的には、当時の妥協が実は妥協でなかったと、後になって弁明しうる余地を残しうるかもしれない。だとすれば、クレムリンにとってこれほどの便法はほかに見つけられないとも言いうるだろう。ことのほか建前や面子にこだわり、その本音との乖離に神経を用いねばならないロシア人外交官たちにとり、〝玉虫色的〟解決法は実に便利かつ重宝な手法と言えよう。

改めて強調するまでもなく、どの国の交渉担当者にとっても対ロ交渉の経緯とりわけ結果にかんしては、それらをいささかも誤解の余地のない形で文書化しておくことが肝要である。その意味で、モーズリー博士による次のアドバイスは再度引用に値する。「一つの立場がしっかり定まった時には、明確な言葉で翻訳付きの特別の覚書きを用意することが、肝要である」[35]。とりわけ現文脈で重要なのは、博士が右につづけてのべている言葉だろう。交換文書に翻訳上の間違いが生じ、互いに異なる解釈、つまりいわゆる〝玉虫色〟的解釈が起こらないように、対ロ交渉者は十二分に注意を払う必要があるとのべた次の忠告である。「交換されたおのおのの文書や声明が、果たしてロシア語に正確に翻訳されているかどうか。このことを常にチェックすべきである。（中略）もし英語で書かれた覚書きの或る部分がロシア語に明確な形で訳されていない場合には、翻訳にさいして曖昧な点がいささかも残らないように英文の方を書き改める必要さえも生じる」[36]。

次の例は、モーズリーの警告にもかかわらず、日本側が少なくとも結果的に〝玉虫色〟解釈に訴えた有名な具体例と言えよう。一九七三年の田中角栄首相の訪ソのさいに発表された『日ソ共同声明』（一九七三・一〇・一〇）中における「未解決の諸問題」の表現解釈を巡っての事例である。すなわち、同『声明』の第一条は言う。「双方は、第二次大戦の時からの未解決の諸問題を解決する……平和条約の締結交渉を継続することに合意した」（傍点、木村）。ところが「未解決の諸問題」のなかに、すでに触れた（**第Ⅱ部第6章**、三四六―三四八頁）ように日本側は「領土」問題が当然ふくまれると解釈したのにたいし、ソ連側はふくまれないと強弁した。もう一例として、一九七七年春の二〇〇カイリ漁業専管区域を巡る、日ソ交渉の最終的解決を指摘しうるだろう。つまり、結局、次のような意味での一種の〝玉虫色〟解決[37]によって、九〇日間にも及び揉めにもめた長丁場の同交渉の幕を降ろすことにしたのだった。同年五月二十四日に締結された日ソ漁業暫定協定の第八条は記した。「この協定のいかなる規定も……相互の関係における諸問題にかんする、いずれの立場又は見解を害するものとみなしてはならない」[38]（傍点、木村）。同条文中の「相互の関係における諸問題」という漠然たる表現は、日本側によって領土問題を包含すると解釈された。他方、日ソ間に領土問題なるものがそもそも存在しないという立場にたつソ連側によっては、「領土」問題を含まないと理解された。

第9章

株式会社“ロシア”のビジネス交渉

プーチンは、国家資本主義型の〝株式会社ロシア〟を造りはじめた。

——エフゲーニア・アリバッツ&アナトーリイ・エルモリン[1]

特に二章をもうける理由

「ロシア式交渉」との看板をかかげつつも、本書がこれまで対象としてきたのは、主として「政府」間レベルでの「政治・外交」交渉だった。これには、著者が国際政治を専攻していることが働いていたのかもしれない。加えて、民間レベルでの「経済・貿易」交渉にかんしても、以上のべてきたことがおおむねそのまま当てはまる——こう考えたことにも因るだろう。しかも、そのような見立てがとりわけロシアでは当てはまる理由がある。なぜか。

まず、ソビエト体制下では言うまでもなく、プーチン政権下でも事実上「国家資本主義」と名づけてよい経済方式が実践されているからだ。そのような事情もあって、ロシアでのビジネス交渉は「経済・通商」交渉と呼ばれるものの、必ずしも言葉の純粋な意味での民間・商業交渉なのではない。また、対ロ・ビジネス交渉は、たとえばシベリア資源開発協力などにみられるように、往々にして政治的なかかわり合いをもつ大規模なナショナル・プロジェクトであるケースが多い。そのために、たとえば日本の対ロ経済・貿易交渉では外務省、経産省、日本国際協力銀行（ＪＢＩＣ）などが関与するか、少なくともそれらの強い助言や影響下におこなわれる。つまり、官庁指導型の半官半民、もしくはある種の政治性を帯びたビジネスになる。このような諸事情から「経済・ビジネス」交渉でとりわけロシア側が用いる交渉諸戦術は、「政治・外交」交渉でのそれらと大きく異なったものとはなりにくい。

要するに、たとえ民間レベルの「経済・ビジネス」交渉ではあっても、その本質は政府間の「政治・外交」交渉とさほど大きく違ったものではない。このような理由からも、以下の分析は、これまで「政治・外交」分野での記述と或る程度まで重複することになろう。すなわち、ロシア人がしめす同一の交渉スタイルや戦術をここでも繰り返し言及することになるかもしれない。そうならないように、できるかぎり異なる説明法を試みたり、とりわけ「経済・ビジネス」関係の具体的事例を引用することにより、読者が退屈しないように心掛けよう。

プーチノミクス下のロシアは〝世界最大の商社〟

ロシアと貿易取引をおこなおうと欲する者は、欧米人でなく、まさにロシア人を相手に商売をおこなおうとしていることを、念頭におくべきだろう。つまり、ロシア民族とロシア式体制という二つの要因がミックスしている人々と交渉をおこなっていることを、肝に銘ずる必要がある。このことについて三点ばかり具体的に指摘しよう。

まず心すべきは、世界最大のプーチン式コーポレーション（会社）を相手にしている事実の認識である。プーチノミクス（プーチン式経済）は、まず国の基幹産業部門とみなすエネルギーと軍事産業をほぼ完全に国営化するか、プーチン大統領の「お友達〝*Friends of Putin*〟（ＦＯＰ）」の手に独占させている。「ＦＯＰ」とは、マーシャル・ゴールドマン（ハーバード大学ロシア研究センター副所長）がつくった用語である。プーチンの幼な馴染みで、彼によって重用されている人々を指す。[2] たとえば次のような人々が、その典型と言えよう。プーチンの大学の後輩で、彼に忠誠無比のドミートリイ・メドベージェフ（二〇一二年からロシア首相）。彼は、ロシア最大の天然ガス国家独占企業体「ガスプロム」の会長だった。プーチンの懐刀《ふところがたな》、イーゴリ・セーチン（元大統領府副長官）。彼は、一〇〇％国営の石油会社「ロスネフチ」社長のポストを占めている。プーチンが東独ドレスデンで同じ釜の飯を食った同僚、セルゲイ・チェメゾフ。彼は、ロシアの兵器輸出を独占的におこなう「ロスオボロンエクスポルト」社長の地位に就いている。

「FOP」らは、ひとえにプーチンとの個人的な縁故のお蔭で、米財界誌『フォーブス』の億万長者番付に常時名前を出すような、ロシア有数のオリガルヒ（新興寡占財閥）の座に登りつめえた。そのような「プーチン期オリガルヒ」[3]の典型の一人は、オレグ・デリパスカだろう。彼は、「エリツィン・ファミリー」の一人、ワレンチン・ユマシェフ（エリツィンのゴーストライターからロシア大統領府長官に昇格、エリツィンの次女、タチヤーナ・ジヤチェンコと結婚）の娘と結婚したために、エリツィン元大統領の孫婿に当たる。デリパスカは、業界世界第二位の「ロシア・アルミニウム」（略称「ルーサル」）社のCEO（最高経営責任者）などを兼務し、ロシアのアルミ産業を牛耳る人物。そのような彼は、二〇〇七年、『フィナンシャル・タイムス』紙とのインタビューで、次のようによく知られた正直な告白をおこなった。ロシア国家のお蔭で今日の地位があるので、もし国家に命じられるならば己の全財産を国家に返却する、と。いわく、「私は、何時いかなる瞬間でもルーサルを国家に返却する用意がある。もし国家が同社を放棄せよと命じるならば、直ちにそれに従う。〔なぜならば〕私と国家は一体だからである。（中略）私は所詮ラッキーだったに過ぎない。あらゆるものが突然天から降ってきたのだから[4]」。

そして、プーチン大統領自身がこのような〝ロシア式国営株式会社〟のCEOなのである。「ガスプロム」社は、二〇〇六年十二月二十一日、天然ガス・開発プロジェクトの「サハリン2」の経営主導権をロイヤル・ダッチ・シェル、三井物産、三菱商事の三社から奪うことに成功した。このときの契約調印式が、プーチン大統領が事実上このようなポストを占めていることを象徴的にしめしている。すなわち、まず、同調印式は他ならぬクレムリンのプーチン自身の執務室内でとりおこなわれた[5]。そしてこのとき、プーチン大統領は、ビクトル・フリスチェンコ産業エネルギー相、そして右の四社の社長を前に列べてのべた。「これは、ガスプロムが『サハリン2』の共同事業に参加するという決定である。ロシア政府は、この決定にたいして何の異論はない。われわれは、この決定を大歓迎する」[6]。

加えて、現プーチノミクス下では、二大基幹産業（すなわちエネルギーと軍事）以外の民間産業部門も国家による許認可制度下におかれ、プーチン政権によって厳重に監督・指導されている。換言するならば、現ロシアでは純粋な意味での民間企業の数は少ない。全労働力人口の約三分の一は、公務員ないし準公務員とみなして差し支えないだろう。端的に言うならば、市場原理にもとづく自由主義経済は事実上否定され、その代わりにプーチノミクスはロシア型「国家資本主義」[7]、もしくは「統制経済政策（dirigisme）」[8]を実施中なのである。

外国貿易の独占——ロシアのお家芸

国家による外国貿易の独占は、いわばロシアのお家芸とすらみなしうるかもしれない[9]。ソビエト革命前の帝政期に遡るロシア式伝統とみなしうるかもしれない。帝政（ツァーリズム）時代、外国貿易で得たすべての外貨はいったん大蔵省へと納入することが義務づけられていた。おそらくそのような歴史的背景が存在したからであろう、ソビエト体制下での外国貿易の独占システム体制は、かなり自然かつスムーズに「受け容れられた」[10]。このように言ってさえ差し支えないかもしれない。

それはともかく、レーニンは、ボリシェビキ革命を成功させて権力の座に就いたとき、外国貿易の独占を彼が目指すロシアの社会主義化にとって当然かつ不可欠な政策であるとみなした。というのも、もし外国貿易にたいするコントロールを弛めるならば、いったいどうなるか。外国の資本主義の不当な影響や介入がロシアに直接、間接的に及んでくることを防止しえなくなろう。レーニンはこう危惧した。実際、彼は、たとえば論文「ソビエト権力の当面の任務」（一九一八年四月）で次のように記した。「現時期での主要任務は、すでに実施されている〔穀物、皮革、その他にたいする〕国家独占の仕組みを強化し、整備し、それによって国家による外国貿易の独占体制を準備するようにせねばならぬ。このような独占体制なしに、われわれは外国資本の支配から〝逃れる〟ことは不可能だろう」[11]。

外国貿易を厳重な国家独占の管理下におく――。このようなソビエト政府の意図は、ソビエト経済を単に外国の介入から防衛するというネガティブ（消極的）な理由ばかりにもとづいていたのではなかった。そのような独占体制を確立することによって、ソビエト政府が外国貿易の「量、内容、方向を正確に決定できる」[12]ように仕向ける。ひいては、ソビエト経済を己の思いどおりに形成し、運営する。このようなポジティブ（積極的）な目的を有していた。

つまり、ソビエト国家は、外国との通商を是認し、それを大いに促進する。だが同時に、外国の影響を可能なかぎり排し、自主的なコントロール下にそれをおこなう。ふつう併存しがたく思われる二つの要求をあえて両立させる。これこそが、たんに草創期のレーニン時代ばかりでなく、ソビエト政権樹立後も継承された対外経済政策の基本だった。たとえば〝ブレジネフ〟憲法と俗称されるソ連憲法（一九七七年制定）も、次のように明記した。対外貿易は「国家独占の基礎のうえに」おこなわれる（七三条一〇項）。

ソビエト期の対外貿易活動は、右の建前のいわば論理的帰結として一元的な管理体制の厳格な監督下に実施された。ソ連外国貿易省、その傘下に服する外国貿易公団、そして海外諸国に派遣、設置されたソ連通商代表部の手で遂行された。外部諸国の側から言うと、対ソ貿易は国家独占下におかれたこれらの諸機関とのあいだでおこなう以外に他の術は残されていなかった。その点で、資本主義諸国の各商社等は最初からかなり不利な立場に立たされることになった。窓口を一本化したソビエト国家によって互いに競争させられ、操作される立場に甘んじなければならなかったからである。

旧ソ連邦は、計画経済体制を建前とする国家だった。次に、このことについても、指摘する必要があろう。

つまり、ソ連の対外経済活動は、あらかじめ決められた長期、短期の計画にもとづいて遂行される。計画されていない輸出や輸入は、よほどの例外的ケースをのぞいては実施されない。このことは、ソ連とビジネス関係をもとうとする外国企業にとり、まずデメリットになった。一例を挙げるにとどめても、「前もって計画に盛り込まれていない」との一点張りで答えるソビエト官僚を相手にして、何か新しい商談を持ち込むことなどほとんど不可能だった。

ところが、コインの表裏のように何事にもマイナスと並んでプラス面も存在する。たとえば、旧ソ連の国営企業はいったん契約を結ぶと、今度は契約のスムーズな履行に資本主義諸国の企業以上に熱心になる。やや極端に言うと、契約相手からの納品物資の質がたとえ契約締結時の約束を多少下まわる劣悪な水準のものになろうとも、ソビエト官僚たちは我関せず。むしろ、納入の時期、員数など、契約の帳尻を合わせることにより多くの熱意をしめしがちとなる。このような事情が、ソ連側をして次のように自慢させるひとつの理由にもなった。「わが邦は、いったん契約に調印すると、その約束を破ったことなどついぞ一度もない」。それはさておき、この種のプラス面は、数々の障害や面倒な手続きにもかかわらず、資本主義諸国の諸企業が対「共産圏」貿易に関心を寄せる一因になった。つまり、いったんまとまったときの契約量の大きさは、不況時にたいする保険的な意義をもつ対ソ貿易の大きな魅力、すなわちメリットになったのだ。

階層序列社会を国外にも反映

次に、ロシア人が対外的なビジネス取引でしめす行動の具体的な特色に話を移そう。

ロシア企業が交渉に臨んでまずおこなうのは、交渉相手の格付け作業である。これは、万国共通と言えなくもないが、とりわけロシア人が必ずおこなう工程である。というのも、本書で強調しているように、当事者間の「〝力〟の相関関係」こそが交渉を決する最も重要な要因である——ロシア人は、こう考えて止まないからである。これらは、真の平等や民主主義の経験をもたない階層社会に育った、ロシア式人間観の国際場裡への投射と言えるかもしれない。客観的な実力を重んじるべき国際学会の席上においてでさえ、ロシアの学者たちは、残念ながらしばしば〈大国尊重、小国蔑視〉の態度をしめす。米国の研究者たちには英語を用いて熱心にしゃべりかけようとするが、ふだん同胞と呼んではばからないアジア、アフリカ諸国の研究者たちを軽視しがちなのである。ビジネスの世界でも、同様に交渉相手の経済力の多寡を見定めて、ロシア人は態度を変える。

右に記したような傾向を実証するために、日・米・ソ三国間での経済協力を巡る契約交渉の場に居合わせた日本人当事者の発言を次に引用しよう。「ロシア人は、己が劣等感を抱いている米国との交渉ではつとめて紳士的にふるまおうとして、そばで見ていて滑稽なくらいだった」。さらに彼はつづける。「対日本でも、著名な実業家にたいしては下手《したて》に出て、同じく横で見ていておかしかった」。別の日本人は、中規模の商社からスカウトされ大手メーカーへ職場を移った途端に、ロシア側の待遇がころりと変わった自身の経験を、次のように語っている。

「私は、中小企業に勤めていた時代にロシア側が高圧的な態度をとって無理強いしたり、ゴリ押したりする傾向があったためによく泣かされたものです。わが国の中小商社間に過当競争があることは、紛れもない事実です。そのことを見すかしたロシア側はわれわれをなめて、かさにかかってくる。ところが、私個人は幸い暫く後になって大手メーカーに転職し、同じく対ロ交渉に臨むことになった。すると、どうでしょう。同じロシア人が手のひらをかえすかのように紳士的な態度へ転じたものですから、私はすっかり驚かされました」。

相手が、「買い手」であるか「売り手」であるか。このことによっても、ロシア人は態度を変えることが多い。ふつう「買い手」のほうが、「売り手」に比べてはるかに丁重にあつかわれる。ロシア企業へ「買い手」の立場で商談に赴くと、紅茶とクッキーばかりでなく、チョコレート・ウェハース、そして朝からコニャックまでもが交渉テーブルに並べられることさえ珍しくない。「売り手」としてでかけたときにとりつく島もなかった企業や人間と、果たして同一の人物なのか。こういぶかるほど愛想がよくなる。一例として、ロシア側が一時躍起となった、北海道へのサハリン天然ガスの売り込みキャンペーンをとりあげてみよう。

北海道サハリン天然ガス導入促進委員会は、一九八一年十一月、サハリン北部産の天然ガスをパイプラインを建設してまで道内へ直接運ぶという計画を断念することに決めた。道内企業の大半は脱石油をめざして石炭などへの燃料転換を推進し、設備投資も終えた。また、自然（太陽光、風力など）ないし再生可能エネルギーの利用が将来可能になろう。このような理由から、天然ガス導入の必要性は減少すると判断したからだった。その理由が何であれ、このような北海道側の決定を知って、ロシア側はあわてた。ザーイツェフ（ガス工業省第一次官）、グリチェンコ（全ソ天然ガス研究所長）、リュービン（海洋石油ガス探鉱開発総局次長）の三名が、東京で開催中の日ソ経済委員会の合間を縫って札幌へ文字通り飛んできた。彼らは、右の判断をくだした北海道の実業家を含む委員たちとの会談を熱心に求め、次のようにのべて北海道側の翻意をうながそうとした。道側が希望するのならば、ロシア側は「生ガスをパイプラインを通じてであれ、LNG〔液化天然ガス〕にいったん転換する方式であれ、前向きに検討する用意がある」、と。このような転換を目の当たりに見て、日ロ貿易に長年従事しているベテラン日本人ビジネスマンは評した。〝熊といえども走る〟。

対外ビジネスは「共同」プロジェクトにあらず

しかしながら、右はどちらかと言うと例外的とみなすべき事例だろう。自尊心の高いロシア人は、ふつう己のほうからお願いごとをする素振りなどけっして見せようとしない。たとえば日本側がついうっかり「お国には、こういう種類の商品はないと思うので……」と口をすべらせると、「テスト段階だが存在する」と答える。日本側があわてて「この部品を備えることは貴国の国民生活の向上に寄与すると思うのだが」と言いなおすと、ロシア側は答える。「ご親切はありがたいが、それはこちらが考える事柄だ」。このようなロシア人の態度は、日本人の眼には可愛げがなく、負け惜しみが強く、プライドだけが高く、一言でいうと商売下手のように映る。日本からロシアへの融資をめぐる或る交渉の席上で、ついに日本側の一代表はかんしゃく玉を破裂させてしまった。「われわれの誠意が通じないのは、数多くの通商パートナーのなかでも貴国くらいなものである」、と。ロシア側は直ちに抗議した。「そのような発言はわれわれ代表団ばかりでなく、ロシア国民全体にたいする侮辱的な評言に他ならず、断固として訂正を要求する」。日本側も負けじと「では、貴方がたにはそもそも誠意というものがお分かりになるのか」と切り返した。「分かればこそ、侮辱と言っているのだ」。まさに〈売り言葉に買い言葉〉、交渉は泥仕合の様相を帯びるにいたったという。ロシア人の負けず嫌いの態度をしめすもう一例を紹介しよう。日本の某企業は、ソ連貿易公団が作成した文書中に「日本側の理由によって」供給が遅延したという一節を発見し、事態はまさに正反対ではないかと抗議した。同公団がしぶしぶ訂正に応じた文書では「ロシア側のせいではない理由によって」と記されていた。

ロシアの海外諸国との貿易や経済協力は、極言すると欧米諸国からの懇請にもとづいてこれら諸国の経済に安定を保障しようとする、すぐれてロシア側の好意の表明に他ならない——。これが、少なくともソ連時代のロシアの態度だった。鈴木啓介氏（当時、「経団連」勤務のロシア・ビジネス通、のちに九州大学教授）は、自身の経験にもとづき、このようなロシア側の立場を、次のような文章で表現している。「ソ連による資本主義諸国にたいする発注は、これら諸国の生産高を高め、就業率の向上、機械のフル操業を保証することに貢献した。ソ連の買付けのお蔭で、これらの諸国は先ごろの経済危機の過程で、数百万、数十万の失業者が生まれる可能性を食いとめることができた[13]」。

実際、たとえば日ソ両国間の貿易にかんして、ビクトル・スパンダリヤン（一九七五―八六年の駐日ソ連通商貿易代表部部長）は、『極東の諸問題』誌上で次のように記した。「ソ連は、日本から巨大な量の商品をコンスタントに買いつけている。このことは、日本での生産力の安定的操業ならびに就業の拡大に貢献している。（中略）ソ連は、日本からプラントを買っている。これらのプラントの納入には、日本の数百の大小の供給会社ならびに数十万の労働者・職員が参加している。ソ連との経済関係は、日本の就業率増大に大いに役立っているのだ。凋落期を迎えつつある日本経済にとってこのことはとりわけ重要な意味をもつ[14]」。

ロシア側による以上のような主張が部分的に当たっていることは、認めてもよいかもしれない。というのも、日ソ貿易の生き字引きとみなされる鈴木氏が指摘して説いているように、日ロ両国の経済・通商関係には日本の景気、不景気が影響する側面がなきにしもあらずだからである。すなわち、日本経済が好調な時、日本のビジネスマンたちは対ロ貿易をさほど重要視しようとしない。ところが不況になると、「ロシアとでも商売するか」と日本の経済界の眼は対ロ貿易に向けられることになる――。このような趨勢を否定しえないからだ。要するに、対ロ貿易の是非は必ずしも机上の原則論で論じられる類いのものではない。日本国内の時々の景気と関連して、伸長もし縮小もする。このようなものとして捉えるべき事柄なのかもしれない。

高いプライド、強気の姿勢

日ソ間では、一九六〇年代後半ごろから五、六件の大型共同経済プロジェクトが推進されるようになった。同プロジェクトは日ソ両国の互恵的利益に資するものと謳《うた》われはしていたものの、当時のソ連はややもすると次のような態度をしめしがちだった。ロシア主導の案件に日本を便乗させてやっているにすぎない、と。たとえばサハリン天然ガス探鉱プロジェクトは、そのような取り扱いを受け、実際、日本側の技術者たちはソ連側によって次のように屈辱的な待遇に甘んじていた。彼らは、普段はサハリンの首都ユジノ・サハリンスク（旧豊原）のホテルに閉じこめられ、飛行場へ自由に赴くことすら許されていなかった。ロシア側が必要と認めるときにかぎって、彼らはヘリコプターで現地へ運ばれ、技術指導をおこなうことが「許された」。

サハリンへの訪問を頻繁におこない、直接このような事情を見聞した筆者は、たとえば日ソ・シンポジウム（一九七九年十一月、産経新聞社主催、於大阪）の席上で質《ただ》した。「果たして同プロジェクトを互恵・平等の原則にたつ共同プロジェクトと見なしうるだろうか」、と。すると、パーベル・ドルガルーコフ（ソ連外国貿易省付属研究所日本部長）は、いささかも動ずることなく答えた。「ソビエト領土内でおこなわれるソ連資源の開発が、ソビエト主導で推進される。これは、とうぜん至極のことではないか。関心をもつ他の国々は、それに参画することが認められるだけにとどまる。にもかかわらず、そのような事業をあたかも対等の立場でおこなっているかのように錯覚する。そのような思いあがりは無用にしていただきたい」、と。

右のような日ソ共同経済プロジェクトにかんするソ連の基本的姿勢を念頭におくと、鈴木啓介氏が次に紹介している、日ソ間で実際に交わされた信じがたいやりとりも、さもありなんとはじめて合点がゆく。（ソ連側）「先ほどからサハリンへの調査団の話がでているが、君たちに調査できるものは何もない。また、その必要も認めない」。(日本側)「視察団といったはずだが……」。(ソ連側)「視察の権利もない」。(日本側)「では、予備交渉団ということではどうか?」。(ソ連側)「建設的な提案なので、検討する」。

たとえ仮にノドから手がでるほど諸外国との経済協力を欲している場合も、プライドの高いロシア人はそのような気配を決してみせようとしない。これが、ロシア人の伝統的な対外姿勢とみなして差支えないだろう。たとえば一九七九年末にソ連がアフガニスタンに軍事侵攻したとき、欧米諸国がソ連に科した「制裁」に関連して、ブレジネフ政権は主張した。日本が対ソ制裁に参加しようとすまいと、同政権にとっては痛くもかゆくもない。対ソ貿易の商売を仏、独、伊、フィンランドなどヨーロッパ諸国勢にさらわれて大損を被るのは、むしろ日本のほうだからである、と。たとえばスパンダリヤン所長はこのような理屈を、次のように唱えた。

「日本は、総合プラントの対ソ輸出でフランス、ドイツ、イタリア、その他ヨーロッパ諸国に遅れをとっている。そのために、日本は最近一〇年間にシベリア資源開発で蓄積されたものすべてを失ってしまう羽目にすら陥るだろう。(中略)日本は、エネルギー資源を確保する必要がある国のはずではないか。(中略)もしこの分野でソ連との協同計画を拒否するならば、日本は今後エネルギー資源にかんして測りしれないまでの否定的影響を被るに違いない。ソ連側には、(中略)日本との経済協力を拡大させる用意がある。だが、もし[このような]原則的立場を、この問題にたいするソ連側の一方的な関心にすぎないと解するならば、それは大きな間違いとなろう[15]」。

最近では、クリミア併合に関連してG7がプーチン政権に科している経済制裁が、ボディ・ブローのようにロシアにかなり深刻な経済的打撃をあたえつつある。一例をあげるだけに止めるにしても、同制裁のために、北極海でのロシアによる資源開発は遅れをとるなどの損害を被りつつある。それにもかかわらず、同政権は、そのような苦境をけっして口に出そうとはしない。たとえば日本にたいして、プーチン政権は次のように主張する強腰な姿勢を一向にくずそうとしない。「シベリアや極東地方の開発、とりわけ北方領土での共同経済開発は、日本にとって必要不可欠なはずである。ロシアは、たとえ日本の参加があろうとなかろうと、これまで同様に独力で、あるいは近隣アジア諸国の協力を得て、これらの地域の開発を遂行してゆく」。己の立場が相手側に比べ弱い場合でさえ、ロシアはこのように虚勢をはって強気の態度をしめす。ましてや自分のポジションが対等ないし強い場合は、推して知るべし。高圧的な姿勢にでて、相手側の懇請やイニシアチブに応じて、自分たちが交渉に応じてやっているとの態度をあからさまにしめす。

代表団員のランクに応じて対応

次に、いよいよロシア人とビジネス交渉をはじめることになった段階での具体的な諸問題へと話を移そう。ロシア人が常に自己と交渉相手との「〝力〟の相関関係」を正確に見定めようとすることについては先にのべた。彼らは、次に相手側代表団の内部構成、メンバー各員の力やポジションの強弱を注意深く計ろうと試みる。

本章で度々引用している鈴木啓介氏は、ロシア民俗学の権威でもあり大木伸一のペンネームを持つ。氏によると、ロシアには次のような諺があるという。[16]〈貴重なポストは、空白でありえない〉、もしくは〈地位が、人間を美しくする〉。つまり、ロシア人はポストや地位にことのほか敏感で、そのような「肩書き重視」思考はソビエト時代になって益々顕著なものとなり、プーチン期の今日までも健在である。在郷軍人たちばかりでなく、ロシア人がバッジや勲章を己の胸に飾りたがるのは、このような性癖や傾向と全く無関係ではあるまい。ロシア人は平等を重んずる社会主義体制を経験したのだから、階級や席次などは二の次だろう――こう早とちりするのは、少なくとも禁物のようである。ロシア人は、逆に階層ないし序列意識が非常に強い。むしろ、こう前提してかかるべきだろう。米国の交渉研究者、ジョセフ・ウェランも端的に記している。ロシア／ソ連の交渉者たちは、「年齢、地位、儀典などにえらく気をつかう」[17]。

ロシア人は、ややもすると、自国での階層序列意識を国際世界にも反映して、物事を眺めがちである。先にもふれた（二四二頁）このようなロシア式傾向にかんして、ヘイカルは次のように記している。「ソ連指導者たちは、人々をはっきりとグループ分けすることが肝要と考える。……彼らは、交渉において相手側の代表団全員をためつすがめつ吟味し、誰が一体どのランクにいるかを探ろうとする」[18]。一九七〇年代はじめ、在モスクワ日本大使館主催のパーティーで、筆者は、次のような苦い体験を味わった。すなわち、未だ十分習熟していないロシア語の会話能力をものともせずに、ロシア外交官たちに向かって積極的に話しかけようと試みた。ところが、ロシア外交官の多くは、筆者の肩書きが単に大学助教授にすぎないと知るや否や、もはやなんらの関心もしめそうとしなかった。なかには、率直にこう告げる者すらいた。「君、君、日本公使や参事官たちは誰々で、どこにいるのかね。彼らをみつけて是非私に紹介してくれないか」。

外国からの来訪者たちや交渉代表団メンバーにたいして明確な値踏み作業をおこない、その格付けに応じた処遇を与える。したがって、ロシア側の処遇、ことに会見で相手側をつとめるロシア人担当者の序列次第によって自分がいったいロシア側によってどのようなランクに属し、いかなる利用価値をもつ人間とみなされているのか――。逆に、このことをうかがい知ることさえ可能になる。もとよりそれは、表向きの肩書きとは必ずしも合致しない。一例として一九八一年四月末に訪ロした二組の日本人代表団にたいするロシア側の待遇の差を紹介してみよう。

片や土光敏夫氏は、パリの帰途、単なる休養のためにいわば途中下車してモスクワに立ち寄った経済人にすぎなかった。それにもかかわらず、ニコライ・コマローフ外国貿易省第一次官らソ連高官たちが、土光氏の宿舎にうるさいほど押しかけて、面会を求めた。他方、鳩山(威一郎)ミッションにたいするロシア側の処遇はどの程度のものだったのか。鳩山氏は総勢十名の訪ソ団を組んで、東京からわざわざモスクワへの正式訪問をおこなったのみならず、次のようなお土産発言までおこなった。「対ソ人事交流制限を緩和し、シベリア開発などについても、……日本は前向きに協力すべき時期に来ているとみなし、帰国後、こうした線で自民党首脳に働きかけたい」。ところが、鳩山ミッションにたいしては、ロシア側はミハイル・ソローメンツェフ政治局員候補、グリシン外国貿易省次官がお相手しただけにとどまった。つまり、ソ連は経団連名誉会長(土光氏)唯一人を、元日本外相(鳩山氏)を団長とする公式の国会議員団よりも上位に取り扱ったのだった。ロシア側は、形式上の肩書きよりも実質的な力を重視して客人を遇する——このことを、明らかに物語るエピソードだったと言えよう。

もとより、ロシア側による格付けは流動的である。当初の格付けを途中で変更することなど、日常茶飯事と言えよう。一九七三年十月、訪ソした田中(角栄)首相は、最後の土壇場となって格上げされた好例だろう。日本側が最初予想していたコスイギン首相とだけでなく、ブレジネフ党書記長、グロムイコ外相とも会見し、宿舎もクレムリン内の迎賓館へと変更されたからだった。逆に、前出の鳩山ミッションは格下げされた例とみなしうるかもしれない。招待主が、当初のソビエト最高会議からソ連対外文化協会へと変更されたからである。

また、次のような場合は、ロシア側によるランク付けの再考作業がなされたか、なされなかったのか。——十分こう疑うに値するケースだろう。たとえば当初予定されていた会見相手が突然「発病」、「多忙」、「不在」などを理由に、会談のスケジュールをキャンセルしたり、変更したりする場合。また、会談中に当方の話題を逸らしたり、正当な説明なく会談それ自体を中止したり、早めに切り上げたりする場合。このような扱いをうけると、自分の待遇に何らかの変化が起こったのではないか。一応こう疑ってみる必要があるかもしれない。以上のべてきたことからも分かるように、ロシア人は、必ずしも形式上のプロトコル（儀典）のみにしたがって外国代表団の序列を見定めるとはかぎらない。名目上の団長や副団長が本当に実力にマッチしたナンバー1やナンバー2であるのか。代表団のなかのいったい誰が、実質上、最大の発言権を握っているのか。これらのことを注意深く探ろうとしている。

対応策

ロシア相手のビジネス交渉では、以上記したようなロシア人の特性ややり方を念頭におくばかりでなく、その手法を逆手にとって用いる——。これこそが、われわれにとってベストの対処法になるだろう。たとえば、ロシアで出版された数少ない貿易ガイドブック、K・G・ヴォロノフ著『国際通商における貿易実務』（一九六五年）は、次のようなアドバイスを記している。「商談は、契約と締結する権限をもつ人間とのみおこなうべきである。一般的に会社の責任者が相手になれば、契約締結はより容易かつ迅速になされるだろう」(19)。ソ連版の貿易必携書が公式に勧めていることを、ソ連の交渉者が実践していないはずはない。したがって、当方もできるかぎり格上で契約締結権限を有しているロシア人と交渉すべしということになろう。裏返して言うと、決定権限を持たない人間相手にいくら熱心に交渉しようと、それは時間の無駄とさえ評さねばならない。右の心得がいかにロシアの実情にマッチしたものであるかをしめす具体例を、一、二紹介しよう。

日本の或る機械メーカーがモスクワで数カ月間交渉をつづけていたときの実話である。いつ果てるともしれない担当者ベースの交渉をやっと終了し、遂にソ連貿易公団の幹部と会見できる運びになった。同幹部との交渉は集中的で実に要領よくテキパキしたものになり、わずか数日後には契約締結となった。これは、たしかに現場担当者との予備交渉を前もって念入りにおこなっておればこその結果とみなしうるだろう。とはいえ、幹部レベルでの交渉は、それまでの下部の者たちとの交渉とは異なり、あまりにもテンポ良くスムーズに進展したために、同じロシア人を相手にする交渉とはとうてい思えなかったという。

別の某メーカーは、ソ連ライセンスの買いつけのためモスクワに赴き、約一週間、交渉をつづけたところ、判で押したように交渉の席から人々が姿を消してゆくケースを経験した。まず平職員が去り、ついで課長、部長が去り、深夜に最終的な交渉相手となるのは、きまって貿易公団副総裁もしくは、総裁、唯一人だった。つまり、このエピソードは次のことを物語っている。ソ連で決定権限を持っていたのは、トップの人間だけである。

では、そのように決定権を握る上層幹部となるべく早い時期に会見をおこなうためには、いったいどうすればよいのか。果たして秘訣が存在するのか。一つのアドバイスは、当方もなるべく早い時期から大物を送りこむことだろう。『米ソ貿易交渉』（英文、一九七九年）の著者デ・ポウが個人的に蓄積したアンケートの回答文によると、対ソ貿易従事の米国ビジネスマンたちは、異口同音に次のようにのべている。「ロシア人との本当の交渉は、こちら側も上級重役によって担当させる。要するに、大きい交渉には大きい人物を当てなきゃ駄目だってことさ」[20]。実際、日本側がたまたま大物をソ連へ送ったところ、商談がウソのようにスムーズに運んだ。これは、よく耳にするケースである。

或る日本の貿易マンは、『ソビエト貿易入門』の著者、鈴木啓介氏に、次のような経験談を語ったという。「たいした金額をめぐっての違いでもないにもかかわらず、モスクワでの商談が数カ月にもわたって膠着状態におちいっていた。担当者ベースでは基本的にはトントン拍子で合意したはずだったのに、ギリギリの線で互いに譲り合えないからだった。もとより内地（日本の本社）からの指示は、『当方の主張を強く押せ』というばかりで、妥協の余地を全く認めてくれなかった。そうこうしているうちに、たまたま別件で内地から副社長がモスクワへ出て来た。その副社長を挨拶がてらソ連貿易公団の幹部に会わせたところ、ロシア側は開口一番『例の商談だが……』と相手が先に譲歩してきたのには本当に驚かされた[21]」。

以上のべてきたことから、ロシアが階層社会であることが十分わかったとして、少なくとも一つ厄介で深刻な問題が起こる。日ロ間では組織割りや権限にかんし若干の相違が存在することだ。ロシア——そして、米国など——は、いわゆるトップ・ダウン社会である。権限は逆ピラミッド状に大きくなっている。ところが、日本は逆に通常ボトム・アップの国。重要なことは課長レベルで起案され、トップは白紙委任状を渡すか、少なくともそこから上ってくる情報やイニシアチブにしたがって決裁を下す。したがって、対ロ交渉の詰めを日本企業の副社長や重役クラスの人間に当たらせる場合には、彼らにたいして前もってよほど念入りにご進講申し上げておく必要が生じる。

もしくは、対ロ交渉の実務担当者の肩書きに一時的なゲタをはかせて商談に当たらせる。このやり方が望ましいかもしれない。鈴木啓介氏によると、戦後ようやくにして対ロ貿易が再開された頃、日本の賢明なビジネスマンたちはソ連の権威主義にたいし「わがほうも対抗手段を講ずる必要性がある」と考え、次のようなことまで工夫したという。「ロシア人には、事大主義の傾向が否めない。〔したがって〕重要な商談では当方はすべからく取締役の名前を使って打電せよ。ロシア国内に出張する社員にたいしては、仮に一時的であれ一段ランク上の肩書きをつけて派遣すべし[22]」。

〝タテ割り〟社会での商談

これまでのべてきたところと部分的には重複するとはいえ、対ロ「経済・貿易」交渉にさいし心得ておくべきもう一つのロシア的特質について是非説明しておく必要があろう。中根千枝氏の「タテ社会」理論以来、日本のタテ割り社会構造は、その実態以上に有名になった。ところがロシアもまた、日本社会に勝るとも劣らないくらいのタテ割り社会なのである。別の言葉で言うと、ロシアではヨコの連絡が必ずしもスムーズでないうえに、セクショナリズムがはびこっている。ボタンの押しどころ一つを間違えると、日本を含む諸外国の交渉者たちはロシアの関係各省間をタライ回しにされかねない。当方は同一の要望をもって、関係諸官庁を汗みどろになって駆けまわる羽目におちいるだろう。

森本忠夫氏は、東洋レーヨン欧州事務所長として「共産圏」貿易に活躍するばかりか、その文才を生かして数多くの書物を出版した。日ソ貿易分野で鈴木啓介氏と並んで、数多くの貴重な証言を提供してくれる人物である。そのような日ロ貿易交渉のプロ中のプロ、森本氏はロシアを類い稀なるタテ社会とみなしたうえで、それに食いこむにはどうすべきかの問いにかんして次のように忠告した。

「ソ連という国を相手に、大きな仕事をしようとすれば、それぞれが独立していて、横の脈絡がなく、いわば、日本と違った意味での閉鎖的な派閥のある、この厖大な官僚機構の中の権限のある人物に、どう接近するかが、最初の最も重要な課題となる。そうした時、まかり間違っても権限のない人々に接近したり、対立者などに接近したりすると、仕事が何時までたってもうまく運ばないどころか、下手をすると、かえってぶち毀しになるのが関の山である。そうした時は、事情に明るいソ連人に助力を求める必要がある[23]」。

（傍点は、原文で強調）

右のような森本氏のアドバイスを肝に銘じてはいても、なおかつしばしばラチがあかないケースが起こるだろう。日本がロシアに売りこもうとする製品や機械類は最新の科学技術を駆使し応用したものである。そのために、旧態依然たるロシア各省庁内に該当部局を見出しえないケースが少なくない。このようにして、次のような事態まで発生する。

日本の某商社は、或るとき食料品の自動販売機をロシアに売りこもうとした。食料工業省、他の一省宛てに、同時にオファーを提出した。ところが、当時のロシアにはこのような機械類にたいする所管庁が存在しなかった。そのために、右の二省のいずれも日本側の提案を真面目に採りあげようとせず、何時まで待ってもナシのつぶて。オファーは、長年のあいだ中ぶらりん状態におかれた。官僚のセクショナリズムと保守性が見事に結合して、にっちもさっちもいかなくなった典型的なケースだった。また、日本の別の某商社は、液体燃料にかんするオファーをロシアの外国貿易省と科学技術委員会の両方に提出した。外国貿易省からようやく到着した連絡は記していた。「本件は、科学技術委員会の所轄事項と考える」。他方、科学技術委員会からは何らの対応もなく、具体的な検討をはじめる気配すら感じられなかった。

ちなみに、同一製品を複数の者相手に同時並行的に売りこもうとする手法は、欧米諸国では一般的であると言えるだろう。もしそうしなければ、それはセールスがいったい何たるかに無知であるか、努力不足であるとみなされる。ところが対ロ交渉のベテランたちによれば、このように二股をかける方法は、ロシアにたいしては適切でない。少なくとも賢明なやり方とはいえない。ロシアは、何度もくりかえすように、権威主義的、官僚主義的な思考が支配するお国柄だからだ。相手が一元的ならば、当方も一元的に商談を進める必要がある。つまり、相手の顔を立てて点数を稼がせながら、当方の配慮に深謝し利益をもたらすよう仕向けるべきなのである。

秘密主義がビジネスに弊害をもたらす

ロシア人は、外部世界にたいして根強い猜疑心を抱いている。さきに説明したように、ロシアの地理や歴史に由来する被包囲意識がなせる業だろう。そのようなロシア人とのあいだで人間的な信頼関係を構築するのは至難の業である。信頼関係といった高等な類いのものでなくともよい。ビジネス関係を推進し維持するのに必要な情報やデータさえ提供しようとしないのだから、困るのだ。端的に言うと、ロシア人は情報のやり取りにかんして甚だ自分勝手である。相手からは資料の提供を要求する一方、己の側は出し惜しむ。データにかんし「ギブ・アンド・テイク」でなく、「テイク・テイク・アンド・テイク」の態度なのである。一般にロシア人にみられる猜疑心は、このようなデータ隠匿主義となってもあらわれるから、交渉相手は困惑させられ、甚だやりにくくなる。

日本の或る会社が、「シベリアの某地域の自動車用道路について知りたい」。また別の会社が、「鉄鉱石を購入する場合その運搬・輸送ルートを教えられたし」。このような質問や要請を提出したことがあった。このとき、ロシア側は回答した。「もし日本側が具体的な〝買い〟のオファーを出すのならば、その場合にかぎって御質問にお答えする用意がある」。ひょっとすると、ロシア側は日本側が具体的な商談以外の、例えば政治的な目的にもとづきそのような照会をおこなった、と疑ったのかもしれない。

ロシア人が「とりつかれがちな秘密主義」(ジョセフ・ウェラン)[24]、その結果としての情報の出し惜しみ傾向——。これらによって迷惑させられるのは、日本人ビジネスマンばかりとはかぎらない。米国人ビジネスマンたちも次のような苦情を口にしている。「ソ連人との交渉でもうひとつ異なる点は、悪名高いまでに〝口が堅くて〟アメリカ交渉チームにたいして技術についての情報、その他を出し惜しみがちな傾向と言えよう。ロシア人は、たとえば価格割り当てと設備仕様書の準備のために、国際交渉でふつう要求される類いの最小限のデータさえ、提供しようとしない。当方が提供する設備がいったいどこに据えつけられるのか。時としてアメリカ側は、このことすら知らされないままに契約を締結させられる場合が珍しくない[25]」。

ロシア式秘密主義は、どうやら国際ビジネスの通常のしきたりをないがしろにするレベルにまで達する模様である。では、ソ連側はなぜ情報の提供をそれほどまでにしぶるのだろうか。米CIAによる対ソ民間交渉の手引き書はこう尋ねて、次のようにその訳を説明している[26]。秘密主義の原因は、「統計上の秘密を守ろうとするソビエト式伝統と西側ビジネスの動機にかんする彼らの長年の猜疑心が結びついたものなのだろう」。米国の対ロ交渉者たちによってなされたこのような批判やその事由は、おおむね正当であるように思われる。筆者が「おおむね」という但し書きをつける理由は、ロシアの現場の交渉担当者たちばかりを責めるのは酷のように思われるからだ。他ならぬロシアの交渉担当者たち自身が、そもそもなんのために自分が交渉をおこなっているのか、このような大事なことについてさえ、必ずしも十分な程度にまで予備知識をあたえられていないケースが珍しくないからである。

ロシアの政治体制がいわゆる「情報のコンパートメンタライゼーション（区分化）」政策をとっていることについては、さきにふれた（第Ⅱ部第5章、三〇四―六頁など）。つまり、同体制下ではクレムリンに坐るひと握りの最高政策決定者のみが「トータル（全体的）な」情報を独占し、その他は己の職務遂行上で必要最小限の「部分」情報しかあたえられていない。その一例として、ＳＡＬＴⅠ交渉にたずさわっていたソ連チーム内で軍人と外交官とのあいだに情報の共有や交流が認められていなかった（！）という信じられない例についても、既にふれた（同、三〇五―六頁）。

このように厳しい情報管理が貫徹しているロシア政治体制下の交渉者たちに向かって、あれやこれやの質問を浴びせかけてみても、おそらくのれんに腕押しだろう。たとえば日本商社がロシアからパルプ材を買いつけようとするケースを想像してみよう。ロシア側は、日本側に対して取引価格や数量の提示を要求する一方、パルプ材の提供能力などについての情報を日本側にあたえようとはしないだろう。ましてや、たとえかなり地位の高いロシア政府要人にアプローチしようとも、ロシアのパルプ材生産計画の全容などについてけっして教えようとはしないにちがいない。

果たしてどのような理由にもとづくにせよ、右に説明したような情報制限政策は、ロシアの対外経済関係の発展を阻害する要因になっている。こう言って、おそらく間違いなかろう。日本、米国、ヨーロッパ諸国の企業が、たとえばロシア極東やシベリア地域の開発プロジェクトを真剣に検討しようとする場合、彼らが真っ先に必要とするものは、いったい何だろうか。同地域の実態（気象、人口、インフラストラクチャー等々）についての正確なデータ、なかんずくロシア中央政府が推進しようとしている綜合的な構想や計画の全容にちがいない。それらを提示することなく、ただ闇雲に協力せよ——こう言われても、そのような一方的かつ自己本位なやり方は外部の眼には納得のいかないものに映るだろう。この点で、ロシア式「情報コンパートメンタライゼーション」政策はブーメラン効果（もとへもどってきて仕掛人をも傷つける効果）をもたらしている。

ロシア式ビジネス交渉一般についての検討が思わず長くなった。章を改めて、今度はその戦術分野での諸特徴についての紹介と考察の作業に移ることにしよう。

第10章

対ロ経済交渉の必勝法

ロシア人はきわめて実利的であるにもかかわらず、スラブの農民から成っていて、笑いと涙にもろい。

――モハメド・ヘイカル(1)

交渉相手同士を競争させる

ロシア式交渉戦術一般にかんし、すでに次のようにのべた（第II部第7章、三五四―五五頁）。これこそロシア式戦術と名づけうるものは必ずしも存在しない。他方、ロシア人がとりわけ愛好し、他の諸国民に比べて事実上より頻繁に用いる戦術はやはり存在する、と。これら二つのことを念頭におきながら、本章では、ロシア人が「経済・貿易」分野での交渉で好んで用いる戦術の代表的なものを二つ三つ選んで、説明を加えることにしよう。

それらは、改めてのべるまでもなく、ロシア人が「政治・外交」交渉で愛好する戦術と似かよっている。米国CIAで民間交渉の研究に携っている専門家の一人ものべる。「ソ連の通商交渉チームの戦術と政府交渉チームの戦術には、類似性がある」[2]。いや、似かよっているどころではない。その基本的な狙いや考え方は、まったく同一だろう。というのも、「政治」と「経済」の違いこそあれ、ともに同じロシア人がおこなう交渉であるうえに、ロシア体制下で政治と経済の区別は、他国に比べ非常に小さいからである。

ロシアの対外貿易担当者たちは、まず、交渉相手を分断し、競合させる術にことのほか秀でている。実際、彼らの手許にはいわゆる「競争者リスト（конкурентный лист）」と呼ばれるものが作成、常備されている。同リストには、貿易相手国の各メーカーや商社の過去の記録がすべて書きこまれている[3]。彼らは、同リストが提供する詳細なデータをまず頭にたたきこんでから交渉に臨み、複数の交渉相手を互いに競争させ、漁夫の利を得ようともくろむ。

このような分断戦術に乗ぜられないようにするためには、ロシア人と交渉する者はすべからく団結し連帯し対抗せよ、ということになろう。だが、これは〈言うは易く、行なうは難し〉。よくも悪しくも、資本主義経済の特性、すなわち過当競争、抜け駆けの功名争い、加えてセクショナリズム、自己顕示欲、嫉妬心などがわざわいして、ややもすると結束は乱れがちになる。その結果、頭ではわかっておりながら、現実にはロシア人が得意とする分断作戦の餌食《えじき》にみすみすおちいりかねない。二、三の具体例をしめそう。

①或るとき、日本の四商社がカルテル（連合）を組もうとしたことがあった。実際は、そのうちの一社が音頭をとり、他の三社はいわば追随したにすぎなかったのだが。このような内部事情に気づいたロシア側は、同カルテル外の他の商社に働きかけると同時に、追随組の三社を脅した。カルテルづくりを止めなければ、今後はカルテル内の一社のみをロシア商品をとりあつかう専属企業に指定する、と。この威嚇戦術は見事に功を奏し、日本の四商社の足並みは乱れ、カルテルはあえなく崩れさった。

②逆に、日本側の団結が成功したケースもある。ロシア側による製紙プラント建設の引き合いを日本の三社が受け、モスクワを会場にして交渉がはじまった。ほどなくして分かったことがある。ロシア側では同一公団の同一人物が担当しているにもかかわらず、日本三社への引き合いの内容が三者三様に異なる事実だった。そこで、日本側三社は、各交渉が終わるたびに情報を互いに交換し、対策を協議した後になって初めて次の交渉に臨むことにした。このような協力をおこなうことによって、ロシア側の出方がまるで手にとるように読めるようになった。その後の交渉は日本ペースで進み、日本側は好条件で契約を成立させることができた。

③モスクワ夏季五輪（一九八〇年）の独占テレビ放送権の獲得は、抜けがけの功名を争う日本側による足並の乱れを衝いたロシア側によって、NHK、その他民放各社をさしおいて、「テレビ朝日」の手に落ちるという意外な結末を招いた。だが他方、同五輪の入場券を巡る交渉では、日本側は一致団結する姿勢を堅持した。ロシアのインツゥーリスト（国営旅行社）代表がわざわざ来日し、大手旅行業者たちに対して、既にモスクワ・オリンピック入場券を申し込んだ者たちから一枚当たり一〇ドルの前金を徴収するように要求した。このとき、

日本の業者はそのような前例は聞いたことがないとのべて、激しく抵抗した。極端な場合には日本人観光客たちが五輪観戦をボイコットさえするかもしれないと主張、中・小の旅行業社にも歩調を合わせるよう説得した。このようにして形成された日本側の意思統一や連帯に直面して、さすがのロシア代表も申し出を撤回して、すごすごと帰国せざるをえなかった。

「バスに乗り遅れるな」——諸国間の競争心を煽る

もとより、対ロ経済を巡っては欧米諸国や日本の間に姿勢の違いがある。ロシアは、それを己の側に有利に操作しようと試みる。たとえば日本に対しては、次のように説くことが多い。日本の対ロ貿易は伸び悩んでいるが、その理由は明らかである。欧州諸国とは違って、長期経済協力協定を結ぼうとしないばかりか、対ロ融資額を欧州諸国並みに引き上げようとしないからだ。このように説く典型例として、ビクトル・スパンダリヤンによる次の言葉を引用しよう。

「現にソ連は、フランス、ドイツ、イタリア、フィンランド、その他多くの西側諸国とのあいだで長期経済協力にかんする政府間協定を結んでいる。このことによって、一〇—一五年後、あるいは二〇年後の協力でさえ計画することが可能になっている。ソビエト経済の計画的性格と西欧諸企業の利益を考慮に入れようとするこの種の協定は、異なった経済、社会体制をもつ諸国間での大規模かつ長期的な経済協力にとり最も好都合な条件をつくり出す。〔ところが〕日本政府は、この問題にかんして全く別の立場を採っている。（中略）今日では、日本は、ソ連との長期経済協力協定を結んでいない唯一の西側先進国になってしまった」(4)。

現実は、しかしながら、どうだったろうか。日本は、たしかにこの時にはソ連とのあいだで長期経済協定を結んでいなかった。にもかかわらず、一九七九年末にソ連軍がアフガニスタンへ侵攻するまでの期間、資本主義諸国間の対ソ貿易高にかんして日本は西ドイツに次ぐ第二位の座を占めていた。ロシアは、そのような日本をして西独と競わせようともくろんだのだった。たとえば或る化学プラント輸出を巡る交渉の最中で、ソ連側は、実際突如として次のように主張しはじめた。「実は、西ドイツは同種の商談で融資条件にかんして譲歩をおこなった。その譲歩の数字は、これこれしかじかである。ついては、日本側もなんらかの譲歩をおこなうために再考することが必要になろう。さもないと、日本は商談すべてを西独に奪われてしまい、完敗の憂き目に遭う惧れにすら直面している」。

驚かされた日本側は、すぐさま休憩を宣言した。ところがどう考えてみても、西独が同案件にかんしそれほど大きな譲歩をなしうるはずはない。故意に競争心を煽りたてるロシア人お得意の手口によって、またもや踊らされるのではないか。こう判断した日本側は、ロシア側のご親切な（？）忠告を思い切って無視する態度をとることにした。しばらく後になって、このとき西独がおこなった譲歩は、案の定ごく微々たるものに過ぎないことが判明した。

次の例は、いわゆる「ヤンブルグ計画」をめぐる駆け引きである。「ヤンブルグ計画」とは、西シベリア北部のヤンブルグ・ガス田から五〇〇〇キロメートルにもおよぶパイプラインを敷設し、ヨーロッパ諸国へ天然ガスを運ぼうとする一大プロジェクト。「東西間の商取引としては二十世紀最大」のものになるだろうと噂された。米国は、当初から強い懸念と反対の意志を表明した。ドイツ、フランスなどの西ヨーロッパ諸国が「エネルギーをソ連に全面的に依存するのは、政治、経済的安全保障の観点から好ましくない」。これが、当時、米国のロナルド・レーガン大統領が難色をしめした主な理由だった。

ところがブレジネフ政権は、「ヤンブルグ」計画を自国の第十一次五カ年計画の目玉プロジェクトにしようと考えていた。自力で同計画を推進しえない同政権は、日本をふくむ西側先進諸国の協力をノドから手がでるくらい欲していた。にもかかわらず、そのような素振りをみせずに同政権が用いた戦術は、御決まりのそれだった。〝早く協力を決めない国はバスに乗り遅れてしまい、後になって後悔することになろう〟。こう脅して、諸国間の競争心を煽る手法である。

ミハイル・キセリョフ（ソ連外国貿易省アジア貿易局長）が日本に対してのべた次の言葉は、その好例だった。「西ドイツなど欧州諸国は『ヤンブルグ計画』に非常に大きな関心を寄せており、じじつ契約のための交渉が進行中である。日本が同計画への参加を希望するのならば、まず融資条件にかんして日本輸出入銀行が合意し、そのあとで具体的な交渉に入る必要があろう。とはいえ、残された時間はもはや少なくなりつつあり、日本はバスに乗り遅れてしまう惧れがある」（一九八一年二月十一日）。その後、計画の遅れで支障をきたしているのは、実は他ならぬソ連のほうであることがわかった。

もう一例。東シベリア産の石油を、中国の大慶向けに運ぶべきか（「中国ルート」もしくは「大慶ルート」）。それとも、主として日本向けに太平洋岸へ運ぶべきか（「日本ルート」もしくは「太平洋ルート」）。この問題を巡ってプーチン政権の政策は歯切れが悪く、二転三転した。ひとつには、両ルートに一長一短があるからだった。たしかに「中国ルート」は、「日本ルート」に比べパイプライン敷設の距離が短いので、建設費は安くつく。ところが、石油がいったん中ロ国境を越えてロシア側から中国側へと入ると物理的には中国の管理下におかれ、価格その他の点で中国側の意向や判断に左右される危険性が伴う。他方、「日本ルート」は、たしかに建設費それ自体は高くつくかもしれない。だが、ナホトカまでの輸送の全行程はロシア領土という利点がある。加えて、同ルートは輸出先を多角化できるメリットも持つ。日本ばかりでなく、韓国、東南アジア、米国、中国にたいして国際市場価格での販売が可能になろう。

このようなメリット、デメリットの比較考量の他に、プーチン政権には、日中両国を競争させようとする意図があった。同政権がより有利な条件を提示する側と契約しようとする戦術を採ったために、日中間でロシア石油の争奪合戦がはじまった。モスクワによって「深刻な競合関係」[5]に立たされ経済上の「ライバル」[6]になった北京と東京のいずれの側に、果たして軍配が上るのか。パイプライン・ルートの決定は、ロシアと中国、日本それぞれとのあいだの経済関係ばかりでなく、政治・外交上の距離感を測るバロメーターにもなるだろう。プーチン政権がロシア極東やアジア太平洋地域で己のパートナーとして、中国、日本のどちらを選ぶのか。この問いにたいする答えをあたえる象徴的な施策になるかもしれない。単に石油を巡るエネルギー戦争であるばかりか、露・中・日間での三巴《みつどもえ》の政治・外交上の闘いでもある――。このようにさえ騒がれた。

プーチン政権によって踊らされた日中間のシベリア原油の争奪戦は、小泉純一郎政権から（第一次）安倍政権へと変わる頃になるとあっけない終幕を迎えた。とりあえず当分のあいだは、中国側を先行させ、価格などの諸点で様子を見ることにしよう。小泉政権はこう判断したからだった。このような方針転換をおこなった主要事由にかんしては、筆者は別の著書で詳しく論じているので[7]、ここではそのうちの一つだけを指摘するに止める。端的に言うと、小泉政権は、日中両国を天秤にかけ競争させるプーチン政権の意図や手法に厭気がさしたからだった。

当て馬をつくる――本命をカムフラージュ

交渉に、競争は付き物。競争は、資本主義経済下の社会で最大の特徴の一つと言える。日本でも、上は政府、下は買い物中の主婦にいたるまで、少しでも多くの物質的利益を得ようとして人々は競争し、虚々実々の駆け引きをおこなう。したがって、複数の相手方を天秤《てんびん》にかけるというだけでは、必ずしもそれをロシア式商法の特色とはみなしえないかもしれない。同商法の特徴は、何度もくりかえすように、買い手としても売り手としても己の一枚岩の団結をフルに活用する点に存在する。競争が事実上存在しない場合、競争を人工的につくり出してまで己を有利にしようとさえ試みる。

アレック・フレゴン編著『ソビエト対外貿易テクニック――ソビエト外国貿易の内幕ガイドブック』(一九六二年)は、対ソ貿易に従事しようとする者すべてにとり必読の古典と言えよう。この手引き書のなかに、誰もが決まって引用する古典的なテクニックが記されている。ソ連のビジネス交渉担当者は、同一商品をあつかう諸外国(たとえば、英、独、仏、伊)の企業の代表者たちを同一時期にモスクワに呼びつけ、同一ホテル内にそれぞれの部屋をあてがう。すると、彼らは対ソ商談の期間中、朝な夕なに「偶然」[8](!?)ホテルのロビーやエレベーターのなかで鉢合わせし、必ずしも自分だけが対ソ交渉をおこなっている訳ではない事実を、厭でも悟るように仕向けられる。結果として、意識するまいと努力しても、彼らは商談中はおろか、もう商談開始前から、自分こそは当該交渉のルーザー(敗者)になりたくないとの競争心を燃やす羽目に陥る。これこそが、まさにロシア側の思う壺。頭では分っているにもかかわらず、気持のうえで焦ってしまうのだ。

ロシアの貿易担当者は、仮に最初から或る国の某社の某商品が最も望ましいことが分っていようとも、唯それだけの理由で直ちに契約を結ぶといった軽はずみなことはしない。必ず複数の会社にオファーを出させ、慎重なうえにも慎重な比較考量作業をおこなった後にはじめて、最終的な判断をくだす。つまり、複数のオファー間の競争という手続きを踏もうとする。契約締結までの過程に万全を期す努力を尽くしていることを、上層部に印象づける。これこそが、主な狙いなのである。もっとも、これは官僚制一般に多かれ少なかれ共通にみられる傾向なのかもしれない。とはいえ、その作業の蔭でさぞかし厖大なエネルギーや時間が失われることだろう。にもかかわらず、これは、かかる損失を気にかけない官僚制の権化たるロシア体制下でとりわけ顕著な特色と言えるだろう。

その理由はともかく、〝当て馬〟にされる相手企業や国こそ、いい迷惑である。たとえば海上汚染処理設備についての商談で、ロシア側は「西ヨーロッパの○○社、△△社、××社、そして日本の数社」が競争関係にあると告げた。だが、日本の某社が各方面に手をまわし極秘の調査をおこなったところ、名前を言及された右の数社のほとんどが〝当て馬〟、つまり架空の対抗者にすぎないことがわかった。米国の一ビジネスマンは、このような〝当て馬〟戦術にたいし次のような不満をぶちまけている。「ロシアは、少しでもベターな条件で日本商品を買いつけようと欲して、単なる情報収集の目的のためだけに、われわれ米国人をモスクワくんだりまで平気で呼び出すのだから、たまったもんじゃない」。

もとよりこのような不満をかわそうとして、ロシア側の手口はしだいに芸が細かくなってきている。たとえば日本からロシアへの化学繊維プラント輸出商談（一九八〇年）が、その好例だった。ロシア側は、商談の舞台を東京とし、日本から二メーカー、西ドイツから一メーカーの参加を要請した。結局、ドイツのメーカーが契約を獲得した。そのような決定がなされたときになってはじめて、日本側の二社は自分たちが最初から〝当て馬〟にすぎなかったことを悟った。もしドイツを商談会場に指定すれば、日本の二メーカーは自分たちが単なる〝当て馬〟にすぎないと疑ってかかり、わざわざドイツくんだりにまで出掛けて商談に参加しようとしないだろう――このことを懸念したソ連が、本命がドイツであることをカムフラージュするために、わざわざ東京を会場に選ぶという手の込んだお芝居を打ったわけだった。

〝当て馬〟戦術と似かよった狙いをになわされているのが、〝モンタージュ〟戦術。個々別々のオファーのなかから最良の部分をつまみ出してきて、それらを総合してまるで寄せ木細工のような理想的なオファーを造りあげる。実際にはどの企業からも提出されていないにもかかわらず、そのような理想的なビジョンがあたかも存在するかのように見せかける。そのビジョンを満たさない程度に応じて値引きをさせようともくろむのである。或る製材プラントの対ソ輸出商談でソ連側の担当者はのべた。「本件にかんし、ソ連側は要求する。性能は○○、保障期間は稼動後△△年、割引率は××%……等々。これらはすべて、現実に提示されている数字である」。全項目にわたってそのような要求を満たすことなど、とうてい不可能。こう判断した日本側は、商談から止むなく降りる決定をくだした。ところが事後の調査によると、右は典型的な〝モンタージュ〟作戦の手法だったことが判明した。

興味深いことがある。それは己が供給する提案にかんしても、ロシア側が一種の〝モンタージュ〟戦術を用いがちな傾向である。平均値の諸条件を正直にオファーすればよいにもかかわらず、売りこみに熱心なあまり無理に背伸びして理想的な原料、部分品、その他から成る幻の全体像を提示しがちな傾向を指す。うっかりそれを信用して契約を結んでしまうと、後の祭り。契約履行段階になると、ロシア側はなんとかかんとか理屈をつけて部分的修正だらけの製品を提供することでことを済ませがちだからである。

〝パパラム（折半）〟方式――糊代を織り込む

ロシア人が、アラブ人らに負けず劣らず、〝バザール商法〟の愛好者であることは、既述した（第Ⅱ部第8章、三九〇―九二頁）。〝バザール商法〟とは、次のようなやり方を指す。当初とてつもなく法外な条件を吹っかけ、万が一相手がそれを呑めば思わぬ儲けもの。その後かなり条件を下げて妥協に応じても、結局、大きな利益を入手する。もっとも、ロシア人は対外経済交渉では〝バザール商法〟にあまり訴えようとしない。以下が、その主な理由である。政治・外交分野とは違って、経済・通商分野では客観的な数量化が容易におこなわれるので、法外な吹っかけに馴染まない。また、国際的な商業市場では、原価、販売価格、性能、品質……等々にかんし国際基準が存在する。同市場に参画したいと欲するならば、ロシアとてそのような基準にしたがわねばならない。もしそれらを無視してあまりにも非常識な条件を吹っかけるならば、どうだろう。交渉相手側はロシア人が真面目なビジネスをおこなう気をもたないものとみなし、仲間はずれにするのがオチだろう。

シベリア銅山開発交渉（一九六〇年代半ば）が、その好例だったと言えるかもしれない。ロシア側は、同開発に総額一二億ルーブル必要とのべて、そのうち八億ルーブルの負担を日本側に求めた。ところが日本側の試算によると、総額は四億ルーブル、日本側の負担限度も一億ルーブルにすぎないことがわかった。つまり、ロシア側の数字は杜撰《ずさん》であるか、意図的に高く吹っかけたものと解釈され、同提案はまともな商談としての扱いをうけなかった。

とはいえ、対外的な経済・通商交渉でロシア側が〝バザール戦術〟に全く訴えないわけではない。政治・外交交渉に比べるとさほど法外な要求は吹っかけないというだけにすぎない。いわゆる「糊代《のりしろ》」（駆け引きの結果としての妥協の余地をみこんで残しておく部分）を十分織りこんで、商談に臨む。〝パパラム（折半）〟方式は、〝バザール戦術〟の一応用例と言えよう。ロシア人は、本書で何度ものべているように、交渉の最終段階を迎えてはじめて妥協に応じる傾向が顕著と言える。しかもロシア人は、交渉の最終時点で残された係争点を「フィフティ・フィフティ」の原則、すなわち〝中間値《パラビンカ》〟で妥協しようと提案することが多い。交渉のはじめからの妥協分を加えて合計すると、結局、欧米諸国や日本側の妥協の幅はロシア側のそれを上回る勘定になる。具体例を引いて説明しよう。

或るプラント輸出交渉で、四つの係争点が残った。そのとき、日本側代表は、ついうっかり「第三番目の問題（騒音規制関係）だけはどうしても譲れない」と発言してしまった。一見するかぎり固い決意の表明にすぎないと聞こえるかもしれない。だが、これは実に軽率な発言なのである。なぜならば、そうのべることは、他の三つの問題にかんしては譲歩の余地が必ずしもないわけでない――このように解釈される余地をあたえるからである。実際、ロシア側はそのように解釈して、のべた。「われわれもまた、第三番目の問題にかんしては絶対譲れない。契約を流さないためには、〝パパラム〟方式を採ろう」と強く主張した。結果は、どうなったか。合計すると、係争する四点中、ロシア側が三・五とったのに対し、日本側はわずか〇・五とるだけの惨敗に終わった。

逆に、日本側がロシア流〝パパラム〟戦法に引っかからなかった例を紹介しよう。或る化学プラント商談で日ロ間に一〇〇〇ドルの差をめぐる攻防戦がつづき、ついに日本側は二〇〇ドル譲歩した。交渉最終日の朝、ロシア側は「〝ナカ〟をとりますか?」ときた。依然として存在する八〇〇ドルの〝ナカ(中間値)〟、四〇〇ドルに日ロおのおのが歩み寄ろうという提案に他ならない。これでは、日本側は先の譲歩分を合わせる六〇〇ドルの譲歩、ロシア側は四〇〇ドルの譲歩となりかねない。日本側は、「飽くまでも最初の一〇〇〇ドル差の〝ナカ〟をとるのならば同意する」と頑強に主張したために、結局そうなった。

右の事例は、次のことを教えている。まず、自分のほうから〝パパラム〟方式の妥協案をもち出すのは必ずしも賢明とはいえない。また、相手側が〝パパラム〟を提案する場合に簡単に応じるのも禁物だろう。というのも、〝パパラム〟方式にうっかり応じると、その後相手側に甘くみられてしまい、別の条件にかんしてもさらなる譲歩を求められる事態すら招きかねないからだ。逆に当方が相手側に譲歩を要求しうる余地やチャンスが十分あったのに、それを見逃す結果も招きがちとなろう。このような陥穽を教えているのは、ヴォロノフ著『国際通商における貿易実務』である。同書は、次のように記している。

「最初にパパラム条件をもち出した側は、さらに未解決の価格差をパパラムにするとか、他の譲歩を強いられることになる。（中略）商談をくりかえしてもなかなか埒《らち》のあかない値段の決定をパパラムにしようというケースはよく起こる。ふつうは、売り手にパパラムを提案させる。買い手は、パパラムが適当と思っても、それに決してただちに同意してはならない。売り手がパパラム条件をもち出したら、買い手はさらに少しでも得になりそうな条件〔納期、支払い条件など〕を獲得しうるよう情勢を巧みに利用すべきである」[9]。

ビジネス交渉は、なぜ長丁場になるか

ロシアの交渉者たちが〝時〟の効果的利用にすぐれていることについても、さきにふれた（第Ⅱ部第7章、三六二―六四頁）。部分的に重複することを覚悟のうえで、ここでも少々言及せざるをえない。まず、ロシア相手のビジネス交渉は、なぜ時間がかかるのか？　この問いにかんしては、数々の理由を指摘しうる。

第一は、ロシア的国民性とさえみなしてよいスローテンポな動きである。欧米人や日本人ばかりでなく、アラブ人でさえも（!?）驚いている。エジプト人のモハメド・ヘイカルは、「ソ連人の時間の尺度は、われわれのそれとはまったく違うことを銘記すべき」[10]と記し、そのスロー・モーションぶりを〝シベリア的メンタリティー〟と名づけたサダム・フセイン（イラク革命評議会議長）に同感の意を表している。官僚ばかりでなく、トップに立つロシア人たちは「まるで寒さで凍りついてしまったかのような鈍い動作をしめす」[11]、と。

第二は、ロシアの政治体制に由来する官僚主義である。たとえ些細なミスを犯したとしても厳しい批判を招き、時としては自己の全経歴を傷つけてしまうかもしれない。このような懸念から、多くのロシア人は〝石橋を叩いて渡る〟タイプの慎重居士になりがちである。また、官僚主義国家では、一つの決定をくだすのに実に

多くの諸機関が関与する。

第三に、〝時間〟を有効な交渉戦術として活用しようとする意図も働いているのだろう。とくに所定の時間内にスピーディに仕事をなしとげねば気が済まない欧米人にたいしては、のらりくらりのひき延ばし作戦や持久作戦ほど効果があがる戦術は他に見当らない。ロシア人たちがこう思い込んでいるフシさえ感じられる。米国商務省の対ロ交渉にかんする文書も、この点を確認するかのように記す。「ソ連の交渉者たちは、米国のカウンターパートがもはやこれ以上待ちゲームをつづけられない――こう判断するにいたる時点まで、交渉手続きを巧みにひき延ばそうと試みる傾向がみられる」[12]。

対ロ貿易交渉には、では、いったいどのくらいの時間がかかると覚悟すべきなのか？　もちろん、ケース・バイ・ケースであり、一概に何ともいえない。鈴木啓介氏が耳にした最も極端なケースは、ある化学合成製品プラントにかんする次の事例かもしれない。「よかろう。今回まとまらなくても、いずれもう一度本件を提起しよう」。こうロシア側が発言し、じっさい改めて提起したのはなんと七年後のことだった！　アンケート調査に回答を寄せた米国企業の多くは答えている。ロシア相手の通商交渉には少なくとも「一年間」[13]はかかるとみておくべきだろう、と。

対抗策

先天的にも後天的にも、意識的、無意識的にもスロー・モーションぶりを発揮するロシア人の交渉ビヘイビアや戦術にたいする最善の対抗策とは、何か？　このようなロシア人のお尻を叩いてスピード・アップさせ、しかも当方に有利な契約を結ばせる。そのような妙案は、果たして存在するのだろうか？　対ロ貿易交渉の研究者や経験者たちが提案する二、三のアドバイスに耳を傾けてみよう。

一つの方法は、〈急《せ》いては事《こと》をし損じる〉と考えて、当方もけっして焦ることなく、むしろロシア人のスロー・ペースに合わせるやり方。たとえばヘイカルは、忠告する。「ロシア人たちから何か援助を引き出したいと思ったら、彼らにたっぷりと時間的な余裕をあたえることだ。彼らは、土壇場における要請によってびっくりさせられることを好まない。万事が計画され、計画の行程はきわめて厳格と言える。たとえば工場建設を要請するとしたら、次の五カ年計画のなかで考えるべきだ。もしそれより早くしろといったら、ロシアの建設計画のどこかに穴があくことになろう(14)」。

日本の対ロ貿易のベテランの一人も、ヘイカルとまるで口裏をあわせたかのごとく、鈴木氏に向かって次のように語った。「こちらからロシア人相手に依頼事がある場合には、彼らにたっぷり時間的余裕をあたえじっくり検討させる。これがコツであり、得策でもある」。彼は一つの具体例をあげた。日本から科学技術交流団を送り、ロシアの各都市で企業の見学をおこなうことを企画する場合、半年前からアレンジを依頼するくらいでちょうどロシア人ペースに合うだろう、と。

ロシア人をショック療法で脅し、仕事を急かせる――。ごく稀には、このようなやり方も或る程度まで効果を発揮するかもしれない。というのも、通常デッドライン（締め切り時間）ぎりぎりになるまで、ロシア人はなかなか仕事にとりかかろうとしないからである。たとえば米国アトランティック・リッチフィールド社のバードル氏の体験談が、一つの参考例になろう。彼は、わずか五カ月間（!?）のロシア滞在だけで、レニングラードの合成繊維化学原料工場とのあいだで契約を結ぶことに成功した、数少ないラッキーなビジネスマンだった。そのような氏は次のように述懐している。五カ月のうち四カ月近くはダラダラと交渉を続けていただけであり、本当に仕事らしい仕事をしたのは契約調印前の最後の五週間にすぎなかった、と。

ゴールドマン教授は、ロシア人相手にショック療法が成功した稀有な例を紹介している。本題こそ『デタントとドル』(一九七五年)となっているが、「ソ連人とビジネスする」との副題をつけた著作のなかで、教授は記した。カマ河トラック大工場建設を請け負った米国プルマン社の子会社スウィンドル・ドレスラーのケースである。[15] 同社の責任者モーフィーは、お定まりのごとくロシア側によってさんざん待たされ、焦らされ、フラストレーションを味わう憂き目に遭った。欲求不満の極致に陥ったモーフィーは、ロシア側に「全取引をご破算にする」との最後通牒を突きつけ、クリスマス休暇を故郷のピッツバーグで過ごすべく米国への帰途についた。交渉放棄のショック療法が、ロシア側におよぼした効果は絶大だった。慌てふためいたロシア側は、モーフィー宛てに「至急モスクワに戻られたし」と打電した。十二月二十二日、一〇〇〇万ドルの契約が調印され、モーフィーは今度こそクリスマス休暇を家族とともにゆっくりとエンジョイしようとピッツバーグへ向かった。[16]

ロシア人の長広舌に慣れよ

ロシア人はいったん話しはじめると、「立て板に水」、まさに止まるところを知らない。まるで内容がない空疎なことですら延々と話しつづける異能の持ち主である。必ずしも雄弁を金《きん》とはみなさない大概の日本人は、ロシア人の長広舌に閉口しがちである。だからと言って、半分居眠りして聞いている振りをしていればよいというわけではない。うっかりそうしていると、「先ほど説明した提案にたいし日本側は沈黙していたので、諒承されたと理解する」。ロシア人はまるで朝飯前の芸当のようにこう言ってのけるから、要注意だろう。

そのような自衛のためばかりとはかぎらない。ロシア人の長談義でも辛抱強く聴いていると、何らかの御利益にあずかることなきにしもあらず。注意深い熟練した聞き手には、ロシア人の発言のなかに、彼らの当該商談にかんする基本的な考え方や態度についての、なにがしかのヒントを感じとりうるかもしれない。たとえば交渉開始前、もしくは交渉冒頭におこなわれるロシア代表団長による紋切り型の演説でさえ、そうなのかもしれない。というのも、この種のスピーチは必ずしも相手側宛てでなく、むしろロシア代表団メンバーたちに聞かせる目的のものだからだ。当該交渉にたいする基本方針をしめし、そこからの逸脱を戒める一種の意志統一の役割もになっている。そのようなつもりで聴いていると退屈するどころか、交渉開始後なるほどと合点が行き、参考になる点も少なくないだろう。

米国ＣＩＡ（中央情報局）による研究レポート（一九七九年）は、いわゆる〝待ちのゲーム（the waiting game）〟をロシア通商チームが用いる代表的な戦術の一つと指摘している。いわく、「ロシア人は世界のだれよりも上手にこの種のゲームをプレイする」[17]。おそらくこの指摘は依然として基本的に正しいとみなしうるだろうが、最近少々事情が変わってきた諸点にも留意する必要があろう。

まず、交渉は長びかせるほど、ことはロシアにとってより一層有利に働く。必ずしもこのようには断言しえなくなってきている。ひとつには、ロシアの交渉担当者たちの仕事量やノルマが、近年とみに増大する傾向にあるからだ。結果として、あまり細かい規模の商談にまで長時間を費やすのは無駄——このような考え方すら、ロシア人のあいだで生じつつある。漁業交渉は、その好例だろう。かつての日ソ漁業交渉は、交渉開始後何十日間もダラダラとつづき、最終デッドラインの日が近づくまでロシア代表団は真剣に話し合う姿勢をしめさなかった。そのために、「九〇日交渉」とか「一〇〇日交渉」とかの仇名をつけて呼ばれていた。ところがどうだろう、たとえば一九八〇年十二月の同交渉は、わずか十日で合意を成立させた。日ソ漁業交渉史上はじめてのことだった。ロシア側の団長ニコライ・クドリャフツェフ（ソ連漁業第一次官）がこのときのべた言葉が、従来のパターンからの転換を物語っている。同団長は、交渉開始前に「交渉を実務的、短期的に終わらせたい」と挨拶し、「十日以上の交渉は怠慢」とみなすとさえのべたのだった。

このような転換の背景は、いったい何か？　おそらく次がその主要事由だろう。①二〇〇カイリ経済水域の設定（一九七七年）以後、安定期に入った時期の交渉であること。②日ソ漁業交渉が、従来の「実績主義」を建前にする日本側の「お願い交渉」から、良きにつけ悪しきにつけ「等量主義」を原則とする対等交渉へと様変わりをとげたこと。③一九七九年末のソ連軍によるアフガニスタン侵攻以後、どん底に落ちた日ロ関係を是非とも改善したいという、クレムリン上層部の配慮が働いたこと。④これらの経済的、政治的事情に加えて、交渉期間を長びかせようとも、もはやその「延引戦術」に見合う実利が得られないという判断が、ロシアの「若手テクノクラート・エリート」たちのあいだで生まれたこと（中部藤次郎・大洋漁業社長談）。

ロシア人の交渉行動は、スピーディなものへと変わりつつある。こうのべるだけでは、しかしながら、ロシア式経済・通商交渉スタイルの実態を必ずしも正確に捉えていない。というのも、ロシア人はいったん己が必要と認める場合にはもともと迅速に動く側面を併せもっていたからである。ゴールドマン教授ものべた。「ロシア人は、いったん適当なチャンスをつかむと、交渉相手よりはるかに速く走る」[18]と。ロシア人は、すべからくスロー・モーションを特徴とする民族――。こうみなすのは、実は間違いなのである。たとえば中央集権的計画経済を採用していたソビエト時代には、たしかにその保守性や非効率性が顕著だった。だが同体制下でさえ、いったん計画を立てて十分な準備を終了し、上級命令機関から〝ゴー・サイン〟が出されるや、ソビエト実務担当者たちには目標の完遂を目指してしゃにむに突進する姿勢や行動がみられた。

そうなると息を切らすのは、むしろ〝稟議《りんぎ》制〟にもとづいてコンセンサスづくりに時間をかけがちな日本側のほうだった。ロシア側の変化に、〈あまりにも強引〉、〈藪から棒〉、〈急《せ》いては事《こと》をし損《そん》じる〉などとの苦情まで出しかねなかった。現実に起こった或る日本メーカーの経験を紹介しよう。大きな商談のはずだったが、ソ連担当者からは半年間はまるでナシのつぶて。そのために、もともと当方がオファーをおこなったことさえほとんど忘れかけた或る日のこと、ロシア側から突如として「国内準備、ＯＫ、代表団を至急派遣されたし」

と連絡が入った。日本側は慌てふためいたものの、とうてい準備を間に合わせることができず、結局その商談がヨーロッパ勢によってさらわれてしまうという失態を招いた。

気まぐれ極まるロシア式の行動につきあい、かつ対抗するためには、こちらも次のように心掛けて交渉に臨む必要があろう。すなわち、当方での事前打ち合わせを十分な時間をかけておこなう。何時なんどきでも相手側の動きを受けて立てるよう準備万端を整える。いったん交渉を開始するや、ロシア側と少なくとも同一スピードで駆けぬける――。このような心構えと周到な用意である。

水際作戦――見事な駆け引き作戦の実践者

ロシア人は、一般に〝デパーチャー・タイム・デシジョン（出発時ギリギリの決定）〟に長じている。このことについても、さきにふれた（第II部第6章、三三九頁）。ロシア人は、交渉の最終段階をことのほか重視し、成約ぎりぎりの瞬間に全力を投入する。長年対ロ貿易に従事したベテラン、鈴木啓介氏をして「水際での見事な駆け引き作戦の実践者」と感嘆させた交渉術である。

他方、生来淡泊を好む日本人は、ややもするとこの最重要な最終段階での粘りが、必ずしも十分とは言いがたい。そのために、〈九仞の功を一簣《いっき》に欠く〉（ほとんど成功しかけた所で失敗する）過ちを犯すことさえ、珍しくない。たとえば実際の調印が終了する以前の段階で、早くも共同コミュニケを新聞記者たちにリリース（放出）するサービスなどは、言語道断と言えよう。もっとも、だからと言って、日本側がロシア人お得意の最後の巻き返し戦術に常に屈するとはかぎらない。そうならなかった実例を、二件ばかり紹介しよう。

東京で海洋掘削機器を巡る交渉がおこなわれた時のことである。ようやくにして明朝十時に調印という段取りにまで漕ぎつけた。ところが翌朝になると、ロシア側代表は、「昨夜はうなされてよく眠られなかった」といった白々しい口実をのべて、前日合意したばかりの契約文書の一部にペン書きの形でもよいから変更を加えて欲しいと申し出た。日本側は危うくそのことを承認しかけたが、ロシア代表団の成田空港出発の時間が迫っていることも思い起こして、思いきって突っ放すことにした。すると、ロシア側はあっさり断念し、まったく修正なしのペーパーに署名し、予定どおりの飛行機で帰途についた。結果的には功を奏さなかったとはいえ、日本人がちょっと真似しえない、ロシア式〝駄目でもともと〟の交渉戦術だったと言えよう。

別のケースでは、何百万ドルの額にのぼる大型契約にいったん同意する一方、ロシア側は最後の土壇場になってわずか二、三ドルにしか値しない部品の値段を値切ろうと執拗に試みた。対ロ交渉のベテラン経験者によると、「どうせわずかのことだから」とみなして、そのような提案に応じる必要はないという。なぜならば、このような粘りは一つには内部向けの単なるジェスチャーにすぎず、交渉相手からの譲歩などほとんど期待していないからである。ロシアの交渉担当者は、自分が「本交渉でどんな些細な点をも見落さず全力を尽くした」[19]——。このことを上司向けに印象づける必要上、そのような駄目押しをおこなっているだけなのだ。

文書を重視し、異なる解釈の余地を与えず

ロシア人相手の交渉では、口頭合意でなく、飽くまでも文書に記されていることが枢要な意味をもつ。このことについては、度々ふれた。ビジネス交渉の取り決めや契約についても、まったく同様である。日本名タイトルでは『ソ連版貿易必携』と訳されているヴォロノフのガイドブックも、記す。[20]「商談の結果、成立した契約を文書にまとめておくやり方は、当事者の利益を守るのに最も望ましい方法である」。なぜならば、「書類の形にした契約は、いかなる口頭による契約上の条件もくつがえしうる点で、有用だからだ。逆に、もし「契約書がない場合は、それでなくてもややこしい貿易取引条件にかんし異なる解釈を生じることを避けがたくする」。

文書の形にしておくことの重要性を理解しただけでは、まだ十分とは言いがたい。改めて言うまでもなく、文書の記載内容こそがもっと大事だからである。したがって、案文づくりに細心の注意を払う必要があろう。まず、日本語として明解すぎるまでに明解で、意味が通る文章を記さねばならない。もし日本語として不透明な表現のように思われる場合、日本側は少なくとも統一的な解釈を形成しておくべきだろう。そうでないと、ロシア側は日本側に複数の解釈が存在することを必ずや聞きおよんで、己に有利なほうの解釈を採用し主張するに違いない。もしロシア側が「ロシア語ではそうは言わない」、「ロシア語の表現としては適当ではない」――こうコメントする場合、英語表現などを比較参照するなどして、ロシア語としての意味をより一層明確なものに修正すべきだろう。この作業を怠ると、のちのちまで問題となる種をまくことにもなりかねない。

できあがった契約文書は、ヴォロノフが指摘している次の諸点くらいは最小限のチェック・ポイントであるとみなして、注意深く再点検すべきだろう。まず、「すべての契約条件を詳細に確認」すること。いったん「サインしてしまった後の段階では、契約条件を変更するのが非常にむずかしくなるばかりでなく、不利な状況を招く」。さらに、「当方の変更依頼に対して、相手側は己に少しでも有利となるように契約条件を改めようとすら試みる」からだ。

次に、「これまで合意した条件のすべてが契約書案に正しく記載されているか」。この点にかんして入念にチェックする必要がある。というのも、「原案をつくった側が、契約条件を己の都合のよいように巧妙につくりかえ、自分が商談中に譲歩しなかったことにしようとする可能性に十分備える必要がある」からだ。加えて、「なんらかの脱落、あるいは悪意のない契約条件の取り違いなども発生するかもしれない[21]」。

ヴォロノフの手引き書における以上のような注意からうかがえるのは、契約相手を必ずしも全面的に信用しえない存在と前提する態度だと要約しうる。したがって、ロシア人相手の商談では、当方もまた同程度の猜疑心を抱いて自衛してかかるべしとのアドバイスになろう。このような用心深さや猜疑心から、ロシア人は、契約文書のなかに国際商業取引でふつう慣行とされている以上に詳細かつ具体的な内容を書き込もうとする。その点は、日本人と大きなコントラストをなす。というのも、日本人はややもすると次のような慣行に従いがちだからである。たとえば電話での口頭会話で取引を完了させ、その内容をテレックスで確認し、契約文書には主要点だけを記載する形式だけで済ます。

他方、ことが担保や保証といった点となると、ロシアは、なぜか一般的な取り決めの形にとどめおこうとする。一説によると、そのほうが解釈の余地が生まれ、後になってクレームをつけやすいからだともいう。対ソ民間交渉についてのＣＩＡ研究レポートも、次のように記す。「担保や保証でソ連交渉者が望む言葉づかいは、契約の他の部分に比べいちじるしく対照的なものである。この点になると、ソ連側はできるだけ一般的かつオープンな用語にしようと執拗にがんばる。そのような表現にしておけば、後になって西側メーカーにたいしてどのような類いのクレームでもつけることが可能になる――こう考えているのかもしれない[22]」。

最終的に作成された契約文書を目の前にしても、一件落着と早合点するのは禁物とさえ言えよう。何とかして調印文書の内容に自分たちにとり有利な解釈をほどこしえないものか。ロシア側はこのようなチャンスを虎視眈々とうかがいつづけるからだ。たとえば当方の責任者が変わる場合、事務の引き継ぎ作業をよほどしっかりしておかないと、ロシア側に乗じる隙をあたえることにもなりかねない。ロシア側は、担当者交替を都合良しとみなして、契約文書作成当時の文言とは異なる新解釈を押しつける――このような可能性を排除しえない。

日本人ビジネスマンへのアドバイス

最後に、ビジネス交渉分野でのロシア人の交渉観、行動様式、戦術を、欧米人や日本人のそれらと比較してみよう。それらは、果たしてどちらの国民のほうにより近いのだろうか? あるいは、そのどちらでもなく、まさしくロシア式としか名づけようのない性質のものなのか? これらはいずれも筆者の力量をはるかに超える大問題なので、二、三の感想めいたものを記すだけにとどめざるをえない。

何度もくりかえすように、大概のロシア人にとって人生は闘いの連続と観念されている。交渉は武力を用いないものの、言語を用いる一種の戦争である、と。言葉の闘いと言うと聞こえはいいが、なかには詭弁さえふくまれている。交渉相手側から少しでも有利な条件をひき出すためには、傍目《はため》には厚かましく強引に映る自己正当化を躊躇しない——。以上の点では、ロシア人の交渉観、交渉行動様式、交渉戦術は、日本人よりもむしろ欧米人のそれらに近いと言えるだろう。

日本人は、これまたくりかえすようであるが、交渉でロジックよりも誠意、言葉よりも「腹芸」などといった非言語的コミュニケーションをより重要とみなしがちな国民である。〈交渉を自己正当化のための熾烈《しれつ》なる闘い〉とみなすロシア人や欧米人を少しは見倣って、日本人は討論を「大人げない書生っぽい弁論」などと小馬鹿にすることなく、何よりもロジックを用いる理論的な武装作業にもっと努力を傾けるべし。このようにアドバイスしうるだろう。

日ロ間で或るプラント輸出商談がまとまり、機械を据えつけるために日本人技師がロシアへ派遣されることになった。その日本人は、いわゆる叩き上げタイプのエンジニアだった。彼は、長年の経験から身体《からだ》ではわかっていることを、他人を十分説得しうる程度にまで説明しうる能力を備えていなかった。たまりかねたロシア側から、次のような要求が出された。「われわれに手品師は不要なのだ。次の世代に教え語り継いでゆくためにも、もっと言葉を駆使して理論的に説明できる人物を派遣してほしい」、と。次のように大真面目にのべた日本某社のセールスマンも、右のエンジニア同様に落第と評さざるをえないだろう。すべからく数字を問題視する習慣のあるソ連貿易公団に対して、彼は次のようなやり方で納得させようと試みたからだった。「日本では、わが社のこの商品が最も知名度が高く、かつ最高のシェアを占めている。ゆえに、貴国ロシアも安心して購入されて然るべきと思料する」。

右は、話を分かりやすくするために極端な例を引いたにすぎない。要は、国際交渉や交流に従事しようと欲するのならば、日本人は見ず知らずの他国で異文化をもつ人々にも通ずる言葉やロジックを用いて説得する能力をもっと磨くこと。加えて、ロシア側による少々の詭弁にもたじろがぬタフな神経を維持すること。こう結論しうるだろう。鈴木啓介氏は著書『ソヴィエト貿易入門』で、日本の某メーカーの輸出関係者が実際にのべた次のような言葉を紹介している。「〔ソ連人の〕詭弁には負けたよ。まずあの詭弁から勉強だ。さもないと、われわれ日本人はとうていついていけない」(23)。序でながら、ロシア人が詭弁の名人であることを実例を引いて紹介しよう。

ロシア式詭弁

あるとき、日本側はのべた。「貴国での新規五カ年計画の策定期は今秋とされている。したがって、われわれは、本プロジェクトにたいする回答は、それまでにおこなえば十分と考える。しかるに、ロシア側はなぜそれほどまでに急ぐのか」この問いにたいし、ロシア側は答えた。「これは、五カ年計画の策定の対象外のプロジェクトである。しかもわれわれはまったく焦っていない」。しかし実際は、そのプロジェクトはまさに五カ年計画の対象内のものだった。

対ソ融資交渉分科会での次のやりとりも、同様に詭弁だった。日本側――「分科会のソ連側委員長は、この融資条件で呑めると発言したはずだが」。ソ連側――「それは、単なる分科会委員長の発言であって、あくまで全体委員会の団長が最終決定権をもつ」。ところが、後ほど融資は明らかに分科会委員長の権限事項に属することが判明した。

さらに、もう一～二の具体例を挙げよう。たとえば担当者が電話に出たくないときに、ロシア人秘書がのべる決まり文句は、次のいずれかである。「上司は只今、所用で出かけております」。「体調不良で不在です」。仮病を用いる言い訳は、まるで日常茶飯事のようにおこなわれるロシア側の常套手段と言えよう。あるとき、日本側は抗議した。「われわれは、××日付のテレックスでソ連側の回答を要求してあるはずだが……」。するとソ連側は答える。「そういえば、そのころ、わがほうの次席は病気で入院中でして……」。日本側が調べてみると、入院の事実などまったくなかった。

対ロ商談では、当方のロジックの使用、相手側の詭弁対抗策に加えて、会話の方法やテクニックなどの具体的な技術もマスターすることも必要だろう。ヴォロノフ著『国際通商における貿易実務』も、力説する。「何を話すべきかだけでなく、いかに話すべきか。このことを知っておくことは、非常に大切である」[24]（傍点、木村）。ヴォロノフは、一例として次のように忠告する。[25] 商談中当方に不利な形勢になった場合でも「けっして私はそういうことをいわなかった」などと弁解してはいけない。同じことでも、むしろ「あなたは私のいったことを正しく理解していないように思える」。こういう言い方のほうが、はるかに賢明である、と。

改めて解説を加えるまでもなく、ヴォロノフは主語の用い方がことのほか重要とのべているのだ。唯、主語を変えるだけのことによって、交渉相手にあたえる印象がずいぶん異なってくる。いや、むしろ商談ではすべからく主語を「私」でなく「あなた」として会話を進めるよう心掛けるべし。ヴォロノフはこう説いて、次のような対照表をしめしている。

商談での表現法[26]

避けたい表現	望ましい表現
私は非常に急いでいるので、いま全部お話しします。	あなたは大変お忙しいようですので、とりいそぎお話しします。
私はそう思います。	あなたはそうお思いになりませんか。
私がいま証明しましょう。	あなたはこれで納得されるでしょうか。

非公式会合の重要性

ロシア人とて、生身の人間である。国家や体制の完全なロボットでも歯車でもない。喜怒哀楽の感情も持てば、ユーモアも解する。「カオ」や「コネ」に動かされ、贈り物や袖の下も好む。対ロビジネスで活躍した女性社長である中尾ちゑこ氏の『ロシアの躁と鬱――ビジネス体験から覗いたロシア』(二〇一八年)も、一般論として記している。「ロシア人ほどプレゼント好きで、プレゼントにお金を遣い、知恵を絞り、エネルギーを傾ける民族をあまり知らない」[27]。ましてや頼みごとをするのに手ぶらでロシア人を訪問するのは無作法な行為だろう。このような意味では、日本人にとって、合理主義思考が顕著な欧米人よりもロシア人のほうがはるかに与しやすい点も、なきにしもあらずと言える。アラブ人のモハメド・ヘイカルも、同様のことを次のように指摘している。ロシア人は「きわめて実利的であるにもかかわらず、スラブの農民から成っていて、笑いと涙にもろいことも知る必要がある」[28]。

一例をあげるならば、レセプション（歓迎会）、その他の宴会の類いをけっして軽視してはならない。欧米諸国の貿易担当者とのあいだで催されるパーティーや夕食会といった公式ないし非公式の会合は、アルコールも料理も適量に抑えた儀礼的な色彩やタイプのものが多い。ところが、ロシア人が催すそれらでは――あくまで相対的な比較のうえでの話ではあるが――互いにカミシモを脱いで、ハメをはずす。挙句の果てについ仕事の話にもふれるケースも稀でない。日本人とロシア人は、ともにアジア的な国民性の側面を共有している。ロシア人は、欧米人に比べルーズで野暮ったいかもしれないが、インフォーマルで人情にもほだされやすく、意気に感じて動くことも決して珍しくない。

パーティーやレセプションといった公式、非公式接待がらみの会合を利用して、冗談半分に次の交渉の見通しくらいを打診すれば、ロシア人もなんらかのヒントを顔色にあらわしたり、時には本音を洩らしたりすることなきにしもあらずだろう。そのくらいの程度にとどめるならば、仮に横にお目付け役の同僚がいても、責任追及するのは野暮天ということになろう。つまり、澄みきったロジックを駆使する頭脳ばかりでなく、ウォッカの乾杯につぐ乾杯をこなす強い胃袋、冗談めかして相手の真意を打診する度胸やハッタリ性――これらを兼ねそなえてはじめて、ロシア人相手の交渉の三拍子がそろうことになる。

逆に、こちらのほうが早く出来上がってしまって、軽率に甘言を吐いたり、本音を洩らしたりする。そのような人間は、対ロ交渉に不向きと評さねばならない。トルストイの小説ひとつも読まず、チャイコフスキーの音楽を聴いたことのない日本人は、ロシア人とのパーティーで会話のキッカケすらつくりえないだろう。ちなみに、米国でのロシア通、たとえばジョン・マトロック元駐ロ大使、クリントン政権で対ロ外交担当者だったタルボット国務副長官は、大学時代はそれぞれがチェーホフ、パステルナークらロシア文学を専攻した教養の持ち主である。ジョークや小話の一つも披露しえず、ビジネスの話ばかりに戻ろうとする人間は、金儲けの話にしか関心のない「エコノミック・アニマル」と軽蔑されるのがオチだろう。

ロシア人は、アネクドート大好き人間で、まず会話のはじめには最近仕入れた小話を紹介するのが、常套法とみなされている。彼らは「比喩」の形を使って己の感触、態度、返事をあらわす文学的人間でもある。序でながら、日本の対ロ貿易従事者たちから耳にしたロシア人独特の「たとえ」の例を一興に供してみよう。ロシア人は、「〈われわれを〉たとえばホッテントットかインディアン並みにお考えになるのは、間違い」と、しばしば口にする。これは、〈ロシアの科学技術を過小評価するな〉との警告を意図している。同様に、「中国とフィンランドとが国境を接しているとでも思っている」というのは、〈ロシアという国の存在をまったく無視している〉との批判に他ならない。

ロシア人が会話のなかで、たとえば鳥や動物の名前をしきりに出すときには、そのことによる寓意を探ってみることは必要かつ大事と言えよう。「まるで鶯《うぐいす》だ」と言えば、〈己の美しい啼き声以外は一切なにも聞こうとしない態度〉を指す。「鴫《しぎ》と鶉《うずら》」の言い分に似ていると言えば、〈己が住むところがベストと考えている〉の意。まるで「腹の空いた狐」というほかないとは、〈餌のことばかり考えて、ロシア側の意見の分裂することばかり待っている〉の寓意。また、他社の処置について「口笛を吹くだけで指を鳴らさない」に等しいと評するとき、〈片手落ちの処置〉を批判している。「ノアの洪水同然で、どんなに泳ぎが上手な者でも溺れてしまう」とロシア人が言えば、〈漸進的移行が適当だと考える〉という暗示と受け取るべきだろう。

要するに、いったんロシア人の立場に身をおいて、彼らのエソテリック（仲間内だけに通じる）言葉も理解して、彼らの権限内での融通の幅を追求する――これは、対ロ商談の重要な要諦の一つと言えるだろう。

第III部

日本式交渉

なぜ、ユニークなのか

外務省、千代田区霞が関（Photo: wikipedia/Rs1421,）

第1章

交渉嫌い、交渉回避

彼を知りて己を知れば、百戦して殆《あや》うからず。

——孫子(1)

己を知り、相手を知る

第Ⅱ部で説明したロシア式交渉法にたいして、では、日本人はいったいどのように対処したらよいのか？　――これこそが、われわれにとり最も大事な問いだろう。改めて言うまでもなく、ロシアは日本にとって重要な国のひとつである。地理的に日本の隣国。世界有数のエネルギー資源大国。日本とのあいだで経済補完関係をもち、さらに緊密な経済交流を進展させても当然と言える貿易相手国である。ところが、領土紛争が未解決であるために平和条約が締結されておらず、完全な形での国交正常化が未だなされていない存在。軍事面ではアメリカと並ぶ核の超大国でもある――。実は、右に提起した問いにたいする答えを得んがための準備もしくは助走作業として、筆者はこれまで延々とロシア式交渉法の研究をおこなってきた。だとすれば、まさにこれからが本番。本書で最も肝心な作業に入ると言わねばならない。

　だからと言って、しかしながら、筆者は読者をこれまでのように長々とつき合わせるつもりはない。というのも、本書は「彼を知りて己を知れば、百戦して殆《あや》うからず」（傍点、木村）の孫子の兵法に忠実に従い、「彼（ロシア）」について詳しすぎるまでに丹念な検討をおこなったからだ。その作業によって己（日本側）が採るべき態度や戦術についての忠告や教訓が十分示唆されているはずである。日本側は、そのようなロシアの考え方や出方を念頭において、対ロ交渉に臨めばよいこととなろう。

　とはいうものの、ロシア式交渉の特質としてこれまで指摘した事柄を、すべての読者諸兄姉が注意深く熟読し、記憶しているとはかぎらない。また、これまでの記述は主としてロシア人を主役としての観点でおこなわれた。必ずしも日本側が学ぶべき教訓という視点からなされたわけではなかった。さらに重要なことがあろう。交渉を有利に進めるには、まず何よりも交渉相手側を知る必要があるとはいえ、それだけでけっして十分なのではない。自分自身の思考や行動様式の性癖や傾向を知る。つまり、敵と味方を比較考慮し、彼我に横たわる懸隔《けんかく》をしっかりと見定める。そのうえに立って作戦をつくりあげる。この作業が必要であろう。この意味で、くどいようであるが孫子の言葉「彼を知りて己を知れば、百戦して殆うからず」(傍点、木村)を再度引用しよう。しかも己を知ることは、考えようによっては相手を知ることに比べはるかにむずかしい。

では、日本人は他の国民からどのように異なる交渉観をもち、交渉に際してどのように特異な行動や戦術をとるのか? 交渉一般における日本人の特徴を知るために最も手っとり早い方法の一つは、日本人以外の第三者、外国人によってその特性を指摘してもらうことだろう。たとえばルース・ベネディクト、エドウィン・ライシャワー、エズラ・ボーゲル、ハーバード・パッシン、ジェームズ・モーリー、ジェラルド・カーティス、マイケル・ブレーカー(いずれも米国)、ロナルド・ドーア(英)、グレゴリー・クラーク(豪)等々……。これら知日派の外国人学者たちによる日本人についての知見や考察は、われわれにとり貴重かつ傾聴に値する。

加えて、日本人自身の手によっても秀れた研究成果がある。たとえば、山本七平『日本人とユダヤ人』、土居健郎『甘えの構造』、中根千枝『タテ社会の人間関係』、武者小路公秀の「えらび、あわせ文化の研究」……等々。さらに日本の政治家や交渉者たちの独特な交渉行動、たとえば〝以心伝心〟、〝腹芸〟といった非言語的コミュニケーションなどについては、同時通訳者として数多くの対米交渉にたち合った國弘正雄、松本道弘などの業績も参考になる。日本式交渉の専門家でない筆者は、これら内外の人々の研究、観察、見解を十二分に参考にさせていただく必要があろう。とはいえ、本書の主たる関心は日ロ両国民の交渉間の比較である。つまり、飽くまでも従来検討してきたロシア式交渉との対照の観点に立って、日本式交渉の特徴を探ることにある。さらに端的に言うならば、日本式交渉によって果たしてロシア式交渉に太刀打ちしうるのか。これこそが、筆者の主要な関心である。

日本式交渉はユニーク

日本人の交渉スタイルは特異なものか？　答えは、イエス。十分な程度にまでユニークと評さねばならぬ。内外の専門家たちはそうみなし、筆者も同感である。たとえば、グラハム教授が、そうである。教授は、異文化ビジネス交渉の比較研究に関心を抱く、世界で数少ない学者の一人。たとえば、カナダ、米、英、独、仏、ノルウェー、チェコ、メキシコ、ブラジル、中国、台湾、香港、韓国、フィリピン、日本を研究対象に選んでいる。同教授は、サノ・ヨシヒロ氏との共著『賢明なバーゲニング——日本人とのビジネスの仕方』（改訂版、一九八九年）で、日本式交渉スタイルを扱った章を、次のような言葉で書きはじめている。「日本人の交渉スタイルは、おそらく世界で最も際立った特徴をもつものと言えるだろう(2)」。教授は次のようにさえのべる。日本人ビジネス・マネージャーたちの交渉スタイルは、中国人、韓国人など東洋系アジア人のそれと比べても、非常に異なる、と。

また、グレン・フクシマ（元米国通商代表補代理）も、自著『日米経済摩擦の政治学』（一九九二年）でわざわざ「日本は本当に『ユニーク』か」と問う一章を設け、みずから次のように答える。「米国政府と日本政府の交渉担当者たちがおこなう交渉方法には相当な差違がある(3)」、と。

米国研究者たちの眼からみて、日本人の交渉スタイルは、なぜそれほどまでにユニーク（独特ないし異質）なのだろうか？　たとえば日本市場の閉鎖性は、かつて日米経済摩擦が激化するたびに日本の特異性と結びつけられ「ジャパン・バッシング」の矢面に立たされることが珍しくなかった。加えて、日本人の交渉法それ自体が日本文化の影響を受けた特異なものであると、米国人によって批判的な眼で眺められている。つまり、米国人による日本批判の矛先は日本市場など構造や制度にかんする側面ばかりでなく、交渉やバーゲニングの方法や戦術といった技術的な領域にまで拡大した。

交渉は、一種のデシジョン・メーキング（決定形成）行為であるが、その他の決定とは異なり単独行動ではない。常に相手方というものが存在する。つまり、交渉は、「二人では踊れないタンゴ」同様、共同行為である。そのような意味で、そもそも交渉行動様式は他者のそれと極端なまでに異なったものにはなりえない。言い換えれば、交渉は当事者間に共通のルールやパターンに従うことが要請される。さもなければ、それは単なる一方的な行為にすぎず、厳密に言って交渉の名に値しない。交渉が、もし単に交渉をおこなっているジェスチャーないしPR効果だけを狙っているのならば、話は別だろう。だが、交渉がいやしくも妥結に達することを目指しているのならば、「他者を一切関知することなく、飽くまでも我が道をゆく」――このような自己流哲学を貫徹することは許されない。それは「独り相撲」にすぎず、交渉の名に値しない。

別の言葉で表現するならば、交渉ではそのアクター（交渉者）が所属する特定集団の文化様式のみを反映する言動をとることは認められない――。交渉は、最初からこのような課題ないし宿命を背負わされている。同時に、それはアクターが属する集団がもつ文化的特質から完全にはフリーともなりえない。つまり、個にして普遍でなければならない、交渉がになう二面性――。このことを、日本人が国際交渉でおこなうケースを例にとって考えてみる。これが、本章の主たる課題である。

日本式交渉の特徴を検討するに当たっても、われわれは、ロシア式交渉にかんしておこなった三分法をそっくりそのまま採用することにしよう。すなわち、①日本人は、交渉という人間行動をそもそもどのように捉えているのか（「交渉観」）。②日本人が現実の交渉でとるビヘイビアは、どのような類いのものなのか（「交渉行動様式」）。③日本人が交渉を自己に有利にすすめようとして用いるテクニックには、どのような特色がみられるのか（「交渉戦術」）。このような三分法を採るならば、われわれは日本式交渉の特異性をロシアのそれと比較し、浮き立たせることが可能、かつ容易になるだろう。ひいては、日本とロシアが戦後七〇年以上にもわたって懸案の領土問題を解決しえず、平和条約を締結しえないでいる理由の一端を明らかにしうるのではなかろうか。

諸外国とは異なる日本人の人生観

日本人は、そもそも「交渉」なる人間行動をどのようなものとしてとらえ、交渉にどのような意義や価値を付与しているのだろうか？　また、日本人はいったい何のために交渉をおこない、何を達成しようと欲しているのだろうか？　右の一は交渉についての見方、イメージ、パーセプション（認識）であり、二は交渉にかんする基本的な考え方、願望、哲学である。この二つは、密接不可分に関係している。そして、これら二つのものからなる日本人の交渉観は他国民のそれに比べ、かなり変わった性質のものである。これが、筆者の見方であり、結論でもある。説明しよう。

まず、日本人の人生観は、諸外国のそれとは随分異なっており、それが日本人の交渉観をユニークなものにする理由のように思える。大部分の日本人は、平和、安全、調和こそが人生のノーマルな姿だとみなす。言い換えるならば、葛藤《かっとう》、混乱、危機は、人生のむしろ例外的な事象にすぎない。そのような人生のハプニング、たとえば台風、地震、外敵の侵入などが発生すれば、もとより全力をつくして解決に努めはする。とはいえ、これらについて普段からあまり深刻に思いわずらったり、頭を悩ましたりすることは、できれば避けたい事柄である。人生は闘いの連続――。そんなことは考えるだけでも、シンドイことではないか。たとえ逃避ないしは自己偽瞞と批判されようとも、なるべく心を平静にたもち、みんな仲良く暮らしてゆく。このほうが、はるかにハッピーな人生の送り方ではなかろうか。荒っぽく言えば、これが、気候温暖な地域で、狭い島国の農耕社会に住いし、仏教徒でもある大抵の日本人の人生観であるように思われる。

日本人のこのような人生一般についての基本的な考え方は、社会の鏡と称される文学作品に反映している。たとえば日本人に人気の高い文豪、夏目漱石は、名作『草枕』の有名な冒頭、「智に働けば、角が立つ。……意地を通せば窮屈だ。兎角《とかく》に人の世は住みにくい」につづけて、記している。「人の世を作ったものは神でもなければ鬼でもない。矢張り向こう三軒両隣にちらちらする唯《ただ》の人である。唯の人が作った人の世が住みにくいからとて、越す国はあるまい。あれば人でなしの国へ行くばかりだ」[4]（傍点、原文ママ）。

ライシャワー教授（ハーバード大学、元駐日大使）も、著書『ザ・ジャパニーズ』で、漱石と似かよった観察を記している。「多くの人口が狭い空間にひしめきあって、長いこと住み暮らしてきた」こともあって、日本人は「最低限の暮らしやすさを確保しようとすればいきおい一人一人が自制し、他者への配慮を心がけねばならない」[5]。そこで、日本人にとって最も尊重されるべき美徳は、「調和」、「協調性」、「思いやり」[6]。その反対に日本人によって嫌われ、できるかぎり回避しようとされるのは、他人との「対決」と言えよう[7]。すなわち、争いごとで「どちらか一方に軍配をあげ、黒白はっきりさせること」[8]である。

右の最後の言葉は、いかにもアメリカ人らしい指摘のように思われる。というのも、余談にそれるようだが、筆者がかつて勤務していた研究所へ留学してきた米国人教授の一人は、次のような感想をもらしていたからだ。戦後日本での野球熱は本場のアメリカもかなわないぐらいで、驚嘆の念を禁じえない。ただ一点、きわめて日本的な受け入れ方だと思わざるをえないことがある。それは、日本のプロ野球が、延長十二回以後を「引き分け」とみなしてゲームを終了してしまうことだ。アメリカのボール・ゲームでは「引き分け」はありえない。なぜなら、どちらか一方が他方を徹底的にやっつけて、勝敗をハッキリつける。このことを見たいがために、わざわざ高い金を払って球場に足を運んでいるのだから。「引き分け」試合などしたら、アメリカの観客は承知せず、大人しく球場を後にしないだろう、と。

交渉哲学——信頼関係の形成が最重要

野球とボール・ゲームの違いは別にして、一般的に黒白をハッキリつけたり、勝ち負けを明確にしたりすることを好まない日本人は、もめ事を巡って交渉することも好まず、できれば回避したいと考える。このことは、異文化に属する者との交渉について、とくに当てはまるように思われる。明治の元勲の一人、大久保利通は率直にのべた。「外国との取引は、面倒かつ困難な仕事である」。

もし交渉が不可避となる場合でも、日本人はできることならば相手側と正面から対決することなく、もめ事を何とか穏便な形で解決しえないものかと思案する。正式にテーブルに向き合って坐り、立場の違いを公にして赤裸々な形で論争することを好まない。ましてやその解決のために手練手管や権謀術策を駆使したりすることを潔しとしない。その代わりに、できれば以心伝心、腹芸といった非公式な手法を用いて、互いの面子を損なわない形で紛争を解決したい。フォーマルな交渉は、そのようなやり方で既に決定した同意や確認をするための単なる儀式の形にとどめたい——。多くの日本人は、こう考える。

もし日本人が仮に交渉哲学と名づけうるものをもっているとするならば、それは以下のようなものでなかろうか。交渉事では「長期的に信頼感を持続できる人間関係を形成する」ことが、最重要案件である。交渉者間での信頼関係を構築することが何よりの先決問題であり、いったんそのような人間関係の形成に成功するならば、それは既に交渉の半ば以上を達成することにも等しい。残りの作業は、トラブルなしにスムーズに進捗させうる。極端に言うと、以後は単なる技術的な作業になる。もしくは、細部の詰めだけを必要とするセレモニアル（儀式的）なものになりさえするだろう——。このようにして、日本人の交渉観のキーワードを記すと、次のようなものとなろう。①人間関係、②信頼、③長期的なスパン。なかでも、信頼関係の形成こそが日本式交渉観で最重要ポストを占める。

日本外務省のトップにたつ幹部たちの諸発言は、以上のような見方を裏づける。たとえば、小和田恆《ひさし》氏（後にオランダのハーグで国際司法裁判所の判事を長らく勤めた）は、外務省研修所における外務次官講話で、外交に携わる者にとり最も重要なものは誠実、すなわち信頼であることを強調して、次のようにのべた。「誠実とは、人間として首尾一貫しており、信頼できるということです。……相手の信頼をかち取り、誠実な人間関係をつくらなければ、外交交渉はうまくいきません」[9]（傍点、木村）。氏は、自分が手本とする戦後の日本外交官として牛場信彦氏（元外交官、駐米大使）を挙げ、韓国との交渉での牛場氏の態度を例に引いてのべる。「難しい交渉を妥結までこじつけることができたのは、交渉の責任者だった椎名〔悦三郎〕外務大臣が韓国側首脳の信頼をかち取ったからです。それを受けて、直接交渉の衝にあたった牛場大使が……韓国側と深い信頼関係を結びあったことが、交渉を成功に導く鍵になりました」[10]（傍点、木村）。

岡崎久彦氏も語っている。氏が駐サウジアラビア日本大使時代に腐心したことは、サウジアラビア政府のトップの人間とのあいだに信頼関係を築くことだった。もとより、その作業には大変苦労し、多くの時間を要したものの、いったんそのような信頼関係が確立された後となると、情報蒐集をはじめとする交際や交渉はきわめて容易になった。

交渉の内容より人間関係を重視

武者小路氏のような交渉研究家ものべる。「日本でのビジネスで先ず一番になすべきことは、当事者間での個人的な関係を構築することであり、それが達成されて初めて交渉者は率直に話し合うようになり、お互いに恩恵を与えたり受け取ったりするようになる」[11]。別の日本人はこのことを、米国人に向かって次のように簡潔に要約してのべる。「君たち外国人たちは契約を交渉するが、われわれは関係を交渉するのだ」[12]（傍点、木村）、と。

日本人がことのほか信頼を重視する国民性の持ち主であることは、日本人外交官以外の者によっても指摘されている。たとえばフランシス・フクヤマは、その題名もズバリ『Trust（信頼）』と題する書物（一九九五年）を刊行し、次のことを強調した。「人々の間に相互信頼がある場合には、信頼の代替物としての形式的な規則と規則システム、すなわち交渉や訴訟を必要としない」[13]。こう考えるフクヤマは、まず日本、次いで米国とドイツを「高信頼社会」であるとみなした。フクヤマは「信頼」概念に着眼して、右に紹介した書物まで出版した。そのこと自体、氏が日系三世であることと大いに関係しているようにも思われる。

最近の具体例としては、安倍晋三首相がロシアのプーチン大統領とのあいだで信頼関係の構築に異常なまでの熱意を傾けていることが、想起される。交渉を成功させるためには、まず何よりも交渉相手とのあいだに信頼感を深めることが必要条件である。同首相はこう確信して止まないようである。もっとも、KGB出身のチェキスト、プーチン相手に果たして同首相のこのような思惑が果たしてどこまで通用するのか。その有効性を疑問視する見方もあるだろう（但し、このことについては、のちの**第Ⅲ部第5章**で改めて詳しく論じる）。

交渉事では親密かつ良好な人間関係が重要な役割を演じる、との基本的な考えにもとづき、そのような関係の構築に努力する――。これは、単に日本人にかぎらず万国共通の考え方とみなして差し支えなかろう。ジョン・ハンツマン現駐ロ米国大使も強調する[14]。「信頼関係の構築は、今日の二国関係で何よりも重要である。そしてこのことは、ロシアにたいしてもそっくりそのまま該当する」。だが、同大使はそのような外交的辞令（？）をのべたあと直ちに次のようにつけ加え、むしろこちらのほうが本当にのべたいことのように思われる。「しかしながら、最近の〔ロシアの〕行為は、デリケートな信頼関係を損ねる遺憾な行動と言わねばならない。たとえば、英国でのロシア軍参謀本部情報総局〔ＧＲＵ〕のセルゲイ・スクリパリ元大佐の暗殺未遂事件や、ケルチ海峡でのウクライナ艦船の拿捕である」。

友好的な信頼関係は、まず何よりも国の最高首脳間で構築される必要がある。たとえば中曽根康弘首相は、ロナルド・レーガン大統領によって互いにファースト・ネームで呼び合うことを提案された時、大歓迎した。竹下登蔵相も、ジェームズ・ベーカー財務長官〔すべて当時〕によって同様の提案をうけた時、ことのほか喜んだ。ロン-ヤス間の関係の向こうを張ってベーカー-竹下間の「緊密な個人的関係を築く」ことこそは、竹下氏が望むところだったからだろう。[15] その後も、「ジョージ〔ブッシュ〕-トシキ〔海部〕、ジョージ-キイチ〔宮澤〕に特徴づけられるような相互信頼や個人的な友人関係[16]」がつづいた。今日では、トランプ大統領、安倍首相は互いにドナルド、シンゾーと呼び合っている。

右のファースト・ネームで相互に呼び合う提案は、元来レーガン、ブッシュ、トランプなど米国政治家たちの側からなされた。そのことがしめしているように、米国人、その他の諸国民も外交関係でことのほか良好な人間関係の構築を重視していることは、たしかと言えよう。そのことを認めるにしても、しかしながら、人間関係依存度の多寡が問題になる。さきにふれたように、人類学者のエドワード・ホールは人間関係の依存度の高低を問題にし、ドイツ人、米国人などの依存を低くみなす一方、日本人の依存度を非常に高いものとみなす。別の言い方をすれば、日本人は交渉、その他の言動で討論の内容（content）、すなわち論点（issue）よりも、ややもするとその討論がおこなわれる文脈（context）、すなわち人間関係（relations）を重視しがちである。その点で、米国人やドイツ人らと異なる。

米国人よりも長期的スパンで関係構築

日本人は、交渉にとり信頼関係の構築を最重要要件とみなす――。このことの続きとも言える日本人の交渉観の第二の特色は、長期的なスパンで交渉を眺めがちな傾向と言えよう。交渉はケース・バイ・ケースで事情を大いに異にするので、そのどの局面であれ一般論をのべることはむずかしく、禁物かもしれない。だが、交渉期間にかんしては、ごく荒っぽく次のように言いうるかもしれない。たとえば経済・通商分野の交渉をおこなう際、仮に米国人が五年ぐらいを目途としているとしよう。日本人は少なくとも二十年以上の期間にわたって有効に持続する取引関係を念頭においている、と。だとしても、このような違いがいったいどの程度まで政治・外交分野で当てはまるのか。答えは、必ずしも定かでない。とはいえ、日本人の方が米国人に比べると、より長期的時間のスパンでの関係構築を目指しているようには思われる。

右のことと関係しているのか、日本人が交渉に費やす時間は米国人のそれに比べ一層長いことは、たしかなようである。一九七〇年の古いデータとはいえ、次のように算定した研究レポートが存在する。日本での交渉は、米国での交渉に比べて「六倍」も多くの時間がかかる、と。いったん関係が樹立されるならば、それは長期にわたって付き合える信用関係の樹立——いわゆる「のれん」——の役割を果たすことにもなる。したがって、そのための時間や費用の先行投資はとうぜんであり、止むをえない必要経費である。日本人は、こうみなしているのかもしれない。

右にのべたことと関連して、日本人は交渉をはじめる以前の「準備段階」に実に多くの時間を用いがちと言えるだろう。いったいどの時点をもって交渉がはじまったとみるべきか。これは、さきにもふれたように（**第I部第4章**、一二六頁）、一義的に答えにくい問題ではある。広義では、相手側に交渉をはじめる意思があるか否かを非公式に打診する段階をも交渉プロセスに含めるべきとの見方もある。狭義では、交渉者がテーブルに向かい合って正式に討論をはじめる瞬間をもって、交渉ははじまると説く。ともあれ、日本人は、「交渉前（pre-negotiation）」交渉と見なされる段階に多くの時間を費やす。そのような日本人のやり方は、多くのばあい性急で「リスト・ウオッチング・シンドローム（腕時計に眼をやりがちな症候群）」にかかっている米国人などを、苛々させる。

長期的な信頼関係の構築を交渉の最重要課題とみなす。このような日本式交渉観は、交渉合意文書にたいする態度にも現われる。米国の会社間でとりかわされる契約書は詳細をきわめ、往々にして百頁を超える長文のものにもなりがちである。ところが、日本での契約書は原則的な立場を抽象的に記したものであることが多い。二―三頁からなる簡潔かつ短いものさえ珍しくない。長い歳月の経過中での様々な種類の状況変化を予想し、それらにもかかわらず関係を長期的につづけてゆくためには、合意文書はフレキシブルな（柔軟性に富む）ものでなければならない。このような考えにもとづくのかもしれない。

そのこともあって、日本人は交渉成立後に往々にして最終の文書に記された文言と必ずしも合致しないように映る行動をとりがちである。そのために、約束を守らない国民――。ややもすると、米国人の眼にはこのように映ることすら稀でない。しかしながら日本人に言わせるならば、文書中にたしかに厳密ではあるとはいえ、実に細部にわたる条項を書き連ねようとする米国人の交渉態度は、果たして如何なものだろうか。最悪ケースを想定する縁起の悪いもののようにも映る。たとえて言うと、それはまるで離婚することを前もって想定して婚姻関係をはじめるかのようなやり方ではなかろうか。

言語は不完全な意思疎通法

次に、日本人の交渉行動様式にみられる特徴について話を移そう。まず指摘すべきは、言語による意思疎通をさほど重要視しない傾向である。もとより、日本人とて人間であるから、コミュニケーション（意思疎通）を重視しないはずはない。そうでなければ、極端に言って一日たりとも生活そのものはなりたたないだろう。

ましてや交渉ごとでは、相手に対して自分の意思を伝達することなしには、話は一歩も先へ進まない。だからより正確には、おそらく次のように言い直すべきだろう。日本人はコミュニケーションをまったくおこなわなかったり、軽視したりするのではない。但し、やや変わった形のコミュニケーションの術《すべ》を重視しがちな国民である、と。

では、日本式コミュニケーションの特殊性とは何か。改めてこう尋ねられるならば、次のような傾向を指摘しうるだろう。他国民に比べ飽くまで相対的にであるとはいえ、言語による（verbal）意思疎通法を軽んじ、非言語的（nonverbal）なやり方を重んじる、と。[17]

たしかに日本と同じく、欧米諸国にも〈雄弁は銀、沈黙は金〉という諺がある。とはいえ、なんと言っても「はじめにことばありき」と聖書が教える文化的伝統をもつ社会である。そこでは、明確かつ他人を納得させる形で表現されてはじめて権利や要求は存在するという考えが支配的と言えよう。ロシア人をふくめての広義のヨーロッパ人や欧米人ばかりではない。インド人、中国人、韓国人といった東洋ないしアジア系の諸民族でさえ、日本人に比べ遥かに多弁、饒舌である。議論、雄弁、ロジック、理屈、レトリックの力を借りて、物事の黒白をつけようとする。

ところが、日本人は違う。日本人のあいだでは言語不信とまでのべると言い過ぎだろうが、どうやら次のような考え方が存在する様子である。言語による意思疎通には、限界がある。つまり、ものごとの真の姿は、決して言語というこざかしい人間による発明品によってとらえられるほど単純なものではない。ライシャワーは、日本人のこのような考え方や態度の存在を鋭く察知して、次のように記す。「しょせんは全智全能であり得ない人間が、どれほどものごとを簡明直截に規定したところで、真理に近づくことなどできやしない。むしろ錯綜や無方向こそが真理への接近の方途。これが、日本人の好みなのだ[18]」。

ほぼ同様の言語観（すなわち、「言語限界説」）について、日本の文学者たちは次のようにのべる。松山幸雄氏も引用しているように[19]、兼好法師は『徒然草』で記した。「賤《いや》しげなるもの……人にあひて詞《ことば》の多き。……よくわきまへたる道には、必ず口重く、問はぬこそいみじけれ」。また、川端康成は、「美しい日本の私」と題するノーベル文学賞受賞記念講演でのべた。「さとりは、論理よりも直観です。……真理は、『不立文字《ふりゅうもんじ》』であり、『言外《げんぐわい》』にあります[20]」。日本には、このように言語コミュニケーションの限界をよく自覚しているので、言葉を通じての論理の積み重ねにもとづく説得法を「理屈っぽい」、「角がたつ」などとみなして重視しない。

谷崎潤一郎も、『文章読本』で次のように強調した。非常に長くなるが、きわめて重要な指摘を実に読みやすい達意の名文で記しているので、敢えて引用することにしよう。

「国語と云うものは国民性と切っても切れない関係にあるのでありまして、日本語の語彙が乏しいことは、必ずしも我等の文化が西洋や支那に劣っていると云う意味ではありません。それよりもむしろ、**我等の国民性がおしゃべりでない証拠**であります。我等日本人は戦争には強いが、いつ外交の談判になると、訥弁のために引けを取ります。国際聯盟の会議でも、しば〱日本の外交官は支那の外交官に云いまくられる。われ〱の方に正当な理由が十二分にありながら、各国の代表は支那人の弁舌に迷わされて、彼の方へ同情する。**古来支那や西洋には雄弁を以て聞えた偉人がありますが、日本の歴史にはまず見当らない。**その反対に、**我等は昔から能弁の人を軽蔑する風があった。**実際にまた、第一流の人物には寡言沈黙の人が多く、能弁家となると、二流三流に下る場合が多いのである。ですから我等は、支那人や西洋人ほど言語の力を頼みとしない。弁舌の効果を信用しない。これは何に原因するかと云うのに、一つにはわれ〱が正直なせいでありましょう。つまりわれ〱は、実行するところを見て貰えれば、分る人は分ってくれる、自ら省みて天地神明に恥じなければ、別にくど〳〵と言いわけしたり吹聴したりするには及ばぬ、と云う気があるのでありましょう。孔子の言葉にも『巧言令色鮮矣仁』と云ってありまして、おしゃべりだから嘘《うそ》つきであるとは限りませんけれども、西洋は知らず、東洋においては、おしゃべりの人はとかく物事を修飾して実際以上に買い被らせる癖があり、信用されない傾きがありますので、君子は言葉を慎むことを美徳の一つに数えたのでありますが、取り分け日本人は、この点において潔癖が強い[21]」。

（太字は、原文で強調）

言語以外の意思疎通

さらに言うならば、日本人に対して通常加えられる批判、すなわち論理性を欠如する国民、との言辞は、必ずしも当たっていない。というのも、日本人はいわば独自の論理性を有し、そのことを誇りにさえ思っているからだ。ドメニコ・ラガナの言葉を借りるならば、ヨーロッパの「お喋りの論理」に対して、日本には「寡言の論理」とでも名づけるべきものがある[22]。つまり、日本人は、心の内なるものすべてをあらわすのは必ずしも適切でなく、部分的な省略をおこなって表現することこそ奥ゆかしいと考える。行間を楽しみ、余韻、含蓄を尊ぶ。多くの日本人が愛好して止まない十七文字のみからなる俳句という文学形態は、その好例と言えよう。ものごとを黒白で割りきったり、それを一〇〇%正確に表現しようとすることは不可能であるばかりか、無粋とみなされる。真理や美は、往々にして黒とも白とも定かならぬ灰色地帯《グレイ・ゾーン》に存在するからだ。

この点にかんしても、谷崎潤一郎は『陰翳礼讃』を唱えて次のように記す。「われわれ東洋人は何でもない所に陰翳を生ぜしめて、美を創造するのである。……美は物体にあるのではなく、物体と物体との作り出す陰翳のあや、明暗にあると考える。……もやもやとした薄暗がりの光線で包んで、何処から清浄となり、何処から不浄になるとも、けじめを朦朧《もうろう》とぼかして置いた方がよい[23]」。

たしかに、右に引用した川端、夏目、谷崎といった文豪たちはいずれも天賦の才に恵まれた者である。その意味ではけっして日本人の典型とみなしえない。例外的な存在とすらみなすべきかもしれない。とはいえ、彼らはいずれも西欧の教養を身につけていたどころか、ヨーロッパ文化と真剣に対決することを己の課題とみなし、そのことに生涯をかけた日本人だった。また、彼らの文章や主張のなかに一般日本人の琴線に深く触れ、同調しうるものがあればこそ、彼らの作品が今日なお圧倒的大多数の日本人によって愛読されつづけている一因があるのだろう。その意味で彼らは日本人の鏡であり、典型であるとみなしえよう。

ともあれ、あまり論理、雄弁、修辞学に躍起となり、うつつを抜かすのははしたない行為である――。このようにみなす文化的な伝統が日本人のあいだに厳存することは、たしかだろう。舌先三寸の人間は軽佻《けいちょう》浮薄《ふはく》、時としてはまるで香具師《やし》の同類項であるかのように軽んじられる。逆に日本人によって好ましいと見なされるのは、むしろ次のような美徳である。高邁な精神や理想、純粋な意図や動機、物事に誠心誠意に尽す態度、とりわけ不言実行など。

以上のべてきたことの要約として、ライシャワーの言葉ほど適切なものはないだろう。これまたやや長い引用になるが、外部世界の第三者が抱く日本人観の一例とみなして、『ザ・ジャパニーズ』から次の一節を是非とも紹介したい。ライシャワーは、まず記す。「日本人は、口舌の〔verbal〕才を明白に卑める。人間の内なる、いわく言いがたい思いは、非言語的〔nonverbal〕手段ないしはお互いにうなずき合う関係の中でこそはじめて交わしあえるので、言語による〔verbal〕意思疎通など、しょせんは薄っぺらなものにすぎないというのが、彼らの考え方なのである[24]」。

同教授は、これらの趣旨を敷衍《ふえん》して次のようにつづける。「日本人は、分析の明晰さより微妙な綾《あや》や感受性に、理性よりは勘に、理論よりは実用に、偉大な知的概念よりは組織面での力量に傾斜してきた。言語による〔verbal〕分析の明晰さや思想の独創性には、さしたる価値を認めてこなかったのである。言語によらない〔nonverbal〕以心伝心的な理解を貴ぶあまりに、話しことばであれ書きことばであれ、言語を扱う能力や鋭く気の利いた理詰めないき方はしょせんは浅薄で、場合によっては相手を丸めこむための欺瞞とみなしてきた。（中略）きちんとわりきった分析よりは、芸術的な余韻や仮託を重んじてきた。文章は簡明かつ明快に書かねばならないものとするフランスの理想には、なにか物足らないものを感ずるのである(25)」。

以心伝心、腹芸を重視

日本人は非言語的コミュニケーション法を重んじる。そのことをしめす具体例を、一、二指摘しよう。まず第一は、〝以心伝心〟にもとづく〝腹芸〟。以心伝心は、禅宗に由来する用語。言葉で説明しえない微妙な真理や教義を、師が弟子に無言のうちに分からせること。俗に、思うことが言語によらず互いの心から心へと伝わる意味で用いられる。〝腹芸〟（もしくは肚芸）は、次のように定義できる。「演劇で、役者が言語・所作以外の思い入れなどで、地味に心理表現をすること。転じて、理屈や言動によらず、度胸や経験で物事を処理すること」（『広辞苑』）。

再び谷崎潤一郎を引用するならば、文豪は次のように記す。「われわれの間には支那にもない『腹芸』という言葉があって、沈黙を芸術の上にまで持ってきている。また『以心伝心』とか『肝胆相照らす』とかいう言葉もあって、心に誠さえあれば、黙って向かい合っていても自《おのずか》らそれが先方の胸に通じる。千万言を費やすよりもそういう暗黙の諒解の方が尊いのである、という信念をもっております(26)」。

〝以心伝心〟と〝腹芸〟は、厳密に言うと、ニュアンスも用いられるケースも異なる。前者は、言語では表わされない思想や意思が互いの心から心に伝わること。後者は、形式や論理を超えて、度胸や経験でものごとを決定したり処理したりすること。政治、演劇、商取引などでよくみられる。このような違いこそあるものの、現文脈では両者をほぼ同義語とみなして、話を進める。

〝以心伝心〟にもとづく〝腹芸〟を、分かりやすいたとえで説明しよう。Aは問題を抱え、Bに便宜を図ってもらいたいと考えている。だが、プライド、その他の理由で己の腹のなかにあるものをBに対して率直に明かしたり、直接依頼したりすることをためらう。その代わりに、Bにそのような希望や要求があることを、間接的な形で暗示ないし示唆する方法に訴えようとする。Bは、Aとのあいだで言語、文化などの共通点が多いばかりでなく、Aのパーソナリティー、背景、心理などを知り尽しているために、Aの心中にある希望や要求を的確に察知して、それをAの面子をつぶさず暗黙の諒解という形で適えてやろうとする。そのような恩義をうけたAは心中ひそかに感謝し、Bの好意に他日何らかの形で報いようと考える。

右のような〝腹芸〟の特徴を念のために箇条書きにして復習するならば、以下である。①とりわけ面子を重んじる社会でおこなわれる。②言葉の使用を極度に抑制した、非言語的な意思疎通の方法である。「あうんの呼吸」や「一を聞いて十を知る」ことが、その真骨頂。③互いに熟知し合った人間関係を基礎にしてはじめて可能な、ほとんど芸術的とさえ評すべき人間技である。④長期的なスパンにもとづき恩と便宜の相互貸借表を考慮した問題解決術である。⑤社会的移動性が少なく、文化的に同質性が高い閉鎖社会で成立する行為である。

日本史でお馴染みの〝腹芸〟の例としては、たとえば次を挙げうるだろう。安宅《あたか》の関で弁慶の勧進帳朗読の腹芸に感心し、源義経を見逃した富樫。大石内蔵助の東下り。また、勝海舟と西郷隆盛とのあいだの江戸無血開城の取引など。もっとも、江藤淳氏は、勝と西郷が「腹芸で和議を成立させたというのは、浅薄きわまる解釈であって、外交交渉がそんなに簡単なことでまとまるわけがない」とのべる。とはいえ、つづけて次のように記していることは、日本人が信頼関係を重視すると説く見方それ自体に氏が真っ向から反対していないようにも受け取れる。「たしかに西郷と勝との間には、人間的な信頼関係があったのでしょうけれども、勝はこの貴重な信頼関係を守りぬくためには、西郷の不信に備えて万全の手を打っておかなければならない。いや、こうして手を打ってはじめて信頼が生きるのだ、ということを知っていたのです[27]」(傍点、木村)。

異文化交渉では「あうんの呼吸」は通じず

欧米社会にも、〝以心伝心〟や〝腹芸〟に似たコミュニケーション法が全くないわけではない。物事をあまり直接的に表現して相手側を不当に傷つけたり、誇りを失わせたりしてはならない。これは、人間が生きてゆくためには必要な配慮であり、普遍的な智慧とさえ言えるだろう。どのような社会でも、非言語的なコミュニケーション手段としてのボディ・ランゲージ、しぐさ、所作、ジェスチャーなどの形態が用いられる。また、直接的表現を避け、間接的な表現に訴える言語的方法が存在する。隠喩(metaphor)、寓意(allegory)、婉曲語法(euphemism)、暗示(implication)、示唆(suggestion)と呼ばれるものが、そうである。暗黙の合意(tacit agreement)は、治者と被治者、上司と部下、夫と妻、ボーイ・フレンドとガール・フレンドとのあいだなどでごく普通におこなわれる意思疎通の一方法だろう。ちなみに、日本人がタテマエとホンネを使い分けるように、ポーカー・ゲームは真実を偽るところにゲームの醍醐味が存在する。

しかしながら、たとえばアメリカ人は概して次のような性格の持ち主だと見なしうるだろう。トーカティブ(多弁)で、相手側にたいし己の意志が百パーセント、アーティキュレイト(精確に伝達)されていることを確認しないと気が済まない。極端に言うと、自分がいま非言語手段を使用していることにまで、口頭でわざわざ念を押しがちとなる。彼らが会話の中で頻発しがちな次の表現は、このことを示唆してはいないだろうか。"Are you following me?"（ここまではわかったかい）。"Do you understand what I say?"（私が言っていることがわかっているかい）。米国人のこのようなやり方は、日本人にとり理屈っぽく、くど過ぎるような感じを与える。

他方、日本人による〝腹芸〟は、「あうんの呼吸」にもとづく、あまりにもデリケートかつ洗練された意思疎通法である。実際日本には、「口は禍の元」といった風にどちらかと言うと多弁をいましめる諺も多い。しかしそれは、歴史、言語、文化などを共有し、均質性が比較的高い民族からなる日本国内で、はじめて効果を発揮しうるコミュニケーション法だろう。国際社会は、そのような共通性ないし同質性を欠く雑多な諸民族から構成されている。したがって、同社会で「改めて言わなくても分かっているはずではないか」との暗黙の了解方式が通用する——このように思い込むのは、早計かつ間違いのもとだろう。

実際、日本人交渉者が〝以心伝心〟にもとづく〝腹芸〟コミュニケーション法を国際舞台にもちこんで誤解を招いた例は、枚挙に暇がない。たとえば沖縄返還ならびに繊維交渉のさい、佐藤栄作首相は文字通り次のようにのべた。「ニクソン大統領とぼくとは古くて近い仲だから、今度の交渉も話し合い三分、腹芸七分でやってくるよ」（傍点、木村）。一九五六年の日ソ漁業交渉で河野一郎農林水産大臣は、後で詳しくのべるように通訳さえ伴わずにブルガーニン首相と直接交渉をおこなおうと試みた(28)。それから二十年後の一九七七年、同じく日ソ漁業交渉を前にして、鈴木善幸農水相も「ソ連も漁業国、腹を割って話せばわかる」（傍点、木村）との有名な科白《せりふ》をのべて、モスクワへ向かった(29)。

これらの先例から日本人が注意し、心掛けるべき教訓があろう。それは、〝以心伝心〟を期待する〝腹芸〟が実にデリケートなコミュニケーション法であるとみなして、その限界もわきまえるべきこと。当方が相手側にたいして思いやりをしめし、配慮するばかりでなく、相手側もまた同様のソフィスティケーションをもって当方の意を汲みとってくれる。そのような期待が、必ずしも常に適えられるとはかぎらないと前提すべきことである。

さらに厳密に言うと、〝以心伝心〟や〝腹芸〟によるコミュニケーションを「対話」のカテゴリーのなかに入れるべきでないのかもしれない。「対話」とは、辞書を引くと「二人の人間が向かい合って言葉を交わすこと」(『広辞苑』)。英語では「ダイアローグ(dialogue)」、すなわち、ギリシャ語の「dia(二つの間に)」と「logos(言葉)」が結合してできた用語である。「確固たる自我をもつ者同士が相対し、意見を交換し、利害を調節する」ことを意味する。「あうん」ないし「なあなあ」で事が済むムラ社会に長らく住まいしてきた日本人も、それなりの「会話」をおこなっているとは言えるかもしれない。しかし「対話」となると、果たしてどうであろうか。日本人は、厳密な意味での「対話」をおこなうことに慣れていない。ましてや、「論争(ディベート)」を中心に展開する国際「交渉」には未だ十分な程度にまで習熟していない。こう評さねばならないかもしれない。

〝一対一〟の直接談判、その結末

河野一郎農水相は、一九五六年の日ソ漁業交渉の折に通訳すら伴うことなく、ブルガーニン首相と〝一対一(tête-à-tête)〟会談をもとうとした。先にこのことについてふれたが、現文脈でこのエピソードをもう少し詳しく紹介せねばならない。河野氏が二人だけの会談を思いついた動機は、自身の回想録『今だから話そう』によると、次のようにまさしく日本的なものだった。[30]「そこで僕も、つくづく考えた。……ひとつブルガーニン首相に直接ぶつかってみよう。……オレも日本では実力者と言われた男だ。ソ連一の実力者とぶつかり合ってこそ、はじめてモスクワくんだりまで来た甲斐もあるというものだ」。そう決心した河野は、考えをさらに次のように飛躍させた。「これは単身行く方がよかろう。……一人で言うだけのことを言って、そして相手方を信頼させれば、問題は案外うまくゆくかも知れない、と考えたので、私は〝一人で行くから、通訳その他の人は遠慮してほしい、必要ない〟との決断を下した」。

その意気込みたるや、良し。壮とすべきかもしれない。結果は、しかしながら散々たるものだった。みずからはソ連人通訳を伴って会見に臨んだブルガーニン首相によって、日本人通訳なしの河野農水相は同意しなかったことまで同意したと主張される羽目になってしまったからだった。驚いた河野は、ソ連側通訳をつかまえて抗弁した。「ブルガーニンが〝河野に協力せよ。暫定協定は聞いてやれ〟といったのを、君は通訳していたが、あの言葉は嘘なのか、どうなのか」。このように責めたてたが、後の祭り。ロシア人通訳は黙って、ブルガーニンが言ったとも言わなかったとも答えなかった。ソ連側は、「まあまあ、そういうな。けれども、なんにしても、これまで条約文の出来てしまったことは、間違いがないのだから、この条約だけには判を捺したらどうか」と、河野を追いつめた。このようにしてソ連側は、国交正常化（あるいは平和条約）交渉に漁業交渉をリンクさせることに、まんまと成功したのだった。このことは、漁業交渉の席上で国交正常化の交渉日程を決めたことからも「きわめて明らかだった」（松本俊一）[31]。

因みにつけ加えるならば、河野-ブルガーニン間の〝一対一〟会談で通訳をつとめたニコライ・アディルハーエフに、筆者は後日インタビューする機会を得た。結論を先にのべると、アディルハーエフは筆者に向かい河野にさらに不利になる事実を語った。すなわち、「漁業条約の発効は、日ソ国交正常化交渉再開を条件とする」との〝リンケージ（関連）〟を提案し、河野に押しつけたのは、実はブルガーニンではなかった。アディルハーエフによると、何と日本側の河野一郎が提案者に他ならなかった[32]。だがその事実が日本に知られると河野の日本国内での政治生命が危うくなりかねない。そこでソ連側の圧力に屈して河野が止むなくそのような〝リンケージ〟を受けいれた。是非このような形にして欲しい。河野がこのように依頼したのが、真相である――。これこそが、アディルハーエフ通訳が一九九〇年におこなった筆者とのインタビュー中で語った内容だった。[33]

コミュニケーション楽観論を再考する

日本人一般に存在するかのように思われる多国間コミュニケーションについての楽観論――。その原因は、いったい何だろうか？　この問いに、筆者はすでに答えをのべているつもりである。とはいえ、何分重要な問題なので、改めて正面から解答する作業をおこなってみよう。まず、意思疎通が比較的容易な日本の国内事情を、彼らは国際舞台へ安易に投影しがちな傾向がみられる。日本人は、一般的に言って「おそらくは世界中で最も一律化され、文化的にも均質な人間集団である」（ライシャワー）[34]。地理的にも、プライバシーがほとんど存在しないくらい狭隘な「向こう三軒両隣」（夏目漱石）に囲まれて、生活している。彼らは、能率的かつスピーディな情報社会の恩恵も十分うけている。つまり、日本独特の同質的な社会構成が人から人へと情報を流すのに理想的とも言える媒体を形成している。情報通信、郵便、宅配便といった情報伝達手段が、世界で最も発達している国でもある（グレゴリー・クラーク）[35]。

重要なことなので繰り返す。たしかに、〝以心伝心〟や〝腹芸〟をふくむ非言語的な意思疎通法は、必ずしも日本人のみにかぎってみられる方法ではない。日本人以外の諸民族も、言葉以外の伝達手段をもつ（たとえば、ボディ・ランゲージ）。さらに、日本人の〝以心伝心〟術は、諸外国によって日本にたいする外交や交渉の分野で用いられるようになってきた。たとえばロナルド・レーガン米大統領のやり方がそうだったと言いうるだろう。

レーガン大統領は、かつてニクソン＝キッシンジャー・チームがしばしば訴えた類いの対日ショック療法が、日本の政府や国民の反発を買い巧く機能しなかった事実に気づいた。同大統領は、自動車や防衛分担の問題を巡る交渉で、日本側にたいして細かな数字や具体的な要求を突きつける――このことが、必ずしもベストのやり方でないことを学ぶにいたった。その代わりに、むしろ〝以心伝心〟の手法によって米国の意のあるところを日本側に忖度させる、すなわち日本の方から自主規制や海上輸送路の防衛分担を申し出させる――このやり方のほうが、より賢明であることを悟るようになった。これは、相手側の政治風土や慣習にまで目配りするようになったという意味では、米国外交の成熟ぶりをしめしている。だからといって、しかしながら、日本側が手放しでそのような転換を歓迎するのは早計だろう。というのも、それは、米国が飽くまで自己の利益をよりよく満たすことを狙って、相手国の得意技をコピーし逆用しているだけの戦術転換にすぎないからだ。

その狙いはともかくとして、米国をはじめとして諸外国がこのような学習作業をはじめている。このことを認める場合であれ、〝以心伝心〟、〝腹芸〟といった非言語コミュニケーション法は、やはり日本人独特の意思疎通法とみなすべきだろう。この種のコミュニケーション術は、何度も繰り返すように、多くの点で均質的と言える国民が発展させてきた独特な手法である。したがって、日本人は、以下のことを肝に銘じておく必要があろう。①文化的な多様性をもつ国際社会で、この種の非言語的な意思疎通法は必ずしも理解されず、通用しない。②政治文化を異にする国家間の国際的な外交や交渉でこのような手法に訴え、それがそのまま通用するかのごとく前提とするのは禁物、危険でさえある。③あくまでロジック（論理）を駆使し、自分の立場を明快に表現するディベートや説得法こそが、国際場裡でオーソドックス（正統）かつ通常の交渉法であると自覚すべきである。

誠心誠意は万能薬ではない

一般論から、日ロ関係に話を移そう。多くの日本人はロシア人とて人間だから、必ずや日本側の正当な立場を理解してくれるはずと思いこみがちである。北方領土返還要求が、その典型と言えよう。日本人のあいだでは、「固有の領土」論の正当性を過信する傾向が顕著である。そのために、必ずしもそのような理論を信奉しているとはかぎらないロシア人をして、いったいどのようにすればこの問題をテーマとする交渉テーブルにつかせ、最終的には対日返還に踏み切らせうるか――この点にかんする「技術」論が、ややもすると軽視されがちである。北方領土交渉では、日本側の法理論的なポジションがロシア側のそれより強いために、日本にはブレーカー博士のいう「自己正当性〔the self-righteousness〕[36]の確信」が甘えや傲《おご》りとなって、とかく戦術、その他の工夫に努力が不足しがちな傾向を生んでいる。

たとえば福田赳夫首相（当時）の次のような発言には、〈大きいほうが小さいほうに譲って当然〉というやや自分勝手な日本式ロジック、もしくは甘えの精神が顔をのぞかせているように思われる。福田首相は一九七七年十月二十六日、訪日中のティモフェイ・グジェンコ（ソ連海運相兼ソ日友好協会理事）にのべた。「あれだけ広い領土をもつソ連が、何でちっぽけな島にこだわるのかね[37]」。同首相は、一九七八年二月二十二日、ポリャーンスキイ駐日ソ連大使（当時）に対しても、同趣旨を繰り返した。「〝島〟の問題と言っても、ソ連にとってはツメのアカ程度のものだ。踏ん切りをつけて欲しい。……ソ連にとってはわずか四島のちっぽけな問題ではないか[38]」。このような日本の首相の言辞には、「小銭を粗末にしない者こそがやがては大金持になる」ように、僅かの領土も他国にけっして譲ろうとしなかったために、ロシアが遂に地上最大の国土を持つ存在になりえたという事実が都合よく忘れ去られている。

漁業交渉は、今日の日ロ間ではもはやさして大きな係争問題ではなくなった。二〇〇カイリ漁業専管区域という冷厳な現実のうえに立って、日ロ両国はともに双方の利益を実務的な形で折衝する態度をしめし、かつて九〇――一〇〇日間もかかった交渉が、現在ではわずか一――二週間で妥結する時代を迎えている。だが、二〇〇カイリ時代の幕あけとなった一九七七年春には大騒動が持ちあがった。そして、そのとき日本側代表が交渉に臨んだ態度は、まさにここで話題にしている日本式交渉スタイルの典型だったと言えるだろう。というのも、当時、次のような言葉が対ロ交渉に臨む基本的な心構えとして頻繁に聞かれたからだった。

「(われわれが)誠意さえ尽くせば、ソ連といえども分ってくれるはずである」。「吾も人間、ロシア人とても人間、同じ人間同士で理解し合えないはずはない」。「小手先を弄せず、体当たりでぶつかってみよう」。あるいは、「山より大きな熊は出まい」。「もう覚悟を決めて、無手勝流の柔道の極意でゆくよ」。はてには、「〝対話〟でなくて〝体話〟外交を展開しよう」。たとえば、一九七七年、鈴木農水相は、さきに一度引用したように「ソ連も漁業国、腹を割って話せばわかる」(傍点、木村)とのべた。また、一カ月後の四月五日、首相特使としてモスクワに出発する予定の園田直官房長官(当時)も、まったく同様に語った。「こちらの言い分を率直に話せば、ソ連もわかってくれるはず[39]」。

もとより、福田、鈴木、園田氏らによるこれらの発言は、対ロシア向けに日本側が故意にのべた言葉、すなわち、戦術に発したもの。こうみなすことは、十分可能だろう。なにしろ、交渉を前に己の戦術を正直に披瀝したり、暴露するほどの愚はないのだから。とはいえ、必ずしもそれほどの深慮遠謀にもとづく言葉とはかぎらないのかもしれない。というのも、一般的に、わが国の国内政治で「政治は、〔所詮〕言語ゲーム」(丸谷才一[40])との意識が、見事なまでに欠落しているからだ。一例として国会討論の風景をのぞいてみよ。そこでは、与党、野党の別なく、国会議員たちは前もって用意したペーパーを唯、朗読しているだけにすぎない。言語のやりとり、すなわちディベートや雄弁によって相手側や国民を説得させようという姿勢や努力が全くと評してよいまでに欠落している。

ペンで御飯を食べている言論人たちが同様のことをおこなっているとするならば、もはや弁明の余地はなくなるだろう。たとえば『朝日新聞』(一九七七年三月六日付)の〝天声人語〟執筆者(当時)にたいして、そのような疑念が提起される。まず、同コラムは「外交の極意は、〝誠心誠意〟にあるのだ。ごまかしなどをやりかけると、かえって向こうからこちらの弱点を見抜かれるものだよ」。こうのべた勝海舟の『氷川清話』の言葉を引用する。そのあとつづけて「日ソ漁業交渉では、日本政府は誠意をこめて日本人の心を説き続けるほかはない」との結論をのべた(41)。

たしかに〝誠心誠意〟は、誰一人反論しえない美しい言葉で、基本的には間違っていない交渉態度であろう。ところが、すべからく動機よりも結果で行動を判断せねばならない政治の世界で、〝誠心誠意〟にもとづく精神主義は、残念ながらそれだけでは万能薬とはなりえない。というのも、誠心誠意は人間を動かすこともあるが、動かさないこともあるからだ。この意味で、レフ・ワレサ(当時、ポーランド自主管理労組「連帯」委員長)は、さすがに政治の何たるかを心得ているように思われる。『フランス・ソワール』紙のインタビューに答えて、彼は次のように語っているからである。「人間の誠実さを判断するのは難しい。われわれにとっては、どっちみち同じことだ。誠意は、『連帯』の空腹を満たせる食べ物ではない。大事なのは、結果なのだから(42)」。もっとも、われわれ日本人一般は、政治家やマス・メディアの批判をなしうる立場ではない。そうすると、天に向かって唾《つば》することにもなりかねない。なにしろ、「国家は、それぞれの国民に値する政治と新聞しかもてない」という言葉もあるようだから。

第2章

独自の交渉法

鳩山一郎首相とニコライ・ブルガーニン首相が「日ソ共同宣言」に署名（1956年10月19日、モスクワ）

日本人の交渉スタイルは、おそらく世界で最も際立った特徴をもつものだろう。

——**ジョン・L・グラハム／サノ・ヨシヒロ**(1)

日本人は戦術を軽視

さきにのべたように交渉観、同行動様式、同戦術は、たしかに三位一体の関係にある。それゆえに、前二者から交渉戦術がいわば論理必然的、あるいはほとんど自動的に導き出されることもあろう。しかし、だからといって、交渉戦術を前二者の延長線上でのみとらえようとするのは、必ずしも適当とは言いがたい。というのも、ロシア式戦術を論じた箇所で示唆したように（第Ⅱ部第7章、三五四頁）、戦術は次の三つの性格をもつからである。

まず、手段性。戦術は、目標の達成あるいは戦略の遂行に従属する下位概念である。次に、無差別性。戦術は、極論すると目的成就に役立つならば何であっても差し支えない。仮にそれがたとえ己の交渉観や同行動様式と少々矛盾するものであれ、人々は戦術の種類に拘泥しないだろう。さらに、模倣性。〈天が下に新しいものはなし〉の諺どおり、しょせん人間の思いつくことはかぎられており、奇抜な新戦術などそう簡単に思いつくはずはない。仮に日本人が最初に考案して用いはじめた戦術が威力を発揮する場合、日本人の交渉相手はやがて対抗戦術を思いつくと同時に、同様の戦術をコピーしようとさえするだろう。結果として、当初日本独自の戦術とみなされたものも、おそかれ早かれ日本式戦術とは言いえなくなろう。

このような戦術の手段性、無差別性、模倣性などの理由から、日本人固有と言える交渉戦術はほとんどなくなる。このことを十分認めつつも、しかしながら、かような交渉戦術分野においては或る程度まで日本人のユニークな諸点が見出される。たとえば日本人以外の諸国民も用いるものの、なぜか日本人交渉者がとりわけ好み、より頻繁に用いる戦術がある。本章はそのような二、三の戦術をとりあげ、紹介し、検討する。

〝戦術〟という言葉は、元来戦闘に勝つための計略という意味で、最初は軍事科学の用語として出発したのだろう。だが次第に他の分野でも用いられるようになり、今日、〝戦術〟は次のような一般的意味をもつ。「目標を達成する、あるいは望ましい結果を招来させるために役だつ手段または工夫」(『ウェブスター大辞典』[2])。

日本式交渉戦術の第一の特徴は、日本人が交渉に際して戦術を軽視しがちな点にある。一般的に言って、日本人は、ことのほか〝本質〟論を好む国民性の持ち主のようである。「アメリカ帝国主義の〝本質〟」あるいは「ソ連外交の〝本質〟」――こういうタイトルを冠した講演会や雑誌論文がやたらに眼につき、公的な職場を離れた酒場や喫茶店の一隅でもこのようなテーマをめぐって侃諤《かんがく》の議論をおこなうことを好む。他方、〝技術〟ないし〝戦術〟は、いったん〝本質〟さえ見きわめれば、そこからまるでひとりでに導き出されてくるもの。そのように二次的なものについて口角泡をとばし大上段から論ずるのは、必ずしも大人のなすべきことでない。ややもすると日本人はこう考えて、戦術論を軽視しがちである。実際には、一見小手先の〝技術〟とみられるものが〝本質〟を左右し、決定するケースすら稀でないにもかかわらず、そうなのである。

また、東洋の君子を自任する(?)日本人には、戦術を用いるのを潔しとしない傾向もみられる。〝戦術〟とは他人や他国を故意にだましたり陥《おとし》れたりして、利益を手に入れたり勝利を収めたりすることをもくろむ手練手管。そのような策略を弄することは、道徳的な見地からみてフェア・プレイではない。現実的な観点から言っても、けっして得策でない。日本では〈無策こそ最善の策〉といった古諺さえポピュラーなのである。次のような一連の用語はマキアベリスティック(権謀術数的)なニュアンスを伴うと見なされ、好まれない。「戦術(tactics)」、「手段(means)」、「梃子(leverage)」、そしてそれらの「操作(manipulation)」、「取引(bargain)」、「駆け引き(maneuver)」、など。

ところが、右は必ずしも適切な考え方とは言いがたい。まず、丸山眞男氏の定義によると、「権力」、「倫理」とならんで、「技術」こそは政治の三大構成要素の一つに他ならない。「権力」が政治の現実であり、「倫理」

が政治の理念であるとすれば、「技術」は現実と理念を繋ぐ手段として重要な役割を演じる。「技術」がその媒介機能を十分な程度にまで果たしてこそ、「理念」と「現実」の二要素がはじめて平衡を保ちうる。ゆえに、もし「技術」が欠けると、政治は「権力」万能主義、現実ばなれした抽象的「理念」への耽溺——この両極端間を浮遊し、安定性を損なう羽目におちいってしまう(3)。

改めて言うまでもなく、外交や交渉も広義での政治に他ならない。であるならば、外交や交渉にとって技術は不可欠の要素になる。技術〔technique〕と戦術〔tactics〕は紙一重、いやほとんど同義語とさえ言ってよいほど密接な関係にある。したがって、外交や交渉は戦術を必要とし、戦術のない外交や交渉など元々ありうるはずはない。欧米諸国やロシアでは、このように考えられている。たとえば対ソ外交のベテラン、ジョージ・ケナンものべる。「外交の世界で方法〔methodology〕や戦術〔tactics〕は、概念〔concept〕や戦略〔strategy〕に比べいささかも遜色のない重要性をもつ。これは、自明の真理である(4)」。

「正しければ通じるはず」という楽天的な過信

にもかかわらず、日本人は、交渉事で戦術が果たす役割をさほど重要視しようとしない。なぜ、そうなのか？　改めてこう問うならば、主として次のような理由を挙げうるだろう。第一。日本人は、権謀術策を用い、相手側の虚を突いたり、弱点に乗じたりするのはフェア〔公正〕でなく、交渉や闘いは正々堂々とおこなうべし——こういった道徳ないし価値基準の持ち主だからである。だが、そこには唯、天晴れと賞賛するだけでは済まされない、次のような不遜な心理も含まれているかもしれない。自分が正しい主張をしているかぎり、格別余計なテクニックを弄さなくとも、交渉相手はわれわれの要求を正しく察知してくれるべきである。

日本人は、このように「自己正当性〔self-righteousness〕」〔マイケル・ブレーカー(5)〕にかんして独特の考え方をもっているようだ。そのために、甘えの感情もしくは驕慢とさえ評しうる楽天的な確信を抱きがちとなる。すなわち、自分の主張は飽くまで正しいのだから、それを他人に伝えたり貫徹させたりするのに、格別意を用いたり、術策を弄する必要はない。誠意をこめて説明すれば、それで十分。相手は必ず当方の立場を理解して受け容れてくれるはずだ、と。交渉相手側にも、同様のことが当てはまる。このようにして、ブレーカーはのべる。「日本のバーゲニングの理解からすると、相手側を操作する戦術は、双方が『正しい気持』をもってさえいれば不要なものとして排除される(6)」。

「意志あるところに、道あり(Where there's a will, there's a way)」――このおそらく全世界に流布されている金言を最も無邪気に信じ込んでいる民族の一つが、日本人と言えるかもしれない。高村光太郎は、「僕の前に道はない。僕の後ろに道はできる」と謳《うた》った。日本は、良きにつけ悪しきにつけ、強靭《きょうじん》な意志が何にもまして尊ばれる精神的風土の国である。この精神至上主義が、軍国主義下では「精神一到何事か成らざらん」の竹槍精神を生み、戦後は一転して「平和を愛する諸国民の公正と信義を信頼する」心情を培う土壌を提供しているように思われる。

日本がどのような立場をとろうと、たしかにそれは日本人の勝手なのかもしれない。とはいえ、日本人は自己の立場(たとえば平和主義、「全方位外交」など)の正しさを過信するのあまり、さしたるPR活動をしないでも、他国はそれをとうぜん理解し、かつ受け容れてくれるはず――。ややもすると、こう安易に思いこみがちである。ブレーカーはこの点こそが日本人の問題であると懸念して、次のように記す。

「日本人は自国がおこなう基本的な交渉の目標、政策は、原則的に『正当』、『妥当』かつ『公正』であるという信念にもとづいている。(中略)『公正』とは結局、日本政府が公正だと決めたものを指す。(中略)

日本の交渉政策を練る人々は、（中略）日本の利益と国際社会のそれが一致すると明らかに信じこんでいる。また、日本の『高潔な』意図は、最小限の努力で相手側にわかってもらえるはずだと考えがちである。交渉の期間中に不一致が出てくると、日本人は相手側が日本の『真意』を把握できないからだとすぐ主張したがる」。(7)

（傍点は、原文で強調）

日本人には、戦術不信ないし軽視の傾向がある。なぜか。日本人は、ややもすると戦術の有効性にたいして疑念を抱いている。これが、もう一つの理由のように思われる。とくに長いスパンに立ち実際的効果の観点から判断するとき、戦術の使用や依存は、必ずしも有効ではない。逆に裏目にでて、危険でさえある――。日本人間では、どうやらこのような考えがかなり一般に普及しているようだ。〈策士、策に溺れる〉といった諺がポピュラーなお国柄である。「策というものは、馬鹿の骨頂だ」と喝破した人物（勝海舟）が腹のすわった大物政治家とみなされる風潮すら存在する。ブレーカーは記す。日本人のあいだでは、「マキアベリスティックな戦術を用いると――とくに素人がやるばあいは――危険で失敗のもとという考え方が根強く存在し、日本人はそうした戦術を、日本よりも強力な国との交渉ではとくに避けるべきと考える傾向がみられる」。(8)

とはいうものの、日本人といえども交渉を有利に推し進めるためには、何らかの〝戦術〟に訴えないはずはなかろう。実際、訴えている。たとえば仮に日本人が〝権謀術数〟と呼ばれるものを一切用いずに、対話外交を誠心誠意を込めて展開していると仮定しよう。その場合、このような方針、ポーズ、ジェスチャーそれ自体を立派な一種の〝戦術〟とみなしうるのではなかろうか。だとすれば、意識するしない、また認める認めないにもかかわらず、日本人もまた何がしかの戦術に訴えていることになろう。もしそうならば、わが国で従来ややもすると継子あつかいされがちだった交渉の〝技術〟や〝戦術〟を、このさい思い切って白日の下に引き出して、正当な地位ないし市民権をあたえることが望ましいと言えるのではなかろうか。

〝根まわし〟の良し悪し

一般的に戦術に不信感を抱いているにせよ、そして仮に本人に自覚がなかろうとも、実は無意識のうちに一連の交渉テクニックに訴えている。そのような交渉戦術というものもあるだろう。日本人がそのようにして用いている交渉戦術について、話を移すことにしよう。まず紹介すべきは〝根まわし〟工作である。根まわしは、もともと造園用語。「根もとに肥料をやるなどの準備的な世話に時間と努力を注ぐことによって、果樹の移植や成長を容易かつ良好にすること」を意味する。転じて、公式の会議に先立っておこなう当事者間の意見の調整、議事手続の台本の準備、その他の裏面工作一般を指す(9)。

根まわしは、必ずしも日本人だけが訴える手段ではない。その他の諸国でも類似の努力はおこなわれる。たとえば英語圏諸国では、「下準備(spadework)」、「油を差してなめらかにする(oiling)」といった表現がある(10)。舞台裏での潤滑油に依存しようという人間心理は、おそらく洋の東西を問わず共通してみられる行為だからであろう。たとえば「院外工作(lobbying)」も、一種の事前工作、すなわち根まわしとみなしうるだろう。議会のロビー(控室、応接間、休憩室、食堂、廊下など)で議員をつかまえ、請願、陳情、運動をおこない、圧力をかける。己に都合のよい法案を通過させたり、逆に都合の悪い法案の通過を阻止したりしようと試みる。転じて、広くロビー(議会の会議場)以外の場所であっても同様の目的をもっておこなう議会工作を指す。

日本人が重視する前もっての合意づくりも、広義の根まわし作業と言えるだろう。欧米人が多数決方式をとるのにたいし、日本人はえてして全員一致のコンセンサス方式を好む。日本人同士によるデシジョン・メーキング(意志決定)は、通常、担当者が原案のペーパーをつくり、それを「ボトム・アップ(下から上へ)」方式で積み上げてゆくやり方をとる。たとえば、「稟議制」と呼ばれるやり方が、そうである。主な担当者が原案を作成し、それを関係各位に回し、承認を得る方法である。このような手法は、欧米人には一見するかぎり無駄な時間を用いるスローテンポなそれと誤解されがちである。

日本的な根まわしのボトム・アップの慣習をそっくりそのまま国際的な舞台に持ち込むならば、どうだろう。プラス、マイナス二つの効果が生じるだろう。まず弱点としては、次の諸点を指摘しうる。たとえば「プラザ合意」に参画した緒方四十郎氏（日本銀行）はのべる。「日本の政策決定はコンセンサス方式によるところが多いため、よほど前もって内容に根まわしをしておかないと、海外の日本代表は国内からハシゴをはずされることが少なくない。逆に、あらかじめ国内に根まわしをしすぎると、現地での情勢の急展開に弾力的に対応することができなくなってしまう」[11]。すなわち、国際交渉のやり方に対応する必要性からは、日本人も時として「トップ・ダウン（上から下へ）」の意志決定法を迫られる。国際通の緒方氏は、こう示唆しているようである。同じくプラザ会議に活躍した大場智満氏（旧大蔵省）が「日本のコンセンサス型決定方式は外圧によって初めて多数決原理に変わる」[12]とのべているのも、おそらく同様の事情を指しているのだろう。

ところが他方、コンセンサス重視にもとづく日本式意志決定法には、次のような長所がある。ひとたび合意に到達するや決定がスムーズかつ迅速に実践される点である。決定の実施を担当する者の多くは、それまでに非公式に相談にあずかったり決定それ自体に参画したりして、既に決定内容を十分熟知し納得している。そこでひとたび決定が下されるや、彼らはもはや妨害やサボタージュ行為を容易におこないえなくなる[13]。他方、欧米では決定が上意下達のトップ・ダウン方式でなされがちなために、仮に決定それ自体は迅速にくだされようとも、それがその後必ずしもスムーズかつ効率的に実施されるとはかぎらない。因みにこのような実態を熟知している米国の経営学者ピーター・ドラッカーは、次のような結論にすら達している。決定と実施の両作業で費やされる時間の双方を合計するならば、日米両国民の作業効率はほぼ同じと言えよう。

引き延ばし戦術に長けた日本

欧米人の眼からみると、日本人は交渉で引き延ばし戦術に長けているという。たとえばクライド・プレスウィッツは、かつて次のように批判した。(14) 日本人は、「常に交渉をだらだらと引き延ばし」、「期限ぎりぎりまで協議をつづけ」、「もう後がないというせっぱ詰まった最後の瞬間にならないと、けっして提案をおこなおうとしない」。これらは、「ただ一つの例外もなく、日本流交渉戦術の好例である」。日米経済摩擦はなやかなりし頃にのべられた日本批判のひとつである。当時ほとんどの米国人が、日本人の交渉法について同様の感想を抱いている様子だった。日本人のこのような交渉傾向は、既述した日本人の交渉観や交渉行動様式に由来しているのかもしれない。すなわち、日本人は長期的に信頼しうる人間関係の構築を目指し、国内でのコンセンサス〈合意〉をつくることなどに多大の時間を費やすのである。

とはいえ、以上のべてきた交渉観、交渉行動様式、交渉戦術は必ずしも日本人だけの専売特許とはかぎらない。同様の傾向は、その他の諸国民にも広くみられる。好例はロシア人だろう。さきにもふれたようにロシア人が交渉でしめすのらりくらりとした応答、引き延ばし、反復——このような行動様式ないし戦術は、日本人のさらに一枚上手をゆく。こう評して差し支えないだろう。米国人は批判する。日本人交渉者たちは、デッドライン間際のギリギリの瞬間にならなければけっして決断しない、と。だが別の米国人は、他ならぬロシア人こそが「出発時間ギリギリの決断」に秀でており、その戦術におちいってはならないと忠告している。たしかに、〈時は金なり〉の人生哲学を信奉し、一定期間中に「仕事をなしとげない」と気が済まない米国人の眼からみると、日本人、ロシア人がともに交渉でだらだらと時間を用いるやり方はいたく気に障るのだろう。とはいえ、日本人からみると、自分たちに比べロシア人のほうがはるかに交渉の進め方がのんびりしすぎているとの不満を抱く。要は、相対的な差異にすぎないのかもしれない。

「玉虫色」解決法は有効か

物事の「玉虫色」的解決――これこそは、極めて日本的な紛争処理法とみなしうるだろう。関係当事者間の主張、立場、利害が真っ向から衝突しているために、何時まで経っても紛争解決の目途が全くたたない。そのために、交渉がデッドロックに乗り上げて、にっちもさっちもいかない。このようなことは、現実にしばしば起こる。また、もし欧米流の黒白二分法による解決を目指すならば、どちらが勝利し、どちらが敗北したかが白日の下にさらされる。その怨念がしこりとなって、後あとまでも尾を引くこととともなりかねない。このような結果は、面子を重んじ、〈和を以って尊しと為す〉日本社会では、とりわけ望ましくない。

以上のような諸事由にもとづき考案されたのが、「玉虫色」解決法と言えるだろう。懸案事項を必ずしもとことん明解に詰めることなく、「同床異夢」の多義的な解釈の余地を残すやり方である。見るものの角度によって羽の色が異なって見える玉虫にちなんで、「玉虫色」的解決法と名づけられる。

「玉虫色」的決着法は、『陰翳礼讃』（谷崎潤一郎）の伝統のある日本で考案され、人生の智慧のひとつとして受け入れられることになった。他方、欧米人たちによっては少なくともかつては疎《うと》まれ、批判の的にさえなったやり方だった。彼らは、ややもすると常に明快かつ一義的な解決法を好むからである。たとえば一九九三年の日米包括経済協議で、米国側が数値目標の設定を要求した背景には、そのようなアメリカ人の態度が反映していた。数値目標とは、日本の輸入市場が米国にたいし解放された結果を、文字通り何人にも疑いえない数字の形で明確にしめす尺度（たとえば、「米国製の半導体の日本市場におけるシェアを最低限度二〇パーセントとする」など）

を意味した。

「玉虫色」の手法には、もとより重大な欠陥が伴う。交渉当事者の面子をたてることに意を用いるあまり、紛争の真の解決を後の時点へ先送りするだけの結果になりがちだからだ。したがって、「玉虫色」の解決に安易に頼ることは望ましくないばかりか、危険とさえ評しえよう。しかし、そのことを十分認めつつも、なおかつ「玉虫色」に訴える以外に全く他の解決策を見出しえない場合、では、いったいどうすればよいのか。残された唯一の方法が「玉虫色」的決着であり、それはそれなりの有効性をもつ――。この事実を認めざるをえないだろう。

右のような事情や理屈を鑑み、合理主義的思考にもとづき白黒的な決着法を好む欧米諸国の交渉者たちでさえも、次第に「玉虫色」的解決法の有効性を認め、この種の結着法に訴えるようになってきた。ひとつには、欧米諸国でも、元来、黒白いずれでもない灰色地域《グレイ・ゾーン》の設定を認めて曖昧な決定をおこなう――このような伝統がまったく存在しないわけではなかったからだろう。[15] 因みに、「二十世紀随一のアメリカのネゴシエーター」と称されるヘンリー・キッシンジャーは、「建設的曖昧さ（constructive ambiguity）」もしくは「優雅で曖昧なフォーミュラ（elegantly ambiguous formula）」（ジェームス・セベニウス[16]）の愛好者であった。キッシンジャーが考案した次の一文は、その見事な一例であり、感服以外の何物でもない。米中国交正常化の折、北京が台湾を含め「一つの中国」を米国が承認するよう迫った時、キッシンジャーはその難題兼ジレンマを玉虫色的な回答によって見事に（辛うじて）回避した。「台湾海峡のどちらの側の中国人も、中国は唯ひとつだと主張している。米国政府はこの立場に異議を唱えない」。

相反する評価――ブレーカーの場合

以上の二章（第Ⅲ部第１章、第２章）でのべてきたような諸特徴をもつ日本式交渉法にたいする外部世界での評価について、最後にページを割くことにしよう。大別すると、二種類の評価が存在する。一は、日本人の交渉スタイルを国際的に全く異質とみなして、それを国際場裡で通用する一般的タイプへと転換する必要があると説く。『根まわし・かきまわし・あとまわし』の著者、ブレーカーは、そのような見方の代表格と言えよう。

ブレーカーによると、日本式交渉は「状況にたいする適応〔situational adaptation〕」[17]の一言に要約されるという。つまり、日本人は、そもそも交渉事、とりわけ異文化交渉に携わることを好まない。だが、日本人が好むと好まざるとにかかわらず、現代社会は益々国際化をとげ、対外交渉なしには一日たりとも過ごしえない時代を迎えつつある。この現状にかんがみ、日本人とて諸外国人とのあいだで交渉をおこなう必要性を回避しえなくなった。とはいえ、大概の日本人にとり交渉は自分の方から積極的にイニシアチブをとってまで始めたり、ましてや従事したい類いの行為ではない。独自の哲学や戦略をもたず、たんに国際社会における変化に対応し、世界の潮流に「あわせる」（武者小路公秀）――。既述したこのような日本人の人生観から言っても、日本の交渉スタイルは消極的、防禦的、反応的、低姿勢（low key）といった特徴をしめしがちとなる。

ブレーカー博士は、日本人の交渉行動様式がしめす具体的な特徴として、次の十点を箇条書きの形でリストアップする。

①自己の側からは、ほとんどイニシアチブをとらない。政治、安全保障、そして論争の余地のある経済問題にかんし、そのような傾向が、とくに顕著にうかがえる。
②誰の眼にも分かる形で積極的に自己主張をおこなったり、リーダーシップを発揮したりしようとしない。
③総合的、統一的な計画を作成するよりも、どちらかと言えばケース・バイ・ケースの対応をおこなうのを得手とする。
④国内の諸利害を慎重に考慮して、その調整作業に長時間をかける結果、交渉での自己の立場を決めるまで

に実に多くの時間がかかる。

⑤交渉過程で、たとえばパーソン・トゥ・パーソン・コミュニケーションや裏取引（バック・チャネル）などを重視しがちである。

⑥己の提案を作成するにあたって、漠然かつ時として曖昧模糊で、言質をあたえない類いの表現を用いる傾向が、顕著である。

⑦交渉相手たちを説得し、彼らの見解や立場を変えさせて、自己の立場へコミットすることを重視する。

⑧対立が極度に激化する場合には、交渉当事者間に橋を架け、調停役を買って出てくれる仲介者を探そうとする。

⑨非常に緩慢かつ微増させる形でしか、譲歩をおこなおうとしない。

⑩状況が高度に政治化され、「危機」段階にさしかかったと判断される場合以外には、大きな妥協にけっして踏み切らない。

右のような諸特徴をもつ日本式交渉スタイルを、簡単なキャッチ・ワードで要約せよ——。もしこう言われるのならば、ブレーカーは次のように答える。まず、四つのPでのべる。*Probe*（根まわし）、*Push*（押しまくり）、*Panic*（恐慌に陥る）、*Postpone*（あとまわし）。あるいは三つのS。*Silence*（沈黙）、*Smiling*（スマイル）、*Sleeping*（いねむり）。もしくは、次の五つのDとさえ言い換えうる。*Deny*（否定）、*Delay*（遅延）、*Defer*（延長）、*Deadlock*（行詰り）、*Discontinue*（中止）。

ブレーカーの右のような結論には、概ね同意しうるかもしれない。明らかとも言いうる欠陥が、しかしながら、少なくとも一つ二つ存在する。第一は、彼が日本人の変化を軽視していること。ブレーカーが日本外交研究の第一人者としての名声を確立した博士論文『根まわし、かきまわし、あとまわし——日本の国際交渉態度の研究』（邦題）は、本人自身が断っているように、第二次世界大戦前の事例を対象にし、そこから得られた日本人の交渉行動様式の特徴を指摘している。もちろん、彼はその後の時期における日本外交にも並々ならぬ関心をしめしてはいる。とはいえ、ややもすると彼はそれと第二次大戦前の日本外交との連続性を強調しがちな傾向を免れていない。そのために、残念ながら、ブレーカーには戦後の日本外交に生じつつある変化面を過小評価する弊害が顕著と評さざるをえない。

米国スタイルは万能でない——日本側からの反論

ブレーカーに見られる第二の傾向は、彼が米国型交渉スタイルこそが世界水準を満足させる交渉法であると暗黙裡に前提にしている点である。しかし、米国型の交渉法を普遍的な尺度として日本式交渉を批判したり、時には断罪したりする——。このようなやり方を、果たして適当とみなしうるだろうか。少なくとも日本の交渉担当者や研究者たちからは、そのような一般論に対しては反論が提出されている。以下、そのような批判を二、三紹介しよう。

たとえば日米包括協議交渉に携わった榊原英資氏（旧大蔵省）は、語る。「一つの進歩主義的な歴史観というものがあって、そのレファレンス〔基準〕が欧米先進国、しかも、おそらくアメリカなんですね。戦後のアメリカをレファレンスにして日本がユニークだがディファアレントだとかいう」(18)。

また、小倉和夫氏（外務省、のちに国際交流基金理事長）も、指摘する。「欧米の対日圧力外交の裏にあるものは、自らの信奉する主義や考え方が、普遍的に正しいものであり、最終的には諸国民によってうけいれられるべきものであるという固い信念が横たわっている。こうした信念があるからこそ、力は正義となり、また、圧力をかけるのは正当行為となり、同時に、結果さえよければ、やり方はどうでも本来構わないという、結果至上主義を生む[19]」。小倉氏は、別の著書でも米国式交渉観に批判を加えている。『正義の戦士』としての米国の使命感は、ややもすると自らの価値観や思想と異なるものはうけつけないという態度や、国際的一般常識から逸脱した異質性や例外はこれを認めないという考え方につながる[20]」。

小倉氏はつづける。米国式交渉も日本式交渉もともに、それぞれの文化的特性の影響をうけている。この点にかんして変わりはない。こうみなして、氏は次のように説く。「日米経済関係の摩擦の形態や程度に影響する要素として、日本の文化的特性があるとすれば、同じ意味で米国の歴史的、伝統的、あるいは文化的特性が、日米経済関係における問題の処理のパターンを大きく左右している面も無視できまい[21]」。しかも、米国の文化的特性の一つは、他国の文化を理解しようとする努力の欠如ないし不足にある。小倉氏はこうみなして、米国式交渉法の欠陥を忌憚なく批判する。いわく、「そうした特性の一つとしてあげられるのは、米国人の歴史的感覚の欠如と相手側、特に日本のように長い歴史的、文化的伝統を持つ国の慣習や伝統に対する理解不足である[22]」。

米国と日本の交渉法にみられる違いについて引きつづき論ずるならば、ごく稀な例外的な見解とはいえ、次のような意見をのべる米国人専門家が存在する。むしろ米国人こそが、その性格から判断して実は交渉事にあまり向かない国民性の持ち主なのではなかろうか。逆に日本人は、国際社会で立派に通用するどころか、普遍的パターンとなりうる交渉をおこなっている。たとえばグラハム／サノ共著『賢明なバーゲニング』の見方が、そうである[23]。

両著者によれば、米国人の交渉スタイルは、主として①移民の歴史、②開拓の産物、③ビジネス・スクール、ロー・スクールの教育法などの影響を受けて形成された。一言でいうと、それは「カウボーイ・スタイル」の交渉に他ならない。西部劇映画でしばしばカウボーイ役を演じた俳優の名を借りて「ジョン・ウェイン・スタイル」と名付けてもよい[24]。具体的に言うと、米国式交渉は次のような特徴をもつ。独立独歩のわが道をゆく精神、自身の雄弁その他の優位する力で相手側を圧倒して競争に打ち勝ち、勝敗の結果も黒白二分法で明確にするやり方。ところが、自分にとって厄介な局面に直面するや、解決に地道に努力するよりも交渉からアッサリ降りてその場を立ち去る方途を選ぶことさえ珍しくない（同じく西部劇『シェーン』の主人公のように）。要するに、米国人は、立場の異なる相手側の主張に辛抱強く耳を傾けたり、沈黙に耐えたりするのを苦手とする国民なのだ、と。

ゼロ・サムからウィン・ウィンへ

右に紹介した日本式交渉法にかんする二つの見方のうち、いったいどちらが正鵠を射た見方と言えるのだろうか。そのことを判断するためには、一見するかぎり遠回りの方法に映るかもしれないが、米国での交渉理論の変遷を復習することが有益かつ必要かもしれない。

かつて一九六〇―七〇年代に国際政治学の主流を占めていたのは、現実主義、新現実主義、「ゲームの理論」などであった（詳しくは第I部第3章、一〇九頁参照）。これらの学派の影響をうけて、交渉学研究の分野でも交渉をもっぱら勝敗や損得の観点から眺めようとする見方が主流を占めていた。言い換えるならば、これらの伝統的な理論は、交渉の対立的、もしくは分配的な側面を重視していた。

しかしながら、交渉を勝ち敗け、もしくはゼロ・サム・ゲーム的な損得でとらえる見方は、交渉の実相を正確に把握してもいなければ、交渉を成功に導く政策論としても必ずしも適当でない。まず、権力を軍事力ばかりでなく、経済力、ソフト・パワー、精神力、団結力などの緒力を含む広い概念ととらえるならば、それらの総合力で果たしていずれの当事者が他に比べより勝っているのか。そう簡単には決めえないことになろう。また、実際の交渉では次のようなケースがしばしば発生する。権力の小さい方がキャスティング・ボートを握ったり、弱者の恫喝を加えたりすることによって、強者にたいして実際、勝利を手に入れる。さらに、交渉で一方的な勝利や利得を収めることそれ自体が、たとえば長期的な観点からみて必ずしも望ましくないことも看過されがちだった。というのも、大敗を喫《きっ》したり大きな損失を被ったりすることになった側は、そのような結末にたいして往々にしてルサンチマン（怨念）を抱き、報復したり挽回したりする機会を虎視眈々と狙いがちな傾向をしめすからだ。

以上略述したような諸欠陥が伴うことについての反省も手伝って、一九八〇年代頃になると、欧米諸国の研究者間では交渉をこれまでとは異なった観点からとらえ直そうとする試みがなされるようになった。すなわち、交渉が対立的ないし分配的な側面とともに、協調的ないし統合的な側面も併せもつミックス（混合体）であることを強調しようとする努力である。[25]

要するに、かつての伝統的な交渉理論は、ゼロ・サム・ゲーム、あるいはフィフティ・フィフティの妥協にもとづく解決法を正当化しがちであった。そのような傾向にたいして、新しい理論は交渉をノン・ゼロ・サム・ゲーム、ポジティブ・サム・ゲーム（交渉参加者すべてが、利益を得る）、いやウィン・ウィン・ゲームへとさえ変形することを熱心に唱える。では、そのような転換を可能にするための具体的な方法とは、いったい何か。一つのやり方は、争点の数や範囲を拡大して、交渉参加者がそれぞれ違った領域や分野で満足を得るように試みる方法だろう。この種のパッケージは、長期的にわたって信頼できる人間関係が存在する場合にはじめて可能となる。だとすると、新しい交渉理論は信頼関係重視の日本式交渉観と似かよった側面をもつことになろう。

人間中心主義の功罪

ところが他方、交渉で当事者間の信頼関係をことのほか重視する日本式交渉観は、大きな危険性も孕んでいる。同時にこのことを、忘れてならないだろう。まず一般論として改めてのべるべきことがある。外交交渉は、国際場裡で国や国民を背後に背負った政治家や外交官が、国益を賭けて対決する熾烈な闘いに他ならない。それは、交渉担当者個人間の人間的な信頼関係だけで解決しうるほど生易しい類いの折衝ではない。さらに具体的にのべると、以下のような諸問題を指摘せねばならない。箇条書にしてのべよう。

（1）「人間関係」第一主義の立場からは、次のような極論さえ導きかねない。信頼関係が未だ十分な程度にまで構築されていない者同士では、交渉をおこなええない。ところが皮肉なことに、交渉はそのような者のあいだでこそ必要とされるべき営為であろう。バートラム・I・スペクター博士が「いわゆる〝悪漢〔villains〕〟との交渉[26]」と題する一連の論文で苦労して取り組んでいるのは、まさにそのような人間、たとえば「ならず者国家」やテロリスト集団をして、いったいどのようにすれば交渉へと誘導し、交渉を可能にし、持続させるのかという問題なのだ。

（2）人間関係と問題の解決とを結びつける。このことにあまり熱心になると、マイナスの効果を導くだろう。互いにある程度または全幅の信頼が存在している者同士のあいだでさえも、そうなのである。というのも、信頼関係が形成されることにたいする過剰な依存や期待の存在が、ややもすると争点解決への真剣な努力を軽視しがちな傾向が生じるからである。たとえば、当方が思い切って善意の譲歩をおこなうことに踏み切ったケースを仮定しえよう。ところが、もしそれに見合う譲歩を相手側がおこなわないとみなす場合、信頼関係の基礎が存在していると思い込んでいただけにその挫折感が一層大きいものになるかもしれない。

（3）信頼関係にもとづく人間関係を維持しようと懸命に努力するあまり、当事者たちが不適当もしくは賢明でない譲歩をおこない、誰も予期せず満足もできない皮肉な結果が起こるケースすら生じるかもしれない。極端な例は、O・ヘンリーの短編『賢者の贈りもの』に似た事態である。妻は、愛する夫にクリスマス・プレゼントとして懐中時計用の鎖を買うために、自分の美しい髪を切って売ることを決意した。一方、夫は、愛する妻の美しい髪をくしけずる櫛を買うために、自分の懐中時計を売ることにした。これら善意の行為によって、たしかに夫婦間の愛情は確認できたものの、両人はともにもはや役にたたないものを受け取るという結果になったのだった。

以上のような諸ケースが示唆しているのは、いったい何か。一言でいうと、人間関係重視の日本式交渉法は、フィッシャー&ユーリーの忠告に逆らう危険を内包していることである。彼ら二人は、共著『ハーバード流交渉術』で「人と問題を分離せよ」[27]と説いた。とはいえ、右に指摘したような限界に十分留意するかぎり、人間の信頼関係を重視する交渉法は基本的には正しいとみなしうるだろう。交渉を「利害関係者が相携えて共通の任務を遂行する協同作業」(フィッシャー&ユーリー)[28]とみなす点で、日本式交渉観は米国での新しい交渉観に合致している。ここから一歩進んで、さらに次のようにのべることさえ可能かもしれない。

たしかに、長期間におよぶ人間の信頼関係の構築を目指そうと説く日本式交渉観は、センチメンタルな綺麗ごとかもしれない。とりわけ世界が東西両陣営に分かれて赤裸々な形でせめぎ合っていた冷戦の期間中、このような見方はまったく時代錯誤であり、非現実的な交渉であるかのようにも思われた。しかし冷戦構造が曲がりなりにも終結し、相互依存関係が日増しに深まりつつある今日、日本式交渉法の発言権や出番が増大するのではなかろうか。時代に先駆ける普遍性を秘める交渉観の出現——。ひょっとすると、将来、このように日本式交渉スタイルが積極的に評価される時期が、到来するかもしれない。もっとも、これは、筆者が日本人であるがゆえの身びいきすぎる希望的観測かもしれないが。

第3章

対ロ交渉に成功するノウハウ

ブレジネフ書記長と田中角栄首相の会談（1973年10月10日、モスクワ）

ロシア人をわれわれとは異なった国民とみなす。(1)

——ライト・ミラー

ロシア人は異なる国民と認識せよ

ロシア——。日本にとって、好むと好まざるとにかかわらず、真剣に交渉せねばならぬ国である。**第Ⅲ部第1章**でのべたように、地理的な隣国。領土問題を解決して、平和条約を結ばねばならない相手。また、資源小国日本にとり、資源大国ロシアは、経済的補完関係をもつ有力な貿易パートナーのひとつである。では、日本はいったいどのような点に留意して、ロシアと交渉に臨むべきなのか。本章は、この問題に取り組む。

まず、是非とも注意しておくべき一般的な心得があろう。それは、ロシア人が日本人同様の伝統や制度をもち、同様のものの考え方をする国民である——。こう前提とするのは、禁物であること。たとえば安岡章太郎氏は『ソビエト感情旅行』(一九七五年)で、次のような文章を記した。ソ連でもおそらく「われわれと似たりよったりの人間が、似たりよったりの生活をしているにきまっている」[2]。これは、耳当たりがよく、かつ基本的には正しい認識だろう。たしかに、ロシア人と日本人との共通性を数えあげるならば、それは相異点をうわまわるかもしれない。ところがこと交渉事となると、話は若干異なってくる。(ロシア人にかぎらず)交渉相手が他国民ならば、異なった利害、立場、文化に依拠しているのみならず、異なった考え方や行動様式をとる——。このように最初から疑ってかかるほうが、その逆に比べ無難かつ、間違いを犯す度合が少なくなる。

これが、少なくとも欧米諸国の対ロ・アプローチのABCのようである。つまり、欧米諸国のロシア研究者や対ロ交渉の体験者たちは、まずロシア人を自分たちとは異なった存在とみなす。たとえばイギリス人のライト・ミラーは、著書『国民としてのロシア人』(一九六一年)の序文を次のような文章から書きはじめた。「多くのロシア人は、イギリス人に似かよっている。イギリス人と同様のユーモアももっている。イギリス人と同じ代数と幾何を学ぶ。同じく石けり遊びを楽しむ。同じく治安警察から自由でありたいと願っている。また、ウールやナイロンの衣料品を好む。隣人を傷つけたくないと思い、子供が自動車に轢《ひ》かれそうになるのを見るや身を挺してでも助けようとする。――しかしながら、ロシア人とイギリス人のあいだでのこれらの共通点から、ロシア人がイギリス人とまったく似かよっているとの結論をくだしえないのだ[3]」。

こうのべたあと、ミラーは、ロシア研究をはじめるに当たり、「ロシア人を、われわれとは異なった国民〔*people different from ourselves*〕[4]」（傍点は、原文で強調）とみなす立場を、自身の基本的アプローチとする旨、宣言する。われわれ日本人と比べると、人種、言語、文化……など多くの点で共に広義のヨーロッパ人としてロシア人に遙かに近いはずの英国人でさえ、このように自己とロシア人との違いをしっかり胸に叩きこんで対ロ交渉に従事しようとしているのだ。

人種、歴史、人生哲学、制度（政治・経済・その他）等々を異にする諸国家間が、利害の対立を抱えて交渉をおこない、しかもなんとか妥協点を求めようとする――。このような国際交渉において、ミラー教授の基本的立場は誠に適切な出発点を示唆しているように思われる。ニコルソンも、同様の考えに立ち著書『外交』で次のように警告している。「すべての外交官は、交渉技術にかんする彼ら自身の考え方を、交渉相手たる外国人もまた多かれ少なかれ共有していると考えがちな傾向がある。この誤った前提こそが、まさに誤解を導くもとなのだ[5]」。

ロシアの立場で日本を見る

たしかに、〝以心伝心〟、〝腹芸〟などの非言語コミュニケーションの箇所ですでにのべたように、日本外交の最高責任者たちのなかには、ややもすると「われも人間、ロシア人とても同じ人間、互いに心が通じ合わないはずがない」――こういった安易な考え方を抱いて、諸外国との交渉に臨む者が後を絶たない。これは、世界で他に例をみないまでに高度の文化的均質性をもつ民族が、狭隘な四つばかりの島々に住んでいることに発する考え方だろう。日本国内でこそ通じても、国際社会では通用しがたい発想と評さねばならない。にもかかわらず、国内政治の論理ややり方を国際場裡に持ち込んで、それがそのまま通用するかのごとく考える。このような日本人が依然として少なくない。

この種の弊害を矯正する一つの術は、複眼的とでも名づけるべき手法に習熟することだろう。つまり、一度みずからを相手側の立場にたたせてその主張をできるかぎり正確に理解することに努め、それに照らして自分の主張を再度検討してみる。山本七平氏の言葉を借りて言い直すと、次のようなことである。「交渉とは、まず自己の意識をもう一度とらえなおし、同時に相手の基本的な発想をとらえ、その内に何らかの合理的妥結点を求めない限り、すべて不可能なはずである」[6]。ところが、本書の冒頭（**第Ⅰ部第1章**、五七頁）ですでにのべたように、相手側の見解をクールに眺め、その立場を虚心坦懐に認識する――。これは、〈言うは易く行なうは難し〉。外交当事者は、ややもすると己が代表する国や団体の利益を実現することだけで頭が一杯になっている。そのために、交渉相手の立場にたって彼らの主張を正しく理解することがむずかしい。相手側のレンズを通して見るどころか、往々にして己の鏡に照らして相手側を眺めがちになる。

だから、ぜひとも交渉担当者は厳しい自己抑制（コントロール）を課す必要がある。その作業をおこなってはじめて、交渉を妥協に導き、しかもそれを己にとり有利な結果に終わらせることが可能になろう。山本氏も、たとえば北方領土という具体的問題にかんし実に厳しい見方を記す。すなわち、いったんは将棋盤の向こう側（ロシア側）に坐ってみる覚悟がなければ、およそこの困難な問題の解決の目途などつけうるはずはない。こうのべたあと、氏は次のように悲観的な結論すら口にする。「簡単に政治的交渉というが、〝日ソ交渉将棋盤〟を頭の中で逆転させ、相手の〝手〟を全部読み切った上で、解決には〝この一手がある〟とその〝指し手〟を具体的に説明できる人がいるのか。私の知る限りではいない。〝ない〟ということは政治的解決の方法が日本側にはないと言うことである」(7)。

以上のべたことをまず基本的な心構えとして肝に銘じたうえで、具体的に日本側に勧めるべき対ロ戦術としてはどのようなものがあるのか？　この問いに取り組んでみよう。

右の問いに端的に答えると、既述したロシアの戦術の裏をかいて、日本人の弱点をカバーすること――。この一言につきるだろう。だが、そう言ってしまえばもうほとんどのべることがなくなってしまう。これまでの記述と一部重複することを覚悟のうえで、日本側の採るべき戦術という観点からとりわけ重要な注意事項について五点ばかり記すことにしよう。これらは最重要とみなされるものにすぎず、必ずしも日本の対ロ戦術がこれらに尽きるわけではない。

ロシアの〝力〟を過大にも過小にも評価せず

まず本書で口を酸っぱくして強調していることのひとつは、ロシア人ならびにクレムリン指導者たちが〝力〟の信奉者であるという事実である。ロシアの最高リーダーたち自身がこのことを恥じることなく公言している。たとえばブレジネフ党書記長は、一九六九年六月七日、明言した。「社会主義の成果を護るためには、〝力〔сила〕〟が必要である。しかも、少なからぬ〝力〟が必要である。まさにこのゆえに、ソ連共産党は、ほかの同胞国の諸政党と同様に、社会主義諸国の防衛力の不断の増大につねに留意しているのだ」(8)。

〝力〟というばあい、なにも軍事力ばかりとはかぎらない。ガバナビリティー（統治能力）、危機管理能力、工業力、教育・文化水準の高さ等々も、重要かつ立派な〝力〟である。たとえば一九七七年の日ソ漁業交渉の期間中に日本国民や諸政党がしめした連帯や結束ぶりは立派な〝力〟の役割を果たした。また、一九七九年末のいわゆる〝アフガニスタン事件〟以降、東京政府がとった米国の制裁政策にたいする協力外交は、ロシアをして日米関係の絆の強さを再認識させることに多大の効果を発揮した。つまり、軍事力外交の機能を立派に演じた。

ロシア自身が〝力〟と言うときも、その概念のなかに少なくとも公式的には広く政治、経済、外交、心理的な能力などの要素を含めている。このことは、ロシアが「〝力〟の相関関係」というばあいの〝力〟の定義（たとえば『コムニスト』一九七四年三月号のゲオールギイ・シャフナザーロフによる定義を参照）[9]に照らしても、明らかと言えよう。とはいうものの、ロシアで〝力〟という場合、ふつうはハード・パワーのなかのハード・パワー、すなわち軍事力が最重要視されている――。こうみなして、間違いなかろう。右のブレジネフ演説からの引用を再度読むと、そのことは明らかと言えよう。ここでは防衛力の増大を力説しているが、ソ連の場合、防衛力と攻撃力――これら二つは必ずしも厳密に区別されていなかった。また、実際、〝力〟＝《イコール》軍事力とみなすソビエト式ロジックをしめす発言にはこと欠かない。たとえば『コムソモールスカヤ・プラウダ』（一九七二年六月四日）は、このことを実証するかのように次のようにのべていた。「アメリカの支配層をして苦しみつつも価値の再評価が強いているのは、まさに〝力〟、すなわちソ連邦の社会的、経済的、そして究極的には軍事力なのである[10]」（傍点、木村）。

交渉と〝力〟ないし軍事力との関係は、密接不可分――。こう考えるのは、何もロシア人ばかりとは限らない。欧米諸国の国際政治専門家たちのなかでも、そう考える者は少なくない。彼らのなかには、次のように説く者さえ存在する。交渉当事者間の〝力〟ないし軍事力がパリティー（対等）に近ければ近いほど、交渉の成功の可能性はより一層高くなる、と。たとえばマイケル・ブレーカーは、説く。国際交渉を成功させる最大の要件は、交渉当事国が互いに「ほぼ同等の力関係にあること[11]」にある、と。国際政治学者、ロバート・ストラウズ＝ヒュペとステファーン・ロソニーも、共著『国際政治』でさらに端的にのべる。「軍事力でのアンバランスが少なくなればなるほど、交渉の成功度はより一層多くなる」[12]、と。海千山千のアメリカ国務長官として戦後対ソ外交の多くを手がけたディーン・アチソンも、ほぼ同様にのべる。「軍事的不均衡が減少すると、交渉が可能になる」[13]、と。

キッシンジャーの対ソ戦略も、明らかに同様の考え方にもとづいていた。つまり、アメリカと軍事面でパリティー（同質）に達しないかぎり、旧ソ連は疑心暗鬼の恐怖感にとりつかれて軍拡を続行し、けっして軍縮のテーブルにつく気にならないのではないか。こう案じて、キッシンジャーは真面目に次のようなことさえ提案した。すなわち、米国は己の軍事力増強を人為的に停止し、ロシアの軍事力を米国のそれに追いつかせる。こう故意に試みることによってはじめて、ロシアを軍縮ないし軍備管理交渉のテーブルへと誘導することが可能になるだろう。——一見信じがたいこのようなキッシンジャーの発想が、果たして正当であり、かつそのような考えにもとづく対ソ戦略が実際、成功したのか、否か。このことについては見方が異なるだろう。それはともかくとして、交渉成功の重要な鍵が当事者国の〝力〟とくに軍事力にある——こうみなす点ではキッシンジャーもまた、右に紹介した欧米一部の研究者や政治家の認識や見解を一致させていた。

しかし、以上のようにのべたからといって〝力〟とくに軍事力でロシアに比べて圧倒的に劣る日本もまた、次のごとき政策を採るべしと勧めているわけではない。すなわち、〈ロシアと対等の立場で交渉するために日本はロシアと同等の軍事力を所持せねばならない。もしそれが不可能ならば、そもそも交渉は不可能と断念し、ロシアに対して双手をあげて降参すべきである〉、と。そのように極端なことを、なぜ考える必要がないのか。まず、日本の軍事力は、いま少しの努力さえ加えるならば十分有効な「拒否力」へと転換しうるだろう。また、日米安保条約の賢明な運用とあいまって、日本はロシアによって必ずしも侮られない程度の防衛力を備えることが十分可能だろう。さらに、日本は、ロシアが必ずしも持たない類いの〝力〟を有している。経済力、科学技術力、ソフト・パワー、「開放」体制の長所、等々である。加えて、ロシアの軍事力増強は、誇示（デモンストレーション）ないし威嚇（ブラフ）という政治・外交上の機能をになっているから、その力を必要以上に過大評価することは禁物と言えよう。

以上のまとめとして、次のことを肝に銘じる必要がある。ロシアが〝力〟重視の傾向をもつ国であることを認識することは、必要不可欠だろう。とはいえ、ロシアの〝力〟を過大にも過小にも評価することなく、正当に評価すること。と同時に、われわれもある程度の〝力〟の整備に努力を傾けること。

国民の結束と連帯が重要

右にのべたことの続きとして、改めて次のことを指摘し、その理由を説明する必要があろう。日本は軍事力以外の〝力〟に大いに依存・活用すべきこと。そして、そのような〝力〟の一つとして、何よりも国民の結束が重要であること。

日本人は、熱しやすく、かつ冷めやすい国民性の持ち主である。ライシャワー博士によって〝台風メンタリティー〟の所有者（『ザ・ジャパニーズ』）、大宅壮一氏によって（天孫民族でなく）〝テンション（緊張）〟民族と評された。と同時に、民主主義的かつ世界に類例のないまでに開放体制の国である。これらの特徴によって、日本人は、いったんこと（天災、人災）が発生すれば、短期間に団結し、通常、最小限度の被害で何とか有事を切りぬける。もっとも、改めて言うまでもなく、ことがらによっては、有事が発生してからでは時すでに遅しということもなきにしもあらずだろうが。ところが、平時の日本では百花繚乱のごとく勝手気儘に見解の表明、派閥争い、内紛すら横行させ、容易にまとまろうとしない傾向もまた顕著と評さねばならない。

他方、ロシア人が最も得意とする戦術の一つが、相手側の「分断」ないし「分割」作戦であることは、既述したとおり（第Ⅱ部第７章、三七〇―七七頁）。このタクティクスに対抗する最善の方法は、とうぜん団結と言えよう。序ながら、「中小国」外交の研究にかけては第一人者と目されるアンネット・フォックス女史の結論も、意外に平凡なために勢い込んで読むわれわれを失望させる（!?）類いの提言で、自身の著書を締めくくっている。すなわち、中小国が超大国に対抗する唯一にして最大の武器は、「国内での結束、団結、連帯以外にない」とのアドバイスにすぎないからである[14]（ちなみに、レフ・ワレサ委員長をリーダーとするポーランド自主労組「連帯」の対ソ抵抗術も、文字どおり唯一つ――「連帯」だった）。したがって、中規模国家日本が、「結束」戦術をあまりにも平凡という理由だけで、それを軽視するのは必ずしも適切でないかもしれない。

一九七七年春の日ソ漁業交渉を例にとって、右の戦術の有効性を証明してみよう。このとき日本側は、さして意識することもなく団結という武器を行使することによって、ロシアの二〇〇カイリ宣言による打撃を最小限に喰いとめえた。まず、漁民の利害を顧慮せねばならない農林水産省。領土をふくむ日本全体の利益を勘案するのが任務の外務省。これら両省間の見解のくい違いは何時の間にか解消され、鈴木善幸農水相の第三次訪ソ時あたりから、「両省の足並みは完全にそろった」。また、日本の漁民も水産業界も、己の利益をなりふりかまわず主張するばかりで日本の国益を考えないようでは、非国民ないし国賊呼ばわりされるかもしれないと反省するようになった。さらに、四月十八日、日本共産党をふくむ全政党の党首会談が開かれ、「海洋二法」の国会審議協力が約束され、結果として五月二日に同二法案が全会一致で可決され、「迅速なスピードで成立する」という日本政治史上稀なケースが実現した。

同漁業交渉では、「国益最優先」の「画期的な国難意識の形成」の結果として、「戦後三十二年間の歴史で異例ともみなされる国論一致」が実現し、序盤戦の立ち遅れによる損失をある程度まで補うことになった。同交渉妥結後、『産経新聞』は「大国と堂々と四つ相撲、世論がソ連を制す」との見出しを冠する記事を掲載した。『日本経済新聞』も、同様に「交渉上最大の〝力〟は、五党首会談に象徴される対ソ国論の統一であった」と報じた。

一九七七年春の漁業交渉で日本国内での「魚」獲得派と「島」獲得派の分断をはかろうとするクレムリン戦術に対して、日本側は右のような対抗策を講じてかろうじて応戦した。もとより、それはしょせん防衛措置の域を越えるものではなかった。しかも重要なことに、クレムリンはその後も日本国内の分断作戦を遂行して止まなかった。たとえば、ユーリイ・ブドービン（『プラウダ』東京特派員）は、〝北海道は暖かく、東京の風は冷たい〟と題する記事を『プラウダ』紙（一九八〇年十二月二十二日）上に掲載した。当時の日本に吹き荒れたいわゆる「ソ連脅威論」が単に東京発の宣伝にすぎないと主張し、北海道の漁民と東京政府間の分断をもくろんだ。(15)

必ずしもこのようなソ連の戦術に乗じられたわけではなかろうが、ほぼ時を同じくして一九八〇年十二月中旬、『朝日新聞』は根室水産協会高本会長の「北方領土は〝二島返還〟で」との見解を掲載した。一九八一年三月になると、日ソ親善協会は根室管内羅臼《らうす》町でポリャーンスキイ駐日ソ連大使（当時）出席のもとに同協会「会員証」の交付事業を敢行した。これらの例は、クレムリンが相変わらず日本国内の親ソ派グループを用いて、「魚」派と「島」派の分断作戦を遂行中であることを十二分に疑わせるに足る行動だったと言えよう。

総合的な対ロ戦略の策定

クレムリンは、既述したように（**第Ⅱ部第8章**、三八五頁以下）、得手勝手なリンケージ戦術を行使する。すなわち、自分が望むときには政治と経済をリンクし、望まないときにはこれら両分野をデカップル（切断）して、交渉相手を翻弄する。このような戦術に対しては、日本側は総合的な対ロ戦略の観点に立ち、是々非々の立場で対抗戦術をとる必要に迫られる。時として各界（たとえば、漁業、貿易、スポーツ関係者など）の利益を、日本全体の国益を守るために犠牲にすることさえ厭ってはならないだろう。もっとも、そうする場合、犠牲となった部分的利益にたいして十分補償するなどの配慮が肝要である。

ロシアにたいしかような総合戦略を策定するためには、是非とも優先順位表（プライオリティ・リスト）を作成する必要があろう。すなわち、安全保障、北方領土、シベリア・極東開発、資源調達、文化交流……等々の対ロ目標のなかで、いったい何を優先させたり、リンクさせたりすべきなのか。たしかに、それらの対ロ諸目標のなかには、同時並行的ないし相互補完的に推進しうるものもあるだろう。他方しかし、二律背反、すなわちそのうちの一つを強調すれば他を犠牲にせねばならないケースもあるだろう。〈日ロ関係の改善は先ずできることからはじめよう〉。これは、端的に言って必ずしも最善の策とはみなしえないだろう。それでは、ロシア側による「つまみ食い」戦術を許し、その餌食になってしまう危険を覚悟せねばならないからだ。都合のよいものだけが「いいとこどり」され、日本側が欲しいものが残らない結果になる惧れがあろう。

というのも、クレムリンは、己の便宜次第でたとえば〝政経一致〟ないしは、〝政経分離〟のどちらへもいわば自由自在に転身することを一向に厭わないからだ。これに乗じて、日本の財界からは、クレムリンによる〝政経分離〟論に直ちに同調する人々が現れることが珍しくない。たとえば、一九七九年末にブレジネフ政権がアフガニスタンに軍事侵攻した時が、そうだった。この折、欧米諸国はソ連にたいしてモスクワ夏季五輪のボイコット、その他の制裁を加えた。西側陣営が一致団結してことに当たらねばならないこのような非常時ですら、永野重雄氏（日商会頭・日ソ経済委員会会員）は語った。「経済界としては、ソ連の木材や石炭が必要なので、いまの段階では外交と経済は切り離して考えている」（一九八一年一月七日）。対ロシア〝政経分離〟論を唱える日本のかような財界人にたいしては、次のような問いが提起される。北方領土の返還を実現し、日ロ関係を真に有効なものにしなければ、両国間に長続きする経済協力関係を築きえない。また、北方領土返還の可能性が仮にありうるとするならば、おそらくそれは日本によるシベリア・極東地方の経済開発協力とバーゲンする方法だけだろう。だとするならば、財界人といえども、もし彼らが北方領土にたいする日本主権の回復を欲するのならば、対ロ経済協力は日本側にとって残された貴重なカードとして大事に用いるべしという理屈になろう。

もし日本が興味をしめさなければ、ドイツ、フランス、フィンランドなどEU諸国によって対ロ貿易のおいしい汁を吸われてしまうのではないか。このように懸念する声がしばしば囁かれている。だが、よく考えてみると次のような理由からもこの見解に賛同しえない。まず、わが国と独、仏などEU諸国では、防衛負担などの点で大きな差がある。NATO加盟の欧州諸国は、国防費に国民総生産（GDP）の二%以上を投じるよう要請されているのに対して、日本の防衛予算は依然として約一%程度にすぎない。安全保障分野でのこのような事実に眼をつぶって、G7諸国のなかでもし日本が経済分野だけで独自の外交姿勢を貫こうとするのならば、それはやや身勝手なエコノミック・アニマルと評されるのがオチであろう。

また、もっぱら経済分野だけに話を限定する場合であれ、次のような他国間での分業が存在する事実に気づくだろう。たとえば或る種の機械類にかんしては日本製品が圧倒的に優秀で他国の追随を許さないので、必ずしも欧州諸国によって対ロ貿易を全面的にさらわれてしまう懸念がないこと。また、東シベリア、ロシア極東、サハリンの経済開発にかんしては、地理的に最も近い科学技術大国、日本との経済協力を、他ならぬロシア自身が他国にもまして切望しているという事実。加えて、中国ファクターもあろう。ロシアは今以上に中国の影響力が伸長することで、ロシア極東地方の「中国化」傾向を許容し、あたかも中国の資源貯蔵庫のような存在に堕することを望ましくないと考えている。少し眼力のある者ならば、このようなロシア側の懸念に気付かないはずはなかろう。

以上のような疑問を呈し、対ロ総合戦略の必要を唱える見解にたいしては、かつて鈴木啓介氏などからは異論が出されていた様子だった。鈴木氏は、筆者が説く対ロ〝総合的外交のすすめ〟に異議を唱えるつもりはないと断わりつつも、筆者の文章をそっくり引用されたあとで「できるものならば、経済の流れを政治の流れと同じように、もう少し把握したうえで、こうした主張をしていただけないものか」との苦言を呈された。[16] しかし、そうのべたあと氏は口をすべらせて「政経リンケージを頑強に主張されているのは、決まって政治学の専攻者に他ならない」との感想まで記された。そのような批判にたいして、筆者は次のように反論したく思う。ソ連軍によるアフガニスタンへの軍事侵攻やロシアによるクリミア併合にもかかわらず、シベリア開発や日ロ経済協力を提唱するのは決まって経済専門家や経産省関係者たちである。そのような方々は日ロ経済協力が回避しえない政治的な意味合いをもう少し考慮に入れる視点をもって頂きたい、と。

時間の制約に縛られるな

ロシア人は息の長い粘り強い民族で、かつ〝時〟の利用に秀でている。このことについても、先にふれた（**第Ⅱ部第7章**、三六二—六四頁）。その後眼にとまった澤英武氏（『産経新聞』元モスクワ支局長）による次の一文を、引用しよう。「〝すぐ〟という言葉に当たるロシア語は〝セイチャス〟で、チャスは一時間だ。〔ロシアの〕電話は時刻案内サービスをやっているが、ダイヤルすると〝何時何分〟という。秒は切り捨てである。ソ連との交渉ごとで悩まされるのが、この時間感覚のズレだ。交渉の引き延ばしはソ連得意の戦術と見る向きもあるが、もともと時間的リズム感覚の違いのあることを忘れ、同じ尺度でソ連人も物を判断すると錯覚すると、間違いが生ずる」。[17]

ロシア人独特の民族性や習慣に由来する〝時〟の巧みな利用法に対抗するためには、日本側はいったいどうすればよいのか。綜合的のみならず、長期的な視野にたつ対ロ政策の目標を設定すること。それにもとづいて、けっして焦ることなく、彼らに負けず劣らず粘り強い交渉に耐え抜く覚悟を固めることであろう。ところが残念なことに、日本人にとってはまさにこのことが最も苦手なことのように見受けられる。というのも日本人は、何度もくりかえすように、〝テンション民族〟の仇名をもつ熱しやすく冷めやすく、短気で、能率重視型国民だからである。つねに秒刻みでせかせかと動きまわり、他人に比べてよりスピーディに事を済ませないと気がすまない性格の持ち主のようである。日本人は「課題設定」でなく、「課題遂行」型の国民である。この至言を吐いたのは、たしか丸山眞男氏だった。この言葉をさらに敷衍して、岸田純之助・高瀬昭治共著『交渉力の研究』(一九八一年)は、次のように記している。

「整然と一秒の狂いもなく進められた東京オリンピックの開会式を見て、欧米の批評家は、『日本には目標設定能力はないけれども、一度目標が決められると、その目標に向かって、それを達成するというけたはずれの能力がある』と評した。言い換えれば……日本は、……目標の内容などおかまいなしで、いったんそれが与えられれば、それがどんな目標であっても、がむしゃらに突進する没価値的な国民だ、という見方である。……目標設定型ではない、与えられた目標にどう対応するかという目標対応型ないし状況対応型の外交の特徴が出てくる(18)」。

ロシア人相手の交渉法を一言で要約せよと言われるならば、忍耐力テスト、我慢くらべコンテストに参加している決意で臨むべしとのアドバイスになろう。日本の対ロ交渉者は、まず、たとえば次のような間違った責任感を捨てるべきだろう。もし一定期間に一定の業績を残さないと、怠慢と思われるのではないか。今か今かと成果があがるのを心待ちにしている国民に合わす顔がないのではないか……等々の心配や懸念に煩わされること。対ロシアの交渉に臨む者に必要なのは、おそらく真逆と言って差し支えない決意だろう。時としては共同コミュニケも出さないとの覚悟、極端に言うと交渉会場から席を蹴って帰国するくらい強い思いだろう。また、国民世論やジャーナリズムも、対ロ交渉とはそのような類いのものであると理解し、安易な即効性など期待すべきでなかろう。

デッドラインをみずから決める愚

アーサー・ディーンは、一度引用したように忠告している。「一定のデッドライン〔締切り時間〕を背に、ロシア代表と交渉して成功しうるはずはない」。ところが、何度そう警告されても几帳面な日本人は、このアドバイスに従おうとしない様子である。たとえば一九七七年春の二〇〇カイリ漁業交渉は、世界中で「最も気の短い国民」、日本人が、「最も気の長い国民」[19]、ロシア人と交渉をおこなった——。これが、もっぱらの噂であり、概して正しい見方だった。そして実際、前者が後者の焦らし戦術に翻弄される場面がしばしば見られた。もっとも、当時の日本側には焦って当然と言ってよい事情があった。というのも、漁業交渉こそは、永井陽之助氏の卓抜な言葉を再び借用するならば、「時間によって測れる犠牲〔代価〕の大きさで決定される紛争[20]」に他ならないからである。その点で、日本側はソ連に比べ最初からより不利な立場にたたされていた。

一例をあげるならば、日ソ漁業暫定協定が締結されないかぎり、日本漁船は一九七七年三月一日からソ連の二〇〇カイリ水域内で操業できなくなる。いったん漁期を逸すると、魚群を全面的に失う。漁業にはこういった一過性ないし一発勝負的な特殊性がつきまとっている。現に一九七七年三月に日ソ間で漁業交渉がはじまったあと妥結の見通しがたたぬ二カ月間に、たとえばスケソウダラ、ニシンなどの漁期は次から次へと終了した。

サケ、マスも四月末から五月にかけて一日当たり約一八キロメートルのスピードで北上しつづける。そのために、いったん時期を逃がしてしまうと日本のとくに小型漁船は、以後もはや採算がまったくとれなくなってしまう懸念につきまとわれていた。約一〇万人の日本漁民が、文字どおり固唾を飲んで交渉の行方を見守り、その妥結を待ち望んでいる。このような事情が、モスクワに滞在中の日本側交渉団に無言の圧力を加えていた。

もとより、ロシア側は右のような諸事情を百も承知のうえで、日本側代表団にゆさぶりをかけた。「もし東京が建設的なアプローチをしめしていたならば、交渉はとっくの昔に成功裡に終了していただろう」[21]――しきりにこうのべて、日本側がロシア側の条件を直ちに呑んで交渉を早急に妥結させるよう圧力をかけた。一九七七年五月三日からはじまった第二次鈴木（善幸）－イシコフ会談中で、ロシア側による相も変わらぬ非妥協的な態度にすっかり業を煮やした鈴木農水相は、遂に五日、自ら三つの選択肢をつくってソ連側に提出し、そのなかからロシア側にとって最も都合のよいものを選ぶよう迫りさえした。このような日本代表のやり方が、本来、ギリギリ結着の唯一つの提案しかありうるはずのない交渉事では、きわめて異例のことと批判されたことについては、さきにふれた（**第Ⅱ部第4章**、二九四頁）。

その後の別種の交渉でも、日本人のせっかちな性格は改められる気配が一向にみうけられなかった。たとえば一九八一年春の日本車の輸出をめぐる日米交渉のさいの日本交渉団が、その好例だった。すでに鈴木（善幸）－レーガン会談前の段階で、日本側は自主規制方針を打ち出してしまっていたからだった。このとき、牛場信彦氏（外務省顧問、日米賢人会議メンバー）は、次のような厳しいコメントを口の端にのせることを躊躇しなかった。「今回の日米の動きをみていて感ずるのは、これは〝交渉〟なんて言える性質のものでなかったということだ。そのうえ『首相の訪米前決着』というような刻限を、どうして日本が早々と決めてしまったのか、余りにもまずさが目立つ[22]」。同日、中村仁『読売新聞』ワシントン特派員も、まったく同趣旨の次のようなコメントを日本へ打電した。

「失態は、『鈴木首相の訪米前決着』という期限をわざわざ日本から持ち出し、自分の手をしばったことだ。妥結期限を先に言い出した方が不利というのが、外交のイロハである。アメリカが『日本にお願いする立場』にあるにもかかわらず、受けて立つ側の日本が自らの手をしばる条件を出したことは、取り返しのつかないミスと判断されている」[23]。

長期交渉を覚悟せよ

話を一九八〇年代初めの日ロ関係にもどすと、当時、日本側がロシアに要求していた日ロ関係改善の二条件はまったく満たされる気配がなかった。すなわち、北方領土問題解決後の平和条約の締結ならびにソ連軍のアフガニスタンからの撤退だった。それにもかかわらず、こらえ性のない日本側、とくに財界の一部はまたぞろシベリア開発など日ソ経済協力に色気をしめす動きをしめした。たとえば永野重雄氏は一九八一年四月二十四日、「シベリア開発にからめた領土問題を期限付きで棚上げにすべし」との持論をぶちあげた[24]。土光敏夫・経団連名誉会長も、同日、レーガン米政権の対ソ穀物禁輸解除とタイミングを合わせるかのようにしてヨーロッパ旅行の帰路モスクワに立ち寄った際、コマローフ外国貿易省第一次官らと、ヤンブルグ計画、その他のシベリア開発案件について話し合った[25]。

自民党日ソ議員懇談会代表団も同年四月末から五月はじめに訪ソし、同団長の鳩山威一郎氏は、五月一日、モスクワで日本人記者団に向かい次のように語った。「〔相互に〕領土問題などを巡る立場はかけ離れてはいても、ソ連側が対日関係を何とか打開したいと望んでいることがよくわかった。対ソ人事交流制限をゆるめ、シベリア開発などについても、わが国の国益を念頭に前向きに協力すべき時期である」[26]。日本人がまったく忍耐心のない国民で、クレムリンお得意の持久作戦におちいった――。このことを露呈したとしか評しようがない日本側の言動だった。

もっとも、ロシアとの交渉に焦らされ手こずっているのは、日本人だけとはかぎらない。だからこそ、ほとんどすべての対ロ外交の経験者や研究者たちは口を酸っぱくして警告しているのだ。ロシア人同様に忍耐深く交渉に臨み、彼らの持久・焦らし作戦にはけっしてひっかかるべからず、と。ドイツにおける社会主義指導者の一人、クルト・シュマッハーは、名著『外交』の著者チャールズ・セイヤーに語ったという。「あなた方アメリカ人がロシア人くらい忍耐深ければ、けっして冷戦に敗れることはないでしょう。たとえ一分間であれロシア人に比べより長く〔交渉の席に〕坐る。このことに習熟しさえするならば、もうそれだけでロシア人との交渉に勝利しはじめる。このように評してすらよいでしょう[27]」。これこそは、日本人が心得ておくべき、最も重要な忠告のように思われる。

ロシア人相手の交渉や商談は、数回の会合程度でまとめられる簡単なもの――。このように楽観視するのは、厳に禁物と言えよう。長期間にわたって飽き飽きするほどつづき、しかも何の実りもないと思われる会合。そのようなミーティングを何十回、何百回と重ねることなしには、互いの国益が真っ向から衝突する交渉事がおよそ合意としてまとまるはずはない。是非ともこのように肝に銘ずべきだろう。

この件にかんしては、是非ともジョン・フォスター・ダレス元米国務長官の述懐に耳を傾ける必要があるかもしれない。同長官は、一九五八年、次のように語った[28]。朝鮮戦争の休戦処理には二年もかかり、そのための会合総数は何と五十七回にもおよんだ。ソ連軍のオーストリアからの撤退交渉は約八年かかり、約四〇〇回の会合を必要とした。国際原子力委員会設立のために交渉にはほとんど三年かかった。一九六九年にはじまり、一九七二年に合意した「戦略兵器制限交渉（SALT I）」締結のためには何カ月間も何十回、何百回という会合をおこなう必要があった。そのために、次のようなエピソードまで伝えられている。この任にあたった在ワシントン・ソ連大使アナトーリイ・ドブルイニンは、ブレジンスキー大統領補佐官（国家安全保障担当）の自宅（ヴァージニア州のマクリーン）を訪ね、前者の孫娘が後者の娘とすっかり仲良くなり乗馬をともに楽しむようになった[29]、と。

在モスクワ元米国大使コーラーも、結論する。彼はソ連交渉者とのあいだに「多くの、長く、深夜遅くまでのフラストレートする時間」を十五年間にもわたってつづけた。そのことにたいする不満を散々のべた後に、コーラー大使はしかしながら、次のような言葉をつけ加える。「これこそが、われわれが、毎日なしつづけること、少なくとも成そうと試みていることに他ならない[30]」。

文書による詰めこそが重要

ロシアが〝原則としての合意〟戦術にたけていることについても、既述した（**第II部第8章**、三九九—四〇二頁）。つまり、対ロ交渉者が、ロシアがついに一般的〝原則（いわば「総論」）での合意〟に達したと糠喜びしてしまい、その後、監視の眼を些かでもゆるめようものなら、どういうことになるだろうか。ロシア側は、必ずや細部の詰め（「各論」）を合意の履行過程で空洞化しようと試みるにちがいない。このように記したあと眼にとまった松本道弘著『ハラ芸の論理』によると、実はロシア人ばかりでなく欧米人たちも、このタクティクスを日本人相手に用いることがあるという。そのようにのべる松本氏の文章を引用しよう。

「英国人は、総論を急いで決定しようと気負っている日本人のハラを見抜いて……いざ各論の段階ではなかなか譲らない。……わたしの限られた経験から得た例に過ぎないが、要するに、各論をたいせつにする西洋人にハラ芸は禁物であるということだけは強調しておきたい。ましてや西洋人に対して『気に入った』とか『人間的に参った』とか、『惚れた』と言って、直観に基づいた総論賛成をすることは危険である。契約書をかわさずにビジネスを決め、『紳士協定を結んできた』と言って誇らしげに周囲の人に吹聴しているある日本の社長の話を聞いて、あいた口がふさがらなかったのを覚えている[31]」。（傍点は、原文で強調）

このようなロシア人やその他の民族が愛用しがちな〝原則合意〟戦術に対抗するには、では、いったいどうすればよいのか。なにごとであれ、細かく文書化しておくこと。このことを除いて、他に適当な対抗策は存在しないだろう。たとえいかに煩瑣《はんさ》な作業のように思われようとも、是非ともそうすべきである。そのように勧められる。名論文「ソ連の交渉テクニック」の著者、モーズリー博士のアドバイスを、引用しよう。「一つの立場がしっかり定まったときに、当方の立場がモスクワに適切に報告されることを確保するためには、明確な言葉の翻訳をつけた特別の覚書を用意することがしばしば有利である」。なぜならば、「そのような場合には、その論点にかんしてモスクワから新しい訓令がソビエト代表にあたえられる可能性があるからである。ところが当方が己の立場を口頭でのべているだけの場合、それはクレムリンに報告されるかもしれないし、されないかもしれない。それに比べて文書にしたものは、たとえそれがどのようなものであれ、モスクワへ必ず伝達されるからだ[32]」。

文書交換の場合、ロシア語と日本語の正文とのあいだで、少しでも齟齬《そご》があるように疑われる部分がある場合には、しつこいまでにそのことにこだわるべきだろう。日米間の例では、核の「イントロダクション」という言葉の意味解釈が異なったのが、そのようなケースだった。仮に日本人交渉団のあいだで明らかなことであれ、ロシア語としては必ずしも明確でないと感じられる場合には、敢えて日本語のほうを変更してでも明解なロシア語表現へと変えるべきだろう。国内向けと対外向けの二股膏薬《こうやく》の表現など、論外である。

もっとも、次のようなケースが起こるかもしれない。すなわち、いわゆる玉虫色的表現に頼る以外に、なんら妥協の道が残されていない。しかも、妥協しないことによって生じるマイナスが、たとえあいまいな形であれ妥結へ至ることのプラスをはるかに上まわることが確実に予想される。たとえば漁期が終了してから交渉が妥結しても、それが意味をもたないケースが、それに当たる。また一般的に言って、ものごとをあまり厳格に決めてしまうと自縄自縛となるために、時と場合によっては故意に玉虫色的記述を用いる――。これも、人間のひとつの智慧なのかもしれない。さらに言うと、そもそも原理原則、ものの考え方が根本的に対立する日ロ間では、しょせん玉虫色的解決しかありえない――このようにシニカルに説く極論さえあるかもしれない。要するに、玉虫色の妥協や記述に絶対反対とする姿勢が、必ずしも現実的な解決策とは断言しえないかもしれないのだ。

とはいえ、日ロ交渉では従来、日本側代表団はあまりにも安易に玉虫色的解決の手法に頼りがちだったのではなかろうか。たとえば一九七七年春の二〇〇カイリ水域が施行された際の日ソ漁業交渉が、その好例だろう。というのも、同交渉に臨む日本代表の長、鈴木善幸農水相の態度は、最初から玉虫色的解決を目指そうとするものだったからである。当時、同全権に随行した記者団は、次のように報じた。鈴木全権代表は、「〔四月〕十一日の第二次会談に臨むにあたって、わざわざ〝玉虫色〟のネクタイに替え」たばかりか、みずから「〔そのような〕ネクタイを胸のところでヒラヒラさせながら『なんとか領土のにおいをかくしながら、〔水域の線引き問題に〕玉虫色の決着をつける願いをこめる』と語った」(『月刊エコノミスト』[33])。『読売新聞』の袴田モスクワ特派員も、ほぼ同様に報じた。「鈴木同農相は、交渉大詰めの四月十一十四日の会談に、縁起をかついで玉虫色のネクタイを結び交渉に臨んだ(34)」。

玉虫色的解決は、飽くまでも近視眼的な視野にもとづくその場しのぎの便法にすぎず、問題の真の解決が後回しにされるという欠点を伴う。したがって、時としては将来のより抜本的な解決や利益のために、一時的な妥協を拒否する。このような態度もまた必要になろう。

第4章

北方四島返還のチャンスはあった

ゴルバチョフ大統領と海部俊樹首相が日ソ共同声明に署名（1991年4月18日、東京）

経済援助と領土紛争をストレートに結合させることは、ロシアを侮辱することにも等しい。

——アレクセイ・アルバートフ／ボリス・マケーエフ(1)

対日返還の好機があった

北方領土問題――。改めて言うまでもなく、これこそが、日本とロシアとのあいだの外交・交渉の最大のイシューであり、難問である。日ソ両国は一九五六年に「日ソ共同宣言」を結んだ。それが日ソ平和条約となりえなかった理由は、唯一つ。両国間の国境をいったいどこに引くか。この問題にかんして日本とソ連は合意に達しえなかったからだった。日本はウルップ島と択捉島とのあいだに国境線を引き、択捉、国後、色丹、歯舞の四島を日本領とする。他方、ソ連は国後島と色丹島とのあいだに国境線を引き、択捉、国後の二島をソ連領に残し、色丹、歯舞の二島のみを日本へ引き渡すことを主張した。米国のダレス国務長官の介入もあり、日ソ両国は最後まで妥協に応じなかった。国境線を最終的に画定させることなくして、とりわけ地理的に隣り合う国々が平和裡に共存・協力関係を確立しうるはずはない。ともあれ、日本とソ連は「共同宣言」に調印するだけに終わり、平和条約の締結、したがって完全な国交正常化は、将来の課題に残された。

しかし、その後六〇余年、つまり戦後七〇余年の時間が経過した。それにもかかわらず、日ロ間で平和条約は未だ締結されず、その意味で両国関係は完全な形での正常化をとげていない。つまり、北方四島の帰属先は未確定のままにとどまっているのだ。なぜ、そうなのか? かつて神谷不二教授（慶応大学、国際政治）は、英語論文で喝破した。日本から領土を奪った「相手が悪すぎた〔wrong enemy〕」[(2)]、と。たしかに、そうかもしれない。ところが、アメリカ合衆国は、戦勝国だったにもかかわらず「領土不拡大の原則」を遵守し、沖縄を日本へ返した。ところが、スターリン麾下のソ連軍は、日本にたいし日ソ中立条約に違反してまで宣戦布告するばかりか、日本固有の領土を軍事占拠し、以来その返還に応じる気配を一切しめそうとしない。このような諸点を指摘して、神谷教授と同様に、ソ連／ロシア側の非を非難することは正しく、かつ易しい。

しかしながら、日本側の対応ならびに返還実現プロセスにかんしまったく瑕疵がなかったのか？ 改めてこう問われると、必ずしもノーとは断言し切れないだろう。言い換えるならば、たとえば日本側がソ連／ロシアにたいして適切な戦略や戦術を採らなかったために、領土問題解決のチャンスを逸した。または、東京側が鈍感だったために、ソ連／ロシア側から日本側へ送ってきた妥協のシグナルを見逃した。過去七三年間に、ひょっとするとこのようなことがあったのではないか。もし万一そうだとするならば、日本側も反省すべきであろう。

じっさい、名越健郎教授（拓殖大学、ロシア政治）は、このような問題意識で二〇一六年に「北方領土交渉失敗の研究」と題する論文を発表した。[3] 氏は、一九九一年末から九二年初めのソ連邦崩壊の前後期を「島が日本に最も近づいた時期」とみなした。筆者も同様の見方をするが、その理由、ならびに日本側がその「絶好のチャンス」を逃した事情にかんしては同氏以上の説明をなしえない。したがって、筆者は名越氏が右の論文中で比較的簡単に記すに止めた、[4] もう一つの重要な時期を以下の本章では採り上げ、論じることにしてみたい。すなわち、一九九一年四月のミハイル・ゴルバチョフ大統領による公式訪日以前の約一年間である。この時、万事が巧くいけば、北方四島すべてが対日返還される可能性が、——ごく僅かなチャンスだったとはいえ——存在したかのように思えるからである。もしそうだとするならば、それは一九九一年末から九二年初めにかけての時期にも勝る、重要な期間だった。このようにさえ言いうるだろう。

四島返還の可能性すら

一九九〇年から九一年四月までの時期、ゴルバチョフ大統領を囲む側近たちは、日本との北方領土問題にかんしては次の二グループに分かれた。一は、日本から経済支援を引き出すためには、北方四島の対日引き渡しも止むを得ない代償であると考えるにいたった人々。仮に「対日宥和派」とでも名づけうる同グループには、たとえば次のような人物が含まれていた。アナトーリイ・チェルニャーエフ（「ゴルバチョフの分身《オルター・エゴ》」(5)とさえみなされる側近中の側近、外交首席顧問）。アルカージイ・ヴォリスキイ（ソ連産業企業家同盟議長）。アレクサンドル・パノフ（ソ連外務省で対日関係を所管する太平洋・南東アジア諸国局長、後の駐日大使）。ワシーリイ・サプリン（元ソ連共産党中央委員会国際部の日本担当者、後の在札幌ロシア総領事）など。

二は、北方四島がもつ軍事価値などを強調して、日本に四島をあたえることなど問題外とみなす人々。彼らを、仮に「対日強硬派」と呼ぶことにしよう。このグループには、次のような人物が含まれていた。ゲンナージイ・ヤナーエフ（ソ連邦副大統領）。ドミートリイ・ヤゾフ（国防相）。ウラジーミル・クリュチコフ（ＫＧＢ議長）ら。彼らのうち少なからぬ数の者は、一九九一年八月のクーデター未遂事件の共謀者となった。

右の二グループのうち、最初は「対日宥和派」のほうが優勢であるかのような印象をあたえた。セルゲイ・グリゴリエフの言葉が、そのことを裏づける一証左になるかもしれない。グリゴリエフは、当時、ゴルバチョフ・ソ連大統領の報道官代理。同大統領の訪日を準備するために組織された「ソ連大統領訪日準備委員会」の事務局員も兼任していた。実際、サプリンを補助して、文書『ソ連大統領訪日のための準備と遂行計画』(6)案を作成した。グリゴリエフは、その後米国のハーバード大学滞在中に、リズベス・ターロウ・バーンスタインの求めに応じて同文書のコピー(7)を彼女に手渡すと同時に、以下のように重要な証言をおこなった。ちなみに、バーンスタイン女史は、そのようなグリゴリエフの証言などを用いて、ゴルバチョフ期の日ソ交渉史についての論文を執筆し、タフト大学附属フレッチャー・スクール外交学部から博士号を取得した(8)。

ターロウ執筆の博士論文は記す。「チェルニャーエフ、ヴォリスキイ、パノフ、サプリンはそれ〔領土の対日引き渡し〕に賛成だった。ヴォリスキイにいたっては、その最右翼だった。彼らは、これ〔日本との領土問題〕の早期解決が可能であると考えた。日本は、多くのカネを提供しようとしていた。そして、彼ら〔ゴルバチョフの側近や官僚たち」は、この問題が解決されるにちがいないとの前提にもとづいて行動していた」[9]。

バーンスタイン女史によると、一九九一年三月二十四日、小沢一郎・自由民主党幹事長がモスクワに到着した当日、チェルニャーエフは自身の日記に記した。「私は、島を返還せねばならないという結論に達した。唯ひとつ問題があるとすれば、それは果たして何時、そしてどのようにして返還するかの問題だけだった」[10]。

対日宥和派と小沢一郎との裏チャネル交渉

「対日宥和派」メンバーのなかで、ヴォリスキイはとりわけ活動的だった。彼は、一九九〇年十月と十二月に二度も東京を秘かに訪れ、小沢一郎とのあいだで所謂〝シマとカネの取引〟をもくろむ「裏チャネル」交渉を展開しようと試みた[11]。ヴォリスキイは、「ソ連邦科学・産業同盟（научно-промышленный союз）」総裁としての肩書きがしめしているように、科学技術、産業分野での日本の並外れた実力を高く評価する人物だった。と同時に、日本の経団連などの諸団体とのあいだに直接的なコネをもっているという当時のソ連で数少ない実業家でもあった。さらに、彼はソ連国内では官僚的な手続きを飛び越えて、ゴルバチョフ大統領に直接的にアクセス（接近）しうる大物でもあった。

日本側では、なぜ小沢一郎がヴォリスキイによって「裏チャネル」交渉の相手に選ばれたのか。小沢は、当時、政権与党自由民主党の幹事長であるばかりか、次の総裁候補、すなわち日本国総理大臣ポストに一番近い距離にいる実力者だった。少なくともクレムリンの一部は、そのように解釈していた。小沢は、加えて豪胆かつフレキシブルな指導者のように映った。日本の政治家の多くが官僚出身者で、「北方四島の即時返還」という公式的な御題目を繰り返す外務省の基本路線から一歩も離れようとしないなかで、非官僚出身で党人派に属する政治家、小沢は大胆な取引をなしうる日本で数少ない人物と映った様子だった。そのようなソ連側の見方をしめす一、二の例をしめそう。

一九八九年十一月、アレクサンドル・ヤーコブレフが訪日した。ヤーコブレフは、当時「ゴルバチョフ大統領の智慧袋」と称される側近ナンバー・ワンの人物だった。そのような存在であるヤーコブレフは、滞日中、次のような謎の発言をおこなってセンセーションを巻き起こした。「ソ連は、日本との領土解決のために〝第三の道〟を研究中である」[12]。〝第三の道〟とは、いったい具体的に何を意味するのか。様々な揣摩《しま》憶測がなされた。ここでは、そのこと自体を問題にしない。ただ、ヤーコブレフがこの〝第三の道〟提案（？）をなしたときの対談相手が小沢一郎だったことは、記憶に止めるべきだろう。

右にのべたことと関係しているのか、約四カ月後の一九九〇年三月、小沢は東京都内での諸演説中で大胆な発言をおこなった。「日本政府が従来対ソ連にたいして採ってきた〝政経不可分の原則〟から今や大胆に一歩踏み出すべき時が来ている」[13]、と。そうのべることによって、彼は「シマとカネの取引」の可能性を日本世論相手に示唆する、観測気球《アドバルーン》を上げることをもくろんだのかもしれなかった。それはともかくとして、小沢は、相も変わらず日本外務省の公式チャネルを用いているかぎり、日ソ間に横たわる北方領土問題を解決することは到底望み薄であると判断する点で、ヴォリスキイと軌を一にしていた。

じっさい、ヴォリスキイらの「対日宥和派」は、そのような小沢を日本側の交渉相手として選び、ヴォリスキイは己の東京滞在中に小沢とのあいだで次のような合意に到達したと伝えられた。日本側はソ連にたいして総額二六〇億ドルにのぼる援助や投資をおこなう。その代わりに、ソ連は日本に北方四島の主権を引き渡す[14]。

先に言及した『ソ連大統領訪日のための準備と遂行計画』は、当時、モスクワ－東京間で右のような交渉が進行中だったことを裏書きする[15]。同文書は次のように明確に記し、確認しているからだ。（1）モスクワは、小沢相手に対日領土交渉をはじめていたこと。（2）モスクワの「領土問題についての柔軟性の程度」が小沢を通して「日本側に理解される」一方で、「日本側の立場、とくに経済分野での具体的な立場がモスクワ側に明らかにされる」必要が要請されたこと。（3）一九九〇年三月に「モスクワの最高レベル」、すなわちゴルバチョフ大統領とのあいだで交渉の決着をつけるために、「小沢にたいし書簡の形での〔モスクワ訪問のための〕招待状が出されるべき」こと。(16)

ところが、である。一九九一年一月末近くにおこなわれた「ソ連大統領訪日準備委員会」の席上で、ヴォリスキイの主張、とりわけ小沢とのあいだの〝シマとカネとの取引〟についての提案は、多数意見になりえなかったのだ。結果として、最終判断はゴルバチョフ大統領本人の判断にゆだねられることになった。(17)そして結論を先に記すならば、ゴルバチョフ大統領は日本に島を返す決断をくだしえなかったのである。なぜか？　同大統領を取り巻くロシア・国内政治状況に急激に起こった変化が、ゴルバチョフ大統領をしてもはやそのような大胆な決断をくだすことを許さなくなったからだった。説明しよう。

エリツィンの急激な台頭

実は、一九九〇年からゴルバチョフ来日の九一年四月にかけてのあいだに、ソ連の国内状況は激変したのだった。最大の変化は、ゴルバチョフの政敵（ライバル）にして宿敵、ボリス・エリツィンの急激な台頭だったと言えるだろう。エリツィンは、みずから「変わり者《チエダーク》」ないしは「異分子《チュジャーク》」とみなす異端児《マーベリック》に他ならなかった。(18)ゴルバチョフ指導部の諸方針にことごとく異を唱え、遂に一九八八年、モスクワ市第一書記、ソ連共産党中央委政治局員候補のポストから解任される羽目になった。(19)ところがその後、ゴルバチョフ憎しの怨念《ルサンチマン》に燃えたエリツィンは奇跡的な復活をとげた。まず一九九〇年六月にロシア連邦共和国の最高会議議長、次いで九一年六月には同共和国の大統領に当選した。

たしかに理屈から言うならば、ロシア連邦共和国はたとえそれがいかに強力な存在になろうとも、しょせんはソ連邦を構成する一共和国の地位でしかない。とはいえ、それは北方四島をみずからの行政管轄下におく共和国なのである。ソ連邦政府の権力が絶対的だった時代には、このことはなんら複雑な問題をつくり出さなかった。だが、強力かつ反抗的な指導者エリツィンをそのトップに戴くようになるや、ロシア連邦共和国の政治的発言力は急増したのである。その結果、何とかつてソ連邦の専管事項だったはずの事柄にかんしても、エリツィン大統領下のロシア共和国はいちいち嘴《くちばし》を挟むような事態になった。

ゴルバチョフ（ソ連邦）とエリツィン（ロシア連邦共和国）の二人の指導者の並存、そして対立は、ほとんどすべての政策分野で両者間のライバル意識を燃え立たせることになった。日本にとり実に不幸だったことは、対日政策、とりわけ北方領土問題が、このような両指導者間での対立事項の例外にならなかったことだった[20]。いや、その逆だった。エリツィンは、日本との領土問題をことさら意識的にとりあげて、ゴルバチョフを攻撃する有力な材料へ仕立て上げようともくろんだ。実際この時期、エリツィンは次のような趣旨の発言をしきりにおこなうようになった。「クリール諸島は、美しく、ソ連にとり貴重な領土である。われわれはけっしてクリール諸島を放棄しないし、この島々にかんして誰とも取引する意図をもたない[21]」。この種の台詞がすべて「ゴルバチョフを標的にしての発言である[22]」ことは、明らかすぎるほど明らかだった。

序でに言うならば、かつてのソ連時代ならば領土問題の解決はむしろ容易だったかもしれない。中央のワンマン指導者の手中に過剰なまでに巨大な権力が集中していたからだった。スターリン、フルショフ、ブレジネフのような独裁者がいったんその気になりさえすれば、彼の鶴の一声で物事が決定されえたかもしれない。ところが、そのような統一的ないし中央集権的な政治体制のたががゆるみ、たとえば構成共和国などの力が増大してくると、ほとんどすべての問題の解決が以前に比べて複雑かつむずかしくなった。ましてや、スーパー・

スターが二人登場し、しかも互いにいがみ合い、力を競い合うような状況が発生するにいたって、どのような問題解決も以前ほど容易に進まなくなったのである。

じじつ、エリツィンは次のように主張するようになった。領土問題の対日交渉者はソ連邦なのではない。南クリール諸島を行政管轄下においているロシア連邦共和国が、その正当な担当者のはずである。つまり、同共和国こそが日本とのあいだで条約を結び、同問題を解決する権限をもつのだ、と。そして、みずからがロシア最高会議議長に就任するや否や、エリツィンはロシア連邦共和国の「主権宣言」をおこなった。同宣言は次のように規定していた。「ロシア連邦ソビエト社会主義共和国（以下、ロシア連邦共和国）の領土は、国民投票によって表明される人民の合意なしに変更してはならない」（第八条）[23]。次いで、ロシア連邦共和国大統領に就任したエリツィンは、同共和国憲法を改訂（一九九〇年十一月）して、次のような規定を設けた。「ロシア連邦共和国の領土は不可分である。ロシア連邦共和国の国境線を変更するためには、国民投票によるロシア連邦共和国の人民の同意を必要とする」（第四条、一の三項[24]）。

ゴルバチョフの右傾化——「新しい政治思考」外交の幕

一九八九年十一月に発生したベルリンの壁の崩壊、それを契機とし、まるで「ドミノ倒し」のように起こった東欧「衛星」圏諸国の相次ぐソ連からの離脱——。これらの事件は、とうぜんのごとくソ連国内における保守派諸勢力の猛反発を招いた。保守派諸勢力とは、ソ連邦共産党、内務省、ＫＧＢ（ソ連国家保安委員会）、軍産複合体などの中に巣喰うゴルバチョフ「改革」一般にたいする反対分子たちを指す。彼らは、ゴルバチョフがはじめたペレストロイカ、グラースノスチ、「新思考外交」政策の必然的な結果として、ソ連邦が東欧「衛星」圏の喪失などの対外的屈辱を味わわねばならない羽目におちいったのだと考えて、猛然と逆襲を開始した。

ゴルバチョフ大統領は、これら保守派の反発をかわし、自身の権力を維持しつづけるために、止むなく自らの基本姿勢や政策を転換せざるをえない苦しい立場へと追い込まれた。これが、一九九〇年から九一年にかけて発生した所謂「ゴルバチョフの右傾化」と呼ばれる一連の現象を導いた主因に他ならなかった。[25] ゴルバチョフは、たとえば急進的な経済改革プログラム構想（俗称「シャターリン＝ヤブリンスキイ案」）の放棄を宣言せざるをえなくなった。同案は、可能なかぎり短期間での経済体制転換を目指しており、そのことを象徴するかのように「五〇〇日計画」という名称が用いられていた。ところが保守派は、経済体制の根本的転換を図ろうとする大胆な青写真の提出に驚愕し、猛反発する動きをしめした。こうして、ゴルバチョフ大統領は一九九〇年十月十六日、やむなく「五〇〇日計画」の廃棄決定を発表せざるをえなくなった。この日こそ、ロシアの内政面で「ペレストロイカの幕」が降ろされた日に他ならない。このように説く見方が有力である。[26]

それから二カ月後の一九九〇年十二月二十日は、今度はロシアの外交面で「新しい政治思考」の幕が降ろされた日とみなしえよう。「新しい政治思考」外交の実際の推進者だったエドアルド・シェワルナゼが、外相ポストを辞任した日だからである。一九八五年七月、ゴルバチョフ党書記長によってソ連外相に任命されたシェワルナゼは、国際問題にかんして元々ズブの素人だった。彼は、グルジアで汚職追放に辣腕をふるった内務省系の人物。外相に就く前日にソ連共産党中央委政治局員に任命されたばかりで、外交経験ゼロの人物だった。グルジア語なまりが消えないロシア語を話すグルジア人で、ましてや外国語などまったく話せない人物だった。ところが、そのようなシェワルナゼは、外相就任後に目覚しい学習意欲をしめし、ゴルバチョフの「新思考外交」の忠実な執行者になるばかりか、ときにはみずから大胆かつ積極的なイニシアチブを発揮することすら逡巡しなくなった。たとえば、統一後の東西ドイツの北大西洋条約機構（ＮＡＴＯ）加盟を承認するようゴルバチョフに勧告したのは、シェワルナゼ外相その人だったと伝えられている。まさにそれゆえに、シェワルナゼ外交は保守派諸勢力から攻撃される恰好の「ターゲット」[27]になった。他ならぬシェワルナゼ外相が、東欧やドイツの「喪失」をソ連にもたらした張本人。このような理由で名指しで批判された[28]。

そのようなシェワルナゼにとり最大のショックのように思われたことが起こった。とりわけ一九九〇年後半期に保守派諸勢力から彼に加えられた攻撃にたいして、任命者だったゴルバチョフ大統領がシェワルナゼを擁護する防波堤になってくれなかったことである[29]。失望したシェワルナゼはみずから辞表を提出した。ゴルバチョフは約一カ月間の空白期間をおいて、漸くその後任としてアレクサンドル・ベススメルトヌイフ（駐米大使、外務次官）を任命した。ベススメルトヌイフは、前任者のシェワルナゼに較べると矮小かつ改革意欲の乏しい人物だった。

辞職したのは、唯シェワルナゼ外相一人にとどまらなかった。ゴルバチョフ・チームを構成していた「改革」主義志向のメンバーたちが次々に辞表を提出するか、大統領によって解任される憂き目に遭ったからだ[30]。たとえば、ヤーコブレフ、スタニスラフ・シャターリン（副首相）、ニコライ・ペトラコフ（大統領補佐官）、ワジム・バカーチン（内相）らである。ゴルバチョフ大統領は、これら改革主義者たちに代えて、こともあろうに保守派勢力に属する次のような面々を任命して、自己防衛に専念するかのような動きをしめした。すなわち、ヤナーエフ、ヤゾフ、クリュチコフ、アナトーリイ・ルキヤーノフ（最高会議議長）、ボリス・プーゴ（内相）である。彼らのほとんどが一九九一年八月のクーデター未遂事件の首謀者になった。

このようにして、シェワルナゼが外相辞任時に当ってのべた不吉な予告、ソ連に「独裁が近づきつつある」が実現するかのような雰囲気が生まれた。たとえばソ連邦の統一性を維持するために、ゴルバチョフ指導部は物理的な暴力手段に訴えることさえ躊躇しなくなった。一九九一年一月にヴィリニュス（リトアニアの首都）やリガ（ラトビアの首都）での民主化運動を抑圧するために武力を用いたのは、その一例にすぎなかった。

ゴルバチョフ大統領は、なぜ「右傾化」したのだろうか？　改めてこの問いを提起すると、三つの理由が考えられる。[31]（1）他ならぬゴルバチョフ本人が、自分の見解や立場を変えた。（2）ゴルバチョフは、保守勢力から加えられた圧力や脅威に屈し、止むなくみずからのスタンスを変えざるをえなかった。（3）ゴルバチョフと保守勢力との関係は、一種の「便宜結婚」のそれであった。すなわち、互いに他を自己目的を達成するための便利な手段とみなし、利用しようと試みた。おそらく真相は、右の三要素が入り混じったものだったのではないか。果たしてその理由が何だったにせよ、ゴルバチョフはとりわけ一九九〇年十二月のシェワルナゼの外相ポスト辞任以来、一気に「右傾化」する傾向をしめし、保守勢力への依存度を露わにするようになった。

保守派からの圧力

本章の冒頭部分でその存在を紹介した「ソ連大統領訪日準備委員会」、すなわちゴルバチョフ訪日を準備する目的でつくられた組織の初代委員長は、ヤーコブレフが務めていた。ところが、ヤーコブレフがゴルバチョフの右傾化傾向に抗議して辞職したために、ヤナーエフが二代目の委員長に就任した。[32]同委員会は、領土問題解決にかんしてモスクワの種々のグループから提案されたアイディアを参考にして、サプリンが準備した文書を検討することになった。パノフ局長下で対日関係を所管するソ連外務省太平洋・南東アジア諸国局は、サプリンが起草した文書を土台にして、次の二種類のオプションを作成し、「訪日準備委員会」ならびに大統領に提出することにした。[33]

「第1オプション」は、「日ソ共同宣言」（一九五六年）の領土条項を今後のソ日交渉の基礎におく。すなわち、平和条約締結後の二島（歯舞・色丹）の対日引き渡しの約束を再確認し、日本とのあいだで領土問題解決のために妥協の道を探る。「第2オプション」は、ソ日関係に領土問題が存在することを公式承認し、今後、四島（歯舞・色丹・国後・択捉）が領土交渉の対象になることを明言する。だがそれだけに止めて、次のことを強調する。領土問題の解決には、ソ日両国間に信頼関係強化などの環境整備が先決事項である。そのために、四島のロシア住民と北海道の日本住民との間のビザなし交流プログラムの開始に賛成する。

おそらくゴルバチョフ大統領は、「第2オプション」を選ぶだろう。当時、パノフ局長自身はこのように予想していたという。なぜならば、同大統領は「一九九一年初頭以来の全体的状況、とくに国内政治の状況を考慮」（パノフ）[34]せねばならない立場に置かれていたからだった。

実際、一九九一年一～三月頃になると、ゴルバチョフ大統領の対日姿勢に重大な変更を迫る、次のような事件が相次いで発生した。まず同年一月、アルチョーム・タラーソフがゴルバチョフ大統領による対日「取引」の可能性を示唆する発言をおこなったために、一大センセーションが巻き起こった。タラーソフは、当時みずからをソビエト最初の億万長者と称した「民主ロシア」党員で、ロシア共和国人民代議員ポストも占めていた。彼はエリツィンにも極めて近い立場の人物であったために、この時タラーソフはエリツィンもしくは彼の側近にそそのかされたのではなかろうか、とのもっぱらの噂だった。その真偽はともかく、一月の記者会見の席上、タラーソフは次のような爆弾発言をおこなった。「ゴルバチョフ・ソ連大統領は、南千島を二〇〇〇億ドルで日本に売りわたす秘密の合意をおこなおうとしている[35]」。

続いて同年二月、一通の書簡がゴルバチョフ大統領宛てに届けられた。同書簡には、ヤゾフ国防相、クリュチコフKGB長官、そしてニコライ・トルービン検事総長の三人の署名が記されていた。書簡は、クリール諸島がソ連邦の安全保障にとって持つ軍事戦略上の重要性を力説し、これらの諸島をけっして日本へ引き渡してはならないと警告していた[36]。

三月八日に「ソ連大統領訪日準備委員会」が開催されたが、このとき参加者の多数を占めたのは、もはやかっての「対日宥和派」でなく、「対日強硬派」のメンバーだった。様変わりしたのは、当然だったろう。なぜならば、同委員会の議長が既述のようにヤーコブレフからヤナーエフに代わったときに、同委員会の構成メンバーにも変更が加えられ、「対日強硬派」に属する者たちの数が増やされたからだった。[37] たとえば、ヤゾフ、クリュチコフ、ベススメルトヌイフ、ワレーリイ・ボルジン（大統領府長官）、イーゴリ・ロガチョフ（ソ連邦外務次官）といった面々が、新しく加入した。このような顔ぶれから判断して、「訪日準備委員会」が北方四島の対日返還に合意することなどもはや考えられない事態になった。[38] 端的に言うと、ゴルバチョフは、ヤゾフ、クリュチコフらのアドバイスにしたがって日本の要求を容れないことに決したとも言いうるだろう。

小沢訪ソ、不毛に終わる

ロシア国内で事態がこのように推移していた最中の一九九一年三月末、小沢一郎・自民党幹事長がモスクワを訪問した。とはいっても、その失敗の全責任を小沢ひとりに負わせるのは酷だろう。案の定、訪ソは惨憺たる失敗に終わった。とくに小沢にしてみれば、彼は元々招待されたがゆえに訪ソしたのであり、それが不毛な結果に終わったからといって己が責められる筋合はないとの思いを抱いたであろう。とはいえ、小沢にも咎められるべき点があった。それは、ソ連の国内状況が急転しつつある事実を前もって十分勉強し承知することなく、彼がモスクワくんだりまでのこのこ出掛けて行ったことだった。ヴォリスキイが来日した同年一月段階で、小沢が彼とのあいだで〝シマをカネで買う〟取引について話し合ったことは、おそらくたしかな事実だったろう。しかしその後、僅か三カ月間にモスクワの空気は激変したのだ。たとえばタラーソフ発言によって、ゴルバチョフ大統領が日本に領土を売るとの噂が飛び交うようになった。[39] そのような最中に事実上、領土の売買交渉をおこなおうとしてモスクワ訪問をおこなうことは、タイミングからいってもけっして賢明な行為とはいえなかった。

にもかかわらず、訪ソ中の小沢は、クレムリンでゴルバチョフ大統領相手に熱弁を振い、具体的な金額すら明示した。その提案内容は、当時小沢の側近だった熊谷弘（のちに衆議院議員）や旧通産省幹部たちの助けを得て、大急ぎでつくられたもののようだった。すなわち、ソ連が日本にたいして北方四島の潜在主権を認める代償として、東京政府はソ連にたいして二六〇〜二八〇億ドルを支払う[40]――。このような「小沢パッケージ」が、その主な中身だった。小沢はクレムリンでの二度目の会談中に、日本からの経済支援の可能性について再度言及しようとした。このときゴルバチョフ大統領は、次のようにはっきりのべたと伝えられる。「大事な事柄〔交渉〕遂行の手立てとして、いかなる類いの取引をも交渉にもちこむことを、私は断固、拒否する。そのようなことは、日本とソ連とのあいだの対話にかぎらず、原則として受け入れえない[41]」。

小沢の訪ソが失敗に終わった理由としては、おそらく複数の諸点を指摘しうるだろう。たしかに、そのうちの多くは、小沢個人にはいかんともしがたい、ロシアを巡る内外政治状況の変化にかんするものだった。たとえば、次にひきつづいて検討するように、東西ドイツの統一や旧東欧「衛星」圏の崩壊が小沢訪ソに先行する形で発生したこと、ロシアの保守派諸勢力がそれに憤激し、もはや同様のことを決して繰り返してはならないと固く決意するに至ったこと。また、ゴルバチョフの不倶戴天の政敵、エリツィンが台頭し、発言力をとみに増大しつつあったこと。そのこととも関連して、当時のソ連で対日欧策を巡って激しく対立中だった「宥和派」と「強硬派」の二グループのパワー・バランスが、急速に後者のほうに有利に傾きつつあったこと。これらの事情があったとはいえ、しかしながら、小沢–ヴォリスキイ間の「裏チャネル」交渉がややもすれば犯しがちだった過ちを免責するものではなかろう。すなわち小沢は、すでにふれたようにこれらの事情や変化が日ソ領土交渉におよぼす影響を十分勉強したり、正確に認識したりすることなくモスクワへ向かい、クレムリンでのゴルバチョフと直談判ですべてを決しようともくろんだのだった。

小沢の最大の誤りは、エリツィンの力がソ連国内で急速に伸長しつつある事実を過小評価し、ゴルバチョフに全てを賭けたことにあった。ところが、今やゴルバチョフが「沈みゆく月」であるとするならば、エリツィンは「昇りゆく太陽」にもたとえられる存在だった。たしかに後智慧かもしれないが、小沢は様子を暫し静観すべきだったのかもしれない。そして、取引相手を見定めるべきだったのかもしれない。交渉事においては、第一に交渉相手、第二に——交渉研究の第一人者、ザートマンが力説するように——交渉のタイミングの選定こそが要諦である。ところがおそらく功を焦った小沢は、これら二つをともに間違えてしまったのかもしれない。もう一つ、小沢が犯した誤りがあった。それは、政経リンケージ戦術を採用するに当たって、彼があまりにも拙劣なやり方に訴えたことだろう。一言でいうと、「シマとカネの取引」をストレートに結びつける形で表に出して、結果的にゴルバチョフ大統領をして取引を呑めなくさせてしまう手法だった。この点についてもう少し詳しく説明して、本章の結びとしよう。

韓国やドイツが成功した政経のリンケージ術

経済力を政治・外交の梃子として用いる、いわゆる政経のリンケージ術——。たしかにこれは一九九〇年代初頭の日ソ関係で、日本側がそれに訴えても少しもおかしくなかった戦術だったろう。というのも、当時の日本はアメリカに次いで国民総生産（GDP）で世界第二位の経済大国だった。他方、ゴルバチョフ政権下のソ連は、経済的困窮の極致を体験しつつあった。同政権によるたとえば次のような「朝鮮半島政策の大転換」(42)が、このことを実証する。

ソ連は、従来、己と同じく「社会主義」体制を維持する朝鮮民主主義人民共和国との友好・交流関係を優先し、大韓民国との関係をその犠牲にして一向に顧みなかった。ところが、そのようなソ連も、イデオロギー上の立場よりも経済的な損得を考慮せねばならない状況に見舞われるようになった。すなわち、北朝鮮は、ソ連が一方的に物質的援助をあたえつづけねばならない、いわば「カネ喰い虫」国家である。対照的に、韓国はめざましい経済的躍進をつづける東アジアの〝四つの竜《ドラゴン》〟の一つに他ならない。経済的なバランス・シートの観点からみると、南北両朝鮮間にはこのような違いがあることが誰の眼にも明らかになってきた。他ならぬゴルバチョフ自身、『回想録』のなかで記している。「ソ連における経済状態が悪化するにつれて、奇跡的な経済成長を遂げてきた東アジアの〝竜〟の一つ〔韓国〕にたいするわれわれの関心は急速に高まってきた」[43]。このようにして、ゴルバチョフは、遂に一九九〇年九月三十日、韓国との国交正常化に踏み切る決断を下した。このとき、ゴルバチョフは韓国から総額にして約三〇億ドルの借款を獲得したと推定される[44]。

日本がソ連にたいして政経リンケージ戦術を採るにさいしてさらに参考になる例が、もうひとつある。東西ドイツの統一に他ならない。因みに言うと、東西ドイツの統一、北方領土問題の解決、南北両朝鮮の統一——これら三つは、二十世紀末までの実現が危ぶまれた国際政治の難問中の難問のはずだった。ところが、そのうちの一つが、一九八九年の冷戦終結とともにあっけなく解決する一方で、残りの二つは二十一世紀へともち越されることになった。この事実ひとつから考えても、北方領土問題解決をめざす日本側の方法論は、どこかで間違いを犯したのではないか。より端的に言うと、日本は〝ドイツ方式〟を採用すべきではなかったのか。少なくとも東西ドイツの統一を成功させたヘルムート・コール西独政権の手法から教訓を汲みとるべきだったのではないか——このような意見をのべる者が、少なくない[45]。しかし、ことはそれほど左様に簡単なものなのか、疑問なしとしない。そう考える筆者の見解は別の箇所で詳しくのべたので[46]、ここではその要点のみを箇条書きの形で記すことにしよう。

（1）東西ドイツの統一は、ゴルバチョフが意図してはじめたペレストロイカや新思考外交の結果である。と同時に、（2）それは何人も前もって予想しえなかった不可測事、偶然的とさえみなしうるハプニングだった。（3）たしかに、ゴルバチョフ政権は西ドイツから経済支援を受け取った。が、それは東西ドイツ統一の代償としてではなく、「統一という既成事実を承認することによって、同政権の面子が損なわれないようにするための名義料[47]」として支払われたものだった。はじめからドイツ統一をバーゲニング（取引）していたならば、おそらくソ連はさらに多額の経済的補償を入手しえていたことだろう。そう考えるならば、ゴルバチョフ政権が実際に手にしたのはあまりにもわずかな金額だったように思われる。[48]また、（4）ゴルバチョフがまさに東西ドイツの統一を可能にしたことが、ゴルバチョフをして北方領土の対日返還による日ソ平和条約の締結をむずかしくした。このような皮肉が起こったとも言えなくないだろう。つまり、東欧や東ドイツの喪失によって、ゴルバチョフはロシア国内で己の政権基盤を脆弱なものにし、もはやこれ以上外交的な冒険も賭もなしえない立場に身をおく羽目になったからだった。政治におけるタイミング、とりわけ先発になるか、後発になるか——このことがもたらす違いは、実に大きい。

洗練されたリンケージ——ロシア人の面子をたてた西ドイツ

このようにして、東西ドイツの統一が成功したからといって、必ずしも日ソ間の北方領土返還が成功することとはならない——筆者は、こう考える。だからといって、筆者は、東西ドイツの統一から東京政府が汲み上げるべき教訓がまったく存在しないかのように考えているわけではない。というのも、ドイツ統一は、たとえば次のことを教えている。もし日本がロシアにたいして経済協力と交換の形で領土返還を実現しようともくろむのならば、政経間のリンケージをもっと洗練された「間接的な[49]」ものにする必要があろう、と。ロシア人は、何にもまして面子を失うことを惧れているからだ。アレクセイ・アルバートフ＝ボリス・マケーエフの共著論文ものべている。「経済援助と領土紛争をストレートに結合させることは、ロシアを侮辱することにも等しい」[50]（傍点、木村）。

アンジェラ・スタント教授（ジョージタウン大学、ロシア外交専攻）は、筆者の見方に同調するかのように書いている。「西ドイツは、経済力を巧みに〔skillfully〕用いた」[51]（傍点、木村）。佐瀬昌盛（現在、防衛大学名誉教授、欧州外交史専攻）も、同様に記す。「ボン政府はきわめて用心深く振る舞い」[52]、「すべてはカネで解決されたとの非難が〔ゴルバチョフに〕国内から浴びせられないようにとの配慮を忘れなかった」[53]。トマス・フォルスベルク（フィンランド出身の領土問題専門家）も、筆者の見方に賛同するかのように次のようにのべる。「コール西独首相は、まさに日本側が失敗したところで成功を収めた。というのも、コールは、日本とは対照的に、ゴルバチョフの面子を立てるように配慮し、ゴルバチョフがおこなう〔政治的〕譲歩にたいして現金《キャッシュ》をあたえるという素振りを決してあからさまにはしめさなかったからだった」[54]。

このようにして、筆者の結論は以下のようなものになる。もしゴルバチョフ大統領が日本からの二六〇—二八〇億ドルと引換えにして、日本の北方領土返還要求に応じていたならば、それは、ドイツ・マルクにつづいてロシア内外でもう一つの事実上の降伏——今度は日本〝円〟にたいして——と受け取られる危険があっただろう。小沢幹事長はあまりにも直截、したがって拙劣なやり方でのリンケージ法に訴えたと評さねばならない。面子を重んじるロシア人相手に、彼はもっと洗練されたリンケージの糸を張りめぐらすべきだったのだ。

第5章

プーチンvs安倍

どちらが最終的勝者？

安倍晋三首相とプーチン大統領との首脳会談（2019年1月22日、モスクワ。AFP via Getty Images）

交渉の停滞を打開するためには、練りに練った戦略こそが必要なのであり、その代わりに人間や交渉の技巧に頼ろうとするのは危険である。

——ヘンリー・キッシンジャー(1)

プーチン政権第一期の対日政策

プーチノクラシー（プーチン統治）は、本書執筆中の現在、事実上すでに十八年以上にもわたってつづいている。この期間中に、プーチン政権の対日政策は随分変わってきているように思われる。たとえば、同政権が対日関係で成就しようと考えている二大目標間の優先度は微妙に変わってきている。二大目標とは、次を指す。一は、日本から可能なかぎり多くの経済協力を獲得すること。二は、東京政府による領土返還の要求を封じ込めること。これら二つの狙いの実施は、主として三つのファクターによって影響を受ける。一は国際環境、二はロシア国内状況、三は相手国、日本の出方。これらの要因が、右の二つの目標間のアクセント（力点）の違いをもたらす。プーチン政権十八年間を三つの時期に分けて、この点を検討してみよう。

第一期は、プーチンが大統領に就任した二〇〇〇年から〇五年頃まで。この時期のプーチン大統領は、停滞中のロシア経済を立て直すために、好むと好まざるとにかかわらず、先進資本主義諸国との経済協力を必須とみなした。二〇〇一年九月十一日に米国同時多発テロ事件が起こった時、プーチン大統領は、他のどの国にも先駆けてジョージ・ブッシュJr.米大統領に対して協力姿勢を明らかにした。その背景事由としてはおそらく数多くの要因をあげうるだろうが、その一つとして、当時ロシアが米国をはじめとする先進諸国からの経済支援や協力を、喉から手が出るほど欲していた国内事情を看過しえないだろう(2)。

たんに米欧諸国ばかりではない。大統領就任当初のプーチンは米欧と並ぶ経済、科学技術大国の日本からも経済援助を引き出すことを必要とみなしたにちがいなかった。二〇〇〇年一月、エリツィン大統領の後継者に決まったとき、祝いの電話をかけた日本の小渕恵三首相に、プーチン大統領代行はのべた。「柔道を二十年以上もやってきた私が、日本を愛さないはずがありましょうか」。これは、必ずしも一〇〇％お世辞の外交辞令ではなかったろう。また、病に倒れた小渕に代わって日本のトップの座に坐った森喜朗首相が同年四月、サンクト・ペテルブルクを訪問した際、プーチン大統領代行（当時）は延べ「七時間」[3]にもわたって、日本の首相につきっきりで市内案内役を買ってでるなどの厚遇ぶりをしめした。

同年五月、ロシア大統領に正式就任後のプーチンは、日本側がとり敢えず確認をとりつけたかった「日ソ共同宣言」（一九五六年）の有効性を事実上承認して、その理由を次のように説明した。自分はレニングラード（現サンクト・ペテルブルク）国立大学法学部で学んだ法律家に他ならない。そのような教育をうけた自分は、同「宣言」の法的有効性を認めざるをえない。なぜならば、同「宣言」は日ソ両国の首脳によって調印されたばかりか、自国にもち帰りそれぞれの最高議決機関によって批准された第一級の法律文書だからである、と。

「日ソ共同宣言」の有効性を再確認することによって、プーチン政権は日本への〝二島引き渡し〟の意向を明らかにしたのだった。実際、二〇〇四年十一月十四日から十五日にかけての時期に、プーチン大統領、ラブロフ外相は相次いでのべた。ロシアは、一九五六年の「日ソ共同宣言」にもとづいて日本へ歯舞《はぼまい》・色丹《しこたん》の〝二島を引き渡す〟。ただし、その条件で平和条約を結び、日ロ間の領土問題を最終的に決着させる、と。厳密に言うと、この時期でのプーチン政権による〝二島引き渡し〟の意図表明は、必ずしも目新しいものではなかった。[4]既にたとえば二〇〇〇年九月初の公式訪日、二〇〇二年三月のNHKとのインタビューで、プーチン大統領は同様の主旨を示唆済みだったからである。ではロシア外交首脳は、なぜことさら二〇〇四年十一月を選んで、従来からの立場を改めて公式に明らかにしたのだろうか。発言時期のタイミングや背景事由について若干の説明が必要ないし有益かもしれない。

二〇〇三年から四年にかけては、まずプーチンにとり内政・外交上大変な時期に当たった。[5]ユーコス社長ミハイル・ホドルコフスキーの逮捕、米英によるイラク戦争の開始、ベスランでの学校人質事件、ロシアが干渉したウクライナ大統領選での親ロ派候補、ビクトル・ヤヌコビッチの落選、「オレンジ革命」の勃発……等々が起こった。そして、これら一連の事件は次のことを全世界に知らしめることにもなった。仮にそう欲しそう宣言しようとも、ロシアは民主主義や市場経済へ順調かつ右肩上がりで移行し発展してゆくとはかぎらない。さらに言うと、「ロシアは欧米とは異なる国である」(袴田茂樹)。これはやや時期尚早の判断だったかもしれないが、それはともかくとしてこれら諸事件の発生によって、ロシアは欧米諸国との関係をいちじるしく冷却化させた。

結果として、プーチン政権はロシア外交上の関心を少なくとも部分的に東方へとシフトさせざるをえなくなった。実際、プーチン大統領は、二〇〇四年、中央アジア、中国、インド、トルコを歴訪した。そればかりではなかった。〇四年十月から〇五年一月にかけての時期に、プーチン政権は、中国、カザフスタンとのあいだで国境画定交渉を締結した。その余勢を駆って、できることなら日本とのあいだで北方領土論争に終止符をうち、欧米諸国を見返してやりたい。プーチン大統領をはじめとするロシア指導部がそう考えたとしても、おかしくなかったろう。

原油価格の高騰とプーチノクラシーの始動

ところが皮肉なことに、二〇〇五年を境にして、プーチン政権の対日政策は明らかに二期目へと突入することになった。つまり、対日政策の二大目標のうち経済協力の優先順位を後退させる一方、日本による北方領土返還要求を封じ込めようとする狙いを強めることになった。いったい、なぜ、このような転換が起ったのだろうか。一つの理由は、国際的な原油価格の急上昇によってモスクワが自信を得たことに求められるかもしれない。原油価格は、プーチンがエリツィン元大統領によって彼の後継者に任命された一九九九年には、一バレル当たり僅か一七・三七ドルにすぎなかった。ところが二〇〇五年までに、それは五〇ドル以上にまで急上昇した。原油産油諸国がひしめいている中東地域の政情不安、そして中国、インド、アジア諸国の経済的発展などの原因で、原油の国際的価格が急騰したのだった。

その理由はともかくとして、ロシアは「空前のオイル・ブーム」の恩恵に浴することになった。ブームは、二〇〇八年八月に「リーマン・ショック」に起因する金融危機がロシアに上陸するまでつづいた。たしかに、ロシア経済は二〇〇八―〇九年の少なくとも二年間、不況に見舞われた。だが、油価はその後再び徐々に上昇に転じた。二〇一五年七月に記録的な大暴落に見舞われる直前には、何と一バレル＝一四七ドルの高値にまで達した。この思わぬ僥倖によって、プーチン大統領下のロシアは、労せずして莫大な資源「レント（余剰利益）」収入を手にすることになった。

お蔭で、ロシアは長年にわたって懸案事項だった国際通貨基金（ＩＭＦ）、世界銀行、ロンドン・クラブ、パリ・クラブにたいする債務を、二〇〇五年初めまでに返済することが可能になった。欧米諸国が事実上支配するＩＭＦなどに債務を負っているかぎり、ロシアは欧米諸国からの直接、間接的な介入を回避しえず、完全に独立した自主外交を推進しえない。これが、プーチンおよび彼のチームの考え方だった。彼らがそのようなものとみなす対外債務を返済しえたばかりではなく、ロシアはかなりの額の外貨を蓄積しうるようにさえなった。プーチン大統領はサンクト・ペテルブルク市役所時代以来の盟友、アレクセイ・クドリン蔵相の助言を容れて、外貨準備高制度までも開始した。原価上昇によって得た外貨を全て費消してしまうのでなく、少なくともその一部を貯えておく方法である。将来訪れるかもしれない「雨の日」、すなわち経済・金融危機に備えて創設された「安定化基金」ファンドは、二〇〇五年に五五〇億ドルにも達した。(6)

右に記したような経済的事由に加えて、おそらくそれ以上に重要な変化を指摘すべきかもしれない。それは、第一期政権（「プーチン1・0」、二〇〇〇〜〇四年）を終え、第二期政権（「プーチン2・0」、二〇〇五〜〇八年）に入るに伴って、プーチン個人が自信をつけたことである。プーチンは第一期の四年間にロシア大統領としてみずからが十分な経験を積んだとみなしたからだろう、第二期目にはそろそろ己の独自色を打ち出して差し支えないと考えるようになった。このような意向は、たとえば彼の人事政策に明瞭にみてとれる。

一九九九年末に突如エリツィン元大統領によって後継者に指名されたとき、それはプーチンにとって青天の霹靂《へきれき》に近い驚きであり、己の周辺をとうてい自前の部下で固めうる自信もなければ、実際、準備もととのっていなかった。止むを得ず彼は、エリツィン「ファミリー」の一部を継承せざるをえなかった。ミハイル・カシヤーノフの首相任命は、その好例だった。ところが、それから四年近くが経った。状況変化に応じて物事を処理することが巧みなプーチンは、その間に経験を積み、自信も得た様子だった。ともあれ、彼は、「プーチン2・0」をはじめる直前の二〇〇四年二月、カシヤーノフを含む全閣僚を解任した。

その代わりに、プーチンは、新内閣や大統領府の主要ポストを自身の人脈、すなわちサンクト・ペテルブルクやKGBでの勤務時代に彼が知り合った同僚や同志たちで固めた。ロシア人ジャーナリスト、ミハイル・ズィガーリによれば、プーチン側近のなかでも一、二を争う人物、イーゴリ・セーチンは、この時去りゆくカシヤーノフに向かって次のように率直なコメントを口にしたと伝えられる。「〔これまで〕国の治め方を教えてくれて有難う。これからは、〔あなた方なしに〕われわれだけで十分やってゆけると思うよ」(7)。

このようにしてプーチンは、二〇〇四年頃に「プーチニズム（プーチン主義）」にもとづく「プーチノクラシー」を本格的に始動させた——。こうみなして、差し支えないのではなかろうか(8)。そしてこのような変化ないし展開は、とうぜんのごとくプーチンの対日政策にも変化をもたらした。

〝段階的解決論〟から〝四島一括返還論〟へ

この時期、日本の状況はどのようなものだったのか。二〇〇一年以来、小泉純一郎が首相に就任し、二〇〇六年まで日本政界では珍しく長期安定政権の立場を享受することになった。ロシアと日本の双方ともに強力な政権が誕生し、存続するというめぐり合わせになった訳である。小泉政権は森喜朗前政権がプーチン政権に対して進めようとしていた妥協的な宥和路線を変更した。具体的に言うと、北方領土問題の〝段階的解決論〟(ないし〝二島先行返還論〟——以下同じ)を事実上棚上げにし、〝四島一括返還論〟へ復帰した。〝段階的解決論〟とはいったい何か？ 説明しよう。同提案は、北方四島のうち歯舞《はぼまい》・色丹《しこたん》の二島と残りの二島、国後《くなしり》・択捉《えとろふ》の地位の違いに注目する。前者の二島にかんしては、一九五六年の「日ソ共同宣言」でロシアから日本への引き渡しが決まっている。ところが、後者の二島にかんしては、同「宣言」でそのようなことは約束されていない。この違いに着目して、日本側としてはまず小さな二島、次いで残りの二島の対日返還をロシアに求める。森政権はこのようなやり方を現実的とみなし、〝段階的解決論〟をプーチン・ロシアに提案し、同意を得ようとした。

たしかに、ステップ・バイ・ステップの段階的アプローチは、革命よりも漸進的な改革を好む日本人の性向にもマッチしている。そのような意味からも、〝段階的解決論〟は一見するかぎり理に適った現実主義的なアプローチのように映る。ところが、同案には死活的に重要な欠陥が隠されている。というのも、では、いったいどの段階で平和条約を結ぶのか？ ——この問いに明快に答えようとしないからだ。この問いにかんしては、ロシアと日本は真っ向から対立する答えをもっている。

ロシア側は、二島引き渡し前に平和条約を締結することを当然視する。さもなければ、ロシア側は歯舞・色丹の二島を日本側に只取りされるばかりか、国後・択捉について継続交渉をおこなわねばならぬ羽目におちいるからだ。他方、日本側は、もとより、二島の引き渡しの約束だけで平和条約にサインするわけにはいかない。もしそうするならば、ロシア側は平和条約の締結＝《イコール》国境線の最終決定とみなし、以後は残りの国後・択捉の返還交渉に――少なくとも事実上は――一切応じようとしないだろう。

仮にロシア側が平和条約中に「残りの二島の帰属についての交渉も続行する」との条項を記すことに同意する場合であれ、いったん平和条約という念願達成後のロシアが、そのような条項を真面目に遵守するはずはない。せいぜいよくて交渉をつづけるジェスチャーをおこなうだけだろう。戦後半世紀以上にもわたって、日本との領土交渉にまったく熱意をしめさなかったロシア側の態度や行動様式から判断して、残念ながらそうだと推定せざるをえない。ともあれ、日本側にとり〝段階的解決論〟は、事実上の二島ぽっきり返還論とならざるをえない。小泉政権はおそらくこう考えて〝段階的解決論〟をしりぞけ、〝四島一括返還論〟の立場を改めて表明したのだろう。

右のような経緯をつぶさに観察していた袴田茂樹教授は、次のように記す。「ロシア側は日本側の〝段階的解決論〟、その他一連の現象を重要な〔対ロ〕シグナルとみなして、強い関心をしめした。そして、日本政府が主張している『四島返還要求』は国内向けのタテマエにすぎず、本音では二島返還論に限りなく近づいているとプーチンは理解した、いや、誤解した。……それゆえプーチンは、森首相退陣後に登場した小泉首相の発言で日本側に裏切られたと感じたのである。もちろん問題とされるべきは小泉首相ではなく、誤解をあたえたシグナルにある。この二〇〇五年以後、プーチンは二島返還論すら否定するようになった」(9)。

北方領土問題は二〇〇五年が転換点

その背景事由がいったい何だったにせよ、プーチン大統領は、二〇〇五年に日本との北方領土問題にかんする自身の立場を転換させた。そのような転換点を明瞭に劃するのは、同年九月二十七日の「ロシア大統領の国民とのTV対話」と名づける恒例行事中での大統領の発言である。プーチンが毎年一回必ずおこなう同テレビ番組は、政治的ショーのなかでも彼本人が最重要視している行事と言えよう。二〇〇八～一二年の四年間の「タンデム（双頭）」政権期にみずからが首相ポストに退いたときにも、プーチンは同番組を名目上の大統領メドベージェフにけっして譲ろうとしなかった。すなわち、同番組の名称を「ロシア大統領の国民とのTV対話」から「ロシア首相の国民とのTV対話」と変更してまで、プーチンは同番組を主宰することに固執した。

ともあれ、同TV対話番組では「すべての質問は前もって念入りに選別され、リハーサルされたうえでおこなわれる」[10]。そのようにして選ばれたサハリン国立大学の一学生（国後島出身）は、二〇〇五年の同番組中でプーチンに向かい北方領土問題についての見解をたずねた。この質問が出ることを事前に知り、準備万端を整えていたプーチン大統領は答えた。「北方領土は、現在、ロシア連邦の主権下にある。このことは国際法によって確定されており、第二次世界大戦の戦果である。この点についてもはや議論するつもりはまったくない」[11]。同大統領は、二〇〇五年十一月二十一日、公式訪日中にもほぼ同一の主張を繰り返した。

プーチン大統領は、二〇〇五年に右のように表明した立場を、今日にいたるまでまったく変更していない。たとえば二〇一二年三月におこなった有名な「ハジメ」、「ヒキワケ」発言の骨子も、よく検討してみると、そのことが明らかになる。同発言は、ややもすると同大統領による日本人向けの宥和的発言のように誤解されがちなので、このことについて一言、説明することにしよう。ロシア大統領選を三日後に控えた三月一日、プーチン候補（当時、首相）は、欧州、日本など先進諸国のマス・メディア代表者たちとの会談をおこなった。このとき、若宮啓文氏（当時、『朝日新聞』主筆）が北方領土について質問したときのプーチンの言葉が、一部の日本人のあいだで無用な期待を抱かせる元になった。というのも、彼は「ハジメ」、「ヒキワケ」などの柔道用語を連発し、ロシア大統領に正式に再選された暁には、あたかも自分が日ロ領土交渉により一層積極的に取り組むかのような期待（実は、幻想？）を抱かせたからだった。

ところが、当選後実際にプーチンが日本にたいしておこなったのは、真逆に近いことだった。同記者会見の内容を日本各紙による報道でなく、ロシア大統領の公式サイトで詳しく読めば、そのことは前もって予想できたはずだった。プーチン首相は柔道用語で日本人の注意を惹きつつも、実は次の二つのことを明らかにしたからである。

(1)ロシアは、「日ソ共同宣言」それ自体にかんしては、その有効性を認める。とはいえ、自身は次のように理解する。「同宣言は、歯舞・色丹以外の領土については一言も語っていない。したがって、自分は国後・択捉の帰属問題について交渉する必要を認めない」。プーチンによるこのような主張は、「共同宣言」以後に日ロ両国が合意した諸文書に記されている事実を見事に否定している。たとえば「東京宣言」（一九九三年）は四島の名称を個別的に明示して、「それらの帰属問題を解決して平和条約を締結することに日ロ両国が合意した」と記している。プーチン自身が署名した「イルクーツク声明」（二〇〇一年）も、全く同様のことを記している。

(2)プーチンは、若宮氏にたいして、さらに自分が日ソ共同宣言を次のように理解していることを明らかにした。仮に平和条約が締結される場合であっても、ロシアから日本への二島引き渡しが無条件になされるわけではない。実際、プーチンは次のように語った。「そこ〔一九五六年「宣言」〕には、二島がいったいどのような諸条件のもとに引き渡されるのか、またその島がその後どちらの国の主権下におかれるのかについて何も記されていない」[12]。こうのべることによってプーチンは、「二島の引き渡し」後も主権がロシアのもとに残り、施政権のみが日本の手に移る可能性すら示唆したのだった。

袴田氏の解釈によれば、プーチン発言はさらに次のことを意味する。すなわち、「二島引き渡し」とは、歯舞・色丹への日本人の居住権や開発の権利のみを日本へ「引き渡す」だけである。二島周辺の排他的経済水域（EEZ）がロシアのものとして残る可能性さえ否定しえない。[13] 結論として、袴田氏は実に厳しい結論に到達している。すなわち、プーチンは完全な形での二島返還に応じる気を毛頭もたないのだ、と。

「プーチン3・0」以降はナショナリズムに訴える

リーマン・ショックにはじまる世界経済の危機は、二〇〇八―〇九年、ロシアに上陸した。もともと経済規模が脆弱で、資源依存型の産業構造をもつロシア経済は、原油の国際価格の急落によって他国に勝るとも劣らない被害を受けた。その後ロシア経済は若干の立ち直りをみせはしたものの、二〇〇〇～〇八年のあいだに恵まれた空前の石油バブル・ブームによってもたらされた好景気はもはや二度と戻ってこなかった。メドベージェフとの「タンデム」政権のインターバルを経て、二〇一二年に「プーチン3・0」を開始したプーチン大統領は、このような事態に直面して、「プーチノクラシー」の正統性根拠を転換せざるをえなくなった。「プーチン1・0」（二〇〇〇～〇四年）～「プーチン2・0」（〇四～〇八年）期にプーチン大統領はロシア国民とのあいだで次のような「プーチン流社会契約」[14]を結び、曲りなりにもそれを履行しえていた。ロシア国民に政治的安定と最小限度の物質的生活水準を保障することと引き換えにする形で、プーチン流の専制政治を認めさせるという「ファウスト的取引」（リリヤ・シェフツォーワ）[15]だった。

ところが、そのような契約の履行を可能にした石油ブームの再来は、もはや期待薄になった。「プーチン3・0」（二〇一二～一八年）期になると、プーチン大統領はロシア国民にあたえる項目内容を転換しないかぎり、彼らの忠誠を確保することはむずかしいと悟らざるをえなくなった。では、いったいどうすればよいのか。物質的な満足に頼りえない以上、残された途は精神的なインセンティブということになろう。案の定、プーチンが打ち出した政権の新しい正統化事由は、ロシアの伝統的な価値や文化の護持という保守的色彩が極めて濃いものだった。ロシア人はたとえばＬＧＢＴ（レズビアン、ゲイ、バイセクシュアル、トランス・ジェンダー）など資本主義的なデカダンスに溺れたり、欧米流の国家発展モデルに追随したりすることなく、ロシア独自の道を歩むべし——。このようなナショナリズムに訴える手法である。

プーチンの新しい作戦は、見事に功を奏した。なぜか。というのも、ロシア国民の間に眠っている潜在的な衝動や欲望を直観的に察知し、それに形をあたえる術にかんして、プーチンは天才的とも評しうる才能の持ち主だからである。因みに、プーチンのイデオローグと呼ばれた側近、ウラジスラフ・スルコフ（元大統領府副長官）は、プーチンを心理学者、ジークムント・フロイトにさえ譬える。「プーチンは、君が欲しているものが何であるか、必要としているものが何であるか、君にとって何が良いか——これらのことを全て知っているのだ」[16]。それはともかく、ロシア国民は、一九九〇年代はじめに彼らを襲った一連の諸事件によって、以来癒しがたい屈辱感に悩まされていた。東欧「衛星」圏の喪失、ソ連邦の解体、米国との冷戦での事実上の敗北——これらによって生じたインフェリオリティー・コンプレックスである。

また、右にふれた石油価格の高騰ブームの恩恵は、単にプーチン政権の側近、幹部、オリガルヒ（新興寡占財閥）ばかりでなく、回り回って或る程度まではロシア一般国民のもとにもしたたり落ちた。そのために、彼らの中の少なからぬ数の者は、かつて貧困レベルだった物質水準から一息つくことが可能になった。彼らのなかの一部は、ロシア史上初の「中産階層」を形成しようとしていた。何とか物質的に食べていける余裕を得たロシア人の或る者は、己の欲求を拡大させることにもなる。言い換えると、彼らは今や物質的富以外の精神的価値の充足を欲するようになったのだ。

ロシア国民のこのような希求の変化を、プーチンは素早くキャッチした。彼が「プーチン3・0」で敢行したウクライナへの攻勢、シリアへの空爆などの対外的行動は、大抵のロシア国民のナショナリズムを大いに刺戟し、彼らの「冷蔵庫」の中身が再び貧しくなりつつある経済的困窮の現実を暫し忘れさせることに貢献した。とくに二〇一四年三月にプーチン大統領が敢行した、ウクライナ南部クリミア半島のロシアへの併合は、大多数のロシア人によって大歓迎されるイベントになった。ソビエト政権期にフルシチョフ第一書記がおこなった、ロシア共和国からウクライナ共和国へのクリミアの譲渡という軽率な行為（ウクライナ出身のニーナ夫人を喜ばすための、誕生日のジェスチャー）を、遅まきながら一挙に是正する当然至極の行為とみなされた。この決断前には六〇%台に低迷していたプーチン大統領の支持率は、併合後一気に八〇%台へと跳ねあがった。ロシア国民は、「クリミアは我々のもの（Крым наш）」と胸に記したTシャツを着用して、街頭を練り歩いた。

クリミア併合が対日政策に影響

ロシア式ナショナリズムに訴えた「プーチン3・0」は、プーチンの対日政策にかんしても丁度第三期を劃したとみなしうるだろう。二〇一五年七月にはじまった国際的な原油価格の急落、同じくルーブルの下落、そしてG7が科した経済制裁が、ボディ・ブローのように利きはじめた。これら所謂「経済三重苦」(17)を念頭におく冷静かつ客観的な立場にたつならば、プーチン政権は日本との経済交流をこれまで以上に必要とするはずだった。ところが他方、クリミア併合という久々の外交的快挙（ロシアにとっての）によってロシア国民の愛国心は厭がうえにも高揚し、しかもそれは一人歩きをする気配すらしめしはじめた。圧倒的に大多数のロシア国民がクリミア併合に熱狂している最中に、もしもプーチン大統領が北方領土を対日返還する意図を表明したらどうであろう。日本人にとっては当然至極かつ慶ばしい決断ではあろうが、大概のロシア人の眼には承服しかねる行為と映るにちがいない。片方の手でクリミアを獲得しながら、他方の手で北方領土を手放す。このような決定は、よほど巧く説明しないと、ロシアの民衆にはプーチン政権があたかも〝二重尺度〟を採っているかのように誤解される恐れがあろう。

因みにのべると、二〇一四年三月のプーチンによるクリミア併合は果してロシアにとりプラスだったのか、マイナスだったのか。この問いが提起される。たしかに、ロシアは黒海の要衝であるクリミア半島、とりわけセバストポリ軍港を確保しえた。ところが獲得した領土面積で言うと、クリミア自治共和国はウクライナ全体の面積の僅か四・五％でしかなかった。同地域を入手した一方で、残りのウクライナをほとんど反ロシア、EU寄りに追いやる結果を招いた。そのような事情のために、クリミア併合のロシアにとってのバランス・シート（損益勘定書）は、見る者の観点次第で違ってくる。

例えば、トニー・ウッド（米国の『ニュー・レフト・レビュー』系の評論家）は、近著『プーチンなきロシア』（二〇一八年）で、ロシアにとりマイナスのほうがプラスより多いと判断して、その根拠を次のように箇条書の形で記す。

「併合は、ロシアの勢力圏からウクライナを離脱させる過程を加速させる結果を招いた。ウクライナ国内でNATO加盟支持の声を増大させた。ウクライナとNATO間の軍事的結びつきを強化し、NATOをロシアのハートランド〔心臓部〕へと近づけた。ウクライナのEUとの経済的結びつきを強化した。ロシアはG7から制裁を科せられ、外部からの投資が減少したり、国際的に孤立する政治的ダメージも被ったりした。（要するに）プーチンにとり地政学的な敗北だった」[18]。

もとより、同併合がロシアにもたらしたプラス、マイナスについての最終的な判断は、歴史の審判にゆだねられるだろう。それはともあれ、同併合は間接的に同政権の対日関係に深甚な影響をあたえた。このことだけは間違いない事実だった。

個人的な〝信頼〟関係は十分条件にあらず

二〇一八年五月から第四期目に突入したプーチン政権の対日政策は、いったいどのようなものになるだろうか。「プーチン4・0」は日本からの経済協力を極力引き出す一方、領土問題ではけっして譲らないとの政策路線を続行する――。よほど不可測的な事態が生じないかぎり、こう予想して間違いないだろう。

「プーチン4・0」はプーチン大統領にとり最後の政権任期だから、同大統領は思い切った対日政策を敢行するかもしれない。日本人にとってこのように耳当たりのよい予想をおこなう者もいる。たとえば、エレーヌ・カレール＝ダンコース。彼女は、元来グルジア出身の民族問題の研究家で、現在、フランス切ってのロシア研究の泰斗、アカデミー・フランセーズ会員である。ソ連邦の解体を予言したことで一躍有名になった。女史は、プーチンのロシア大統領四選が確実になった二〇一八年一月二十四日、NHKテレビのインタビューで、日本人視聴者にたいする次のようなサービス発言をおこなった。「再選されたプーチン大統領は以前よりも権威をもち、〔自身が〕できることが多くなり、〔領土問題でも〕譲歩できる部分が大きくなるでしょう。〝日本との問題を解決するために何ができるか〟という計画が、彼の頭の中にあるはずです。〔北方領土返還という〕解決策を、〔再選後には〕ロシア社会も受け入れるでしょう[19]」。

ところが、ダンコース女史が日本人視聴者におこなったような楽観的な予想に、たとえば筆者は容易にくみしえない。以下が、その根拠である。

まず、プーチン大統領は、安倍首相との個人的な信頼関係などといった主観的かつ頼りないものを根拠にして、対日政策を決定しようとする意志がまったくないこと。プーチンが人間を信頼しないことは、ほとんど生まれつきの性癖とさえみなしえよう。そのような性格は、彼が受けたKGBの教育や訓練によってさらに促進された。彼がドレスデン駐在中に、エーリッヒ・ホーネッカー東独体制が一瞬にして崩壊するのを自身の眼で目撃した体験も、彼の政治観に大きな影響をあたえたにちがいない。ヒル&ガディも共著『ミスター・プーチン』のなかで、次のように記している。

「このドレスデン時代での個人的経験こそが、ウラジーミル・プーチンのその後の政治活動の指針を作り上げる最大の要因になったことは間違いない。（中略）特定のイデオロギーや政治指導者に盲目的に忠誠を誓ってはいけない。（中略）プーチンが出した答えは、何がいちばん重要なのかを自分自身で判断することだったようだ。たとえ自らが深くかかわっているとしても、個人の機関、特定の思想、そして言うまでもなく特定の人間や一部の集団を完全には信頼してはならない[20]」。

念のため、現文脈でヒル&ガディの最も重要なフレーズを原文とともに取り出しておこう。それは、次の一文である。「決していかなる個人をも信用すべからず［Never trust any person］[21]」。

もとより一般論としては、交渉を成功させるうえで、信頼し合える人間関係の存在は望ましい。たとえば安倍首相のオバマ、トランプ米大統領らとのあいだの良好な信頼関係は、時として「あうんの呼吸」で見解を一致させ、小むずかしい交渉をくどくどとおこなうことを不要にさえしているかもしれない。ところが残念ながら、良好な信頼関係があるからといって、国家間の利害の対立が必ず解消するとはかぎらない。交渉担当者間の信頼関係の存在は、交渉を成功させるための必要条件ではあっても、十分条件ではない。いや、逆に信頼しえない国家間であればこそ、交渉が妥協にいたったり、まとまることが珍しくない。中ロ間の国境線画定が、その好例だろう。中ロ両国は、二〇〇四年、ウスリー川＝アムール川の中州の三角地帯の係争地を遂に五分五分の割合で分割する合意に到達した。そのようなことを可能にした事由として、たしかに複数の要因が挙げうるだろう。そのうちの一つとして、両国間に信頼感でなく、むしろ不信感が存在していた事実を指摘しうる。すなわち、中ロ間での不信感は歴史的に根強く、おそらく根絶不可能とさえ判断して間違いなかろう。いつ何時「ダマンスキー（珍宝）島事件」（一九六九年）のような流血沙汰を再発させないとも限らない。このような懸念の存在こそが、中ロ両国の首脳をして遂に妥協を決意させた一因だったように思われる。

プーチンにとってはサバイバルが至上目的

実際、プーチン大統領の側は、安倍晋三首相とのあいだの個人的な信頼関係の構築をさほど重視しているようには見受けられない。しかも、二〇一八年秋に自民党総裁として三選を果たしたものの、安倍首相は三年後の二一年秋には退陣する。他方、プーチンは少なくとも二〇二四年春までの六年間、クレムリンの主《あるじ》として君臨する。プーチン大統領は、このような在任期間にみられる彼我の差異を冷静に念頭においているにちがいない。プーチン大統領の立場としては、安倍首相との個人的な関係を日本から経済援助を引き出す恰好の切り札として最大限に利用しようと欲する一方で、北方領土問題の解決をことさら急ぐ理由に迫られていない。

さらに言うならば、プーチン大統領は次のように考えているのではないか。安倍首相はほとんど口癖のように「私とウラジーミルで、戦後七〇年以上にもわたって解決しえなかった北方領土問題に必ず終止符を打つ」とのべる。この言葉を逆手に利用して同首相を焦らせ、ロシア側に有利な条件を引き出そう、と。同大統領は、少なくとも自身の任期中に日ロ間の領土問題に決着をつける姿勢を微塵もしめしていない。そのような意図を窺わせる同大統領の発言を次に引用しよう。二〇一七年十一月、ベトナムのダナンでのプーチン＝安倍首脳会談終了後に、平和条約締結の見通しについてたずねられたとき、プーチン大統領は次のように答えた。「〔平和条約締結時に〕いったい誰が日ロそれぞれの国で政権の座に就いているか。安倍、プーチンか、あるいは誰か別の者か。このことは関係がないし、重要なことでもない。重要なのは、あらゆる問題を長期的に解決しようというわれわれ両国ならびに両国民の意向である。両国の諸関係を、短期的でもさらに中期的でさえもなく、長期的な歴史的展望に立って発展させてゆくのに好都合な諸条件をつくり出すことだ[22]」。

このプーチン発言は、次のような主張に十分な根拠がないことを証明している。「安倍−プーチンの強力コンビ時代の今日、北方領土問題解決の好機が訪れており、日本側はこの時期を逃してはならぬ」。序でながら、ここで筆者個人の予測をのべるならば、プーチンが二〇二四年にロシア政治から完全に引退すると予想することと——これすら早計なように思われる。というのも、彼には、次のいずれかの方法を用いて、事実上最高政治指導者の座に止まろうと試みることが予想されるからである。ロシア憲法を改正して、ベラルーシや中央アジア諸国並みに半永久的な大統領ポストに就く（プーチンの「習近平化」）。もしくは、再びメドベージェフ（もしくはその他の中心）を傀儡大統領に仕立てて、「第二次タンデム政権」を組織し実権をふるう（プーチンの「鄧小平化」）。

二〇二四年以後もプーチンは、最高権力者の地位を去ろうとしない——。筆者は、なぜこのような極端な予想を排除しないのか。ひとつの理由は、ロシア政治に「花道引退」の伝統が事実上存在しないからである。プーチンが万が一にも引退する場合には、護衛の数はめっきり少なくなり、たとえ世界のどの地に赴こうと、自身および家族の身の安泰を十分図りえないことを、彼は危惧するにちがいない。チェチェン過激派テロリスト、これまで彼の非情な政治決断によって犠牲になった無数の人々、その遺族や残党たちが、彼および二人の娘を執拗に追跡し、生命さえ狙う可能性を否定しえない。結果として、プーチンは、次の言葉を嚙みしめねばならない立場に追い込まれるのではなかろうか。「独裁制は美しい場所ではあるが、一旦登ってしまうと降りる道がない」（『プルターク英雄伝』[23]）。

己のサバイバル（生存）こそが「プーチン4・0」の最大の課題――。そのような時に当たって、北方領土の返還は彼が決して手をつけるべきでない火薬庫、もしくは開けるべきでないパンドラの箱かもしれない。なぜならば、もしそうすれば、それは己の政治的生命が危殆に瀕する惧れがあるかもしれないからだ。まるで火中の栗を拾うに等しい危険な冒険ないし賭けになるかもしれない。一見するところ豪胆な人物であるかのようにみえるものの、プーチンは自己保身という点にかんしては実に臆病かつ細心な慎重居士に他ならない（だからこそ、おそらく彼はこれまで十八年間におよぶ長期政権を維持しつづけえたのだろう）。北方領土の対日返還はプーチンがけっして敢行するはずはない対外的な大冒険となろう。ダンコース女史のコメントは、残念ながら、もっぱら日本人視聴者向けの単なるリップ・サービスにすぎないと評さざるをえない。

安倍首相の〝地球儀俯瞰〟外交

次に安倍晋三首相に話題を転じよう。同首相は、日ロ交渉に何とか突破口を開こうと欲し、ロシアにたいし「新しいアプローチ」を試みようとしている。そのようなアプローチや努力は、果たして戦後日本外交の最大の懸案の一つ、北方領土問題の解決に資する適切なものなのだろうか。これが、本章の後半部の検討課題になる。まず安倍外交一般にかんして若干の紙面を割くことから始めよう。

安倍晋三は、岸信介（元首相）を祖父、安倍晋太郎（元外相）を父にもつ日本政界切っての名門の出身者。その点で、鳩山一郎（元首相）を祖父、鳩山威一郎（元外相）を父にもつ鳩山由紀夫（元首相）と似かよっている。

このような背景をもつ政治家は、良きにつけ悪しきにつけ使命感が強すぎる嫌いがみられる。祖父、父が実現しようと欲し、かつ実現しえなかった政治的課題の解決を達成しようと異常なまでの熱意を燃やす。安倍氏は、日本国憲法の改正と並んで、ロシアとの平和条約締結を目指していることを隠していない。

安倍氏は健康を損ねたために、不本意ながらも一度首相の座を降りねばならなかったものの、二〇一三年に政権復帰を果たした。氏は、早速、新設の国家安全保障局の長として、谷内正太郎（元外務事務次官）を据え、「地球儀を俯瞰する外交」なる名キャッチフレーズ下にみずから世界を駆けめぐる活発な外交活動をはじめた。同首相がとりわけ熱心に取り組もうとしているのは、次の二つの外交課題と言えよう。

一は、北朝鮮とのあいだでの拉致問題の解決。安倍氏は、師の一人ともみなす小泉純一郎元首相が二〇〇三年に平壌を電撃訪問し、拉致被害者の一部の帰国を実現した歴史的な場に官房副長官として居合わせた。そのような体験も手伝ってか、氏は拉致問題の全面的な解決をみずからの使命とみなしている様子で、その決意をしめすバッジを一瞬たりとも胸から離そうとしない。にもかかわらず、氏は一期政権（二〇〇六―〇七年）、同二期政権（二〇一二年〜）の別を問わず、唯一人の拉致被害者も日本に取り戻すことに成功していない。対北朝鮮問題がこのように思うような成果をあげていない事実ともおそらく関連しているのだろう、安倍首相は、対ロ外交の打開に、傍目には前のめり過ぎもしくは異常と映るほどの熱意を傾けている。

日ソ関係の正常化は、晋三の父、晋太郎氏が文字通り命を懸けた外交課題に他ならなかった。晋太郎は、一九九〇年一月、「すい臓がんにおかされ、七二キロあった体重を五七キロにまで減らしていた」(24)。にもかかわらず、自民党訪ソ団長としてモスクワを訪れ、ゴルバチョフ・ロシア大統領に対して初の公式訪日を熱心に要請した。そのとき同行した晋三は、日ソ関係の打開に賭ける晋太郎の情熱を目の当たりにし、是非とも父の悲願を引き継ぎ、達成せねばならぬと固く決意したにちがいない。翌年四月、ゴルバチョフ大統領初の公式訪日が実現し、晋太郎は大統領とのあいだで五分間の面会を果たしたものの、一カ月後には帰らぬ人になった。晋三は著書『新しい国へ』でその様子を記したあと、みずからの決意を次のように宣言している。「政治家が、自らの目標を達成するために淡泊であってはならない」[25]（傍点、木村）。

改めて説くまでもなく、二〇一四年三月のプーチン政権によるクリミア併合以来、G7を筆頭にして少なからぬ数の国々は、ロシアにたいして経済制裁、ロシア要人たちの追放、みずからのロシアへの公式訪問自粛などの諸措置を実施している。ところがそのような状況下にあっても、日本の安倍政権は口頭でこそ対ロ制裁に同調する姿勢を表明しているものの、現実にはプーチン・ロシアに対し制裁らしい制裁をほとんど科していない。そのような行為を正当化して安倍政権がのべている理由は、明らかと言えよう。日本は、他のG7メンバー諸国とは異なり、ロシアとのあいだで特殊かつ深刻な問題を抱えている。すなわち、ロシアとのあいだでは領土問題を解決して、国交の完全正常化を図らねばならない事情に他ならない。ロシアと対決しているかぎり、この課題の達成は不可能なのであり、日本政府は好むと好まざるとにかかわらずロシアとのあいだで対話をつづけることが必要不可欠なのだ。

右のような正当化事由をのべて、安倍政権は、たとえば米欧諸国による制裁措置の対象となっている、プーチン政権の側近や要人たちとの人事交流を抑制する姿勢をしめそうとしない。二、三の例を挙げるに止めるにしても、たとえば次のようなプーチン政権の要人たちが、実際、大手を振って来日している。ニコライ・パトルシェフ（ロシア安全保障会議書記）、イーゴリ・セーチン（「ガスプロム」社長）、ワレンチナ・マトヴィエンコ（上院議員）、セルゲイ・ナルイシュキン（現下院議長）……等々。逆に訪日が叶わないロシア要人の名前を挙げるほうが、むずかしいくらいと言えよう。

「交渉のパラドックス」[26]とは何か

日本の北方領土問題にかんする決断は、ひとえにプーチン大統領の胸先三寸に懸っている。これは、衆目の一致するところと言えよう。というのも、彼はロシア国内で絶大な権力と人気をほしいままにしているオールマイティーな指導者だからだ。言い換えるならば、プーチンが政権の座にとどまっている期間中にこの問題を解決しなければ、半永久的にそのチャンスを失ってしまう。安倍首相には、どうやらこう案じている節が感じられる。おそらくそのような考えにもとづいているのだろう、同首相は、プーチン大統領とのあいだでの信頼関係の構築に異常なまでの熱意を傾ける。では、そのために何をなすべきか。首脳会談をできるかぎり数多く頻繁におこなう必要がある——。安倍首相の以上のような考えは、残念ながら本書で説いている交渉学の一般理論には必ずしも合致しない。まず、その訳を説明しよう。

交渉と信頼。この二つは、デリケートな関係にある。もとより、交渉当事者間での信頼関係の構築は最重要な課題、かつ要請にちがいない。なぜならば、交渉者間に最低限度の信頼関係が存在していなければ、交渉をおこなうこと自体が不可能になるからだ。極端に言えば、相手側が口にのぼせることを信用できずに、コミュニケーションは成立しない。しかし、同時にのべねばならぬことがある。交渉当事者間ではそもそも完全な信頼関係を構築することが期待薄であることだ。

もし完全な信頼関係が存在するのならば、そもそも交渉などおこなう必要など存在しないだろう。もしくは交渉開始後に話は直ちにまとまるだろう。例えば新婚蜜月時代の夫婦間では、厳密な意味での交渉などはおそらく無縁ではなかろうか。すべては「あうんの呼吸」で決まってしまう。だが、そのような二人ですら同じ屋根の下で生活を共にするにつれて、暗黙ないし明示的な話し合い、駆け引き、交渉に類した行動を必要とするようになるだろう。他方において、スペクター教授がのべるように「悪漢」とのあいだにおいてでさえ、交渉する意志、交渉をつづけることにかんしての最低限度の信頼が必要になるだろう。

このようにして、ザートマン教授が名づける「交渉のパラドックス」が成立する。すなわち、交渉とは「当事者間の信頼が一〇〇％でも、逆に〇％でも実施されない[27]」類いの人間営為なのである。言い換えると、交渉とは、そもそも或る程度の信頼と或る程度の不信頼のミックス状態が存在してはじめて成立する行為なのだ。だとするならば、われわれが心に銘記すべきことがあろう。それは一言でいって、交渉事で信頼関係構築の限界をわきまえる必要性である。つまり、交渉当事者間に或る程度の信頼関係が存在することは、交渉を成功させるための必要条件である。だからといって、それはけっして十分条件なのではない。交渉の核心は、飽くまでも係争問題をめぐる当事者間の利害や見解の相違である。だとするならば、それは良好な人間関係によって必ずしも縮められたり、埋められたりするとはかぎらない。その意味では、フィッシャー＆ユーリーの「人と問題を分離せよ[28]」との命題は本質を衝いている。

「信頼」重視型人間 vs「信頼」軽視型人間

交渉行動での信頼関係にかんして、もう一つ、当たり前とはいえ重要なことがある。それは、交渉においては信頼が単に当方ばかりでなく、相手側にも存在しなければならないこと。つまり、信頼が相互的なものであること。したがって、もし相手側に当方の信頼に応える意図や用意が存在しない場合、当方の信頼もやがては喪われてしまう[29]。安倍首相の心中を推測してみよう。日ロ間には相互間の信頼感が存在せず、それが明らかに領土問題交渉を阻害する元凶のひとつになっている。したがって、まず何よりも両首脳間の信頼醸成が先決問題である。こう考えて、安倍首相はみずから率先してプーチン大統領との面談を可能なかぎり頻繁におこなおうともくろむのだろう。その意図や善し。が、同首相のやり方に若干の問題がある。同首相は、例えば外交や交渉での〈相互主義の原則〉を余りにも無視しがちだからである。

交渉や外交では〈相互主義の原則〉が大事なルールとされる。一例をあげると、首脳たちは交互に他国を訪問し合うことが通例である。その理由は言わずもがなだろう。スポーツの世界でも「ホーム」と「アウェー」の違いによって種々様々な有利、不利が生じることは明らかであり、相互主義のルールが厳守されねばならない。にもかかわらず、安倍首相は、機会がある毎に一方的な訪ロをせっせと繰り返して止まない。今や同首相は、プーチン大統領が自国ロシアで主催するほとんどの会合の常連メンバーと言っても過言ではない。たとえば対独戦勝記念祝典、ウラジオストクでのアジア太平洋経済協力会議（ＡＰＥＣ）、東方経済フォーラム、サンクト・ペテルブルクでの国際経済フォーラムなど。それればかりか、Ｇ７の他の全首脳がボイコットする類いのロシアでの会合（たとえば、二〇一四年二月のソチ冬季五輪開会式）であれ、参加を躊躇しない。

本書執筆中の二〇一八年秋の時点で、安倍首相の訪ロやプーチン大統領との会談は、既に二十二回を数えた。その期間中に同大統領はといえば、二〇一七年十二月に唯の一度、来日しただけに止まっている。外交儀礼上の〈相互主義の原則〉を厳格に遵守することは、種々の理由から事実上なかなかむずかしいかもしれない。そのことは認めるものの、日ロ首脳間での訪問回数にかんする非対称性はやはり度を越しており、異常とすら評しうるだろう。口の悪い者のなかには、安倍首相の度重なる訪ロを参勤交代にたとえる者さえいる。

日ロ関係の最大の懸案事項である北方領土問題の解決には、プーチン大統領の決断が何よりも必要不可欠。したがって、可能なかぎり同大統領との首脳会談の回数を増やすことが、肝要――。安倍首相がのべるこのような基本的な考えを、われわれも理解しないわけではない。とはいえ、この関連で交渉学の一つの研究成果を紹介することは無駄でなかろう。ジュリアン・Ｂ・ロター教授（米コネチカット大学、心理学）および彼のチームがおこなっている研究である。同チームによれば、交渉担当者たちのなかには、大別して次の二種類のタイプの人間が存在するという。[30]

一は、「信頼重視型人間（high trusters）」。交渉相手が信頼に値するので、当方も信頼に値する言動をとるべきと考える人々を指す。ロター教授の分かりやすい説明を借用するならば、「彼が信頼できないというはっきりした証拠が出されないかぎり、私は彼を信用することにしよう」。このように前提するタイプの人々。[31] 二は、ロターが対照的に「信頼軽視型人間（low trusters）」と名づける人々。交渉相手を必ずしも信じるに値する者とみなさず、したがって自分もまた他人によって信頼される言動をとる必要はないと考える。ロターの説明によると、「彼が信頼できるという証拠が出るまでは、私は彼を信用しないことにしよう」。[32]

安倍首相のアプローチは、ロターらがおこなった右の二分類のうち、明らかに前者、すなわち「信頼重視型人間」のそれだと言えよう。では、同首相の交渉相手、プーチン大統領のほうはどうだろうか。プーチンは人間を敵と味方に分類し、人生を両者間の闘いとみる人生観をもち、KGB勤務中にそのような教えをさらに徹底的に叩き込まれた人物である。明らかに後者の「信頼軽視型人間」とみなすべきだろう。だとするならば、安倍首相による「信頼構築」の戦略は、そのようなロシア大統領を相手とする日ロ交渉で果たして適当なものと言えるだろうか。安倍首相は、少なくともレーガン大統領が対ソ軍縮・軍備管理交渉で述べた有名なフレーズを肝に銘じるべきではないかと思われる。「信用せよ、だが実証も怠るな（Trust, but verify; Доверяй, но проврй）」。

〝一対一〟会合は「もろ刃の剣」

安倍首相がプーチン大統領と頻繁におこなう日ロ間首脳会談でもうひとつ、気になる手法がある。それは、安倍首相が会談中にしばしば〝一対一（tête-à-tête）〟の密談をおこないがちなことである。交渉学によると、〝一対一〟会談には、コインの表裏のような関係でプラス、マイナスの両機能が存在する。[33] 一言でいえば「もろ刃の剣」である。

〝一対一〟の会談には、たしかに次のような利点が存在する。交渉者たちが自分の考えていることを腹蔵なく語り合うことによって、交渉が進展する。だが、次のような欠点も伴う。当方はみずからの本音や究極的に欲するものを語る。ところが、相手側はそれを貴重な情報として聴きおくばかりで、己は必ずしも手の内をあかそうとしない。また、その場でこそ相手側の言うことを理解したかのように振る舞うものの、後に現場の担当部署の見解などを聴いて実行不可能との判断をくだす。極端な場合、同席している者がいなかったオフレコの会合だったことを理由にして、そういう話は一切聞かなかったと主張するかもしれない。

このように〝一対一〟の会談にはメリットの反面、明らかにデメリットもしくは危険が伴う。にもかかわらず、安倍首相は、二〇一六年のソチ会談以来ほとんどすべての日ロ会談では通訳一人を伴うのみで、プーチン大統領と差しの〝一対一〟会談をおこなおうとする。これは、日ロ交渉でほとんど禁じ手とされている危険な手法である。さきにもふれたように、一九五六年のモスクワでの日ソ平和条約交渉時に、河野一郎農水相がブルガーニン首相とのあいだで〝一対一〟の会談を実施した前例が憶い出される。案の定、その席上でソ連側は漁業交渉と国交正常化（あるいは平和条約）交渉をリンクさせる戦術に訴えた。すなわち、漁業条約の発効は、日ソ国交正常化交渉――ソ連側の提案内容が硬直的なものだったために、日本側は打ち切りの態度をしめしていた――の再開を条件にするというリンケージ戦術だった。[34]

このような苦汁を飲まされた先例が存在するにもかかわらず、安倍首相はプーチン大統領とのあいだで二人っきりの首脳会談をおこなうことを一向に止めようとしない。単に会合するだけなら差し支えないかも知れない。だが、そのような場で、安倍首相は日本国民にたいしても国会の場でも事前に諮られていない日ロ政策上の重大な提案をロシア大統領宛てにおこなっている。これが、問題なのである。

たとえば、二〇一六年五月、ソチでの〝一対一〟での首脳会談中に同首相がおこなった「新しいアプローチ」提案が、それに当たる。同提案は、日本の歴代の政権が採ってきた四島返還の基本政策を大転換させる重要な内容を含んでいた。二〇一六年十二月にプーチン大統領が訪日した折、安倍首相が十六日の共同記者会見の席上でのべた言葉から、われわれは「新しいアプローチ」の内容がおそらく次のようなものでないかと推測するからである。このとき首相は、己の対ロ交渉に臨む基本姿勢について抽象的に語った。「過去ばかりにとらわれるのではなく、北方四島の未来像を描き、未来志向の発想が必要だ。この新たなアプローチにもとづき……云々」(傍点、木村)。

右の発言は、次のように解釈すると実に重大な内容を意味している。日ロ関係では過去よりも、未来こそが大事である。過去のいざこざ、すなわち北方領土の主権がいったいどの国に帰属するかの問題に何時までもこだわることを止めて、むしろ四島で日ロ両国民が共存共栄を図ることこそが肝要だろう。この考えにもとづき、まず四島で両国民が共同経済活動に従事することから日ロ両国民の共存をはじめようではないか。――以上のような内容こそが、安倍首相がソチの〝一対一〟の会談でプーチン大統領に対して提案した「新しいアプローチ」の骨子だった。少なくとも筆者個人は、このように推測する。

もし右のような解釈が間違っていないとするならば、筆者はさらに以下のようにのべねばならない。「未来志向で日ロ関係を構築すべし」と説く首相発言は、一見するかぎり素人受けする結構な内容のように聞こえる。だが、実に不安定な側面も内蔵している。なぜか。一般的に言って人間であれ国家の関係であれ、好むと好まざるとにかかわらず過去の土台の上にたってはじめて現在や未来が築かれる。このことを日ロ関係に即して言うならば、次のことを意味する。ロシアはかつて武力を用いて日本固有の領土を奪った。そのような過去が納得ゆく形で精算されないかぎり、〈未来志向で日ロ関係を建設的に構築せよ〉——こう言われても、日本国民には釈然としないわだかまりが残らざるをえない。そのような感情が存在する以上、国民に対してロシアとのそのような過去を一切忘れ去り、友好親善関係を構築せよ、とせっついても、それは土台無理な話だろう。換言すれば、日本側に納得ゆく形で北方領土問題が解決されないかぎり、日本国民にロシアとのあいだで真の善隣友好関係を樹立しようという自発的な気持は起こらないだろう。

「共同経済活動」案に対する懸念

安倍首相がプーチン大統領との一対一会談で宣言した「新しいアプローチ」の具体的な内容とは、いったい何か。ほどなくして、それは北方領土での「共同経済活動」提案であることが判明した。北方領土で日ロ両国民が共同経済活動に従事することが、両政府が平和条約締結交渉を進展させるための「重要な一歩」になる。安倍首相自身が、こうのべたからだった。プーチン大統領は、まるで飛びつかんばかりに同提案を大歓迎して、そのアイディアに賛同した。当然だろう。なぜならば、「北方領土での共同経済活動」——これこそは、モスクワのほうが東京に対して永年にわたって執拗に説きつづけてきた提案に他ならなかったからだ。では、なぜクレムリンは東京に共同経済活動案を熱心に提案しつづけてきたのか。

端的に答えると、ロシアは北方領土を独力で開発する能力を欠いているからである。シベリアは言うに及ばず、ロシア極東の開発でさえも、モスクワは資金難その他で手こずり、思うようにならない状態にある。ましてや極東の離れ小島まで援助する十分な資力など持ち合わせているはずはない。プーチン政権は、ウクライナや中央アジアで食いはぐれた人々や北朝鮮の低賃金労働者を、プレミアム（割り増し金）つきの給料、その他の破格条件で北方領土に駆り集めて開発の真似事をおこなってはいる。その限りでは、たしかに島の「ロシア化」

が進んでいるように見受けられる。しかし、そのようなことぐらいでは、とうてい同地域の飛躍的な発展を期待しえない。したがって、日本の資金、優れた科学技術、労働力が喉から手が出るほど欲しい。他方だからといって、領土の主権問題にかんしてクレムリンは日本にたいし譲歩する意図をもちあわせていない。

要するに、モスクワがこれまで東京政府にたいし執拗に提案してきた、北方領土での「日ロ共同経済活動」のアイディアは、実に虫の良い類いのものだった。というのも、ロシア側は飽くまでも同領土の主権を維持する。それを前提にしたうえで、北方領土での経済活動を日ロ共同で――直截に言うならば、日本のカネ、モノ、ヒトを利用して――おこなおうとの提案に他ならないからだ。

ロシアが主権を保持する以上、国家主権の一部を構成する税金の徴収権や裁判権は、とうぜんロシアに属する。そのような諸権利をロシアと日本の二国が便宜的に分割し共有することは、法律上ありえない。国家主権とはそもそも一〇〇％いずれかの側に属し、分割不可能な性質のものだからである。もっとも、日本側に当分のあいだ税金を免除する恩典くらいはあたえるかもしれないが。もし共同経済活動に従事中に何らかの係争問題が発生する場合、同問題を巡る裁判権を日ロ両国がシェアすることなど問題外である。繰り返すようであるが、裁判権は主権の分かちがたい一部だからである。

ところが、人間が存在するところ、必ずや何らかのトラブルや争いごとの発生は不可避とみなさねばならない。北方領土だけがその例外というわけにはいかない。いや、事実はおそらく真逆だろう。北方領土ではロシアの他のどの地域に比べてもトラブルや犯罪の発生率が一層高い。汚職、麻薬、暴行、レイプ、銃撃、殺人、等々が頻繁に起こっている。北方領土では、なぜ犯罪が多発しがちなのか。名越健郎教授は、国後、択捉島の地方紙『国境にて』、『赤い灯台』などを定期購読し、北方領土の現状にことのほか詳しい専門家である。[35] 同教授は、近著『北方領土の謎』（二〇一六年）で右の問いに答えをあたえる。まず、ロシア、ウクライナ、中央アジアで食いつめた人間がプレミアム付きで同地域に流れ着いて、出稼ぎ労働者として生活している。しかも、北方領土では極端に娯楽設備が乏しいので、ついアルコールや麻薬に手を伸ばしがちになる。劣悪な住環境に閉じ込められていることからくる欲求不満が嵩じて、爆発しがちとなる。このような土地柄の北方領土――。そこで、文化の異なる日本人とロシア人が、果たして「共同経済活動」に平穏無事に従事し、共存共栄しうるものだろうか。

過去から学ばぬ楽観論

記憶を新たにしたくない苦い経験が想起される。樺太（現サハリン）はかつて、アイヌ、ロシア人、日本人の雑居地域だった。ところが、彼らのあいだでトラブルが絶えなかったために、遂に一八七五年、樺太・千島交換条約の締結が合意され、日本は千島列島を得る一方、樺太の占有を断念することになった。このような前例が存在することに鑑み、今度こそは日ロ両国民が何のトラブルもなしに「共同経済活動」に従事し、共存のモデルを提供するよう努力する。このように決意することは望ましく、かつ素晴らしいと言えよう。だが、その願いが必ず実を結ぶとの保証はなく、事態は必ずしも楽観しえない。というのも、ごく最近でも、日本人実業家たちはロシア極東地域で散々苦い経験を味わわせられているからだ。

これまでもサハリンやウラジオストクなどのロシア領土上で日本の民間人が出資して事実上の日ロ「共同経済活動」を実施しようと試みてきた。ロシア側は、最初のうちこそこれらの活動を歓迎する素振りをしめすものの、日本人の勤勉ぶりによって事業が軌道に乗り収益を上げはじめると、決まったように羨望の念を抱くばかりか厭がらせをはじめる。まず、税金の種類や徴収額を増やす。闇の勢力を使って「みかじめ料」をせしめる。[36] 挙げ句の果てに、これらに嫌気がさした日本企業は撤退の決断を迫られ、ほうほうの体で日本へ逃げ帰る。

結果として、日本人の投資や資産のすべてがロシア側によって乗っとられてしまう――。このようにほとんどパターン化した苦い経験を味わった（例えば北海道の）中小企業は数知れない。彼らの多くが失敗談を語りたくないために、この種の話は世間にさほど知られないままにとどまっている。ロシア国営のガスプロムによる「サハリン2」プロジェクトの事実上の乗っ取りがしめしているように、三井物産や三菱商事などの大企業ですらロシアへの進出過程で散々泣かされる思いをさせられている。

一般的に言ってトラブルや揉めごとは、同国人であれ異国人のあいだであれ、人間の生活につきもの。北方領土での共同経済活動だけは、その例外になる。このようには、残念ながら前提しえない。北方領土の就業者は経済活動ばかりでなく、日常生活を――少なくとも部分的に――共にすることになろう。そのような彼らのあいだで紛争がけっして起こらないとは断言しえない。

もし北方領土で紛争やトラブルが発生すれば、どのようにして解決するのか。ロシア側は、すでに示唆したように、とうぜんロシアの法律に従いロシア人裁判官の手で解決を図ると主張する。日本側がもしそのような裁判のやり方を認めるならば、それは即ち同領土にたいするロシア主権を認めることと同義語になる。この理由だけによっても、北方領土での「共同経済活動」は、ロシア側の要請にもかかわらず、日本側が従来けっして同意しえなかった構想なのである。

さらに深刻な問題がある。安倍首相は、四島での日ロ「共同経済活動」の推進が「四島の帰属問題を解決しての平和条約締結への重要な一歩」につながると考えている様子である。しかしながら、もし首相が現実主義的思考をおこなう政治家ならば、まさに正反対の結果が発生する可能性も頭に入れておくべきだろう。すなわち、もし日ロ「共同経済活動」が順調に進行しているのならば、もはや四島の主権を日本へ返す必要なし。ロシア側はこう考えるようになる。むしろ、このほうがノーマルな思考法ではなかろうか。だとするならば、共同経済活動プロジェクトの成功＝《イコール》日本への主権返還の事実上断念を、意味しないか。右のような数々の疑問が提出されるにもかかわらず、安倍首相はのべる。四島での「共同経済活動」の具体化を足がかりにして、領土問題の解決を通じての平和条約締結の前進が期待しうる、と。

安倍首相は、そのような己のシナリオを信じる何か格別の考えを隠しもっているのだろうか。北方領土で共同経済活動を実施中に発生不可避なトラブルを、日本の主権を害することなく解決しうる方法にかんして、これといった妙案をもち合わせているのだろうか。残念ながら、そのようには見受けられない。「特別の制度」や「特区」などの設定によって、それらを解決しうる方途を探るべし。同首相は、外務省、経産省などの幹部に向かってこう命じるだけで、みずからは何らのアイディアもしめそうとしない。これは、「共同経済活動」の提案者としては甚だ無責任な態度と評さねばならないだろう。

唯一つだけ、確かなことがある。仮にもし日ロ関係がこのまま推移し、安倍首相が退陣する二〇二一年秋までに領土問題が解決せず、日ロ平和条約の締結に至らないと仮定しよう。その場合、同首相がプーチン大統領相手にいったん下げた対ロ要求水準レベルを、ポスト安倍政権が再び元に戻すことは至難の業になろう。というのも、ロシア側は安倍首相がおこなった提案をけっして忘れようとせず、後継政権に対して、同様のレベルを基礎として日ロ交渉を継続しようと要求するにちがいないからである。もしそうなれば、安倍首相はこと初志とは異なり、負のレガシー（遺産）を歴史に残す惧れがある。

謝辞

本書執筆の経緯を綴りながら、お世話になった方々への感謝の気持を表したい。

筆者は、大学生の頃から猪木正道教授（当時、京都大学、政治学）のロシア研究に傾倒するあまり、教授が恩師、河合栄治郎教授（東京大学）のお弟子さんたちと作られた社会思想研究会、民主社会主義研究会に自発的に参加していた。それぞれ「社思研」、「民社研」と略する研究会の末席を汚していたお蔭で、筆者は生涯にわたる一大人脈をつくることができた。

そのうちの一人が、疑いもなく寺井融氏だった。同氏は北海道出身で、当時、東京で民主社会党の機関誌『革新』の編集長をつとめていた。氏は、筆者が北海道の雪の中に埋もれている（？）のを哀れに思ったのか、『革新』に原稿を書かないかと誘ってくれた。一見気が弱いように見えるものの実は交渉上手（!?）な筆者は、長期連載なら引受けると高飛車に出て、何と一年以上にもわたって原稿を送りつづけた。タイトルは、『対ソ交渉のノウハウ』。連載終了後の一九八二年、全篇が講談社から『ソ連式交渉術』と改題のうえ出版された。講談社へ取りもって下さったのは、寺井氏と同じく北海道出身の手嶋龍一氏（当時、NHK勤務）だった。

同書は、当時、ソ連式交渉について論じた書物が皆無だったためか、一部の人々の関心を引いた様子だった。たとえば、東洋レーヨン欧州事務所長として「共産圏」貿易の修羅場をくぐり抜けてこられた森本忠夫氏は、四年後に出版した『ソ連流交渉術71の原則』（PHP研究所、一九八六年）で、拙書を十数カ所にもわたって詳細に引用し、対ソ実務交渉の経験者としての立場から同意、もしくは批判するポイントを指摘してくださった。

約十年後の一九九一年に、筆者は北海道大学から京都に新設された国際日本文化研究センター（略称「日文研」）へ配置代えとなった。「日文研」では、個人研究の他に共同研究を少なくとも一つ主宰することが義務づけられていた。筆者は、「交渉行動様式の国際比較」と題するチームを立ち上げ、同年十月から約五年半にわたって、二十一回の研究会を主宰した。同研究会には「日文研」内外から約二十五名の方々が参加した。その成果の一つ、『国際交渉学――交渉行動様式の国際比較』（勁草書房、一九九八年、四〇六頁）でその参加者の氏名を明記し謝辞をのべているので、ここでは敢えて繰り返さない。

同期間中、国外から延べ十四名の交渉研究者たちを二度にわたって「日文研」に招き、国際会議を開催した。同会議への参加者の名前は、次の英文出版物のなかに記されているので、同じく謝辞を省く。

Peter Berton, Hiroshi Kimura, I. William Zartman, *International Negotiation: Actors, Structure/Process, Values* (New York: St. Martin's Press, 1999), 371 pp.

筆者個人は、右の二冊に載せた論文のほかに、次の三論文を刊行した。「交渉研究序説（その一）」、「同（その二）」、（「日文研」機関誌『日本研究』第14集、一九九六年、第16集、一九九七年）、「異文化との交渉術」（河合隼雄・養老孟司編『体験としての異文化』岩波書店、一九九七年）。その間、筆者は、藤田忠（国際基督教大学）、御手洗昭治（札幌商科大学）両教授の御推輓に浴し、「日本交渉学会」へゲストとして招かれ、口頭報告を二度行なう機会に恵まれた。また、二〇一五年六月には北海道大学の国際連携アドバイザーとして同大学の教職員の方々に「異文化交流――意義、むずかしさ、推進方法」と題する講演をおこなう光栄にも浴した。

「日文研」の歴代所長は、自分の学問分野を本当にマスターしているのならば、たとえ小学生相手にでもその真髄を分かり易く話せるはずとの信念の持ち主だった。そのようなアイディアにもとづいて、或るとき「日文研」の教員有志は、研究所の向かいに位置している京都市立桂坂小学校へ「出前もち」授業をおこなうよう命じられた。筆者は、テーマとして「交渉」を選んで安易な気持で出掛けたところ、忽ちにして小学六年生たちから鋭い質問を浴びせかけられて立ち往生させられた。その模様は、河合隼雄・梅原猛編『小学生に授業』（まず小学館文庫・一九九八年、次いで朝日文庫・二〇一三年）に収録されている。

以上の方々に加えて、今回の本書執筆に際しては、次の方々のご協力を得た。まず、袴田茂樹（新潟県立大学教授）、ヤコフ・ジンベルグ（国士舘大学教授）両氏から数々のロシア語の資料の提供を受けた。次に榊原幸一氏（国立長寿医療研究センター・コーディネーター）は、筆者の全原稿を読み、日本語表現の不備を指摘し、かつ修正入力に協力してくださった。同じく大学同窓生の今岡稔、そして松村直治（海外職業訓練協会国際アドバイザー）も、同様に筆者の文章をチェックする労をとってくださった。そして、筆者の手書きの汚い原稿を入力してくれた人々。すなわち、主婦の武岡幸子さん、宮下朗子さん、それらすべてを総合し、入力作業を繰り返した木村典子。もとより、以上のような御協力にもかかわらず、内容上の誤りや不適切な表現があるばあい、その責任はひとえに筆者にある。

出版事情が想像以上に厳しき時節柄にもかかわらず、本書の刊行を快く引き受けてくださった藤原書店の英断には、心から感激した。同社社長の藤原良雄氏は常日頃、「出版の価値があると判断したものは、採算を度外視してでも刊行し、世に問う」と、われわれ研究者たちにとり誠に心強い態度を表明しておられる。その有難いお言葉に、筆者は今回も全面的に甘えることになった。編集出版の実務一切を担当してくださった倉田直樹氏には、筆舌尽くせない懇篤な御協力を頂戴した。

以上の方々、そして紙幅の関係で一々お名前を出さないものの、本書の執筆・出版にかんし数々の御教示やお心遣いを賜った人々にたいして、こころからの感謝の気持を表する。

二〇一九年一月

木村　汎

ロシア対日交渉史（一八五三―二〇一九）

	年	ロシアの対外政策（対日関係を中心に）	世界の動き
帝政ロシア	一八五三	8月　エフィム・プチャーチン、長崎に来航	アメリカ使節ペリー、「黒船」で浦賀に来航、江戸幕府に開国を要求（〜一八五四）
	一八五四		日米和親条約、締結
	一八五五	2月　日露和親条約、下田で調印	
	一八五九	8月　東シベリア総督ニコライ・ムラヴィヨフが品川へ来航、樺太全島の領有を主張して幕府と交渉するも決裂	
	一八七五	5月　ロシア、日本と千島樺太交換条約	
	一九〇四	日露戦争（〜一九〇五）	
	一九〇五	9月　ポーツマス講和条約締結、ロシアは日本に南樺太を割譲	
ソビエト連邦	**一九一七**	**11月7日　レーニン指揮下にボリシェビキ政権の成立**	
	一九一八	3月3日　ブレスト-リトフスク講和条約、締結	諸列強、シベリアへ出兵するなどソビエト新政権にたいし干渉戦（〜一九二〇）
	一九一九		コミンテルン（第三インター）結成
	一九二二	**4月3日　スターリン、ソ連共産党書記長に就任** 4月16日　ロシア・ソビエト共和国連邦、ドイツとの間でラパロ条約を結ぶ **12月　ソビエト社会主義共和国連邦（略称、ソ連）結成**	
	一九二四	**1月21日　レーニン、死去**	

年	ロシアの対外政策（対日関係を中心に）	世界の動き
一九三七		11月　日本、ドイツ、イタリアの三国は、日・独・伊三国防共協定に調印
一九三九	8月23日　独ソ不可侵条約、締結	
ソビエト連邦		
一九四一	4月13日　日ソ中立条約、締結	6月22日　ヒトラー・ドイツ、ソ連を電撃的に攻撃 8月　大西洋憲章で「領土不拡大の原則」に合意 12月7日（日本時間は8日）　日本軍、真珠湾を攻撃
一九四三		11月22〜28日　米英中の首脳、戦後の日本の領土処理をめぐるカイロ宣言に合意 11月28〜12月1日　米英ソの首脳、テヘラン会談
一九四五	8月8日　ソ連、対日参戦 8月18〜21日　ソ連軍、千島列島占領開始、ウルップ島の占領完了 8月28日〜9月5日　ソ連軍、択捉、国後、色丹の全てを占領 9月2日　重光葵外相、ミズリー艦上で降伏文書に調印	2月4〜11日　米英ソの首脳、ヤルタでの秘密協定でソ連の対日参加に合意 4—5月　ソ連軍、ベルリン入城、占領 4月30日　ヒトラー、自殺 5月7日　ドイツ軍、降伏 8月6日　米軍、広島に原子爆弾投下 8月9日　米軍、長崎に原子爆弾投下 8月15日　日本、ポツダム宣言を受諾し、降伏
一九四六		3月　チャーチル、ミズーリ州フルトンで「鉄のカーテン」演説

年	ソビエト連邦	
一九四九		中華人民共和国、成立
一九五〇		6月25日　北朝鮮軍が北緯三八度線を越えて韓国に侵攻し、朝鮮戦争（一九五〇～五三）が勃発
一九五一	9月　グロムイコ・ソ連全権、サンフランシスコ平和条約会議の途次、同条約調印を拒否して帰国	9月8日　サンフランシスコ対日講和条約、調印。日米安全保障条約も締結
一九五三	**3月5日　スターリン死去**	
一九五六	**2月　フルシチョフ第一書記、スターリン個人崇拝を批判** 10月19日　日ソ共同宣言、署名	10―11月　ハンガリー動乱
一九六〇	1月　ソ連政府、日米安保条約改定を理由に日ソ共同宣言で約束した「二島の引き渡し」にも応じないと日本に通達	日米新安保条約
一九六二		10月　キューバ危機
一九六三		11月　J・F・ケネディ米大統領暗殺
一九六四	**10月3日　ブレジネフらによる事実上の宮廷クーデターによりフルシチョフが失脚**	
一九六八	8月　チェコへ軍事介入	8月　チェコ事件
一九七三	10月　ブレジネフ党書記長、訪ソした田中（角栄）首相とともに「第二次大戦からの未解決の諸問題」の解決に努力するとの共同声明に調印	
一九七六	12月　ソ連が二〇〇カイリ漁業専管水域を設定したために、日ソ間に漁業交渉が開始	

	年	ロシアの対外政策（対日関係を中心に）	世界の動き
ソビエト連邦	一九七八		8月12日　日中平和友好条約、調印
	一九七九	12月　ソ連、アフガニスタンへ軍事侵攻	
	一九八〇	7月　モスクワ夏季五輪	7月　ソ連軍によるアフガニスタン侵攻に抗議して、欧米諸国（および日本）は、モスクワ夏季五輪をボイコット
	一九八一		1月　日本政府、二月七日を「北方領土の日」に制定
	一九八三		レーガン米大統領、「戦略防衛構想」発表
	一九八五	**3月　ゴルバチョフ政権発足**	
	一九八七		12月　レーガン、ゴルバチョフ、中距離核戦力（ＩＮＦ）全廃条約に調印
	一九八九	11月　ヤーコブレフ、日ソ間の領土問題解決のための〝第三の道〟を提案	11月　ベルリンの壁、崩壊 12月　ブッシュSr.、ゴルバチョフ両大統領、マルタ島での首脳会談で、冷戦終結を宣言
	一九九〇	1月　エリツィン、〝北方領土問題の五段階解決案〟を発表 3月　ゴルバチョフ党書記長、ソ連邦大統領も兼務 9月　ソ連と韓国が国交樹立 10月　ヴォリスキイ訪日し、小沢一郎との間で「バック・チャネル」交渉を開始 12月　シェワルナゼ外相、辞職	10月3日　東西ドイツの統一

政権	年		
ソビエト連邦	一九九一	1月　タラーソフ、ゴルバチョフ大統領が南千島を日本へ売り渡すと批判 4月16―19日　ゴルバチョフ大統領が初の日本公式訪問を行い、海部首相とともに日ソ共同声明に調印 7月10日　エリツィン、ロシア共和国大統領に就任 8月　「非常事態委員会」を名乗る八名がクーデター未遂事件を引き起こし、ゴルバチョフをソチの別荘に幽閉。エリツィンらの手によってクーデターは鎮圧されたものの、ゴルバチョフはソ連共産党書記長ポストを失う 9月　エリツィン・ロシア共和国大統領、ハズブラートフ（同共和国最高会議議長代行）に書簡を託して、訪日させる	7月　G7・サミット（ロンドン）の議長声明は、日ソ両国が北方領土問題を解決して完全な正常化を図るように要請 7月31日　米ソ、第一次戦略兵器削減条約（START I）に調印
エリツィン政権	**一九九一**	**12月　ソ連邦が解体し、一五の独立国に分裂、ゴルバチョフはソ連邦大統領の地位も失う。エリツィン・ロシア共和国大統領がほぼ継承**	
	一九九三	10月11―13日　エリツィン大統領、訪日して、細川護熙首相とともに「東京宣言」に署名	1月3日　米ロ、第二次戦略兵器削減条約（START II）に調印 11月　欧州連合（EU）発足
	一九九四	10月　「第一次チェチェン戦争」はじまる	
	一九九六	1月　コーズィリョフに代って、プリマコフが外相に就任 7月3日　エリツィン大統領、再選	
	一九九七	11月　エリツィン大統領、クラスノヤルスクで橋本龍太郎首相と会談を行い、「二〇〇〇年までの平和条約締結に全力を尽くす」と合意	5月　ロシア－NATO間で基本議定書に調印

政権	年	ロシアの対外政策（対日関係を中心に）	世界の動き
エリツィン政権	一九九八	4月18―19日　エリツィン－橋本両首脳は川奈で会談を行い、「東京宣言に基づき四島の帰属問題を解決すること」に合意 4月24日　チェルノムイルジンに代って、キリエンコがロシア首相に就任 8月23日　キリエンコに代って、プリマコフが首相に就任	
	一九九九	5月12日　プリマコフに代って、ステパシンが首相に就任 8月9日　エリツィン大統領、ステパシンに代えてプーチンを首相代行、次いで16日、首相に任命 9月23日　プーチン首相、「第二次チェチェン戦争」を開始、喝采を浴びる 12月28日　プーチン「世紀の境目にあるロシア」論文、発表 12月31日　エリツィン、ロシア大統領ポストを辞任し、プーチンが大統領代行に就任	3月　ポーランド、チェコ、ハンガリー、NATOに加盟
	二〇〇〇	1月　小渕首相、プーチンがエリツィン後継者に決まったことを祝う電話をかける	
プーチン政権	二〇〇〇	**3月26日　プーチン、ロシア大統領に当選** 5月7日　プーチン、ロシア連邦の第二代大統領に就任 8月12日　原子力潜水艦「クルスク号」が沈没 9月3～5日　プーチン大統領、日本を初訪問、一九五六年の日ソ共同宣言、東京宣言の有効性を認める	
	二〇〇一	3月　プーチン大統領、イルクーツクで森喜朗首相と会談し、日ソ共同宣言、東京宣言に基づき平和条約交渉を行うことに合意 9月　「9・11米国同時多発テロ事件」発生を知るや、プーチン大統領は反テロ闘争で米国にたいする協力姿勢を他国に先駆けて表明	9月11日　「アメリカ同時多発テロ」事件が発生

プーチン政権

二〇〇二	10月23日　チェチェン武装勢力によるモスクワ劇場占拠事件で、人質の多数が死亡	1月　ブッシュJr米大統領、北朝鮮、イラン、イラクを「悪の枢軸」と名指して、非難 6月　先進七カ国（G7）が、ロシアを加えて主要八カ国（G8）へ
二〇〇三	10月25日　石油大手「ユーコス」社長、ホドルコフスキイが逮捕される	3月　米英軍、イラク攻撃を開始
二〇〇四	2月　ロシア、北朝鮮との間で国境線（わずか一七キロメートル）を画定 3月14日　プーチン、大統領選で二度目の当選 9月1日　北オセチア共和国、ベスランで学校占拠事件が起こる	1月　ジョージア（旧グルジア）で「バラ革命」 3月　バルト三国、ブルガリア、スロバキア、ルーマニア、スロベニアがNATOに加盟 12月　ウクライナで「オレンジ革命」
二〇〇五	1月　プーチン、カザフスタンを訪問、ナザルバエフ大統領との間で国境線画定協定に調印 4月25日　プーチン大統領、ソ連解体を「二十世紀での地政学上の大惨事」と呼ぶ	3月　キルギスで「チューリップ革命」 11月　メルケルがドイツ首相に就任
二〇〇六	10月7日　アンナ・ポリトコフスカヤ記者、暗殺される	11月24日　アレクサンドル・リトビネンコ（元ロシア連邦保安局中佐）、亡命先のロンドンで不審死 12月　サダム・フセイン（元イラク大統領）死刑執行
二〇〇七	3月　ロシアとラトビアは国境条約に調印し、両国間の国境を画定 4月23日　エリツィン死去	1月　ルーマニアとブルガリア、EUに加盟 7月　ブッシュJrとプーチン両大統領が米国で首脳会談

年	ロシアの対外政策（対日関係を中心に）	世界の動き
	プーチン政権	
二〇〇八	5月7―8日　メドベージェフが大統領、プーチンが首相に就任し、「タンデム（双頭）政権」がはじまる 8月7―16日　ロシア―ジョージア（旧グルジア）間の「五日間戦争」ロシアはジョージアの南オセチアとアプハジアの独立を承認 12月　メドベージェフ大統領、ロシア憲法を改正して、ロシア大統領任期を四年から六年へと延長	リーマン・ショックが起こり、世界同時不況が始まる
二〇〇九	9月　メドベージェフ、「ロシアよ、前進せよ」論文を発表	1月　クロアチアとアルバニアがNATOに加盟 4月　オバマ米大統領、プラハで「核兵器のない世界」を唱導
二〇一〇	6月　メドベージェフ、米国公式訪問を西海岸のシリコン・バレー視察から開始 11月　メドベージェフ大統領、国家元首として初の国後島訪問	2月　ギリシャ、経済危機 4月8日　オバマ、メドベージェフ両大統領、新戦略兵器削減条約（NEW START）に調印
二〇一一	9月　プーチン、メドベージェフとの間で公職交換を発表 10月　プーチン、「ユーラシア連合」構想を発表	1月　中国のGDP（二〇一〇年度）が日本のGDPを抜き、世界第二位へ 3月　日本で東日本大震災が起こる 5月　米国、オサマ・ビンラディンをパキスタンで殺害
二〇一二	5月7日　プーチン、三期目のロシア大統領に就任 7月　メドベージェフ首相、国後島を訪問 9月2日〜9日　ロシア初めて「アジア太平洋会議（APEC）」をウラジオストクで主催	4月　金正恩、朝鮮労働党第一書記に就任し、正式に北朝鮮の最高指導者へ 8月　WTO（世界貿易機関）、ロシアの加盟を承認 12月　日本で第二次安倍晋三政権、発足

プーチン政権		
二〇一三	12月12日　プーチン大統領、年次教書演説で「保守主義」の立場を宣言	3月　習近平、中国国家主席に就任 9月7日　習首席、「一帯一路」構想を発表
二〇一四	2月7日～23日　ロシア、ソチ冬季五輪を主催 3月18日　クリミアのロシアへの併合を宣言	2月　ウクライナのヤヌコビッチ政権、崩壊 3月　G7、ロシアをG8から追放 3月　ウクライナ大統領にペトロ・ポロシェンコ、当選 7月17日　ウクライナ上空でマレーシア航空機が撃墜され、二八九名が死亡 11月　世界反ドーピング機構（WADA）、ロシアの国家ぐるみのドーピング行為を指摘 11月24日　トルコ、シリア国境付近でロシア軍用機を撃墜
二〇一五	1月1日　「ユーラシア経済連合」、発足させる 2月27日　野党指導者ボリス・ネムツオフ、暗殺される 9月　ロシア軍、シリア空爆を開始 10月　プーチン支持率、八九・九％へと急上昇	7月20日　米国とキューバ、五四年ぶりに国交回復
二〇一六	12月15～16日　プーチン大統領、訪日し、安倍首相と会談	6月24日　英、EU離脱の是非を問う国民投票を実施し、離脱支持派が勝利 8月27日　トルコのエルドアン大統領、ロシア機撃墜事件について謝罪 11月8日　米大統領選でドナルド・トランプ共和党候補が勝利、ロシアによるサイバー攻撃にたいする共謀などにかんし「ロシアゲート」疑惑がはじまる

プーチン政権

年	ロシアの対外政策（対日関係を中心に）	世界の動き
二〇一七	11月　プーチン大統領、ベトナム（ダナン）での日ロ首脳会談後「日ロ間の平和条約をプーチン＝安倍の間で結びうるとは限らない」ことを示唆	1月20日　トランプ米政権、正式に発足 4月6日　米軍、巡航ミサイルでシリア空港を砲撃 5月7日　フランス大統領選で、エマニュエル・マクロンが当選 9月5日　モンテネグロが加盟し、NATOは二九カ国体制へ
二〇一八	3月18日　プーチン、四期目のロシア大統領に当選 9月12日　プーチン大統領、ウラジオストク開催の「東京経済フォーラム」で、安倍首相に対して、「あらゆる前提条件を抜きにして、今年末までに平和条約を結ぼう」と提案 11月14日　プーチン、安倍両首脳は、シンガポールで「一九五六年の日ソ共同宣言を基礎にして平和条約交渉を加速化する」ことに合意	3月4日　英国のソールズベリーでスクリパリ（ロシア軍参謀本部情報総局、GRU元大佐）と娘が神経剤「ノビチョク」に触れて、意識不明で発見される 3月14日　英国のメイ首相は、右の事件にロシアが関与しているとして、ロシアに対し二三人の外交官を追放するなどの制裁を発表 3月27日　英国に追随する形で、米欧を中心に二七カ国（NATO）が計一二二名のロシア外交官を追放処分にした 4月27日　板門店で南北両朝鮮の首脳、文在寅・韓国大統領と金正恩・朝鮮労働党委員長が首脳会談 6月12日　トランプ米大統領と金正恩委員長との間でシンガポールで初の米朝首脳会談 7月16日　トランプ米大統領、ヘルシンキでプーチン大統領と初の公式首脳会談

プーチン政権	二〇一九	1月22日　モスクワ開催のプーチン＝安倍両首脳間の二五回目の会談で、平和条約交渉に目立った進展がみられず 4月25日　プーチン大統領、北朝鮮の金正恩朝鮮労働党委員長とウラジオストクで初の首脳会談	2月27〜28日　ハノイで第二回目の米朝首脳会談が開催されたが、会談は事実上、物別れとなり、トランプ大統領は予定を早めて帰国 3月1日　トランプ米大統領は、ロシアとのＩＮＦ全廃条約から離脱すると正式発表 3月2日　プーチン大統領も同条約への参加を停止すると表明 4月21日　ウクライナ大統領選決選投票でゼレンスキー氏が当選

(31) *Ibid.*, p. 6.
(32) *Ibid.*
(33) Johnson, *Negotiation Basics*, pp. 83-84.
(34) 河野一郎『今だから話そう』23-40頁。
(35) 名越健郎『北方領土の謎』海竜社、2016年。
(36) 菅野昭夫『おもしろ日ロ関係散歩道』東京図書出版、2017年、120-21頁。

ペテルブルクで「7時間近く」も時間をともにしてくれたことに対して謝意を表明した。
(4) *Коммерсантъ*, 2004.11.15; *ВН*, 2004.11.16; *Ведомости*, 2004.11.16.
(5) Fyodor Lukyanov, "The Spiral of Russian History," *RGA*, Vol. 3, No. 1 (January-March 2005), p. 5.
(6) Clifford G. Gaddy and Barry W. Ickes, "Russia after Global Financial Crisis," *EGE*, Vol. 51, No. 3, 2010, pp. 288-289.
(7) Зыгарь, *op. cit.*, стр. 95; Zygar, *op. cit.*, p. 74.
(8) Brian D. Taylor, *The Code of Putinism* (Oxford: Oxford University Press, 2018), pp. 5-6.
(9) 袴田茂樹「プーチン大統領の『ヒキワケ』論を解剖する」『東京とモスクワ——改善のチャンスは近いのか』桜美林大学北東アジア総合研究所、2013年、135頁。
(10) Adi Ignatius, "A Tsar is Born," *Times* (London), 2007.12.31, 2008.1.7, p. 60.
(11) ロシア大統領府ホームページ 2005.9.27. <http://www.kremlin.ru/text/appears/2005/09/94308.shtml>
(12) ロシア連邦首相府ホームページ 2012.3.2. <http://archive.premier.gov.ru/news/18323/print/>（アクセス 2018.6.30）
(13) 袴田「プーチン大統領の『ヒキワケ』論を解剖する」141-42頁。
(14) ロシア語では、"путинский общественный договор."
(15) Shevtsova, *Putin's Russia*, p. 399.
(16) Sam Green, "Kremlin Puppet Master Surkov Distracts Public with Putin Panegyric," *MT*, 2019.2.12.
(17) ロシアのエコノミストたちによって"三つの災難（the triple whammy）"と名づけられている。Andrei Kolesnikov, "The Russian Middle class in a besieged fortress," in *JRL*, 2015-#68 (2015.4.7), #3.
(18) Wood, *op. cit.*, pp. 137-38.
(19) NHK BS1 ワールド・ウオッチング「密着　プーチン大統領の選挙戦」2018年1月24日。午後10時 -10時50分。
(20) Hill and Gaddy, *op. cit.*, p. 114; 濱野・千葉訳、146頁。
(21) Hill and Gaddy, *op. cit.*, p. 114; 濱野・千葉訳、146頁。
(22) ロシア大統領府ホームページ 2017.11.11. <http://kremlin.ru/events/president/news/56049>（アクセス 2018.6.30）
(23) プルターク『プルターク英雄伝』第2巻、河野与一訳、岩波文庫、1952年、23頁。
(24) 安倍晋三『新しい国へ——美しい国へ　完全版』文春新書、2013年、40頁。
(25) 同上、41頁。
(26) Zartman & Berman, *op. cit.*, p. 28.
(27) *Ibid.*
(28) Roger Fisher, "Beyond YES," in J. William Breslin and Jeffrey Z. Rubin, eds., *Negotiation Theory and Practice* (Cambridge, MA: The Program on Negotiation at Harvard Law School, 1991), p. 124.
(29) Dean G. Pruitt, *Negotiation Behavior* (New York: Academic Press, 1981), pp. 16, 92.
(30) Julian B. Rotter, "Interpersonal Trust, Trustworthiness, and Gullibility," *American Psychologist*, Vol. 35, No. 1 (January 1980), pp. 1-7.

シアと日本』世界思想社、2002年、754頁以下。

(46) 木村『遠い隣国』755-56頁。

(47) James M. Goldgeier, *Leadership Style and Soviet Foreign Policy: Stalin, Khrushchev, Brezhnev, Gorbachev* (Baltimore, MD: The Johns Hopkins University Press, 1994), pp. 99-110.

(48) 1990年に西ドイツが東ドイツを統合する以前に、西ドイツはひそかに東ドイツ一人当たりの亡命にたいし平均して5万ドルを支払っていた。東西ドイツの統合時に、東ドイツに約1600万人のドイツ人がいたとすると、彼ら全員の西ドイツ亡命のために合計8000億ドルかかった勘定となる。さらに、東ドイツの土地や諸設備は損傷していたとはいえ、それでも競売価格で数千万ドルにのぼっただろう。ところが、ゴルバチョフは、既成事実を突きつけられるまで、東ドイツからソ連軍を撤退させることによって発生するコスト、費用、賠償の支払い交渉を延期した。西ドイツ政府は、ソ連の言動にたいし感謝の意を表明し、東ドイツからのソ連軍（37万人）撤退を加速化するために340億ドルの経済援助をおこなった。1990年7月、ゼレズノボドスクで、コールとゴルバチョフは、ドイツが対ソ連経済支援と引き換えにNATOに参加することを発表した。西ドイツがソ連に約束した経済援助総額は50億マルクだったようである。佐瀬昌盛「ドイツ統一と『2＋4』交渉」『防衛大学校紀要（社会科学篇）』防衛大学校、第75号、1997年9月、53頁。Horst Teltschik, 329 *Tage: Innenansichten der Einigung* (Berlin: Siedler, 1991), S. 314, 325; ホルスト・テルチク『歴史を変えた329日――ドイツ統一の舞台裏』三輪晴啓・宗宮好和監訳、日本放送出版協会、1992年、364、418頁。

(49) Randall Newham, *Deutsche Mark Diplomacy: Positive Economic Sanctions in German-Russian Resolutions* (University Park, PA: The Pennsylvania State University, 2002), p. 304.

(50) Арбатов и Макеев, *op. cit*., стр. 18.

(51) Angela E. Stent *Russia and Germany Reborn: Unification, the Soviet Collapse, and the New Europe* (Princeton: Princeton University Press, 1999), p. 146.

(52) ゴルバチョフは、当時、ドイツの指導者たちに対してつぎのように戒めていた。「もし他人がわれわれの提案をうけいれることを望むのならば、われわれは言葉の使い方に気を使い、賢い言葉を用いなければならない」。Theo Waigel and Manfred Schell, *Tage, die Deutschland und die Welt veranderten: Vom Mauerfall zum Kaukasus: Die deutsche Wahrungsunion* (Munchen: Bruckmann, 1994), p. 46から再引用。

(53) 佐瀬「ドイツ統一と『2＋4』交渉」50-54頁。

(54) Rodchenko and Tarlow, *op. cit*., p. 728から再引用。

第5章　プーチン vs 安倍

(1) Mark Landler, "In Meeting with Putin, Experts fear Trump will give more than he gets," *NYT*, 2018.6.29 から再引用。

(2) 詳しくは、次を参照。木村汎・佐瀬昌盛編『プーチンの変貌？――9・11以降のロシア』勉誠出版、2003年。

(3)『北海道新聞（朝刊）』(2000年4月30日) は「約5時間」、『日本経済新聞（朝刊）』(2000年4月30日) は「都合6時間」、『産経新聞（朝刊）』(2000年5月1日) は、プーチン代行が森首相と「約7時間」もともにしたと記した。「日本外務省作成（秘）ペーパー」(限定配布) によると、森首相は沖縄G8サミットでプーチン大統領と再会したおりには、サンクト・

(27) Baker, *op. cit.*, p. 208; 仙名訳、上巻、433頁。

(28) Baker, *op. cit.*, p. 204; 仙名訳、上巻、425頁。Carolyn McGiffert and Melvin A. Goodman, *The Wars of Eduard Shevardnadze* (University Park, PA: Pennsylvania State University Press, 1997), pp. 172-73.

(29) *Ibid.*, p. 174.

(30) А. С. Черняев, *Шесть лет с Горбачевым: По дневниковым записям* (Москва: Издательство группа « Прогресс », 1993), стр. 413; アナトーリイ・S・チェルニャーエフ『ゴルバチョフと運命をともにした2000日』中沢孝之訳、潮出版社、1994年、300頁。

(31) Vladimir Shlapentokh, *The Last Year of the Soviet Empire: Snapshots from 1985-1991* (Westpoint, CT: Praeger, 1993), p. 175.

(32) Борис Н. Славинский, "На пути к советко-японскому мирному договору," *ПДВ*, No. 3 (1989), стр. 144.

(33) *Схема подготовки и проведения визита президента СССР в Японию*, стр. 2; アレクサンドル・パノフ『不信から信頼へ——北方領土交渉の内幕』高橋実・佐藤利郎訳、サイマル出版会、1992年、82-85頁。

(34) パノフ著、高橋・佐藤訳、85頁。

(35) Bernstein, *op. cit.*, p. 271; パノフ著、高橋・佐藤訳、88-92頁。

(36) グリゴリエフは、彼自身が「一ページからなる同書簡を見た」と、ターロフに語った。Bernstein, *op. cit.*, p. 259.

(37) パノフ著、高橋・佐藤訳、93頁。

(38) Bernstein, *op. cit.*, p. 259.

(39) *Правда*, 1991.2.1.

(40) 日本の新聞報道のなかには、小沢の提案額を260億ドルと推定しているものもあれば、280億ドルと見積もっているものもある。エリツィン時代のロシア外相、アンドレイ・コーズィレフが、パノフとともにより高額の280億ドルのほうを引用していることは、興味深い。Андрей Козырев, *Преображение* (Москва: Международные отношения, 1995), стр. 90; パノフ著、高橋・佐藤訳、90頁。

(41) Михаил Горбачев, *Жизнь и реформы* (Москва: Новости, 1995), книга 2, стр. 265; ミハイル・ゴルバチョフ『ゴルバチョフ回想録』下巻、工藤精一郎・鈴木康雄訳、新潮社、1996年、323頁。チェルニャーエフ著・中澤訳、431頁も参照。

(42) Don Oberdorfer, *The Two Koreas: A Contemporary History (Revised and Updated Edition)* (Reading, MA, Basic Books, 2001), p. 199-200, 211; ドン・オーバードーファー『二つのコリア——国際政治の中の朝鮮半島』菱木一美訳、共同通信社、1998年、239、252頁。

(43) Горбачев, *Жизнь и реформы*, книга 2, стр. 265; ゴルバチョフ著、工藤・鈴木訳、下巻、341-42頁。

(44) Oberdorfer, *op. cit.*, pp. 225-83; 菱木訳、259-72頁。Eunsosk Chung, "Russia in Transition: Implications for South Korea's Foreign Policy," in Il Yung Chung, ed., *Korea and Russia: Toward the 21 (st) Century* (Seoul: The Sejong Institute, 1992), p. 303.

(45) 例えば、トマス・フォルスベルク（当時、フィンランド国際問題研究所・上級研究員）、ランダル・ニュウンハム（ペンシルベニア州立大学）の二人が、そのような主張をおこなっている。両人の論文の紹介などにかんしては、次を参照。木村汎『遠い隣国——ロ

(34)『読売新聞』1977.4.16。

第4章　北方四島返還のチャンスはあった

(1) Алексей Г. Арбатов и Борис Макеев, "Курильский бартер," *НВ*, No. 40 и No. 41 (октябрь 1972), стр. 18.

(2) Fuji Kamiya, "The Northern Territories: 130 years of Japanese Talks with Czarist Russia and the Soviet Union," Donald S. Zagoria, ed., *Soviet Policy in East Asia* (New Haven, CT:Yale University Press, 1982), p. 121.

(3) 名越健郎「北方領土交渉失敗の研究」『海外事情』64巻3号、2016年3月号、拓殖大学海外事情研究所、75-90頁。

(4) 同上、80-82頁。

(5) Brown, *The Gorbachev Factor*, p. 98; 小泉・角田訳、210頁。

(6) *Схема подготовки и проведения визита президента СССР в Японию.*

(7) ターロウ女史の特別の厚意で、筆者は同文書のコピーを入手することができた。

(8) Lisbeth Tarlow Bernstein, *On the Rocks: Gorbachev and the Kurile Islands* (Ann Arbor, MI: UMI, Dissertation Services, 1997).

(9) *Ibid.*, p. 259.

(10) Sergey Radchenko and Lisbeth Tarlow, "Gorbachev, Ozawa, and the Failed Back-Channel Negotiations of 1989-1990," *Journal of Cold War Studies*, Vol. 15, No. 2 (Spring 2013), pp. 125-26から再引用。

(11) *Ibid.*, pp. 99. 104-30.

(12)『読売新聞』1989.11.16。

(13)『読売新聞』『朝日新聞』『毎日新聞』1990.3.14。

(14) Bernstein, *op. cit.*, pp. 193-94.

(15) *Схема подготовки и проведения визита президента СССР в Японию*, стр. 13.

(16) *Ibid.*, стр. 13.

(17) Bernstein, *op. cit.*, pp. 248-55.

(18) Борис Ельцин, *Исповедь на заданную тему* (Красноярск: Кн. изд-во, 1990), стр. 10. ボリス・エリツィン『ボリス・エリツィン』小笠原豊樹訳、草思社、1990年、14、136頁。

(19) 木村汎『ボリス・エリツィン——ロシア政治家の軌跡』丸善ライブラリー、1997年、18頁。

(20) エリツィン大統領報道官だったビャチェスラフ・コスチコフは、自身の回想録中で示唆している。エリツィンはゴルバチョフにたいして強烈なライバル意識を抱いており、それがエリツィンの対日姿勢や政策に影響した、と。Вячеслав В. Костиков, *Роман с президентом: Записки пресс-секретаря* (Москва: Вагриус, 1997), стр. 88.

(21) Radchenko and Tarlow, *op. cit.*, p. 124 から再引用。

(22) *Ibid.*, p. 125.

(23) *CP*, 1990.6.14; *BBC-USSR*, 1990.6.16, p. B/3.

(24) *Аиф*, 47 [128] (ноябрь, 1990), p. 3.

(25) Brown, *The Gorbachev Factor*, pp. 260, 269-74; 小泉・角田訳、518-27頁。

(26) Leon Aron, *Yeltsin: A Revolutionary Life* (New York: St. Martin's Press, 2000), pp. 405, 408.

(7) 山本「『領土』の研究」185頁。

(8) Леонид И. Брежнев, *Ленинским курсом: речи и статьи*, Том 2, (Москва: Издательство политической литературы, 1970), стр. 375.

(9) Георгий Шахназаров, "К проблеме соотношения сил в мире," *Коммунист*, февраль 1974, No. 3 (1067), стр. 86.

(10) *КП*, 1972.6.14.

(11) Blaker, *Japanese International Negotiation Style* では、この部分は割愛されているために、著者ブレーカー博士に直接会い、池井訳には存在するこの部分の原文のゼロックス・コピーを入手しえた。そのゼロックス・コピーの四頁。池井訳、235頁。

(12) Robert Strausz-Hupé and Stefan T. Rossony, *International Relations* (New York: McGraw-Hill, 1950), p. 798.

(13) Edwin M. Fedder, "Communication and American-Soviet Negotiating Behavior," *Background,* Vol. 8, No. 2 (August 1964), p. 107 から再引用。

(14) Annette Baker Fox, "Small State Diplomacy," in Kertesz and Fitzsimons, eds., *op. cit.*, p. 355.

(15) *Правда*, 1980.12.22.

(16) 鈴木啓介「第二十六回党大会の対外経済路線と日ソ関係」『国際問題』1981.6、No. 255、66頁。

(17)『産経新聞』1981.1.1。

(18) 岸田純之助・高瀬昭治『交渉力の研究』学陽書房、1981年、115-116頁。

(19)「ソ連通ビジネスマン座談会 " ソ連はいわれているような国ではない "」『朝日ジャーナル』1977.6・24号、97頁。

(20) 永井『時間の政治学』60頁以下。

(21) *Известия*, 1977.3.4.

(22)『産経新聞』1981.5.2。

(23)『読売新聞』1981.5.20。

(24)『北海道新聞』1981.4.25。

(25)『日本経済新聞』1981.4.28。

(26)『朝日新聞』1981.5.2。

(27) Charles W. Thayer, *Diplomat* (New York: Harper & Brothers Publishers, 1959), p. 96.

(28) John Foster Dulles, "The Role Negotiation," *U. S. Department of State Bulletin* (Vol. 38, Feb 3, 1958) (Washington, DC: U. S. Government Printing Office), pp. 161-62.

(29) *Time*, 1979.5.7, p. 26. ドブルイニンとブレジンスキーの二人が家族ぐるみで相互訪問したことにかんしては、ドブルイニンも同様に記している。Анатолий Добрынин, *Сугубо доверительно: посол в Вашингтоне при шести президентах США (1962-1986гг.)* (Москва: « Автор », 1996), стр. 380; Anatory Dobrynin, *In Confidence: Moscow's Ambassador to America's Six Cold War Presidents* (New York: *Times* Books, 1995), p. 383.

(30) Foy D. Kohler, "Negotiation as an Effective Instrument of American Foreign Policy," *U. S. Department of State Bulletin* (Vol. 38, June 2, 1958), p. 902.

(31) 松本道弘『ハラ芸の論理』学苑社、1975年、87頁。

(32) Mosely, *The Kremlin and World Politics*, pp. 36-37; 山川・木村訳、27頁。

(33) 大沼孝司「モスクワの残雪は固かった」『月刊エコノミスト』1977年6月号、29-30頁。

1980年、200頁。京極純一『日本の政治』東京大学出版会、1983年、377頁。
(10) 直塚『欧米人が沈黙するとき』203、206頁。
(11) 船橋洋一『通貨烈烈』朝日文庫、1992年、204頁。
(12) 同上、281頁から再引用。
(13) 盛田昭夫、下村満子、E・ラインゴールド『Made in Japan――わが体験的国家戦略』朝日文庫、1990年、327-28頁。
(14) Clyde V. Prestowitz, Jr., *Trading Places: How We Allowed Japan to Take the Lead* (New York: Basic Books, Inc., 1988), p. 64; クライド・V・プレストウィッツ『日米逆転――成功と衰退の軌跡』國弘正雄訳、ダイヤモンド社、1988年、94頁。
(15) しかし、黒川紀章氏は、西洋のグレー・ゾーンの考え方は、日本式「利休ねずみ」とは全く異なることを、次のように強調した。「西洋のグレーが黒白二色の混合であるのに対して、利休ねずみは、赤、青、黄、白の対立する四原色をすべて含み込んだものである」。黒川紀章『共生思想――未来を生きぬくライフスタイル』徳間書店、1987年、120頁。
(16) James K. Sebenius, *Kissinger the Negotiator: Lessons from Dealmaking at the Highest Level* (New York: Harper, 2018), pp. 227, 282; ジェームズ・K・セベニウス、R・ニコラス・バーンズ、ロバート・H・ムヌーキン『キッシンジャー超交渉術』野中香方子訳、日経BP社、2019年、267、325頁。
(17) Blaker, *Japanese International Negotiating Style, pp. 19-20;* 池井訳、23-24頁。
(18) 浜口恵俊編者『日本文化は異質か』日本放送出版協会、1996年、28頁から引用。
(19) 小倉和夫『東西文化摩擦』中央公論社、1990年、265頁。
(20) 小倉和夫『日米経済摩擦――表の事情・裏の事情』朝日文庫、1991年、95-96頁。
(21) 同上、94頁。
(22) 同上。
(23) Graham and Sano, *op. cit.*, pp. 8-9.
(24) *Ibid.*
(25) Don R. McCreary, *Japanese-U.S. Business Negotiations: A Cross-cultural Study* (New York: Praeger, 1986).
(26) Bertram I. Spector, "Negotiating with Villains," in Peter Berton, Hiroshi Kimura and I. William Zartman, eds., *International Negotiation: Actors, Structural Process, Values* (New York: St. Martin's Press, 1999), pp. 309-350.
(27) Fisher, Ury & Patton, *Getting to you*, pp. 11; 金山、浅井訳、30頁。
(28) Fisher, Ury & Patton, *Getting to you*, pp. 39; 金山、浅井訳、76頁。

第3章　対ロ交渉に成功するノウハウ

(1) Wright Miller, *Russians as People* (New York: E. P. Dutton & Co., Inc., 1961), pp. 9-10.
(2) 安岡章太郎『ソビエト感情旅行』角川文庫、1975年、9頁。
(3) Miller, *Russians as People*, pp. 9-10.
(4) *Ibid.*, p. 10.
(5) Nicolson, *Diplomacy*, p. 68; 斎藤・深谷訳、123頁。
(6) 山本七平「『領土』の研究」『文藝春秋』1977年6月号、184頁。

(30) 河野『今だから話そう』23-40頁。
(31) 松本俊一『モスクワにかける虹——日ソ国交回復秘録』文藝春秋、1967年、98頁。
Леонид Н. Кутаков, *История советско-японских дипломатических отношений* (Москва: Международные отношения, 1962), стр. 436.
(32)『北海道新聞』1990.2.21、および木村のアディルハーエフ氏（1990.12.10、1993.9.23）との二度にわたるインタビュー。
(33) 同上。なお、1956年の鳩山訪ソから半世紀が経過しようとするときに公開しても差し支えなかろうと判断して、野口芳雄（当時外務省第六課勤務、1956年の鳩山訪ソ時に日本側代表団通訳につとめた）が書き残したメモが、石川達男（当時、河野一郎の秘書）によって、2005年3月15日付の日本の新聞各紙上に発表された。そのなかには、アディルハーエフ氏がのべているような河野一郎氏の発言はない。ただし、同発言と混同しやすい河野氏による次のような発言が野口氏によって記録されている。「沖縄、小笠原を米国が日本へ返す時には、日本としてはクナシリ・エトロフのことを考えてほしいと思っている。これは、ソ連から出た意見として日本が同意するならば（日本）国民も満足するわけであるから、ソ連から提案があったこととしていただきたい」（傍点、木村）。石川達男「埋もれた秘録を公開」『政治記者OB会報』（東京）2005.3・15号、9頁。アディルハーエフ氏は、ひょっとするとこの発言と混同しているのかもしれない。
(34) Reischauer, *The Japanese*, pp. 8, 34; 國弘訳、22、44頁。
(35) グレゴリー・クラーク『日本人——ユニークさの源泉』村松増美訳、サイマル出版会、1977年、162頁。
(36) Blaker, *Japanese International Negotiation Style*, p. 21, p. 213; 池井訳、25、212頁。
(37)『朝日新聞』1977.10.27。
(38)『朝日新聞』1978.2.23。
(39)『朝日新聞』1977.4.5。
(40) 岩見隆夫「演説はどこへ——1つの政治分析　⑱」『毎日新聞（夕刊）』1981.5.26から再引用。
(41)『朝日新聞』1977.3.6。
(42)『読売新聞』1981.4.20。

第2章　独自の交渉法

(1) Graham and Sano, *op. cit.*, p. 19.
(2) *Webster's New Twentieth Century Dictionary (unabridged, second edition)* (Cleveland, OH; Collins & World Publishing Co., Inc.), p. 1856.
(3) 丸山眞男『戦中と戦後の間　1936-1957』みすず書房、1976年、429-45頁。
(4) Kennan, *Memoirs 1925-1950*, p. 290.
(5) Blaker, *Japanese International Negotiation Style*, pp. 21-24, 50-53, 213, 218; 池井訳、25-26、49-52、212-13、216頁。
(6) Blaker, *Japanese International Negotiation Style*, p. 28, 池井訳、30-31頁。
(7) Blaker, *Japanese International Negotiation Style*, pp. 21-23; 池井訳、25-26頁。
(8) Blaker, *Japanese International Negotiation Style*, p. 28; 池井訳、30-31頁。
(9) 直塚玲子『欧米人が沈黙するとき——異文化間のコミュニケーション』大修館書店、

(28) Heikal, *op. cit.*, p. 30; 小林訳、92頁。

第Ⅲ部　日本式交渉

第1章　交渉嫌い、交渉回避

(1)『孫子』(新訂) 金谷治訳注、岩波文庫、2014年、52、139頁。

(2) Graham and Sano, *op. cit.*, p. 19.

(3) グレン・S・フクシマ『日本経済摩擦の政治学』朝日新聞社、1992年、179頁。

(4) 夏目漱石『草枕』新潮文庫、5頁。

(5) Edwin O. Reischauer, *The Japanese* (Boston: Harvard University Press, 1977), p. 136: エドウィン・O・ライシャワー『ザ・ジャパニーズ』國弘正雄訳、文藝春秋、1979年、141頁。

(6) Reischauer, *The Japanese*, p. 136: 國弘訳、139頁。

(7) Reischauer, *The Japanese*, p. 135: 國弘訳、140頁。

(8) Reischauer, *The Japanese*, p. 142: 國弘訳、147頁。

(9) 小和田恆『外交とは何か』日本放送出版協会、1996年、243頁。

(10) 同上、245頁。

(11) Thayer & Weiss, Japan, p. 56から再引用。

(12) *Ibid.*, p. 56 から再引用。

(13) Francis Fukuyama, *Trust: The Social Venture and the Creation of Prosperity* (New York: The Free Press, 1995), p. 27; フランシス・フクヤマ『「信」無くば立たず』加藤寛訳、三笠書房、1996年、66頁。

(14) Jon Huntsman, "Trust is key to repairing ties with Russia (Op-ed)," *MT*, 2018.12.19.

(15) 野口均『日米通貨交渉2000日——大蔵財務官たちの闘い』日本経済新聞社、1995年、31-32頁。

(16) Michael H. Armacost, *Friends or rivals? The Insider's Account of U.S.-Japan Relations* (New York: Columbia University Press, 1996), p. 250. マイケル・アマコスト『友か敵か』読売新聞社外報部訳、読売新聞社、1996年、326頁。

(17) ここのところの叙述のために、筆者は、國弘正雄『英語志向と日本思考』(朝日イブニングニュース社、1980年) に、多くを負っている。

(18) Reischauer, *The Japanese*, p. 226; 國弘訳、231-32頁。

(19) 松山幸雄『勉縮のすすめ』朝日文庫、1981年、138頁。

(20) 川端康成『美しい日本の私』講談社、1977年、13頁。

(21) 谷崎潤一郎『文章読本』中公文庫、1975年、47-48頁。

(22) ドメニコ・ラガナ『紅毛碧眼　日本語談義』小学館、1979年、26-27頁。

(23) 谷崎潤一郎『陰翳礼讃』中公文庫、1981年、12-39頁。

(24) Reischauer, *The Japanese*, p. 136; 國弘訳、139頁。

(25) Reischauer, *The Japanese*, pp. 226-27; 國弘訳、231-32頁。

(26) 谷崎『文章読本』48頁。

(27) 江藤淳『考えるよろこび』講談社文庫、1974年、68頁。

(28) 河野一郎『今だから話そう』春陽堂書店、1958年、23-40頁。

(29)『日本経済新聞』1977.3、6、『朝日新聞 (夕刊)』1977.4.7。

田憲司訳、日本経済新聞社、1975年、178頁。
(20) De Pauw, *op. cit.*, p. 47.
(21) 大木伸一編著『ソヴィエト貿易入門』日本国際問題研究所、1971年、132頁。
(22) 同上。
(23) 森本忠夫『奇妙な惑星から来た商人』文藝春秋、1970年、108頁。
(24) *Soviet Diplomacy*, p. 366.
(25) *Soviet Diplomacy*, p. 573; 川中子訳、217頁、木村明生訳、216頁。
(26) 同上。

第10章　対ロ経済交渉の必勝法

(1) Heikal, *op. cit.*, p. 30; 小林訳、92頁。
(2) *Soviet Diplomacy*, p. 571; 川中子訳、213頁、木村明生訳、208頁。
(3) Alec Flegon, ed., *Soviet Foreign Trade Techniques: An Inside Guide to Soviet Foreign Trade* (London: Flegon Press, 1965), pp. 87-94.
(4) Спандарян, *op. cit.*, стр. 95.
(5) *Итоги*, 2003.1.14.
(6) *Известия*, 2003.1.11.
(7) 木村汎『プーチンのエネルギー戦略』北星堂、2008年、97-157頁。
(8) Flegon, ed., *op. cit.*, p. 97.
(9) ヴォロノフ『国際通商における貿易実務』森本・大田訳、212頁。
(10) Heikal, *op. cit.*, p. 30; 小林訳、92頁。
(11) Heikal, *op. cit.*, p. 291; 小林訳、96頁。
(12) De Pauw, *op. cit.*, p. 48.
(13) *Ibid.*, p. 47.
(14) Heikal, *op. cit.*, pp. 29-30; 小林訳、89頁。
(15) Marshall I. Goldman, *Detente and Dollars: Doing Business with the Soviets* (New York: Basic Books, Inc., 1975), p. 257.
(16) Herbert E. Meyer, "What It's Like to Do Business with the Russians," *Fortune* (May 1972), pp. 167-168; pp. 236-237.
(17) *Soviet Diplomacy*, p. 571; 川中子他訳、212頁、木村明生他訳、208頁。
(18) Goldman, *Detente and Dollars*, p. 291.
(19) *Soviet Diplomacy*, p. 572; 川中子他訳、214頁、木村明生他訳、210頁。
(20) この箇所はすべて、ヴォロノフ著、森本・大田訳、223-24頁。
(21) この箇所はすべて、ヴォロノフ著、森本・大田訳、223-24頁。
(22) *Soviet Diplomacy*, p. 573; 川中子他訳、216頁、木村明生他訳、213頁。
(23) 大木『ソヴィエト貿易入門』143頁。
(24) ヴォロノフ著、森本・大田訳、181頁。
(25) ヴォロノフ著、森本・大田訳、185頁。
(26) ヴォロノフ著、森本・大田訳、186頁。
(27) 中尾ちゑこ『ロシアの躁と鬱――ビジネス体験から覗いたロシア』成文社、2018年、103頁。

能にする漠然たる規定がふくまれていた。*Khrushchev Remembers* (Boston: Little, Brown and Company, 1970), p. 400; *Soviet Diplomacy*, p. 489;『朝日新聞』1977.3.3、*WP*, January 14, 1978;『APN ニュース』1977.9.28、*Time*, December 25, 1977.
(35) Mosely, *The Kremlin and World Politics*, p. 37; 山川・木村訳、27頁。
(36) 同上。
(37)『毎日新聞』1977.5.20、『朝日新聞』1977.5.26.
(38) 外務省情報文化局国内広報課『日ソ漁業暫定協定』外務省、1977年、33頁。

第9章　株式会社“ロシア”のビジネス交渉

(1) Евгения Альбац, Анатолий Ермолин, “Корпорация « Россия »,” *НВ*, No. 36 (221), 2011.10.31.
(2) Marshall I. Goldman, *Petrostate: Putin, Power, and the New Russia* (Oxford: Oxford University Press, 2008), pp. 96, 139, 192, 200; マーシャル・I・ゴールドマン『石油国家ロシア――知られざる資源強国の歴史と今後』鈴木博信訳、日本経済新聞出版社、2010年、154、220、304、316頁 ; Ирина Макроусова, *Друзья Путина: новая бизнес-элита России* (Москва: Эксмо, 2011).
(3) Richard Sakwa, *The Quality of Freedom: Khodorkovsky, Putin, and the Yukos Affair* (Oxford: Oxford University Press, 2009), pp. 324-25.
(4) *Financial Times*, 2007.7.13.
(5) 詳しくは、木村汎『プーチンのエネルギー戦略』北星堂、2008年、74-75頁。
(6) ロシア大統領府ホームページ 2006.12.21. <http://www.kremlin.ru/text/appears/2006/12/115805.shtml>
(7) Thane Gustafson, *Wheel of Fortune: The Battle for Oil and Power in Russia* (Cambridge, MA, The Belknap Press of Harvard University Press, 2012), p. 249.
(8) Richard Sakwa, *Putin Redux: Power and Contradiction in Contemporary Russia* (London: Routledge, 2014), pp. 11, 21-2, 30.
(9) John B. Quigley, *The Soviet Foreign Trade Monopoly* (Columbus, OH: State University Press, 1974), p. 13.
(10) John W. De Pauw, *Soviet-American Trade Negotiations* (New York: Praeger Publishers, 1979), p. 28.
(11) Ленин, *Полное собрание сочинений*, Том 36, стр. 183;『レーニン全集』27巻、マルクス=レーニン主義研究所訳、大月書店、225頁。
(12) De Pauw, *op. cit.*, p. 28.
(13) 鈴木啓介『シベリア開発と日ソ経済協力』日刊工業新聞社、1977年、228頁。
(14) Виктор Б. Спандарян, “Советско-японские торгово-экономические отношения,” *ПДВ*, No. 3 [35], 1980, p. 92.
(15) *Ibid.*, pp. 96-97.
(16) 大木伸一『ソ連人――誤解と理解』サイマル出版会、1977年、215頁。
(17) *Soviet Diplomacy*, p. 566; 川中子訳、211頁、木村明生訳、205頁。
(18) Heikal, *op. cit.*, p. 28; 小林訳、90頁。
(19) K・G・ヴォロノフ『ソ連版・貿易必携――商談を有利にすすめる法』森本忠夫・大

決定でなく、現実である（linkage was a reality, not a decision）」。Kissinger, *White House Years*, p. 129.

(5) 木村汎「"共産"圏における人権闘争と米ソ戦略」『改革者』1977年4月号、政策研究フォーラム、6-9頁。

(6) Walter C. Clemens, Jr., *The U. S. S. R. and Global Interdependence: Alternative Futures* (Washington, DC: American Enterprise Institute for Public Policy Research, 1978), p. 61 から再引用。

(7) Robert O. Keohane and Joseph S. Nye, *Power and Interdependence: World Politics in Transition* (Boston: Little, Brown and Company, 1977).

(8) *Soviet Diplomacy*, p. 523.

(9) *Известия*, 1979.10.6.

(10) *Правда*, 1980.9.2.

(11) *Правда, Известия*, 1980.2.22; *Известия*, 1980.2.23.

(12) *Известия*, 1979.7.3.

(13) *FBIS (Sov)* (October 12, 1979), p. C1 から再引用。

(14) Н. Николаев, "К 50-летию установления дипломатических отношений СССР с Японией," *ПДВ*, No. 21(19), 1975, стр. 58.

(15) П. Д. Долгоруков, "Торгово-экономические отношения СССР с Японией," *СССР-Япония: к 50-летию установления советско-японских дипломатических отношений* (1925-1975) (Москва: Наука, 1978), p. 120.

(16) *Ibid*（1979年11月、大阪で開催のソ連科学アカデミーと産経新聞社共催の日ソ・シンポジウムへの提出論文）.

(17) *FBIS (Sov)* (October 27, 1980), p. C4.

(18) "Message from Iran: August 13, 1979," *NYT*, January 27, 1981, p. 19.

(19) *Ibid*.

(20) *Soviet Diplomacy*, pp. 74-76.

(21) Pope, *op. cit*., p. 189.

(22) *Ibid*., p. 493.

(23) *Ibid*., p. 191.

(24) *Ibid*., p. 189.

(25) Gordon A. Craig, *op. cit*., p. 121.

(26) Craig, "Techniques of Negotiation," p. 366.

(27) *Soviet Diplomacy*, p. 494 から再引用。

(28) 重光晶『「北方領土」とソ連外交』時事通信社、1983年、39頁。

(29) Deane, *The Strange Alliance*, pp. 20-21.

(30) Dean, *Test Ban and Disarmament*, pp. 45-46.

(31) Rowny, "Negotiating with the Soviets," p. 61.

(32) *Ibid*.

(33) *Ibid*.

(34) たとえば、1955年のジュネーブ声明、1973年の SALT Ⅰ、1977年の日米漁業交渉、1978年の日米通商交渉、1979年の米中正常化、等々には、交渉当事国に異なる解釈を可

(42) Mosely, *The Kremlin and World Politics*, p. 9; 山川・木村訳、9頁。

(43) Mosely, *The Kremlin and the World Politics*, pp. 11-12; 山川・木村訳、10-11頁。

(44) John N. Hazard, “Negotiating Under Lend-Lease, 1942-1945”, in Dennett and Johnson, eds., *op. cit*., p. 33.

(45) Dean, *Test Ban and Disarmament*, p. 45.

(46) Milorad M. Drachkovitch, ed., *Marxism in the Modern World* (Stanford, CA: Stanford University Press, 1965), p. 64; 猪木正道監修『現代のマルクス主義——二十世紀に挑戦する思想家たち』木村汎訳、社会思想社、1967年、91頁。

(47) Drachkovitch, ed., *op. cit*., p. 64; 木村訳、91頁。

(48) Drachkovitch, ed., *op. cit*., p. 64; 木村訳、91頁。

(49) Ленин, *Полное собрание сочинений*, Том 42, стр. 61.

(50) Ленин, *Полное собрание сочинений*, Том 40, стр. 55.

(51) Зорин, *op. cit*., стр. 76.

(52) Frederick J. Osborn, “Negotiating on Atomic Energy, 1946-47,” in Dennett and Johnson, eds., *op. cit*., p. 234.

(53) *Правда*, 1980.8.30.

(54) Дмитрий Д. Петров, *Япония наших дней* (Москва: Знание, 1979), стр. 48-49.

(55) *Известия*, 1978.9.9.

(56) *Ibid*.

(57) *FBIS(Sov)* (August 28, 1978), p.M1.

(58) *Известия*, 1978.8.13.

(59) *Ibid*., 1978.8.27. これは、ソ連側の通説見解だった。Михаил С. Капица, “Борьба СССР за мир и сотрудничество в Азии,” *ПДВ*, No. 1 [29], 1979, стр. 44.

(60) *Известия*, 1978.8.27.

(61) *Правда*, 1980.11.21.

(62) Brian D. Taylor, *The Code of Putinism* (Oxford: Oxford University Press, 2018), p. 26から再引用。

(63) ロシア大統領府ホームページ 2014.3.18. <http://kremlin.ru/events/president/news/20603>（アクセス 2017.3.31）

(64) ロシア大統領府ホームページ 2015.9.1. <http://kremlin.ru/events/president/transcripts/50216>（アクセス 2018.8.12）

(65) *Soviet Diplomacy*, p. 567.

第8章　ロシア人の十八番戦術は、何？

(1) Pope, *op. cit*., pp. 189, 191.

(2) James N. Rosenau, ed. *Linkage Politics: Essays on the Convergence of National and International Systems* (New York: The Free Press, 1969).

(3) Henry A. Kissinger, “Detente with the Soviet Union: The Reality of Competition and the Imperative of Cooperation,” in Robert J. Pranger, ed., *Detente and Defense: A Reader* (Washington, DC: American Enterprise Institute for Public Policy Research, 1976), pp. 158-59.

(4) キッシンジャーは、自著のなかでは、次のようにのべている。「リンケージは（政策の）

(13) 海原治『私の国防白書』時事通信社、1975年、110-11頁。

(14) Александр Солженицын, *Письмо вождям Советского Союза* (Paris: YMCA-Press, 1974), стр. 31; ソルジェニーツィン『クレムリンへの手紙』江川卓訳、新潮社、1974年、45-46頁。

(15) Сергей Горшков, *Морская мошь государства* (Москва: Военное издательство министерства обороны СССР, 1976 и 1979 гг.), стр. 249; ゴルシコフ『ソ連海軍戦略』原書房、宮内邦子訳、1978年、257頁。

(16) В. М. Кулиш, ред., *Военная сила и международные отношения: военные аспекты внешне-политических концепций* (Москва: Международные отношения, 1972), стр. 38.

(17) Randolph S. Churchill, ed., *The Sinews of Peace: Post-war Speeches by Winston S. Churchill* (Boston, MA: Houghton Mifflin Company, 1948), p. 193.

(18) Charles F. Hermann, ed., *International Crisis: Insights from Behavioral Research* (New York: The Free Press, 1972), p. 220.

(19) Holsti, *International Politics*, p. 329.

(20) Горшков, *Морская мошь государства*, стр. 402; 宮内訳、250頁。

(21) *Soviet Diplomacy*, pp. 364-65, 483, 487-88.

(22) Craig, *op. cit.*, p. 122.

(23) *Soviet Diplomacy*, p. 571.

(24) Wedge and Muromcew, *op. cit.*, p. 122.

(25) Arthur H. Dean, *Test Ban and Disarmament: The Path of Negotiation* (New York: Harper & Row, Publishers, 1966), p. 44.

(26) *Ibid.*

(27) Hayter, *The Diplomacy of the Great Powers*, pp. 68-69.

(28) Ленин, *Полное собрание сочинений*, Том 44, стр. 49-50.

(29) Talbott, *Endgame*, p. 91; 秋山訳、131頁。

(30) Hayter, *The Diplomacy of the Great Powers*, p. 68.

(31) *Soviet Diplomacy*, p. 571.

(32) Craig, *op. cit.*, p. 123.

(33) Deane, "Negotiating on Military Assistance," p. 27.

(34) Robert E. Sherwood, *Roosevelt and Hopkins* (New York: Harper & Brothers, 1948), p. 391.

(35) Gustav Hilger & Alfred G. Meyer, *The Incompatible Allies: A Memoir-History of German-Soviet Relations: 1918-1941* (New York: The MacMillan Company, 1953), p. 290.

(36) Hayter, *The Diplomacy of the Great Powers*, p. 22.

(37) William Hayter, *Russia and the World: A Study in Soviet Foreign Policy* (New York: Taplinger Publishing Company, 1970), p. 32; ウィリアム・ヘイター『ソ連邦と世界――ソ連外交政策の一考察』鹿島平和研究所訳、鹿島研究出版会、1972年、46頁。

(38) Vernon V. Aspaturian., ed. *Process and, Power in Soviet Foreign Policy* (Boston, MA: Little Brown and Company, 1971), p. 640.

(39) *Soviet Diplomacy*, p. 265.

(40) Bohlen, *op. cit.*

(41) William Hayter, *The Kremlin and the Embassy* (New York: The MacMillan Company, 1966), p. 42.

のすべてを破ってしまった」。 W. Averell Harriman and Elie Abel, *Special Envoy to Churchill and Stalin 1941-1946* (New York: Random House, 1975), p. 444.

(33) Deane, *The Strange Alliance*, p. 20 も、のべている。「ソビエト政府による " 原則としての承認 " が正確には何も意味しない」という「教訓」を銘記すべきだった、と。

(34) 富永守雄『日ソ漁業交渉の内幕——ソ連の建て前と本音』社団法人経済懇話会、1977年、12-13頁。

(35)『朝日新聞』1977.5.31。

(36) Леонид И Брежнев, *Избранные произведения (в трех томах), Том 2 (1971-1975)* (Москва: Политиздат, 1981), p. 209.

(37) 新井弘一『モスクワ－ベルリン－東京——外交官の証言』時事通信社、2000年、61、85頁。新井弘一「田中訪ソ、七三年交渉の回想——ついにブレジネフは『未解決の問題』の存在を認めた」『外交フォーラム』通巻第30号（1991年3月号)、35頁。

(38) 富永守雄「モスクワで見た北方領土」『北方領土シリーズ No. 21』札幌：北方領土復帰期成同盟、1981年、10頁。野口博司「" 北方領土 " の幻想と現実」『諸君！』1976年3月号、文藝春秋、136-38頁。

(39)『田中総理は語る——日ソ首脳会談について』北方領土問題対策協会（東京)、1974年、16頁。

(40) 新井『モスクワ－ベルリン－東京』95頁。新井、前掲「田中訪ソ、七三年交渉の回想」36頁。

(41)『産経新聞』1980.11.4。

(42) Андрей А. Громыко, "Программа мира в действии," *Коммунист*, No. 14 (сентябрь 1975), p. 16;А. А. Громыко, *Во имя торжества ленинской внешней политики: Избранные речи и статьи* (Москва: Политиздат, 1978), стр. 419.

(43) *Правда*, 1977.6.7.

第7章　ロシア式交渉戦術の特徴

(1) Ленин, *Полное собрание сочинений*, Том 7, стр. 14.

(2) Rowny, *op. cit.*, pp. 62, 63.

(3) *Ibid.*, p. 63.

(4) 前掲、ブレーカーの最初の草稿、36頁、池井訳、265頁。

(5) Clare B. Luce, "How to Deal with the Russians: The Basics of Negotiation," *Air Force Magazine* (April, 1979), p. 31.

(6) Ленин, *Полное собрание сочинений*, Том 7, стр. 14.

(7) "Russia's low-cost Syria campaign," *Economist*, 2015.10.30.

(8) Kertesz, "American and Soviet Negotiating Behavior," p. 145.

(9) Muromcew, "Soviet Negotiating Behavior," p. 11.

(10) Robert G. Kaiser, *Russia: The People and the Power* (London: Secker & Warburg, Litb., 1976), pp. 160-61; pp. 188-89;『ソ連のなかのロシア』吉本晋一郎訳、原書房、1977年、第一部・261-264頁、第二部・25-26頁。

(11) *Правда*, 1977.10.28.

(12)『朝日新聞』1980.3.8。

(2) Богданов, *op. cit*., стр. 12.
(3) ゲ・ア・デボーリン「ソビエト対外政策と外交の発展での新しい歴史的段階」Лебедев, ред., *op. cit*., стр. 51.
(4) ア・イ・スチェパーノフ「外交政策での妥協にかんするベ・イ・レーニンと現代性」in Лебедев, ред., *op. cit*., стр. 101.
(5) Ленин, *Полное собрание сочинений*, Том 41, стр. 50-54; マルクス＝レーニン主義研究所訳、大月書店、第31巻、53-57頁。
(6) Лебедев, ред., *op. cit*., стр. 101.
(7) Лебедев, ред., *op. cit*., стр. 102-103.
(8) Зорин, *op. cit*., стр. 35.
(9) Strobe Talbott, *Endgame: The Inside Story SALT II* (New York: Harper & Row, Publishers, 1979), p. 15; ストローブ・タルボット『狂気のゲーム――SALT IIの内幕』秋山康男他訳、朝日新聞社、1980年、27頁。
(10) Talbott, *Endgame*, p. 16; 秋山他訳、28頁。
(11) Talbott, *Endgame*, p. 16; 秋山他訳、29頁。
(12) R. Smith, *Negotiating with the Soviets*, p. 25.
(13) Leites, *A Study of Bolshevism*, p. 498.
(14) Ленин, *Полное собрание сочинений*, Том 44, стр. 45-50.
(15) Leites, *op. cit*., p. 498 から再引用。
(16) Wedge and Muromcew, *op. cit*., p. 33.
(17) Blaker, *Japan's International Negotiating Behavior*, p. 11; 池井訳、39頁。
(18) Lloyd Jensen, "Soviet-American Bargaining Behavior in the Postwar Disarmament Negotiations," *JCR*, Vol. 7, No. 3 (September 1973), p. 529.
(19) *Soviet Diplomacy*, p. 571.
(20) 袴田里見『私の戦後史』朝日新聞社、1978年、190頁。
(21) 島修「外交の潮目㉖　対共産圏外交と日朝交渉の再開」『改革者』2000年2月号、30-31頁から再引用。
(22) Kohler, "Negotiations as an Effective Instrument of American Foreign Policy," p. 910.
(23) Hayter. *The Diplomacy of the Great Powers*, pp. 30-31.
(24) Михаил Ю. Лермонтнв, *Герой нашего времени* (Москва: Издательство « Художественная литература », 1969), стр. 46.
(25) Wedge and Muromcew, *op. cit*., p. 33.
(26) *CSM*, November 2, 1978, p. 23.
(27) *Ibid*.
(28) Зорин, *op. cit*., стр. 36.
(29) Reischauer, *The Japanese*, p. 15; 國弘訳、28頁。
(30) Mosely, *The Kremlin and World Politics*, pp. 25-26; 山川・木村訳、19-20頁。
(31) Mosely, *The Kremlin and World Politics*, pp. 25-26; 山川・木村訳、9-10頁。
(32) Mosely, *The Kremlin and World Politics*, p. 26; 山川・木村訳、20-21頁。p. 26. ローズヴェルト米大統領は次のように結論したとさえ言われる。「アベレル（ハリマン）は、正しい。われわれは、スターリンと取引できないのだ。スターリンは、ヤルタでおこなった約束

(34) Deane, *The Strange Alliance*, p. 297.

(35) Hayter, *The Diplomacy of the Great Powers*, p. 28.

(36) *Soviet Diplomacy*, p. 108 から再引用。

(37) Mosely, *The Kremlin and the World Politics*, p. 11; 山川・木村訳、10頁。

(38) Foy D. Kohler, Mose L. Harvey, *The Soviet Union: Yesterday, Today, Tomorrow: A Colloquy of American Long Timers in Moscow* (Washington, DC: Center for Advanced International Studies, University of Miami, 1975), p. 196.

(39) 笠信太郎『ものの見方について――西欧になにを学ぶか』河出書房、1950年、55頁。

(40) 同。

(41) 同、55-56頁。

(42) *Краткий политический словарь (издание второе, дополненное)* (Москва: Издательство политической литературы, 1980), стр. 186.

(43) H. Smith, *The Russians*, p. 264. 高田訳、新版上巻、256頁。

(44) Margaret Mead, *Soviet Attitudes toward Authority: An Interdisciplinary Approach to Problems of Soviet Character* (New York: McGraw-Hill, 1951), p. 15.

(45) Mosely, *The Kremlin and the World Politics*, p. 32; 山川・木村訳、24頁。Bryant Wedge and Cyril Muromcew, "Psychological factors in Soviet disarmament negotiation," *The JCR* (Vol. 9, No. 1, March 1965), p. 33.

(46) Sir Michael Wright, *Disarm and Verify: An Explanation of the Central Difficulties and of National Policies* (New York: Frederick A. Praeger, 1964), p. 107.

(47) Stephen D. Kertesz and M. A. Fitzsimons, eds., *Diplomacy in a Changing World* (IN: University of Notre Dame Press, 1959), p. 143.

(48) Ленин, *Полное собрание сочинений,* Том 16, стр. 9; マルクス=レーニン主義研究所訳、大月書店、13巻、9頁。

(49) James J. Wadsworth, *The Price of Peace* (New York: Frederick A. Praeger, 1962), pp. 21-22.

(50) Richard Pipes, "Some Operational Principles of Soviet Foreign Policy," *Memorandum Prepared for Subcommittee on National Security and International Operations of Committee on Governmental Operations, U. S. Senate* (Washington, DC: Government Printing Office 1972), p. 13.

(51) Jönsson, *op. cit.*, p. 46.

(52) Kertesz and Fitzsimons, eds., *op. cit.*, p. 143; Wedge and Muromcew, *op. cit.*, p. 33.

(53) Ленин, *Полное собрание сочинений*, Том 44, стр. 49-50.

(54) Gordon A. Craig, "Techniques of Negotiation," in Ivo J. Lederer, ed., *Russian Foreign Policy: Essays in Historical Perspective* (New Haven, CO: Yale University Press, 1962), p. 368.

(55) Arthur M. Schlesinger, Jr., *A Thousand Days: John F. Kennedy in the White House* (Boston, MA: Houghton Miffin Company, 1965, p. 362; A・シュレジンジャー『ケネディ――栄光と苦悩の一千日』上巻、中屋健一訳、河出書房、1966年、379頁。

第6章　最終段階こそ、最重要

(1) Chas. W. Freeman, Jr., *The Diplomat's Diplomacy (Revised Edition)* (Washington, DC: United States Institute of Peace Press, 1997), p. 238 から再引用。

時事通信社、1958年、39頁。ただし、訳文を少し改めた。
(2) Зыгарь, *op. cit.*, стр. 207; Zygar, *op. cit.*, pp. 169-70.
(3) 英文では、“Takes two in tango.” Robert Andrews, *The New Penguin Dictionary of Modern Quotations* (London: Penguin Books, 2001), p. 198.
(4) H. Smith, *The Russians*, pp. 360-63; 高田訳、新版下巻、63頁。
(5) John Newhouse, *Cold Dawn: The Story of SALT* (New York: Holt, Rinehart and Winston, 1973), pp. 55-56.
(6) Peter Hobson, “Sanctioned Bank Rossiya becomes first major Russian bank to expand in Crimea,” *MT*, 2014.4.15.
(7) Зыгарь, *op. cit.*, стр. 370; Zygar, *op. cit.*, p. 302.
(8) Mosely, *The Kremlin and World Politics*, p. 27; 山川・木村訳、21頁。
(9) *WP*, November 19, 1978.
(10) *Soviet Diplomacy, p. 423.*
(11) *Ibid.*
(12) Mosely, *The Kremlin and World Politics*, p. 5; 山川・木村訳、6頁。
(13) Hayter, *The Diplomacy of the Great Powers*, p. 32.
(14) Kennan, *Russia, The Atom, and The West*, pp. 21-23, 長谷川訳、37-39頁。ただし、訳文を少し改めた。
(15) Nina L. Khrushcheva, “Is Trump Duping Putin?”, in *JRL*, 2018-#197 (2016.11.9), #15.
(16) Kohler, “Negotiation as an Effective Instrument of American Foreign Policy,” p. 907.
(17) *Soviet Diplomacy*, p. 301.
(18)『読売新聞』1977.4.19。
(19)『日本経済新聞（夕刊）』1977.5.18。
(20) *Kennan, Memoirs 1925-1950*, pp. 291, 562.
(21) *Ibid.*
(22) Mosely, *The Kremlin and World Politics*, pp. 33-34; 山川・木村訳、25頁。
(23) Deane, *The Strange Alliance*, p. 304.
(24) Bohlen, *op. cit.*, p. 339.
(25) Deane, *The Strange Alliance*, p. 297.
(26) *Soviet Diplomacy*, p. 522.
(27) Mohamed Heikal, *The Sphinx and the Commissar: The Rise and Fall of Soviet Influence in the Middle East* (New York: Harper & Row, Publishers, 1978), p. 30; 小林和男抄訳「スフィンクスと人民委員——中近東版　ソ連と付き合う法」『諸君！』1979年11月号、92頁。
(28) 同上、小林訳、78頁。
(29) Nixon, *The Memoirs of Richard Nixon*, Vol. 2, p. 429; 松尾・斎田訳、第3巻、18-19頁。
(30) Nixon, *The Memoirs of Richard Nixon*, Vol. 2, p. 430; 松尾・斎田訳、第3巻、20頁。
(31) Nixon, *The Memoirs of Richard Nixon*, Vol. 2, p. 430; 松尾・斎田訳、第3巻、20頁。
(32) Nixon, *The Memoirs of Richard Nixon*, Vol. 2; 松尾・斎田訳、第3巻、20頁。
(33) Walter Bedell Smith, *My Three Years in Moscow* (New York: J. B. Lippincott Company, 1950), pp. 109-110;『モスクワの三年』朝日新聞社訳、朝日新聞社、1950年、73頁。ただし、訳文を少し改めた。

Conflict and Cooperation Among Nations (New York: Holt, Reinhardt and Winston, Inc., 1960), p. 5.

(58) Charles E. Bohlen, *Witness to History 1929-1969* (New York: W. W. Norton & Company, Inc., 1973), p. 339.

(59) *Soviet Diplomacy*, p. 85 から再引用。

第4章　まず、先制パンチを喰らわせる

(1) John R. Deane, "Negotiating on Military Assistance, 1943-1945," in Raymond Dennett and Joseph Johnson, eds., *Negotiating with the Russians* (New York: World Peace Foundation, 1951), p. 27.

(2) Kissinger, *White House Years*, pp. 161-62; キッシンジャー『キッシンジャー秘録』第一巻、斎藤他訳、小学館、1979年、214頁。

(3) Deane, "Negotiating on Military Assistance, 1943-1945," p. 27.

(4) Richard Milhous Nixon, *The Memoirs of Richard Nixon* (New York: Warner Books, Inc., 1978), Vol. 2, p. 422;『ニクソン回顧録（第三巻）　破局への道』松尾文夫・斎田一路訳、小学館、1979年、12頁。

(5) Albert L. Weeks, *The Other Side of Coexistence: An Analysis of Russian Foreign Policy* (New York: Pitman Publishing Corporation, 1970), pp. 161-80.

(6) *Soviet Diplomacy*, p. 283.

(7) Ulam, *Expansion and Coexistence*, pp. 495, 510, 658, 670; 第三巻、鈴木訳、645、659、833、848頁。

(8) Deane, "Negotiating on Military Assistance," p. 27.

(9) Robert Paul Browder, *The Origins of Soviet American Diplomacy* (Princeton, NJ: Princeton University Press, 1953), p. 128.

(10) *Soviet Diplomacy*, p. 80.

(11) *Ibid.*

(12) Deane, "Negotiating on Military Assistance," p. 8.

(13) Mosely, *The Kremlin and World Politics*, p. 14; 山川・木村訳、12頁。

(14) *Soviet Diplomacy*, p. 460.

(15) Raymond L. Garthoff, "Negotiating SALT," *The Wilson Quarterly* (Autumn 1977), p. 82.

(16) *Soviet Diplomacy*, p. 460 から再引用。

(17)『読売新聞（夕刊）』1977.5.7。

(18)『産経新聞』1977.5.20。

(19) *Soviet Diplomacy*, p. 141.

(20) Rudolf von Ihering, *Der Kampf ums Recht* (Wien: Manzsche Verlags-und-Universitäts-Buchhandlung, 1921), S.17; イェーリング『権利のための闘争』日沖憲郎訳、岩波文庫、1931年、42頁。

第5章　開始後は、のらりくらり

(1) George F. Kennan, *Russia, The Atom, and The West* (Westport, CO: Greenwood Press, 1957), p. 22, ジョージ・F・ケナン『ロシア・原子・西方――リース卿記念講演』長谷川才治訳、

ン主義研究所訳、大月書店、13巻、9頁。

(33) グレゴリー・クラーク『日本人――ユニークさの源泉』村松増美訳、サイマル出版会、1977年、106頁。

(34) 山本七平『「空気」の研究』文藝春秋、1977年、16頁。

(35) Blaker, *The Japanese International Negotiating Style*, pp. 19-20; 池井訳、23-24頁。

(36) Blaker, *The Japanese International Negotiating Style*, p. 20; 池井訳、24頁。

(37) 木村汎「漁業交渉（1977年春）にみられる日・ソの交渉行動様式――非対称性と対称性」『スラヴ研究』26号、北海道大学スラブ研究センター、1980年、57頁以下参照。

(38) ロシア大統領府ホームページ 2006.5.13. <http://kremlin.ru/events/president/news/35535>（アクセス 2017.5.24）

(39) Luke Harding, *Mafia State: How one Reporter became an Enemy of the Brutal New Russia* (London: Guardianbooks, 2011), pp. 22-23.

(40) Станислав Белковский и Владимир Голышев, *Бизнес Владимира Путина* (Екатеринбург: Ультра Культура, 2006), стр. 73-81.

(41) Dmitri Trenin and Yuval Weber, *Russia's Pacific Future: Solving the South Kuril Islands Dispute* (Moscow: Camegie Moscow Center, 2012), p. 15; Дмитрий Тренин, Ювал Вебер, *Тихоокеанское Будущее России. Урегулирование спора вокруг Южных Курил* (Москва: Московский Центр Карнеги, 2013), стр. 22.

(42) ロシア大統領府ホームページ 2014.3.18 <http://news.kremlin.ru/transcript/20603/print>（アクセス 2014.3.21）

(43) 同上。

(44) *Правда*, 1983.9.10.

(45) セイモア・M・ハーシュ『目標は撃墜された――大韓航空機事件の真実』篠田豊訳、文藝春秋、1986年、343頁。

(46) 袴田茂樹氏による『独立新聞』(2015.7.21) の紹介・翻訳、『安保研報告』東京・安全保障問題研究会、2015年7月号、14頁。

(47) H. Smith, *The Russians*, p. 252; 高田訳、新版上巻、244-45頁。

(48) ロシア語では、"Закон, что дышло: куда повернул, туда и вышло" В. П. Аникина, ред., *Русские пословицы и поговорки* (Москва: « Художественная литература », 1988), стр. 104; 八島雅彦編著『ロシア語名言・名句・ことわざ辞典』東洋書店、2011年、103頁 ; H. Smith, *The Russians*, p. 272; 高田訳、新版上巻、264頁。

(49) Hill and Gaddy, *op. cit.*, p. 150; 濱野・千葉訳、186頁。

(50) Виктор Хамраев, "Самый непраздничный праздник, « Левада-центр » выяснил отношение россиян к Дню Конституции," *Коммерсантъ*, No. 230, 2017.12.11, стр. 5.

(51) *Ibid.*

(52) *Ibid.*

(53) Shevtsova, *Putin's Russia*, p. 399.

(54) 赤城宗徳「ソ連とつきあう方法」『中央公論』1979年5月号、229頁。

(55)『朝日新聞』1980.6.9.

(56) Acheson, *op. cit.*, p. 275 から再引用。

(57) Charles Burton Marshall, "The Problem of Incompatible Purposes," in Ivo Duchaek, ed.,

ところ、ロシア外交ルートを通じて「168センチメートル」との回答があったという。『週刊文春』2005.11.10、43頁。

(9) Вера Гуревич, *Воспоминаня о будущем президенте* (Москва: Международные отношения, 2001), 59с.; Вера Гуревич, *Владимир Путин: Родители, Друзья, Учителя* (Санкт-Петербург: Издательство Юридического института, 2004), 173с.

(10) 以下から再引用。Владимир В. Путин, *От первого лица: разговоры с Владимиром Путиным* (Москва: Вагриус, 2000), стр. 20; Vladimir Putin, *First Person: An Astonishingly Frank Self-Portrait by Russia's President Vladimir Putin*, with Nataliya Timokova, and Andrei Kolesnikov, translated by Catherine A. Fitzpatrick (New York: Public affairs, 2000), p. 19; ウラジーミル・プーチン『プーチン、自らを語る』高橋則明訳、扶桑社、2000年、32頁。

(11) Путин, *От первого лица*, стр. 20; Putin, *First Person*, p. 19;『プーチン、自らを語る』32頁。

(12) Andrew Jack, *Inside Putin's Russia* (London: Granta Books, 2004), p. 53.

(13) ウラジーミル・プーチン、ワシリー・シェスタコフ、アレクセイ・レヴィッキー『プーチンと柔道の心』イーゴリ・アレクサンドロフ訳、朝日新聞出版、2009年、67頁。

(14) Блоцкий, *op. cit.*, стр. 60.

(15) *Ibid.*, стр. 60.

(16) Travin, *op. cit.*

(17) Блоцкий, *op. cit.*, стр. 61.

(18) Alex Mintz & Karl DeRouten, Jr., *Understanding Foreign Policy Decision Making* (Cambridge: Cambridge University Press, 2010), pp. 11-17.

(19) Alexander Pumpyansky, "On KGBism and Pragmatism: Why did he take with him from the intelligence service?" *New Times* (April 2002), p. 10.

(20) *Ibid.*, p. 10.

(21) *От первого лица*, стр. 175; *First Person*, p. 194;『プーチン、自らを語る』239頁。

(22) *Так говорил Путин: о себе, о народе, о вселенной* (Москва: Эксимо, 2011), p. 118.

(23) Николай Зенькович, *Путинская Энциклопедия: семья, команда, оппоненты, преемники* (Москва: Олма-пресс, 2006), стр. 484.

(24) タチアーナ・ポポーヴァ『モスクワ劇場占拠事件――世界を恐怖で揺るがした四日間』鈴木玲子・山内総子訳、小学館、2003年。アンナ・ポリトコフスカヤ『プーチニズム――報道されないロシア現実』鍛原多恵子訳、日本放送出版協会、2005年、9頁。

(25) Peter Baker and Susan Glasser, *Kremlin Rising: Vladimir Putin's Russia and the End of Revolution* (New York: Scribner, 2005), p. 162.

(26) Юлия Латынина, "Я не народ," *Газета. ru*, 2011.12.12.

(27) *Ibid.*

(28) Nancy Folbre, "President Putin's Patriarchal Games", *NYT*, 2013.12.23.

(29) Stefan Wagstyl, Kathrin Hille, Peter Spiegel, "Merkel accuses Russia of adopting `law of the jungle` in Ukraine," *FT*, 2014.3.13.

(30) *Soviet Diplomacy*, pp. xxxv, 219, 524; Ulam, *op. cit.*, p. 510; 鈴木訳、660頁。Craig, *op. cit.*, p. 119.

(31) Acheson, *op. cit.*, p. 378.

(32) Ленин, *Полное собрание сочинений*, Том 16, стр. 9;『レーニン全集』マルクス・レーニ

(64) *Khrushchev Remembers: The Last Testament* (London: André Deutsch Limited, 1974), p. 487; 『フルシチョフ　最後の遺言』下巻、佐藤亮一訳、河出書房新社、1975年、203頁。

(65) Михаил Зыгарь, *Вся Кремлевская Рать: Краткая история современной России* (2-е издание) (Москва: Интеллектуальная литература, 2018), стр. 207; Mikhail Zygar, *All the Kremlin's Men: Inside the Court of Vladimir Putin* (New York: Public Affairs, 2016), pp. 160-70.

(66) H. Smith, *op. cit*., p. 264. 高田訳は、なぜかこの部分をカットして翻訳していない。高田訳、新版（上巻)、256頁。

(67) *Khrushchev Remembers*, p. 370; 佐藤訳、下巻、87頁。

(68) *Khrushchev Remembers*, p. 369; 佐藤訳、下巻、86頁。

(69) *Khrushchev Remembers*, pp. 374-375; 佐藤訳、下巻、92頁。

(70) 詳しくは、木村「漁業交渉（1977年春）にみられる日ソの交渉行動様式」57-106頁参照。

(71) 高林英雄『海洋時代の国際法』有信堂、1977年、242頁参照。

(72) 小田滋『海洋法』有斐閣、1979年、179頁。

(73) たとえば、中村洸「一二海里領海と国際海峡の三海里凍結」『ジュリスト』647巻、有斐閣、1977年9月1日号、31-34頁。

(74) 権藤満『二〇〇カイリ漁業水域』教育社、1978年、110-113頁。

(75) *Известия*, 1977.4.2.

(76) *Ibid*., 1977.5.4.

(77) *FBIS (Sov)*, (May 10, 1977), p. M1.

(78) *FBIS (Sov)*(May 18, 1977), p. M1.

第3章　プーチンの交渉観

(1) Василий Микрюков, "Если будет война: Поведенческие стратегии Москвы на евро-атлантических направлениях," *Нез. Газ*., 2015.12.18から再引用（袴田茂樹教授の指摘による)。

(2) Michele A. Berdy, "What Kind of Leader is Vladimir Putin?", *MT* (2018.3.23).

(3) Paul Goode, "Russia's 2018 Presidential Election: Did Uncompetitive Elections Make Putin a Lame Duck?" *IPR Blog*, 2018.4.4. <https://blogs.bath.ac.uk/iprblog/2018/04/04/russias-2018-presidential-election-did-uncompetitive-elections-make-putin-a-lame-duck/>（アクセス 2018.4.11).

(4) Виктор Хамраев et al., "Валдайский клуб убедили в безальтернативности Владимира Путина," *Коммерсантъ*, 2014.10.23.

(5) Fiona Hill and Clifford G. Gaddy, *Mr. Putin: Operative in the Kremlin* (Washington, DC: Brookings Institution Press, 2013), p. 77; フィオナ・ヒル、クリフォード・G・ガディ『プーチンの世界——「皇帝」になった工作員』濱野大道・千葉敏正訳、新潮社、2016年、103頁。

(6) Олег Блоцкий, *Владимир Путин: история жизни (книга первая)* (Москва: Международные отношения, 2001), стр. 60.

(7) Dmitry Travin, "Putin: mentality of a street fighter," *openDemocracy* <http://www.opendemocracy.net> 2008.9.15.

(8) プーチン大統領の身長は「国家機密」とされているが、2000年9月の初来日時、講道館が六段の免状と柔道着をプレゼントしようとして、プーチンのサイズを問い合わせた

された「息継ぎ期間」、すなわち「一種のブレスト－リトフスク」だったと解釈する。Martin Malia, *The Soviet Tragedy: A History of Socialism in Russia, 1917-1921* (New York: The Free Press, 1994), pp. 413-14.

(41) アントン・チェーホフ『チェーホフ全集』（第二巻）神西清他訳、中央公論社、1969年、286-89頁。

(42) たとえば、R. Smith, *op. cit.*, pp. 7-24、およびそこで紹介・引用されている文献を見よ。

(43) R. Smith, *op. cit.*, pp. 14-24.

(44) Geoffrey Gorer and John Rickman, *The People of Great Russia* (New York: Chanticleer Press, 1950), p. 174.

(45) Hedrick Smith, *The Russians* (New York: Quadrangle, 1976), p. 264.

(46) R. Smith, *op. cit.*, p. 19から再引用。

(47) Аркадий Шевченко, *Разрыв с Москвой* (New York: Liberty Publishing House, 1985), стр. 153; Arkady N. Shevchenko, *Breaking with Moscow* (New York: Alfred A. Knopf, 1985), p. 117; アルカジー・N・シェフチェンコ『モスクワとの決別』読売新聞外報部訳、読売新聞社、1985年、158頁。

(48) Harold Nicolson, *The Congress of Vienna: A Study in Allied Unity: 1812-1822* (New York: Harcourt, Brace and Company, 1946), p. 120.

(49) Nathan Leites, *A Study of Bolshevism* (Glencoe, IL: The Free Press, 1953), p. 60.

(50) Sir William Hayter, *The Diplomacy of the Great Powers* (London: Hamish Hamilton, 1960), p. 28.

(51) Theodore C. Sorensen, *Kennedy* (New York: Harper & Row, Publishers, 1965), p. 516.

(52) *Ibid.*, p. 516.

(53) *Ibid.*, p. 517.

(54) Graham T. Allison, *Essence of Decision: Explaining the Cuban Missile Crisis* (Boston, MA: Little, Brown and Company, 1971), p. 214: グラハム・アリソン『決定の本質——キューバ・ミサイル危機の分析』宮里政玄訳、中央公論社、1977年、248頁。

(55) Acheson, *op. cit.*, p. 275 から再引用。

(56) Deane, *op. cit.*, p. 300.

(57) *Ibid.*, p. 304.

(58) Gerald L. Steibel, *How Can We Negotiate with the Communists?* (New York: National Strategy Information Center, 1972), p. 35.

(59) H. Smith, *op. cit.*, p. 250; ヘドリック・スミス『ロシア人』高田正純訳、新版（上巻）、時事通信社、233頁。

(60) Committee on Foreign Relations, United States Senate, *Perceptions: Relations Between the United States and the Soviet Union* (Washington, DC: U. S. Government Printing Office, 1979), p. 94.

(61) 詳しくは、木村汎「フルシチョフ主義の挫折（I）（II）」『スラヴ研究』21号・1976年、22号・1978年、参照。

(62) H. Smith, *op. cit.*, pp. 246-47; 高田訳、新版（上巻）、239頁。

(63) George F. Kennan, *Memoirs 1925-1950* (Boston, MA: Little, Brown and Company, 1967), p. 564.

鹿島研究所出版会、1964年、305頁。

(16) *Soviet Diplomacy*, p. 7.

(17) Adam B. Ulam, *Expansion and Coexistence: The History of Soviet Foreign Policy, 1917-67* (New York: Frederick A. Praeger, 1968), p. 629; アダム・ウラム『膨張と共存（ソビエト外交史 3)』鈴木博信訳、サイマル出版会、1964年、799頁。

(18) 望月哲男「ロシアの空間イメージによせて」松里公孝編『ユーラシア——帝国の大陸』(『講座スラブ・ユーラシア学 3』) 講談社、2008年、139-40頁。

(19) Samelson, *op. cit.*, p. 24.

(20) Simes, *Detente and Conflict*, p. 14.

(21) 1962年10月のキューバ・ミサイル危機での敗退直後、その恥辱感と鬱憤を、ソ連外務次官ワシーリイ・クズネツォフは、米国のジョン・マックロイに向かい「われわれは、二度とこのような目にあわない」と洩らしたという。John Newhouse, *Cold Dawn The Story of SALT* (New York: Holt, Reinhart and Winston, 1973), p. 68.

(22) Simes, *Detente and Conflict*, p. 15.

(23) И. В. Сталин, *Сочинения* (Москва: Государственное издательство политической литературы, 1952), Том 13, стр. 38-39; イ・ベ・スターリン『スターリン全集』大月書店、1953年、第13巻、59-61頁。

(24) 同上。

(25) ロシア連邦大統領ホームページ 2004.9.4. <http://www.president.kremlin.ru/text/appears/2004/09/76320.shtml>（アクセス 2004.9.13）.

(26) Richard Pipes, ed., *Soviet Strategy in Europe* (New York: Crane, Russak & Company, Inc., 1976), p. 33 参照。

(27) George Kennan, "The Sources of Soviet Conduct," *FA*, July 1947, p. 569.

(28) レーニンは、「包囲された要塞」という概念を、1918年8月22日付『プラウダ』に書いた「アメリカ労働者への手紙」のなかではじめて用いた。Ленин, *Полное собрание сочинений*, Том 37, стр. 57; 日本共産党中央委員会レーニン選集編集委員会『レーニン10巻選集』第八巻、大月書店、1970年、315頁。

(29) カール・マルクス『共産党宣言』大内兵衛・向坂逸郎訳、岩波書店、1956年、87頁。

(30) Зорин, *op. cit.*, стр. 74.

(31) *Дипломатический Словарь*, Том I, стр. 484.

(32) *Ibid.*, стр. 484.

(33) Зорин, *op. cit.*, стр. 74.

(34) Arthur Upham Pope, *Maxim Litvinoff* (New York: L. B. Fischev, 1943), p. 190.

(35) *Ibid.*, p. 190.

(36) Clausewitz, *op. cit.*, p. 402; 篠田訳、下巻、316頁、加藤訳、32頁。

(37) Lebedeva, *op. cit.*, p. 415.

(38) Leon Sloss & M. Scott Davis, eds., *A Game for High Stakes: Lessons Learned in Negotiating with the Soviet Union* (Cambridge, MA: Bakkubger Publishing Company, 1986), p. 24.

(39) James J. Wadsworth, *The Price of Peace* (New York: Frederick A. Praeger, 1962), pp. 21-22.

(40) マーティン・マリア教授（当時、カリフォルニア大学バークレー本校）は、ゴルバチョフが対米軍縮妥結のために採った対外譲歩は、国内の改革を遂行するために必要視

Foreign Relations, 1998), p. 33.

(39) Lilia Shevtsova, *Lonely Power: Why Russia Has Failed to Become the West and the West Is Weary of Russia* (Washington, DC: Carnegie Endowment for International Peace, 2010).

(40) ロシア大統領府ホームページ 2007.2.10. <http://kremlin.ru/events/president/transcripts/24034>（アクセス 2017.9.1）

(41) ロシア大統領府ホームページ 2014.7.15. <http://kremlin.ru/events/president/transcripts/46218>（アクセス 2016.11.26）

(42) “Слушают тех, чей голос звучит громко: на НТВ – интервью Владимира Путина,” *НТВ*, 2016.12.04, <http://www.ntv.ru/novosti/1728496/>（アクセス 2016.12.25）

第2章　ロシア人の交渉観

(1) Bruce Allyn, “Russian to Judgement,” The *National Interest*, July-August 2017.

(2) 外交・交渉について論じた数少ないソビエト文献として、筆者が目にしえたものに、次のものがある。О. В. Богданов, *Переговоры-основа мирного урегулирования международных проблем* (Москва: « Знание », 1958); А. М. Ладыженский, И. П. Блишенко, *Мирные средства разрешения споров между государствами* (Москва: Государственное издательство юридической литературы, 1962); Д. Б. Левин, *Дипломатия: её сущность, методы и формы* (Москва: Издательство социально-экономической литературы, 1962); В. З. Лебедев, ред., *О современной советской дипломатии* (Москва: « Институт международных отношений », 1963); В. А. Зорин, *Основы дипломатической службы* (Москва: « Институт международных отношений », 1977); Ан. Ковалев, *Азбука дипломатии* (5-е издание, переработанное и дополненное) (Москва: « Институт международных отношений », 1988); Дубинин, *op. cit*.

(3) Jönsson, *Soviet Bargaining Behavior*, p. 42.

(4) Victor A. Kremenyuk, “Negotiations in the former Soviet Union: New Structure, New Dimensions,” *International Negotiation*, Vol. 1, No. 3 (1996), pp. 351-52.

(5) Marina M. Lebedeva, “Why Conflicts in the Former Soviet Union are so Difficult to Negotiate and Mediate,” *International Negotiation*, Vol. 1, No. 3 (1996), p. 412.

(6) *Ibid*., p. 412.

(7) *Ibid*., p. 409.

(8) Kremenyuk, *op. cit*., pp. 352-53.

(9) Lebedeva, *op. cit*., p. 412.

(10) Зорин, *op. cit*., стр. 74.

(11) *Дипломатический Словарь*, Том I-III (Москва: Издательство политической литературы, 1971-73).

(12) *Дипломатический Словарь*, Том I, стр. 484-85.

(13) *Ibid*., стр. 466.

(14) Dean Acheson, *Present at the Creation: My Years in the State Department* (New York: W. W. Norton & Company, 1969), p. 378.

(15) J. M. Mackintosh, *Strategy and Tactics of Soviet Foreign Policy* (London: Oxford University Press, 1962), pp. 261-83; マッキントッシュ『ソ連外交政権の戦略と戦術』鹿島守之助訳、

(18) Andrei Kozyrev, "The Lagging Partnership," *FA* (May-June 1994), pp. 59-71.
(19) 袴田茂樹「ロシアの対外政策とロシアの世界認識の変換」木村汎・袴田茂樹・山内聡彦『現代ロシアを見る眼――『プーチンの十年』の衝撃』NHK出版、2010年、215頁。
(20) Robert Legvold, "Russian Foreign Policy during Periods of Great State Transformation," in Legvold, ed., *Russian Foreign Policy in the 21 (st) Century and The Shadow of the Past* (New York: Columbia University Press, 2007), p. 111.
(21) Strobe Talbott, *The Russian Hand: A Memoir of President Diplomacy* (New York: Randam House, 2002), p. 41から再引用。
(22) Andrei V. Kozyrev, "Russia's coming regime change," *NYT*, 2015.7.20.
(23) Lilia Shevtsova, "From Yeltsin to Putin: The Evolution of Presidential Power," in Brown and Shevtsova, eds., *op. cit.*, p. 91. このような通説的な見解に対して、トニー・ウッド（ニューヨーク在住のロシア、ラテン・アメリカの専門家）は、プーチノクラシーとエリツィン統治との連続性のほうを強調する。Tony Wood, *Russia without Putin: Money, Power and the Myths of the New Cold War* (New York: Verso, 2018), pp. 4-5, 21-22, 27-28.
(24) Michael McFaul, *From Cold War to Hot Peace: An American Ambassador in Putin's Russia* (New York: Houghton Mifflin Harcourt, 2018), p. 57.
(25) *КП*, 2000.12.8; Lilia Shevtsova, *Putin's Russia (Revised and Expanded edition)* (Washington, DC: Carnegie Endowment for International Peace, 2005), pp. 145, 148.
(26) *Ibid.*, p. 228.
(27) Leonid Bershidsky, "The Real Point of Russian (and Soviet) Jokes (co-ed)," *MT*, 2018.9.21.
(28) ロシア大統領府ホームページ 2005.4.25. <http://kremlin.ru/events/president/transcripts/22931>（アクセス 2016.7.12）
(29) Shevtsova, *Putin's Russia*, pp. 16, 61.
(30) Schecter, *op. cit.*, 1998, p. 62.
(31) "三つの災難（the triple whammy）"と呼ばれる。Andrei Koresnikov, "The Russian middle class in a besieged fortress," in *JRL*, 2015-#68 (2015.4.7), #3.
(32) James Shell, *Hard Diplomacy and Soft Coercion: Russia's Influence Abroad* (London: Chatham House, 2013), p. 26; Jeffrey Mankoff, *Russian Foreign Policy: The Return of Great Power Politics* (New York: Rowman & Littlefield Publishers, Inc., 2009), p. 78.
(33) Kyong-wook Shim, "Russia's Security Debate in 2000: Superpower vs. Great power," in Satu P. Limaye and Yasuhiro Matsuda, eds., *Domestic Departments and Security Policy-Making in East Asia* (Tokyo: National Institute for Defense Studies, 2000), pp. 53-60.
(34) Dmitri Trenin and Alexander R. Vershbow, "Perspectives on Russia," in *JRL*, 2017-#75 (2017.4.17), #27でのトレーニン発言。
(35) Kozyrev, "The Lagging Partnership," pp. 59-71.
(36) Yevgeny M. Primakov, *A World Challenged: Fighting Terrorism in the Twenty-First Century* (Washington, DC: The Nixon Center and Brookings Institution Press, 2004), pp. 94-101.
(37) Bobo Lo, *Russia and the New World Disorder* (Washington, DC: Brookings Institution Press, 2015), pp. 7, 49, 208.
(38) Leon Aron, "The Foreign Policy Doctrine of Postcommunist Russia and its Domestic Context," in Michael Mandelbaum, ed., *The New Russian Foreign Policy* (New York: Council on

(25) *Ibid.*
(26) *Ibid.*, pp. 204-206.
(27) シタラム、御堂岡訳、262-63頁。
(28) Salacuse, *op. cit.*, p. 207.
(29) *Ibid.*, p. 208.
(30) Cohen, *op. cit.*, pp. 160-61.

第II部　ロシア式交渉

第1章　変化と連続

(1) Brue Allyn, "Russian to Judgement," *The National Interest*, No. 150 (July-August 2017), p. 50から再引用。
(2) Michael Gordey, *Visa to Moscow* (New York: Alfred A. Knopf, 1952), pp. 37-38: ミシェル・ゴルデー『モスクワゆき旅券』福永英二・上原和夫訳、岩波書店、1954年、42頁。
(3) Schecter, *op. cit.*, pp. 5, 63.
(4) Михаил С. Горбачев, *Перестройка и новое мышление для нашей страны и для всего мира* ――以下、たんに *Перестройка* と略す――(Москва: Политиздат, 1987), стр. 130; Mikhail Gorbachev, *Perestroika: New Thinking for Our Country and the World* (New York: Harper & Row, 1987), p137; M・ゴルバチョフ『ペレストロイカ』田中直毅訳、講談社、1987年、196頁。
(5) Горбачев, *Перестройка*, стр. 130; Gorbachev, *Perestroika*, p. 137; 田中訳、196頁。
(6) Горбачев, *Перестройка*, стр. 140; Gorbachev, *Perestroika*, p. 137; 田中訳、196頁。
(7) Горбачев, *Перестройка*, стр. 149; Gorbachev, *Perestroika*, p. 146; 田中訳、209頁。
(8) Горбачев, *Перестройка*, стр. 152; Gorbachev, *Perestroika*, p. 149; 田中訳、213頁。
(9) Горбачев, *Перестройка*, стр. 143; Gorbachev, *Perestroika*, p. 140; 田中訳、201頁。
(10) Горбачев, *Перестройка*, стр. 147; Gorbachev, *Perestroika*, p. 144; 田中訳、207頁。
(11) Горбачев, *Перестройка*, стр. 146; Gorbachev, *Perestroika*, p. 143; 田中訳、204頁。
(12) Ленин, *Полное собрание сочинений (издание пятое)*, Том 44, стр. 161; マルクス＝レーニン主義研究所訳、大月書店、33巻、52-53頁。Archie Brown, *The Gorbachev Factor* (Oxford: Oxford University Press, 1996), p. 222; アーチー・ブラウン『ゴルバチョフ・ファクター』小泉直美・角田安正訳、藤原書店、2008年、430頁。
(13) Legvold, "Soviet Learning in the 1980's," pp. 684-732. アレクサンダー・ダーリン教授(スタンフォード大、ソビエト外交）も、同様の見解をしめした。Alexander Dallin, "New Thinking in the Soviet Foreign Policy," in Archie Brown, ed., *New Thinking in Soviet Politics* (London: MacMillan, 1992), p. 72.
(14) Горбачев, *Перестройка*, стр. 143-44; Gorbachev, *Perestroika*, p. 141; 田中訳、202頁。
(15) Schecter, *op. cit.*, p. 34.
(16) Archie Brown, "Transformational Leaders Compared: Mikhail Gorbachev and Boris Yeltsin," in Brown and Lilia Shevtsova, eds., *Gorbachev, Yeltsin and Putin* (Washington, DC: Carnegie Endowment for International Peace, 2001), p. 18.
(17) Pavel Palazchenko, *My Years with Gorbachev* and Shevardnadze (University Park, PA: Pennsylvania State University, 1997), p. 372.

257頁。

(3) Fisher & Ury, *op. cit.*, p. 11; 金山・浅井訳、30頁。

(4) Cohen, *op. cit.*, p. 11.

(5) *Ibid.*, p. 11; Bert R. Brown, “Face-saving and Face-Restoration in Negotiation,” in Daniel Druckman, ed., *Negotiations: Social-Psychological Perspectives* (Beverly Hills, CA.: SAGE Publications, 1977), pp. 275-99.

(6) Stella Ting-Toomey, “Intercultural Conflict Styles: A Face-Negotiation Theory,” in Y. Kim and W. Gudykunst, eds., *Theories in Intercultural Communication* (Beverly Hills, CA.: SAGE Publications, 1988), pp. 222-24.

(7) Kazuo Ogura, “How the ‘Inscrutable’ Negotiate with the ‘Inscrutable’: Chinese Negotiating Tactics via-a-vis the Japanese,” *The China Quarterly*, Vol. 79 (1979), p. 549.

(8) *Ibid.*, pp. 97-115.

(9) Strazar, *op. cit.*, とくに pp. 75-76.

(10) 本人は必ずしもそのように意図した訳ではないが、筆者の一論文は、外国の研究者たちによって、本文の分類中の第四型の交渉の代表例であるかのように取り扱われている。Hiroshi Kimura, “Soviet and Japanese Negotiating Behavior: The Spring 1977 Fisheries Talks,” in Anand, ed., *op. cit.*, pp. 33-62; *Orbis*, Vol. 24, No. 1 (spring 1980), pp. 43-67.

(11) Faure & Rubin, eds., *op. cit.*, p. 216.

(12) *Ibid.*, p. viii.

(13) *Ibid.*, p. 220.

(14) Roy J. Lewicki, David M. Sanders, and John W. Minton, *Negotiation (Third Edition)* (New York: The McGraw-Hill Company, 1985), pp. 396-99.

(15) John L. Graham and Yoshihiro Sano, *Smart Bargaining: Doing Business with the Japanese (Revised edition)* (Los Angels, CA: Sano Management Corporation, 1989), pp. 8-9; William Hernandez Requejo and John L. Graham, *Global Negotiation: The New Rules* (New York: Palgrave MacMillan, 2008), pp. 20-21.

(16) Lewicki, Sanders, Minton, *op. cit.*, p. 401.

(17) 佐藤英夫「日米関係にみる日本の国際交渉行動様式」木村汎編『国際交渉学——交渉行動様式の国際比較』勁草書房、1998年、392頁。Nathaniel B. Thayer & Stephen E. Weiss, “Japan: The Changing Logic of a Former Minor Power,” in Binnendijk, ed., *National Negotiating Styles*, pp. 55, 58.

(18) Jerrold L. Schecter, *Russian Negotiating Behavior: Continuity and Transition* (Washington, DC: United States Institute of Peace Press, 1998), p. 133.

(19) Lewicki, Sanders, and Minton, *op. cit.*, pp. 397-98.

(20) *Ibid.*, p. 398.

(21) *Ibid.*

(22) Schecter, *op. cit.*, p. 108.

(23) 以下、本小節の論述は、主としてジェスワード・W・サラキュース（米国タフツ大学フレッチャー法律・外交大学院教授）の次の論文に負うところが多い。Jesward W. Salacuse, “Implications for Practitioners,” in Faure & Rubin, eds., *op. cit.*, pp. 199-208.

(24) *Ibid.*, pp. 202-204.

(80) Hofstede, *op. cit*., pp. 196-200.

(81) Roderick M. Kramer and David M. Messick, eds., *Negotiation as a Social Process* (Thousand Oaks, CA: SAGE Publications, 1995), pp. 311-15.

(82) Hofstede, *op. cit*., pp. 196-200.

(83) この箇所の叙述は、綾部恒男「アポロ型文化／ディオニソス型文化」森岡清美編『新社会学辞典』有斐閣、1993年、23頁に負っている。次も参照。Ruth Benedict, *Patterns of Culture* (New York: The New American Library, 1946), pp. 79-81; R・ベネディクト『文化の型』米山俊直訳、社会思想社、1981年、126-30頁；ポーリン・ケント「文化」三木英・藤本憲一編『社会を視る12の窓』学術図書出版、1995年、106-12頁。

(84) Faure & Rubin, eds., *op. cit*., pp. 51-53.

(85) 武者小路公秀『国際政治と日本』東京大学出版会、1967年、155-75頁。Kinhide Musyakoji, “The Cultural Premises of Japanese Diplomacy,” in Japan Center for International Exchange, ed., *The Silent Power: Japan's Identity and World Role* (Tokyo: The Simul Press, 1976), pp. 39-47.

(86) 武者小路『国際政治と日本』162-69頁；Mushakoji, “The Cultural Premises of Japanese Diplomacy,” pp. 39-47.

(87) Edward T. Hall, *Beyond Culture* (New York: Doubleday, 1976), pp. 105-16; エドワード・T・ホール『文化を超えて』岩田慶治・谷泰訳、TBSブリタリカ、1993年、121-33頁。

(88) Cohen, *op. cit*., pp. 25-27, 30, 50-51.

(89) Hall, *op. cit*., p. 86; 岩田・谷訳、103頁。

(90) Hall, *op. cit*., p. 91; 岩田・谷訳、108頁。

(91) Hall, *op. cit*., p. 91; 岩田・谷訳、108頁。

(92) 盛田昭夫・石原慎太郎『「NO」と言える日本――新日米関係の方策《カード》』光文社、1989年、160頁。アラン・ゴールドマン教授は、日本人の「ノー」には111種類のニュアンスの差異が区別できると説く。Alan Goldman, *For Japanese Only: Intercultural Communication with Americans* (Tokyo: The Japan Times, 1988), pp. 36-45.

(93) Cohen, *op. cit*., p. 26.

(94) *Ibid*., p. 26-27.

(95) Faure & Rubin, eds., *op. cit*., p. 8.

(96) Faure & Rubin, eds., *op. cit*., pp. 9-10.

(97) Faure & Rubin, eds., *op. cit*., p. 9.

(98) Lewcki, Saunders, and Minton, *op. cit*., pp. 396-97.

(99) Faure & Rubin, eds., *op. cit*., p. 11.

(100) Faure & Rubin, eds., *op. cit*., pp. 11-12.

第6章　異文化間交渉を成功させる方法

(1) Cohen, *Negotiating Across Cultures*, p. 153.

(2) 国際基督教大学（ICU）の教授をつとめたジョン・C・コンドン（その後、米国ニューメキシコ大学教授）は、国際（international）基督教大学の正式名称が文化間（intercultural）基督教大学のほうが適切ではないのかとすらのべる。ジョン・コンドン『異文化間コミュニケーション――カルチャーギャップの理解』近藤千恵訳、サイマル出版会、1980年、

(49) Faure & Rubin, eds., *op. cit.*, p. 5., 108; Hans Binnendijk, ed., *National Negotiating Styles* (Washington, DC: Foreign Service Institute, U. S. Department of State, 1987), 147 pp.
(50) Geert Hotstede, "Cultural Predictors of National Negotiating Styles," in F. Mautner Mackhof, ed., *Process of International Negotiation* (Boulder, CO: Westview Press, 1989), p. 194.
(51) K・S・シタラム『異文化コミュニケーション』御堂岡訳、312頁。
(52) Faure & Rubin, eds., *op. cit.*, p. 222.
(53) *Ibid.*, p. 223.
(54) *Ibid.*
(55) *Ibid.*
(56) *Ibid.*
(57) Cohen, *Negotiating Across Cultures*, p. xii.
(58) *Ibid.*
(59) *Ibid.*
(60) *Ibid.*, p. 11; Faure & Rubin, eds., *op. cit.*, p. 212.
(61) コーエンは、「文化的に敏感なアクター (culturally-sensitive actors)」を「モデルC」として提案している。Faure & Rubin, eds., *op. cit.*, p. 35.
(62) *Ibid.*
(63) Janosik, *op. cit.*, pp. 391-93.
(64) ダニエル・ドルックマンその他は、インド、アルゼンチン、米国の子供の駆け引きの行動様式の比較研究をおこない、次のようなことを発見した。たとえばインド人の子供たちは、アルゼンチンや米国の子供たちよりも競争心が強い。インドや米国では、男性の方が女性に比べより一層競争心が強い。アルゼンチンでは、逆に女性の方が男性に比べ競争心が強い、等々。Daniel Druckman *et al*, "Cultural Differences in Bargaining Behavior," *JCR*, Vol. 20. No. 3 (September 1976), pp. 443-52, とくに p. 443.
(65) 右のドルックマンなどによる研究は、横で観ている者（audience）の有無によって、彼らの駆け引きや交渉行動が異なってくることも発見した。Druckman *et al*, *op. cit.*, pp. 430-31, 448.
(66) *Ibid.*, p. 48.
(67) *Ibid.*, p. 5.
(68) *Ibid.*, pp. 5, 39.
(69) *Ibid.*, pp. 61-63, 82.
(70) Eliot, *Notes toward the Definition of Culture*, pp. 73-74, 121.
(71) Faure & Rubin, eds., *op. cit.*, pp. 73-75, 80.
(72) Eliot, *Notes toward the Definition of Culture*, p. 74.
(73) Faure & Rubin, eds., *op. cit.*, p. 39.
(74) Faure & Rubin, eds., *op. cit.*, p. 199.
(75) Faure & Rubin, eds., *op. cit.*, p. 45.
(76) Faure & Rubin, eds., *op. cit.*, p. 46.
(77) 西原「外交交渉」114-15頁 ; Faure & Rubin, eds., *op. cit.*, p. 48.
(78) Nicolson, *op. cit.*, pp. 71, 77; 斎藤・深谷訳、127、137頁。
(79) Nicolson, *op. cit.*, pp. 78-79; 斎藤・深谷訳、140-41頁。

international Operations, Committee on Government Operations, U. S. Senate (Washington, DC: U. S. Government Printing Office, 1969), p. 61.

(22) *Ibid.*

(23) *Ibid.*

(24) Faure & Rubin, eds., *op. cit.*, p. xii.

(25) *Ibid.*, pp. 17-18.

(26) *Ibid.*, p. 229.

(27) *Ibid.*, p. 41.

(28) *Ibid.*, pp. 19-20; Kroeber and Kluckhohn, *op. cit.*, p. 8.

(29) Robert J. Janosik, "Rethinking the Culture-Negotiating Link," *NJ*, No. 3 (1987), pp. 385-96.

(30) Faure & Rubin, eds., *op. cit.*, p. 19.

(31) *Ibid.*, pp. 228-29.

(32) *Ibid.*, p. 19.

(33) *Ibid.*

(34) *Ibid.*

(35) *Ibid.*, p. 227-28.

(36) *Ibid.*

(37) *Ibid.*, p. xii.

(38) *Ibid.*, p. 17.

(39) *Ibid.*, pp. 213-14, 216, 229-30.

(40) M. D. Strazar, "The San Francisco Peace Treaty: Cross-cultural elements in the interaction between the Americans and the Japanese," in R. P. Anand, ed., *Cultural Factors in International Relations* (New Delhi: Abinhav, 1981), pp. 63-76.

(41) Zartman & Berman, *op. cit.*, p. 226.

(42) *Ibid.*

(43) *Ibid.*

(44) *Ibid.*, pp. 224-29; Cohen, *Negotiating Across Cultures*, p. 16; Faure & Rubin, eds., *op. cit.*, pp. 19, 230.

(45) Deborah M. Kolb and Guy-Olivier Faure, "Organization Theory: The Interface of Structure, Culture, Procedures, and Negotiation Processes," in Zartman, ed., *International Multilateral Negotiation*, p. 119.

(46) T・S・エリオットは、「普遍的ないし世界文化はもはや文化でない」と断じ、司馬遼太郎も「文化は、……特定の集団（たとえば民族）においてのみ通用する特殊なもので、他に及ぼしがたい。つまりは普遍的でない」とのべる。Eliot, *Notes toward the Definition of Culture*, p. 62. 司馬遼太郎『アメリカ素描』新潮文庫、1959年、17頁。上野景文氏（外務省、当時、国際交流基金へ出向）も、司馬氏とほぼ同様に、文化を「普遍性の高い」文明から区別している。上野景文「外交交渉とアニミズム」『諸君！』1995年10月号、文藝春秋、184頁。

(47) K・S・シタラム『異文化コミュニケーション——欧米中心主義からの脱却』御堂岡潔訳、創元社、1985年、262頁。

(48) Faure & Rubin, eds., *op. cit.*, p. 228.

Definitions (New York: Random House, 1963), p. 291.

(4) 文化人類学の父と称される19世紀イギリスのエドワード・タイラーによる文化の定義、すなわち「知識、信条、芸術、法律、風習、その他、社会のメンバーとしての人間によって獲得された、あらゆる能力や習慣を含む複合体の全体」が、最もよく知られている。Edward B. Tyler, *Primitive Culture* (London: John Murray, 1871), p. 1; 最近の定義として広く用いられているのは、『新エンサイクロペディア・ブリタニカ』の次の定義である。「文化とは、人間の知識、信条、行動様式の統合されたパターンである。したがって、文化の構成分子は、言語、道具、技術、芸術作品、儀礼、儀式、その他これらに関連する要素からなる。文化の発展は、知識を学び、知識を次の世代へと伝達してゆく能力に懸っている」。*The New Encyclopedia Britannica (15th edition)* (Chicago, IL: Encyclopedia Britannica, Inc., 1989), Vol. 3, p. 784.

(5) Guy Olivier Faure and Jeffrey Z. Rubin, eds., *Culture and Negotiation: The Resolution of Water Disputes* (Newbury Park, CA: SAGE Publications, 1993), p. 2から再引用。T. S. Eliot, *Notes towards the Definition of Culture* (London: Faber and Faber, Limited, 1948), p. 107-108も参照のこと。

(6) Faure & Rubin, eds., *op. cit.*, p. 2.

(7) Faure & Rubin, eds., *op. cit.*, p. 200.

(8) Faure & Rubin, eds., *op. cit.*, p. 3.

(9) Eliot, *Notes towards the Definition of Culture*, p. 120.

(10) Faure & Rubin, eds., *op. cit.*, p. 108; Richard Brislin, *Understanding Culture's Influence on Behavior* (Fort Worth, TX: Harcourt Brace College Publishers, 1993), p. 23.

(11) Faure & Rubin, eds., *op. cit.*, pp. 23-24.

(12) Faure & Rubin, eds., *op. cit.*, pp. 4-5.

(13) Faure & Rubin, eds., *op. cit.*, p. 5; Eliot, *Notes towards the Definition of Culture*, p. 121.

(14) Faure & Rubin, eds., *op. cit.*, p. 4.

(15) Lorand B. Szalay, "Intercultural Communication − A Process Model," *International Journal of Intercultural Relations*, Vol. 5 (1981), pp. 140-41.

(16) *Ibid.*

(17) Carol Barner-Barry and Cynthia A. Hody, *The Politics of Change: The Transformation of Former Soviet Union* (New York: St. Martin's Press, 1995), pp. 34-45.

(18) Raymond Cohen, *Negotiating Across Cultures: Communications Obstacles in International Diplomacy* (Washington, DC: United States Institute of Peace Press, 1991), pp. 27-30. 例えば、既述の本文188頁参照。

(19) Faure & Rubin, eds., *op. cit.*, p. 4.

(20) Michael Blaker, "Japanese International Behavior"（未刊行論文）p. 21に引用されている次の文献参照。 Bryant Wedge and Cyril Muromcew, "Psychological Factors in Soviet Disarmament Negotiation," *JCR*, Vol. 9, No. 1 (March 1965), pp. 18-36. ブレーカー『根まわし　かきまわし　あとまわし』池井訳、249頁。

(21) アーサー・ディーンは、1961 ～ 3年の核実験停止（ジュネーブ）条約、その他の交渉を手がけた。Arthur H. Dean, "Soviet Diplomatic Style and Tactics," *in The Soviet Approach to Negotiation: Selected Writings*, compiled by the Subcommittee on National Security and

Westview Press, 1991), p. 712.

(65) Charles E. Osgood, *An Alternative to War or Surrender* (Urbana. IL: University of Illinois Press, 1962), pp. 85-134, pp. 86-87.

(66) Hopmann, *op. cit.*, p. 186.

(67) *Ibid.*, p. 187.

(68) Martin Patchen, "Strategic for Eliciting Cooperation from an Adversary: Laboratory and International Finding," *JCR*, Vol. 31, No. 1 (March 1987), p. 183.

(69) Berridge, *op. cit.*, p. 138.

(70) *Ibid.*

(71) Zartman & Berman, *op. cit.*, p. 138.

(72) Mosely, *The Kremlin and World Politics*, pp. 25-26; 山川・木村訳、19-20頁。John R. Deane, *The Strange Alliance: The Story of Our Efforts of Wartime Cooperation with Russia* (Bloomington, IN: Indiana University Press, 1946), p. 20; Raymond F. Smith, *Negotiating with the Soviets* (Bloomington, IN: Indiana University Press, 1989), pp. 54-57.

(73) Zartman & Berman, *op. cit.*, p. 9; Berridge, *op. cit.*, p. 139.

(74) Berridge, *op. cit.*, p. 141.

(75) W. B. Quandt, *Camp David: Peacemaking and Politics* (Washington, DC: Brooking Institutions Press, 1986), p. 259.

(76) Zartman & Berman, *op. cit.*, pp. 142-52.

(77) *Ibid.*, p. 150.

(78) Berridge, *op. cit.*, p. 143.

(79) Iklé, *How Nations Negotiate*, pp. 59-60.

(80) Berridge, *op. cit.*, pp. 134, 149-54.

(81) Zartman & Berman, *op. cit.*, p. 192.

(82) *Ibid.*, pp. 193-94.

(83) *Soviet Diplomacy*, pp. 284-85.

(84) Richard Ned Lebow, *The Art of Bargaining* (Baltimore, *ML*: The Johns Hopkins University, 1996), p. 119.

(85) Robert F. Kennedy, *Thirteen Days: A Memoir of the Cuban Missile Crisis* (New York: W. W. Norton & Company, Inc., 1969), pp. 85-87; ロバート・ケネディ『13日間——キューバ危機回顧録』毎日新聞社外信部訳、中央公論新社、2001年、90-91頁。

(86) Zartman & Berman, *op. cit.*, p. 195.

(87) Barston, *op. cit.*, p. 81.

(88) 第Ⅰ部第1章　交渉の定義、42頁参照。

第5章　文化は、交渉に影響する

(1) Eugene Ehrlich and Marshall DeBruhl, compiled., *The International Thesaurus of Quotations* (Revised and Updated) (New York: Harper Perennial, 1996), p. 136.

(2) Frederick C. Gamst and Edward Norbeck, eds., *Ideas of Culture: Sources and Uses* (New York: Holt, Rinehart and Winston, 1976), p. 5.

(3) Alfred Louis Kroeber & Clyde Kluckhohn, *Culture: A Critical Review of Concepts and*

(32) Berridge, *op. cit.*, p. 120.
(33) Zartman, “Prenegotiation,” p. 4.
(34) ここでは、G・R・ベリッジの三分類法に従った。Berridge, *op. cit.*, p. 120. しかし、トムリンによる五分類法も存在する。Brian W. Tomlin, “The Stages of Prenegotiation: The Decision to Negotiate North American Free Trade,” in Stein, ed., *op. cit.*, pp. 23-26.
(35) Stein, *Getting to the Table*, p. 239.
(36) Hopmann, *op. cit.*, p. 177.
(37) Berridge, *op. cit.*, p. 121.
(38) Stein, *op. cit.*, p. 261.
(39) *Ibid.*, pp. 240-48.
(40) Zartman, “Prenegotiation,” p. 17.
(41) Berridge, *op. cit.*, pp. 124-25.
(42) Stein, *op. cit.*, p. 254.
(43) *Ibid.*, pp. 125-26.
(44) Smith, *op. cit.*, p. 250.
(45) Hopmann, *op. cit.*, p. 78-81.
(46) Berridge, *op. cit.*, pp. 126-34.
(47) Zartman & Berman, *op. cit.*, p. 130; I. William Zartman, *Ripe for Resolution*, pp. 10, 255, 273.
(48) Zartman, *Ripe for Resolution*, pp. 225, 263, 273-74.
(49) Zartman, *Ripe for Resolution*, p. 255から再引用。
(50) James A. Baker, III, *The Politics of Diplomacy: Revolution, War & Peace, 1989-1992* (New York: G. P. Putnam’s Sons, 1995), p. 195; ジェームズ・A・ベーカーⅢ『シャトル外交激動の四年』上巻、仙名紀訳、新潮文庫、1997年、406頁。
(51) Zartman & Berman, *op. cit.*, p. 130から再引用。
(52) Stein, *op. cit.*, pp. 267-68.
(53) Zartman & Berman, *op. cit.*, pp. 87-89.
(54) *Ibid.*, p. 87.
(55) *Ibid.*, p. 88.
(56) Berridge, *op. cit.*, p. 137.
(57) ロシア大統領府ホームページ 2018.11.15. <http://kremlin.ru/events/president/transcripts/59131>（アクセス 2018.11.18）
(58) Zartman & Berman, *op. cit.*, p. 178.
(59) Berridge, *op. cit.*, p. 139.
(60) Hopmann, *op. cit.*, p. 178.
(61) Zartman & Berman, *op. cit.*, p. 179.
(62) Hopmann, *op. cit.*, pp. 81, 307.
(63) “Negotiation always takes two tango” といわれる。
(64) Martin Malia, *The Soviet Tragedy: A History of Socialism in Russia, 1917-1921* (New York: The Free Press, 1994, pp. 413-14; Robert Legvold, “Soviet Learning in the 1980s” in George W. Breslauer and Philip E. Tetlock, eds., *Learning in U. S. and Soviet Foreign Policy* (Boulder, CO:

第4章　交渉が必ずたどる三段階

(1) Ralph A. Johnson, *Negotiation Basics: Concepts, Skills and Exercises* (Newbury Park, CA: SAGE Publications, 1993), p. 2.

(2) Dupont & Faure, *op. cit.*, p. 41.

(3) Otomar J. Bartos, *Process and Outcome of Negotiations* (New York: Columbia University Press, 1974), p. 16. ザートマン、その他は、交渉は政策決定の「過程」であると定義する。Zartman, *The 50% Solution*, p. 7.

(4) Johnson, *op. cit.*, p. 2.

(5) Dupont & Faure, *op. cit.* p. 40; Zartman and Berman, *op. cit.*, p. 11.

(6) Dupont & Faure, *op. cit.* p. 41.

(7) Zartman & Berman, *op. cit.*, p. 11.

(8) Dupont & Faure, *op. cit.* p. 42.

(9) G. R. Berridge, *Diplomacy: Theory and Practice* (New York: Prentice Hall, 1995), p. 119.

(10) Dupont & Faure, *op. cit.* p. 40.

(11) Barston, *op. cit.*, p. 81.

(12) Zartman & Berman, *op. cit.*, pp. 9-202.

(13) 佐久間賢『交渉力入門』日本経済新聞社、1989年、48-49頁。

(14) Harold H. Saunders, "We Need a Larger Theory of Negotiation: The Importance of Pre-Negotiating Phases," in Breslin and Rubin, eds., *op. cit.* p. 57.

(15) *Ibid.*

(16) I. William Zartman, "Prenegotiation: Phases and Functions," in Janice Gross Stein, ed., *Getting to the Table: The Process of International Prenegotiation* (Baltimore, MD: The Johns Hopkins University Press, 1989), p. 7.

(17) *Ibid.*, p. 8.

(18) *Ibid.*, pp. 8-9.

(19) *Ibid.*, p. 9.

(20) *Ibid.*, pp. 9-10.

(21) *Ibid.*, pp. 10-11.

(22) *Ibid.*, pp. 12-13.

(23) *Ibid.*, pp. 13-14.

(24) *Ibid.*, pp. 1-3.

(25) Berridge, *op. cit.*, pp. 119-20.

(26) *Ibid.*, p. 120.

(27) Zartman, "Prenegotiation," p. 1.

(28) Janice Gross Stein, "Getting to the Table: The Triggers, Stages, Functions, and Consequences of Negotiation of Prenegotiation," in Stein, ed., *op. cit.*, p. 257.

(29) *Ibid.*, p. 268; Harold H. Saunders, "The Pre-Negotiation Phase," in D. B. Bendhamane & J. W. McDonald, eds., *International Negotiations: Art and Science* (Washington, DC: Foreign Service Institute, U. S. Department of State, 1985), pp. 47-56.

(30) Hopmann, *op. cit.*, p. 180.

(31) Zartman, "Prenegotiation," p. 5.

(24) Fisher & Ury, *op. cit.*, p. 40; 金山・浅井訳、79頁。

(25) Sebenius, *op. cit.*, p. 207.

(26) Oran R. Young, "Strategic Interaction and Bargaining,"in Young, ed., *Bargaining: Formal Theories of Negotiation* (Urbana, IL: University of Illinois Press, 1975); Anatol Rapoport, *Two Persons Game Theory: The Essential Issues*) (Ann Arbor, MI: University of Michigan Press, 1969); Robert J. Aumann and Sergiu Hart, eds., *Handbook of Game Theory with Economic Applications* (vol. 1-2) (Amsterdam: Elsevier Science Publishers B. V., 1992, 1994); R・アクセルロッド『つきあい方の科学――バクテリアから国際関係まで』松田裕之訳、HBJ出版、1978年。鈴木光男編『競争社会のゲーム理論』勁草書房、1970年。ジョン・マクドナルド『ゲームの理論とは何か――かけひきの科学』唐津一訳、日本規格協会、1954年。ウィリアム・パウンドストーン『囚人のジレンマ』松浦俊輔他訳、青土社、1995年、など参照。

(27) Fisher & Ury, *op. cit.*, pp. 41-57; 金山・浅井訳、77-101頁。

(28) 草野耕『ゲームとしての交渉』丸善ライブラリー、1994年、46-48頁。中嶋洋介『交渉力』講談社現代新書、2000年、22-24頁。

(29) Fisher & Ury, *op. cit.*, p. 40; 金山・浅井訳、77頁。

(30) George Homans, *Social Behavior: Its Elementary Forms* (New York: Harcourt, Brace & World, 1961), p. 62.

(31) Sebenius, *op. cit.*, p. 209.

(32) *Ibid.*, pp. 209-10; Zartman and Berman, *op. cit.*, p. 14.

(33) Homans, *op. cit.*, pp. 51-52.

(34) *Ibid.*, p. 26.

(35) Waltz, *op. cit.*, p. 209.

(36) Schelling, *op. cit.*, pp. 24, 28.

(37) Rapaport, *op. cit.*, pp. 18-21, 60; Anatol Rapoport, *Fights, Games, and Debates* (Anna Arbor, MI: University of Michigan Press, 1960), p. 247.

(38) Richard E. Walton and Robert B. Mckersie, *A Behavioral Theory of Labor Negotiations: An Analysis of a Social Interaction System* (New York: McGraw-Hill, 1965), p. 3.

(39) Roger Fisher, "What Is a 'Good' U.S.-Soviet Relationship–and How Do We Build One?" *NJ*, Vol. 3, No. 4 (October 1987), p. 319.

(40) Fisher & Ury, *op. cit.*, pp. 37-38; 金山・浅井訳、75-76頁。

(41) J. William Breslin and Jeffrey Z. Rubin, eds., *Negotiation Theory and Practice* (Cambridge, MA: The Program on Negotiation at Harvard Law School, 1991), p. 116.

(42) Fisher & Ury, *op. cit.*, p. 100; 金山・浅井訳、167頁。金山宣夫、浅井和子氏は、「不調時対策案」との訳語を当てている。苦心の意訳である。松浦正浩氏は「不調時代理案」と訳している。松浦正浩『実践！　交渉学――いかに合意形成を図るか』ちくま新書、2010年、30-61頁。草野耕一『ゲームとしての交渉』76-81頁。

(43) Hopmann, *op. cit.*, pp. 115-16.

(44) *Ibid.*, pp. 116-17.

(45) *Ibid.*, pp. 117-18.

第3章　交渉の決定要因は何か

(1) James K. Sebenius, "Negotiation Analysis," in Victor A. Kremenyuk, ed., *International Negotiation: Analysis, Approaches, Issues* (San Francisco, CA: Jossey-Bass Publishers, 1991), p. 209.

(2) Guy Oliver Faure and Jeffrey Z. Rubin, eds., *Culture and Negotiation* (Newbury Park: CA: SAGE Publications, 1993), pp. 9-10.

(3) 坂野『現代外交の分析』255-261頁。Destler, *et al, op. cit*., pp. 157-64.

(4) Kissinger, *White House Years*, pp. 684-787; とくに pp. 696, 698, 722-27.『キッシンジャー秘録』第三巻、斎藤他訳、114-241頁。

(5) 若泉『他策ナカリシヲ信ゼム欲ス』。

(6) *Конституция Российской Федерации: Энциклопедический Словарь* (Москва: Научное издательство « Большая Российская Энциклопедия », 1995), стр. 286; 森下敏男『現代ロシア憲法体制の展開』信山社、2001年、383頁。

(7) Brigid Starkey, Mark A. Boyer, and Jonathan Wilkenfeld, *Negotiating a Complex World: An Introduction to International Negotiation* (New York: Rowman & Littlefield Publishers Inc., 1999), p. 53.

(8) George Kennan, "Diplomacy without Diplomat," *FA*, Vol. 76, No. 5 (September/ October 1997), pp. 198-212.

(9) Geffrey Z. Rubin, "The Actors in Negotiation", in Kremenyuk, ed., *op. cit*., p. 94.

(10) Starkey, Boyer, and Wilkenfeld, *op. cit*., pp. 59-60.

(11) 廣瀬陽子『未承認国家と覇権なき世界』NHK 出版、2014年、86頁。

(12) Starkey, Boyer, and Wilkenfeld, *op. cit*., pp. 53, 64.

(13) S. B. Bacharach and E. J. Lawler, *Bargaining: Power, Tactics, and Outcomes* (San Francisco, CA: Jassey-Bass, 1981); Christophe Dupont, Guy-Oliver Faure, "The Negotiation Process," in Kremenyuk, ed., *op. cit*., p. 41から再引用。

(14) Pruitt, *op. cit*., p. 87.

(15) 権力の定義のむずかしさについては、例えば Hans J. Morgenthau, *Politics among Nations: The Struggle for Power and Peace (Fourth Edition)* (New York: Alfred A. Knopf, 1967), p. 24参照。

(16) 木村汎「政治権力論」高坂正堯・渡辺一編『政治を学ぶ人のために』世界思想社、1971年、78-112頁。

(17) Roy J. Lewicki, David M. Saunders, John W. Minton, *Negotiation (Third Edition)* (New York: McGraw-Hill, 1995), p. 177.

(18) このくだりの説明にかんしては、私は次の書物に負っている。P. Terrance Hopmann, *The Negotiation Process and the Resolution of International Conflicts* (Columbia, *SC*: University of South Carolina Press, 1996), pp. 102-07.

(19) I William Zartman, "The Structure of Negotiation," in Kremenyuk, ed., *op. cit*., pp. 68, 77.

(20) Schelling, *op. cit*., p. 5.

(21) Zartman, "The Structure of Negotiation," pp. 66-67.

(22) Dupont & Faure, *op. cit*., p. 41.

(23) Fisher & Ury, *op. cit*., p. 40; 金山・浅井訳、79頁。

(6) Fisher and Ury, *op. cit*., pp. xiii; 金山・浅井訳、4、9頁。

(7) Howard Raiffa, *The Art and Science of Negotiation* (Cambridge, MA: Harvard University Press, 1981).

(8) I. William Zartman and Maureen R. Berman, *The Practical Negotiator* (New Haven, CT: Yale University Press, 1982), p. 10.

(9) *Ibid*., pp. 9, 42, 87, 147.

(10) Putnam and Roloff, *op. cit*., p. 3.

(11) Brady, *op. cit*., p. 15.

(12) Исразлян, Лебедева, *op. cit*., стр. 54.

(13) François de Callières, *On the Manner of Negotiating with Princes*, translated by A. F. Whyte (Notre Dame, IN: University of Notre Dame Press, 1963), p. 57.

(14) 厳密に言うと、冷戦期に交渉にかんする主著を書いたイクレは、「文化」よりも、「政府（government）の構造」すなわち東西両体制間の差異を交渉の最重要規定要素であるとみなした。Iklé, *How Nations Negotiate*, p. 225.

(15) Nicolson, *op. cit*. p. 144; 斎藤・深谷訳、140頁。

(16) Philip E. Mosely, *The Kremlin and the World Politics: Studies in Soviet Policy and Action* (New York: Vintage Books, 1960); フィリップ・モーズリー『ソビエトと世界政治』山川雄巳・木村汎訳、論争社、1962年。

(17) Kenneth Young, *Negotiating with the Chinese Communists: The United States Experience, 1953-67* (New York: McGraw-Hill, 1968); Lucian Pye, *Chinese Commercial Negotiating Style* (Cambridge, MA.: Oelgeschlager, Gunn & Hain, Publishers, Inc., 982), 107 pp.; Pye, *Chinese Negotiating Style: Commercial Approaches and Cultural Principles* (Westport, CO: Quorum Books, 1992), 120 pp.; ルシアン・パイ『中国人の交渉スタイル――日米ビジネスマンの異文化体験』園田茂人訳、大修館書店、1993年。

(18) Michael Blaker, *Japanese International Negotiating Style* (New York: Columbia University Press, 1977); マイケル・ブレーカー『根まわし　かきまわし　あとまわし――日本の国際交渉態度の研究』池井優訳、サイマル出版会、1970年 ; Blaker, "Probe, Push, and Panic: The Japanese Tactical Style in International Negotiations", in Robert A. Scalapino, ed., *The Foreign Policy of Modern Japan* (Berkeley, CA: University of California Press, 1977), pp. 55-101.

(19) Kinhide Mushakoji, "The Strategies of Negotiation: An American-Japanese Comparison," in J. A. Laponce and Paul Smoker, eds., *Experimentation and Simulation in Political Science* (Toronto: University of Toronto Press, 1972), pp. 109-31.

(20) Kinhide Mushakoji, "The American-Japanese Image Gap," in Henry Rosovsky, ed., *Discord in the Pacific: Challenges to the Japanese-American Alliance* (New York: The American Assembly, Columbia University, 1972), pp. 227-36; Kinhide Mushakoji, "Negotiation between the West and the Non-West: The Results of a Cross-Cultural Experiment," *Proceedings of the International Peace Research Association*: *Second Conference* (Vol. 2) (Assen, The Netherlands: Koninlijke van Gorcum, 1968), pp. 208-31.

信社、1995.12.22、1頁。

(65) Raymond Cohen, *Negotiating Across Cultures: Communication Obstacles in International Diplomacy* (Washington, DC: United States Institute of Peace Press, 1991), p. 27.

(66) *Ibid.*; ザートマンは、交渉において時が熟すること（ripe moment）の重要性をことのほか強調する。 I. William Zartman, *Ripe for Resolution: Conflict and Intervention in Africa* (Updated Edition) (New York: The Council on Foreign Relation, 1989), pp. 10, 255, 263, 267-74.

(67) Raiffa, *op. cit.*, pp. 12-13.

(68) *Ibid.*, pp. 14-16; 坂野『現代外交の分析』275-76頁。

(69) Zartman, ed., *The 50% Solution*, pp. 122, 258, 487.

(70) *Ibid.*, p. 122.

(71) 永井陽之助『時間の政治学』中央公論社、1979年、49-82頁。

(72) *The Concise Oxford Dictionary of Quotations (second edition)* (Oxford: Oxford University Press, 1981), p. 102.

(73) 永井『時間の政治学』60、71頁。

(74) Schelling, *op. cit.*, pp. 83-88, 160.

(75) Raiffa, *op. cit.*, p. 15.

(76) 田畑茂二郎・石本泰雄編『国際法（第三版）』有信堂高文社、1996年、208頁。波多野里望・小川芳彦編『国際法講義（新版）——現状分析と新時代への展望』有斐閣、1993年、36頁。

(77) 波多野・小川『国際法講義』36頁。

(78) 本段落の執筆に当たり、私は枝村純郎氏（元駐ロ大使）の口頭報告（2007年1月10日、於ユーラシア21研究所）に全面的に負っている。

(79) 田畑『国際法』273頁。

(80) 同上。

(81) 同上。

(82) 同上、274頁。

(83) 同上。

(84) 同上、273頁。

(85) 中村耕一郎『国際「合意」論序説——法的拘束力を有しない国際「合意」について』東信堂、2002年、89-90頁。田畑・石本『国際法（第三版）』208頁。

第2章　交渉は「芸術」か、「科学」か

(1) 夏目漱石『文学評論』春陽堂、1909年、4頁。

(2) Linda P. Brady, *The Politics of Negotiation: America's Dealings with Allies, Adversaries, and Friends* (Chapel Hill: The University of North Carolina Press, 1991), pp. 12-19; Дубинин, *op. cit.*, стр. 21-23.

(3) Stanley Hoffmann, "The Hell of Good Intentions," *Foreign Policy*, No. 29 (Winter 1977-78), p. 3.

(4) Jimmy Carter, *Keeping Faith* (New York: Bantam Book, 1982), p. 557.

(5) Gerald Smith, *Doubletalk: The Story of SALT I* (New York: Doubleday & Company, Inc., 1980), 556 pp.

Management of Complexity (San Francisco, CA: Jossey-Bass Publishers, 1994) 参照。

(44) ウィリアム・パウンドストーン『囚人のジレンマ——フォン・ノイマンとゲームの理論』松浦俊輔他訳、青土社、1995年、73-89頁。

(45) Kenneth E. Boulding, *Conflict and Defense: A General Theory* (New York: Harper & Row: 1962), p. 316.

(46) K. J. Holsti, *International Politics: A Frame Work for Analysis* (sixth edition) (Englewood Cliffs, NJ: Prentice Hall, 1992), p. 370; Arthur Lall, *Modern International Negotiation: Principles and Practice* (New York: Columbia University Press, 1966), p. 162.

(47) Holsti, *International Politics*, p. 370.

(48) 坂野『現代外交の分析』261-22頁。

(49) 田畑茂二郎『国際法』岩波書店、1956年、331-32頁。

(50) Dean G. Pruitt, *Negotiation Behavior* (New York: Academic Press, 1981), pp. 201-18, 224-25.

(51) Jacob Bercovitch, ed., *Resolving International Conflicts: The Theory and Practice of Mediation* (Boulder, CO: Lynne Rienner Publishers, Inc., 1996), 279 pp.

(52) *Ibid*., pp. 218-20, 224-25.

(53) 西原「外交交渉」104頁。Raiffa, *op. cit*., p. 17.

(54) 西原正「日本外交と非公式接触者」『国際政治　“日本外交の非公式チャンネル”』75号、日本国際政治学会編、有斐閣、1983年、1-6頁。

(55) 坂野『現代外交の分析』255-61頁。I. M. Destler *et al*, *Managing an Alliance: The Politics of U.S.-Japanese Relations* (Washington, DC: The Brookings Institution, 1976), pp. 157-64.

(56) Henry Kissinger, *White House Years* (Boston: Little, Brown and Company, 1979), pp. 684-787; とくに pp. 696, 698, 722-27; キッシンジャー『キッシンジャー秘録』第三巻（北京へ飛ぶ）、桃井眞他監修、斎藤弥三郎他訳、小学館、1980年、114-241頁。

(57) 若泉敬『他策ナカリシヲ信ゼムト欲ス』文藝春秋、1994年。若泉氏が沖縄返還交渉の密使をつとめたことは、佐藤栄作内閣の主席首相秘書官だった楠田実氏の手記によっても裏打ちされている。『朝日新聞』1996.1.28。

(58) Peter B. Evans, Harold K. Jacobson, Robert D. Putnam, eds., *Double-Edged Diplomacy: International Bargaining and Domestic Politics* (Berkeley, CA: University of California Press, 1993), pp. 431-68.

(59) *Ibid*., p. 448.

(60) Raiffa, *op. cit*., pp. 13-14.

(61) Destler *et al*, *op. cit*., pp. 13-14.

(62) Raiffa, *op. cit*., p. 13.

(63) 旧ソ連は、第二次世界大戦終結前後の混乱期に次の11カ国から領土を獲得した。バルト三国、フィンランド、ポーランド、ドイツ、チェコスロバキア、ハンガリー、ルーマニア、外蒙古、日本。その面積は約67万平方キロメートル、すなわちイギリス、イタリア、ギリシャの3カ国の国土を合計したものにほぼ等しい。

(64) そのような発言の典型例は、ロシア共産党党首ゲンナジー・ジュガーノフによる発言。ジュガーノフは、1995年12月18日におこなった記者会見中で、日本との北方領土問題について次のように語った。「交渉の基本となっているのは、ロシア領土保全だ。一度領土保全の原則を破れば、歯止めが利かなくなってしまう」。『マヤーク通信』共同通

(20) *Ibid*., p. 3.

(21) *Ibid*., p. 3.

(22) Edwin M. Fedder, "Communication and American-Soviet Negotiating Behavior," *Background*, Vol. 8. No. 2 (August 1964), p. 106.

(23) Urie Bronfenbrenner, "The Mirror-Image in Soviet-American Relations," *Journal of Social Issues*, Vol. 17, No. 3 (1961), p. 45-56; "Allowing for Soviet Perceptions," in Roger Fisher, ed., *International Conflict and Behavioral Sciences: The Craigville Papers* (New York: Basic Book, Inc., 1964), p. 161-78.

(24) *Soviet Diplomacy*, p. 108.

(25) Ole R. Holsti, "The Belief System and National Images: A Case Study," *JCR* (No. 6, 1962), pp. 244-52.

(26) William Eckhardt and Ralph K. White, "A Test of the Mirror-Image Hypothesis; Kennedy and Khrushchev," *JCR*, Vol. 11, No. 3 (September 1967), pp. 325-32.

(27) *Soviet Diplomacy*, p. 106; Frederick Osborn, "Negotiation on Atomic Energy," in Raymond Dennett and Joseph E. Johnson, eds., *Negotiating with the Russians* (World Peace Foundation, 1951), p. 235-36.

(28) Karl W. Deutsh, *The Analysis of International Relations (Second Edition)* (Englewood Cliffs, NJ: Prentice-Hall, Inc., 1978), p. 166.

(29) Iklé, "Negotiation," p. 119.

(30) Nicolson, *op. cit*., p. 68; 斎藤・深谷訳、123頁。Louis J. Samelson, *Soviet and Chinese Negotiating Behavior: The Western View* (Beverly Hills, CA: SAGE Publications, 1976), p. 10; Monsieur de Calieres, "*On the Manner of Negotiation with Princes*," translated by A. F. Whyte (University of Notre Dame Press, 1963), p. 7; Gordon A. Craig, "Totalitarian Approaches to Diplomatic Negotiation," in A. O. Sarkissian (ed.) *Studies in Diplomatic History in Honor of G. B. Gooch* (London: Langumans, 1961), p. 107.

(31) 西原「外交交渉」101-4頁。

(32) Iklé, *How Nations Negotiate*, pp. 26-42.

(33) *Ibid*., pp. 27-28.

(34) *Ibid*., pp. 29-30.

(35) *Ibid*., pp. 30-33.

(36) *Ibid*., pp. 35-40.

(37) *Ibid*., pp. 43-58.

(38) *Ibid*., p. 42.

(39) Ronald Peter Barston, *Modern Diplomacy* (London: Longman, 1988), p. 78.

(40) *Ibid*., p. 78.

(41) *Ibid*., p. 78.

(42) Howard Raiffa, *The Art and Science of Negotiations* (Cambridge, MA: The Belknap Press, Harvard University Press, 1982), p. 11; Dennis J. D. Sandole and Hugo Van der Merwe, eds., *Conflict Resolution Theory and Practice: Integration and Application* (Manchester: Manchester University Press, 1993), pp. 248-50.

(43) I. William Zartman, ed., *International Multilateral Negotiation: Approaches to the*

6-9、221-316頁。

(3) Sir Harold Nicolson, *Diplomacy* (third edition) (London: Oxford University Press, 1977), p. 4; ニコルソン『外交』斎藤真・深谷満雄訳、東京大学出版会、1965年、7頁。

(4) 西原正氏も、このニコルソンの定義を採用している。西原正「外交交渉」有賀貞他編『講座　国際政治②外交政策』東京大学出版会、1989年、96頁。ソ連式交渉行動様式の研究者として大著をあらわしたジョセフ・ウェラン（元米国議会図書館調査部）も、同様の見解である。Committee on Foreign Affairs, *Soviet Diplomacy and Negotiating Behavior: Emerging New Context For U.S. Diplomacy* (Washington, DC: U.S. Government Printing Office, 1979) ――以下、*Soviet Diplomacy* と略――, p. 5.

(5) *Soviet Diplomacy*, p. 4.

(6) Kohler, *op. cit.*, p. 901.

(7) P. H. Gulliver, *Disputes and Negotiations: A Cross-Cultural Perspective* (New York: Academic Press, 1979), p. 69.

(8) Thomas C. Schelling, *The Strategy of Conflict* (Oxford: Oxford University Press, 1960), p. 21.

(9) Fred Charles Iklé, *How Nations Negotiate* (New York: Harper and Row, 1964), p. 2.

(10) Christer Jönsson, *Soviet Bargaining Behavior: The Nuclear Test Ban Case* (New York: Columbia University Press, 1979), p. 9. ただし、バーゲニング（駆け引き）を狭く解して、交渉の一部をなすものと考える逆の見解もある。Gulliver, *op. cit.*, p. 71; Otomar J. Bartos, "How Predicable are Negotiations?" *JCR*, Vol. 11 (1967), p. 482.

(11) Jönsson, *op. cit.*, p. 9.

(12) Iklé, *op. cit.*, p. 73.

(13) 交渉概念について二、三の定義を紹介しよう。交渉学の始祖とも言えるフレッド・イクレは、交渉とは「個人、組織、政府が、彼らの共通する（common）そして対立する（conflicting）利害の或るものを、新しくアレンジしようと明示的に（explicitly）試みる相互行為（interaction）の形式」と定義する。本書は、このイクレの定義にほとんど忠実にしたがっている。Fred Charles Iklé, "Negotiation," in *International Encyclopedia of the Social Sciences* (Vol. 11) (New York: MacMillan Company and the Free Press, 1968), p. 117. イクレの後を襲い、今や交渉研究の第一人者とみなされるウィリアム・ザートマン（ジョンズ・ホプキンズ大学教授）による定義は、「共通の協定に到達するために異なる見解を結合する過程」。I. William Zartman, "The Political Analysis of Negotiation: How Who Gets What and When", *World Politics*, Vol. 26, No. 3 (April 1974), p. 386. ウェランも、ほぼ類似の定義「共通の協定に到達するために、対立する利害を調整するプロセス」を採用している。*Soviet Diplomacy*, p. 5.

(14) Юрий В. Дубинин, *Мастерство Переговоров* (Пятое издание, исправленное) (Москва: « Международные отношения », 2017), стр. 13.

(15) Kohler, *op. cit.*, p. 901.

(16) Edward L. Rowny, "Negotiating with the Soviets," *The Washington Quarterly* (Winter 1980), p. 64.

(17) Rowny, *op. cit.*, p. 64.

(18) Iklé, "Negotiation," p. 119.

(19) Iklé, *How Nations Negotiate*, pp. 3-6.

(5) B. Исраэлян, M. Лебедева, “Переговоры — искусство для всех,” *МЖ*, ноябрь 1991, стр. 48; Foy D. Kohler, “Negotiation as an Effective Instrument of American Foreign Policy,” *U. S. Department of State Bulletin*, Vol. 38 (June 2, 1958), p. 901.

(6) Carl von Clausewitz, *On War* (London: Penguin Books, 1971), pp. 119, 401-402; クラウゼヴィッツ『戦争論』篠田英雄訳、岩波文庫、1985年、上巻・14、58頁、下巻・316頁。加藤秀治郎『クラウゼヴィッツ語録——「戦争論」のエッセンス』一芸社、2017年、29、30、32頁。

(7) Gilbert R. Winham, “Multilateral Economic Negotiation,” *NJ*, Vol. 3, No. 2 (April 1987), p. 188.

(8) 永井陽之助『冷戦の起源』中央公論社、1978年、6-7頁。

(9) Richard Ned Lebow and Janice Gross Stein, *We All Lost the Cold War* (Princeton, NJ: Princeton University Press, 1994), p. 3.

(10) Martin Wallker, *The Cold War: A History* (New York: Henry Holt and Company, 1993), p. 1.

(11) John Lewis Gaddis, “The Cold War, the Long Peace, and the Future,” in Michael J. Hogan, ed., *The End of the Cold War: Its Meaning and Implications* (Cambridge: Cambridge University Press, 1992), pp. 21-22. 冷戦終焉の理由についての様々な見方にかんしては、たとえば以下を参照。Ralph Summy and Michael E. Salla, *Why the Cold War Ended: A Range of Interpretations* (Westport, CO: Greenwood Press, 1995), とくに pp. 249-59. ヨーロッパ地域での冷戦終焉に疑問を抱く見解としては、Denise Artaud, “The End of the Cold War: A Skeptical View,” in Hogan, ed., *op. cit.*, pp. 185-93. さらに、「冷戦の終焉」が終焉した (the end of the Cold War is also over) と題する論稿さえ存在する。John J. Maresca, *The End of the Cold War is Also Over* (Stanford, CA: Center for International Security and Arms Control, 1995), pp. 3-24. また、2007年になると、米ロ間に「新しい冷戦」がはじまったと説く専門家の書物が現れはじめた。たとえば、Edward Lucas, *The New Cold War: How the Kremlin Menaces Both Russia and the West* (London: Bloombury, 2007); Mark MacKinnon, *The New Cold War: Revolutions, Rigged Elections and Pipeline Politics in the Former Soviet Union* (London: Carroll & Graf, 2007).

(12) ソ連邦崩壊後に、それまで等閑視されてきた「交渉 (переговоры)」が急に重要視されるようになった理由の一つとして、ロシアの研究者たちも、旧ソ連圏内に燎原の火のごとく燃え上がった民族紛争やストライキの波を指摘する。Исразлян, Лебедева, *op. cit.*, стр. 48.

(13) Hannah Arendt, *The Origins of Totalitarianism* (Cleveland, OH: The World Publishing Company, 1951), pp. 422-25.

(14) Francis Fukuyama, *The End of History and the Last Man* (New York: The Free Press, 1992), 418 pp.; フランシス・フクヤマ『歴史の終わり』(上・下巻) 渡部昇一訳、三笠書房、1992年。

(15) Samuel p. Huntington, “The Clash of Civilizations,” *Foreign Affairs*, Vol. 72, No. 3 (Summer 1993); サミュエル・ハンチントン『文明の衝突』鈴木主税訳、集英社、2001年。

第1章　交渉とは何か

(1) Kohler, *op. cit.*, p. 901.

(2) 坂野正高『現代外交の分析——情報・政策決定・外交交渉』東京大学出版会、1980年、

注

凡例：出版物の略称は以下の通りである。

英文

CH	Current History
CSM	Christian Science Monitor
EDM	Eurasia Daily Monitor
EGE	Eurasian Geography and Economics
FA	Foreign Affairs
FBIS(Sov)	Foreign Broadcasting Information Service (Soviet Union)
FT	Financial Times
IN	International Negotiation
JCR	Journal of Conflict Resolution
JRL	Johnson's Russia List
MN	Moscow News
MT	Moscow Times
NJ	Negotiation Journal
NY	New Yorker
NYT	New York Times
PPC	Problems of Post-Communism
RAD	Russian Analytical Digest
RGA	Russia in Global Affairs
RFE/RL	Radio Free Europe/ Radio Liberty
RP	Russia Profile
RT	Russia Today
WSJ	Wall Street Journal
WP	Washington Post

露文

АиФ	Аргументы и факты
ВН	Время новостей
ЕЖ	Ежедневный журнал
КВ	Коммерсантъ власть
КЗ	Красная звезда
КП	Комсомольская правда
МК	Московский комсомолец
МН	Московские новости
Нез. Газ.	Независимая газета
Нов. Газ.	Новая газета
НВ	Новое время
НИ	Новые известия,
ПДВ	Проблемы Дальнего Востока
РГ	Российская газета
СР	Советская Россия

第Ｉ部　交渉の一般理論

交渉研究の必要性

(1) I. William Zartman ed., *The 50% Solution: How to Bargain Successfully with Hijackers, Strikers, Bosses, Oil Magnates, Arabs, Russians, and Other Worthy Opponents in This Modern World* (New Haven, CO: Yale University Press, 1976), pp. 2-3.

(2) Roger Fisher and William L. Ury, *Getting to Yes* (Boston, MA: Houghton Mifflin, 1981), p. xiii; フィッシャー&ユーリー『ハーバード流交渉術』金山宣夫・浅井和子訳、三笠書房、1982年、9頁。

(3) Zartman, ed., *op. cit.*, p. 3.

(4) Linda L. Putnam and Michael E. Roloff, *Communication and Negotiation* (Newbury Park, CA: SAGE Publications, 1992), p. 3.

ワ

マ

ヤ

ラ

ハ

ナ

タ

カ

サ

事項索引

本文（本書の構成、第Ⅰ部～第Ⅲ部）に登場する主要な事項を対象とした。

A-Z

ア

ワ

ヤ

ラ

マ

タ

カ

サ

人名索引

本文（本書の構成、第Ⅰ部～第Ⅲ部）に登場する主要な登場人物を対象とした。

ア

カバー画像出典一覧

Shinzo Abe
https://commons.wikimedia.org/wiki/File:CJCS_meets_with_Japan_Prime_Minister_Shinzo_Abe_(36478259912).jpg
Chairman of the Joint Chiefs of Staff from Washington D.C, United States [Public domain]

Leonid Brezhnev
https://commons.wikimedia.org/wiki/File:Ford_-_Brezhnev_1974.jpg
David Hume Kennerly [Public domain]

Henry Kissinger
https://commons.wikimedia.org/wiki/File:Secretary_of_State_Henry_Kissinger_at_a_meeting_following_the_assassinations_in_Beirut,_1976_-_NARA_-_70664991.jpg
David Hume Kennerly [Public domain]

Vladimir Putin
https://commons.wikimedia.org/wiki/File:Vladimir_Putin_at_the_World_Economic_Forum_Annual_Meeting_2009_002.jpg
World Economic Forum [CC BY-SA 2.0 (https://creativecommons.org/licenses/by-sa/2.0)]

著者紹介

木村 汎（きむら・ひろし）

1936年生まれ。京都大学法学部卒。米コロンビア大学Ph.D.取得。北海道大学スラブ研究センター教授、国際日本文化研究センター教授、拓殖大学海外事情研究所教授を経て、現在、北海道大学および国際日本文化研究センター名誉教授。専攻はソ連／ロシア研究。主な著書として、『ソ連式交渉術』（講談社）、『総決算　ゴルバチョフ外交』（弘文堂）、『ボリス・エリツィン』（丸善ライブラリー）、『プーチン主義とは何か』（角川oneテーマ21）、『遠い隣国』（世界思想社）、『新版　日露国境交渉史』（角川選書）、『プーチンのエネルギー戦略』（北星堂）、『現代ロシア国家論——プーチン型外交』（中央公論叢書）、『メドベージェフvsプーチン——ロシアの近代化は可能か』『プーチン——人間的考察』『プーチン——内政的考察』『プーチン——外交的考察』（藤原書店）、『プーチンとロシア人』（産経新聞出版）など多数。2016年、第32回正論大賞受賞。

対口交渉学《たいろこうしょうがく》　歴史《れきし》・比較《ひかく》・展望《てんぼう》

2019年7月10日　初版第1刷発行©

著　者　木　村　　汎

発行者　藤　原　良　雄

発行所　株式会社　藤　原　書　店

〒162-0041　東京都新宿区早稲田鶴巻町523
電　話　03（5272）0301
FAX　03（5272）0450
振　替　00160-4-17013
info@fujiwara-shoten.co.jp

印刷・製本　中央精版印刷

落丁本・乱丁本はお取替えいたします
定価はカバーに表示してあります

Printed in Japan
ISBN978-4-86578-228-8

ソ連民族問題の「古典」！

崩壊したソ連帝国
（諸民族の反乱）

H・カレール＝ダンコース
高橋武智訳

一九七八年、「民族問題」でソ連は崩壊すると予言し、世界に一大センセーションを巻き起こした本書は、世界数十ヶ国で翻訳され、大ベストセラーとなった。「一九九〇年のソビエト帝国」「民族問題とペレストロイカ」「ソ連帝国の崩壊とその未来」の新稿を増補。

四六並製　六四八頁　**三四九五円**
（一九九〇年六月刊）
品切◇978-4-938661-03-8

L'EMPIRE ÉCLATÉ
Hélène CARRÈRE D'ENCAUSSE

ゴルバチョフ失脚、予言の書

民族の栄光 ㊤㊦
（ソビエト帝国の終焉）

H・カレール＝ダンコース
山辺雅彦訳

ゴルバチョフ政権の誕生から崩壊までの六年間に生起した問題の真相を究明し、「ゴルバチョフの権力は不在である」ことを一九九〇年四月段階で実証した、ゴルバチョフ失脚、予言の書。仏の大ベストセラー。

四六上製　**各一七四八円**　**［附］年表・資料**
㊤二二四頁（一九九一年四月刊）
㊦二四八頁（一九九一年五月刊）
品切㊤◇978-4-938661-25-0
品切㊦◇978-4-938661-29-8

LA GLOIRE DES NATIONS
Hélène CARRÈRE D'ENCAUSSE

現代ロシア理解の鍵

甦るニコライ二世
（中断されたロシア近代化への道）

H・カレール＝ダンコース
谷口侑訳

革命政権が中断させたニコライ二世の近代化事業を、いまプーチンのロシアが再開する！　ソ連崩壊を予言した第一人者が、革命政権崩壊により公開された新資料を駆使し、精緻な分析と大胆な分析からロシア史を塗り替える。

四六上製　五二八頁　**三八〇〇円**
（二〇〇一年五月刊）
◇978-4-89434-233-0

NICOLAS II
Hélène CARRÈRE D'ENCAUSSE

ヨーロッパとしてのロシアの完成

エカテリーナ二世 ㊤㊦
（十八世紀、近代ロシアの大成者）

H・カレール＝ダンコース
志賀亮一訳

「偉大な女帝」をめぐる誤解をはらす最新の成果。ロシア研究の世界的第一人者が、ヨーロッパの強国としてのロシアを打ち立て、その知的中心にしようとした啓蒙絶対君主エカテリーナ二世の全てを明かす野心作。

四六上製　㊤三七六頁／㊦三九二頁
各二八〇〇円　（二〇〇四年七月刊）
㊤◇978-4-89434-402-0
㊦◇978-4-89434-403-7

CATHERINE II
Hélène CARRÈRE D'ENCAUSSE

ロシア研究の権威による最新作！

メドベージェフvsプーチン
（ロシアの近代化は可能か）

木村 汎

ロシア研究の第一人者による最新のロシア論。メドベージェフが大統領時代に提唱した「近代化」路線を踏襲せざるをえないプーチン。メドベージェフとプーチンを切り離し、ロシアの今後の変貌を大胆に見通す労作。

A5上製　五二〇頁　**六五〇〇円**
（二〇一二年一二月刊）
◇978-4-89434-891-2

プーチンの実像を解明！

プーチン
（人間的考察）

木村 汎

プーチンとは何者なのか？　一体何を欲しているのか？
その出自や素姓、学歴や職歴、家族や友人、衣・食・住、財政状態、仕事のやり方や習慣、レジャーの過し方、趣味・嗜好、日常の会話や演説中で使うジョークや譬え話等々、可能な限り集めた資料やエピソードを再構成し、人間的側面から全体像を描き出す世界初の試み！

A5上製　六二四頁　**五五〇〇円**
（二〇一五年四月刊）
◇978-4-86578-023-9

プーチンはロシアをどう変えてきたか？

プーチン
（内政的考察）

木村 汎

言論弾圧、経済疲弊、頭脳流出――混迷のロシアは何処に向かうのか。ロシア史上、稀に見る長期政権を継続中のプーチン。「強いロシアの再建」を掲げ、国内には苛酷な圧政を敷く一方、経済は低迷、内政の矛盾は頂点に達している。ロシア研究の碩学が沈みゆく大国〝プーチンのロシア〟の舞台裏を詳細かつ多角的に検証する。

A5上製　六二四頁　**五五〇〇円**
（二〇一六年一〇月刊）
◇978-4-86578-093-2

プーチンは世界をどう捉えているか？

プーチン
（外交的考察）

木村 汎

ロシア・ゲート、シリア介入、クリミア併合――プーチンの狙いは何か？　内政の停滞をよそに、世界を相手に危険な外交攻勢を続ける〝プーチン・ロシア〟。我が国ロシア研究の泰斗が、膨大な資料と事例をもとに、その真意を読み解く。〈人間篇〉〈内政篇〉に続く三部作、遂に完結！

A5上製　六九六頁　**六五〇〇円**
（二〇一八年二月刊）
◇978-4-86578-163-2

1989年11月創立　1990年4月創刊

月刊

機

2019
6
No. 327

発行所　株式会社 藤原書店©
〒一六二―〇〇四一　東京都新宿区早稲田鶴巻町五二三
電話　〇三・五二七二・〇三〇一（代）
FAX　〇三・五二七二・〇四五〇
◎本冊子表示の価格は消費税抜きの価格です。

編集兼発行人
藤原良雄
頒価 100円

世界の一七〇〇ヶ所に、四千万本の木を植えてきた男の生涯！

人間は、「森の寄生虫」

――『いのちの森づくり――宮脇昭自伝』刊行――

宮脇 昭

東日本大震災後、大地震・大津波からいのちを守る〝緑の防潮堤〟〝鎮守の森〟プロジェクトを提唱し、実践してきた宮脇昭。不可能といわれた熱帯雨林を再生させ、日本全国津々浦々の植生調査に基づく日本初の浩瀚の書『日本植生誌』（全10巻）を完成させた宮脇昭。その宮脇昭が、土地本来の木を見極めた〝宮脇方式での森づくり〟の方法論を、生涯を通してどのようにして獲得することができたか、を熱く語る初の自伝。

編集部

● 六月号 目次 ●

今、生きていることが、宇宙の奇跡

森は、そこで働き、また共に周りで生活している市民の命と、地域に根差した文化を創造する心を守る。そして何よりも皆さん、いま生きているというのは宇宙の奇跡でございます。四〇億年前にたった一つ地球に小さな原始の命が生まれて、それから三〇数億年、長い長い間水の中で生活していたわけですが、四億年前にビッグバン的な大変動があって陸地に這い上がりました。長い長い時間をかけて植物、動物、そして人類が出たのは、つい最近の五〇〇万年、あるいは六〇〇万年前と言われます。それは長い地球の命の歴史に比べれば、命の歴史を一年の映画にしたら、三六五日の除夜の鐘が鳴る前の一分間とか、あるいは数分間とかと計算されています。その五〇〇万年のうちの四九九万年以上は、皆さんの先達は、森の中でびくびくしながら、猛獣に襲われるのを逃げ回りながら、落ちてくるドングリを拾ったり、あるいは若草を摘んだり、小川の小魚を、あるいは海岸では貝を拾って生き延びてきたわけです。

ただ、人間が他の生物と違うことは、二本足で立つことが出来るようになった。両手を使うことが出来るようになりました。そして今日、ご出席の医学関係の皆さんはご承知のように、まさに唯一の、どう言いますか、奇形的に人間だけが大脳皮質が異常に発達しました。そこでかつて手で、そして人間だけが知恵によって土で、石で、そして銅で、鉄で、今や原子力まで使って私たちの刹那的な願望を、生理的、物質的なあらゆる欲望を満足させている。まさにかつて人類が夢にも見なかったほどの、豊か過ぎるほどの生活をしています。それにもかかわらず、なぜ、動物でもやらないような、家庭において、学校において、簡単にちょっと困ればすぐかけがえのない自分の命を絶つ、あるいは相手を殺すという極めて不安な状態になっている。これは一体どういうことであるか。

人間は「ふるさとの森の寄生虫」

もう一度我々は、この単に科学・技術的に死んだ材料での規格品づくりの工業製品的なこと、もちろん本田技研の車も大事でございますが、それを造れば造るほど、もう一つ生き物としての人間の本質的な、基本的な理解を持たないと、一時的には商売も、経済も発達しますが、一番大事な命が維持出来ない。現在すでに、そのクリティカルポイントに来ているわけです。

　どうか日本を代表する識者の皆さん、どんなに我々が科学・技術・医学を発展させ、どんなに財を積んでも、実は腹が立っても、皆さんはこの地球では、生きている緑の植物、しかも芝生の三〇倍の緑の表面積が濃縮している、**土地本来の本物のふるさとの木による、ふるさとの森の寄生虫の立場でしか生きていけない。**その寄主の立場の緑の森が、今やほとんど破壊されている。私は五八年間、日本列島各地、現地を調べた結果を国際会議でも発表していますが、今一億二千万人の九二・八%が住んでいる、いわゆる照葉樹林、冬でも見られる常緑広葉樹林、植物の名前をあまり言うと判らなくなりますが、シイ、タブノキ、カシ類などを主木とした、植物社会でもトップの三役、五役の樹種が本物なら、子分も本物です。

▲植樹をしている宮脇昭氏(1928-)

タブノキ、シイノキ、カシ類

　では、皆さんが住んでいる照葉樹林帯とも言われる、冬でも見られる常緑広葉樹林帯の三役は、せっかくいらしたので覚えていただきたい。それは**タブノキ**。浜離宮、芝離宮に今から二五〇年前に植えられたあのタブノキが、一五〇回あった江戸の火事にも、関東大震災にも、焼夷弾の雨にも生き残って、今日なお東京砂漠の緑のオアシスとなっています。
　その次は**シイノキ**。スダジイとコジイとありますが、関東はスダジイだけですが、シイノキでいいです。これは芝白金の自然教育園、かつてどこかの殿様の江戸屋敷をつくるのに、周りに小さな土塁を築きまして、そこに植えたシイ、スダジイが、同じく二百数十年前に植えられたのが火事にも地震にも台風にも生き残って、今、国の天然記念物になっています。
　そして**カシ**。昔から生き残った集落は、北風を防ぐため、西日があたれば蚕も死ぬ。そこには土地本来の本物の、根がまっすぐ深根性で台風にも地震にもびくともしない、火事に対しては火防木《ひぶせぎ》になる。あるいは冬は北風を防ぐシラカシ、アラカシ、ウラジロガシ、関西ではイチイガシ、ツクバネガシ、沖縄ではオキナワウラジロガシ。カシ類が主木です。
　どうか、シイ、タブ、カシ類が三役、五役でございます。一億二千万人が住んでいる照葉樹林帯で、それは東京、関東では海岸から海抜八〇〇メートルまで。そして北に行きますと、海岸沿いでは釜石の北まで。タブノキ荘という国民宿舎があります。

火防木のタブノキ

そして日本海岸側ではあの山形県の酒田市で、今から三〇数年前に大火事がありました。一七〇〇戸の家が焼けたのですが、たまたま本間家という古い家敷に、北限に近いのですが冬も緑のタブノキが二本あって、そこで大火が止まっていました。我々の調査結果を踏まえて酒田市長は、「タブノキ一本、消防車一台」というかけ声で、町のモール街、小学校の周り、下水処理場の周りに植えました。木は生物としての人間が、健全に生きている証ですが、人間の刹那的な欲望を満足させるのに都市の中では邪魔になる、落ち葉が落ちる、商売の邪魔になると言われます。むしろプラスになるのですが、せっかく学校で子どもたちが植えたのに、次の教育委員会や校長がどうも日陰になるとか、あるいは変なやつが来たら見えないからと切ってしまった。

皆さん、本日は教育関係の方もいらっしゃいますが、入ろうと思う輩は木があろうとなかろうと入るのですよ（笑）。それをたまたま三万いくつある日本の小中学校で一つのところに不埒者が入ったからと言って、全部の学校で木を切ってしまえば免罪符になるというふうな行政は、一面的で間違っているのではございませんか。不埒者をつくったのは、彼らも日本の小学校、中学校を出ているのですから教育の問題です。違うことを同じテーブルで議論すれば引き算ばかりで何も出来ません。私は引き算は一切やりません。**前向きに足し算です。**

今できることは、木を植えること

例えば今のCO_2の問題でも、省エネはいろいろとやらなければいけません。何をやっても今に戻すのが精一杯、引き算であります。我々は車も、電気も使わなければいけない、機械も動かさなければいけない。

いちばんのプラス思考とは何か。今の問題の地球温暖化でも、三億年前にはまだ植物の進化の途中でシダ植物の時代でしたが、今と同じような間氷期で、高温多湿でシダ植物が木生化した大森林が出来ました。そして光合成で太陽の光のエネルギーをどんどん吸収して、次のビッグバン、たぶん氷河期で土の中に埋まって、三億年間バランスが取れていたわけです。

▲**管理のいらない、本物の森**（本田技研 宇都宮テストコース脇）

幸か不幸か一八世紀の終わりに蒸気機関が出来、産業革命をしました。人間も含めた生物圏、そして海も含めた地圏、さらに大気圏とのバランスが炭素の循環で取れていたのを、今まで土の中に埋まってバランスが取れていたのに、化石燃料として引っ張り出して燃やすものですから、すぐ化学反応を起こしてカーボンが空中に放出され、O_2と一緒になってCO_2が増えてきている。

いちばん間違いなく、すぐ、誰でも、どこでも出来ることは、もう一度小さな木を植えて大きくして、その中にカーボンを閉じ込めることです。例えば本田技研で植えていただいた、小さなポット苗を植えた時はせいぜい樹高三〇センチ、乾燥重量が三〇〇グラムぐらいの幼木が大きくなれば、根も茎も枝も含めてドライウェイトが二トンになっていたとすれば、どんな計算をしても一トンはCO_2なのです。（全文は本書所収　構成・編集部）

（みやわき・あきら／横浜国立大学名誉教授）

＊二〇〇八年九月　本田財団懇談会講演より抜粋

ロシア式交渉と日本式交渉とは、どう違うのか？　碩学による本格的検証。

今、ロシアにどう向き合えばいいか？

――『対ロ交渉学――歴史・比較・展望』出版にあたって――

木村　汎

日ロ間の交渉の難しさ

この世に生きているかぎり、人間は意見の違いや利害の対立とは無縁でありえない。これらの相克を解決する方法は、大別すると二通りしかない。武力に訴えるか、平和的な手段によるか。前者の武力解決は、流血を伴い高価なものにつくばかりで、長い眼でみると、揉め事や紛争を真に解決するやり方とはいえないだろう。後者の代表的なものが、交渉である。交渉は、たしかに、実に多くの時間とエネルギーを費やす非能率な手法ではある。だが交渉する以外に、対立や紛争を平和的に解決する術は存在しない。

ところが、帝政からソビエト、現代に至るまでのロシアの歴代指導者たちは、交渉と戦争を必ずしも二律背反のものと捉えない。両者は共に国家目標を達成するための一手段であるかのようにみなす。即ち、対話、交渉、謀略、武力行使の脅し、戦争等は必ずしも対立概念でなく、全て国際紛争を解決し、国家目標を達成するための手立てである。極論すれば、戦争が許されないと考えるがゆえに、ロシア人は渋々交渉のテーブルに就く。

本書は、日ロ交渉史を扱うことを目的としていない。とはいえ、次の事実が念頭から離れないことも、たしかである。戦後七〇年以上にもなるのに未だ日ロ間で平和条約が妥結されず、完全な国交正常化が実現していない。このような異常事態の真因は、いったい何なのか。国境線画定の難しさに加えて、日ロ間の交渉を巡る態度や手法が懸け離れていることもその一因なのではなかろうか。

北方領土返還は実現可能か？

交渉において、日本人は「信頼関係の構築」こそを最重要とみなす。だが、このような考え方は、必ずしも現実的とは評しがたい。というのも、国際交渉では、価値観が異なり、信頼しえない「ならず者国家」とすら交渉せねばならないからだ。いや、まさにそのような者とこそ交

▲木村 汎 氏（1936- ）

渉する必要があろう。

プーチン大統領は、国民のナショナリズムにアピールする狙いのもとにウクライナへ軍事介入を敢行した。クリミアの併合はロシア国民によって拍手喝采を浴びる一方、それは日本への北方領土返還を難しくすることにもなった。大概のロシア国民にとっては、一方の手でクリミアを奪還し、他方の手で北方領土を喪うことなど考ええないことだからである。

ロシアを取巻く内外情勢の変化を知ってか知らずか、安倍首相は、プーチン大統領とのあいだで、日ロ平和条約の締結を必ずや実現しようと意気込んでいる。だが、自身の任期は二〇二一年九月には終わる一方、プーチン大統領のそれは二〇二四年五月まで保障されている。みずからデッドラインを定めると、交渉は往々にして「独り相撲」に終る。

安倍首相は、ソチでの会合で、プーチン大統領に対して「新しいアプローチ」を提案したと噂される。果たしてこれは、十分考え抜かれた対ロ戦略・戦術だったのだろうか。この具体的内容とされる「北方領土での日ロ共同経済活動」がもし実施されるならば、それは同領土の対日返還を導くのではなく、その事実上の放棄につながる可能性のほうがより一層高い。筆者個人は、そのように懸念する。

（全文は本書所収　構成・編集部）

（きむら・ひろし／北海道大学名誉教授）

中村桂子コレクション（全8巻）『ひらく――生命科学から生命誌へ』

科学技術に吸収されない新しい知「生命誌」

中村桂子

日常とつながる生命科学を

この巻は、今では私の日常そのものになっている「生命誌」が生まれるときを扱っています。

幸いなことにいつもよい先生に恵まれ、文学もスポーツも音楽も……といろいろなことを楽しみながらの学校生活の最後のコースで出会ったのが、ＤＮＡであり、そこから分子生物学へ、生命科学へという道を歩いたのには、たくさんの偶然があったように思います。

幸いＤＮＡが生命現象を支える基本物質であるととらえる学問が急速に、しかもおもしろく展開するなかで、すばらしい先生や先輩、仲間に恵まれ、教えてもらうのは得意という性質を生かして日々を楽しんでいました。

ところが、四〇代半ばになるころから、生命科学のありようへの疑問がわいてきました。生きている、暮らしていくという生きものの日常を大切にする気持ちと生命の理解を目的とする生命科学とがつながっていないことが気になりはじめたのです。研究者仲間ではそんな話題はまったく出てきません。だれも悩んでいるようには見えません。専門家は科学と日常がつながらないことなど気にしてはいけないのかもしれない。あれこれ思いをめぐらせましたが、日常に眼を向けたいという気持ちは減るどころか、どんどん大きくなっていきました。

科学を否定せず、自然の一部であることを忘れない

そこで、生まれて初めて独自に考え、自分だけのものをつくろうと決心したのです。ぼんやりとしたイメージをもちはじめてからはっきりと考えがまとまるまでには一〇年近くかかりました。まず生命科学の現状に疑問があるとしても、科学を否定はしないと決めました。当時、組換えＤＮＡ技術、臓器移植、体外受精など、新しい技術が生命操作につながることを恐れての科学批判がありました。

もちろんそれらの技術の用い方には気をつけなければならないけれど、生きているとはどういうことだろうという問いに向きあう科学を否定してはいけないだろう。私はそう考えました。

　次に、人間は生きものであり、自然の一部であるという事実を忘れないことです。現代科学技術は利便性を求めた結果、自然離れにつながりました。自然を征服し、自由に操作することで暮らしやすい日常をつくりだそうとしています。人間は自然の一部であるという事実から離れたところでは本当の暮らしやすさは得られず、自然を生かす技術を工夫する必要があります。それを支える科学が必要です。

▲中村桂子氏（1936-　）

　「科学」は今、科学技術に吸収され、経済効果だけが求められるようになってきています。とくに生命科学でそれが目立ちます。しばらく前までは生物学は役に立つ学問とはされていませんでした。けれどもDNA研究が進み、そこから技術が生まれると、新しい芽生えであるだけに期待も大きく、時代の流れに乗って科学技術として評価される研究――主として医学に近い研究が主流になりました。科学技術となると、特許を求めての競争、経済効果での評価が優先します。生きているってどういうことだろうと問うたり、生きものを見ているとおもしろいと感じたりする喜びからは遠くなっていきました。

　科学技術に吸収されない新しい知として考えだしたのが「生命誌」です。五〇代も半ば近くになって、やっと自分で考え、自分でつくりだしたものを世に問うことができました。

（第Ⅰ巻「はじめに」より／構成・編集部）

（なかむら・けいこ／JT生命誌研究館館長）

四半世紀間の書評約一二〇本と書物論を集成。珠玉の書評集。

書物に抱かれて

――『書物のエスプリ』刊行にあたって――

山田登世子

水を愛する者

水を愛する者は夜を愛す。光の支配が終わって暮れなずむ夕べ、ひたひたと薄闇がひろがってゆく、あの薄明の白さ。あるともないともつかぬ〈あわい〉の時のえもいわれぬ魅惑。その白い夜のなかを流れてゆくのは、銀の河。ふうわりと、ゆれるように、流れただよう。ものの重みを失って、宙にただよう霊の流れ。透きとおった銀の河。

そう、水を愛する者は、霊の世界とこたえかわすのだ。〈水の種族〉というものがたしかに存在していると思う。たとえば、何度読みかえしてもひきこまれずにはいない、あのモーパッサンの傑作『オルラ』。

夜な夜な水差しの水を飲み、ひとの血を吸って生きるオルラは〈水〉の魔物だ。いつかしら姿の見えない魔物が棲みついて、どこからか自分を見ている――。水の魔の不気味さをそくそくと伝えるこの名篇は、水のマインドが感応する霊的な恐怖を描いているのだ。水のマインドは〈無意識〉の淵にふれるのである。そう、霊が宿るのは無意識の深み、サブリミナルの中空だ。理性の眠りの向こうにひろがる薄明のア・トポス。あわいの時のなか、水の種族は霊の流れに浮かびただよう。

こうしてひとを理性の〈果て〉に運び去る水の流れは、しかし、明白にトポグラフィックな方位を有している。その流れは、〈北〉のアクアティーク、太陽を遠く離れた北の流れなのだ。薄明に白くただよう銀の河は北から湧きいで、北に向かって流れてゆく。まさしく、モーパッサンの作品に流れる仄蒼い水がノルマンディーのそれであって、決して地中海の紺碧の青ではないように。

デュラスの愛した海

そう、北のアクアティークは無意識にふれる。理性の知らぬ場所、蒼ざめたア・トポスに湧きいでてくる。こう言いながらわたしのこころのなかにひたひたと溢れてくる水、それはデュラスのあの海である。デュラスの〈声〉たちが棲むところ、それもまた水辺。太古の無意識が眠る無辺の海だ。そういえばデュラスもまたノルマンディーの海を愛してやまなかった。雲が空を走り、もろい陽のうつろいがたちまちに影をつくるノルマンディーの浜辺は、うるみがちな瞳のよう。沈む陽に、ものみなアモルフにうるみ、ソリッドな輪郭を無くして、ゆらゆらとゆれる。ノルマンディーはまことに北のプラージュである。その海の色は、涙の葬列のように蒼ざめたブルーだ。デュラスの遺した小品『書かれた海』の一頁はまさにその〈蒼〉を語っている。

▲山田登世子（1946–2016）

デュラスが愛してやまない無辺の海は、はるかなはるかな旧約の昔、千年の叡知が声になってざわめくところ、理性の果てでつぶやく声たちが聞こえてくるところだ。ところを得ずに溢れだしてくるもの、中心の支配を逃れてつぶやくもの、それらのアトピックな声のざわめきをデュラスほど見事に聴きとる作家はいないだろう。聴くということは愛の身ぶりだ。それは、うなずくことであり、うべなうことであり、受容することだから。だからこそ、声の身ぶりは〈女〉の身ぶりなのだと思う。力は支配するけれど、声は聴く。聴きしたがいつつ、不条理を忍ぶ。聴く者は「待つ」のである。声は待ちのぞむのだ。自分たちの時の到来を。

（全文は本書所収　構成・編集部）

（やまだ・とよこ／フランス文学）

一九七三年を期してなくなった、日本最大の在日朝鮮人の集住地を描く。

〈インタビュー〉在日朝鮮人の源流、猪飼野

金時鐘

「朝鮮人としての原初さ」

――『猪飼野詩集』にとっての猪飼野というのは。

「あとがき」にこう書いているな。「それでも朝鮮人としての原初さを風化されずに持ち続けているのは、粗野なまでに〝朝鮮〟そのものである在日朝鮮人の原型像が、そこここに集落を成して存在しているからです。本国でさえ廃れてしまった大時代的な生活慣習までが、そこでは今でも大事な民族遺産のように受け継がれていたりします」。その源流みたいなところが、猪飼野。**「在日朝鮮人の集落体であり、その集落の本源に、猪飼野は存在するのです」**。

つまり在日朝鮮人の集落はほかにもかなり大きい集落があるんですよ。川崎にもありますし、京都にもありますし、下関にもあるし、兵庫県にもある。そのような集落の源流のようなところだね、猪飼野は。一番人数も多いし、早くから居ついたという点でもね。いま猪飼野というところはもう呼び名そのものがありません。ただ、今里から大池橋に向かう大通りに「猪飼野橋」というバス停留所がある。その標識が一つ残っているだけで、あれはほとんど乗り降りのないところですけどね。

「おまえ、飯食べたか」

――ずっと苦しい時代から支えてくれたのは、猪飼野のおっちゃんだったと。

そうそう、文庫版『猪飼野詩集』（二〇一三年一二月／岩波現代文庫）のあとがきに書いているとおり。僕は何度も病いに倒れてもう小遣い一銭もないのよね。それを、このおっちゃんたちが見舞いに来ては、枕元に押し込んで帰ってくれたりね。路上で会っても、まず挨拶が「おまえ、飯食べたか」やねん。有無を言わさず食堂に連れていってくれたりね。帰りは必ず金をポケットにねじ込んでくれたり。金源植というおっちゃんは、お父さんがわりで順喜の家に結婚を認めてほ

しいと、お願いにいってくれたり。朝鮮総連からの組織的圧力からも囲うようにかばってくれていた、おっちゃんたちやった。特に金和千というお医者さんが僕のために、ちょうどソビエトの医学界で始まったという、子供の胎盤をゼリー状に練って、皮下筋肉の間に注入する治療を施してくれた。その注入器具まで開発してね。僕の、ここのところに（胸の肋骨の間）入れたらピンポン玉の大きさぐらいに膨らむのよね。それが半年かぐらいするとずっと吸収されていって、それが効いたな。僕はもう心臓が弱ってるし、喘息はぶり返すし、もうほんまに枯れ木のようになっていた。お金もかかったと思うけど、それを半年に一遍ずつ四回、打ってくれてね。

僕はこちらに来て、逃げてきたことも負い目であって、同族の在日朝鮮人組織の常任活動に入っていきますけど、民戦［在日朝鮮統一民主戦線］活動で文化関係の仕事を始めたときから、寝泊まりも僕はその閉鎖された学校でしてた。ちょうど猪飼野のど真ん中の中川通りにある学校。うちの同胞の主立ったお方たちをそういうことで知って、おっちゃんたちからすると、若い青年が文化活動を各地域の拠点づくりとして組織的に活躍するのを見たこともないわけや。労働運動なんかは見たことあるけど。だから非常に親身に手助けしてくれたね。学校で暮らしてる、寝泊まりとは何ちゅうことやと、おっちゃんらがアパートを借りてくれたりして、下宿も後、知ってるおばちゃんとかに下宿さしてもらったりした。民戦の文化活動家になったことで、催し物、何かイベントを組むためには最小限、金が要るのやな。出演者たちの昼食代とか、その日の交通費ぐらいは出してやらんならんしね。結局そういうおっちゃんたちの伝手でカンパを集めた。民戦本部は名ばかりでな、その予算なんか、ほんまに金一封程度やねん。そういう僕の活動を支援してくれる後援会みたいなのができていて、それの中心になったお方たちが、『朝鮮と日本に生きる』（岩波書店、大佛次郎賞受賞）に名前の出てる方たちです。

（全文は第四巻所収）（キム・シジョン／詩人）

〈寄稿〉『象徴でなかった天皇』刊行に寄せて

岩井忠熊先生の存在

京都大学人文科学研究所教授、歴史学者　高木博志

岩井先生のご指導を受けて

二〇一九年五月一日、滋賀県大津市の岩井忠熊先生を、同窓生の四人でうかがった。期せずして、「令和」の一日目で、メディア報道の「奉祝」への違和感を共有しながらの道行きとなった。

岩井忠熊先生は、一九二二年生まれで、京都帝国大学文学部の二年時、一九四三年に「学徒出陣」で海軍予備学生をへて「水上特攻隊で九死に一生を得て生還」する。

私は一九七九年に立命館大学文学部日本史学専攻に入学し、岩井先生に一回生の日本史学入門の授業で、難解な戸坂潤『科学論』の哲学に触れ、科学として日本史学を学ぶという洗礼を浴びた。一学年五〇人程度で大きなクラスであったが、大学に入ったという実感がわいた。

その後、岩井先生には大学院の博士課程まで指導いただいた。すべての学生に対して平等に接し、各自がどのような研究対象であろうとも、寛容であった。印象的なのは、学園紛争時における教授から学生までの、研究室の政治的な亀裂を踏まえて、現役時代は、すべての学生に対して等距離で、政治的発言をされなかったことである。

最近、年に一度は先生をおたずねするが、そのたびに新しい論考を示され、史実や見方を教えていただく。今回も、以下のお話をうかがった（高木の聞き取りに誤解があるかもしれない）。

戦争体験を経た「戦後歴史学」

特攻志願へと踏み出さざるを得なかった理由について、岩井先生は、海軍特攻作戦の立案者、大森仙太郎海軍中将から直接、「死んでくれ」と声をかけられたことの大きさに言及された。「偉い人からいわれ」、「逃げるのは男らしくない」と思ったという。そして特攻兵器「震洋」の訓練を指導することとなる。一九二三年前後生まれの学徒兵は、特攻による犠牲が多かった。しかし大森本人は一九七

四年まで生きている。

　また旧制姫路高校で江口朴郎に教えを受け、江口からは「平泉澄の東京帝国大学国史学講座には進むな」とのアドバイスを受け、江口史学の世界史認識が岩井先生の「戦後歴史学」への礎ともなった。その一方で、戦場に赴く学生が愛読した京都帝国大学の田辺元の哲学から影響を受けた自身の矛盾を、かってよりうかがっていた。田辺元については旧制高校時代から難解な著作を読んでいたが、大学の受講によってはじめていわんとすることを理解できた。しかし三木清と違って、田辺元の哲学には希望や未来はなかった、との感想。

　今回、興味深かったのは、東京帝国大学とは違い、京都帝国大学の国史学講座の教授は、僧侶と神官（坊主と神主）の関係者が教えているという指摘であった。西田直二郎（浄土宗）・赤松俊秀（真宗）、中村直勝は長等神社、柴田實は石門心学のお家芸など。そんな講座の中で、富山の真宗地帯に生まれ、戦後に権門体制論を提示する若き黒田俊雄に対しては、圧力があったという。黒田は、地域の出自に関わる真宗を批判的に捉えようとした。

　また学史の問題として紀元二千六百年記念事業の時に、秘匿された社寺宝物を出陳して、それが林屋辰三郎の芸能・文化史に役立ったこと。国民精神文化研究所に足繁く通う西田直二郎が授業に不真面目であったのに対し、宮崎市定や梅原末治は極めて厳しく内容がある授業であったと話された。

　戦後のレッドパージの時に、北山茂夫・林屋辰三郎・奈良本辰也の先輩諸氏とともに、二八歳で立命館の専任講師になったばかりで「無名」の岩井先生を「売り」、警察に情報を流したのは、漢文学の白川静であった事実は、やはり衝撃であった（岩井忠熊「レッドパージ事件の体験」『燎原』二三五号、二〇一八年）。

　私にとっての岩井忠熊先生の存在とは、戦争体験を経た「戦後歴史学」――世界や未来を示し得た歴史学の全体性、あるいはマルクス主義の良質な側面など――を体現する。その視点は、本書『象徴でなかった天皇』のあとがき、広岩近広氏の牧歌的な象徴天皇制の評価を、相対化しうるものと思う。なぜなら私には、個人としての天皇と、制度としての天皇制は別であろう、という疑問が根本にある。

レギュラシオン理論の決定版、『資本主義の政治経済学』完訳版、刊行迫る！

今、レギュラシオン理論から何を学ぶか

植村博恭

経済と政治の世界的な相互作用

ロベール・ボワイエ『資本主義の政治経済学――調整と危機の理論』(藤原書店)が出版される。期待どおりの大著であり、まさにレギュラシオン理論体系の集大成である。レギュラシオン理論は、一九七〇年代中葉にフランスで生まれ、その後、アメリカのリベラル派やラディカル派の政治経済学、そしてヨーロッパの様々な進化経済学とも連携をとりつつ、一大理論体系を生み出してきた。また同時に、経済政策論としては、ヨーロッパ社会民主主義の重要な担い手となってきた。

本書のタイトル中のキーワードは、「資本主義」「政治経済学」「調整」「危機」である。しかしそれらは、経済学の主流である新古典派経済学によって近年遠ざけられてきた概念であり、そこで使われている言葉は、「市場」「経済学」「均衡」「経済成長」である。翻って、これまでの経済学の長い歴史をふり返ると、状況はまったく異なっていたことがわかる。

昨年私たちが出版した『市民社会と民主主義――レギュラシオン・アプローチから』(藤原書店)で確認したように、戦後日本の社会科学、特に内田義彦や都留重人に始まる戦後リベラル派の政治経済学では、本書で重視されている概念はつねに研究対象とされてきたものである。市民社会の社会認識、現代資本主義論、制度派ケインズ経済学など、レギュラシオン理論と共通する認識をもっていたのである。しかし、日本では、それらはゆるやかな共通認識をもっていたものの、一つの理論体系へと収斂するには至らなかった。そこに、ロベール・ボワイエの大著で示されたレギュラシオン理論の理論体系を私たちが学ぶ意義がある。

それだけではない。一九八〇年代には、国際政治経済学において国際レジーム論や世界システム論が大きく発展したが、日本ではそれらは必ずしも経済学との連携をもってきたとは言えない状況であった。本書で示されているように経済と政治の世界的レベルでの相互作用を視野におさめたレギュラシオン理論の体系

は、このようなわが国における研究史上の空白を埋め、政治経済学を大きく発展させるものである。

資本主義を解明する社会科学

本書の成果を確認することは、このリレー連載全体の課題であるが、ここでは、さしあたり次の三点を指摘しておきたい。

第一に、「レギュラシオン（調整）」概念を有効に発展させている点である。特に、「レギュラシオン」を、国民国家レベル（le national）、地域レベル（le régional）、超国家レベル（le supranational）、世界レベル（le mondial）と多層化されたものとしてとらえていることである。また、各レベルにおいて、政治的領域と経済的領域のあいだで固有の相互規定的な動態が存在しており、それが調整を生み出しているのである。ここには、欧州統合に関する近年の研究成果が活かされている。

▲R・ボワイエ（1943-　）

第二に、国際経済関係のもとでの各国資本主義の動態を、各国の成長体制・発展様式の相互依存性の観点から分析していることである。特に、各国の不平等が生み出される論理を「不平等レジーム」として解明している点は、近年の大きな成果であるといえよう。

第三に、現在さまざまな制度経済学や政治学が研究対象としている資本主義の多様性を、市場―企業―国家―市民社会という四つの主要なコーディネーション領域がもつ総合作用の異なる構造的パターンとして解明していることである。これによって、レギュラシオン理論、資本主義多様性論、市民社会論を歴史的制度主義の観点から総合する体系的枠組みを提起している点は、特筆すべきものである。

このようにみてくると、私たちがロベール・ボワイエの大著からあらためて学ぶものは、政治経済学の原点であり、それは資本主義の歴史を理論的に解明する社会科学であるということである。

（うえむら・ひろやす／横浜国立大学教授）

リレー連載　近代日本を作った100人　63

由利公正――「五箇条の御誓文」の草案者

本川幹男

「議事之体大意」

「庶民志を遂け《とげ》、人心をして倦まさらしむるを欲す」。

これは慶応四（一八六八）年三月一四日に発布された「五箇条の御誓文」の草案ともいうべき一部で、福井藩出身の由利公正が書いた「議事之体大意」（福井県立図書館蔵）全五箇条の第一条目にあたる。庶民が生き甲斐を感じられる国家の実現を掲げている。

由利は三年一二月、新政府から「徴士参与」に任じられ財政を担当した。翌四年一月、大久保利通たちと会計基立金調達を評議したとき、それを説く大義が必要と訴えた。だが意見がなかったため、宿に帰ると自ら懐紙に認めた。それが「議事之体大意」になったという。その後修正が加えられ「御誓文」に改まったのである。しかし、由利が示した万機公論、殖産興業、開国和親という近代国家を目指す理念は残された。「御誓文」は現代の民主主義にも通じる面があると評価されることがあるが、その意味からもかれの存在はまことに大きかったといえる。

小楠に見込まれ、龍馬と意気投合

由利は石高一〇〇石の家に生まれた。そのかれが歴史に残る足跡を残すことになったのは、藩が熊本から招聘した儒学者横井小楠に見込まれたことによる。小楠は安政大獄後の福井藩政を殖産興業、富国強兵へと導き、一方で公議政体・共和政治を構想した革新的思想家であった。由利はかれに傾倒して殖産策を進め、長崎交易に乗り出して厚い信頼を得る。文久三（一八六三）年、前藩主松平慶永（春嶽）と対立して処分され、小楠も帰熊したが、蟄居生活の中でも研鑽を積み、小楠からの評価は更に高まった。

ところで、稀代の志士坂本龍馬は、慶応三年大政奉還後の新体制を構想する中、福井の由利を訪ねた。龍馬は勝海舟を通して小楠とも交わり、由利の近況も小楠から聞いていたようだ。会った二人は政情を論じ合いたちまち意気投合、龍馬はかれに新政権の財政を託す決心をする。

由利は小楠に信頼され、龍馬には財政を語って即座に自論を披露できる闊達な人物だった。

太政官札の発行

龍馬の遺志が実現し、由利が新政権でまず取り組んだのは、会計基立金として三〇〇万両の御用金を大坂の豪商たちから集めたことである。政府はこれで討幕資金のメドがつき一安心できた。

より重要なのは太政官札（金札）の発行である。由利は福井で小楠から民富に基づく富国策を学んでいた。領民に藩札を貸与し、それを元手に特産物生産に励ませ、他領・他国に販売して民が富み富国を実現する方策である。同じ方法で政府が新規に太政官札を発行して財政を安定させ、一方でそれを都市豪商や各藩に貸与し、殖産興業を図ろうとした。批判はあったが総額四八〇〇万両発行し、それは近代産業形成の出発点となる。

実は、由利が幕末期に正しく右の財政策を理解し実践していたかどうかは実証されていない。当時福井藩内で小楠の殖産策を先頭に立って推進したのは、財政トップの長谷部甚平（恕連）であった。かれのことは龍馬も知っており、慶応二年一二月、天下の人物として由利と並べ名を挙げている。だが龍馬は由利を選んだ。

四賢侯として名高い前藩主慶永は、由利を君臣の大義名分を忘れた人物と断じて処分し、新政府に登用されることにも反対した。しかし、龍馬が推し岩倉具視などが認めて実現する。由利は「天下ノ人才ニシテ一国ノ人才ニアラス」と評され（『松平春嶽未公刊書簡集』）、このときただ一人藩とは離れて参与に任じられたのだった。

由利には後年、自伝を誇張したりする弊があった。だが、維新時には庶民に視点を置き、日本を近代国家へと押し上げる役割を果たした稀な人物だったのである。

（もとかわ・みきお／福井県史研究者）

▲由利公正（1829-1909）
福井藩士。洋式銃砲の製造に従事していたが、横井小楠に見い出され、制産方頭取として藩の殖産策に専念した。1867年12月、「徴士参与」となり、「五箇条の御誓文」の元となる「議事之体大意」を書き、また財政を担当して新政府の財政安定と殖産興業に貢献したことで知られる。69年帰福して参与職を免じられると、藩の殖産策に再び尽力した。70年に姓を三岡から祖先の旧姓由利に改めた。翌年7月東京府知事に就いたが、翌年欧州視察中に罷免となった。74年民撰議院設立建白書に加わり、翌年元老院議官、87年華族に列せられ子爵となった。その後も政財界や産業界に関わり、死去に際して従二位を追贈された。

連載 今、日本は 2

禁じられた遊び

鎌田 慧

ユーラシア大陸の西側から遠望すれば、はるか極東の海に弧状の影を落とす島嶼国家は、身体に似合わずというべきか、身のほど知らずというべきか、夜郎自大の虚栄心から、隣に位置する三つの巨大国、露西亜、中国、米国の順に、隙を衝いて急襲、ほどなく破綻、破滅した。

海行かば　水漬《づ》く屍
山行かば　草生《む》す屍
大君の辺《へ》にこそ死なめ
かえりみはせじ

衆寡敵せず敢えなく玉砕したものたちは、この美しい旋律の歌とともに慰霊されたといわれるが、その数無量。国破れて覚醒してみれば、無謀なばかりか、加害の罪はあまりにも深い。

それから七四年がたって、北方の島・国後島へ上陸した元官僚の若手国会議員が、露西亜に奪われた島を戦争で奪還しないのか、と望郷の念篤き元島民を挑発、戦争が鼓吹される時代をまた迎えた。

すでにこの国の首相は、米国大統領と接待ゴルフに興じながら、「視えない戦闘機」ステルスF35を、一四七機も購入する大盤振る舞い。なにしろ一機一一六億円（二〇一八年度の契約ベース）。ロッキード・マーチン社の新製品である。

すでに導入された一三機のうちの一機が、四月上旬、青森県の三沢航空自衛隊基地を飛びたったまま、行方不明。太平洋に没した。米軍、自衛隊共同で大捜索したのだが、いまにいたるもまったく手がかりはない。

操縦士は飛行歴三二〇〇時間のベテランだった。それでも、超高度なシステムをうまく運用できなかったか、機体に欠陥があったのか。調査のための機体が回収される見通しはない。

さらに、墜落事故多発のオスプレイを一七機（一機一〇〇億円）。イージス・アショア二基維持運用費もふくめて、四三八九億円。これだけ兵器を買いそろえれば、戦争をやっても勝ちそうだと思い込む、バカげた国会議員がまたぞろでてきた。不思議な国だ。

（かまた・さとし／ルポライター）

■〈連載〉沖縄からの声［第Ⅴ期］

ニコライ・ネフスキーと宮古島　2

安里英子

宮古島の張水《はりみず》港（現平良港）から、坂をのぼりきったところに「ネフスキー通り」はある。ロシアの言語学者、ニコライ・A・ネフスキーが、はじめて宮古島を訪れたのは一九二二年のことである。ペテルブルグ大学東洋語学部日本学・中国学科を卒業後、一九一五年官費留学生として日本に留学した。

宮古を訪れて後七〇年を経て『宮古のフォークロア』が沖縄の研究者らによって、宮古語と日本語訳で出版されたが、そのロシア語版を編集したリジア・グロムコフスカヤは「なぜ宮古島なのか。それはたぶん『神話創造の中心』の一貫した探求のなかで、宮古は探求者にとってこの意味における『約束の地』だからであるだろう。そこには独特な宗教儀式の諸要素、さらに言語、民俗においてもその地域独特なものが残っている」からだと、述べている。

ネフスキーが聞いた月の話に「月のアカリヤザガマ」がある。昔々大昔、お天道様がアカリヤザガマに「人間に変若水（シリミジ）を浴びせて、長命をもたせよ、蛇には死水（シニミジ）を浴びせよ」と二つの桶をもたせて下の島に遣わされた。ところが、アカリヤザガマが用を足しているあいだに、蛇が変若水を浴びてしまった。仕方がないから人間には死水を浴びせた。以来、蛇は常に脱皮し生まれ変わり、人間は死んでいかなければならなくなった。

この話を受けて、折口信夫は「若水の話」（『折口信夫全集』第二巻・中央公論社）で、万葉集に出てくる「月読の持たる変若水（ヲチミヅ）」の変若水という用語は、支那起源説としてきたが、これを改めた。「宮古方言のシジュン――日本式に言ふと、しでる――は、若返るというのが正しい用語例である」と。

沖縄本島でも、再生・長命を意味する孵《すで》るという言い方がある。不老不死を求めて旅する人類の最大の普遍的欲望の物語が琉球弧の島々にも存在している。「すでる」あるいは「しじゅん」とは、言葉を超えてなんと命の妙を語っていることか。

ネフスキーはソ連に帰国後、一九三七年に日本人の妻と共に粛清にあい銃殺される。死後復権をはたし『西夏言語学』等でレーニン賞を受賞する。

（あさと・えいこ／ライター）

Le Monde

■連載・『ル・モンド』から世界を読む［第Ⅱ期］34

スペインの極右化？

加藤晴久

去る四月二八日に行われたスペインの総選挙。わたしの見ている日本の新聞（四月二八日付）の観測記事（三段八二行）の見出しは「スペイン右翼 国政でも躍進へ」。結果を伝えた記事（三〇日付。三段五八行）の見出しは「スペイン右翼 国会進出」。いずれの記事もその大半を新興右翼政党Ｖｏｘの伸長ぶりに費やしている。

『ル・モンド』が二ページを費やした観測記事（四月二七日付）の見出しは「ペドロ・サンチェス、スペインの再制覇へ」。結果を伝えた二ページにわたる記事（三〇日付）のタイトルは「ペドロ・サンチェス賭けに勝つ」。社説（同日付）のタイトルは「スペイン穏当な投票」。

社説の出だしは「穏健諸勢力の勝利、高い投票率、左翼の伸長、ただし、絶対多数党の不在、したがって複数の連立政府の可能性。今回の選挙結果は、ダイナミックな民主政と変貌しつつある政党制の表れである」。「最大の勝利者は現首相・社会労働党党首であるサンチェス氏。議席を八五から一二三に増やし、得票率も二八・七％に伸ばした。若いリーダー［四七歳］にとって、また、彼が党に採択させた社会保障重視路線への転換の勝利である。社会民主主義的政策を成功裡に推進しつつあるポルトガルとともに、イベリア半島は欧州で衰退気味の改良主義的左翼勢力を再活性化しつつある」。「より左のポデモス党は、社会労働党に食われて、議席を七一から四二に減らしたが、連立の一翼を担う有力勢力である」。「極右政党Ｖｏｘだが、保守本流の民衆党を壊滅的敗北［一三七→六六議席］に追い込むことによって、二四議席を獲得したが、得票率は一〇％で、国政への影響力は限定的。むしろ、国民の警戒心を呼び覚まして、左翼勢力の動員に寄与した」

日本の新聞の、針小棒大なセンセーショナリズムとの違いは一目瞭然。ひとりでも多くの日本人が、『ニューヨーク・タイムズ』、『ガーディアン』、『南ドイツ新聞』、あるいは『ル・モンド』によって「世界を読む」ようにならないと、日本は、その新聞同様、ますます三流化してしまうのではないか。

（かとう・はるひさ／東京大学名誉教授）

■連載・花満径　39

独り子の歌（三）

中西　進

前号で『論語』顔淵第十二の詩が『万葉集』の市原王の「独り子の歌」に投影しているのではないか、と書いた。

ところが、この孤独とその四海による救済の一詩は、『万葉集』のみならず、さらに末長く日本の歴史に影を落としつづけた。

『論語』のこの詩の中で、「人皆、兄弟あり」と呼応するように「四海の内、皆兄弟なり」という、その個所によってであった。

誰もが気づくように大陸に位置する中国で、いかにして四方の海という概念が成立するのだろう。

その通り、多分に理想的に国土の果てを、こう言ったらしい。

『詩経』（商頌「玄鳥」）でも境界や朝貢の範囲をいう版図を、一宇（家）とした時に、四海に同胞、兄弟の想定が生まれたのだろう。

そこで話が飛ぶが、五〇〇〇年以上も後の日本の昭和のころ、亡き昭和天皇が第二次世界大戦に心を痛くされて、つぎの御歌を口ずさまれたという。

よもの海　みなはらからと　思ふ世に
など波風の　たちさわぐらむ

じつは明治天皇の御製。「四海兄弟」と題されたもので、「四方の海がみんな兄弟のはずだのに、世界はなぜこのように波風が立って騒がしいのだろう」という御歌である。

この時、明治三十七（一九〇四）年は、明治天皇が御歌をもっとも多くよまれた年で、七五二六首に及ぶ。いうまでもなく日露戦争が勃発した年だからだった。

昭和天皇はこの祖父帝と苦衷をひとしくして、不本意な戦争を「四海の内、皆兄弟」だのにと、批判されたのだった。

市原王の「独り子の歌」によって輸入された『論語』顔淵第十二の一詩は、一方に「四方の海」も絆として捉え、長く日本で愛誦されつづけられることとなった。

わたしはここに、個人の境遇から大きく飛躍してゆく、ことばのすばらしい力を、感じないわけにはいかない。

（なかにし・すすむ／高志の国文学館館長
国際日本文化研究センター名誉教授）

〈連載〉生きているを見つめ、生きるを考える 51

人類すべてを一集団とするモラルを求める

中村桂子

ゲノム編集による人間の操作や人工知能など、人間を機械のように考える従来の科学がこのまま進展すると、生きものとしての人間はどうなるのだろうという疑念がわく。そこで、数ある生きものの中での人間の特徴は何かを考える論文に眼を通すことがふえた。

この種の研究は、遺伝子のはたらきの発見のように明快な結論を出すことが難しく、このような考え方が有力だという話が多いのだが、その一つを紹介する。モラルの誕生である。

基本は、人間は個体としては決して強い存在ではなく、生きるために不可欠な食べものを手に入れるために協力する必要があったというところから始まる。二〇〇万年ほど前のホモ属の誕生後間もなく、地球の寒冷化と乾燥化が進み、果物などが得にくくなった。当初は他の動物が食べ残した獲物で食べつないだが、四〇〇万年ほど前から道具を用いて自身での狩猟を始めた。

ここで協力が必要になったのである。やる気があって他者と協力する人であれば、他の人からよい仲間として選ばれて、生きのびられることになったのだ。チンパンジーの場合、果物探しは協力するけれど、採集は各自で行ない、自分だけで食べる。人間は、お互いに分け合うところを特徴とする。協働によってこそ安定した食が保障されるという体験が続くうちに、獲物の独り占めはよくないという気持が育っていったようだ。協働が義務、つまりモラルになってきたのである。〝私〟よりも〝私たち〟のためにという気持での行動が、よりよい生き方につながるとする協同の志向性の誕生である。

一五万年ほど前になると、集団のサイズが大きくなり始め、皆が共有する習慣、つまり文化と呼べるものができ始める。集団の志向性であり集団としてのモラルの共有である。

二〇〇万年前に始まったこの流れでいけば、現在は人類全体を一つの集団とするモラルを生み出す時になっているはずではないだろうか。ここで生きものとしての人間のありようをしかと考えたい。

（なかむら・けいこ／JT生命誌研究館館長）

連載　国宝『医心方』からみる　27

鮒鮓《ふなずし》のルーツが明らかに

槇　佐知子

琵琶湖特産の似五郎《にごろ》鮒で作る鮒鮓は、食通のあいだで珍味とされている名物だ。それだけでなく、腹痛や下痢、カゼの妙薬ともされている。

私は二十年ほど前、鮒鮓の老舗を訪れ、御主人から製法を見学させていただいたことがある。

三月下旬から五月初旬にかけて産卵期のフナを捕り、新鮮なうちに鱗と鰓《えら》を除き、卵嚢を残して内臓を抜きとる。その腹に塩をぎっしり詰め、塩とフナを交互に桶へ漬けこみ、重石を置く。夏の土用にフナを取り出して洗い、塩抜きして一晩干す。そのフナの腹へ固めに炊いた江州米に塩を加えたものを詰め、塩で桶へ本漬けにする。

十一月頃には頭から尾まで骨がすっかり軟くなり、一年もたつと乳酸発酵がすすみ、各種のビタミンが増加し、独特の酸味があるえもいわれぬ味を醸し出す。その臭気のため好き嫌いが真っ二つに分かれ、うっかり嫌いな人に土産物として贈っても捨てられてしまう。

大好き派の私は酒滓状になった飯を除き、薄く切った二、三片を熱い御飯にのせて熱湯を注ぎ、醤油少々とだし汁をかけていただく。(酒滓状の飯を買いに来る客もいるという)。

食べ終るとじんわり汗ばみ、さっぱりした気分になる。

この鮒鮓は、平安初期には太宰府から宮中へ献上された記録がある。

鮒鮓のルーツについては東南アジア説、朝鮮半島説、中国説などがあったが、『医心方』によって、そのルーツが明らかになった。

巻十一痢病篇の第二十一章の「熱に冒《おか》されて赤い血が膿《うみ》に混じる下痢の治療法」の一つに、

○薤《かい》一把煮鯽魚酢内秫米食之多瘥

がある。

薤はラッキョウ、秫米《じゅっぺい》は粘りけのある米。鯽魚は鮒に同じ。「ラッキョウ一把と鮒鮓に秫米を入れて煮て食べれば瘥《い》える場合が多い」と。処方の出典は葛洪（二七八―三三九）の著書『葛氏方』。江蘇省江寧県出身の仙医で、『医心方』には彼の処方が最も多い。

(まき・さちこ/古典医学研究家)

五月新刊

現代美術は「事件」だ!

現代美術茶話

海上雅臣

「板画家」棟方志功を世界的注目へと導き、孤高の書家・井上有一の評価に先鞭をつけた「行動的美術評論家」が、三〇年以上にわたって書き綴ってきた、井上有一、同時代美術、美術市場そして現代社会をめぐる随想を初集成。

口絵16頁

四六上製　四八〇頁　三〇〇〇円

島嶼群からみた日本とは?

別冊『環』㉕

日本ネシア論

長嶋俊介編

第1遍 **特別遍**／第2遍 **先島ネシア**／第3遍 **ウチナーネシア**／第4遍 **小笠原ネシア**／第5遍 **奄美ネシア**／第6遍 **トカラネシア**／第7遍 **黒潮ネシア**／第8遍 **薩南ネシア**／第9遍 **西九州ネシア**／第10遍 **北九州ネシア**／第11遍 **瀬戸内ネシア**／第12遍 **日本海ネシア**／第13遍 **北ネシア**／番外遍 **済州島海政学**

〈附〉参考図書100冊　関連年表

青木さぎ里／伊東豊雄／岩下明裕／遠部慎／可知直毅／全京秀／高江洲昌哉／高梨修／津波高志／鶴間和幸／延島冬生／長谷川秀樹／伴場一昭／本間浩昭／前利潔／三木健／三木剛志／溝田浩二／湯本貴和／吉岡慎一　ほか100名

菊大判　四八〇頁　四二〇〇円

文明は、時空を変えて生き続ける!

転生する文明

服部英二

ユネスコ「世界遺産」の仕掛け人であり、「文明間の対話」を発信した著者が、世界一〇〇か国以上を踏破するなかで見出した、文明の転生と変貌の姿を描く、初の「文明誌」の試み。大陸を跨ぎ、時代を超えて通底し合う諸文明の姿を建築・彫刻・言語など具体的事象の数々から読み解く。

図版・写真多数

四六上製　三二八頁　三〇〇〇円

〝アナールの父〟ミシュレは、いかにして誕生したか

歴史家ミシュレの誕生

—歴史学徒がミシュレから何を学んだか

立川孝一

〝民衆の自発的な連帯〟を跡づける『フランス革命史』に至る格闘の前半生を辿る。初期の著作『世界史序説』『フランス史(中世)』等に見られる如く近代主義者だった〝青年ミシュレ〟の転機とは? 〝民衆〟〝女性〟〝自然〟、そして反権力・反近代という視座は、どのように獲得されたか。

四六上製　四〇〇頁　三八〇〇円

読者の声

中村桂子コレクション「いのち愛づる生命誌」V

あそぶ　12歳の生命誌■

▼科学への関心は子ども時代にもっていたが、久しく遠のいていたが、本書でもって新たな芽ばえを感じる。この身、このいのちとは何かといった素朴な疑問を解く糸口となる。コレクションとあるから、著者の文集だと思うが、各巻のテーマに沿った編集で興味がつのり、次巻以降が楽しみです。新たな書き下ろしも入るそうで期待が膨みます。

（三重　**藤田悟**　67歳）

「雪風」に乗った少年■

▼入手して一気に読みました。できるだけ幅広く読まれてほしい本。ベストセラーになる要素は十分備えている。あえて取り上げれば、海戦とその後の救助の状況を詳しく知ったのは初めてでした。（埼玉　**山本孝志**）

▼昭和九年、生を享け、国民学校生として、太平洋戦争を経験した小生、本書からは、多大の感銘を受け、且、学習させて貰いました。重要語彙に朱印を施しつつ読みました。

懐しい言葉としては、予科練、防空頭巾、手旗信号、潜望鏡、陰膳、グラマン、MP、復員、シベリア抑留 etc. 海軍用語として、新規学習した言葉としては、舷梯、舷窓、殿艦座乗、測距儀、之字運動、手先信号、錨鎖口、艦内神社、酒保（canteen）、火艇、遠漕 etc.

シンガポールには、昭南神社が祀られていた由。この島を、当時、昭南島と改名していたように、子供心に覚えているのですが？　不一

（兵庫　**柴垣重夫**　84歳）

▼小川万海子さんが或る海軍兵士の方のお話をもとに本を書いておられることを知り、出版を心待ちにしておりました。そして上梓されたばかりの『「雪風」に乗った少年』を本屋で見かけ、早速読ませていただきました。

私は年寄りなので、読むのに時間がかかりますが、一気に読み感銘を受けました。すばらしい方に出会った心地がしました。少年から若人の頃までの過酷な戦場での体験を、このように克明に、しかも冷静に語ることのできる方がおられるとは！　体験の凄さはもとより、西崎信夫という方の人間性に深く心を打たれました。同時に、その西崎さんのゆかりの地を探訪なさった小川万海子さんの文章から、西崎さんの人間味と平和の尊さがより味わい深く伝わってきました。ありがとうございました。（東京　**三宅進**　81歳）

▼去年一月十三日（享年八十八）に他界致しました父（瀬尾貢）が海軍特年兵でした（第三期生、針尾海兵団）。もう少し生きて、この御本を読ませてやりたかったです。仏前に供えてやります。大変喜ぶと思います。ありがとうございました。

（広島　会社役員　**瀬尾一明**　60歳）

▼藤原書店が新宿区早稲田鶴巻町なので、勤務先（以前）にほど近いのでびっくりした。

私の父よりも五つほど若い著者西崎信夫さんが、青春時代の大事な時間を、幸運にも恵まれた自分史として残したものと読後感を持った。亡き父はシベリア抑留で四年も帰国を長びかされたが、自分史を残したいと言っていたので、この本のような形にして完成させたかったのではと今頃思う。東京での語り部の機会をつかまえて是非足を運びたい。

（神奈川　**大月恵太**　64歳）

▼臨場感溢れる体験記に圧倒されながら、ただただ感動でした。自分は終戦時五歳、その体験は、焼夷弾の落ちて来る火のカーテン、翌日の空はどこも焼けた赤一色を、今の北池袋駅前で見ました。当時東武堀ノ内

と思います。上野か東京駅か、ホーム一杯に真白な遺骨がひな段のように屋根まで積まれ、間に太いローソクがとてもきれいでした。今思うとその下に、沢山の悲惨な犠牲者がいた事に思いを馳せることができませんでした。（埼玉　清水竹志　80歳）

宿命に生き　運命に挑む■

▼平成時代末、意味や実体が不明の「IoT」「ソサエティー5・0」等の言葉が氾濫し始め、それを財界トップや首相が嬉々として使用する光景に寒々とした物を感じました。

そうした時代に藤原書店から橋本五郎氏の『宿命に生き　運命に挑む』が刊行され、私は熟読させていただいて非常に勇気づけられる思いが致しました。それは橋本氏が先人の思想に敬意を持って接し、歴史との対話を持続しながら、現在生起されている事象を批評しておられるからで、その言葉一つ一つに魂が宿り、実感が伴い、読む者の心に響いてくるのだろうと推察致します。

橋本氏の著書に収録されている風雪に耐えた言説を、私たちは二読、三読して思想として鍛え、時代末に浮遊する空疎な言説と対峙していかなければなりません。

そのためにも藤原書店様の志有る出版活動に今後も期待し、応援させていただきたく存じます。

（東京　松本朗）

▼大変おもしろく為になりました。

八年前の『範は歴史にあり』も求めています。読売新聞の五郎ワールドのコラムを楽しみにしています。政治の事がよくわかりやすく、読みやすいです。（五郎さん、ガンバレ）

（茨城　久保谷清　74歳）

▼今のジャーナリズムの中に、多くの人材がいるはずなのに、大衆迎合主義のようなものが底流にあるようで、今の混乱の一因となっているような気がしてならない。

この一冊、全てジャーナリズムに関わる人々に一読をすすめたい。大へんな勉強量にも感動！

（宮崎　宮崎市公民館事業を担当する嘱託職員　中田典明　69歳）

▼感涙なくして読めないよい本でありました。完読しました。ありがとうございました。

その他、『日本の「世界化」と世界の「中国化」』も読ませていただいておりますが、まだ未完読であります。楽しみであります。

（千葉　池田良広　84歳）

日本の「世界化」と世界の「中国化」■

▼「新しい中国観にむけて」は、専門家の指針として素晴らしい内容と思われます。

今こそ意識の変革が、チェンジ・オブ・デザインが、是非必要と言われており、とても良い勉強をさせていただきました。

（神奈川　出版　髙橋敏雄　74歳）

▼定年後、世界情勢？　人間とは？といろんな本を読んでおります。

現在は大川周明、石橋湛山の世界観に私は同感しております。でも漢字が難しくて、なかなかすらすら読むことが出来ません。どうにか現代版のものがないかと思っております。『大川周明「世界史」』を読んでおります。

（広島　主婦　横田みどり　69歳）

新しいアジアの予感■

▼一〇年ぶりのご出版となる本書を幸運にもご子息より贈っていただきました。安里英子さんの作品を読むときはいつも楽しみであり、またとても緊張します。在地の身体性がにじみでる美しいことば。ときに鬼気せまるものがあり畏怖します。

長い複雑な文脈的状況を描いた先に普遍につながっていく物語に希望を頂きました。私も私自身の内なる御嶽（うたき）を探し続けたいです。

（東京　教育研究職（東南アジア地域研究）　青山和佳　50歳）

人生の選択■

▼全部が（とりわけ少年の話の部分

が）心にひびいた。今の世の中は命がけで行うことが少なくなっているので、自分や他の人々の命という最も大切なものを軽く見る風潮があると思った。子供にも読ませたい。又読んで聞かせたい大人のための絵本だと思う。（東京 **江連恵美子** 78歳）

▼文を担当された堀妙子さんのファンです。『心のともしび』の「今日の心の糧」の原稿をいつも楽しみにしていました。『人生の選択』は感動的な物語として読ませていただきました。ステキな絵本で大人でも十分に読みごたえがありました。また原案アルフォンス・デーケン氏、文・堀妙子さんの作品を作って下さいませ。

（東京 会社員 **中村貴美子** 51歳）

『ル・モンド』から世界を読む■

インドネシアとエジプトで墜落したBoeing 737 MAXが「ドリームライナー」どころか「ナイトメア（悪夢の）ライナー」であることは、すでに『機』二〇一三年三月号で取り上げています（p. 272）。なぜ、その後も製造され、世界で運行されていたのでしょうか？ 背筋が寒くなるような話です。

（東京 **加藤晴久**（著者） 84歳）

※みなさまのご感想・お便りをお待ちしています。お気軽に小社「読者の声」係まで、お送り下さい。掲載の方には粗品を進呈いたします。

書評日誌（四・一〜五・一三）

(書) 書評　(紹) 紹介　(記) 関連記事
(テ) テレビ　(イ) インタビュー

四・一　(書)改革者「宿命に生き 運命に挑む」（「市井にあるジャーナリストとしての真摯な問いかけ」／谷藤悦史）

四・五　(イ)中日新聞（夕刊）「「雪風」に乗った少年」（「大和の最後 92歳目撃 本に」／『救えなかった…』 後悔74年」／西崎信夫、小川万海子、足達優人）（六日に再掲載）

四・七　(記)読売新聞「「生きものらしさ」をもとめて」（「追悼抄」／「いのちの原理 問い続け」／安田幸一）

四・一〇　(記)朝日新聞（夕刊）「機」（「NEWS＋α／取材考記」／「新元号を追った6カ月」／『令和』に込められた思いは」／田嶋慶彦）

四・一三　(記)読売新聞「大清帝国隆盛期の実像」（「五郎ワールド」／「万人の師表、亀鑑たらん」／橋本五郎）

(書)週刊東洋経済「宿命に生き 運命に挑む」（「書物、人物通して現代を切り取るコラム集」／中沢孝夫）

四・一四　(イ)しんぶん赤旗「長崎の痕」（「戦争は『終わらない』」／「消せない傷と記憶を撮り続け40年」／大石芳野、金子徹）

(書)読売新聞「「雪風」に乗った少年」（「奇跡の艦」で見たもの」／本郷恵子）

四・一五　(紹)ほすぴすNewsletter「人生の選択」

四・一七　(記)朝日新聞（夕刊）「石牟礼道子一周忌」（「read & think」／「一周忌の集い 吉増剛造さん×今福龍太さん対談」／「石牟礼さんの原点に『はは』がいる」／上原佳久）

四・二三　(記)毎日新聞（夕刊）「入門・世界システム分析」（「読書日記」／「AI万能論 罠に敏感に」／西垣通）

四・二六　(書)中国新聞「「雪風」に乗った少年」（「軍の不条理 語り尽くす」／佐田尾信作）

五・四　(記)朝日新聞「金時鐘コレクション 8幼少年期の記憶から」（「ひもとく 時代を見送る」／「家族の肩越しからのまなざし」／鷲田清一）

五・五　(紹)東京新聞「長崎の痕」

五・一三　(紹)共同通信（net）「後藤新平賞」（「後藤新平賞に黒柳徹子さん」）

七月新刊予定

＊タイトルは仮題

後藤新平と実業家たちに共通する公益と実学の精神とは

後藤新平と五人の実業家

公益と実学の精神

渋沢栄一・益田孝・安田善次郎・大倉喜八郎・浅野総一郎

後藤新平研究会編著　序＝由井常彦

熊澤蕃山は古代中国の皇帝、堯・舜・禹を絶賛した孔子を、真の意味での実学思想家と評し、その考えは横井小楠、そして後藤新平へと継承された。孔子を実学思想の大先輩と見る伝統は渋沢ら五人の実業家にも受け継がれ、彼らの事業には公益と実学の精神が貫かれているのである。

真に「書くべき程の事」を書き留めた詩的批評文集

詩情のスケッチ

批評の即興

新保祐司

孤高の基督者・内村鑑三、宗教哲学者・波多野精一ら、近代日本において信仰の本質を看取した存在を通して、〈絶対なるもの〉に貫かれる経験を批評の軸としてきた新保祐司。すべてを〈人間〉の水準へと「水平」化し尽くす近代という運動の終焉を目の当たりにして、「上」からの光に照らして見出された文学・思想・音楽の手応えを簡明かつ鮮烈に素描した、珠玉の批評を集成。

権利としてのホスピタリティとは何か

移動民と私たち

M・アジエ　吉田裕訳

二〇一五年、百万人以上が欧州に移動した難民危機。受入れの是非などの政策的対応ではなく、人間が移動することの本質と、移入／受入れの分断の自明性を問い直す。

広島の演劇史に埋れた名作を今、読み解く

ヒロシマの『河』

劇作家・土屋清の青春群像劇

土屋時子・八木良広 編

占領下広島で理想社会の実現に向け疾走した「原爆詩人」峠三吉（1917-53）らを描いた、土屋清の名作戯曲『河』。二〇一七～一八年、約三十年ぶりの復活を遂げた本作は、核時代再来の今、何を訴えるのか？

ラフェリエールとは何者か？　自伝！

書くこと生きること

ダニー・ラフェリエール

小倉和子訳

書くことは、生きること。生きることは、書くこと――。ハイチ出身のケベックの国民的作家が、自伝的小説群「アメリカ的自伝」完結を迎え、幼年期から現在までを初めて明かす。

「ユーロ」から日本は何を学ぶのか？

ユーロ病と日本病

フランスのEU離脱と、日本の緊縮財政・消費増税からの離脱

F・アスリノ、E・トッド、藤井聡、田村秀男他　荻野文隆編

欧州統一通貨ユーロがフランスにもたらす問題を指摘するアスリノ氏の議論を軸に、デフレが続く日本が共通して抱える問題を炙り出す。

6月の新刊

タイトルは仮題、定価は予価。

いのちの森づくり ＊
宮脇昭自伝
宮脇昭
四六変上製 四一六頁 **二八〇〇円**

対口交渉学 ＊
歴史・比較・展望
木村汎
Ａ５上製 六七二頁 **四八〇〇円**

書物のエスプリ ＊
山田登世子
四六変上製 三二八頁 **二八〇〇円**

中村桂子コレクション いのち愛づる生命誌（全8巻）
1 **ひらく** 生命科学から生命誌へ ＊ 内容見本呈
〈解説〉鷲谷いづみ
〈月報〉藤森照信／末盛千枝子／梶田真章／毛利衛
四六変上製 二八八頁 **二六〇〇円** 口絵2頁

金時鐘コレクション（全12巻） 内容見本呈
4 **「猪飼野」を生きるひとびと** ＊
『猪飼野詩集』ほか未刊詩篇、エッセイ
〈解説〉冨山一郎
〈月報〉登尾明彦／藤石貴代／丁章／呉世宗 口絵4頁
四六変上製 四四〇頁 **四八〇〇円**

7月新刊予定

後藤新平と五人の実業家 ＊
公益と実学の精神
渋沢栄一・益田孝・安田善次郎・大倉喜八郎・浅野総一郎
後藤新平研究会編著 序＝由井常彦

ヒロシマの『河』 ＊
劇作家・土屋清の青春群像劇
土屋時子・八木良広 編

詩情のスケッチ ＊
批評の即興
新保祐司

移動民と私たち ＊
M・アジエ 吉田裕訳

書くこと 生きること ＊
D・ラフェリエール 小倉和子訳

ユーロ病と日本病 ＊
フランスのEU離脱と、日本の緊縮財政・消費増税からの離脱
F・アスリノ、E・トッド他
荻野文隆編

好評既刊書

別冊『環』㉕
日本ネシア論 ＊
長嶋俊介編 伊東豊雄／岩下明裕／三木健ほか
菊大判 四八〇頁 **四二〇〇円**

現代美術茶話 ＊
海上雅臣
四六上製 四八〇頁 **三〇〇〇円** 口絵16頁

転生する文明 ＊
服部英二
四六上製 三二八頁 **三〇〇〇円**

歴史家ミシュレの誕生 ＊
一歴史学徒がミシュレから何を学んだか
立川孝一
四六上製 四〇〇頁 **三八〇〇円**

別冊『環』㉔
開かれた移民社会へ
宮島喬・藤巻秀樹・石原進・鈴木江理子編
菊大判 三一二頁 **二八〇〇円**

セレモニー
王力雄 金谷譲訳 推薦のことば＝王柯
四六上製 四四八頁 **二八〇〇円**

中国が世界を動かした「1968」
楊海英編
梅﨑透・金野純・西田慎・馬場公彦・楊海英・劉燕子
四六上製 三二八頁 **三〇〇〇円**

石牟礼道子と芸能
石牟礼道子／赤坂憲雄／赤坂真理／池澤夏樹／いとうせいこう／今福龍太／鎌田慧／姜信子／高橋源一郎／田口ランディ／田中優子／町田康／米良美一 ほか

＊の商品は今号に紹介記事を掲載しております。併せてご覧戴ければ幸いです。

書店様へ

▼**『大石芳野写真集 長崎の痕（きずあと）』**が、4／14(日)Eテレ「日曜美術館」特集、5／19(日)『産経』に続き、5／25(土)『朝日』で絶賛書評!! 「写真の中の多くは穏やかに微笑んでいる。……過酷な体験を乗り越えてきた人たちの凜とした姿が、より深く見る者に考えさせる。」（建築家・長谷川逸子さん）。

▼5／19(日)『毎日』書評欄にて、**王力雄『セレモニー』**が絶賛大書評!! 「人工知能やビッグデータといった最新の技術が独裁政治に濫用されたときの怖さを、迫真の描写を通してまざまざと示している」（張競さん）。今年は天安門事件から30年となりますが、小社では民主化運動の象徴・劉暁波の**『天安門事件から「08憲章」へ』**『**「私には敵はいない」の思想**』など、中国の民主化やリベラリズムに関する関連書籍を多数ご用意いたしております。この機にフェアのご検討を是非。

▼5／26(日)『読売』「本よみうり堂」にて藤原辰史さんが**A・G・オードリクール**の大著**『作ること 使うこと』**を絶賛書評!! 在庫のご確認とともに、歴史、人類学の棚でのご展開を!! （営業部）

出版随想

▼6／2付の『毎日新聞』一面の「余録」で“塩爺《じい》”の愛称で国民から愛された塩川正十郎氏の一面を知った。最晩年の十年間親しく付き合わせて頂き、自伝『ある凡人の告白』を二〇〇九年に出版させてもらった。二〇〇四年から始まった企画「後藤新平の全仕事」以来の関係だが、実に読書好きの方だった。小社にも度々お見えになり、催合庵に並べてある全刊行書籍を眺めた後、笑みを浮かべながら一言「ようこんな本を出してて、やっとるな、奇跡やなあ」と。ある時、「今、早稲田の近くに来とるから、あと三〇分後に行ってもええか」と。にこやかな顔で現れるや、「こないだ〇△を読んだけど、ほんま面白かった。〇△を五〇冊ほど事務所に送っといて。商売うまく行ってるか」と温かいお声を何度もかけていただいた。

▼又、新橋あたりに用事があって、「先生、これからちょっと寄らせて頂いていいですか」というと二つ返事で「いいよ」。先生は、応接間の大テーブルで大冊を読んでおられた。「何をお読みですか」と尋ねると、「久しぶりに『国富論』読みとうなってな。オモロイなあ」と。齢九十を前にしていまだ学への志は一向に衰えない様子だった。

▼大阪の千里で行われた葬儀も、大層な数の方々が詰めかけられ、弔辞に立った小泉純一郎元総理は、政治家になってからいかに“塩爺《じい》”に支えられ導かれてきたかを切々と話され、時には感極まり絶句されることもしばしばであった。亡くなられて今秋で早や四年。この記事を読みながら、生前の塩爺《じい》の温かい励ましに、感謝の念一入である。（亮）